böhlau

Ilse Reiter-Zatloukal | Christiane Rothländer | Pia Schölnberger (Hg.)

ÖSTERREICH 1933–1938

Interdisziplinäre Annäherungen an das Dollfuß-/Schuschnigg-Regime

2012

BÖHLAU VERLAG WIEN KÖLN WEIMAR

Gedruckt mit freundlicher Unterstützung durch

BUNDESKANZLERAMT ÖSTERREICH

Bibliografische Information der Deutschen Nationalbibliothek:
Die Deutsche Nationalbibliothek verzeichnet diese Publikation in der Deutschen Nationalbibliografie; detaillierte bibliografische Daten sind im Internet über https://dnb.d-nb.de abrufbar.

Umschlagabbildung:
Großappell der Vaterländischen Front vom 18.10.1936 auf der Schmelz (Wien), ÖNB Bildarchiv (Inv. Nr. 128.686 B).

Umschlaggestaltung: Michael Haderer
Herstellung und Satz: Carolin Noack
Druck und Bindung: xPrint
Gedruckt auf chlor- und säurefreiem Papier
Printed in Czech Republic

ISBN 978-3-205-78787-7

Inhaltsverzeichnis

Ilse Reiter-Zatloukal / Christiane Rothländer / Pia Schölnberger

Einleitung

Während heute nicht nur in der österreichischen Wissenschaft, sondern weitgehend auch in der Politik und Bevölkerung Konsens über die Befürwortung des „Anschlusses" im März 1938 an das Deutsche Reich sowie über die Mitverantwortung am nationalsozialistischen Terrorregime durch beträchtliche Teile der österreichischen Bevölkerung herrscht, fehlt ein solcher Konsens sowohl auf gesellschaftlicher wie politischer Ebene hinsichtlich des Charakters des Dollfuß-/Schuschnigg-Regimes der Jahre 1933 bis 1938. Die ambivalente Haltung von politischer Öffentlichkeit und Wissenschaft manifestiert sich insbesondere in den Diskussionen über Begriffsdefinitionen, in den anlässlich des Gedenktages für die Februar-kämpfe 1934 stetig wiederkehrenden Debatten über die Einschätzung von Engelbert Dollfuß als „Arbeitermörder" sowie den wenige Monate darauf folgenden Diskussionen über den Juliputsch 1934 und das Gedenken an Dollfuß als dem „ersten Opfer" des Nationalsozialismus. Auffällig ist hierbei, dass die längst vorliegenden wissenschaftlichen Befunde vielfach offenbar „vergessen" werden, dass nämlich die ersten Opfer der nationalsozialistischen Gewalt sozialdemokratische und jüdische BürgerInnen waren.

Immerhin herrscht heute weitgehend wissenschaftlicher und politischer Konsens darüber, dass die Ausschaltung des Parlaments durch die Regierung Dollfuß im März 1933 als Verfassungsbruch zu interpretieren ist, wenngleich dieses Wissen noch nicht in alle approbierten österreichischen Schulbücher Eingang gefunden hat: So lernen SchülerInnen bisweilen auch heute noch, dass es im März 1933 zu einer „Selbstausschaltung" des Parlaments gekommen sei und die Erste Republik mit dem Einmarsch der deutschen Truppen in Österreich geendet habe, dass also Adolf Hitler, und nicht das Regime Dollfuß / Schuschnigg, die österreichische Demokratie beseitigt habe.

Konsens herrscht darüber hinaus dahingehend, dass die 1933 bis 1938 in Österreich etablierte Diktatur keineswegs dem nationalsozialistischen Terrorregime gleichzusetzen ist, wie dies auch Emmerich Tálos auf den Punkt gebracht hat: „Unstrittig ist, daß die Regierungen Dollfuß und Schuschnigg gegen NS-Terror und nationalsozialistischen Expansionismus Widerstand geleistet haben". Aber, so Tálos weiter: „Ihr Widerstand galt allerdings nicht der Verteidigung eines selbständigen und demokratischen Österreichs, sondern der Aufrechterhaltung einer Diktatur, die in Konkurrenz zum Nationalsozialismus stand."[1] Für die Bekämpfung des Nationalsozialismus hätte es ebenso wenig einer Ausschaltung des Parlaments bedurft, wie der Beseitigung der Parteien, der Ausschaltung des Verfassungsgerichthofes, der Einschränkung der Pressefreiheit oder der Beseitigung der richterlichen Unabhängigkeit. Auch wurden zunächst nicht die paramilitärischen NS-Organisationen, SA und SS, verboten, sondern der sozialdemokratische Republikanische Schutzbund, und nicht die NSDAP war die erste Partei, für die ein Betätigungsverbot erging, sondern die Kommunistische Partei. Erste Zielrichtung der Regierung Dollfuß war somit nicht die Abwehr des Nationalsozialismus, sondern die Beseitigung der parlamentarischen Demokratie sowie die Errichtung der Diktatur zur Sicherung der eigenen Machtstellung. Die nach dem Ausscheiden der Deutschnationalen Partei aus der Koalition im Mai 1932 neu gebildete Regierung verfügte nur noch über die Mehrheit einer einzigen Stimme im Parlament und war auf die Kooperationsbereitschaft der faschistischen Heimwehr angewiesen. Dies hatte zur Folge, dass die Christlichsoziale Partei zunehmend unter den Druck der Heimwehren und deren Schirmherr Benito Mussolini geriet. Die Sorge um den bevorstehenden Machtverlust seitens der Christlichsozialen Partei war aufgrund der vorangegangenen Wahlen durchaus begründet und ein Ende der Zersplitterung des bürgerlichen Lagers, ob des unaufhaltsamen Aufstiegs des Nationalsozialismus und des permanenten ökonomischen Krisenzustands, nicht in Sicht. Dieser Entwicklung hatte Dollfuß aufgrund der regelrechten Pattstellung zwischen Christlichsozialen und Sozialdemokratie nichts entgegenzusetzen. Die antidemokratische Entwicklung in den Nachbarländern ließ eine Beseitigung des „Störfaktors" Parlament und die Entfaltung alleiniger Macht allzu verlockend erscheinen – ein Gedanke, der bereits seit 1932 in den Reihen der Christlichsozialen Partei ebenso wie innerhalb der Industriellenverbände diskutiert worden war. Nicht die Abwehr des Nationalsozialismus, sondern die Beseitigung des als „Parteiendiktatur" wahrgenommenen Parlamentarismus war das Ziel, als im März 1933 mit der Etablierung eines faschistischen Regimes begonnen wurde, in deren Folge eine Art Gegenrevolution zum Jahr 1918/19 durchgeführt sowie die teilweise Restauration der alten Autoritäten bzw. des Patriarchalismus vorgenommen werden sollten. Ein väterlich-strenger „Führer" forderte zwar Unterwerfung und Gehorsam ein, versprach dafür aber der Bevölkerung des „soziale[n], christliche[n], deutsche[n] Staat[es] Österreich auf ständischer Grundlage, unter starker autoritärer Führung"[2] die Aufrechterhaltung von Ordnung und Sicherheit. Für Oppositions- und Widerstandsgeist oder selbständiges autonomes Handeln war in diesem Ordnungsdenken kein Platz. Die Vorstellung einer Harmonisierung und der damit einhergehenden Überwindung des Klassenkampfes sowie der „Gesundung" von Wirtschaft und Staat durch die Errichtung von Berufsständen war eine längst überholte und konnte ebenso wenig realisiert werden wie die Gewinnung breiter Teile der Bevölkerung für diese Idee. Anders als in Italien oder Deutschland basierte die Dollfuß-/Schuschnigg-Diktatur nicht auf einer aufstrebenden neuen Partei, die große Massen der Bevölkerung hinter sich vereinen konnte, sondern auf einer im Abstieg befindlichen Regierungskoalition, bestehend aus Christlichsozialer Partei, Landbund und Heimwehren, die durchaus nicht die gleichen Ziele verfolgten und in gegenseitige Rivalitäten verstrickt waren.

1 Tálos (2005), 412.

2 Berchtold (1967), 429 f.

Innerhalb der Christlichsozialen Partei schieden sich wiederum die Geister hinsichtlich der Beseitigung der eigenen Partei und ihrer Ersetzung durch die neue Einheits- bzw. Staatspartei, die Vaterländische Front. Der Landbund, der in der Ausschaltung des Parlaments nur eine temporäre Maßnahme gesehen hatte, glaubte an dessen Wiedereinsetzung nach erfolgter Stärkung der Position von Regierung und Bundespräsident sowie an den Weiterbestand des Parteiensystems. Der deutschnationale Teil der Heimwehren, repräsentiert durch Emil Fey, stand dem italienisch-katholischen, von Ernst Rüdiger Starhemberg geführten Flügel mit Misstrauen gegenüber und rivalisierte mit diesem um Einfluss und Machtpositionen innerhalb der Regierung. Anders als in den Nachbarstaaten kann somit keineswegs von einer mächtigen Bewegung gesprochen werden, die geschlossen dem Führerprinzip folgte. Das Regime erhob zwar den Anspruch darauf, scheiterte jedoch an der Wirklichkeit. „Die österreichische Diktatur", so Tálos, „weist sowohl Gemeinsamkeiten mit wie Unterschiede zu den Prototypen des Faschismus als auch zu Regimen auf, die sich auf autoritäre Herrschaftsmethoden stützten und [...] keine dauerhafte Veränderung bzw. Alternative anpeilten".[3] Die Frage nach dem „Charakter dieser Diktatur und seiner Nähe zu den Faschismen à la Italien und Deutschland" lasse sich erst dann beantworten, „wenn dieses Herrschaftssystem in seinen zentralen Dimensionen, wozu wesentlich die Methoden politischer Herrschaft, deren ideologisches Selbstverständnis und Anspruch, politische Wirklichkeit und Auswirkungen zählen, bearbeitet und erfaßt wird".[4]

Diesem Programm ist die vorliegende Publikation geschuldet, die auf dem von den Herausgeberinnen von 24. bis 26. Jänner 2011 am Wiener Juridicum organisierten und von der Wiener Rechtswissenschaftlichen Fakultät veranstalteten Symposion „*Österreich 1933–1938. Interdisziplinäre Bestandsaufnahmen und Perspektiven*" basiert. Verfolgtes Ziel war dabei, Anreiz und Rahmen für einen interdisziplinären Dialog zu schaffen und die Diskussion sowohl zwischen den juristischen bzw. rechtshistorischen Wissenschaften und den geschichtswissenschaftlichen, politologischen bzw. staatswissenschaftlichen Disziplinen voranzutreiben.[5] Der nunmehr – mit einigen wenigen Modifikationen – vorgelegte Sammelband trägt der Tatsache Rechnung, dass nicht zuletzt während der bei dieser Tagung intensiv geführten Diskussionen neuerlich sichtbar wurde, wie umstritten die Jahre des Regimes Engelbert Dollfuß' und Kurt Schuschniggs sowie deren zeithistorische Einordnung und Klassifizierung bis heute sind. Dieser Umstand demonstriert die Notwendigkeit einer diziplinenübergreifenden Bearbeitung dieser Jahre, die eine kritische und multiperspektivische sowie methodenpluralistische Betrachtung erfordert, um der Komplexität der damaligen politischen, ökonomischen, sozialen und gesellschaftlichen Verhältnisse gerecht zu werden. Dementsprechend breit sind die Themenschwerpunkte der Publikation angelegt. Diese reichen von einer eingehenden Diskussion der Maiverfassung 1934 und deren Zustandekommen über die Bedeutung des Konkordats, die unterschiedlichen Arten der Verfolgung von RegimegegnerInnen, der politischen Gewalt und Justiz in Bezug auf Februarkämpfe und Juliputsch bis hin zu wirtschaftlichen bzw. sozialen Aspekten, der Stellung der ArbeiterInnenbewegung

3 Tálos (2005), 417.

4 Ebd., 413.

5 Siehe hierzu Hermann (2011).

im Austofaschismus sowie dessen ungleichbehandelnder Geschlechterpolitik. Nach wissenschafts- und rezeptionshistorischen Betrachtungen zum Dollfuß-/Schuschnigg-Regime widmen sich die letzten Abschnitte des Sammelbandes den bisher ebenfalls nur lückenhaft behandelten Fragen zu Entfaschisierungsplänen seitens der USA noch vor 1945 sowie zur Rückgabe in dieser Zeit entzogenen Vermögens nach 1945 und zuletzt der jüngst beschlossenen Rehabilitierung der Opfer des Austrofaschismus.

Im ersten Abschnitt zur Verfassung 1934 setzt sich zunächst der Historiker Helmut Wohnout mit der Entstehungsgeschichte der „Maiverfassung" auseinander, indem er die unterschiedlichen ideologischen und machtpolitischen Positionen innerhalb des Regierungslagers offenlegt. Er kommt dabei u.a. zum Ergebnis, dass Proponenten der Heimwehr der Verfassung in vielen Bereichen ihre Prägung gaben, besonders hinsichtlich Normsetzung und autoritärer Ausrichtung, die jedoch nur fragmentarisch vollzogen wurde und sich vielmehr auf die Dominanz der Person des Bundeskanzlers verlagerte, was nach Ansicht des Autors dafür spricht, das System als „Kanzlerdiktatur" zu bezeichnen. Dem setzt der Staatsrechtler Ewald Wiederin, der eine bis dato kaum bzw. nur lückenhaft geleistete inhaltliche Analyse der Verfassung 1934 liefert, seine Charakterisierung des politischen Systems 1934 bis 1938 als „Beamtenfaschismus" entgegen. Als Ergebnis seiner Exegese beschreibt der Autor die Verfassung als integralen, Rechtsstaatlichkeit und Kontinuität aufweisenden Bestandteil der österreichischen Verfassungstradition, wobei die konkrete Ausformung des Regimes letztlich von den handelnden Personen abhängig gewesen sei. Die Frage, ob das zwischen dem Heiligen Stuhl und der Regierung Dollfuß im Juni 1933 abgeschlossene Konkordat in seiner Bedeutung allgemein überschätzt worden ist, bejaht der Religionsrechtler Stefan Schima in seinem Beitrag. Wesentliche Teile des Vertrags waren bereits vor Dollfuß' Amtsantritt als Bundeskanzler und damit auch lange vor dem Verfassungsbruch 1933 festgestanden. Der Autor weist auch darauf hin, dass nicht nur die Konkordatsgegner, sondern auch die Vertreter der Regierung bemüht waren, das Konkordat in eine engere inhaltliche Nähe zum autoritären „Standesstaat" zu rücken, als dies tatsächlich der Fall war.

Die Herausgeberinnen des Sammelbandes beschäftigen sich im folgenden Abschnitt mit unterschiedlichen, bislang wenig bearbeiteten Instrumenten der Oppositionsbekämpfung. Die Rechtshistorikerin Ilse Reiter-Zatloukal analysiert die rechtlichen Rahmenbedingungen des politisch motivierten Vermögensentzugs betreffend RegimegegnerInnen – sowohl NationalsozialistInnen als auch Angehörige der linken Opposition – im Austrofaschismus. Es werden die Rechtsgrundlagen für die Konfiskation von Vereins- und Parteienvermögen dargestellt (wobei auch die Frage der Rechtsnatur der österreichischen Parteien im Vergleich zu Deutschland thematisiert wird) und die verschiedenen Varianten des individuellen Vermögensentzugs erörtert. Daran anschließend untersucht die Historikerin Christiane Rothländer, neben der Darstellung der vollziehenden Behörden und deren Organisation, die verschiedenen Formen der Vermögensbeschlagnahme und deren Durchführung, sowohl am Beispiel des Entzugs des Vermögens von Wiener Vereinen und Organisationen der mit Betätigungsverbot belegten Parteien als auch anhand des individuellen Vermögensentzugs. Dabei weist sie nach, dass die für die Beschlagnahme verantwortlichen Behördenstellen personell unterbesetzt waren und die Personalauswahl nicht nach professionellen Maßstäben erfolgte, was die oft jahrelange Verschleppung anhängiger Verfahren ebenso mitbedingte wie die allzu komplizierte Regelung von deren Durchführung. Eine Form des individuellen Vermögensentzugs stellen die den Häftlingen des „Anhaltelagers" Wöllersdorf für ihren Lageraufenthalt vorgeschriebenen „Anhalte"-Kosten dar. Die Historikerin Pia Schölnberger präsentiert anhand der Darstellung von Lagerstruktur und -alltag sowie nicht zuletzt anhand des versuchten Finanzierungskonzeptes, wodurch die Häftlinge ihr Internierungslager sowie ihre „Anhaltung" selbst hätten finanzieren sollen, ein System der massiv gescheiterten Oppositionsbekämpfung im Austrofaschismus. So konnten die Kosten für das als Großprojekt angelegte „Anhaltelager" nur zu einem minimalen Prozentsatz durch die den „Angehaltenen" vorgeschriebenen Geldern gedeckt werden. Auch zeigte sich die Idee der Abschreckung und Strafe durch das Lager in der Realität als nicht geeignet, Regimegegner von illegaler politischer Betätigung fernhalten.

Am Beginn des Themenkomplexes „Politische Gewalt und Justiz" steht die Auseinandersetzung des Historikers Winfried R. Garscha mit der Frage, wer unter die Opfer des 12. Februar 1934 gezählt wurde, liegen doch besonders hinsichtlich der zivilen Todesopfer divergierende Zahlenangaben vor. Hierbei wird jedoch v.a. kritisch hinterfragt, warum bis dato – außer von den hingerichteten Schutzbündlern – nur die Namen der Opfer der Regierungsseite bekannt sind. Während über die Opfer des Juliputschs auf beiden Seiten gesicherte Informationen vorliegen, stellen die getöteten Schutzbündler und die zivilen Opfer der Februarkämpfe nach wie vor eine Forschungslücke dar. Der Autor argumentiert, dass auch die namentliche Erfassung der österreichischen Opfer der nationalsozialistischen Diktatur kein Resultat eines Diskussionsprozesses innerhalb der HistorikerInnenzunft war, sondern von den Angehörigen und Überlebenden an die akademische Wissenschaft herangetragen wurde. Einen möglichen Grund hierfür sieht er im mangelnden Zusammenwirken zwischen diskursanalytischen und sozialwissenschaftlich-quantifizierenden Methoden in der Zeitgeschichtsschreibung. Daran anschließend prüft der Strafrechtler Frank Höpfel die Berechtigung, die Februarkämpfe mithilfe heute international gültiger Definitionskriterien als Bürgerkrieg oder bewaffneten nationalen Konflikt zu definieren. Diese Einordnung sei für die Frage der Anwendbarkeit des Völkerrechts grundlegend, wenn auch wegen der veränderten Rechtsauffassungen hier neuere Kategorien zur Anwendung kämen. Auf dieser Grundlage kommt der Autor zum Schluss, dass die von Regierungsseite gesetzten Waffenhandlungen heute zwar nicht als Verletzungen des humanitären Völkerrechts, aber dennoch als Menschenrechtsverletzungen zu werten wären. Der Aufarbeitung des Juliputsches wendet sich Karin Bruckmüller, ebenfalls aus strafrechtlicher Perspektive, zu. Sie beschreibt sowohl den legistischen als auch den judiziellen Umgang mit dem gescheiterten Putschversuch der Nationalsozialisten, bei dem Engelbert Dollfuß ermordet wurde, indem sie die teilweise speziell daraufhin erlassenen Bundesgesetze analysiert. In der Folge werden die Verfahren vor dem aufgrund des Putschversuchs eingerichteten Militärgerichtshof und hinsichtlich der Anhaltung der „Minderbeteiligten" auf deren Rechtsstaatlichkeit hin untersucht.

Der folgende Abschnitt zum Thema „Wirtschaft und Arbeit" wird durch den Beitrag des Rechtsvergleichers Alessandro Somma eingeleitet, der nachzuweisen versucht, dass die Kombination von unterdrücktem politischen Liberalismus und reformiertem Wirtschaftsliberalismus, wie sie vor allem von den Ordoliberalen vertreten wurde, die Entwicklung des totalitären nationalsozialistischen Staates, zumindest auf dem Gebiet der Wirtschaftsverwaltung, begünstigte. Sommas theoretischen Ausführungen folgt die Analyse der Situation der ArbeiterInnenschaft und der Versuche der austrofaschistischen Diktatur zur Integration der „heimatlos" gewordenen ArbeiterInnen durch den Politikwissenschaftler Emmerich Tálos. Obwohl die Repräsentanten des Austrofaschismus das Wohl der ArbeiterInnen als eines ihrer Hauptanliegen anführten, strebte das Regime v.a. die Kontrolle über die Lohnabhängigen hinsichtlich potenzieller oppositioneller Betätigung durch die Einführung der Einheitsgewerkschaft an. Das Resultat dieser permanenten Repression war u.a. eine weitere dramatische Zuspitzung der sozial wie materiell desolaten Zustände. Der Arbeitsrechtler Walter Schrammel kommt in seinem Beitrag über die arbeits- und sozialrechtlichen Reformen im Austrofaschismus teilweise hingegen zu gegenläufigen Ergebnissen, macht er doch v.a. im Bereich der „nichtpolitischen" Regelungen eindeutige Verbesserungen der Rechtslage für die ArbeitnehmerInnen aus.

Im ersten Beitrag des Abschnitts zur austrofaschistischen Geschlechterpolitik untersucht die Juristin Neda Bei die Verordnung der Bundesregierung vom 15. Dezember 1933 über den Abbau verheirateter weiblicher Personen und andere dienstrechtliche Maßnahmen als charakteristisches Instrument der austrofaschistischen Geschlechterpolitik. Durch diese und andere diskriminierende Verfügungen wurde die verfassungsrechtlich festgeschriebene Geschlechtergleichheit aufgehoben, wodurch es zu einer Verdrängung der Frauen aus der österreichischen Beamtenschaft kam. Biografien einzelner Frauen, die Widerstand gegen den Austrofaschismus leisteten, stehen im Mittelpunkt des Beitrags der Historikerin Karin Nusko, die diese im Zuge ihrer Arbeiten zum Projekt „biografiA" erhoben hat. Sie stellt insbesondere fest, dass Frauen in nahezu allen Bereichen im Widerstand tätig gewesen waren, wobei nicht selten Motive im Vordergrund standen, die aus traditionellen Rollenzuschreibungen entstanden sein mochten. Die Diskursbrüche, die der Historiker Ernst Hanisch in seiner Darstellung über traditionelle Männlichkeitsrollen auf die Katastrophe der Weltwirtschaftskrise um 1930 zurückführt, mündeten in drei von ihm thematisierte entscheidende Phänomene: die Remaskulinisierung und Remilitarisierung der Gesellschaft sowie die Refeudalisierung des politischen Systems. Dies ging, so Hanisch, mit der sozialen Vision des vormodernen „Ständestaates" einher, die jedoch durch die modern gewordene „Sachlichkeit" der Wirtschaftspolitik umgesetzt werden sollte.

Der nächste Teilabschnitt, der die Wissenschaftsgeschichte bezogen auf die Jahre 1933 bis 1938 behandelt, wird durch die Präsentation von Ergebnissen des rechtshistorischen Forschungsprojekts zur Rechts- und Staatswissenschaftlichen Fakultät der Universität Wien zu dieser Zeit von Thomas Olechowski und Kamila Staudigl-Ciechowicz eingeleitet. Indem sie die Entwicklung des Fachs Staatsrecht an der Universität Wien im ausgehenden 19. Jahrhundert und damit einhergehend dessen unterschiedliche Schulen nachzeichnen, tritt die Beschaffenheit des wissenschaftlichen Umfelds, in dem sich die führenden Fachvertreter 1934 befanden, deutlich hervor. Hierbei wird erörtert, wie die Staatsrechtslehre, allen voran die beiden Ordinarien für Staatsrecht der Universität Wien, Adolf Merkl und Ludwig Adamovich, auf die Neuerungen, die die „Maiverfassung" gebracht hatte, reagierte. Während Merkl zumindest verhalten Kritik übte, kam eine solche im Lehrbuch von Adamovich nicht einmal ansatzweise auf. Ihren biografiekritischen Zugang zur Person Engelbert Dollfuß' präsentiert die Historikerin und Germanistin Lucile Dreidemy mithilfe einer Längsschnittsanalyse der Dollfuß-Biografik von 1935 bis in die Gegenwart. Die zur Verklärung des Bundeskanzlers neigende Kanonisierung förderte bis heute nur wenige kritische Stimmen zu dessen Person und Politik zutage und stellt abschließend die Frage nach der „Brauchbarkeit“ der Textsorte der Biografie für das Geschichtsbild Engelbert Dollfuß’. Florian Wenninger vom Institut für Zeitgeschichte widmet sich in seinem Text dem Problem der politischen Äquidistanz der Forschung, indem er speziell die Anfänge der angelsächsischen Forschungen zum Dollfuß-/Schuschnigg-Regime analysiert und sie in den Kontext der Biografien der jeweiligen AutorInnen setzt. Dabei zeigt sich, dass die häufig als unvoreingenommene Instanz angerufenen ausländischen WissenschaftlerInnen keineswegs „neutral“ an ihr Thema herangehen. Das Ziel des Autors versteht sich aber nicht als „Enttarnung“, sondern als Plädoyer dafür, zu lernen, eigene Werthaltungen offener darzulegen und damit eine umfassendere Diskussion der eigenen Erkenntnisse zu ermöglichen.

Den Beginn des vorletzten Schwerpunktes, der den Umgang mit dem Austrofaschismus in der Kriegs- und Nachkriegszeit aus unterschiedlichen Blickwinkeln zum Thema hat, stellt der Beitrag des Zeithistorikers und Juristen Oliver Rathkolb dar, der die Nachkriegsplanungen seitens der USA für eine umfassende Entfaschisierung Österreichs noch vor Kriegsende untersucht. Nachdem in Österreich, im Unterschied zu Deutschland, vor dem „Anschluss“ bereits eine Diktatur geherrscht hatte, bestand die Befürchtung, dass sich hier der Prozess der Reetablierung einer Demokratie schwieriger gestalten würde. Deshalb wurden bereits seit 1943 unterschiedliche Grundlagen und Richtlinien für dieses Szenario ausgearbeitet sowie festgelegt, dass nicht nur ehemalige NationalsozialistInnen, sondern auch Personen, die u. a. hohe Positionen im Dollfuß-/Schuschnigg-Regime innegehabt hatten, von Führungsämtern in Wirtschaft und Öffentlichkeit ausgeschlossen werden sollten. Die Umsetzung dieser vieldiskutierten Pläne scheiterte nach der Befreiung 1945 jedoch v. a. an parteipolitischen Interessen der neu gegründeten ÖVP. In der Folge zeigt die Zeithistorikerin Brigitte Bailer, mit welchen Mitteln bzw. aus welchen Gründen es im Opferfürsorgegesetz und anderen Nachkriegsgesetzen zu fragwürdigen Gleichsetzungen erlittenen Unrechts infolge von Austrofaschismus und Nationalsozialismus hinsichtlich materieller Entschädigung gekommen ist. Obwohl aufgrund mangelnder Unterlagen der Behörden sowie fehlender Forschungen bis heute keine Aussagen über die Zuerkennung von Leistungen an die Verfolgten des „Austrofaschismus“ getroffen werden können, weist die Autorin darauf hin, dass es dieser Gruppe von Verfolgten wohl leichter gefallen sein dürfte, ihre Ansprüche durchzusetzen als so manchen Verfolgten des NS-Regimes. Eine kritische Auseinandersetzung mit den drei Rückgabegesetzen liefert in der Folge der Privatrechtler Georg Graf. Seine Analyse, wonach die Rückgabe von zwischen 1933 und 1938 entzogenem Vermögen – den Fall unbeteiligter Dritter, die entzogenes Gut erworben haben, ausgenommen – erfüllt wurde, er schließt jedoch mit dem Hinweis, dass eine klare Bevorzugung gegenüber NS-Opfern stattgefunden hatte. Die Historikerin Maria Mesner präsentiert sodann die Ergebnisse der „Spurensuche“, auf die sie sich im Rahmen eines von ihr gemeinsam mit Margit Reiter und Theodor Venus durchgeführten Forschungsprojektes über die Frage nach dem Verhältnis zwischen den 1934 und in den Folgejahren enteigneten sozialdemokratischen Vermögenswerten und dem, was die nunmehrige SPÖ in der Zweiten Republik zurückerhielt, begeben hat.

Der letzte Abschnitt der vorliegenden Publikation ist der Frage der Rehabilitierung im Zusammenhang mit im Austrofaschismus verfolgten und verurteilten Personen gewidmet. Anhand der Darstellung der Rehabilitierung der jahrzehntelang umstrittenen Gruppe der Wehrmachtsdeserteure zeichnen die Politikwissenschaftler Walter Manoschek und Thomas Geldmacher in ihrem Beitrag den schwierigen und hürdenreichen Weg einer solchen letztendlich erfolgreichen Rehabilitierung nach, die nun auch für die Opfer des Austrofaschismus und deren Angehörigen zur Realität geworden ist. Notwendig für den Ende des 20. Jahrhunderts allmählich stattfindenden Gesinnungswandel bezüglich der Bewertung der Deutschen Wehrmacht war hier die „Wehrmachts-Ausstellung“, denn erst daran anknüpfend konnte mit der wissenschaftlichen Bearbeitung der Geschehnisse begonnen werden. Als Resultat erfolgte 2009 die pauschale Rehabilitierung der Deserteure, welche die durch das Aufhebungs- und Einstellungsgesetz von 1945 mögliche Rehabilitierung nach Einzelfallprüfung ablöste. Dieser Beitrag zeigt, wie ein solcher Weg in Richtung Rehabilitierung einer lange nicht als solcher anerkannten Opfergruppe beschritten werden kann. Nachdem die Diskussionen über die Rehabilitierung der Opfer des Austrofaschismus über ein Jahr nach Abhaltung des Symposions mit dem am 1. März 2012 erlassenen Bundesgesetz über die Aufhebung und Rehabilitierung (Aufhebungs- und Rehabilitierungsgesetz 2011) ihren Abschluss gefunden hatten, endet auch der vorliegende Sammelband mit der Darstellung von dessen Entstehungsgeschichte und Exegese durch Ilse Reiter-Zatloukal. Mit diesem Gesetz werden rückwirkend alle noch in Rechtskraft stehenden, bis 12. März 1938 ergangenen verurteilenden Entscheidungen der Sonder- und Standgerichte sowie der ordentlichen Strafgerichte aufgehoben, soweit sie wegen Taten, die zwischen 6. März 1933 und 12. März 1938 „im Kampf um ein unabhängiges, demokratisches und seiner geschichtlichen Aufgabe bewusstes Österreich“ begangen wurden oder „wegen des Ausdrucks einer darauf gerichteten politischen Meinung“ erfolgten.

VERFASSUNG UND KONKORDAT

Helmut Wohnout

Die Verfassung 1934 im Widerstreit der unterschiedlichen Kräfte im Regierungslager

Einleitung

„Unsere Idee ist heute die Idee des Staates geworden."[1] So resümierte – sichtlich zufrieden – Sozialminister Odo Neustädter-Stürmer bei einer Veranstaltung der Heimwehr in St. Pölten am 21. April 1934 die eben zu Ende gegangenen Beratungen der neuen Verfassung 1934. Es stellt sich die Frage: Wessen Idee meinte der der Heimwehr angehörende und für seine Gruppierung federführend in die Ausarbeitung der Verfassung eingebundene Neustädter-Stürmer in seiner Rede eigentlich? Sicher nicht jene der Regierung Dollfuß insgesamt, so es eine solche überhaupt gab. Noch weniger konnte und wollte der Heimwehrideologe Neustädter-Stürmer, dem sein Regierungskollege Schuschnigg in einem seiner Bücher retrospektiv ein „rein faschistisches Denken" attestierte,[2] für seine Ministerkollegen aus dem christlichsozialen Lager sprechen. Vielmehr meinte Neustädter-Stürmer die Programmatik der Heimwehr, der er im Zuge der Verhandlungen zum Durchbruch verholfen hätte. Damit ist die zentrale Frage der folgenden Ausführungen angesprochen: Was waren die machtpolitischen Rahmenbedingungen innerhalb des Regierungslagers in den ersten Monaten des Jahres 1934? Welche Gruppierung spielte im Zuge der Ausarbeitung der Maiverfassung die führende Rolle? Und wem gelang es schlussendlich, der neuen Verfassung seine politische und ideologische Signatur einzuprägen?

1. Regierungsinterne Machtverschiebungen 1932–1934

Als Engelbert Dollfuß im Mai 1932 sein Amt als Bundeskanzler antrat, stand er einer Koalitionsregierung vor, bestehend aus einem großen Regierungspartner, den Christlichsozialen, und zwei kleinen Fraktionen, dem Landbund und der Heimwehr. Es handelte sich um ein Kabinett, das nur über eine sehr schmale politische Basis verfügte,

---

1 Der Heimatschützer. Offizielles Organ des Österreichischen Heimatschutzes, 28.4.1934, zit. n. Wohnout (1993), 157.

2 Schuschnigg (1988), 169.

nachdem die christlichsozial-großdeutsche Ära der Regierungszusammenarbeit, die von kurzen Unterbrechungen abgesehen seit 1922 für die Koalitionsbildungen maßgeblich gewesen war, infolge der erdrutschartigen Gewinne der Nationalsozialisten bei den am 24. April 1932 stattgefundenen Landtagswahlen in Wien, Niederösterreich und Salzburg zu Ende gegangen war. Ob die neue Regierung überhaupt eine parlamentarische Mehrheit hinter sich hatte, darf bezweifelt werden und hängt davon ab, ob man die beiden Abgeordneten des Steirischen Heimatschutzes dieser Mehrheit hinzurechnet oder nicht. Tatsache ist jedenfalls, dass der Steirische Heimatschutz sich mit der Bundesführung der Heimwehr überworfen und den Eintritt in die Regierung Dollfuß scharf kritisiert hatte.[3] Man kann allerdings die Frage insoweit offen lassen, als es der Regierung, wenn auch zur allgemeinen Überraschung, gelang, mit den Stimmen fast aller Heimatschutz-Abgeordneten die Lausanner Anleihe im Sommer 1932 mit einer hauchdünnen Mehrheit parlamentarisch über die Bühne zu bringen.[4] Es handelte sich dabei insofern um eine „Zitterpartie", als sich die Sozialdemokratie diametral gegen die Lausanner Verträge gestellt hatte, ähnlich wie 1922, als sie gegen die Genfer Anleihe Seipels gestimmt hatte. Man ging von der falschen Kalkulation aus, die Anleihe zu Fall bringen, in der Folge die Regierung Dollfuß mitsamt der den Sozialdemokraten verhassten mitregierenden Heimwehr aus dem Amt jagen und Neuwahlen herbeiführen zu können.

Bei Dollfuß, der auf die Staatsraison seiner politischen Gegner gehofft hatte, hinterließ das Agieren der Sozialdemokraten im Sommer 1932 tiefe Spuren. Der Kanzler, der ursprünglich eher dem gemäßigten und gegenüber der linken Opposition gesprächsbereiten niederösterreichischen Flügel der Christlichsozialen entstammte,[5] bezog mehr und mehr eine ablehnende, ja feindselige Haltung gegenüber der Sozialdemokratie und begann, mit einer Zurückdrängung des demokratischen Parlamentarismus insgesamt zu liebäugeln. Ab diesem Zeitpunkt verfestigte sich im bürgerlichen Lager die Meinung, wonach sich die Sozialdemokraten jeder Staatsnotwendigkeit verweigern würden. Am 1. Oktober 1932 kam es erstmalig zur Erlassung einer Verordnung der Bundesregierung aufgrund des Kriegswirtschaftlichen Ermächtigungsgesetzes aus dem Jahr 1917.[6] Es war dies ein rechtlich gesehen höchst dubioser, zugleich politisch bewusst gesetzter erster Schritt zur Schwächung des Parlaments. Dementsprechend begann die Herbsttagung des Nationalrates am 20. Oktober in einer gereizten Stimmung. Schon in der ersten Sitzung stellten die Sozialdemokraten an die Regierung eine Dringliche Anfrage, in der sie, neben anderen Punkten, die aus ihrer Sicht missbräuchliche Anwendung des Kriegswirtschaftlichen Ermächtigungsgesetzes aufwarfen.

3 Der größere Teil der steirischen Heimwehrgruppierungen spaltete sich von der Bundesführung rund um Ernst Rüdiger Starhemberg ab und ging in weiterer Folge im April 1933 ein Bündnis mit der NSDAP ein. Von den beiden steirischen Nationalratsabgeordneten Josef Lengauer und Josef Hainzl verblieb ersterer auf der Seite der Bundesführung, während Hainzl sowie sein Kärntner Kollege Hans Ebner im August 1932 aus der Heimwehrfraktion im Nationalrat ausschieden. Pauley (1972), 144–152; Wiltschegg (1985), 67–69; Parlamentsdirektion (1998), 96, 209 f.

4 Zur Lausanner Anleihe: Klingenstein (1965).

5 Schausberger (1993), 110 f; Jagschitz (1975), 238; ders., (1983), 211–213.

6 In der Sache ging es bei der Verordnung um die Haftung der für den Zusammenbruch der Creditanstalt verantwortlichen Funktionäre mit ihrem Privatvermögen. Dazu und zur rechtlichen Problematik der Anwendung des Kriegswirtschaftlichen Ermächtigungsgesetzes: Huemer (1975), 138–156.

Wesentlich im Zusammenhang mit der Themenstellung des Beitrags ist der Umstand, dass beginnend mit der zweiten Jahreshälfte 1932 die an sich kleinste parlamentarische Gruppierung innerhalb der regierenden Drei-Parteien-Koalition, nämlich die Heimwehr, immer mehr an Bedeutung gewann. Ausschlaggebend dafür war in erster Linie die zunehmende Verschärfung der politischen Auseinandersetzung nach links wie nach rechts – nach links gegenüber der oppositionellen Sozialdemokratie und nach rechts gegenüber dem immer gewalttätigere Formen annehmenden NS-Terrorismus auf der Straße.[7] Dies führte dazu, dass der Heimwehr als dem größten paramilitärischen Wehrverband des bürgerlichen Lagers innerhalb der Regierungskoalition ein über seine politisch-parlamentarische Bedeutung hinausgehender Einfluss zuzukommen begann. Erstes sichtbares Zeichen dafür war die Ernennung des Wiener Heimwehr-Führers Emil Fey zum Staatssekretär für Sicherheit im Oktober 1932. Sie erfolgte als unmittelbare Reaktion von Bundeskanzler Dollfuß auf den sogenannten „Simmeringer Blutsonntag" am 16. Oktober 1932, bei dem im Zuge von bewaffneten Zusammenstößen zwischen Nationalsozialisten und dem Republikanischen Schutzbund vier Menschen starben. Die Ernennung Feys, eines militanten Gegners der Sozialdemokratie, wurde von dieser als Provokation empfunden, umso mehr als der neue Staatssekretär sofort ein Aufmarschverbot nicht nur für nationalsozialistische Verbände, sondern auch für solche der Sozialdemokraten und Kommunisten erließ. Der Regierungseintritt Feys bildete den Auslöser für eine heftige, ins Persönliche gehende Auseinandersetzung zwischen Engelbert Dollfuß und Otto Bauer im Parlament am 21. Oktober 1932. Ernst Hanisch erblickt in ihr den irreversiblen menschlichen Bruch zwischen den führenden Protagonisten der beiden großen politischen Lager.[8]

Ab dem 5. März 1933 begann der christlichsoziale Teil der Regierungskoalition einen radikalen Schwenk in Richtung rechts zu vollziehen. Politikern der Christlichsozialen, die den von Dollfuß gemeinsam mit der Parteiführung eingeschlagenen Weg, ohne Parlament autoritär weiter zu regieren, nicht mitzutragen bereit waren, blieb nur der vorläufige Rückzug aus der obersten politischen Führungsebene. Erstmals sichtbar wurde dies, als Sozialminister Josef Resch schon am 11. März 1933 demissionierte, und es zeigte sich erneut bei der großen Regierungsumbildung vom 21. September 1933. Bei dieser Gelegenheit musste der christlichsoziale Parteiobmann Carl Vaugoin, der zwar kein ausgesprochener Exponent des demokratischen Flügels seiner Partei war, aber kraft seiner Funktion für den Erhalt des parlamentarischen Parteienstaates stand, aus dem Kabinett ausscheiden. Dafür kehrte Richard Schmitz in die Regierung zurück. Er zählte als langjähriger enger Gefolgsmann Ignaz Seipels zum rechten Flügel der Partei und war offen für ständestaatliche und autoritäre Experimente.[9]

Vor allem brachte die Regierungsumbildung vom September 1933 aber das Ausscheiden des Landbundes aus der bisherigen Drei-Parteien-Koalition mit sich. Die dem Landbund angehörenden Regierungsmitglieder, Vizekanzler Franz Winkler, Minister Vinzenz Schumy und Staatssekretär Franz Bachinger, mussten den Hut nehmen. Neuer Vizekanzler wurde Emil Fey. Pro forma gehörten zwar mit Robert Kerber als Minister im Bundeskanz-

7 Wohnout (2004b), 80–83.
8 Hanisch (2011), 279 f.
9 Wohnout (2011), 173–184.

leramt und Franz Glas als Staatssekretär im Bundesministerium für Justiz der Regierung zwei Beamte an, die der von Franz Winkler gegründeten „Nationalständischen Front" beigetreten waren. Sie spielten aber politisch so gut wie keine Rolle und ihre Berufung diente nur dazu, die Eliminierung des Landbundes aus der Regierung politisch etwas abzufedern.

Der Regierungsumbildung vorausgegangen war ein kurzer, aber heftiger und öffentlich ausgetragener Machtkampf zwischen der Heimwehr und dem Landbund. Ausschlaggebend war freilich der immer stärker werdende italienische Druck, hatte doch Mussolini spätestens seit dem Treffen mit Dollfuß in Riccione am 19./20. August das Ausscheiden des Landbundes aus der Regierung ultimativ verlangt.[10]

Dies bedeutete, dass ab 21. September 1933 die Koalition nur mehr aus zwei Parteien bestand und im hypothetischen Fall der Wiedereinberufung des Nationalrates eine eindeutige Mehrheit gegen sich gehabt hätte. Aber davon war man zu diesem Zeitpunkt ohnedies schon weit entfernt. Auch in der subjektiven Wahrnehmung der handelnden Protagonisten auf Regierungsseite hatte man spätestens zu diesem Zeitpunkt den Boden des demokratischen Parlamentarismus irreversibel verlassen. Richard Schmitz etwa notierte im September 1933 in sein Tagebuch, der Parteienstaat habe sich überlebt, nun stünde der „Einparteienstaat oder der Ständestaat" bevor.[11]

Dies hatte zur Folge, dass sich die Regierung nach außen hin nicht mehr das Erscheinungsbild einer Koalition, sondern das einer einheitlichen und geschlossenen Formation zu geben versuchte. Als Klammer dafür sollte die im Frühjahr erstmals angekündigte Vaterländische Front dienen, die allerdings erst in Umrissen, wenn überhaupt, existierte. In der politischen Realität standen sich weiterhin zwei unterschiedliche politische Richtungen mit teils stark divergierenden politischen Zielsetzungen innerhalb des Kabinetts gegenüber. Auf der einen Seite befanden sich jene Regierungsmitglieder, die aus dem christlichsozialen Lager kamen. Nach demokratisch-parlamentarischen Maßstäben waren sie eindeutig der größere der beiden Koalitionspartner, weshalb sie nach wie vor den Bundeskanzler und das Gros der Minister stellten. Doch befanden sich die Christlichsozialen als Partei schon vor der Regierungsumbildung vom September 1933 in der Defensive und versanken danach in einen Zustand der politischen Agonie.[12] Diejenigen Kabinettsmitglieder, die ohnehin Sympathien für autoritäre bzw. ständestaatliche Optionen hatten, also in erster Linie Dollfuß, Schuschnigg und Schmitz, gingen offen auf Distanz zu ihrer eigenen Partei. Wiederholt stellten sie das nahe Ende des Parteienstaates und damit implizit auch das ihrer eigenen Partei in den Raum. Am breitenwirksamsten geschah dies in der immer wieder zitierten Trabrennplatzrede Dollfuß' am 11. September 1933 mit der programmatischen Ankündigung, dass die „Zeit der Parteienherrschaft" nun vorüber sei.[13] Einige demokratisch ausgerichtete Landesgruppen,

10 ÖStA/AdR, NPA, Liasse Italien I/III Geheim, 1933–1934, Zl. 24.456-13/1933; I Documenti diplomatici italiani 14 (1989), Nr. 162 (Mussolini a Dollfuß, 9.9.1933); vgl. dazu auch: Maderthaner/Maier (2004), 39–47. Zur Annäherung zwischen Wien und Rom und den Pressionen Mussolinis gegenüber Dollfuß als Gegenleistung für den Erhalt der österreichischen Unabhängigkeit in den Jahren 1932–34 vgl. zusammenfassend: Wohnout (2012).

11 Braun (1968), 270.

12 Wohnout (2001), 198–203.

13 Die Trabrennplatzrede ist in ihrem vollen Wortlaut publiziert bei Weber (1935), 19–45.

wie die Salzburger, die Oberösterreicher oder die Vorarlberger, versuchten erfolglos gegenzusteuern. Mit einer gewissen Eigenständigkeit ausgestattete Gruppierungen wie die Christliche Arbeiterbewegung begannen zwar, was ihren eigenen Kurs betraf, Nuancierungen gegenüber dem von Dollfuß eingeschlagenen Weg vorzunehmen, seinen Führungsanspruch oder die grundsätzliche Zustimmung zum Regierungskurs stellten sie allerdings nicht infrage.[14]

Der christlichsoziale Klubvorstand, das eigentliche Führungsorgan der Partei, kam nur mehr sporadisch zu Sitzungen zusammen, und der Beschluss der Bischofskonferenz, wonach katholische Geistliche bis zum 15. Dezember 1933 ihre Mandate in Bundes-, Länder- und Gemeindevertretungen zurückzulegen hatten, traf die Christlichsozialen an einem neuralgischen Punkt ihres Selbstverständnisses. Dazu kam, dass die christlichsoziale Regierungsmannschaft selbst keineswegs immer einheitlich agierte. Seit Juli 1933 gehörte ihr mit Otto Ender ein Exponent des gemäßigten und föderalen Flügels der Partei an. Die Berufung des weit über die Grenzen seines Bundeslandes hinaus angesehenen Landeshauptmannes von Vorarlberg und ehemaligen Bundeskanzlers hatte zwar für Dollfuß einen Prestigegewinn bedeutet, führte aber in der Folge zu Spannungen innerhalb der Regierungsfraktion.

Den Christlichsozialen gegenüber stand die Heimwehr, die sich seit Herbst 1932 im politischen Aufwind und zwischen dem 12. Februar 1934 und dem 25. Juli 1934 auf dem Gipfel ihres innenpolitischen Einflusses befand. Vor allem maßgeblich für den Machtzuwachs der Heimwehr war die italienische Politik, die wiederholt und sehr unmittelbar zugunsten der Heimwehr Einfluss genommen hatte.[15] Die Heimwehr verfügte als parlamentarische Gruppierung auf Basis der Wahlen von 1930 über nur acht Mandate und war intern noch weit heterogener als die Christlichsozialen. Doch leitete sie ihre politische Legitimation nicht aus der Mandatszahl, sondern aus der Mobilisierungsfähigkeit als Wehrverband ab. In einem Klima zunehmender politischer Gewalt kam einer Gruppierung, deren Wesenskern bewaffnete Formationen bildeten, gesteigerte Bedeutung zu. Den nachhaltigsten Schub an Prestige- und Machtzuwachs erfuhr die Heimwehr demzufolge auch nach den Februarkämpfen 1934. Sie fühlte sich als militärischer Sieger und beanspruchte sehr selbstbewusst, um nicht zu sagen aggressiv, aus diesem Erfolg politisches Kapital schlagen zu können. Genau zu diesem Zeitpunkt, nämlich ab Anfang Februar 1934, begannen – vorerst in einem fünfköpfigen Ministerkomitee – jene entscheidenden Beratungen, die zur Verfassung 1934 führen sollten.[16]

Zusammengefasst lässt sich für die politische Ausgangsposition dieser Verhandlungen Folgendes festhalten: Die Regierung Dollfuß war im Frühjahr 1934, als die Beratung und Beschlussfassung der neuen Verfassung anstanden, keineswegs jener monolithische vaterländische Block, als der sie sich nach außen hin präsentierte. Bei der Vaterländischen Front handelte es sich um eine „Einheitspartei, die keine war", denn es blieb auch in der Folge bei einer Koalition zweier recht divergenter Partner, die im Laufe der Zeit mehr und mehr zu einer „Koalition rivalisierender Eliten ohne Massen-

14 Pelinka (1972), 41–46.

15 Vgl. dazu im Detail: Wohnout (2012).

16 Wohnout (1993), 137, 145.

anhang" wurde.[17] Innerhalb der Regierung bestanden – wie im Folgenden noch genauer zu zeigen sein wird – teils sehr unterschiedliche politische Zielvorstellungen, die in der Verfassungsdiskussion voll aufeinander prallen sollten. Dazu kam, dass die Heimwehr politisch Morgenluft witterte, während die Christlichsozialen – als Partei in dieser Phase bereits paralysiert – aus der Defensive heraus agierten. Sie waren ganz auf die Person des Bundeskanzlers hin ausgerichtet. Soweit den christlichsozialen Regierungsmitgliedern neben dem Regierungschef ein Spielraum verblieb, zogen sie, wie bereits erwähnt, politisch keineswegs immer an einem Strang. Insbesondere Schmitz und Schuschnigg tendierten in wesentlichen Fragen in eine andere Richtung als Ender. Über einen Vorteil verfügten die aus den Reihen der Christlichsozialen kommenden Regierungsmitglieder allerdings: Sie waren großteils lang gediente Berufspolitiker und Mandatare, also Routiniers auf dem Gebiet der Politik. Ihnen gegenüber standen auf Seiten der Heimwehr militärisch geprägte ehemalige Frontsoldaten ohne große politisch-bürokratische Erfahrung. Es handelte sich eher um Condottierenaturen, für die die Ausarbeitung einer Verfassung etwas völlig Neues bedeutete. Die diesbezüglich einzige Ausnahme bildete Odo Neustädter-Stürmer, der als Jurist und oberösterreichischer Landesbeamter über einschlägige Expertise verfügte.[18]

2. Politisch-programmatische Zielvorstellungen auf Regierungsseite im Hinblick auf die neue Verfassung

Sucht man bei der Heimwehr nach verfassungspolitischen Vorarbeiten für die Verfassung 1934, so ist anknüpfend an das vorhergehend Dargelegte einleitend festzuhalten, dass politische Programmatik bei den führenden Protagonisten der Heimwehrbewegung nie eine große Rolle gespielt hatte. Die ideologische Klammer, welche die in sich höchst heterogene Heimwehrführung zusammenhielt, bestand in der militanten Bekämpfung der Linken und über weite Strecken in der Ablehnung des Systems der repräsentativen Demokratie. Als man seitens der Heimwehr Ende der 1920er-Jahre begann, sich mit verfassungspolitischen Überlegungen zu beschäftigen, spielten zwei unterschiedliche Einflussstränge eine Rolle: erstens die universalistische Schule, zurückgehend auf Othmar Spann und sein Lehrgebäude, sowie zweitens die Beispielwirkung des faschistischen Italien. Bei Letzterem ist allerdings einschränkend festzuhalten, dass der italienische Faschismus selbst kein in sich geschlossenes und über die Jahre feststehendes politisches, weltanschauliches oder gar verfassungspolitisches System darstellte und diesbezüglich im Laufe der Zeit beträchtlichen Schwankungen unterworfen war.[19]

Anfangs war es der Spann-Schüler und spätere Professor an der Hochschule für Welthandel Walter Heinrich, der programmatisch innerhalb der Heimwehr eine wesentliche Rolle spielte. 1929/30 bekleidete er das Amt des Generalsekretärs der Bundesführung und gilt als Verfasser des „Korneuburger Eids" vom 18. Mai 1930.[20] Er war mit dem faschistischen Herrschaftssystem in Italien gut vertraut und brachte es führenden Heim-

17 Bracher (1997), 114.
18 Slapnicka (1976), 195 f.
19 Payne (2006), 164, 268.
20 Wiltschegg (1986), 142.

wehrvertretern näher.[21] Er schied aber, als Ernst Rüdiger Starhemberg im Herbst 1930 an die Spitze der Heimwehr trat, aus der Bundesführung aus. Daher kommt ihm für die Ausarbeitung der Verfassung im Frühjahr 1934 keine unmittelbare Bedeutung mehr zu.

Es war vielmehr der bereits genannte Odo Neustädter-Stürmer, ein Vertrauter des neuen Bundesführers Starhemberg, der ab 1930 zur wichtigsten Figur der Heimwehr auf programmatischem und verfassungspolitischem Gebiet wurde. Auch er stand unter dem Einfluss Othmar Spanns. Innerhalb der Heimwehrführung hatte er sich neben Walter Heinrich noch am weitestgehenden mit den Unterschieden zwischen dem syndikalistisch orientierten System in Italien und den berufsständischen Vorstellungen im Umfeld der katholischen Soziallehre beschäftigt. Gedankliche Überschneidungen zwischen dem auf dem Universalismus Spann'scher Provenienz beruhenden Gedankengut Neustädter-Stürmers und der faschistischen Doktrin, die sich zu Beginn der 1920er-Jahre ausgehend vom revolutionären Syndikalismus Georges Sorels mit seinem korporativen, klassenübergreifenden Ansatz mehr und mehr in eine autoritäre und etatistische Richtung entwickelte,[22] sind daher unschwer zu finden.

Im Hinblick auf die Verfassungsdiskussion 1934 lassen sich aus Sicht des Verfassers vier Grundlinien in der federführend von Neustädter-Stürmer bestimmten Politik der Heimwehr festmachen: 1.) Eine organische Sichtweise mit dem unbedingten Vorrang des Staates gegenüber individuellen Rechten des Einzelnen. 2.) Die Forderung nach einem starken und zentralistisch ausgerichteten Staat, dem eine dominante Stellung eingeräumt wird. 3.) Die konsequente Ablehnung der liberalen Grundrechtsdemokratie und ihrer Institutionen. 4.) Die Ablehnung aller Modelle berufsständischer Selbstverwaltung bzw. Autonomie gegenüber dem Staat. Korporative Körperschaften waren für die Heimwehr Teil eines autoritären Staatsentwurfs und daher einer weitgehenden staatlichen Kontrolle bzw. Aufsicht zu unterwerfen.

Die christlichsozialen Erwartungen an eine neue Verfassung wichen von jenen der Heimwehr in wesentlichen Punkten ab. Ihren Ausgang nahmen die christlichsozialen Reformvorstellungen bei den im Zuge der Kompromissfindung mit der Sozialdemokratie bei der Verfassungsreform 1929 unerfüllt gebliebenen Wünschen. Generell gesprochen ging es den Christlichsozialen um 1.) die Stärkung der staatlichen Autoritäten, in erster Linie der Regierung, zu Lasten der Gesetzgebung; 2.) den Ausbau des föderalen Elements, insbesondere bei der Konstruktion einer parlamentarischen Ländervertretung nach dem Prinzip der arithmetischen Gleichheit; 3.) die Verankerung ständischer bzw. berufsständischer Elemente und 4.) die Stärkung des Notverordnungsrechts des Bundespräsidenten.

Diese Forderungen waren, wie erwähnt, nicht neu, ja spielten teilweise schon bei der Verfassungsdiskussion zu Beginn der Republik eine Rolle. Neu war allerdings Anfang der 1930er-Jahre der Umstand, dass sie durch die verengte Interpretation, welche die

21 Bereits 1929 veröffentlichte Heinrich ein Buch mit dem Titel „Die Staats- und Wirtschaftsverfassung des Faschismus", das drei Jahre später in einer neu bearbeiteten Auflage unter dem Titel „Der Faschismus. Staat und Wirtschaft im neuen Italien" erschien. Bei aller Bewunderung für die Diktatur Mussolinis machte er darin immerhin darauf aufmerksam, dass das auf nationalen Syndikaten basierende System, wie es in Italien errichtet worden war, nicht dem Prinzip des Korporationismus als System der Selbstverwaltung entsprach, Heinrich (1932).

22 Sternhell/Sznajder/Asheri (1999), 285–291.

Enzyklika *Quadragesimo anno* ab Herbst 1931 im politischen Katholizismus Österreichs durch Ignaz Seipel erfahren hatte, ideologisch in einer brisanten Art und Weise aufgeladen wurden. Denn beim späten Seipel wuchsen die von ihm aus der Enzyklika herausgelesene berufsständische Reform im Sinne einer Staatsreform sowie seine spätestens 1929 mit seiner „Tübinger Rede" manifest gewordene und seitdem latente Kritik am bisherigen parlamentarisch-repräsentativen System zu einer Synthese zusammen. Diese wurde zu einer Art Vermächtnis, das nach Seipels Tod in dem von seinem Gefolgsmann Richard Schmitz im Herbst 1932 verfassten Kommentar zum christlichsozialen Parteiprogramm zu einer programmatischen Grundidee verdichtet wurde.[23] Ein straff strukturierter Autoritätsstaat, verbunden mit einer Form der berufsständischen Selbstverwaltung, deren konkrete Ausgestaltung aber offen blieb, wurde zum politischen Leitbild jener Gruppe um Schmitz und Schuschnigg, der sich Dollfuß bereitwillig anschloss. Prononciert demokratische Kräfte wurden in den Hintergrund gedrängt. Lediglich Otto Ender verkörperte noch den gemäßigten Flügel der Partei an der Regierungsspitze. Er entpuppte sich im Zuge der Verfassungsdiskussion allerdings weniger als Demokrat denn als Föderalist. Doch sollte er auch bei der Durchsetzung der Länderinteressen in der Verfassung 1934 nicht sehr erfolgreich bleiben, waren doch andere christlichsoziale Regierungsmitglieder, allen voran Dollfuß selbst, bereit, das bisherige föderale Paradigma ihrer Partei zugunsten autoritärer Gesichtspunkte in den Hintergrund treten zu lassen.

3. Die Verfassung 1934 als Resultat unterschiedlicher politischer Einflussstränge im Regierungslager

In einem wesentlichen Punkt, der die gesamte Verfassung wie ein roter Faden durchzieht, waren sich beide Teile der Regierung, Christlichsoziale wie Heimwehr, spätestens nach dem Februar 1934 einig. Dabei handelte es sich neben dem bewussten und gewollten Bruch mit der Verfassung 1920 um die Dominanz der obersten Organe der Vollziehung des Bundes. Die autoritäre Staatsführung, das Duumvirat von Bundespräsident und Bundeskanzler, bildete den „Kern der Verfassung".[24] Beiden kam sowohl innerhalb der staatlichen Verwaltung als auch gegenüber den gesetzgebenden Körperschaften eine überragende Stellung zu. Letztere waren völlig neu konzipiert. An die Stelle von Nationalrat und Bundesrat traten die vier sogenannten vorberatenden Organe, Staats-, Bundeswirtschafts-, Bundeskultur- und Länderrat sowie als beschlussfassendes Organ der Bundestag und in Ausnahmefällen die Bundesversammlung. Typische Kompetenzen eines klassischen Parlaments, wie die Bestimmung des Gesetzesinhalts oder die Gesetzesinitiative, besaßen diese Organe nicht.[25]

Auf der Suche nach der geistigen Urheberschaft dieses Gesetzgebungsapparates stößt man auf einen von Odo Neustädter-Stürmer aus dem Jahr 1930 veröffentlichten Verfassungsvorschlag, bei dem der Einfluss der universalistischen Schule nicht zu verkennen ist. Neustädter-Stürmer ging von einer organischen Dreiteilung des Staates in die Gebiete der Staatshoheit, der Wirtschaft und des geistigen Lebens aus. Auf diese auf-

23 Schmitz (1932).

24 Welan/Neisser (1971), 46.

25 Zur Gesetzgebung im Detail vgl. Wohnout (1993), 160–178.

bauend gelangte er zu drei gesetzgebenden Körperschaften, bei denen schon die terminologische Identität mit den vorberatenden Organen der Verfassung 1934 frappierend ist.[26] Dem Staatsrat werden in Neustädter-Stürmers Schrift die Zuständigkeiten im Bereich der Staatshoheit, also der Innen- und Außenpolitik, des Militär- und Justizwesens und der Verfassungspolitik zugeordnet. Diesem nachgeordnet sind Bundeskulturrat und Bundeswirtschaftsrat, wobei ersterer für die Bereiche des Erziehungs- und Unterrichtswesens, der Wissenschaft, des Kultuswesens sowie der Kunst zuständig zeichnet, zweiterer mit allen wirtschafts- und sozialpolitischen Fragen zu befassen wäre. Alle vom ständisch beschickten Bundeswirtschaftsrat und aus den kulturellen Körperschaften beschickten Bundeskulturrat beschlossenen Vorlagen wären wiederum vom Staatsrat zu genehmigen gewesen. Eine eigene Ländervertretung hielt Neustädter-Stürmer, ganz Zentralist, nicht für erforderlich.

Vergleicht man die Studie von Neustädter-Stürmer aus dem Jahr 1930 mit der Maiverfassung 1934, so sind die Parallelen unschwer erkennbar. Nicht nur, dass die Terminologie übereinstimmt, es wurde auch in der Konstruktion der gesetzgebenden Organe das Grundgerüst Neustädter-Stürmers über weite Strecken übernommen. Nimmt man den von ihm 1930 vorgeschlagenen Staatsrat, so hatte dieser ziemlich genau jene Kompetenzen, die in der Verfassung 1934 auf den Staatsrat und den Bundestag aufgeteilt wurden. In ihren Grundzügen praktisch unverändert, fanden sich die anderen beiden Organe seines Verfassungsentwurfs aus dem Jahre 1930 vier Jahre später in der Verfassung wieder.

Dass dieses vom Verfasser als „Dreisäulenmodell"[27] Neustädter-Stürmers apostrophierte legislative Konzept dann zumindest um eine föderale Kammer bereichert wurde, war einer jener Punkte, bei denen sich der nominelle Redakteur der Verfassung, Otto Ender, Gehör verschaffen konnte. Doch blieb sein Erfolg ein vordergründiger. Zwar war es ihm gelungen, die alte christlichsoziale Forderung nach arithmetischer Gleichheit bei der Beschickung der Länderkammer durch die einzelnen Bundesländer durchzusetzen, doch änderte dies nichts daran, dass die Verfassung insgesamt, wie Adolf Merkl schon 1935 festhielt, auf eine „ungeheure Rückbildung des österreichischen Föderalismus" hinauslief.[28] Es seien in diesem Zusammenhang nur das konkludente Zustimmungsrecht des Bundeskanzlers zu Landesgesetzen[29] sowie die Ernennung der Landeshauptleute durch den Bundespräsidenten genannt. Der Landeshauptmann war vom Bundespräsidenten aufgrund eines Dreiervorschlags des Landtags zu ernennen, die Ernennung vom Bundeskanzler gegenzuzeichnen.[30] Er konnte auf Vorschlag und mit Gegenzeichnung des Bundeskanz-

26 Neustädter-Stürmer (1930), 17–20.

27 Wohnout (1993), 30.

28 Merkl (1935a), 76.

29 Verfassung 1934, Art. 111, Abs. 2.

30 Ender, der ja selbst Landeshauptmann war, wollte unbedingt die Wahl des Landeshauptmannes durch die Landtage durchsetzen, scheiterte damit jedoch schon an Dollfuß, dem die Ernennung aus einem Dreiervorschlag des Landtags durch den Bundeskanzler am liebsten gewesen wäre. Noch in der abschließenden „zweiten Lesung" der Verfassung im Ministerrat sprach sich Ender am 17. April 1934 gegen die Ernennung aus einem Dreiervorschlag durch den Bundespräsidenten aus. Letztendlich gab er mit dem Bemerken nach, daran die Verfassung nicht scheitern lassen zu wollen, Enderle-Burcel (1985), VIII/6, 184–203 (MRP 930, 20./21./24./26./27./28./29.3.1934), 469–471 (MRP 938, 14./16./17./18.4. 1934).

lers vom Bundespräsidenten jederzeit wieder abberufen werden.[31] Die Bestellung des Landesstatthalters, dies war in der Verfassung die offizielle Bezeichnung des Landeshauptmannstellvertreters, bedurfte genauso wie die Ernennung wichtiger Verwaltungsorgane der Länder der Zustimmung des Bundeskanzlers, die jederzeit widerrufen werden konnte.[32] Für den dem Regierungslager angehörenden Verfassungsrechtler Ludwig Adamovich bedeutete die mit diesen Bestimmungen einhergehende de facto-Abhängigkeit der Landesverwaltung vom Bund eine Rückkehr zum „Statthalterprinzip" der Verfassung 1867.[33] Die Tatsache, dass die offizielle Bezeichnung des Landes mit 1. Mai 1934 „Bundesstaat Österreich" lautete, war also bloße Terminologie und im besten Fall Verfassungskosmetik.

Als weiteres Beispiel einer Schlüsselbestimmung der neuen Verfassung sei auf das Kreationsverfahren des Bundespräsidenten eingegangen. Bei der Wahl des Bundespräsidenten, dessen Amtsperiode nunmehr sieben Jahre betrug, vertraten die christlichsozialen Mitglieder der Bundesregierung, allen voran Kanzler Dollfuß, die Meinung, diese aus einem Dreiervorschlag der Bundesversammlung, die sich aus den Mitgliedern aller vorberatenden Organe zusammensetzte, von allen Bürgermeistern des Landes durchführen zu lassen.[34] Die Urheberschaft für das ungewöhnliche Wahlverfahren des Bundespräsidenten durch die Bürgermeister nahm – was prima vista überraschend anmutet – der ehemalige deutsche Reichskanzler Joseph Wirth für sich in Anspruch. Der Zentrumspolitiker, der nach der Machtübernahme Hitlers Deutschland verlassen hatte und sich wiederholt in Österreich aufhielt, gab nach eigenen Angaben Verfassungsminister Ender den Rat, die Wahl des Staatsoberhaupts in Österreich den Bürgermeistern zu überantworten. Er argumentierte dabei, dass die Volkswahl des Präsidenten in der Weimarer Republik „nur der Demagogie Vorschub" geleistet habe.[35]

Die Heimwehrminister traten demgegenüber für eine aus einem Dreiervorschlag zu erfolgende Volkswahl des Bundespräsidenten ein. Dies hing weniger mit einer vermeintlich entdeckten Liebe der Heimwehr für demokratische Prinzipien als mit einer politischen Machtfrage zusammen. Denn die Bürgermeister kamen in ihrer überwältigenden Mehrheit aus dem christlichsozialen Lager. Für den Fall einer vollständigen Inkraftsetzung der Verfassung wäre damit absehbar gewesen, dass bei den 1935 fälligen Bundespräsidentenwahlen ein vom christlichsozialen Lager unterstützter Kandidat zum Zug gekommen wäre. In diesem Punkt setzten sich Dollfuß und die christlichsozialen Minister durch, sodass es bei dem von ihnen favorisierten Wahlmodus des Bundespräsidenten blieb.

Neben der Gesetzgebung, dem Föderalismus und dem Wahlmodus des Bundespräsidenten soll noch der in der Verfassung enthaltene Grundrechtskatalog näher behandelt werden. Dieser enthielt zwar in einzelnen Punkten Modifikationen gegenüber dem B-VG im Sinne der nicht mehr vorhandenen demokratischen Grundvoraussetzungen der Ver-

31 Verfassung 1934, Art. 114, Abs. 4.

32 Verfassung 1934, Art. 114, Abs. 7, Art. 115, Abs. 2, 6. Vgl. dazu auch die Einschätzung von Martin Polaschek: „Die völlige Abhängigkeit der Landesgesetzgebung von der Zustimmung des Bundeskanzlers und die weitgehenden Ernennungs- und Bestätigungsrechte ließen einer eigenständigen Landespolitik und Landesvollziehung allerdings so gut wie keinen Raum", Polaschek (1993), 167.

33 Adamovich (1935a), 57.

34 Enderle-Burcel (1985), VIII/6, 173f. (MRP 930, 20./21./24./26./27./28./29.3.1934), 436–455 (MRP 938, 4./16./17./18.4.1934).

35 Seefried (2006), 297.

fassung. Insbesondere der Gleichheitssatz erfuhr Einschränkungen. Dazu kam, dass als Folge des Konkordats der Katholischen Kirche in der Verfassung eine Sonderstellung eingeräumt wurde. Doch war es bemerkenswert genug, dass die Verfassung überhaupt einen Grundrechtskatalog, noch dazu anknüpfend an jenen des Jahres 1867, enthielt. Das Festhalten am Grundrechtskatalog macht deutlich, dass sich die christlichsozialen „Verfassungsväter" Dollfuß, Schuschnigg, Schmitz und Ender zwar von der Konzeption einer repräsentativ-demokratischen Verfassung westeuropäischen Zuschnitts verabschiedet hatten, sie aber dessen ungeachtet auch weiterhin von rechtsstaatlichen Grundüberlegungen, deren Wurzeln im Habsburgerstaat des 19. Jahrhunderts zu finden sind, beeinflusst blieben. Ihr politisches Denken stand in der Tradition des ABGB und des Staatsgrundgesetzes über die allgemeinen Rechte der Staatsbürger ex 1867.[36] Es war zugleich in seiner mangelnden demokratiepolitischen Dimension geprägt vom politischen Erfahrungshorizont der letzten Jahrzehnte der Monarchie, also von Obstruktion,[37] dem exzessiven Einsatz des § 14 des Staatsgrundgesetzes über die Reichsvertretung, ja selbst vom von höchster Stelle sanktionierten Verfassungsbruch.[38]

Adolf Merkl sah in seinem Verfassungskommentar im Grundrechtskatalog „das grundsätzlich weitestgehende Zugeständnis an den politischen Zeitgeist des vergangenen Jahrhunderts und damit an eine individualistische Staatsauffassung und an liberales Gedankengut".[39] Von Heimwehrseite hatte an einem solchen Katalog festgeschriebener Grundrechte kein Interesse bestanden. Der Grundrechtskatalog sowie der der Systematik des B-VG folgende Aufbau der Verfassung waren wohl auch die Hauptgründe, weshalb Othmar Spann, ungeachtet der Tatsache, dass die Verfassung im Bereich der Gesetzgebung Analogien zu seinem Lehrgebäude enthielt, dieser scharf ablehnend gegenüberstand. Die ehemaligen christlichsozialen „Parteimenschen", so sein vernichtendes Urteil, seien von vornherein ungeeignet gewesen, sein „wahres Ständetum" zu etablieren. Wörtlich erklärte er: „Die Verfassung vom 1. Mai ist eine Mischung der Grundsätze von 1789 und in der Luft schwebender ständischer Einrichtungen. Die Gefährdung des ständischen Gedankens, die darin liegt, muß ich tief beklagen."[40]

Zuletzt sei noch kurz auf die am häufigsten zitierte Passage der Verfassung 1934, die Präambel mit ihrer Anrufung „Gottes, des Allmächtigen, von dem alles Recht ausgeht" und der Charakterisierung Österreichs als christlicher, deutscher Bundesstaat auf ständischer Grundlage eingegangen.[41] Es ist interessant, dass gerade bei der Präambel mit ihrer großen politischen Symbolwirkung die einzige bisher nachweisbare direkte Einflussnahme von Seiten Italiens gegenüber Dollfuß auf die Erarbeitung der Verfassung im Frühjahr 1934 erfolgte. Plausibel wird dies, da ansonsten ohnedies die Heimwehr für die Ausrichtung der neuen Konstitution im Sinne der von Mussolini gewünschten Rich-

36 Dazu pointiert Manfried Welan: „Österreich war seit 1867 ein Rechtsstaat mit großer Rechtssicherheit. Aber eine Demokratie war es nicht", Welan (2011), 9.

37 Burger/Wohnout (2007), 95 f.

38 Bezugnehmend auf die nahezu in Vergessenheit geratene Verfassungskrise des Jahres 1913 weist Gerald Stourzh auf die negative Beispielwirkung des damaligen Verfassungsbruchs für die Ereignisse zwanzig Jahre später hin, Stourzh (2011), 155.

39 Merkl (1935a), 35.

40 Spann (1969), 5.

41 Verfassung 1934, Proömium.

tung sorgte. Im Falle der Präambel wandte sich allerdings der italienische Unterstaatssekretär Fulvio Suvich im Wege des italienischen Gesandten in Wien direkt an Bundeskanzler Dollfuß. Zwar äußerte Suvich sein Verständnis dafür, dass es nicht möglich sei, sich in der neuen Verfassung explizit auf den Faschismus zu berufen; doch wenn dem so sei, so verlangte er von Dollfuß, es dürfe darin auch keine ausdrückliche Berufung auf die päpstliche Sozialenzyklika geben. Gegen eine allgemeine Berufung auf christliche Grundsätze hatte Italien nichts einzuwenden.[42] Genau so kam es dann auch.

Bei der regierungsinternen Beratung der Präambel äußerte sich zwar die Heimwehr in der Person von Vizekanzler Emil Fey kritisch zur Anrufung Gottes am Beginn der Verfassung, doch wurde die Präambel in der oben zitierten Form, die übrigens auf einen Formulierungsvorschlag von Staatssekretär Glas zurückging, beschlossen. Interessant ist, dass zuvor noch Richard Schmitz dafür plädiert hatte, zur näheren Charakterisierung der Konstitution auch „das autoritäre Prinzip" in die Verfassung einzufügen.[43] Dies wäre insofern schlüssig gewesen, als damit das wesentlichste der „Baugesetze", als welche die zeitgenössische juristische Literatur die leitenden Grundsätze der Verfassung bezeichnete, Eingang in die Präambel gefunden hätte.[44] Doch blieb der Vorschlag Schmitz' ohne Widerhall bei seinen Regierungskollegen.[45]

4. Resümee

Abschließend soll nun auf die eingangs gestellte Frage, wessen politische Ideen sich innerhalb des Regierungslagers in der Verfassung 1934 Geltung verschaffen konnten, zurückgekommen werden. Es besteht kein Zweifel, dass die Heimwehr aufgrund ihrer temporären Machtfülle während des Frühjahrs 1934 in einigen zentralen Bereichen der Verfassung erstaunlich viel von ihren politischen Forderungen durchsetzen konnte. Dies betraf vor allem die Gesetzgebung und den zentralistischen Charakter der Verfassung. Letzterer war zustande gekommen, da, wie bereits dargelegt, neben der Heimwehr auch maßgebliche christlichsoziale Regierungsmitglieder – beginnend mit Dollfuß selbst – autoritären gegenüber föderalen Gesichtspunkten den Vorrang gaben. Lediglich Otto Ender versuchte, föderalistische Standards in die neue Verfassung herüberzuretten, war aber, auf sich allein gestellt, viel zu schwach für deren Durchsetzung.

Was die Berufsstände betraf, so führten die unterschiedlichen Zugangsweisen zur beabsichtigten berufsständischen Umgestaltung der Gesellschaft zu einer Pattsituation innerhalb der Regierung. Die Fronten zwischen den an die päpstlichen Sozialenzykliken anknüpfenden berufsständischen Auffassungen der aus dem christlichsozialen Lager kommenden Regierungsmitglieder und den aus dem universalistischen

42 I Documenti diplomatici italiani, 15 (1990), Nr. 104 (Suvich a Preziosi, 16. 4. 1934).

43 Enderle-Burcel (1986), VIII/7, 9 (MRP 939, 24. 4. 1934).

44 Froehlich (1936), 98–99, 140–142. Der Begriff von den „Baugesetzen der Verfassung" findet auch bei Merkl und Adamovich Verwendung.

45 Welan/Neisser betonen, dass ganz im Gegensatz zum Inhalt über weite Strecken Aufbau, Stil und Systematik der Verfassung dem autoritären Prinzip nicht Rechnung trugen und dem alten B-VG gefolgt waren. Sie bringen dies mit dem Bemühen Dollfuß' in Zusammenhang, in formalen Dingen „den Schein der Kontinuität und Legalität möglichst zu wahren". Folgt man dieser Sichtweise, wird die Nichtberücksichtigung des autoritären Prinzips in der Präambel wieder plausibel. Welan/Neisser (1971), 47.

Ideengebäude bzw. dem faschistischen Italien gespeisten Absichten der Heimwehrminister waren so verhärtet, dass die Berufsstände in die Verfassung bloß als Postulat im Zusammenhang mit der Zusammensetzung des Bundeswirtschaftsrates Eingang fanden.[46] Auch unterhalb der Verfassung blieb der berufsständische Aufbau 1934 völlig in seinen Anfängen stecken und musste aus der Regierungstätigkeit mangels Konsensfähigkeit weitgehend ausgeklammert werden.[47]

Dass gemäßigte Vertreter des christlichsozialen Lagers mit dem in der Verfassung 1934 zustande gekommenen Ergebnis nicht recht glücklich waren, mag man daran ersehen, dass es Otto Ender selbst war, der schon kurz nach Inkraftsetzung der Konstitution zu dieser vorsichtig, aber doch unverkennbar auf Distanz ging. In einem Mitte Mai verfassten Verfassungskommentar schloss er Modifikationen der zu diesem Zeitpunkt gerade einmal zwei Wochen alten Verfassung, was die fehlenden parlamentarischen Rechte der Mandatare der vorberatenden Organe betraf, nicht aus.[48] Doch sollte es fast drei Jahre dauern, bis eine breitere Diskussion darüber zustande kam. Erst nachdem die Heimwehr im November 1936 als politischer Machtfaktor ausgeschaltet war, setzte im Laufe des Jahres 1937 eine sowohl von ehemaligen Christlichsozialen als auch von Verfassungsjuristen getragene öffentliche Debatte ein. Dabei wurden Möglichkeiten einer Revision der Verfassung zugunsten einer Verstärkung pluralistischer und berufsständisch-partizipativer Elemente erörtert.[49] Dies betraf naheliegender Weise vor allem jene Bereiche, in denen die Heimwehr anno 1934 ihren Vorstellungen zum Durchbruch verholfen hatte, also in erster Linie die Gesetzgebung. So erklärte beispielsweise der Salzburger Landeshauptmann Franz Rehrl in seiner Radioansprache zum dritten Jahrestag des Inkrafttretens der Verfassung am 1. Mai 1937: „Man hat in den letzten Jahren viele abfällige Urteile über die Demokratie gehört. [...] Man hat zumeist den einseitigen, überspitzten Parlamentarismus gemeint, mit welchem jedoch der Begriff der Demokratie keineswegs ausgeschöpft erscheint. Die Demokratie, insoferne man unter derselben die Mitwirkung des Volkes an der Gesetzgebung versteht, wird sich aus dem öffentlichen Leben nicht verdrängen lassen. Es wird Sache einer weisen und vorausschauenden Staatsführung sein, die Demokratie in ihrem guten Kern nicht abzulehnen."[50]

Damit spielte Rehrl auf den Umstand an, dass selbst die in der Verfassung ohnedies nur sektoral und eingeschränkt vorgesehene mittelbare Mitwirkung der Bevölkerung an der staatlichen Willensbildung, von einigen rudimentären Ansätzen abgesehen, nicht stattgefunden hatte. Ihm und anderen gemäßigten Repräsentanten des Regierungslagers war sehr wohl bewusst, dass dadurch dem neuen staatlichen System eine stärkere Legitimation hätte erwachsen können. Er hatte schon 1933/34 darauf ge-

46 Verfassung 1934, Art. 48, Abs. 4.

47 Das im Dezember 1933 eingesetzte Ministerkomitee zur Vorberatung der Gesetzgebung für den berufsständischen Aufbau hielt bis Ende Mai 1934 keine einzige Sitzung ab. Richard Schmitz als Vorsitzender begründete dies damit, dass er die ohnehin schon schwierigen Verhandlungen um die neue Verfassung nicht auch noch mit den Gegensätzlichkeiten in der Frage des berufsständischen Aufbaus überlagern wollte, Enderle-Burcel (1986), VIII/7, 175 (MRP 945, 25.5.1934).

48 Ender (1934a), 11.

49 Vgl. dazu näher: Wohnout (2013).

50 Stock (2010), 30.

drängt, die Inkraftsetzung der neuen Verfassung mittels eines Plebiszits herbeizuführen.[51] Unmittelbar nach Dollfuß' Ermordung hatten die beiden an führender politischer Stelle in Wien tätigen Vorarlberger, der inzwischen auf den Posten des Rechnungshofpräsidenten gewechselte Otto Ender und der Kurzzeitstaatssekretär von Dollfuß im Landwirtschaftsministerium, Ulrich Ilg, dem neuen Bundeskanzler Schuschnigg neuerlich den Vorschlag gemacht, die neue Verfassung durch eine Volksabstimmung legitimieren zu lassen. Doch winkte Schuschnigg unter Hinweis auf die Unterstützung des politischen Gegners durch das Deutsche Reich ab.[52]

Am Ende sei noch – vom Text der Verfassung zur Verfassungsrealität übergehend – auf Folgendes hingewiesen: Schon die Verfassung 1934 an sich war durch eine starke Dominanz der Vollziehung gekennzeichnet. Diese Verfassung trat aber bekanntlich zu keinem Zeitpunkt bis März 1938 vollständig in Kraft; vielmehr führten in der politischen Wirklichkeit des autoritären Österreichs das am 30. April 1934 beschlossene Ermächtigungsgesetz[53] sowie das Verfassungsübergangsgesetz vom 19. Juni 1934[54] zu einer völligen Verengung der in der Konstitution vorgesehenen Doppelherrschaft von Bundeskanzler und Bundespräsident auf die alleinige und nahezu uneingeschränkte Dominanz des Bundeskanzlers, der eine immense Machtfülle in seiner Hand vereinigte. Dieser Umstand hat den Verfasser schon vor einigen Jahren dazu bewogen, seinen in der 1993 erschienenen Studie verwendeten Begriff der „Regierungsdiktatur" insoweit zu nuancieren, als ihm der Begriff der „Kanzlerdiktatur" als noch präziser zur Charakterisierung des Herrschaftssystems zwischen 1934 und 1938 in Österreich erschienen ist.[55]

51 Dachs (1975), 253.
52 Ilg (1985), 22; Huebmer (1957), 193.
53 BGBl. I 255/1934.
54 BGBl. II 75/1934.
55 Wohnout (2004a), 965–974.

Ewald Wiederin

Christliche Bundesstaatlichkeit auf ständischer Grundlage: Eine Strukturanalyse der Verfassung 1934

1. Ausgangspunkt: Desinteresse am Inhalt einer desavouierten Verfassung

> „‚Österreich ist eine demokratische Republik. Ihr Recht geht vom Volke aus', so besagt Artikel 1 des Bundes-Verfassungsgesetzes vom 1. Oktober 1920 […]. Man kann den Satz, daß das Recht vom Volk ausgeht, richtig und falsch verstehen. Es gibt rechtliche Grundsätze, die vom Schöpfer in die Natur des Menschen gelegt sind und die der Mensch ungestraft nicht mißachten oder entkräften kann. In diesem Sinne geht das Recht von Gott aus und die Aufgabe des Menschen ist es, in Anerkennung und Achtung dieser ewigen Gesetze das Recht in seinen zeitgebundenen Einzelbestimmungen zu satzen."

Diese Worte stammen von Otto Ender, mit ihnen beginnt seine Einführung in die neue Verfassung,[1] und sie geben Auskunft über die Absichten, die ihre Schöpfer verfolgten. Es ging um nichts weniger als um ein heiliges Experiment: An die Stelle der demokratischen Republik sollte eine christliche Bundesstaatlichkeit auf ständischer Grundlage treten, nach einem Plan, den keine drei Jahre zuvor Papst Pius XI. mit seiner Enzyklika *Quadragesimo anno* gezeichnet hatte.[2] Das Experiment ist bekanntlich gescheitert, und wir wissen recht genau wie und warum: Die Geschichte der Entstehung und des Untergangs der Verfassung ist gut aufgearbeitet, ebenso der schleppende Prozess ihrer Effektuierung und die Verfassungsbrüche, die bei ihrer Inkraftsetzung in Kauf genommen wurden, kann man in jedem besseren Lehrbuch des Verfassungsrechts nachlesen. Über den Inhalt der Verfassung 1934 steht dort allerdings nichts,[3] und selbst die rechtshistorische Spezialliteratur dazu hält sich in Grenzen.[4] Die Juristen scheinen nach wie vor die Überzeugung zu teilen, es sei sinnlos, sich mit der Verfassung 1934 im Detail ausein-

1 Ender (1934a), 3. Auch Hecht (1934), 3, nimmt den zweiten Satz des B-VG 1920 zum Ausgangspunkt einer Vorstellung der neuen Verfassung.

2 Zu den Einflüssen: Gürke/* * * (1937), 167–175; Figl (1995).

3 Ausnahme von der Regel: Adamovich/Funk/Holzinger/Frank (2011), Rz. 08.004.

4 Übersichtsdarstellungen bei Brauneder (2009), 237–243 und Wohnout (1995), 834–837; Aufarbeitung der Entstehung und Entwicklung bei Huemer (1975), 278–324; Kluge (1984), 73–100; Wohnout (1993); Putschek (1993).

anderzusetzen.[5] Sie gilt als unglückliche, wenn nicht peinliche Episode unserer Verfassungsgeschichte, die ebenso desavouiert wie überwunden ist und die man schon deshalb nicht zu kennen braucht.

Dieser Beitrag soll die Lücke ein wenig verkleinern. Dass der Sammelband, in dem er erscheint, interdisziplinär angelegt ist, nutze ich als Entlastung, um mich ganz auf meine Disziplin, die Rechtswissenschaft, zu konzentrieren. Ich will eine Exegese der Verfassung 1934 versuchen, der es nicht um die Details geht, sondern um die übergreifenden Zusammenhänge. Als Exegese beschränkt sie sich auf den Text und blendet vieles aus: den Entstehungsprozess ebenso wie die Verfassungswirklichkeit, die Übergangsverfassung[6] ebenso wie die Schattenverfassung hinter ihr, also das „Ermächtigungsgesetz",[7] das ebenfalls bis 1938 galt und der Bundesregierung unbeschränkte diktatorische Vollmachten gab. Der Focus ist also extrem verengt und auf die Frage beschränkt, was man über die Verfassung 1934 als juristisches Dokument sagen kann. Die Antwort nehme ich in Form einer These vorweg: Die Verfassung 1934 war kein Betriebsunfall, sie ist integraler Bestandteil der österreichischen Verfassungstradition. Bei allen Unterschieden zu den Konstitutionen davor und danach gibt es mehr an Kontinuität, als uns bewusst ist, und über unseren Zugang zur Verfassung verrät sie mehr, als uns lieb ist.

2. Erscheinung und Symbolik der Verfassung

Schon beim ersten Blick auf die Verfassung 1934 springen zwei Äußerlichkeiten ins Auge: Sie enthält kein Datum, nur eine Jahreszahl,[8] im Unterschied zum B-VG aber eine Präambel, die einen transzendentalen Bezug herstellt und die christliche, deutsche Bundesstaatlichkeit auf ständischer Grundlage als Charakteristika herausstellt.[9] Dass von Demokratie keine Rede mehr ist, ist ganz folgerichtig, denn demokratisch ist die neue Verfassung nicht.[10] Dass auch die Republik aus der Verfassung verschwindet, obwohl Österreich Republik bleibt, hat andere, symbolische Gründe. Zum einen ist die Monarchie mit ihrem Erbe wieder ein Anknüpfungspunkt, was in Artikel 3 zum Ausdruck kommt, der den Doppeladler zurück ins Wappen bringt. Zum anderen und wohl

5 So von historischer Seite LEICHTER (1968), 92; von juristischer Seite ERMACORA (1976), 73. Das Desinteresse registrierend und beklagend: WOHNOUT (1995), 833; PUTSCHEK (1993), 14.

6 Bundesverfassungsgesetz v. 19. Juni 1934, betreffend den Übergang zur ständischen Verfassung (Verfassungsübergangsgesetz 1934), BGBl. II 75/1934.

7 Bundesverfassungsgesetz v. 30. April 1934 über außerordentliche Maßnahmen im Bereich der Verfassung, BGBl. I 255/1934. Dazu KLINGHOFFER (1936); WIEDERIN (1990), 239–244 m. w. N.

8 Die am 1. Mai 1934 herausgegebene Zweitkundmachung BGBl. II 1/1934 ist mit „Verfassung 1934." überschrieben, in der Erstkundmachung BGBl. I 239/1934, herausgegeben am 30. April 1934, ist die in der Anlage kundgemachte Verfassung unbetitelt und beginnt unmittelbar mit der Präambel.

9 „Im Namen Gottes, des Allmächtigen, von dem alles Recht ausgeht, erhält das österreichische Volk für seinen christlichen, deutschen Bundesstaat auf ständischer Grundlage diese Verfassung."

10 Eingestanden von ENDER (1934a), 4f., und – mit noch mehr Relativierungen – ENDER (1934b), 4f. Ebenso MERKL (1935a), 17. Qualitativ andere Bewertung – Überwindung der „Formaldemokratie" des „überspitzten Parlamentarismus" und Hinwendung zu „wahrer Demokratie" und damit Anerkennung eines demokratischen Prinzips der Verfassung 1934 – bei HECHT (1934), 16–20, und SCHUSCHNIGG (1934), 7, 12, 27f., 35.

wichtiger: Die Republik stand seit 1918 als Name für das Ganze. Eine Firmenänderung sollte augenfällig machen, dass sich Entscheidendes geändert hatte. „Bundesstaat Österreich" ist die neue Bezeichnung, in seinem Namen ergehen alle Urteile,[11] der erste Verfassungsartikel ist deswegen der Deklaration der Bundesstaatlichkeit gewidmet, und um klarzumachen, dass die Republik Österreich der Vergangenheit angehört, wird dieser Begriff in der gesamten Rechtsordnung durch den neuen Namen ersetzt.[12] Sodann wird die neue ständische Ordnung im Artikel 2 an prominenter Stelle deklariert. Der christliche und der deutsche Charakter des Bundesstaates werden in der Verfassung nicht näher ausgeführt. Für erstere Eigenschaft steht das in unmittelbarem Anschluss an die Bundesverfassung kundgemachte Konkordat, in dem noch die überwundene Republik Vertragspartei des Vatikans ist.[13] Zweitere sollte die Existenz einer zweiten deutschen Staatlichkeit neben dem Deutschen Reich betonen.

Das eigentliche Charakteristikum der neuen Verfassung hingegen bleibt verdeckt. Ein autoritäres Prinzip wird nirgends ausgewiesen, nur zwischen den Zeilen kann man es manchmal lesen.[14] Ein vordergründiges Indiz dafür ist, dass es den Staat wieder gibt und mit ihm auch Staatsbedienstete, ein Staatswappen und einen Staatsrat.[15] Ob Staat den Bund meint oder den Gesamtstaat, man weiß es nicht genau – die Länder sind es jedenfalls nicht. Ein weiteres Indiz: Es gibt wieder mehr Gewalt in der Verfassung, eine öffentliche Gewalt,[16] eine Staatsgewalt,[17] eine Ordnungsgewalt[18] und eine bewaffnete Macht.[19] Der deutlichste Hinweis: In der Präambel wird zwar gesagt, dass das österreichische Volk eine Verfassung erhält, aber nicht, von wem.[20] Dass die Leerstelle für etwas Autoritäres steht, das anonym bleiben will, ist mit Händen zu greifen.[21]

11 Art. 98 Abs. 2.

12 § 4 Verfassungsübergangsgesetz 1934.

13 Konkordat zwischen dem Heiligen Stuhle und der Republik Österreich, BGBl. II 2/1934. Vgl. den Beitrag von Stefan Schima in diesem Band.

14 Ähnlich Merkl (1935a), 15, wenn er bemerkt, das autoritäre Prinzip habe, „wenn auch vielleicht unbewußt und unbeabsichtigt, im Proömium seinen Ausdruck gefunden".

15 Vgl. Art. 3 Abs. 2 und 3, Art. 7, Art. 12, Art. 26 Abs. 2 lit. d, Art. 30 Abs. 2, Art. 31 Abs. 1 und Art. 6, Art. 46, Art. 148 Abs. 1.

16 Art. 19 Abs. 1 und 3.

17 Art. 29 Abs. 3.

18 Art. 71 Abs. 1 und 4.

19 V. Hauptstück 1. Abschnitt C (Art. 95–97).

20 Dass die Bundesregierung Verfassungsgeberin war, wird jedoch aus dem Kontext klar: Die Verfassung stellt in der Erstkundmachung eine Anlage zu der auf das Kriegswirtschaftliche Ermächtigungsgesetz, RGBl. 307/1917, gestützten „Verordnung der Bundesregierung vom 24. April 1934 über die Verfassung des Bundesstaates Österreich" dar; die Zweitkundmachung gründet auf Art. II des „Ermächtigungsgesetzes" und ist mit „Kundmachung der Bundesregierung vom 1. Mai 1934, womit die Verfassung 1934 verlautbart wird", betitelt.

21 Voegelin (1936/1997), 184–186.

3. Bundesstaatlichkeit

Die nominell aufgewertete Bundesstaatlichkeit ist wichtiges Gliederungsprinzip geblieben, der Sache nach aber erheblich abgeschwächt.[22] Das zeigt schon ein Blick auf die neue Kompetenzverteilung: Die Länder haben wichtige Gebiete wie das Elektrizitätswesen, fast das ganze Schulwesen, Teile der Krankenanstalten und eine Reihe von Wirtschaftsmaterien verloren.[23] Sodann ist die Kompetenzverteilung nicht mehr starr konzipiert, sondern ganz flexibel, wie bisher nur in der Selbstverwaltung: Der Bund kann den Ländern mit Gesetz Kompetenzen delegieren, ebenso wie umgekehrt die Länder dem Bund;[24] und wenn der Länderrat von sich aus einen entsprechenden Beschluss fasst, wozu ihm sonst die Befugnis fehlt,[25] dann geht eine Kompetenz gar mit Wirkung für alle Länder auf den Bund über.[26] Ähnlich flexibel sind die Grenzen in der Vollziehung. In der Gliederung ist deshalb nicht mehr von der Vollziehung der Länder, sondern nur mehr von der „Verwaltung in den Ländern" die Rede.[27] Bemerkenswert ist außerdem, dass gespaltene Zuständigkeiten die Ausnahme sind: Der Typus Gesetzgebung durch den Bund und Vollziehung durch die Länder ist verschwunden[28] – die Gesetze vollzieht, wer sie macht, nur die Grundsatzgesetzgebung des Bundes weicht von dieser Regel ab.[29]

Die größte Überraschung liegt aber darin, dass die Länder ihre Autonomie eingebüßt haben, in ihrer Gesetzgebung ebenso wie in ihrer Organisation: Jeder Gesetzesbeschluss des Landtages bedarf der Zustimmung des Bundeskanzlers,[30] wie zuvor in der Monarchie der Sanktion des Kaisers. Darin liegt fast schon eine Ironie der Geschichte, denn derselbe Otto Ender hatte sich 1919 vehement gegen jede Ingerenz des Bundes auf die Landeslegislative ausgesprochen und auf der 3. Länderkonferenz Karl Renner als *imperator redivivus* beschimpft, weil dieser für eine Verfassungsmäßigkeitskontrolle durch den Bund eingetreten war.[31] Damit nicht genug, kann das Land auch seine eigene Exekutive nicht mehr selber bestellen: Wer immer etwas zu sagen hat, wird entweder wie der Landeshauptmann vom Bundespräsidenten ernannt oder muss wie der Regierungsdirektor oder die Bezirkshauptleute dem Bundeskanzler genehm sein, und zwar auf Dauer, denn auch eine Abberufung ist jederzeit möglich.[32] Als Begleitmaßnahme werden

22 Für eine eingehendere Analyse vgl. Polaschek (1993), 150–162.

23 Im Detail Art. 34 Abs. 1 Z 7 (Totalisateur- und Buchmacherwesen), 8 (Messewesen, öffentliche Lagerhäuser sowie Wäg- und Messanstalten, über den Interessenbereich eines Landes hinausgehende Maßnahmen zur Regelung der Produktion und des wirtschaftlichen Verkehres), 10 (Elektrizitätswesen), 12 (vom Bund verwaltete Heil- und Pflegeanstalten), 13 (Pflanzenschutz); Art. 37 (Schul-, Erziehungs- und Volksbildungswesen).

24 Art. 41. Daneben wurde in Art. 34 Abs. 2 der Art. 10 Abs. 2 B-VG fortgeschrieben.

25 Aufzählung der Kompetenzen bei Adamovich/Froehlich (1934), 55.

26 Art. 41 Abs. 2 Satz 2.

27 Vgl. die Überschrift zum 7. Hauptstück.

28 Nur in Art. 34 Abs. 3 lebt er als Ermächtigung fort, im Wasserrecht und im Elektrizitätswesen die Länder mit der Erlassung von Bescheiden zu betrauen.

29 Vgl. weiters die Ausdehnung des Wirkungskreises der Agrarsenate in Art. 36 Abs. 2.

30 Art. 111 Abs. 2.

31 Ermacora (1989), 22.

32 Vgl. im Detail zum Landeshauptmann Art. 114 Abs. 4 (Ernennung durch den Bundespräsidenten aufgrund eines Dreiervorschlags des Landtags unter Gegenzeichnung des Bundeskanzlers, Möglichkeit

die Verwaltungen stärker verbunden, es gibt nur mehr einheitliche Staatsbedienstete, wenn auch unter unterschiedlicher Diensthoheit,[33] und keine der für einen Bundesstaat nun einmal charakteristischen Doppelgleisigkeiten mehr. Das Nebeneinander von Bundesbürgerschaft und Landesbürgerschaft bleibt bestehen, aber die Landesbürgerschaft leitet sich nunmehr von der Bundesbürgerschaft ab, nicht umgekehrt.[34] Der Sache nach sind die Länder also wieder reine Selbstverwaltungskörper geworden, wie sie es vor 1920 waren, aber diesmal ohne Personalhoheit im autonomen Bereich.[35] Dafür wurden sie durch eine nominelle Aufwertung entschädigt.[36] Merkl hat das lakonisch auf den Punkt gebracht: „Je föderalistischer die Terminologie, desto unitarischer die Institutionen."[37]

4. Ständische Ordnung

Wie aber sah es mit der ständischen Ordnung aus? Hat sie wirklich den Parlamentarismus als Ordnungsprinzip ersetzt, um, wie von offiziöser Seite beschworen, die bisherige bloße Formaldemokratie durch eine wahrhafte, eine echte Demokratie abzulösen? Vordergründig-ja: Jede Gebietskörperschaft erhält ihren Tag – den Bundestag, den Landtag und den Gemeindetag – und jeder Tag wird auf ständischer Grundlage eingerichtet.[38] Das heißt konkreter, dass vier Komplexe vertreten sind: erstens die Kirchen und Religionsgesellschaften, zweitens das Schul-, Erziehungs- und Volksbildungswesen, drittens die Wissenschaft samt Kunst und viertens die Berufsstände. Diese Gliederung ist im Gemeindetag fakultativ und im Landtag obligatorisch. Auf Bundesebene ist die Konstruktion komplexer, weil es nicht nur den einen Bundestag gibt, sondern vier weitere Organe. Zwei davon sind ständisch organisiert: Die Berufsstände beschicken den Bundeswirtschaftsrat, die drei kulturellen Stände den Bundeskulturrat. Daneben sind aber auch die Länder in einem eigenen Rat, dem Länderrat, vertreten, und, noch erstaunlicher, der Staat, den es angeblich auf ständischer Grundlage erst aufzubauen gilt, ist ebenfalls längst schon da und wird vom Staatsrat repräsentiert. Jedem dieser vier Räte ist eine Expertenrolle zugewiesen: Der Bundeskulturrat wahrt die kulturellen, der Wirt-

---

der Abberufung durch den Bundespräsidenten auf Vorschlag des Bundeskanzlers und mit dessen Gegenzeichnung), zum (dem Landesamtsdirektor des B-VG entsprechenden) Regierungsdirektor Art. 115 Abs. 2 (Bestellung durch den Landeshauptmann, die der widerrufbaren Zustimmung des Bundeskanzlers bedarf), zu den Bezirkshauptleuten, Sicherheitsdirektoren und Dienstposten der beiden obersten Dienstklassen Art. 115 Abs. 6 (widerrufbare Zustimmung des Bundeskanzlers). Adamovich (1935a), 57, diagnostiziert daher „vollständige Abhängigkeit der Landesverwaltung vom Willen der Bundesregierung".

33 Art. 12. Vgl. ferner die Bundesgrundsatzgesetzgebungsbefugnis nach Art. 36 Abs. 1 Z 9 für Staatsbedienstete, die der Diensthoheit des Landes unterstehen.

34 Art. 15 Abs. 1. Darin sieht Gürke (1934), 229 f. eine weitgehende Beseitigung des bundesstaatlichen Charakters.

35 Zweifel am bundesstaatlichen Charakter daher bei Hula (1934), 125 f.; Schlesinger (1934), 89; Gürke (1935), 344; Merkl (1935a), 19 f.; Frisch (1938), 499; Polaschek (1993), 167 f. Ihn bejahend Rabl (1934), 442 f.

36 Sichtbar auch in Art. 112 Abs. 1, nach dem die Landesverfassungen nicht im Widerspruch zur Bundesverfassung stehen dürfen. Darin liegt eine Abkehr von der Terminologie des Art. 99 Abs. 1 B-VG, nach der die Bundesverfassung durch Änderungen der Landesverfassung nicht berührt werden darf, die den Ländern bis heute ein Dorn im Auge ist. Inhaltlich besteht kein Unterschied.

37 Merkl (1935a), 76.

38 Art 50 f. (Bundestag), Art. 108 (Landtag), Art. 127 (Gemeindetag).

schaftsrat die wirtschaftlichen Interessen, dem Länderrat sind die Länderinteressen anvertraut und dem Staatsrat die Staatsinteressen, oder genauer gesagt: die Interessen der Staatshoheit, des Gemeinwohls und der zweckmäßigen Gesetzesvollziehung.[39] Für sonstige Interessen gibt es ebenso wenig ein Forum, wie es Raum für allgemeine Politik gibt.

Auf die Überraschung, dass die Organe nur zur Hälfte ständisch organisiert sind, folgt eine weitere: Wie die kulturellen und beruflichen Stände aufgebaut sind, bleibt fast völlig der einfachen Gesetzgebung überlassen. Für den Bundeswirtschaftsrat hält die Verfassung immerhin fest, dass sieben Hauptgruppen vertreten sein müssen – von der Land- und Forstwirtschaft über das Gewerbe bis zum Öffentlichen Dienst[40] – und beim Bundeskulturrat erfahren wir, dass auch die Elternschaft bedacht sein muss.[41] Alles andere bleibt offen, und damit auch die Frage, ob Gruppen wie Hausfrauen, Verbraucher, Naturschützer, Arbeitslose und Fischer vertreten sein dürfen oder gar müssen.[42] Im scharfen Kontrast dazu wird die Zusammensetzung der nichtständischen Räte abschließend geregelt: Der Länderrat besteht aus den Landeshauptleuten und Finanzreferenten,[43] er ist also eine erweiterte Landeshauptleutekonferenz, und den Staatsrat füllt der Bundespräsident mit verdienten staatstragenden Bürgern auf[44] wie anno 1851 der Kaiser den Reichsrat.

Fazit also: Der Aufbau der Gesetzgebungsorgane ist nur zur Hälfte ständisch, und dort, wo er ständisch ist, bleibt er diffus. Niemand hat das klarer gesehen als Sektionschef Robert Hecht. Die Charakterisierung des neuen Staates als Ständestaat, so sagt er in einem Memorandum, entspreche „keiner realen Vorstellung der Bevölkerung", er sei „ein leeres Wort, nichts als eine Antithese zum erledigten Parlament".[45]

Dem ist nichts hinzuzufügen – außer vielleicht die Ergänzung, dass ein kleiner Berufsstand speziellen Einfluss behält, nicht auf die Gesetzgebung, wohl aber auf die Vollziehung. Gemeint ist der Juristenstand. Was die Novelle 1929 begonnen hat,[46] führt die Verfassung 1934 fort: Für administrative und gerichtliche Schlüsselpositionen wird konsequent ein Rechtsstudium verlangt.[47]

---

39 Art. 61 Abs. 6.

40 Art. 48 Abs. 4. Dazu samt Dokumentation der dürren Umsetzung Neustädter-Stürmer (1936), 10 f., 63–259.

41 Art. 47 Abs. 3.

42 Dazu G. F. (1934), 71 f., mit der Bemerkung, dass in der berufsständischen Ordnung die Produzenten vertreten sind, während die Konsumenten zu kurz kommen; vgl. auch Schlesinger (1934), 90; Ender (1937), 967 f. Entgegen Hecht (1934), 5, war noch nicht einmal sichergestellt, dass „beide Körperschaften nicht aus allgemeinen Wahlen hervorgehen werden".

43 Art. 49. Damit wurden die Länderkonferenzen konstitutionalisiert: Adamovich (1935a), 56.

44 Art. 46.

45 Zitiert nach Huemer (1975), 325.

46 Vgl. Art. 11 Abs. 5, Art. 134 Abs. 3, Art. 147 Abs. 3 B-VG i. d. F. BGBl. 392/1929; zuvor Art. 106, Art. 119 Abs. 5 B-VG 1920.

47 Vgl. Art. 34 Abs. 4, Art. 115 Abs. 2, Art. 126 Abs. 2, Art. 137 Abs. 2, Art. 177 Abs. 3.

5. Das autoritäre Prinzip

Damit zum autoritären Prinzip, das undeklariert bleibt, aber die Verfassung stärker prägt als die ständische Ordnung. Worin es besteht, ist gar nicht einfach zu beschreiben,[48] denn am äußeren Verwaltungsaufbau ändert sich wenig. Es ist wohl die Kombination zweier Elemente: hier eine Abwertung der Gesetzgebungsorgane, die ihre Bezeichnung fragwürdig macht, und dort ein neues Modell der Bestellung der Spitzen der Exekutive.

Bundestag und Landtag haben zwar weiterhin etwas zu sagen, aber weit weniger als unter dem B-VG. In der Gesetzgebung können sie erstens keine Vorschläge mehr machen;[49] sie dürfen zweitens Regierungsvorlagen nicht mehr parlamentarisch beraten, sondern nur auf Basis der von den Räten abgegebenen Gutachten entscheiden;[50] sie können drittens an den Vorlagen keinen Beistrich ändern, sondern sie nur en bloc annehmen oder verwerfen, binnen einer von der Regierung gesetzten Frist, nach deren Ablauf der Bundespräsident bzw. der Landeshauptmann die in der Vorlage enthaltenen Bestimmungen durch Verordnung in Kraft setzen kann.[51] Sollten sie sich doch einmal querlegen,[52] kann viertens die Regierung ihr Veto durch eine Volksabstimmung überspielen.[53] Ähnlich zurückgestutzt werden die Kontrollbefugnisse: Der Rechnungshof wandert zur Verwaltung,[54] alle Instrumente der politischen Kontrolle mit Ausnahme des Misstrauensvotums gegen den Landeshauptmann und die Mitglieder der Landesregierung[55] werden ersatzlos gestrichen, nur die rechtliche Kontrolle im Wege der Ministeranklage und die Budgetbewilligung bleiben übrig.[56] Das entspricht in etwa dem, was ein Gesetzgebungskörper im frühen Konstitutionalismus zu sagen hatte, und es ist fast schon konsequent, dass nunmehr die Regierungsmitglieder durch Immunität geschützt sind, nicht mehr die Mitglieder der gesetzgebenden Körperschaften.[57]

48 Klärungsversuche bei Jäckl (1934), 107: „verwirklicht durch die Bestellungsart der Ernennung der maßgebenden Organe der Vollziehung, oder durch ihre Bestätigung, wobei stets die Möglichkeit der Abberufung oder des Widerrufes gegeben ist"; Merkl (1936b), 266: Behandlung der Staatsbürger „als Objekte, nicht aber als Subjekte der Staatswillensbildung"; Voegelin (1936/1997), 182: „Legitimierung der Herrschaft durch die urheberschaftliche Leistung für die Institution des Staates"; Neschwara (1995), 133: Ersetzung der demokratischen Legitimierung der obersten Organe durch ein „aufwendiges Ernennungs- bzw. Auswahlprinzip".

49 Art. 61 Abs. 1. Die Bedeutung des Vorschlagsmonopols der Bundesregierung betonen Ender (1934), 14; Hecht (1934), 9 sowie Strele (1935), 424. Mit Blick auf England relativierend Hula (1934), 130 f.

50 Art. 62 Abs. 3, Art. 109 Abs. 4.

51 Art. 109 Abs. 3, Art. 148 Abs. 6. Dazu G. F. (1934), 62. Für das Budget Art. 69 Abs. 1.

52 Was nie in die Praxis umgesetzt wurde. Vgl. Wohnout (1995), 835.

53 Art. 65. Auf Landesebene fehlt eine korrespondierende Regelung. Näher zur Volksabstimmung vgl. Strele (1935), 433 f.

54 Art. 10 Abs. 1, Art. 150 Abs. 2; vgl. aber die Verankerung einer funktionellen Organstellung in Art. 149 Abs. 2.

55 Vgl. Art. 114 Abs. 4 und 5, der für Abberufungsbeschlüsse des Landtags die Anwesenheit mindestens der Hälfte seiner Mitglieder und eine Mehrheit von zwei Dritteln der abgegebenen Stimmen verlangt.

56 Vgl. Art. 173 sowie Art. 51 Z 2, Art. 63, Art. 109 Abs. 6.

57 Art. 71 Abs. 5, Art. 89, Art. 114 Abs. 10.

Das, was den autoritären Staatskern ausmacht, ist damit aber noch nicht einmal berührt. Es liegt weniger in einer Stärkung der Stellung einzelner Organe als in der Abkopplung der Exekutive insgesamt von externen Einflüssen. Die Verwaltung bestellt ihre Organe durchwegs selbst, nur ganz punktuell ist sie an Vorschläge gebunden. Bei der Regierungsbildung ändert sich gegenüber 1929 nichts: Der Bundespräsident kann den Bundeskanzler in völliger Freiheit ernennen und entlassen, bei den Bundesministern ist er an einen Vorschlag des Kanzlers gebunden.[58] Neu ist allerdings, dass der Bundespräsident auch den Landeshauptmann ernennt, auf einen Dreiervorschlag des Landtages hin und unter Gegenzeichnung des Bundeskanzlers, und dass er ihn auf Vorschlag des Kanzlers auch jederzeit abberufen kann.[59] Neu ist sodann, dass der Landeshauptmann zur Ernennung seines Stellvertreters, des Regierungsdirektors, des Sicherheitsdirektors und der Bezirkshauptleute die Zustimmung des Bundeskanzlers braucht, die ebenfalls widerrufbar ist.[60] Nur der Gemeindetag behält sein Recht, den Bürgermeister zu wählen, aber diese Wahl bedarf der Bestätigung durch den Bezirkshauptmann, in Statutarstädten durch den Landeshauptmann, und einmal mehr ist mit dem Widerruf der Bestätigung der Amtsverlust verbunden.[61]

Was nach dem bisher Gesagten nach einer klassischen Pyramide aussieht, ist jedoch in Wahrheit ein Kreis, denn die oberste Leitungsebene wird von der untersten bestellt.[62] Nach Erledigung des Amtes des Bundespräsidenten versammelt sich die Gesamtheit aller Bürgermeister in Wien und wählt aus einem Dreiervorschlag der Bundesversammlung einen Nachfolger aus.[63] Die Exekutive bestellt und legitimiert sich also selber, und die vermeintlich lineare Hierarchie stellt sich als Netzwerk heraus, in dem es zwei Machtzentren gibt:[64] hier den Bundespräsidenten, der über fast alle Regierungsfunktionen entscheidet, dort den Bundeskanzler, bei dem die administrativen Fäden zusammenlaufen.[65] Diese Duumviratskonstruktion soll Macht begrenzen, im Gegensatz zum römischen Konsulat setzt sie aber auf unterschiedlich angelegte Rollen. Wer mächtiger ist in dieser Dyarchie, der Präsident oder der Kanzler, ist schwer zu sagen. Eine gute Testfrage dürfte sein, wer auf die Wahl des nächsten Bundespräsidenten den stärkeren Einfluss hat. Bei der Antwort würde ich nicht zögern, mich für den Bundeskanzler zu entscheiden, denn er hat über die Bezirkshauptleute die Bürgermeister weit besser in der Hand.[66]

58 Art. 82 Abs. 1.

59 Art. 114 Abs. 4

60 Art. 114 Abs. 5 und 7, Art. 115 Abs. 2 und 6.

61 Art. 130 Abs. 2.

62 Voegelin (1936/1997), 188 f.

63 Art. 73. Dass die Wahl des Bundespräsidenten durch die Bürgermeister erfolgt, erhält seine innere Logik dadurch, dass neben ihm die Bürgermeister die einzigen gewählten Organe sind: Jäckl (1934), 107 f.

64 Vgl. dazu Merkl (1935a), 83, 85 f., der freilich dem Bundespräsidenten die gesamte Bundesregierung gegenüberstellt; Voegelin (1936/1997), 191–193; Gürke/* * * (1937), 187.

65 Eine eingehende Analyse seiner Führungsrolle (Art. 81 Abs. 1) und Richtlinienkompetenz (Art. 93) findet sich bei Merkl (1936a), 178–183.

66 Ebenso schon Nawiasky (1934), 715. Außerdem hat der Bundeskanzler nach Art. 58 Abs. 1 Einfluss auf das Kanzleipersonal der Bundesversammlung, welche den Dreiervorschlag erstellt.

6. Rechtsstaatlichkeit

Die Zeitgenossen haben der Verfassung 1934 ein weiteres Baugesetz entnommen, nämlich ein rechtsstaatliches Prinzip, das allen Gewalten Schranken setzt.[67] Hatten sie damit recht? Ich stehe nicht an, darauf klar mit Ja zu antworten.[68] Im Rechtsschutzsystem hat die Verfassung Verbesserungen gebracht, die nach 1945 nachvollzogen wurden, und ein guter Teil unserer gegenwärtigen Vorstellungen von Rechtsstaatlichkeit geht ebenfalls auf sie zurück.

Wer den Rechtsschutz gegen die Verwaltung in den Blick nimmt, sieht, dass das bisherige Konzept übernommen, aber eine nicht unwichtige Lücke geschlossen wurde: Auch bei Säumnis der Verwaltung ist nunmehr der Weg zum Bundesgerichtshof eröffnet, der in die Bresche springen und an Stelle der Verwaltung in der Sache entscheiden kann.[69] In der in Art. 163 erfolgten Umschreibung der Aufgaben des Bundesgerichtshofs, der die Aufgaben von Verfassungsgerichtshof und Verwaltungsgerichtshof übernimmt, hat die Verfassung 1934 sodann ein Leitbild formuliert, das sich nach wie vor in jedem Lehrbuch findet: Die Sicherung der Verfassungsmäßigkeit der Gesetzgebung und der Gesetzmäßigkeit der Verwaltung, die Kombination von Verfassungsstaatlichkeit, Gesetzesstaatlichkeit und Rechtsschutzstaatlichkeit ist bis heute das Ideal. Bemerkenswert ist außerdem die Kompetenz des Bundesgerichtshofs, über die Auslegung von Verwaltungsvorschriften von grundsätzlicher Bedeutung Gutachten zu erstatten, die für die Verwaltung bindend sind.[70]

Unterschwelliger, aber deswegen nicht schwächer, ist der Einfluss auf das Bild, das wir uns von der Verfassung insgesamt machen. Die Verfassung 1934 ist legistisch ausgezeichnet gemacht.[71] In der Sprache ebenso prägnant und ähnlich nüchtern wie das B-VG, in der Systematik besser, ist es ihr gelungen, fast das gesamte Nebenverfassungsrecht zu integrieren. Ganz hat es zur Kodifikation nicht gereicht, die Finanzverfassung und einige wenige Staatsvertragsbestimmungen blieben außen vor.[72] Im Großen und Ganzen aber ist die Geschlossenheit der Urkunde gewahrt. Vor allem die Grundrechte sind integriert und sie sind mit Absicht gleich hinter den grundsätzlichen Bestimmungen platziert, um zu unterstreichen, dass es Rechte gibt, die der Schöpfer dem Menschen mit seiner Würde in die Wiege gelegt hat und die es von Staates wegen zu achten gilt.[73]

67 G. F. (1934), 53–55, 106f.; Körner (1934), 108; Schlesinger (1934), 157; Nawiasky (1934), 718; Merkl (1935a), 8; Spanner (1937a), 184–188; apologetisch zu den Grundrechten Canaval (1934), 9f.

68 Ebenso Leser (1990), 226.

69 Art. 164 Abs. 3. Dazu Körner (1934), 110f; Spanner (1935), 215–223.

70 Art. 166. Zu diesem Vorläufer der Grundsatzentscheidung Spanner (1935), 224–226.

71 Lob bei Merkl (1935a), 12f., das alsbald in Lob des B-VG 1920 (und damit in Kelsen- und Selbstlob) umschlägt.

72 Zur Finanzverfassung vgl. Art. 38 und das F-VG, BGBl. II 150/1934; zu Staatsverträgen einerseits Art. 30 Abs. 4, das einige Konkordatsbestimmungen mit der Kraft von Verfassungsbestimmungen ausstattet, andererseits Art. 181, wonach Abschnitt V des III. Teils des Staatsvertrags von Saint-Germain, StGBl. 303/1920, als Verfassungsgesetz zu gelten hat.

73 Zur Bedeutung der Reihenfolge der Hauptstücke vgl. Merkl (1936b), 271; zu der in der Präambel ausgedrückten Anerkennung ewiger Rechtssätze, „die von Gott in die Natur des Menschen gelegt" sind vgl. Schuschnigg (1934), 32f., und Nawiasky (1934), 711; zum Missverständnis der liberalen Deutung dieser vorstaatlichen Grundrechte vgl. Hula (1934) 124f.; zur Hierarchie der Werte mit Pri-

Schließlich gibt es zwar noch kein Inkorporationsgebot, aber doch schon eine Beschränkung der Möglichkeiten zur Verfassungsänderung, die Durchbrechungen einen Riegel vorschieben will: Neben der Stammurkunde dürfen zwar Bundesverfassungsgesetze existieren, Verfassungsbestimmungen in einfachen Gesetzen sind aber nicht mehr zulässig.[74] Die Rechtsstaatskonzeption ähnelt jener des Bonner Grundgesetzes, mit dem Unterschied allerdings, dass sie noch eine prononciert antidemokratische Schlagseite hat.

Das sieht bestätigt, wer den Grundrechtskatalog seinem Inhalt nach betrachtet. An sich ist er ganz respektabel. Mit dem Verbot rückwirkender Strafgesetze, dem Auslieferungsverbot für österreichische Bundesbürger, dem Post-, Telegraphen- und Fernsprechgeheimnis und dem Grundrecht auf diplomatischen und konsularischen Schutz im Ausland findet sich manches Neue,[75] das nach 1945 zum Teil in den Grundrechtsbestand übernommen wurde.[76] Das Sachlichkeitsgebot des Gleichheitssatzes ist explizit verankert,[77] unter den grundrechtlichen Gesetzesvorbehalten begegnet uns der Bundesgesetzesvorbehalt als neuer Typ,[78] und selbst der Grundsatz der Verhältnismäßigkeit von Beschränkungen taucht an der einen und anderen Stelle des Textes schon auf.[79] Der Akzent liegt allerdings klar auf der Notwendigkeit von Beschränkungen, und insoweit zeigt die Lektüre, dass es gravierende Rückschritte gibt. Einige betreffen den Gleichheitssatz: Religion und Geschlecht sind keine verpönten Differenzierungsmerkmale mehr,[80] die Geschlechtergleichheit wird komplett zur Disposition der Gesetzgebung gestellt,[81] die Katholische Kirche ist anderen Kirchen und Religionsgesellschaften gegenüber privilegiert,[82] und die Konzeption des Öffentlichen Dienstes als neutrale,

---

mat des Religiösen und Kulturellen vgl. Dobretsberger (1934), 19 f.; zu Bezugnahmen auf die Menschenwürde, insbesondere jene des Arbeiters vgl. Quadragesimo anno (1931), zit. n. Texte zur katholischen Soziallehre (2007), Z 23, 28, 83, 101, 136; für eine Analyse dieser Enzyklika vgl. Saberschinksy (2002), 151–175; für eine erste Verankerung der Menschenwürde als kardinalem Wert in einem (wenn auch nicht in Kraft gesetzten) Verfassungstext vgl. Art. 1 der *Constitution de Vichy* 1944: „La liberté et la dignité de la personne humaine sont des valeurs suprêmes et des biens intangibles. Leur sauvegarde exige de l'État l'ordre et la justice, et des citoyens la discipline."

74 Art. 60 Abs. 2. Die Tragweite dieser Beschränkung wurde indes im Schrifttum durchwegs übersehen: vgl. etwa Spanner (1937b), 274 f., 277 f., 282–284, obwohl er für eine Beschränkung des Verfassungsrechts im formellen auf Verfassungsrecht im materiellen Sinn plädiert.

75 Vgl. Art. 18 Abs. 2, 20, 21 und 23.

76 Das Postgeheimnis ist heute zwar nicht explizit verbürgt, aber durch Art. 8 der Europäischen Menschenrechtskonvention geschützt. Ein diplomatisches bzw. konsularisches Schutzrecht fehlt hingegen und wird bloß mittelbar durch Art. 46 der Charta der Grundrechte der Europäischen Union gewährleistet.

77 Art. 16 Abs. 1. Merkl (1935a), 38, wertet das als Einschränkung gegenüber Art. 7 B-VG, die sich an einer verfassungswidrigen Praxis orientiert.

78 Art. 18 Abs. 1.

79 Vgl. die Aufzählung der Beschränkungen rechtfertigenden öffentlichen Interessen in Art. 26 Abs. 2 und Art. 27 Abs. 1.

80 Art. 16 Abs. 1.

81 Art. 16 Abs. 2: „Frauen haben die gleichen Rechte und Pflichten wie die Männer, soweit nicht durch Gesetz anderes bestimmt ist." Zur Tragweite vgl. Strele (1935), 431 f. Siehe auch den Beitrag von Neda Bei in diesem Band.

82 Vgl. die explizite Erwähnung in Art. 29 Abs. 1 sowie Konkordatsklauseln in Art. 30 Abs. 3 und 4.

apolitische Sphäre äußert sich darin, dass die Staatsangestellten in Militär und Polizei in ihren Grundrechten beschränkt werden können.[83] Andere sind in der Meinungs-, Vereinigungs- und Versammlungsfreiheit zu registrieren: Vorzensur ist wieder möglich,[84] ein Konzessionssystem für Presse, Vereine und Versammlungen wieder erlaubt.[85] Sodann fällt auf, dass es für eine Kommunikationsüberwachung keinen Richter mehr braucht,[86] dass persönliche Freiheit, Hausrecht, Meinungsfreiheit, Kommunikationsgeheimnis sowie Vereins- und Versammlungsfreiheit im Notstand suspendiert werden können[87] und dass die Todesstrafe nicht länger tabuisiert ist.[88]

7. Charakterisierung

Wie ist die Verfassung 1934 abschließend zu charakterisieren? Ich versuche es so: Es ist eine Verfassung, die Demokratie konsequent durch eine Führungsauslese durch die Führer ersetzt und Politik durch Expertise, die dabei aber rechtsstaatlich bleibt und in der Dyarchie von Präsident und Kanzler auch ein gewaltenteilendes Element hat. Wie sich unter einer solchen Verfassung Herrschaft faktisch gestaltet, hängt stärker von den handelnden Personen ab als in einer Demokratie. Bei einem starken Präsidenten hätte eine Juristenaristokratie entstehen können, wie Otto Ender sich das wohl erhofft hatte, bei einem starken Kanzler eine mehr oder weniger aufgeklärte Diktatur, bei einem Gleichgewicht eine rechtsgesteuerte Expertenherrschaft. Die wahrscheinlichste Option war aber wohl von Anfang an der Ablauf, zu dem es in der Folge tatsächlich kam: Am Werk waren ganz normale schwache Leute, und so ist ein Beamtenfaschismus daraus geworden.[89]

83 Vgl. Art. 16 Abs. 4 und 5; ferner die Beschränkung der gleichen Zugänglichkeit zu öffentlichen Ämtern in Art. 16 Abs. 3 auf „vaterlandstreue[.] Bundesbürger, die den vorgeschriebenen Erfordernissen entsprechen".

84 Art. 26 Abs. 2 lit. a.

85 Art. 24, 26 Abs. 2. Dazu Adamovich/Froehlich (1934), 15 f.; Merkl (1935a), 46–48.

86 Art. 23.

87 Art. 147 Abs. 7. Zur Einschränkung des Schutzes der persönlichen Freiheit siehe auch den Beitrag von Pia Schölnberger in diesem Band.

88 Dazu Polaschek (2009).

89 Diese Charakterisierung verdanke ich Clemens Jabloner.

Stefan Schima

Überschätzt von Freund und Feind? Das österreichische Konkordat 1933/34

1. Die Optik und das Rechtliche

„Österreich hatte einen katholisch-faschistischen Kanzler, Engelbert Dollfuß, der das Konkordat, das seit 1918 aufgehoben war, wieder eingeführt hatte. Es erlaubte einem geschiedenen Katholiken nicht, sich wieder zu verehelichen."[1]

Die österreichische Schriftstellerin und Drehbuchautorin Gina Kaus (1893–1985), Zeitgenossin jener dramatischen Umwälzungen, die in den Dreißigerjahren des 20. Jahrhunderts stattfanden und schließlich dazu führen sollten, dass sie mehr als nur ihre zweite Lebenshälfte im US-amerikanischen Exil verbrachte, schrieb diesen Satz in ihren Lebenserinnerungen. Er ist von faszinierender Aussagekraft, und trotzdem muss angemerkt werden, dass er nicht nur Ungenauigkeiten, sondern auch Fehler enthält. Dennoch sei Gina Kaus gedankt: Sie eröffnet mit ihrer Aussage eine Art der Authentizität, deren Bedeutung nicht unterschätzt werden darf. Es handelt sich um die Erinnerungen einer Person, die selbst von dem hier Erwähnten betroffen war – lebte sie damals doch mit einem scheidungswilligen Katholiken in Lebensgemeinschaft zusammen.

Doch analysieren wir zunächst das Kaus'sche Dictum unter rechtlichem Aspekt: Der wohl größte Fehler liegt darin, von der Wiedereinführung eines früheren Konkordats in den Dreißigerjahren des 20. Jahrhunderts auszugehen. Hier könnte nur das Konkordat von 1855[2] gemeint sein, dessen völkerrechtlicher Wegfall seitens Österreichs schon im Jahr 1870 konstatiert worden war. Das Konkordat von 1933/34[3] weist zwar Gemeinsamkeiten mit dem Vertragswerk von 1855 auf, doch vor allem im Schulrecht war die Katholische Kirche im Jahr 1855 viel besser gestellt worden, als dies in den Jahren 1933/34 der Fall war. Gemäß dem Konkordat von 1855 war der gesamte Unterricht für die katholische Jugend unter die Aufsicht katholischer Bischöfe zu stellen (Art. 5), während das Konkordat von 1933/34 keinesfalls so weit geht. Auch fehlte dem Konkordat von 1933/34 eine Bestimmung, wie sie in Art. 1 des Vertrags von 1855 enthal-

1 Kaus (1990), 151 f.
2 RGBl. 195/1855.
3 BGBl. II 2/1934.

ten war, demzufolge der „heiligen römisch-katholischen Religion" all jene „Befugnisse und Vorrechte" zugestanden wurden, „deren dieselbe nach der Anordnung Gottes und den Bestimmungen der Kirchengesetze genießen soll". Dies inkludierte programmatisch eine gewisse Vorrangstellung der Katholischen Kirche selbst vor anderen anerkannten Religionsgemeinschaften. Im Konkordat von 1933/34 äußerte sich ein gewisser Vorrang vor anderen anerkannten Religionsgemeinschaften grundsätzlich nur bei Mischehen, nämlich dann, wenn eine katholische Person und eine nichtkatholisch christliche Person heirateten.[4]

Wenn Gina Kaus das Konkordat an der Person des Bundeskanzlers Engelbert Dollfuß festmacht, so ist dem entgegenzuhalten, dass die wesentlichen Punkte des Vertrages noch vor der sogenannten „Selbstausschaltung" des Nationalrats am 4. März 1933 ausgehandelt sowie die entsprechenden Verhandlungen schon lange vor dem Amtsantritt Dollfuß' am 21. Mai 1932 geführt worden waren und inhaltlich in weiten Teilen bereits eine definitive Einigung bestanden hatte.

Erika Weinzierl hat in ihrem hervorragenden Werk „Die österreichischen Konkordate von 1855 und 1933" aufgezeigt, dass das Konkordat von seinen Gegnerinnen und Gegnern in seinem juristischen Gehalt überschätzt wurde. Zwar waren diese damals um ihre wesentlichen Kommunikationsmöglichkeiten gebracht worden, doch gibt es trotzdem zahlreiche Beispiele für gedruckte sozialdemokratische Äußerungen über das Konkordat. So wurde etwa in der damals illegalen und in Brünn als Wochenblatt erscheinenden „Arbeiter-Zeitung" davon gesprochen, dass nun mit dem Recht auf freie Verkündigung päpstlicher Äußerungen in Österreich etwas Neues eingeführt worden sei,[5] was den Tatsachen allerdings keineswegs entspricht. Wenn in derselben Zeitung vom „Rachefeldzug der ‚Austrochristen'"[6] die Rede war, so ist diese Äußerung zwar nicht in juristischer Hinsicht zu erörtern, doch es kommt sehr deutlich zum Ausdruck, dass dem Konkordatsabschluss ablehnende Emotionen entgegengebracht wurden.

2. Genese des Konkordats bis zur Unterzeichnung

Noch vor den letzten Nationalratswahlen der Ersten Republik vom 9. November 1930 waren im Jahr 1929 die Vorbereitungen zu Konkordatsverhandlungen in Gang gekommen.[7] Mit Otto Ender, der dann vom 4. Dezember 1930 bis zum 20. Juni 1931 Bundeskanzler war, nahmen die Verhandlungen konkrete Züge an. Ender war auch der erste Bundeskanzler, unter dem der Abschluss eines Konkordats in ein Regierungsprogramm aufgenommen wurde. Er war dann später auch jener Politiker, der im Auftrag von Bundeskanzler Dollfuß eine wesentliche Rolle bei der Ausarbeitung der Verfassung von 1934 spielen sollte. Schon bei dieser personellen Koinzidenz darf sich der Gedanke aufdrängen, dass Konkordat und Ständestaat einen Platz in einer gemeinsamen Wiege finden, auch wenn in beiden Fällen eine Mehrfachvaterschaft anzunehmen ist.

4 Siehe dazu Reingrabner (1994), 282–285.

5 Arbeiter-Zeitung, 13.4.1934, zit. bei Weinzierl (1960), 245.

6 Arbeiter-Zeitung, 30.4.1934, zit. bei Weinzierl (1960), 244.

7 Zur Konkretisierung der Konkordatsidee, die vor allem von der Frage der Diözesangliederung ihren Ausgang nahm, siehe Kremsmair (1994), 78–81.

Im Gefolge der bereits erwähnten sogenannten „Selbstausschaltung" des Nationalrates im März 1933, die in der Tat eine Ausschaltung des gesamten Parlaments bedeutete, wurde für Österreich schließlich ein autoritäres System maßgeblich, das zunächst vom ursprünglich demokratisch legitimierten Bundeskanzler Dollfuß verkörpert wurde.

3. Zwischen Konkordatsunterzeichnung und Ratifikation

Das Konkordat wurde am 5. Juni 1933 in Rom unterzeichnet, wobei die Regierung zumindest in der Phase zwischen Unterzeichnung und Ratifikation an ausführlichen Informationen über das Konkordat nicht allzu interessiert gewesen sein dürfte.[8] Darüber hinaus ist zu beachten, dass dieser Zeitpunkt nach der Ausschaltung des Parlaments liegt, und somit ist von vornherein davon auszugehen, dass ein demokratisch legitimierter innerstaatlicher Genehmigungsakt nicht möglich war.

Am 20. Juli 1933 wurde das deutsche Reichskonkordat unterzeichnet.[9] Die sehr rasche Abschlussprozedur stieß in der Staatenwelt auf großes Aufsehen.[10] Vor allem Bundeskanzler Dollfuß zeigte sich über diesen Schritt äußerst bestürzt. Ihm war nun umso mehr daran gelegen, das österreichische Konkordat möglichst bald wirksam werden zu lassen.

Wenn zunächst gezeigt wurde, dass die Bedeutung des Konkordats von Seiten der Sozialdemokratie überschätzt wurde, so darf nicht übersehen werden, dass es auch das propagandistische Handeln der autoritären Regierung selbst war, das bedeutend dazu beitrug, das Vertragswerk mit einer ideologischen Aura zu versehen, die ihm tatsächlich nicht in dieser Weise zukommt. Es kann auch insofern nicht verwundern, dass das Konkordat mit einer Vormachtstellung der Katholischen Kirche in Verbindung gebracht wurde, als zwischen Juni und August 1933 seitens der Regierung Maßnahmen gesetzt wurden, die als dezidiertes Entgegenkommen gegenüber dem Heiligen Stuhl zu werten sind:[11] Am 19. Juni verfügte die Regierung die Auflösung des Freidenkerbundes, am 13. Juli ordnete der Unterrichtsminister die Einführung von Schulgottesdiensten zu Schuljahresbeginn und -ende an,[12] ab 16. August wurde die Möglichkeit des Kirchenaustritts massiv erschwert.[13] Die letztgenannte Maßnahme stellte eine Änderung der im Jahr 1869 erlassenen Übertrittsverordnung[14] dar, die durch den zuständigen Unterrichtsminister Schuschnigg im Einvernehmen mit Bundeskanzler Dollfuß vorgenommen wurde. Demnach waren austrittswillige Personen nach angemessener Frist ab Abgabe ihrer Austrittserklärung persönlich vorzuladen. Die Behörde hat-

8 Vgl. Weinzierl (1960), 222, die sich auf einen Artikel der „Arbeiter-Zeitung" v. 6. 6. 1933 bezieht.

9 Weinzierl (1960), 225, abgedruckt bei Schöppe (1964), 29–36. Zu den Gründen des schnellen Vertragsabschlusses siehe Brechenmacher (2007), 147–150; Wolf (2008), 196–200.

10 Weinzierl (1994), 120.

11 Siehe dazu Weinzierl (1960), 226.

12 Hierzu ist noch festzuhalten, dass bereits am 10. 4. 1933 der so genannte „Glöckel-Erlass" durch Unterrichtsminister Anton Rintelen aufgehoben worden war. „Damit bildeten die religiösen Übungen wieder ein anerkanntes Erziehungsmittel an den Schulen, die Teilnahme daran gehörte nunmehr zu den Pflichten der Schulkinder", Rinnerthaler (2007), 118.

13 BGBl. 379/1933, siehe dazu Schwarz (1987), 21–24; Schima (2007), 95.

14 RGBl. 13/1869.

te sich nun zu vergewissern, „ob sich der Austretende im Zeitpunkte der Abgabe der Austrittserklärung nicht etwa in einem Geistes- oder Gemütszustand befunden hat, der die eigene freie Überzeugung ausschließt".

Am 25. August 1933 erging unter Verantwortung Schuschniggs ein Ministerialerlass, in dem diese Frist präzisiert wurde:[15] Sie sollte drei Monate betragen. Dabei wurde auch dargetan, dass Austritte oft nicht aus religiösen Motiven erklärt würden, was nun offensichtlich unterbunden werden sollte, wobei letztlich den staatlichen Organen Möglichkeiten gegeben wurden, den Austritt zu verhindern. Dazu sei noch angemerkt, dass die religionspolitische Hauptstoßrichtung des autoritären Regimes gegen die Konfessionslosen gerichtet war, wobei dieser Begriff nach damaliger Rechtslage all jene umfasste, die keiner anerkannten Religionsgemeinschaft angehörten.

Einen weiteren Eckpunkt des Staat-Kirche-Verhältnisses in der damaligen Zeit stellte die berühmte Trabrennplatzrede Dollfuß' vom 11. September 1933 dar:[16] Ausdrücklich nahm der Bundeskanzler auf den projektierten Ständestaat Bezug, sprach von den ständischen Grundlagen, die in der Enzyklika *Quadragesimo anno* Papst Pius' XI. vom Jahr 1931 angesprochen worden seien. Österreich sollte der erste Staat sein, der „dem Ruf dieser herrlichen Enzyklika" Folge leisten werde. Mit keinem Wort wird allerdings das Konkordat erwähnt.[17]

Ende November 1933 beschloss die österreichische Bischofskonferenz unter ihrem neuen Vorsitzenden Theodor Innitzer den Rückzug der österreichischen Priester aus der Politik. Dieser Beschluss kam durchaus überraschend, obgleich er in gewisser Weise bereits durch den *Codex Iuris Canonici* von 1917, der für die politische Betätigung des Klerus eine eigene bischöfliche Erlaubnis vorgesehen hatte, vorgegeben gewesen war.[18] Gemäß dem Beschluss der Bischofskonferenz war eine Erlaubnis im Sinne des *Codex* nun nicht mehr zu gewähren bzw. mussten derartige Akte zurückgenommen werden. Innerhalb von etwa einem Monat legten daraufhin fünf Abgeordnete zum Nationalrat,

15 Abgedruckt in: Schweizerische evangelische Arbeitsgemeinschaft (1935), 119–121.

16 Wiedergegeben auf http://www.austria-lexikon.at/af/Wissenssammlungen/Symbole/Faschismus_-_die_Symbole/Trabrennplatzrede_1933 (18.7.2011).

17 Was die Enzyklika *Quadragesimo anno*, abgedruckt in Acta apostolicae sedis 23 (1931), 177–228; dt.: http://www.uibk.ac.at/theol/leseraum/texte/319.html (18.7.2011), selbst betrifft, so nimmt das berufsständische Gedankengut in Wahrheit dort nur wenig Raum ein. Es ist im Grunde auch nicht klar, was Papst Pius XI. damit tatsächlich bezwecken wollte. Übrigens hat man seitens der deutschen Bischöfe die Enzyklika anders und weit weniger verbindlich interpretiert, als dies in Österreich der Fall war. Zu den Auswirkungen der Enzyklika auf Österreich siehe Hanisch (1977), 24; Wohnout (2001), 197.

18 Gemäß der Rechtslage des *Codex* von 1917 war es Klerikern grundsätzlich untersagt, öffentliche Ämter zu bekleiden (c. 139 § 2). Anderes galt für den Fall der ausdrücklichen Ausnahmegewährung durch den zuständigen Diözesanbischof. So hatte etwa Prälat Ignaz Seipel vor Übernahme des Amtes des Sozialministers im Jahr 1918 eine entsprechende Erlaubnis bei Kardinal Piffl eingeholt, siehe Schulze Pellengahr (2009), 131. Für die Übernahme eines Abgeordnetenmandates bedurfte es grundsätzlich der ausdrücklichen Erlaubnis des für den Kleriker zuständigen Diözesanbischofs und desjenigen Diözesanbischofs, in dessen Diözese die entsprechende Wahl stattfinden sollte (c. 139 § 4). Der heute geltende *Codex* von 1983 verbietet Klerikern grundsätzlich die aktive Beteiligung in politischen Parteien und bei der Leitung von Gewerkschaften. Die zuständige kirchliche Autorität kann allerdings eine Ausnahme machen, wenn dies zum Schutz der Rechte der Kirche und des allgemeinen Wohls als erforderlich erscheint (c. 287 § 2).

drei zum Bundesrat, elf Landtagsabgeordnete und darüber hinaus zahlreiche Gemeinderäte ihr Mandat zurück.[19] Wenn auch ein derartiges kirchliches Verbot zuvor bereits in anderen Staaten eingeführt worden war – so bestand etwa für Italien ein päpstliches Verbot[20] und auch im Reichskonkordat vom 30. Juli 1933 war Ähnliches geregelt – hatten es die österreichischen Priester offenbar keineswegs erwartet. So bezeugte etwa Franz König, 1933 zum Priester geweiht, in einem späteren Interview als Kardinal Überraschung und Unverständnis für den damaligen Beschluss der Bischofskonferenz.[21] Es ist möglich, dass dieser im Einvernehmen mit Dollfuß und Schuschnigg gefällt worden war, weil damit die Entmachtung eines relativ demokratiefreundlichen Establishments innerhalb der Christlichsozialen Partei zu erwarten stand.[22] Von der nationalsozialistischen deutschen Presse wurde der Beschluss der Bischofskonferenz mit Häme bedacht, da man hierin eine Distanzierung vor allem Innitzers von der christlichsozialen Politik sah.[23] Dies dürfte insofern nicht ganz unrichtig sein, als die Christlichsoziale Partei damit gleichsam um einen bedeutenden Teil ihrer Elite gebracht wurde, und in gewisser Weise bedeutete der Beschluss einen Markstein in der Entwicklung hin zur Auflösung der Christlichsozialen Partei im Mai 1934.[24]

Dass es nach Unterzeichnung des Konkordats zu Änderungen im Vertragstext kam, muss an dieser Stelle ebenfalls noch erwähnt werden. Es verwundert nicht, dass Kardinalstaatssekretär Eugenio Pacelli angesichts der dramatischen Vorfälle in Österreich im Februar 1934 und der daraus erfolgten Stärkung der Bundesregierung als Motor der Änderungsbestrebungen auftrat und zur Aufnahme neuerlicher Konkordatsverhandlungen drängte.[25] Dass gerade im Bürgerkriegsmonat Februar die Neuverhandlungen ins Rollen gebracht wurden und der Weg des Konkordats mit dem Weg autoritärer Etablierung gerade auf dieser Etappe ident war, trägt weiter dazu bei, das Konkordat mit autoritären Bestrebungen in Verbindung zu bringen. Darüber hinaus ist zu beachten, dass im Februar 1934 auch der Wiener Magistrat die Ehedispenspraxis einstellte.[26]

Der Ratifikationsvorgang und die ihn begleitenden Schritte sind ein weiteres Zeichen für das enge Band zwischen Konkordat und Verfassung 1934.[27] Da damals die fachmännische Meinung geäußert wurde, dass das Konkordat zwar nicht verfassungsändernd sei, die Verfassung aber berühre, wurde der Art. 50 B-VG, der die parlamentarische Mitwirkung des Nationalrats bei der innerstaatlichen Genehmigung von gesetzes- bzw. verfassungsändernden Staatsverträgen vorsah, außer Kraft gesetzt.[28] Für den 30. April 1934

19 Schulze Pellengahr (2009), 61.

20 Ebd., 132.

21 Siehe ebd., 61 f., Anm. 301. Das Interview wurde im Jahr 1998 geführt.

22 Für entsprechende Auskünfte bin ich Herrn Dr. Walter Iber vom Ludwig Boltzmann-Institut für Kriegsfolgen-Forschung zu Dank verpflichtet. Zur Frage der Auswirkung des Beschlusses der Bischofskonferenz auf die Christlichsoziale Partei siehe auch Wohnout (2001), 189.

23 Siehe Schulze Pellengahr (2009), 63.

24 Vgl. ebd., 63 f. Zum Ende der Christlichsozialen Partei siehe Kriechbaumer (2001), 291–300; Wohnout (2001), 198–203; Iber (2007), 526–529.

25 Vgl. Kremsmair (1980), 311.

26 Weinzierl (1960), 229.

27 Siehe dazu Weinzierl (1994), 129.

28 Siehe dazu ebd., 128 und 134, Anm. 43.

wurden 92 Nationalratsabgeordnete geladen, von denen 74 auch tatsächlich erschienen. Es wurde nun die Verfassung verabschiedet und die innerstaatliche Zustimmung zum Konkordat gegeben. Der eigentliche Ratifikationsakt erfolgte von Seiten Österreichs am 1. Mai um 0.05 Uhr durch Bundespräsident Wilhelm Miklas.

Die Verfassung von 1934 und das Konkordat wurden auch am selben Tag kundgemacht, und nichts spricht so sinnfällig für die Aneinanderkettung beider Dokumente wie die Tatsache, dass in der neu begonnenen Reihe des Bundesgesetzblattes von 1934 die Verfassung die Nummer 1 und das Konkordat die Nummer 2 trägt. Darüber hinaus wurde einigen Bestimmungen des Konkordats durch Art. 30 Abs. 4 der Maiverfassung ausdrücklich Verfassungsrang zuerkannt.[29]

Die Junktimierung von Verfassung 1934 und Konkordat kommt auch besonders sinnfällig in der von Otto Ender verantworteten Publikation „Die neue Österreichische Verfassung mit dem Text des Konkordates" zum Ausdruck.[30] Wenn Ender in der Einleitung zu dem ansonsten unkommentierten Text im Zusammenhang mit der Verfassungspräambel vom „rein deutschen Charakter" des Staates Österreich und über „die christliche Lebensauffassung unseres ganz überwiegend deutschen und katholischen Volkes" spricht,[31] so wird verständlich, dass die Gegner des „Ständestaates" das Neuaufflackern der Gegenreformation kommen sahen.[32]

29 Dabei handelte es sich um folgende Konkordatsbestimmungen: Art. I: Gewährung u. a. öffentlicher Religionsausübungsfreiheit: Dies war allerdings ohnehin durch das übrige Verfassungsrecht abgedeckt. Selbiges gilt für das Recht der Katholischen Kirche, innerhalb ihres Zuständigkeitsbereiches eigene Regelungen zu erlassen, aber auch für den Schutz des freien Kommunikationsverkehrs zwischen katholischen Amtsträgern. Art. II: Garantie der öffentlichrechtlichen Stellung der Katholischen Kirche und ihrer Einrichtungen. In ähnlicher Weise galt Derartiges ohnehin auch für Angehörige der Evangelischen Kirche und der Israelitischen Glaubensgemeinschaft. Art. V § 1 Abs. 1 bis 3: U. a. Bestandsgarantie für katholisch-theologische Fakultäten und theologische Lehranstalten. Art. VI § 1 Abs. 1 und 2: Garantie insb. des Religionsunterrichts (grundsätzlich genau so gestaltet wie die für andere anerkannte Religionsgemeinschaften geltenden Bestimmungen). Art. X § 1 Abs. 1: Orden und religiöse Kongregationen können frei und entsprechend der innerkirchlichen Rechtslage gegründet werden. Es gilt das zu Art. I Gesagte. Art. XIII § 1 und 4: Respektierung von Eigentum der Katholischen Kirche. Absage an jegliche Amortisationsgesetzgebung. Keine Sonderbesteuerung. Art. XIV, Satz 1 samt Abs. 1 des Zusatzprotokolls hierzu: U. a. Garantie der freien Umlageneintreibung durch die Katholische Kirche. Eine derartige Garantie bestand auch für andere anerkannte Religionsgemeinschaften. Art. XV § 1: Hier wird erklärt, dass der Staat seine gegenüber der Katholischen Kirche aufgrund von Gesetzen, Verträgen oder besonderen Rechtstiteln beruhenden finanziellen Verpflichtungen zu erfüllen hat. Allein in dieser Bestimmung ist keine inhaltliche Besonderheit zu erblicken. Dass die weiteren Paragrafen des Art. XV heute nicht mehr in Geltung sind, spielt dabei keine Rolle. Art. XVI Abs. 1: Garantie von Anstaltsseelsorge.

30 Zu beachten ist, dass die meinen Ausführungen zugrunde liegende vierte Auflage nicht nur in Wien, sondern auch in Leipzig im Jahr 1935 – und damit unter Hitlers Herrschaft – erschienen ist.

31 Ender (1935), 5.

32 Wenn der namhafte Zeithistoriker Ernst Hanisch meint, das Konkordat habe erneut „die alte Einheit von Staat und Kirche im Zeichen der österreichischen Gegenreformation" etabliert (Hanisch [1994], 310), so ist dies mit den unmittelbaren *rechtlichen* Gegebenheiten nicht ganz in Einklang zu bringen. Denn „Gegenreformation" bedeutet das Auftreten gegen reformatorische Strömungen, und dem Konkordat selbst war dies grundsätzlich fremd. Möglicherweise trug sich Bundeskanzler Doll-

4. Zum Inhalt des Konkordats

Erika Weinzierl hat sehr deutlich aufgezeigt, dass die meisten Punkte des Konkordats schon im Jahr 1932[33] und somit noch vor der sogenannten „Selbstausschaltung" des Nationalrats fixiert waren. Daher kann es auch nicht erstaunen, dass zahlreiche Anleihen an früheren Konkordaten genommen wurden, die nicht mit faschistischem Brimborium in Zusammenhang zu bringen sind. Zu nennen sind in diesem Zusammenhang vor allem die deutschen Länderkonkordate.

Doch betrachten wir zunächst das von Gina Kaus angesprochene Eherecht. Es wurde von Zeitgenossen – ob rechtlich kundig oder weniger kundig – als wichtigster Anlass für den Konkordatsabschluss empfunden. Ohne ins Detail zu gehen, haben wir uns zu vergegenwärtigen, dass Österreich von einem tiefgehenden ideologischen Konflikt um das Eherecht geprägt war, der hier in kurzen Worten skizziert werden muss.[34] Grundsätzlich ist für die damalige Zeit von der Geltung des ABGB-Eherechts auszugehen, das für Katholiken im Wesentlichen katholisch kirchenrechtliche Anordnungen traf und für nichtkatholische Christen Bestimmungen vorsah, die deren innerem Kirchenrecht weit entgegenkamen. Für Juden galten ebenfalls eigene Bestimmungen. Grundsätzlich war die staatlich wirksame Trauung vom zuständigen Seelsorger der betreffenden Konfession vorzunehmen, wobei für das Burgenland allerdings das Prinzip der obligatorischen Ziviltrauung galt, das aus dem ungarischen Rechtsbestand übernommen worden war.

Doch nun zum eigentlichen eherechtlichen Konflikt: Vor allem aus Sicht des katholischen Klerus ergab sich aufgrund der sogenannten „Dispensehen", die häufig auch als „Severehen" bezeichnet werden, ein rechtlicher Handlungsbedarf.[35] Gemäß § 111 ABGB konnte die gültige Ehe zwischen zwei katholischen Eheleuten nur durch den Tod getrennt werden. Demnach bestand somit bei Lebzeiten beider Eheteile das Hindernis des bestehenden Ehebandes. Wenn in § 83 zwar die Gewährung der Dispens von Ehehindernissen vorgesehen war, die „bei der Landesstelle" beantragt werden konnte, so war freilich nicht näher geregelt, ob und unter welchen Voraussetzungen dies beim Hindernis des bestehenden Ehebandes der Fall sein sollte. Vereinzelt war es in der Zeit der Monarchie zwar zu derartigen Dispensgewährungen gekommen, allerdings handelte es sich hierbei nur um seltene Ausnahmefälle.[36] Doch in der Zeit der frühen Ersten Republik kam es aufgrund der flexiblen Handhabung des § 83 durch Albert Sever, dem sozialdemokratischen Landeshauptmann von Niederösterreich, zu veritablen Spannungen zwischen den politischen Lagern Österreichs.[37] Zwar gelang es den Christlichsozialen regelmäßig, Gesetzesvorhaben ihrer Gegner, welche die Trennbarkeit von Ehen unabhängig von der

---

fuß sogar mit dem Plan, eine Art Konkordat mit der Evangelischen Kirche abzuschließen, siehe Weinzierl (1960), 222. Allerdings ist Hanisch zu konzedieren, dass er mit seiner Äußerung so etwas wie eine frühe Wirkungsgeschichte des Konkordats beschrieben und in diesem Satz nicht zum eigentlichen Inhalt Stellung genommen hat.

33 Siehe Weinzierl (1960), 181–213.

34 Siehe dazu Schima (2012), 339–341.

35 Zu diesen Ehen siehe v. a. Harmat (1999).

36 Siehe Weinzierl (1960), 156–160; Harmat (1999), 125–153.

37 Sever war niederösterreichischer Landeshauptmann von Mai 1919 bis November 1920 und somit zu einer Zeit, als das Rote Wien noch zu Niederösterreich gehörte.

Konfession der Ehegatten zum Ziel hatten, zu vereiteln,[38] doch die Vorgehensweise des konfessionslosen Landeshauptmanns stellte die gefährlichste Unterminierung der katholischen Position dar.[39] Unter Berufung auf § 83 erteilte Sever nämlich Dispensen vom bestehenden Eheband, und es versteht sich, dass die Freude katholischer Kirchenvertreter enden wollend war. Auch lässt sich ahnen, dass diese Praxis in anderen Bundesländern nicht unbedingt auf Nachahmung stieß. So zeigte man sich auf Seiten der konservativen Tiroler Landesregierung unbeirrt und hielt an der Untrennbarkeit von Katholikenehen fest. Von hier aus erhoben allerdings trennungswillige Ehepaare Rechtsmittel, und die im Verlauf der Jahre eingetretenen Zuständigkeitsänderungen bei den administrativen Rechtsmittelinstanzen, die darauf hoffen ließen, dass ein nicht der Christlichsozialen Partei angehörendes Regierungsmitglied für die weitere Fallbehandlung zuständig war, trugen zur Verkomplizierung der Dinge bei. Man darf von insgesamt etwa 50.000 Ehen ausgehen, die nach Gewährung der Dispens gemäß § 83 ABGB abgeschlossen wurden, und nicht zu Unrecht bezeichnete der Volksmund diese Verbindungen mit dem Namen „Severehen".[40] Für einige Zeit wurde die seversche Dispenspraxis beinahe zum Regelfall. Doch insbesondere die Tatsache, dass diese Praxis eine unterschiedliche Bewertung durch die Gerichte erfuhr, lässt es als gerechtfertigt erscheinen, hier von einem „Ehewirrwarr" zu sprechen,[41] wie dies auch zeitgenössische KritikerInnen insbesondere aufgrund der dadurch entstehenden Rechtsunsicherheit taten.

Tatsächlich ist man dann im konkordatären Eherecht den Anliegen des Heiligen Stuhls sehr nahe gekommen. Wenn den gemäß dem kirchlichen Recht geschlossenen Ehen staatliche Rechtswirkung zuerkannt wurde (Art. VII § 1) – um hier nur die wichtigste Eherechtsbestimmung zu nennen – so entspricht das im Wesentlichen dem überkommenen ABGB-Eherecht.[42] Auch das Institut der Notzivilehe blieb seinem Wesen nach unangetastet. Für das Burgenland ergab sich durch diese Bestimmung insofern eine gravierende Änderung, als nun das Prinzip der fakultativen Ziviltrauung maßgeblich war. Bis zum Inkrafttreten des Konkordats hatte gemäß ungarischem Eherecht das Prin-

38 Zu diesen Gesetzesvorhaben siehe Hanisch (1995), 197–199; Schwarz (2002), 139 f. Hanisch trifft den Nagel auf den Kopf, wenn er meint, dass sich die Kritik an der Katholischen Kirche in der Ehefrage nicht gegen deren Eheauffassung richtete, sondern gegen den durch lange Zeit hindurch durchaus geglückten Versuch, „diese Auffassung der bestenfalls nominell ‚katholischen' Gesellschaft aufzuzwingen", Hanisch (1995), 201.

39 Wenn Sever in seiner Autobiografie meint, die Katholische Kirche habe ihn wegen seiner Dispenspraxis „ausgeschlossen", obgleich er schon „seit 40 Jahren konfessionslos" gewesen sei, Sever (1956), 32, dann handelt es sich vermutlich um eine gegen ihn gerichtete Exkommunikation. Eine solche stellte lediglich in der frühen Kirchengeschichte einen Ausschluss dar. Ansonsten geht das katholische Kirchenrecht vom Grundsatz *Semel catholicus, semper catholicus* aus, und ein Kirchenaustritt ist unter dem Blickwinkel dieses Rechtssystems nicht möglich.

40 Was die Vornahme der Trauung bei „Severehen" betrifft, so wurde kein katholischer Seelsorger dazu gezwungen. Für die Ehewerber/innen war es ratsam, vor ihrer Trauung zur Evangelischen Kirche überzutreten.

41 Zur divergierenden Judikatur siehe Lehner (1987), 107–110.

42 Auch wenn hier Art. 34 des italienischen Konkordats v. 11. 2. 1929, abgedruckt bei Schöppe (1964), 184, Pate stand, siehe Haring (1934), 39, so wird man keinesfalls typisch faschistisches Gedankengut ausmachen können.

zip der obligatorischen Ziviltrauung gegolten. Nun lag es bei Ehen, bei denen zumindest ein/e Ehewerber/in Katholik/in war, an den Brautleuten, staatlich wirksam vor dem katholischen Seelsorger oder vor dem staatlichen Trauungsorgan zu heiraten. Alles in allem blieb für „Severehen" kein Raum mehr.

Wenn nun das Zitat von Gina Kaus den Eindruck erweckt, als wäre die Unmöglichkeit von Scheidungen katholischer Ehen erst durch das Konkordat eingeführt worden, so ist das rechtlich zwar unzutreffend, doch wird damit – zumindest aus Wiener Sicht – wohl ein authentischer Eindruck einer betroffenen Person wiedergegeben.

Neben der Ehefrage wurde auch eine Einigung im Bereich des Schulwesens für nötig erachtet. Auch hier darf die Bedeutung des Konkordats nicht überschätzt werden. Denn grundsätzlich sollte der Status quo beibehalten werden (vgl. v. a. Art. VI § 2). Wenn die entsprechende Bestimmung des Zusatzprotokolls zum Konkordat vorsieht, dass den Diözesanordinarien – in der Regel den Diözesanbischöfen – „das Recht zusteht, Mißstände im religiös-sittlichen Leben der katholischen Schüler wie auch deren nachteilige oder ungehörige Beeinflussung in der Schule [...] zu beanständen", gemahnt dies zwar in gewisser Weise an das bischöfliche Aufsichtsrecht des Konkordats von 1855, geht aber eben keinesfalls so weit. Entgegen einer weit verbreiteten Ansicht ist die Anbringung von Kreuzen in Klassenzimmern (bzw. Kindergärten, Horten aber auch Gerichtssälen) nicht im Konkordat von 1933/34 geregelt.[43]

Für den Bereich der Kirchenfinanzierung ist zu konstatieren, dass sich an der vorangegangenen Rechtslage doch Einiges änderte. Eine Neuregelung der Frage der Kirchenfinanzierung war dem Heiligen Stuhl ein großes Anliegen. Die mit dem Konkordat derogierten Gesetze aus 1874 – Katholikengesetz[44] und Religionsfondsgesetz[45] – hatten eine Staatsaufsicht normiert, die nun beseitigt wurde. Im Konkordat wird vom kirchlichen Charakter der Religionsfonds gesprochen, doch sollten diese „wie bisher im Namen der Kirche vom Bund verwaltet" werden. Ferner wurde eine Anpassung der Klerikergehälter an die künftigen Änderungen des Diensteinkommens für Bundesangestellte durch den Staat zugesagt (Art. XV § 2).

Was weitere Rechtsmaterien betrifft, so ist vor allem an die Katholisch-Theologischen Fakultäten zu denken (Art. V und Zusatzprotokoll). Das einvernehmliche Vorgehen von Staat und Kirche bei der Besetzung von Professorenstellen stellte keine Neuerung

43 Eine derartige – Klassenzimmer betreffende – Verpflichtung Österreichs ist auf völkerrechtlicher Ebene erst im Schlussprotokoll zum sogenannten „Schulvertrag" mit dem Heiligen Stuhl aus dem Jahr 1962, BGBl. 273/1962 idF 289/1972, geregelt. Im Rahmen der vorliegenden Ausführungen bleiben allerdings die „rein" innerstaatlichen Rechtsquellen zum Anbringen von Kreuzen in den oben genannten Räumlichkeiten grundsätzlich unberücksichtigt, siehe dazu Kalb/Potz/Schinkele (1996), 26, 28. Allerdings muss im vorliegenden Kontext auf den Erlass des Bundesministeriums für Unterricht v. 4.7.1934 hingewiesen werden. Dieser wurde im Wiener Diözesanblatt abgedruckt (Nr. 7/XI). Demnach waren „in allen Klassenzimmern und Amtsräumen der dem Bundesministerium für Unterricht unterstehenden Bundeslehranstalten, in denen sich Schüler oder Schülerinnen des christlichen Religionsbekenntnisses befinden", Kreuze anzubringen. Dass sich die Pflicht nach einem bekenntnismäßigen Mehrheitskriterium richtete, stellte etwa im Vergleich zur bereits damals maßgeblichen italienischen Rechtslage ein relativ flexibles Moment dar.

44 RGBl. 50/1874.

45 RGBl. 51/1874.

dar. Der konkordatäre Verweis auf das kirchliche Studienrecht hat aber Ende der 1970er-Jahre im Zuge der Erlassung der Apostolischen Konstitution *Sapientia Christiana* und der zugehörigen *Ordinationes*[46] zu einer Involvierung römischer Stellen in die Besetzung von Professorenstellen geführt, wobei es sich dabei um eine nicht zu unterschätzende Ausweitung römischen Einflusses handelt.[47]

Auch ist die Einbeziehung des Staates bei der Ernennung von Diözesanbischöfen zu erwähnen, die im Rahmen des sogenannten „Verfahrens der politischen Klausel" zu erfolgen hat (Art. IV § 2 und Zusatzprotokoll). Demnach hat der Heilige Stuhl der Bundesregierung vor Ernennung eines Diözesanbischofs bzw. Diözesanerzbischofs oder eines Koadjutors mit Nachfolgerecht[48] den Namen des in Aussicht genommenen Kandidaten mitzuteilen, um zu erkunden, ob diese „Gründe allgemein politischer Natur gegen die Ernennung geltend zu machen hat". Diese Vorgabe stellte im Vergleich zur seit Beginn der Republik vorherrschenden Praxis der Bischofsbestellungen allerdings ebenfalls keine wesentliche Neuerung dar.[49]

46 http://www.vatican.va/holy_father/john_paul_ii/apost_constitutions/documents/hf_jp-ii_apc_15041979_sapientia-christiana_ge.html (18.7.2011). Gemäß Art. V § 1 Abs. 3 des Konkordats wird „die innere Einrichtung sowie der Lehrbetrieb der vom Staate erhaltenen katholisch-theologischen Fakultäten [...] grundsätzlich nach Maßgabe der Apostolischen Konstitution ‚Deus Scientiarum Dominus' v. 14. Mai 1931 und der jeweiligen kirchlichen Vorschriften geregelt werden". Dieser Verweis wird nach herrschender Lehre unter Berufung auf die Wortfolge „und der jeweiligen kirchlichen Vorschriften" insgesamt als dynamisch aufgefasst. D. h., dass „Deus Scientiarum Dominus" heute im Rahmen des Konkordatsrechts nicht mehr beachtlich ist und eben im Wesentlichen auch auf dieser Ebene durch die Konstitution „Sapientia Christiana" abgelöst wurde: Siehe etwa Kalb (1994), 380.

47 Zur heutigen Rechtslage siehe Kalb/Potz/Schinkele (2003), 476 f.: Konkret geht es um das so genannte „römische *nihil obstat*". Demnach ist bei der Berufung von Professorinnen und Professoren auf Lebenszeit von der zuständigen österreichischen kirchlichen Stelle beim Heiligen Stuhl die Erklärung einzuholen, dass gegen die in Aussicht genommene Kandidatin bzw. den in Aussicht genommenen Kandidaten keine Bedenken bestehen.

48 Nach geltender kirchlicher Rechtslage, *Codex Iuris Canonici* von 1983, c. 403 § 3, ist jeder Bischofskoadjutor automatisch mit dem Recht der Nachfolge ausgestattet.

49 Vgl. dazu etwa Weinzierl (1960), 146. Mit der Verankerung des unbestimmten Gesetzesbegriffs „Gründe allgemein politischer Natur" (Vorbild in deutschen Länderkonkordaten; vgl. etwa Art. III des Konkordats mit dem Freistaat Baden v. 12.10.1932, abgedruckt bei Schöppe [1964], 39) stand den Vertragspartnern des Konkordats 1933/34 der Fall vor Augen, dass ein ins Auge gefasster Kandidat unverhohlene Sympathien für einen Anschluss an Deutschland zeigen könnte. Zu Recht kann man den Sinn des „Verfahrens der politischen Klausel" hinterfragen, da die Erhebung entsprechender Bedenken rechtlich folgenlos bleibt. Es ist auch kein Fall bekannt, bei dem von der entsprechenden Konkordatsbestimmung seitens der Bundesregierung formell Gebrauch gemacht worden wäre. (Möglicherweise wurde seitens der Bundesregierung dessen Anwendung in Anbetracht der bevorstehenden Ernennung Franz Jachyms zum Koadjutor der Erzdiözese Wien im Jahr 1950 in Aussicht gestellt.) Allenfalls ist auf die Bestimmung über das Verfahren der politischen Klausel jenes Dictum anzuwenden, das in der juristischen Fachwelt bereits auf zahlreiche andere Vorschriften angewandt wurde: Die Sinnhaftigkeit einer bestimmten Regelung wird gerade daraus ersichtlich, dass sie niemals angewandt werden musste. Nicht näher einzugehen, ist hier auf den Sondermodus der Auswahl des Salzburger Erzbischofs, die in Art. IV § 1 geregelt ist, siehe dazu etwa Hirnsperger (1994), 339–361.

5. Das Schicksal des Konkordats in der NS-Zeit

Bekanntlich wurde Österreich im Jahr 1938 seitens des nationalsozialistischen Regimes als konkordatsfreier Raum betrachtet.[50] D. h., dass das Konkordat von 1933/34 als erloschen angesehen und auch eine Ausdehnung des Reichskonkordats auf das österreichische Gebiet nicht anerkannt wurde. Die mit den damaligen Vorgängen einhergehende zunehmende Abdrängung der Religionsgemeinschaften in den Bereich des Privaten stellt eine Annäherung an das System der Trennung von Staat und Kirche dar, das es in Österreich weder davor noch danach gegeben hat.

Diesen Umstand machen sich seit 1945 insbesonders klerikale Kräfte zunutze, um in Anbetracht der Forderung nach Trennung von Staat und Kirche darauf hinzuweisen, dass es dieses System in der Geschichte unseres Landes nur während der Zeit des NS-Regimes gegeben habe. Auch die Tatsache der Unwirksamkeit des Konkordats von 1933/34 in der Zeit des Nationalsozialismus wird seitens katholischer Hierarchen allzu gerne gegen heutige Forderungen der Konkordatskündigung ins Treffen geführt. Doch ist eine derartige Dämonisierung insofern einseitig, als es in der österreichischen Geschichte bereits Mitte des 19. Jahrhunderts zu gezielten Bestrebungen gekommen war, ein religionsrechtliches Trennungssystem zu etablieren.[51]

6. Das Konkordat nach 1945

6.1 Die Diskussion über die Weitergeltung des Konkordats auf völkerrechtlicher und innerstaatlicher Ebene

Mit der Wiedererrichtung eines unabhängigen Österreichs im Jahr 1945 stellte sich die Frage der Weitergeltung früherer Rechtsvorschriften. Für das Konkordat war diese Frage sowohl auf völkerrechtlicher als auch auf innerstaatlicher Ebene von Relevanz.[52] Auf völkerrechtlicher Ebene war zu diskutieren, ob Österreich zwischen 1938 und 1945 untergegangen war. In diesem Fall wären auch alle völkerrechtlichen Verpflichtungen

50 Siehe dazu Kalb/Potz/Schinkele (2003), 14 und 452 f.

51 Es war der so genannte „Reichstag von Kremsier", aus dessen Mitte das Modell eines Trennungs-Staates anvisiert wurde: Siehe den am 23.12.1848 in der „Wiener Zeitung" veröffentlichten „Entwurf der Grundrechte des österreichischen Volkes", abgedruckt samt Minoritätsvoten auch bei Bernatzik (1911), 133–145, und den von einer Art Unterausschuss dem Verfassungsausschuss Mitte Jänner 1849 vorgelegten Entwurf der Konstitutionsurkunde für die österreichischen Kaiserstaaten, ebd., 115–133. Demnach sollte den Religionsgemeinschaften kein spezifischer Rechtsstatus zukommen und im Ergebnis sollten sie als Vereine grundsätzlich im Bereich des Privaten wirken. Die Bestrebungen des Reichstags wurden allerdings durch dessen Auflösung seitens Kaiser Franz Josephs im März 1849 vereitelt. Dass eine – wenn auch freilich nicht nach den Grundsätzen des allgemeinen Wahlrechts – gewählte österreichische parlamentarische Versammlung Mitte des 19. Jahrhunderts das Trennungssystem durchsetzen wollte und diese Bestrebungen in autoritärer Weise unterdrückt wurden, wird allzu gerne verschwiegen. Anzumerken ist auch, dass die in der Frankfurter Paulskirche tagende und von Österreich ebenfalls beschickte Deutsche Nationalversammlung im Wesentlichen vom selben Konzept der Staat-Kirche-Beziehung ausging wie die Abgeordneten von Kremsier, siehe dazu etwa Lempp (1913).

52 Zum Folgenden siehe Klecatsky/Weiler (1958), 232–235; Gampl/Potz/Schinkele (1990), 160; Kalb/Potz/Schinkele (2003), 453.

Österreichs – und demnach auch das Konkordat 1933/34 – weggefallen. Diese Theorie, die unter der Bezeichnung „Annexionstheorie“ bekannt geworden ist, wurde insbesondere von Seiten der SPÖ vertreten. Dem wurde seitens der ÖVP die „Okkupationstheorie“ entgegengehalten. Demnach sei Österreich im Jahr 1938 nicht rechtsunfähig, sondern bloß handlungsunfähig geworden, weshalb seine völkerrechtlichen Verpflichtungen im Jahr 1945 wieder aufgelebt seien. Diese Theorie hat sich schließlich in weiterer Folge durchgesetzt und daher war an den konkordatären Verpflichtungen Österreichs auf völkerrechtlicher Ebene nicht zu zweifeln.

Die Frage der Konkordatsweitergeltung war nach dem Jahr 1945 nicht nur eine völkerrechtliche, sondern auch eine Problematik, die den innerstaatlichen Rechtsbestand betraf. Diese Thematik steht ihrerseits in engem Zusammenhang mit der Frage, ob das Konkordat 1933/34 als Verfassungsgesetz zu betrachten war. Wäre dies der Fall gewesen, so könnte man in Anbetracht des Verfassungsüberleitungsgesetzes von 1945 nicht von einer Weitergeltung des Konkordats ausgehen: Das Verfassungsüberleitungsgesetz knüpft nämlich an die Rechtslage vom 5. März 1933 an: Kein Verfassungsgesetz, das nach diesem Termin erlassen wurde, war im Jahr 1945 in den Rechtsbestand übernommen worden.[53] Nahm man für das Konkordat den innerstaatlichen Rang eines einfachen Bundesgesetzes an, so konnte von einer Weitergeltung ausgegangen werden. Das sich auf einfaches Gesetzesrecht beziehende Rechtsüberleitungsgesetz 1945 stand einer derartigen Weitergeltung nämlich in keiner Weise entgegen.[54] Der Ansicht, der zufolge dem Konkordat einfachgesetzlicher Rang zukäme, ist ein Urteil des Obersten Gerichtshofes (OGH) aus dem Jahr 1956 gefolgt.[55] Jene Konkordatsbestimmungen, die in die Verfassung 1934 Eingang gefunden hatten, waren demnach als ihres Verfassungsranges entkleidet zu betrachten. Somit kann – gemäß dieser nicht unumstrittenen Lösung – von einer grundsätzlichen innerstaatlichen Weitergeltung des Konkordats ausgegangen werden.

Die Fragen der völkerrechtlichen und der innerstaatlichen Weitergeltung des Konkordats lassen sich daher in gleichem Sinn – nämlich grundsätzlich bejahend – beantworten.[56] Dass damit ein formal aus der Zeit des „autoritären Ständestaats“ stammender Rechtsbestand zum großen Teil bis in die Gegenwart übernommen wurde, mag durchaus als störend erscheinen. Allerdings handelt es sich dabei um keinen einzigartigen Vorgang, wurden doch infolge des genannten Rechtsüberleitungsgesetzes nicht nur Bestimmungen übernommen, die aus der Zeit des „Ständestaates“ stammten, sondern auch Regelungen, die in der Zeit des Nationalsozialismus für Österreich in Kraft gesetzt worden waren. Insofern darf die Rolle des Konkordats somit keinesfalls überschätzt werden.

6.2 Zusatzverträge und Dissonanzen zwischen dem innerstaatlichen Recht sowie dem Völkerrecht und die aktuelle Bedeutung des Konkordats

Schließlich ist darauf hinzuweisen, dass zahlreiche gesetzliche Bestimmungen aus der NS-Zeit dem Konkordatsrecht auf innerstaatlicher Ebene derogieren, so etwa das zum großen

53 StGBl. 4/1945.

54 StGBl. 6/1945.

55 OGH, 19.9.1956, Zl. 3 Ob 377/56, siehe Österreichisches Archiv für Kirchenrecht 8 (1957), 273–276, h. 275; weitere Judikatur bei Gampl/Potz/Schinkele (1990), 160.

56 Vgl. auch OGH SZ 47/59/1974.

Teil im Jahr 1945 übernommene Ehegesetz von 1938,[57] das ebenfalls zum Großteil übernommene Kirchenbeitragsgesetz[58] bzw. jene Bestimmungen, welche die damals aufgehobenen Religionsfonds betrafen,[59] aber auch bestimmte schulgesetzliche Bestimmungen.[60]

Es sind zwei Materien, die vor allem aufgrund des Auseinanderklaffens zwischen innerstaatlichem Recht und völkerrechtlicher Verpflichtung neu geregelt werden mussten. Nicht zufällig handelt es sich dabei um die sensiblen Staat-Kirche-Bereiche Vermögens- und Schulrecht. In Bezug auf ersteres ist der Vermögensvertrag von 1960[61] zu nennen, der durch nachfolgende inflationsanpassende Zusatzverträge mit Zusatzübereinkommen angepasst wird.[62] Ferner wurde der Schulvertrag von 1962 geschlossen, der u. a. Bestimmungen über den Religionsunterricht und Privatschulen enthält.[63] Wie bereits erwähnt, wurde erst im Schlussprotokoll dieses Vertrags die Pflicht zur Anbringung von Kreuzen in Klassenzimmern in einer Völkerrechtsquelle verankert.[64]

Was das Eherecht betrifft, ist es zu keiner ausdrücklichen Harmonisierung zwischen innerstaatlichem Recht und völkerrechtlichen Verbindlichkeiten gekommen.[65] Demnach galt nach 1945 zwar auf völkerrechtlicher Ebene weiterhin das Konkordatseherecht, auf innerstaatlicher grundsätzlich das seit 1938 erlassene Eherecht, womit das seit 1938 bestehende System der obligatorischen Ziviltrauung als konkordatswidrig zu bezeichnen ist. Und gerade dieser Punkt zeigt besonders deutlich, dass das Konkordat in seiner Bedeutung nicht überschätzt werden sollte. Denn mit diesem Konkordatsbruch konnte der Vertragspartner Heiliger Stuhl schließlich offenbar recht gut

57 dRGBl. I, S. 807/1938.

58 GBlÖ. 543/1939.

59 Siehe Klecatsky/Weiler (1958), 165–168.

60 Siehe etwa Gampl/Potz/Schinkele (1990), 217.

61 BGBl. 195/1960.

62 Zuletzt durch den Sechsten Zusatzvertrag, BGBl. III 120/2009. Der Vermögensvertrag 1960 enthält Zusagen von Staatleistungen an die Katholische Kirche. Diese Zuwendungen werden insbesondere im Hinblick darauf gewährt, dass für die Katholische Kirche vor allem durch die Abschaffung der Religionsfonds in der Zeit des Nationalsozialismus zahlreiche Geldquellen versiegt sind. Die wesentlichen Zuwendungen bestehen einerseits darin, dass sich der Staat 1. zur Leistung eines alljährlich zu entrichtenden fixen Geldbetrags und darüber hinaus 2. zur alljährlichen Leistung des Gegenwerts von Bezügen von 1.250 Kirchenbediensteten und dies „unter Zugrundelegung eines Durchschnittsbezugs“ verpflichtet hat. Gemäß dem Sechsten Zusatzvertrag beläuft sich die Höhe des alljährlich zu leistenden fixen Geldbetrags heute auf fast 17,3 Millionen Euro. Im Jahr 1960 hatte er 50 Millionen Schilling betragen. Damit erhebt sich die Frage, inwieweit hier der Katholischen Kirche aufgrund ihrer finanziellen Verluste in der Zeit des Nationalsozialismus „Gerechtigkeit getan“ wird, oder ob hier nicht sogar Geldleistungen zugesagt wurden, die nicht gerechtfertigt sind. Einschlägige Diskussionen würden sich etwa an der Frage zu orientieren haben, ob man in den Religionsfonds – diese wurden vor allem aus dem Vermögen von durch Joseph II. aufgehobenen Klöstern finanziert – tatsächlich Einrichtungen sieht, die vermögensmäßig der Katholischen Kirche zustehen müssten, sollte es sie noch geben.

63 BGBl. 273/1962.

64 Siehe oben Anm. 43.

65 Siehe dazu Potz/Schinkele (2001), 402–404. Zur Rechtslage bezüglich jener rein kirchlichen Ehen, die nach Kriegsende abgeschlossen wurden und denen schließlich staatliche Rechtswirkung zuerkannt wurde, siehe Schima (2012), 349.

leben, auch wenn es diesbezügliche Diskussionen gab.[66] Es scheint sogar so, dass bis in jüngste Zeit hinein sich Nuntien zwar gebetsmühlenartig, allerdings leise, darin üben, auf den eherechtlichen Missstand hinzuweisen.[67]

Zur aktuellen Bedeutung des Konkordats ist Folgendes anzumerken: Das Protestantengesetz 1961 enthält die Formulierung eines Meistbegünstigungsprinzips, demzufolge alle der Evangelischen Kirche gewährten Rechte auch den anderen anerkannten Religionsgemeinschaften eingeräumt werden müssen (§ 1 Abs. 2 III).[68] Ein Wegfall des Konkordats würde daher an der Stellung der Katholischen Kirche viel weniger ändern, als dies allgemein in den Medien angenommen wird. Die Position der Katholischen Kirche wäre sogar insofern eine bessere, als sie bei der Ernennung von Diözesanbischöfen und in der Frage der Diözesaneinteilung infolge des verfassungsrechtlichen Schutzes innerer Angelegenheiten von Religionsgemeinschaften völlig frei wäre.[69] Allerdings ist auch darauf hinzuweisen, dass aus österreichischer Sicht nur die Katholische Kirche rechtlich imstande ist, mit dem Staat eine völkerrechtliche Vereinbarung abzuschließen.[70] Anderen Religionsgemeinschaften kommt diese Möglichkeit nicht zu. Ein differenziertes Bild ergibt sich dagegen in der Bundesrepublik Deutschland, wo in Bezug auf zahlreiche Religionsgemeinschaften seit Mitte der 1950er-Jahre der Weg des Vertragsstaatskirchenrechts beschritten wird. In Österreich finden sich dazu bestenfalls Ansätze. Hauptsächlich werden die besonderen Berechtigungen einzelner anerkannter Religionsgemeinschaften in formell einseitig erlassenen Sondergesetzen – wie eben dem gerade erwähnten Protestantengesetz – geregelt.

6.3 Das Kreuz im Klassenzimmer und die Frage immerwährender Haltbarkeit von Konkordat und Zusatzverträgen

Wenn das Konkordat 1933/34 kürzlich in Diskussion um die Anbringung von Kreuzen in Kindergärten bzw. Horten und Klassenzimmern bemüht wurde, so ist darauf hinzuweisen, dass die entsprechende völkerrechtliche Absicherung nur bezüglich der

66 Vgl. dazu etwa Schärf (2008), 258 (Erinnerungsvermerk zum 28.10.1955): „Zur Ehefrage meinte er [Unterrichtsminister Drimmel], wenn man sich auf den Standpunkt stelle, dass unrecht Gut nicht gedeihen solle, so müsse man auch den bitteren Tropfen genießen; wenn man sage, das Konkordat gelte nicht, weil es durch Gewalt herbeigeführt wurde, so könne man nicht sagen, das Eherecht gelte, obwohl es durch Gewalt geschaffen wurde. Er betrachtete diese Frage aber nicht als vordringlich; er meinte, man solle vielmehr alles vermeiden, um sie zu einem Gegenstand eines Wahlkampfes zu machen – darin pflichte ich ihm bei."

67 Auch wenn keiner der Nuntien sich zu einem lauten Protest aufgerafft hat, ist dieser Umstand völkerrechtlich doch relevant. Denn er hindert uns daran, von einer „Verschweigung" seitens des Heiligen Stuhls ausgehen zu können. Allerdings muss festgehalten werden: Würde sich ein Nuntius laut in der Kritik an der Disharmonie zwischen völkerrechtlicher Verpflichtung und innerstaatlichem Recht üben, so würde dies eine Konkordatsdiskussion in Gang setzen, an der dem Heiligen Stuhl alles andere als gelegen wäre.

68 BGBl. 182/1961 igF.

69 Art. 15 des Staatsgrundgesetzes über die allgemeinen Rechte der Staatsbürger, RGBl. 142/1867 schützt zwar nur die inneren Angelegenheiten gesetzlich anerkannter Religionsgemeinschaften, doch wird Art. 9 EMRK heute in der Weise ausgelegt, dass auch den nicht anerkannten Religionsgemeinschaften ein geschützter innerer Bereich zukommt: Siehe Stelzer (2009), 17 ff.; Schima (2009), 203.

70 Hierzu und zum Folgenden siehe Potz (2006), 74 f.

Schulkreuze (dies – im Vergleich etwa zur italienischen Rechtslage – in stark relativierter Form) und eben nicht im Konkordat selbst, sondern im Schulvertrag von 1962 erfolgt ist. Rein rechtlich betrachtet erscheint diese sich aus dem Schulvertrag ergebende Pflicht nun unproblematisch, wie nicht zuletzt die Entscheidung der Großen Kammer des Europäischen Gerichtshofes für Menschenrechte (EGMR) gezeigt hat, die die italienische Rechtslage zur Anbringung von Kreuzen in Kindergärten bzw. Horten zu prüfen hatte und diese als unbedenklich betrachtete.[71] Damit ist es Österreich (vorerst) erspart geblieben, die Aufhebung einer völkerrechtlichen Vereinbarung mit dem Heiligen Stuhl wegen Widerspruchs zur Europäischen Menschrechtskonvention (EMRK) in die Wege leiten zu müssen.

Doch wie sieht es nun allgemein mit der in österreichischen Medien regelmäßig angesprochenen Frage der Möglichkeit der Beendigung des Konkordats von 1933/34 aus? Karl Zemanek hat darauf hingewiesen, dass die Beendigung von auf unbestimmte Zeit geschlossenen und mit keiner Kündigungsklausel versehenen völkerrechtlichen Verträgen das wohl schwierigste Kapitel des Völkervertragsrechts sei.[72] Hier deutet sich schon an, dass ein Konkordat nicht von vornherein etwas Unauflösbares ist. In dieser Frage muss ein Ausgleich zwischen den Prinzipien *pacta sunt servanda* und *rebus sic stantibus* gefunden werden.[73] Art. 56 Abs. 1 der Wiener Vertragsrechtskonvention lässt eine Kündigung beim Fehlen einer entsprechenden Klausel auch dann zu, wenn „feststeht, dass die Vertragsparteien die Möglichkeit einer Kündigung oder eines Rücktritts zuzulassen beabsichtigten" (lit. a), oder sich ein Kündigungsrecht „aus der Natur des Vertrags herleiten lässt" (lit. b). Nun ist zwar das Konkordat vor Inkrafttreten der sowohl von Österreich als auch vom Heiligen Stuhl unterzeichneten Wiener Vertragsrechtskonvention abgeschlossen worden, doch wird man diese Regelungen auch mit Völkergewohnheitsrecht in Verbindung bringen können. Was das Konkordat 1933/34 betrifft, so steht nicht fest, dass die Vertragsparteien die Kündigungs- oder Rücktrittsmöglichkeit ins Auge gefasst hatten. Was unter „Natur des Vertrages" zu verstehen sein soll, bleibt nebulos, und sollte bei den betreffenden Parteien über das Schlagendwerden der „Natur des Vertrages" Einigkeit bestehen, darf man ohnehin von einer Art einvernehmlicher Vertragsauflösung ausgehen.[74] So verwundert es nicht, wenn in diesem Zusammenhang von „ewigen" Verträgen die Rede ist.[75]

Bezüglich des Begriffs der „ewigen" Verträge wird man konstatieren können, dass Verträge mit „dynamischen" Materien – wie etwa dem Schulrecht – leichter kündbar sind als etwa Verträge, die Rechtspositionen grundsätzlich umreißen. Im Übrigen ist für das Konkordat 1933/34 und mittelbar auch für die Zusatzverträge die so genannte „Freundschaftsklausel" (Art. XXII) zu beachten, deren genauer Gehalt für den Fall

71 EGMR, Große Kammer, Lautsi and others v. Italy, Appl. no. 30814/06. Siehe http://cmiskp.echr.coe.int/tkp197/view.asp?item=1&portal=hbkm&action=html&highlight=Lautsi&sessionid=75954532&skin=hudoc-en (17. 8. 2011). Die einschlägige italienische Rechtslage ist in Pkt. 14 dargestellt.

72 Zemanek (2004), 70.

73 Ebd., 70.

74 Vgl. ebd., 70.

75 Fischer/Köck (2004), 102.

aufbrechender Meinungsverschiedenheiten nicht geklärt werden kann.[76] Eines ist dabei allerdings sicher: Verhandlungen zwischen Heiligem Stuhl und Österreich wären im Fall einer Kündigungsabsicht durch einen Teil notwendig.

7. Schluss

Die Frage, ob das Konkordat von 1933/34 in seiner Bedeutung überschätzt wird, kann selbstverständlich nicht generell beantwortet werden. Wer eine Bevorzugung speziell der Katholischen Kirche im geltenden österreichischen Recht aufgrund des Konkordats annimmt, wird im Wesentlichen einem Irrtum unterliegen. Wem die Rechte anerkannter Religionsgemeinschaften im Allgemeinen zu weitgehend sind, der darf nicht allein beim Konkordat von 1933/34 ansetzen, sondern hat sich auch an anderen Bestimmungen des religionsrechtlichen Regelwerks zu orientieren, um dann zu den Rechten der anerkannten Religionsgemeinschaften Stellung zu nehmen. Dass es sich beim Konkordat nicht um ein „Wahrzeichen“ faschistischer Ausrichtung handelt, hat insbesondere Erika Weinzierl deutlich gemacht und sollte in den vorangehenden Zeilen nochmals eingehend betont werden.

Die Frage, ob das Konkordat von Freund und Feind überschätzt wird, ist aus der jeweiligen weltanschaulichen Position zu beantworten. So wird etwa derjenige Lehrende an einer Katholisch-Theologischen Fakultät, der sich des Vergehens schuldig gemacht hat, geschieden und wiederverheiratet zu sein, und nun als institutionell unabhängiger Religionswissenschaftler sein Wirken woanders oder sein Leben in materieller Bedrängnis fortsetzen muss, diese Frage anders beantworten als derjenige, der aus Sicht anderer anerkannter Religionsgemeinschaften dem Konkordat in seiner heutigen Gestalt eine gewisse Nüchternheit zu konzedieren hat.

Doch betrachten wir nochmals die konkrete Entstehungszeit des Konkordats. Wenn wir uns der eingangs zitierten Äußerung von Gina Kaus abermals zuwenden, dann sehen wir, dass diese Schriftstellerin eine Wahrheit ausgesprochen hat, die keineswegs nur von der Sozialdemokratie, sondern auch vom herrschenden Establishment konstruiert wurde. Dass sich diese Wahrheit mit den rechtlichen Gegebenheiten allerdings nicht in Einklang bringen lässt, sei hier ebenfalls festgehalten, unserer Schriftstellerin aber keineswegs vorgeworfen.

76 Art. XXII lautet „Alle anderen auf kirchliche Personen oder Dinge bezüglichen Materien, welche in den vorhergehenden Artikeln nicht behandelt wurden, werden dem geltenden kanonischen Recht gemäß geregelt werden. Sollte sich in Zukunft irgendeine Schwierigkeit bezüglich der Auslegung der vorstehenden Artikel ergeben oder die Regelung einer in diesem Konkordate nicht behandelten, kirchliche Personen oder Dinge betreffenden Frage, die auch den staatlichen Bereich berührt, notwendig werden, so werden der Heilige Stuhl und die Bundesregierung im gemeinsamen Einverständnis eine freundschaftliche Lösung herbeiführen, beziehungsweise eine einvernehmliche Regelung treffen. Mit dem Inkrafttreten des gegenwärtigen Konkordates werden alle in Österreich noch in Geltung stehenden Gesetze und Verordnungen, insoweit sie mit den Bestimmungen dieses Konkordates in Widerspruch stehen, außer Kraft treten.“

OPPOSITIONS-
BEKÄMPFUNG

Ilse Reiter-Zatloukal

Repressivpolitik und Vermögenskonfiskation 1933–1938[1]

1. Einleitung

Seit dem Herbst 1932 ging die österreichische Regierung unter Bundeskanzler Engelbert Dollfuß gegen die politische Opposition vermehrt mit Repressivmaßnahmen vor, die sich insbesondere auf polizeilichem Gebiet manifestierten.[2] Die auf Vermögenskonfiskation, also entschädigungslose Enteignung, abzielenden Maßnahmen, erfolgten seit der Ausschaltung des Parlaments im März 1933 entweder auf der Grundlage des Vereinsgesetzes von 1867 oder aufgrund neuer Vorschriften, die zunächst als Regierungsverordnungen mittels des Kriegswirtschaftlichen Ermächtigungsgesetzes von 1917,[3] dann als Regierungsgesetze mittels des Ermächtigungsgesetzes von 1934 erlassen wurden.[4]

Systematisch betrachtet handelte es sich bei diesen Maßnahmen um die Konfiskation von Vereins- oder Parteivermögen oder von individuellem Vermögen. Von der Konfiskation individuellen Vermögens waren einerseits aus politischen Gründen Ausgebürgerte und Juliputschisten betroffen, andererseits wurde auf dieses bei der Vorschreibung von Kostenersätzen für staatlichen Sicherheitsaufwand und die sogenannte Anhaltung von politischen GegnerInnen gegriffen, weiters bei Ersatzleistungen für aus terroristischen Akten resultierende Schäden sowie für die massiv vermehrten und zahlreich verhängten Verwaltungsstrafen. Daneben war in einer Reihe von Verordnungen der Verfall von Gegenständen im Zusammenhang mit strafbaren Handlungen, ohne Rücksicht auf die konkreten Eigentumsverhältnisse, vorgesehen, worauf hier aber im Einzelnen nicht eingegangen werden kann. Mit dem Ordnungsschutzgesetz 1937[5] wurde sodann die bisherige Normenvielfalt hinsichtlich des Verfalls von Gegenständen und der Vorschreibung von Ersatzkosten durch Aufhebung der bisherigen einschlägigen Verordnungen verringert.

1 Die Arbeit enthält Ergebnisse des FWF-Projekts „Politisch motivierter Vermögensentzug in Wien 1933–1938“ (P 19783-G08).

2 Siehe dazu Reiter-Zatloukal (2012).

3 RGBl. 307/1917.

4 BGBl. II 255/1934

5 BGBl. 282/1937.

2. Vereinsvermögen

Gemäß § 24 des Vereinsgesetzes konnte jeder Verein aufgelöst werden, wenn von ihm Beschlüsse gefasst oder Erlässe ausgefertigt worden waren, welche dem Strafgesetz zuwiderliefen oder „wodurch nach Inhalt oder Form der Verein in einem Zweige der Gesetzgebung oder Exekutivgewalt sich eine Autorität anmaßt[e]", wenn er „seinen statutenmäßigen Wirkungskreis" überschritt oder „überhaupt den Bedingungen seines rechtlichen Bestandes nicht mehr entspr[ach]".[6] Der erste, einer Oppositionspartei zugehörige Verein, der aufgrund dieser Bestimmung, und zwar mit Bescheid der Generaldirektion für die öffentliche Sicherheit (GDöS) vom 30. März 1933, aufgelöst wurde,[7] war der Republikanische Schutzbund. Dieser habe sich nämlich „wiederholt bewusst über die Bestimmungen seiner Satzungen hinweggesetzt, indem er gegen die zur Aufrechterhaltung der öffentlichen Ruhe und Ordnung einschreitenden Sicherheitsorgane gewalttätig vorging, vielfach im Besitz von großen Mengen von Waffen und Kriegsgeräten angetroffen wurde, sich durch Absperrungen von Strassen, Brücken usw. polizeiliche Befugnisse anmasste und Beschlüsse gefasst, beziehungsweise Weisungen hinausgegeben hat, die dem Strafgesetz zuwiderlaufen". Der Bescheid führte mehrere Vorfälle in verschiedenen Bundesländern an, bei denen es sich nach Ansicht der GDöS „durchaus nicht um Exzesse einzelner Personen", die „zufälligerweise" auch Mitglieder des Republikanischen Schutzbundes gewesen seien, gehandelt habe, sondern um ein „einheitliches, planmässiges einschlägige Direktiven voraussetzendes Vorgehen des Schutzbundes als solchen, das seine Organisation und Tätigkeit als im hohen Grad staatsgefährlich erscheinen lässt". All diese „Exzesse" von Abteilungen bzw. Zweigvereinen müssten daher vereinsrechtlich der Gesamtleitung des Vereins angelastet werden, „zumal sie entweder nicht im Stande oder nicht willens war, diese vielfältigen dem Vereinsgesetze und den Statuten zuwiderlaufenden Ausschreitungen [...] zu verhüten". Eine Fortsetzung der Wirksamkeit des Vereins bzw. seiner Zweigvereine sowie die Teilnahme an denselben standen fortan unter Strafe als Vergehen nach dem Strafgesetz.

Bezüglich des Vereinsvermögens waren nun von den Behörden dem Vereinsgesetz entsprechend „die angemessenen gesetzmäßigen Vorkehrungen einzuleiten", und das war die polizeiliche Sicherstellung und Liquidierung des Vereinsvermögens, die schließlich mehr als vier Jahre dauern sollte.[8] Es folgte die Auflösung von hunderten sozialdemokratischen Vereinen nach den Februarkämpfen bzw. dem Parteiverbot 1934 und 94 der NSDAP angeschlossenen Vereinen nach dem Juliputsch sowie die Konfiskation ihres Vermögens.[9]

---

6 RGBl. 134/1867.

7 Auflösungsbescheid der GDöS v. 30.3.1933, verlautbart am 31.3., Zl. 132.567-GD 2/1933, abschriftlich bei Vlcek (1971), 561–571.

8 Vgl. dazu ausführlich Rothländer (2010), 212–233.

9 Weiters wurden zwei der KPÖ zugehörige Vereine aufgelöst. Siehe ausführlich den Beitrag von Christiane Rothländer in diesem Band.

3. Parteivermögen

3.1 Parteienverbotsverordnungen

Die ersten, das Parteivermögen betreffenden Maßnahmen wurden in Österreich mit den Parteiverbotsverordnungen von 1933 getroffen. Nach der Verordnung der Bundesregierung vom 26. Mai 1933,[10] womit der Kommunistischen Partei jede Betätigung in Österreich verboten wurde, fielen nämlich nicht nur Zuwiderhandlungen gegen dieses Verbot unter Strafe, sondern es konnte in vermögensrechtlicher Hinsicht auch auf Verfall der Gegenstände, auf die sich die strafbare Handlung bezog, erkannt werden, und zwar ohne Rücksicht darauf, wem die vom Verfall bedrohten Gegenstände gehörten. Mit den Verordnungen der Bundesregierung vom 19. Juni 1933[11] und 12. Februar 1934[12] ergingen gleichartige Verbote und Anordnungen des Vermögensverfalls für die NSDAP und die SDAP.[13] Formal gesehen als Betätigungsverbote formuliert, stellten diese Verordnungen nichtsdestotrotz Parteiverbote dar, die offenbar wegen der unklaren Rechtsnatur der Parteien jedoch zunächst nicht als solche bezeichnet wurden.[14]

3.2 Rechtsnatur der österreichischen Parteien

Die Unklarheit betreffend die Rechtsnatur der Parteien, die auch für die Frage der Vermögenskonfiskation bedeutsam war, resultierte aus dem Faktum, dass diese in Österreich nicht nach dem Vereinsgesetz begründet worden waren. Wie Arthur Lenhoff 1929 hervorhob,[15] hatten die bereits in der Habsburgermonarchie gegründeten politischen Parteien nicht eine Untersagung nach Vereinsgesetz, die von der Landesstelle bzw. vom Innenministerium vorgenommen werden konnte, riskieren wollen, weshalb sie ihre faktische Bildung erst gar nicht anzeigten. Das Vereinsgesetz machte nämlich Reichsorganisationen unmöglich, weil es politischen Vereinen untersagte, „Zweigvereine (Filialen) zu gründen, Verbände unter sich zu bilden oder sonst mit anderen Vereinen, sei es durch schriftlichen Verkehr, sei es durch Abgeordnete, in Verbindung zu treten". Auch durfte „kein Vorstandsmitglied dem Vorstande eines anderen politischen Vereines angehören", und das Tragen von Vereinsabzeichen war untersagt. Stellte dies für die Entstehung der österreichischen Massenparteien im 19. Jahrhundert also ein veritables Problem dar, so bleibt es weiteren Forschungen vorbehalten, ob bzw. wie sich dieses Verbot der Affiliation und Koalition hinsichtlich „neuer" Parteien in der Republik auswirkte, also insbesondere etwa hinsichtlich der NSDAP, die sich Gerhard Botz zufolge 1926 als „Nationalsozialistischer Arbeiterverein" konstituierte.[16]

---

10 BGBl. 200/1933.

11 BGBl. 240/1933.

12 BGBl. I 78/1934.

13 BGBl. I 78/1934.

14 Das Betätigungsverbot kam nicht nur realiter einem Parteiverbot gleich, sondern es sprach auch die Verordnung v. 18.8.1933 „betreffend die Beschlagnahme und den Verfall des Vermögens verbotener politischer Parteien", BGBl. 368/1933, ja bereits explizit von verbotenen Parteien, vgl. auch Reiter-Zatloukal/Rothländer (2010), 135.

15 Lenhoff (1929), 250 f.

16 Botz (1981), 171.

Im Juli 1933 wurde jedenfalls von Beamten des Bundeskanzleramtes (BKA) und des Justizministeriums (BMJ)[17] hinsichtlich der Pläne der Regierung, das Vermögen der verbotenen Parteien, damals bereits KPÖ und NSDAP, zu beschlagnahmen, die Rechtsansicht vertreten, dass die Parteien in Österreich keine Rechtssubjekte seien, „daher auch keine Träger von Eigentumsrechten", und dass man „jemandem, der kein Vermögen hat und auch keines haben kann", dieses daher „weder sperren noch beschlagnahmen" könne. „Was vulgär als ‚Parteivermögen' gilt", könne „also nur Eigentum anderer sein". Die „einzige Bestimmung, mit welcher man ev. operieren könnte", sei die Regelung des Strafgesetzes, wonach für den Ersatz des durch das Verbrechen des Hochverrats „dem Staate oder Privatpersonen verursachten Schadens" jeder Schuldige „mit seinem ganzen Vermögen verantwortlich" sei.[18] Aber auch in diesem Fall könne man „nicht auf das Parteivermögen greifen, sondern nur auf das Vermögen von Parteigenossen". Überdies müsse eine rechtskräftige Verurteilung und der Nachweis der Schadenshöhe durch den Bund vorliegen. Die Beamten kamen zum Ergebnis, dass darüber „hinausgehende Möglichkeiten [...] unsere Rechtsordnung nicht" kenne, sie „müssen erst geschaffen werden, doch würde eine solche Regelung auf die grössten rechtlichen Schwierigkeiten stossen", weshalb „davon nur dringend abgeraten werden" müsse. Im Falle einer Konfiskation würde nämlich den Bund die Verpflichtung zum Nachweis der Eigentumsverhältnisse treffen, der „bei Strohmännern und Deckkonti schwer zu erbringen" sei. Es würde so „ein langes und kostspieliges Prozessieren beginnen, im allerbesten Falle könnte sich der Bund die ‚braunen Häuser'[19] nehmen", die jedoch laut Grundbuch überschuldet seien. Dem „Projekte der Vermögenssperre oder Beschlagnahme" würden „die deutschen Maßnahmen vor[schweben]", wo durch Verordnung „Parteien aufgelöst und ihr Vermögen beschlagnahmt" wurden. Im Deutschen Reich habe man dies freilich tun können, weil dort „die Parteien juristische Personen und Vermögensträger sind". „[B]ei uns sind sie keines von beiden", konstatierten die Beamten.

3.3 Rechtsnatur der deutschen Parteien und Konfiskation von Parteivermögen durch das NS-Regime

Im Deutschen Reich waren tatsächlich die Parteien den bestehenden Vereinsgesetzen als „politische Vereine" unterstellt. Dies konnte in der Zeit der Weimarer Republik auch deutlich bei den verschiedenen Fällen eines Parteiverbotes beobachtet werden:[20] Verboten wurden sie nämlich nur als gesellschaftliche Organisationen, in ihrer Funktion als Wahlvorbereitungsorganisationen oder als Fraktionen von gewählten Abgeordneten blieben sie jedoch von derartigen Verboten unberührt.[21] Die Rechtsfähigkeit der Parteien ging nach der Weimarer Reichsverfassung sogar so weit, dass ihnen z. B. die prozessrechtliche Parteifähigkeit vor dem Staatsgerichtshof bei Verfassungsstreitigkeiten innerhalb eines Landes, in dem kein Gericht zu ihrer Erledigung bestand, eingeräumt war.[22]

17 Sektionschef Dr. Hermann und Min.Rat. Dr. Strobele, vgl. ÖStA/AdR, BKA-I, allg., 22, Zl. 182.741-GD 2/1933, Kt. 4877.

18 § 59 StG, letzter Satz.

19 Vgl. zum Wiener „Adolf-Hitler-Haus", auch „Braunes Haus" genannt, Rothländer (2009).

20 Gusy (1993), 37 ff.

21 Song (1996), 119.

22 Art. 19 Weimarer Reichsverfassung von 1919, dRGBl. 1919 I, S. 1383.

Nach der nationalsozialistischen Machtübernahme wurden zunächst die überparteilichen Verbände „Reichsbanner Schwarz-Rot-Gold“[23] und „Eiserne Front“[24] länderweise verboten und deren Vermögen beschlagnahmt.[25] Am 26. Mai 1933 erfolgte mit dem Gesetz über die Einziehung kommunistischen Vermögens[26] die formelle Auflösung der KPD, womit nachträglich die inzwischen de facto längst geschehene Beschlagnahme ihres sowie des Vermögens ihrer Nebenorganisationen legalisiert wurde. „Um kommunistischen Bestrebungen dienendes Vermögen einer staatsfeindlichen Verwendung für die Dauer zu entziehen“, waren nun die „obersten Landesbehörden oder die von ihnen bestimmten Stellen“ ermächtigt, „Sachen und Rechte der Kommunistischen Partei Deutschlands und ihrer Hilfs- und Ersatzorganisationen sowie Sachen und Rechte, die zur Förderung kommunistischer Bestrebungen gebraucht oder bestimmt sind, zugunsten des Landes ein[zu]ziehen“, wobei der Reichsinnenminister ein einschlägiges „Ersuchen“ an diese richten konnte. Es folgte am 2. Mai die Zerschlagung der Freien Gewerkschaften und die Beschlagnahme ihrer Vermögenschaften, welche in die am 6. Mai 1933 gegründete „Deutsche Arbeitsfront“ überführt wurde.

Am 22. Juni 1933 erklärte NS-Reichsinnenminister Wilhelm Frick sodann,[27] dass die „Sozialdemokratische Partei Deutschlands als eine Staats- und volksfeindliche Partei anzusehen“ sei, „die keine andere Behandlung mehr beanspruchen“ könne, „wie sie der Kommunistischen Partei gegenüber angewandt worden“ war. Er wies daher die Landesregierungen an,[28] „die notwendigen Maßnahmen gegen die SPD zu treffen“, darunter auch die Beschlagnahme ihres sowie des Vermögens ihrer Hilfs- und Ersatzorganisationen, soweit es „nicht bereits in Verbindung mit der Auflösung der Freien Gewerkschaften sichergestellt worden“ war. Am 14. Juli 1933, also am selben Tag, an dem die Gesetze über den Widerruf von Einbürgerungen, über die Aberkennung der deutschen Staatsangehörigkeit[29] und über die Neubildung von Parteien[30] erlassen wurden, erging dann das Gesetz über die Einziehung volks- und staatsfeindlichen Vermögens,[31] nachdem die

23 Dies war ein überparteilicher Kriegsveteranenverband zwecks Verteidigung der Weimarer Republik gegen Feinde aus den nationalsozialistischen, monarchistischen und kommunistischen Lagern, der sich als Hüter des Erbes der demokratischen Tradition verstand, vgl. Voigt (2009).

24 In ihr waren seit 1931 das „Reichsbanner Schwarz-Rot-Gold“, der „Allgemeine Deutsche Gewerkschaftsbund“ CADGB), der „Allgemeine freie Angestelltenbund“ (Afa-Bund), die SPD und der „Arbeiter Turn- und Sportbund“ (ATSB) zwecks Widerstands gegen den Nationalsozialismus zusammengeschlossen.

25 Siehe etwa die Abschrift der Anordnungen des Polizeikommissars für das Land Württemberg über Maßnahmen zur Durchführung der Verordnung zum Schutz von Volk und Staat der Ortspolizei Sindelfingen v. 15.3.1933, Stadtarchiv Sindelfingen, http://www.adv-boeblingen.de/zrbb/kreis/ermaecht/boebl1.html (20.11.2008).

26 dRGBl. 1933 I, S.293.

27 Zit. nach Osterroth/Schuster (1980), http://library.fes.de/fulltext/bibliothek/chronik/band2/e235f1109.html (28.2.2012).

28 Und zwar unter Berufung auf die sogenannte „Reichstagsbrandverordnung“ v. 28.2.1933, dRGBl. 1933 I, S.83, die das Reich ermächtigte, zur „Wiederherstellung der öffentlichen Sicherheit und Ordnung“, in die Regierung der Länder einzugreifen.

29 dRGBl. 1933 I, S.480.

30 Ebd., S.479.

31 Ebd., S.479.

Vorschriften über die Einziehung des kommunistischen Vermögens nun auch „auf Sachen und Rechte der Sozialdemokratischen Partei Deutschlands und ihrer Hilfs- und Ersatzorganisationen sowie auf Sachen und Rechte, die zur Förderung marxistischer und anderer, nach Feststellung des Reichsministers des Innern volks- und staatsfeindlicher Bestrebungen gebraucht oder bestimmt sind", Anwendung fanden.

3.4 Die österreichischen Beschlagnahmebestimmungen 1933/34

In Österreich waren die Überlegungen hinsichtlich der Erweiterung der Möglichkeiten zur Beschlagnahme des Vermögens verbotener Parteien in der Zwischenzeit weiter fortgeschritten, und bereits im August 1933 legte das BMJ dem BKA eine einschlägige „Skizze"[32] vor, der zufolge das Vermögen einer verbotenen Partei vorläufig beschlagnahmt werden könne, wenn sie Rechtspersönlichkeit besitze. In der gleichen Weise könne auch „das Vermögen einer anderen juristischen Person oder eines Dritten vorläufig beschlagnahmt werden, wenn dieses Vermögen zur Förderung der Bestrebung einer der obgenannten Parteien verwendet wird oder bestimmt ist, oder wenn es aus einem zur Förderung der Bestrebungen einer der genannten Parteien bestimmten Vermögen stammt und die Herkunft aus diesem Vermögen verdeckt werden soll". Die Hauptschwierigkeit der Beschlagnahme liege jedoch darin, „einerseits die Raschheit des Vorgehens der politischen Behörde nicht durch die subtile Untersuchung der Rechtsverhältnisse des Vermögens zu hemmen, andererseits die Verletzung wohlbegründeter Rechtsansprüche von Personen, die durch die Beschlagnahme gar nicht getroffen werden sollen, hintanzuhalten". Die GDöS übernahm in weiterer Folge die Überarbeitung dieses Entwurfs,[33] wobei sie hinsichtlich der „Ermittlung der Person, gegen die sich das Verfahren richten soll, [...] nicht auf das rechtliche, sondern auf das tatsächliche Verhältnis zum Vermögen" abstellte und für die Verfolgung berechtigter Ansprüche Dritter ein besonderes Rechtsmittel, den Einspruch, vorschlug.

Die Verordnung vom 16. August 1933[34] normierte sodann die Beschlagnahme und den Verfall des Vermögens einer Partei, deren Betätigung untersagt worden war, wobei unter Vermögen nun auch „einzelne Vermögensstücke" fielen und – in Nachahmung der entsprechenden reichsdeutschen Regelungen – auch solches Vermögen dem Parteivermögen „gleichzuhalten" war, „das zwar nicht einer Partei, deren Betätigung verboten worden ist, gehört, aber zur Förderung der Bestrebungen einer solchen Partei nach dem Verbot verwendet wurde oder das zu einer solchen Verwendung offenkundig bestimmt ist". Wie im Ministerrat zur Begründung der Verordnung ausgeführt wurde,[35] sei es nämlich bekannt, dass sich trotz Parteiverbotes insbesondere die NSDAP und der Steirische Heimatschutz, „allerdings in mehr minderverschleierter Form, parteipolitisch betätigen und weiterhin Beiträge und Kampfspenden einheben, die offenbar dem Zweck propagandistischer Betätigung dienen sollen". Um dieser politischen Betätigung „wirksam entgegen zu treten", sei es „notwendig, den verbotenen politischen Parteien die Geldmittel oder auch andere Sachgüter, die zur politischen Werbung verwendet werden können,

32 Skizze Dr. Hermann, Beilage I, ÖStA/AdR, BKA-I, allg., 40, Zl. 201.236/1933, Kt. 5810.

33 Aktennotiz, 25.8.1933, ÖStA/AdR, BKA-I, allg., 40, Zl. 201.236/1933, Kt. 5810.

34 BGBl. 368/1933.

35 Vortrag für den Ministerrat, ÖStA/AdR, BKA-I, allg., 40, Zl. 199.915-GD 2/1933, Kt. 5817.

zu entziehen". Zwar sähen die Parteienverbotsverordnungen schon die Möglichkeit des Verfalls von Gegenständen vor, auf die sich Übertretungen des Betätigungsverbots beziehen, dies erweise sich „aber nicht als hinreichend": einerseits deshalb, „weil es fraglich sein kann, ob Mittel, die zur verbotenen politischen Betätigung verwendet werden oder verwendet werden können, als Gegenstände angesehen werden können, auf die sich die strafbare Handlung, bezieht'", andererseits „weil die Verfallserklärung hier immer den Nachweis einer strafbaren Handlung voraussetzt". Die neue Verordnung hingegen gab nun die Möglichkeit für eine Beschlagnahme und für den Verfall „unter viel weiter gezogenen Voraussetzungen". Für eine Beschlagnahme des Parteivermögens im engeren Sinn und den späteren Verfall genügte es nun schon, dass dieses Vermögen der verbotenen Partei gehörte, da hier der verbotswidrige Zweck „gewissermassen präsumiert" würde. Vom Vermögen einer Partei könne aber nur dann die Rede sein, wenn die Partei Rechtspersönlichkeit besitze, weshalb in diesem Fall nun „die Beziehung des Vermögens zur Partei nicht durch die Eigentumsverhältnisse, sondern nur durch den Verwendungszweck gegeben sein" konnte. Auch in diesem Fall war die Beschlagnahme zulässig, dies war aber „von der tatsächlichen verbotenen Verwendung oder von dem Vorliegen einer verbotswidrigen Verwendungsbestimmung abhängig". In einem Runderlass der GDöS[36] empfahl diese nicht nur, „sich mit dem für die dermalige polizeiliche Gestion hochbedeutsamen Inhalt" der Verordnung „ehestens eingehend vertraut zu machen", sondern auch, eine Beschlagnahmehandlung „womöglich immer auf die tatsächliche Verwendung oder Zweckbestimmung des Vermögens oder der Vermögensstücke zu basieren, um einer Erörterung der verwickelten Rechtsfrage, ob die betreffende politische Partei Rechtspersönlichkeit besass und überhaupt Vermögen besitzen konnte, auszuweichen".

Zur Amtshandlung erster Instanz waren nach der Beschlagnahmeverordnung in erster Instanz die politische Bezirksbehörde bzw. die Bundespolizeibehörde berufen, in deren Sprengel sich das zu beschlagnahmende Objekt ganz oder zum Teil befand, also jene Behörde, wie im Ministerratsvortrag ausgeführt,[37] „die auch zur Bestrafung der Zuwiderhandlung gegen das Verbot der parteipolitischen Betätigung berufen" war. Nach der Beschlagnahme hatte die Behörde nach freiem Ermessen die für eine sachgemäße Verwahrung und Verwaltung des Vermögens erforderlichen Verfügungen zu treffen. Sie konnte insbesondere treuhändige Verwalter bestellen; die Kosten der Verwahrung und Verwaltung waren aus dem beschlagnahmten Vermögen oder dessen Erträgnissen zu decken. Auf Ersuchen der Behörde war die Beschlagnahme bei Liegenschaften und verbücherten Forderungen im Grundbuch anzumerken. Rechte dritter Personen konnten zur „Vermeidung von Härten" aus dem beschlagnahmten Vermögen ganz oder teilweise befriedigt werden, private Exekutionen auf das beschlagnahmte Vermögen waren jedoch unzulässig, sollte sich doch bei einer „Kollusion zwischen einer Beschlagnahme und privatrechtlichen Exekutionen [...] die öffentlich rechtliche Beschlagnahme als stärker erweisen". Nach Ablauf von sechs Monaten, wenn kein Einspruch erhoben oder dieser verworfen worden war, ging die Beschlagnahme ohne einen neuerlichen behördlichen Akt in einen Verfall zugunsten des Bundesschatzes über. Jede von den zuständigen Behörden verfügte Beschlagnahme war unverzüglich sowohl dem Sicherheitsdirektor als auch

36 Runderlass der GDöS, 19.8.1933, ÖStA/AdR, BKA-I, allg., 40, Zl. 199.915-GD 2/1933, Kt. 5817.

37 Vortrag für den Ministerrat, ÖStA/AdR, BKA-I, allg., 40, Zl. 199.915-GD 2/1933, Kt. 5817.

der GDöS zu melden. Auch sollte, „um die im Gegenstande gebotene Generalprävention herbeizuführen, für eine möglichste Publizität der getroffenen Anordnung in geeigneter Weise" gesorgt werden. Mit Geldstrafe bis 2.000 Schilling oder Arrest bis zu drei Monaten wurde es sanktioniert, wenn sich jemand weigerte, beschlagnahmtes Vermögen herauszugeben, es verheimlichte oder auf sonst eine Weise die Beschlagnahme des Vermögens verhinderte oder erschwerte.[38]

Mit dem Verbot der österreichischen Sozialdemokratie am 12. Februar 1934 wurden dann einerseits alle Bestimmungen betreffend die Vermögensbeschlagnahme und den Vermögensverfall auch auf deren Parteivermögen angewendet, andererseits erfolgten mit weiteren Verordnungen die Auflösung und Liquidation der Arbeiterbank[39] sowie vorläufige Verfügungen über die Verwaltung der Großeinkaufsgesellschaft österreichischer Consumvereine (GöC),[40] der Konsumgenossenschaft Wien,[41] der der GöC angehörigen Genossenschaften[42] und der Druck- und Verlagsanstalt „Vorwärts",[43] wobei diese Verfügungen im Wesentlichen darin bestanden, dass nun jeweils vom Bundeskanzler ernannte Verwaltungsausschüsse deren Geschäfte führten. Weiters wurden der „Sozialdemokratische Verlag" aufgelöst und liquidiert[44] und mit der sogenannten Guthabensperrverordnung alle Konten gesperrt, die am 13. Februar entweder der SDAP oder einer juristischen Person oder sonstigen Vereinigung, „die zur Förderung der Bestrebungen der Sozialdemokratischen Arbeiterpartei bestimmt war," gehört hatten;[45] das Gleiche galt für „Deckadressen" der Partei oder einschlägiger juristischer Personen und sonstiger Vereinigungen.

Die Beschlagnahme- und Liquidierungsvorgänge waren durch die neuen Beschlagnahmen erheblich komplexer geworden, weshalb bereits Ende März und Anfang April 1934 interministerielle Besprechungen stattfanden,[46] um die Beschlagnahmeverordnung zu novellieren, zu welchem Zweck das BMJ auch bereits Ende April einen ausführlichen Entwurf samt Erläuterungen vorlegte.[47] Dieser mündete schließlich in das Beschlagnahmegesetz vom 8. Juni 1934,[48] mit dem die Beschlagnahme und der Verfall des Vermögens wegen verbotener politischer Betätigung neu und ausführlicher geregelt wurden. Detaillierte Regelungen ergingen nun insbesondere betreffend die Berücksichtigung der

38 Runderlass der GDöS, 19. 8. 1933, ÖStA / AdR, BKA-I, allg., 40, Zl. 199.915-GD 2 / 1933, Kt. 5817.

39 BGBl. I 98 / 1934.

40 BGBl. I 99 / 1934.

41 BGBl. I 101 / 1934.

42 BGBl. I 102 / 1934.

43 BGBl. I 103 / 1934, vgl. dazu ausführlich Mesner / Reiter / Venus (2007).

44 BGBl. I 103 / 1934.

45 BGBl. I 104 / 1934

46 Schreiben des Bundesministeriums für Justiz (BMJ), Zl. 11.010 / 1934, betreffend Novellierung der Verordnung Nr. 368 von 1933 an das BKA, Abt. 1, 9. 4. 1934, und Schreiben des BMJ, Zl. 11.061 / 1934, betreffend Novellierung der Beschlagnahmverordnung an das BKA, Abt. 1, 19. 4. 1934, ÖStA / AdR, BKA-I, allg., 40, Zl. 156.977 / 1934, Kt. 5815.

47 Entwurf einer Verordnung der Bundesregierung betreffend Änderungen der Bestimmungen über die Beschlagnahme und den Verfall des Vermögens verbotener politischer Parteien, ÖStA / AdR, BKA-I, allg., 40, Zl. 156.977 / 1934, Kt. 5815.

48 BGBl. II 71 / 1934.

Gläubiger, die Übertragung des beschlagnahmten Vermögens auf ein anderes Rechtssubjekt, die Auflösung von Dienstverhältnissen der DienstnehmerInnen aufgelöster „Personenvereinigungen jeder Art“ (v. a. Handels- und Aktiengesellschaften, Ges. m. b. H.s, Erwerbs- und Wirtschaftsgenossenschaften und Vereine), die Verwahrung und Verwaltung des beschlagnahmten Vermögens sowie dessen Liquidierung, den Verfall ohne Liquidierung, die Aufhebung von Beschlagnahmen wegen Überschuldung sowie ein allfälliges Konkurs- oder Ausgleichsverfahren nach Aufhebung der Beschlagnahme. Überdies sollte hinkünftig der Beschlagnahmebescheid in der Regel nicht mehr zugestellt, sondern stets an der Amtstafel der Behörde angeschlagen werden, damit in allen Fällen ein „fester Anfangstermin für den Lauf der Einspruchs- und Anmeldungsfrist“ geschaffen werde.

4. Individuelle Vermögenskonfiskation

4.1 Ausgebürgerte

Gleichzeitig mit der Beschlagnahmeverordnung wurde am 16. August 1933[49] die sogenannte Ausbürgerungsverordnung erlassen, um „nach dem Vorbild der Verfügungen des Deutschen Reiches“[50] nur wenige Tage später auch in Österreich[51] politischen GegnerInnen „die Staatsangehörigkeit abzuerkennen und gleichzeitig ihr Vermögen für verfallen zu erklären“.[52] Die Ausbürgerungen erfolgten in Österreich, wenn jemand ein offenkundig „österreichfeindliches“ Verhalten im Ausland an den Tag gelegt – sich also nach der Judikatur des Bundesgerichtshofes für eine verbotene Partei betätigt[53] – oder sich ohne Ausreisebewilligung nach Deutschland abgesetzt hatte, wobei dieser zweite Ausbürgerungsgrund naturgemäß nur gegen NationalsozialistInnen angewendet wurde, die insbesondere nach dem Verbot der NSDAP in das Deutsche Reich flüchteten. Wegen „österreichfeindlichen“ Verhaltens wurden hingegen KommunistInnen und SozialdemokratInnen ausgebürgert, weil diese in der Regel nicht nach Deutschland, sondern primär in die Tschechoslowakei flüchteten, für welche nicht das Erfordernis einer Ausreisbewilligung bestand. Insgesamt erfolgten in Österreich zwischen 1933 und 1938 zwischen 10.250 und 10.500 derartiger Ausbürgerungen.

Im Zuge einer, von der Bezirksverwaltungs- bzw. Polizeibehörde vorzunehmenden Ausbürgerung konnte das Vermögen des/der Ausgebürgerten vom BKA zugunsten des Bundesschatzes für verfallen erklärt werden. Einstweilige Verfügungen zur Sicherstellung des Vermögens bis zur Entscheidung des BKA über Beschlagnahme und Verfall fielen in die Kompetenz der ausbürgernden Behörde, wobei sie „ungesäumt vorzugehen“ hatte, „wenn die Gefahr vorliegt, dass bis zum Herablangen der Entscheidung des BKA eine Verschleppung u. dgl. erfolgen könnte, welche die Beschlagnahme zu erschweren oder zu ver-

49 BGBl. 369/1933, vgl. dazu Reiter(-Zatloukal) (2006; 2010; 2011).

50 Siehe den Auszug für den Vortrag im Ministerrat, ÖStA/AdR, BKA-I, allg., 40, Zl. 199.915-GD 2/1933, Kt. 5817; siehe für das deutsche Vorbild Reiter (2006, 2010).

51 Auffällig ist hier übrigens eine weitere Parallelität zur reichsdeutschen Gesetzgebung: Auch in Deutschland war zuvor das die Ausbürgerung normierende Gesetz über den Widerruf von Einbürgerungen und die Aberkennung der deutschen Staatsangehörigkeit am selben Tag ergangen wie das Gesetz über die Einziehung volks- und staatsfeindlichen Vermögens.

52 Dorner-Brader (1984), VIII/4, 311 (MRP 894, 16.8.1933, Beilage W).

53 Vgl. Reiter (2010), 849.

eiteln geeignet ist".[54] Um ein „rasches Einschreiten" des BKA zu ermöglichen, sollte von jedem „Verlust der Landesbürgerschaft wegen staatsfeindlichen Verhaltens" der GDöS sofort Anzeige erstattet und gleichzeitig der Verhandlungsakt „unter allfälliger Antragstellung wegen Beschlagnahme und Berichterstattung, ob und welche einstweilige Verfügung wegen Sicherung der Beschlagnahme ergangen sind", vorgelegt werden.[55] Eine sofortige Berichterstattung über jede einzelne Ausbürgerung brauchte jedoch seit September 1933 nur mehr dann erfolgen, wenn tatsächlich ein Antrag auf Beschlagnahme und Verfallserklärung des Vermögens eines/einer Ausgebürgerten gestellt worden war. Ansonsten wurden die Sicherheitsdirektoren beauftragt, zweimal im Monat übersichtliche Verzeichnisse der rechtskräftig Ausgebürgerten dem BKA vorzulegen, aus denen die erkennende Behörde sowie die genauen Personalien des Ausgebürgerten zu entnehmen waren.[56] Seit Juni 1934 galten dann die Verwertungsvorschriften des Beschlagnahmegesetzes auch für die individuelle Vermögenskonfiskation. Dies schien aber nicht allen durchführenden Stellen auch wirklich klar gewesen zu sein, weshalb die GDöS im Jänner 1935 z. B. „in Erinnerung" brachte, „dass den politischen und Polizeibehörden auch die Wahrnehmung des Verfallseintrittes beschlagnahmter Vermögenschaften Ausgebürgerter obliegt".[57]

Eine Verschärfung der Ausbürgerungsbestimmungen erfolgte im September 1934,[58] konnte doch nun das BKA die/den Ausgebürgerte/n auch aller von ihr/ihm für sich und ihre/seine Angehörigen „bis zum Zeitpunkte der Ausbürgerung erworbenen Anwartschaften aus der österreichischen Sozialversicherung für verlustig erklären". Falls die/der Ausgebürgerte eine Rente aus der österreichischen Sozialversicherung bezog, war es nun möglich, ihr/ihm diese Rente abzuerkennen, wobei insbesondere Anwartschaften bzw. Renten aus den jeweiligen gruppenspezifischen Unfall- und Pensionsversicherungen für derartige Verlustigerklärungen infrage kamen,[59] nicht jedoch Invalidenentschädigungen oder Pensionen nach dem Lehrerdienstgesetz, weil diese ohnedies bereits infolge des Verlustes der Staatsangehörigkeit verloren gingen.[60] Den Angehörigen, die von der ausgebürgerten Person „vorwiegend erhalten" worden waren, stand von Seiten des zuständigen Sozialversicherungsträgers ein „Unterhaltsbeitrag" in der Höhe und Dauer jener Hinterbliebenenrente zu, die sie bekommen hätten, wenn die/der Ausgebürgerte „im Zeitpunkte der Ausbürgerung gestorben" wäre. Hatten die Angehörigen jedoch die konkreten Handlungen, die zur Ausbürgerung geführt hatten, „unterstützt, gefördert oder an ihnen teilgenommen", so konnte das BKA die „zeitweilige oder dauernde Kürzung oder Einstellung des Unterhaltsbeitrages verfügen".[61]

54 Runderlass BKA (GDöS), 19. 8. 1933, ÖStA/AdR, BKA-I, allg., 40, Zl. 199.915-GD 2/1933, Kt. 5817.

55 Ebd.

56 Runderlass BKA (GDöS), 19. 9. 1933, ÖStA/AdR, BKA-I, allg., 40, Zl. 212.123-GD 2/1933, Kt. 5817.

57 Runderlass BKA (GDöS), 14. 1. 1935, Zl. 335.587-GD 2/1934, ÖStA/AdR, BKA-I, allg., 40, Zl. 94.868/1934, Kt. 5821.

58 BGBl. II 352/1934.

59 Siehe dazu ausführlicher den Runderlass des BKA (GDöS), Zl. 313.989-GD 2/1934, ÖStA/AdR, BKA-I, allg., 40, Zl. 309.181, Kt. 5818.

60 Vgl. BGBl. II 250/1934; siehe dazu auch die Stellungnahme des Bundesministeriums für soziale Verwaltung das BKA, Zl. 3.269-Abt. 1/1937, 12. 1. 1937, ÖStA/AdR, BKA-I, allg., 40, Zl. 190.811/1937, Kt. 5872.

61 Runderlass BKA (GDöS), 24. 11. 1934, ÖStA/AdR, BKA-I, allg., 40, Zl. 313.989/1934, Kt. 5820.

4.2 Juliputschisten

Eine weitere Variante des individuellen Vermögensentzugs legte das sogenannte Putschistengesetz[62] fest, das die Vermögensbeschlagnahme für den Fall vorsah, dass gegen die betreffende Person entweder ein gerichtliches Verfahren eingeleitet, diese aus dem Bundesgebiet geflüchtet oder aber in einem sogenannten Anhaltelager interniert worden war. Zu beschlagnahmen waren insbesondere Barbeträge, Bank- und Sparkassenguthaben, alle Mobilien und Immobilien, aber auch z. B. „wertvolle Schmuckgegenstände der unmittelbaren Angehörigen der betroffenen Personen". Diese Vermögenschaften waren sicherzustellen und „in grossen Zügen in einem Verzeichnisse festzulegen", um eine „Verschleierung oder Verschleppung derselben" zu verunmöglichen.[63] Alimentationsforderungen von Familienangehörigen waren im Beschlagnahmeverfahren, für das im Wesentlichen die Bestimmungen des Beschlagnahmegesetzes 1934 Anwendung fanden, jedoch zu berücksichtigen. Es stand „selbstverständlich im freien Ermessen der Bezirksverwaltungsbehörde [...], unter besonderer Berücksichtigung der Höhe der vorhandenen Vermögenswerte mit kleineren, allenfalls regelmässig (14tägig oder monatlich) auszuzahlenden Beträgen, solche Alimentationsforderungen zu befriedigen und so den notdürftigen Unterhalt der zu Alimentierenden zu gewährleisten".[64] Ein besonderes Augenmerk wäre jedoch auf „die möglichst rasche Durchführung der Beschlagnahmen sowie auf die Verhinderung jedweder Verschleierung" zu lenken. Verwendet werden sollten die entzogenen Vermögenschaften entsprechend der gesetzlichen Zweckbestimmung nicht nur zur Bestreitung der Anhaltekosten, sondern insbesondere auch zur „Entschädigung der Opfer des Umsturzversuches vom 25. Juli 1934". Diskutiert wurde im Herbst 1934 schließlich die Frage,[65] was mit dem beschlagnahmten Vermögen von Personen geschehen sollte, gegen die wegen einer mit dem Juliputsch im Zusammenhang stehenden strafbaren Handlung die Voruntersuchung eingeleitet, diese dann aber eingestellt worden war. Wie das BMJ dazu ausführte,[66] sollte eine Beschlagnahme nur dann aufgehoben werden, wenn (aufgrund eines Einspruches der/des Betroffenen) festgestellt wurde, dass die vom Beschlagnahmegesetz normierten Voraussetzungen beim Eigentümer/der Eigentümerin des Vermögens nicht zutrafen, wenn die/der Beschuldigte rechtskräftig freigesprochen worden war und das Gericht ihr/ihm einen Anspruch auf Entschädigung für die Untersuchungshaft zuerkannt hatte – also der auf der/dem Verurteilten ruhende Verdacht entkräftet worden war – oder wenn ein/e Angehaltene/r „als schuldlos aus der Anhaltung entlassen" worden war, worüber „wohl der Bundeskanzler zu entscheiden" habe.

62 BGBl. II 163/1934.

63 Erlass des Sicherheitsdirektors für das Bundesland Steiermark an die Gendarmeriepostenkommanden, 16.8.1934, ÖStA/AdR, BKA-I, allg., 40, Zl. 226.113/1934, Kt. 5817.

64 Ebd.

65 Schreiben des Rechtsanwalts Dr. Viktor Wutte an den Staatssekretär für Justiz, siehe das Schreiben des BMJ an das BKA, Abt. 1, 3.10.1934, ÖStA/AdR, BKA-I, allg., 40, Zl. 253.684/1934, Kt. 5818.

66 Schreiben des BMJ an das BKA, Abt. 1, 3.10.1934, ÖStA/AdR, BKA-I, allg., 40, Zl. 253.684/1934, Kt. 5818.

4.3 Ersatzkostenvorschreibungen

Auf individuelles Vermögen sollte in vielfältiger Weise auch im Wege von Ersatzkostenvorschreibungen gegriffen werden. So sah bereits im Juni 1933 die Verordnung betreffend besondere Maßnahmen gegen den Missbrauch fremden Eigentums zu politischer Propaganda[67] nicht nur den Verfall von Gegenständen vor, sondern auch eine Verpflichtung zum Ersatz der durch Entfernung von Propagandamaterial entstandenen Kosten. Hatte die Behörde nämlich „aus öffentlichen Rücksichten, um eine Gefährdung der öffentlichen Ruhe und Sicherheit hintanzuhalten", die Entfernung von verbotswidrig angebrachten oder ausgestreuten Gegenständen veranlasst, also etwa „eine an der Spitze eines Kirchturms angebrachte politische Fahne herunterholen, aufgeklebte oder aufgemalte Parteienbleme oder -beschriftungen entfernen lassen" oder die Straßenpolizeibehörde eine ähnliche Verfügung „aus Rücksichten des öffentlichen Verkehrs getroffen", dann war dem Schuldigen ein entsprechender Kostenersatz aufzuerlegen. Wie das BKA feststellte, greife nämlich „bedauerlicherweise [...] die missbräuchliche Gepflogenheit gewisser Parteirichtungen immer mehr um sich, a) Bilder, Zeichen, Schriften oder Druckwerke politischer Tendenz an fremdem Eigentum ohne Einwilligung des Verfügungsberechtigten anzukleben, anzumalen oder sonst wie anzubringen und b) solche Gegenstände und zwar insbesondere politische Flugzettel sowie gestanzte Parteiabzeichen (Hakenkreuz, Drei Pfeile) auf der Straße oder an anderen öffentlichen Orten auszustreuen". Dabei handle es sich zumeist um „Aktionen größeren Stils, die von einer politischen Partei oder einer ihr nahestehenden Vereinigung planmäßig organisiert" würden, wodurch nicht nur „dem heimischen Wirtschaftsleben, zumal dem Reise- und Fremdenverkehr, schwerer Abbruch getan", sondern in vielen Fällen (z.B. durch Beschmieren der Häuserfronten und Geschäftsportale und -auslagen mit Eisenlack u. dgl.) „beträchtlicher Schaden" angerichtet werde. Die bestehenden Vorschriften böten „gegen derlei Auswüchse keine genügende Remedur". Die angesprochenen „Übelstände" hätten jedoch bereits einen „derartigen Grad und Umfang" erreicht, „daß rasche und wirksame Abhilfe notwendig" sei, weshalb die neue Verordnung nun eine „durchgreifende Abstellung all dieser Unzukömmlichkeiten" ermögliche.[68] Waren derartige Kostenersätze mit Zwangsvollstreckung einzutreiben, dann sollte auch dies von den Gerichten „mit aller Beschleunigung" bewilligt und vollzogen werden.[69] Seit September 1933[70] konnten derartige Kosten dann nicht nur unmittelbaren TäterInnen vorgeschrieben werden, sondern darüber hinaus – weil diese oft nicht auszuforschen waren – solchen Personen, die durch ihre Haltung die strafbare Handlung bloß begünstigt oder gefördert hatten.[71] Seit Anfang 1934 bestand diese Möglichkeit sogar betreffend Personen, welche die Handlung bloß „nachträglich gutgeheißen" hatten.[72]

67 BGBl. 248/1933.

68 Erlass des BKA v. 19.6.1933, Zl. 170.702-GD 2/1933, Meister (1935), 111ff.

69 Erlass über die Vollstreckung von Ersatzvorschreibungen der Sicherheitsdirektoren (des Polizeipräsidenten in Wien), 3.8.1933, Zl. 11.998/1934, in: Amtsblatt der österreichischen Justizverwaltung (1934), Nr. 21.

70 BGBl. 397/1933.

71 Ebd.

72 BGBl. I 20/1934.

Seit September 1933 waren weiters Kostenersätze für außerordentliche Sicherheitsmaßnahmen zu leisten,[73] also etwa sogenannte „Bereitschaftsauslagen“, Kosten für die Heranziehung von Assistenzen für die Sicherheitsexekutive, Transport- und Reiseauslagen, Quartierkosten usw. Diese Kosten konnten ebenfalls nicht nur den VerursacherInnen vorgeschrieben werden, sondern auch all denjenigen, die das kostenverursachende Verhalten bloß „begünstigt oder gefördert“ hatten. Die Sicherheitsauslagen wiesen nämlich „eine steigende Tendenz auf“ und hatten bereits „eine derartige Höhe erreicht“, dass es der Regierung geboten erschien, „auf Mittel und Wege einer geeigneten Abhilfe zur tunlichsten Verringerung dieser Lasten bedacht zu sein“.[74] So wurde z. B. Otto Leichter 1936 „für die dem Bund anlässlich der Ereignisse im Februar 1934 erwachsenen Kosten für besondere Sicherheitsmaßnahmen“ ein Betrag von 1.322,06 Schilling bei sonstiger zwangsweiser Eintreibung vorgeschrieben, weil bei der „bewaffneten Revolte des bereits im März 1933 behördlich aufgelösten republikanischen Schutzbundes [...] außer Polizei und Gendarmerie, auch Militär und das Schutzkorps aufgeboten“ hätten werden müssen, um „die öffentliche Ordnung und Ruhe wieder herzustellen“. Leichter sei in der Sozialdemokratie „führend tätig“ gewesen und daher „für die Ereignisse im Februar 1934 mitverantwortlich“, weshalb die Vorschreibung einer „Schadensgutmachung“ gerechtfertigt erscheine.[75]

Eine weitere Variante der Ersatzkostenvorschreibung wurde mit der sogenannten Anhalteverordnung vom September 1933[76] für die Kosten der Internierung in einem Anhaltelager normiert.[77] Die Regierung wurde ermächtigt, mit Verordnung „Bauschbeträge“ festzusetzen, die Ende November mit sechs Schilling pro Tag fixiert wurden.[78] Das an die Stelle der Anhalteverordnung tretende sogenannte Anhaltegesetz vom September 1934[79] sah dann zusätzlich den Entzug von Renten des Angehaltenen aus der österreichischen Sozialversicherung oder nach dem Invalidengesetz für die Dauer der Anhaltung vor. Die während der Anhaltung fällig gewordenen Rentengelder sollten zu einem Teil der Bedeckung des notdürftigen Unterhalts der unterhaltsberechtigten Familienmitglieder des Angehaltenen dienen, sofern dieser nicht auf andere Weise sichergestellt war. Der danach allfällig verbleibende Teil der Rentenbeträge, maximal jedoch die Hälfte derselben, konnte als Ersatz für die Anhaltekosten herangezogen werden. Auch nach Beendigung der Anhaltung stand dem Angehaltenen kein Anspruch auf die während der Anhaltung fällig gewordenen Rentenbeträge zu. Die Bestimmungen des Anhaltegesetzes galten, wie bereits erwähnt, auch für die Juliputschisten, wobei angesichts der nicht ausreichenden Kapazitäten der Anhaltelager sogenannte „Minderbelastete“, die über „eigenes Vermögen oder Einkommen“ verfügten oder „zahlungsfähige Anverwandte“ besaßen, auch gegen „Erlag eines Sühnebetrages“ freigelassen werden konnten, wobei aber der Eindruck eines „Loskaufens“ unbedingt vermieden werden sollte.[80]

73 BGBl. 397/1933.

74 Ministerratsvortrag, 25. 8. 1933, Zl. 199.921-GD 2/1933, ÖStA/AdR, BKA-I, allg., 40, Zl. 201.221/1933, Kt. 5810.

75 ÖStA/AdR, BKA-I, allg., 22 Wien, Kt. 5214.

76 BGBl. 431/1933.

77 Siehe dazu und insbesondere zur regelmäßigen Uneinbringlichkeit der vorgeschriebenen Anhaltekosten den Beitrag von Pia Schölnberger in diesem Band sowie dies. (2010), 206 ff.

78 BGBl. 525/1933.

79 BGBl. II 253/1934.

80 Erlass des Sicherheitsdirektors für Oberösterreich, 21. 9. 1934, zit. n. Jagschitz (1975), 146.

Nachdem allein zu Beginn des Jahres 1934 über hundert Bombenanschläge durch Nationalsozialisten verübt worden waren, schuf die Regierung im Jänner 1934 die Möglichkeit einer „Ersatzleistung für Schäden aus Terrorakten",[81] darunter insbesondere Sprengstoff- und Brandanschläge sowie gewaltsame Beeinträchtigungen von Verkehrs- und Versorgungsbetrieben. Für derartige Ersatzleistungen waren ebenfalls nicht nur unmittelbare TäterInnen heranzuziehen, sondern auch Begünstiger, Förderer oder nachträgliche BefürworterInnen. Das Gleiche galt für Schäden, die durch eine „aus politischen Beweggründen" nach dem Dezember 1933 begangene Straftat gegen die „Sicherheit des Lebens oder des Eigentums" entstanden waren. Diese Neuerungen wurde damit begründet,[82] dass die „erhöhte terroristische Betätigung nationalsozialistischer Parteigänger" in der letzten Zeit „nicht nur zu schweren Körperverletzungen geführt, sondern in vielen Fällen auch sehr bedeutenden Sachschaden angerichtet" habe. Zur „wirksameren Abwehr solcher Anschläge" bestünde nun die Möglichkeit, „zahlungsfähige Parteigänger, die als geistige Urheber der unmittelbaren Täter angesehen werden können", zu „angemessenem Schadenersatz" heranzuziehen. Zum Zweck der Herbeiführung der gebotenen Generalprävention wurden die Sicherheitsbehörden angewiesen, derartige Ersatzkosten „im weitesten Umfange sowohl zahlungsfähigen Tätern, als auch jenen weiteren Personenkreisen vorzuschreiben, die in der Verordnung umschrieben sind", wiewohl kein Rechtsanspruch des Geschädigten bestand. „Naturgemäß" seien hiefür „nur Personen auszuwählen, deren Zahlungsfähigkeit bekannt ist oder mit Grund angenommen werden kann". Gewährt wurde ein derartiger Ersatz etwa im Fall der Eigentümerin des Hotels „Excelsior" in Velden am Wörthersee, des ersten Hauses im Ort und eines der teuersten in Kärnten, das sich auch explizit als „vaterländisch" deklarierte.[83] Louise Hecht-Neustadtl beantragte im August 1934 den Ersatz eines Sachschadens in der Höhe von über 1.000 Schilling, der durch die Explosion eines Sprengkörpers in der Nähe des Hotels entstanden war. Der Sicherheitsdirektor für Kärnten schrieb den Ersatz der Glaser-, Tischler- und Anstreicherarbeiten umgehend elf Personen aus Velden vor, darunter Haus- oder Hotelbesitzern, Kaufmännern, einem Lehrer, einem Trafikanten, zwei Taxiunternehmern und einem Glasermeister (origineller Weise just demselben, der die Rechnung für die Instandsetzungsarbeiten am „Excelsior" gelegt hatte). Begründet wurde die Vorschreibung damit, dass diese Personen „durch ihr Verhalten den angeführten Anschlag insofern begünstigt und dadurch mitverschuldet" hätten, „als sie es als prominente Mitglieder der NSDAP bzw. als Anhänger derselben unterlassen haben, ihren zweifellos wirksamen Einfluss ihren Parteigenossen gegenüber in einer den Terrorakt verhindernden Art geltend zu machen".

Schließlich kann auch der seit März 1933 ausufernde Einsatz des Verwaltungsstrafrechts unter die Vermögen entziehenden Maßnahmen des Dollfuß-/Schuschnigg-

81 BGBl. I 20/1934. Für die inhaltliche Festlegung der einschlägigen Handlungen bezog man sich auf die Verordnung der Bundesregierung v. 7.7.1933, BGBl. 295/1933, zur Abwehr wirtschaftlicher Schädigungen durch Terrorakte.

82 Erlass des BKA, GD 2, 7.1.1934, ÖStA/AdR, BKA-I, allg., 40, Zl. 102.763-GD 2/1934, Kt. 5810, tlw. abgedruckt bei Meister (1935), 160.

83 Antrag von Louise Hecht-Neustadtl auf Zuerkennung eines Schadensersatzes aus einem Terrorakt an die Bezirkshauptmannschaft in Villach, 3.8.1934, ÖStA/AdR, BKA-I, allg., 40, Zl. 231.253/1934, Kt. 5818.

Regimes gezählt werden. Es wurden nun nämlich zwecks Umgehung der (noch formell unabhängigen) Justiz die Tatbestände des Polizeistrafrechts vervielfacht. Gemeinsam war all diesen neuen Strafbestimmungen die dramatische Erhöhung der bisher üblichen Strafobergrenzen bei Geld- und Arreststrafen, und zwar mindestens um das Zehnfache, zum Teil sogar um das Fünfzig- oder Hundertfache, also von 200 Schilling auf in der Regel 1.000 oder 2.000 Schilling, manchmal sogar auf 10.000 und 20.000 Schilling. Überdies konnten Geld- und Arreststrafen kumulativ verhängt werden, und zwar auch zusätzlich zu einer allfälligen strafgerichtlichen Verurteilung. In der Praxis wurde auch oft eine Straftat in mehrere Einzeldelikte „zerlegt", um die Höchststrafen addieren zu können. Darüber hinaus kam es zu einer massiven Erschwerung der Berufungsmöglichkeiten im Verwaltungsstrafverfahren. Ein Kostenersatz war ebenfalls für die Absolvierung von Polizeistrafen in gerichtlichen Gefangenenhäusern vom BMJ in Aussicht genommen, scheint jedoch nicht mehr realisiert worden sein.[84]

5. Ausblick

Bereits nach dem Berchtesgadener Abkommen vom Februar 1938 ordnete die GDöS an,[85] „Ansuchen um Freigabe beschlagnahmter Gegenstände, deren Verwertung noch nicht durchgeführt worden ist, [...] ohne Ueberprüfung der individuellen Berücksichtigungswürdigkeit des Bittstellers aufrecht zu erledigen". Ersatzleistungen für bereits verwertete Vermögenschaften wurden jedoch „aus prinzipiellen Gründen – dies könnte die Aufrollung aller Beschlagnahmemassnahmen zur Folge haben – und wegen der damit verbundenen Belastung des Staatshaushaltes nicht in Erwägung gezogen". Weiters sollten „Ansuchen um Aufhebung der Verlustigerklärung von Renten aus der österreichischen Sozialversicherung, die im Zuge von Ausbürgerungen ausgesprochen worden" waren, der GDöS zur Entscheidung vorgelegt werden, falls sich der ehemals Bezugsberechtigte wieder in Österreich aufhielt. Über noch nicht beendete Beschlagnahmeverfahren infolge von Ausbürgerungen sollte „zwecks Aufhebung der Verfügung" an die GDöS berichtet werden. Noch nicht zum Abschluss gelangte Beschlagnahmeverfügungen nach dem sogenannten Putschistengesetz waren unverzüglich einzustellen bzw. bereits erfolgte Beschlagnahmen „ohne jegliche Bedingung aufzuheben", noch nicht erledigte Eintreibungen von „Sühnebeträgen" einzustellen bzw. die Zahlung allenfalls noch ausstehender Beträge zu erlassen, auch Ersatzvorschreibungen für die Kosten außerordentlicher Sicherheitsmaßnahmen oder für die Gutmachung von „Terrorschäden" nicht mehr weiterzuverfolgen. Wenn es sich jedoch um „ausgesprochen kommunistische Parteigänger" handelte, dann sollten insbesondere die Freigabe beschlagnahmter Gegenstände und die Beendigung des Beschlagnahmeverfahrens bei Ausbürgerungen „erst nach individueller Prüfung des Einzelfalles" in Erwägung gezogen werden.

Eine „Wiedergutmachung" für „wirtschaftliche Schädigungen" infolge des „Eintretens für die nationalsozialistische Erhebung" wurde sodann nach dem „Anschluss" an das

84 Entwurf eines Erlasses des BMJ, 22.6.1934, Zl. 51.247/1934, ÖStA/AdR, BKA-I, allg., 20/gen., Zl. 194.554 GD 1/1934, Kt. 4528.

85 Erlass der GDöS, Zl. 311.585-GD 5/1938, Oberösterreichisches Landesarchiv (OÖLA), Bezirkshauptmannschaft Ried, III, Zl. 112/9/1938.

Deutsche Reich 1938 in Aussicht genommen: Ein „Wiedergutmachungsgesetz“[86] sollte u.a. die Rückstellung von beschlagnahmtem Vermögen, sozialversicherungsrechtliche Maßnahmen und Geldentschädigungen festlegen.[87] Wenngleich es nicht zur Umsetzung dieses Gesetzesvorhabens kam, so gab es doch de facto erhebliche finanzielle „Wiedergutmachungen“ für „Alte Kämpfer“, v.a. freilich durch „Arisierungen“.

Die Abgeltung von Verfolgungsschäden der Arbeiterbewegung und ihrer Angehörigen erfolgte erst nach dem Ende der NS-Herrschaft, und zwar v.a. aufgrund der Rückgabegesetze und des Opferfürsorgegesetzes.[88]

86 Vgl. dazu Unfried (2004).

87 Entwurf der vom Reichsstatthalter zur Durchführung des Wiedergutmachungsgesetzes hinauszugebenden Erlässe, August 1938, S. 1, ÖStA/AdR, BKA-I, allg., 40, Zl. 157.815/1938, Kt. 5873/a.

88 Siehe dazu die Beiträge von Brigitte Bailer und Maria Mesner in diesem Band.

Christiane Rothländer

Die Durchführungspraxis des politisch motivierten Vermögensentzugs in Wien 1933–1938[1]

1. Die Richtlinienkompetenz und der Vollzug der Vermögensbeschlagnahme

Bereits unmittelbar nach der Ausschaltung des Parlaments am 4. März 1933 ergingen die ersten Vorschriften des Dollfuß-/Schuschnigg-Regimes zur Konfiskation von Vermögen sowohl der verbotenen Parteien als auch deren AnhängerInnen.[2] Die administrative Durchführung des Vermögensentzugs in Wien fiel hauptsächlich in die Kompetenz zweier Dienststellen: Die Richtlinienkompetenz lag bei der dem Bundeskanzleramt unterstehenden Generaldirektion für die öffentliche Sicherheit (GDöS) und hier der Abteilung GD 2. In ihren Aufgabenbereich fielen Fragen der Gesetzgebung, der Verfahrensgrundsätze und -richtlinien, die Einleitung der Beschlagnahme und die administrative Durchführung. Allerdings war die GDöS nur mit Vermögenschaften über 5.000 Schilling oder unbeweglichem Gut befasst.[3] Nach der Eingliederung des „Generalstaatskommissärs für außerordentliche Maßnahmen zur Bekämpfung staats- und regierungsfeindlicher Bestrebungen in der Privatwirtschaft" am 22. November 1935 in den Wirkungskreis des BKA wurde mit der GD 5 eine neue Abteilung innerhalb der GDöS geschaffen, die mit Erlass vom 7. Jänner 1936[4] auch die Liquidierung beschlagnahmter Vermögenschaften übernahm.

Der Vollzug der Beschlagnahmen fiel in die Kompetenz der Bundespolizeidirektion Wien. Zunächst war das „Büro für Organisation und Kontrolle"[5] (BfO) sowohl für die Beschlagnahme des Vermögens jener Parteien zuständig, denen jede Betätigung verbo-

1 Die Arbeit enthält Ergebnisse des FWF-Projekts „Politisch motivierter Vermögensentzug in Wien 1933–1938" (P 19783-G08).

2 Siehe dazu den Beitrag von Ilse Reiter-Zatloukal in diesem Band.

3 Rückgabe beschlagnahmter Vereinsvermögenschaften von Arbeiterfolgevereinen v. 30.4.1934, ÖStA/AdR, BKA-I, allg., 15/gen., Zl. 328.135-GD 2/1935.

4 ÖStA/AdR, BKA, Präs., SR, Zl. 83.350/1935.

5 Das BfO war direkt dem Präsidialbüro der Bundespolizeidirektion (BPD) unterstellt und umfasste u.a. die Bereiche Dienstaufsicht, Kontrolle der Amtsgebarung, Handhabung des polizeilichen Verordnungsrechtes, Ausbildung der Polizeiorgane, die Herausgabe des Amtblattes, Wetz (1971), 60.

ten worden war, was anfänglich die KPÖ und NSDAP betraf, als auch für jene Personen, die nach der Verordnung vom 16. August 1933 aus politischen Gründen ausgebürgert worden waren.[6] Nach dem Betätigungsverbot für die Sozialdemokratische Partei wurde am 19. März 1934 im Rahmen des Wahlkatasteramtes eine eigene Dienststelle für die Liquidierung des Vermögens verbotener politischer Parteien und ihrer Organisationen eingerichtet, die sogenannte Liquidierungsstelle.[7] Die Beschlagnahme des Vermögens der Ausgebürgerten verblieb aber weiterhin beim BfO.[8]

2. Die Einrichtung und Organisation der Liquidierungsstelle

Die Leitung der Liquidierungsstelle übernahm der Vorstand des Wahlkatasteramtes Oberpolizeirat Johann Hauke; ihm zugewiesen waren die beiden Polizeijuristen Rudolf Büngener und Robert Battek.[9] Die Auswahl der leitenden Beamten überrascht, da mit Hauke[10] ein juristisch nicht ausgebildeter Beamter zum Leiter einer neu eingerichteten Dienststelle ernannt wurde, die mit einer komplexen juristischen Materie befasst war. Battek,[11] seit 1930 ebenfalls Angehöriger des Wahlkatasteramtes, war zwar Polizeijurist, jedoch nie mit der Handhabung des polizeilichen Verordnungsrechts beschäftigt gewesen.

Einziger Experte in der Liquidierungsstelle war Oberpolizeirat Rudolf Büngener,[12] der als leitender Beamter des BfO bereits im Zusammenhang mit dem Vermögensentzug von Ausgebürgerten mit dieser Thematik befasst gewesen war. Büngener wurde am 19. März 1934 „unbeschadet der Zuteilung zum B.f.O. mit den Geschäften der Liquidierung" betraut und am 1. November 1934 zum stellvertretenden Vorstand der Liquidierungsstelle und des Wahlkatasteramtes ernannt.[13] Im Oktober 1936 erfolgte seine definitive Bestellung zum Chef der Liquidierungsstelle, die er de facto von Beginn an geleitet hatte. Warum die Liquidierungsstelle nicht vornehmlich mit Beamten der Wirtschafts- oder Budgetabteilung der Polizeidirektion besetzt wurde, ist unklar. Vermutlich dürf-

6 Zur politisch motivierten Ausbürgerung in Wien 1933–1938 vgl. Reiter (2006; 2010a); Rothländer (2007; 2010a); Reiter-Zatloukal/Rothländer (2010).

7 BPD Wien an die Generaldirektion für die öffentliche Sicherheit/GD 2 über die Errichtung einer Liquidierungsstelle (L.St.) bei der BPD Wien v. 28.4.1934, ÖStA/AdR, allg., 22/gen., Zl. 314.997-GD 2/1935.

8 Vgl. Reiter/Rothländer/Schölnberger (2009).

9 Runderlass der BPD Wien über die Liquidierung des Vermögens verbotener Parteien und ihrer Organisationen v. 17.3.1934, ÖStA/AdR, allg., 22/gen., Zl. 314.997-GD 2/1935.

10 Hauke (geb. 1883) war nach Ableistung seines Militärdienstes 1908 als Konzeptspraktikant in den Polizeidienst eingetreten und hatte sich zum Oberpolizeirat hochgearbeitet. Die zeitlichen Angaben in seiner 1956 geleisteten eidesstattlichen Erklärung über die Übernahme der Liquidierungsstelle sind unrichtig. Darin gab er nämlich an, erst ab 1935 als Chef des Wahlkatasteramtes und ab 1936 als Leiter der Liquidierungsstelle fungiert zu haben. Personalakt Johann Hauke, Archiv der BPD Wien.

11 Battek (geb. 1889) war nach seiner Promotion 1915 in den Polizeidienst aufgenommen worden. Personalakt Robert Battek, Archiv der BPD Wien.

12 Büngener (geb. 1896) gehörte seit 1910 der BPD Wien an. Personalakt Rudolf Büngener, Archiv der BPD Wien.

13 Dienstzuteilungen von Rudolf Büngener, ebd.

ten frei gewordene Ressourcen dafür ausschlaggebend gewesen sein, denn nachdem keine Wahlen mehr stattfanden, war das Personal des Wahlkatasteramtes, wie es in einem Tätigkeitsbericht der Liquidierungsstelle hieß, „minderbeschäftigt" und somit verfügbar geworden.[14] Die Personalauswahl war insofern nicht nach professionellen Maßstäben erfolgt.

Darüber hinaus zeigte sich bald der zahlenmäßig gänzlich unzureichende Personalstand, denn nach dem Verbot der Sozialdemokratie war bereits mit der ersten Verfügung des Vereinsbüros die Tätigkeit von etwa 600 sozialdemokratischen Vereinen in Wien eingestellt worden, deren Vermögen nun beschlagnahmt werden sollte.[15] Zwar wurden am 6. April drei Polizeikommissare, darunter zwei Polizeijuristen, und der Großteil des Personals des Wahlkatasteramtes der Liquidierungsstelle zugeteilt,[16] betrachtet man jedoch die Zahl der zu liquidierenden Vermögensmassen und die Komplexität der Durchführung, war auch diese Personalausstattung bei Weitem nicht ausreichend.

Ein weiteres Problem hinsichtlich der Durchführung der Arbeiten bestand darin, dass die Tätigkeit der Liquidierungsstelle den Rahmen der bisherigen polizeilichen Aufgabenbereiche sprengte. Die Durchführung der Beschlagnahmen bedeutete, sich mit Fragen des Bürgerlichen Rechts, des Grundbuch- und Handelsrechts, der Exekutions-, Konkurs- und Ausgleichsordnung sowie des Angestellten- und Mietengesetzes auseinandersetzen zu müssen. Weiters fehlten, wie auch für den Beginn der politisch motivierten Ausbürgerungen festgestellt werden kann, zunächst konkrete Erlässe über die Durchführung der Beschlagnahmen, die erst nach den Februarkämpfen genauer geregelt wurden.

Der Großteil der zu beschlagnahmenden Vermögenschaften entfiel naturgemäß auf die Sozialdemokratie, da laut einem Polizeibericht die entzogenen Werte der übrigen Parteien „sehr gering" waren, sowohl wegen „der Posteriorität der Beschlagnahmemassnahmen" als auch „wegen des geringen Alters dieser Organisationen, die erst im Aufbau begriffen waren".[17] Tatsächlich hatte das Regime erst nach dem Verbot der Sozialdemokratie sein Augenmerk auf die Beschlagnahme von Vermögenschaften verbotener Parteien und ihrer Vereine bzw. jenen der Ausgebürgerten gerichtet. Dies galt nicht nur für die KPÖ und NSDAP, sondern auch für die Beschlagnahme des Vermögens des bereits im März 1933 aufgelösten Republikanischen Schutzbundes; der Vermögensentzug war bis zum Februar 1934 nicht von praktischem Interesse gewesen.[18] Allerdings lassen die Beschlagnahmeakten einzelner nationalsozialistischer Vereine den Schluss zu, dass nicht nur die „Posteriorität der Beschlagnahmemassnahmen" den verschleppten Vermögensentzug bedingten, wie noch zu zeigen sein wird.

Die Liquidierungsstelle war in sieben Gruppen gegliedert: Gruppe I umfasste die organisatorischen Angelegenheiten, Normalien und Erlässe; Gruppe II bis IV betraf das Vermögen der Sozialdemokratie, ihrer Vereine, Verbände, der Genossenschaften sowie der

14 Tätigkeitsbericht der Liquidierungsstelle der BPD Wien v. 1. 3. 1935, ÖStA / AdR, allg., 22 / gen., Zl. 314.997-GD 2 / 1935.

15 Ebd.

16 BPD Wien an die GDöS / GD 2 über die Errichtung einer Liquidierungsstelle bei der BPD Wien v. 28. 4. 1934, ÖStA / AdR, allg., 22 / gen., Zl. 314.997-GD 2 / 1935.

17 Liquidierung beschlagnahmter Vermögenschaften, Stand v. 1. 7. 1935, ÖStA / AdR, BKA-I, allg., 22 / Wien, Zl. 342.255-GD 2 / 1935

18 Vgl. Rothländer (2010b).

Angehörigen der Partei; Gruppe V das Vermögen von NSDAP und Landbund; Gruppe VI jenes der KPÖ und Gruppe VII die Ausgaben und Guthaben. Von den Akten der Liquidierungsstelle sind nur einige letzte Reste sowie zwei der drei Protokollbücher erhalten geblieben.[19] Vollständig überliefert sind etwa die Beschlagnahmeakten der Ausgebürgerten,[20] des Republikanischen Schutzbundes oder des nationalsozialistischen Freiwilligen Arbeitsdienstes (FAD); „trotz erheblicher Probleme" konnten Maria Mesner, Margit Reiter und Theodor Venus den Vermögensentzug und die Rückgabe des Vermögens des Vorwärts-Verlages rekonstruieren.[21] Die Beschlagnahmeakten der Wiener NSDAP befinden sich im Parlamentsarchiv, konnten jedoch bisher aufgrund ihres problematischen konservatorischen Zustandes nicht eingesehen werden. Nachdem der Hauptbestand nicht mehr existiert, ist somit nur eine bruchstückhafte Rekonstruktion des Ausmaßes des Vermögensentzugs möglich.[22] Im Folgenden muss sich die Darstellung aufgrund der vom austrofaschistischen Regime erlassenen umfassenden Beschlagnahmemaßnahmen zur Entziehung des Vermögens der aufgelösten Parteien, Organisationen und Gewerkschaften und des individuellen Vermögens, der Komplexität der Durchführungspraxis und des begrenzten zur Verfügung stehenden Raumes auf einige Maßnahmen konzentrieren.

3. Die Durchführungspraxis des Vermögensentzugs

3.1 Die Beschlagnahme von Vereinsvermögen

Nach den Protokollbüchern der Liquidierungsstelle wurden insgesamt 94 Vereine der NSDAP und zwei der KPÖ angeschlossenen Vereine aufgelöst. Die Anzahl der sozialdemokratischen Vereine ist aufgrund des fehlenden Protokollbuchs nicht mehr ermittelbar. Allerdings existiert eine Liste vom 15. März 1934, nach der bis zu diesem Zeitpunkt bereits 421 Vereine der Sozialdemokratie aufgelöst worden waren. Die Untersuchung der Akten des Vereinsbüros von 462 durch das Regime aufgelösten Wiener Vereinen ergab, dass von den 395 sozialdemokratischen Vereinen 23 Prozent in der ersten Woche nach Ausbruch der Februarkämpfe und bis Ende des Monats weitere 30,9 Prozent aufgelöst worden waren; Ende März lag der Prozentsatz bei 85,5 Prozent. Die täglich zu bewältigende Zahl der Vereinsauflösungen war zu diesem Zeitpunkt so groß, dass, wie schon Wolfgang Putschek feststellte, eigene Formulare dafür vorgedruckt werden mussten.[23] Die Auflösung sozialdemokratischer Vereine hatte allerdings bereits im Jahr zuvor begonnen, als neben dem bereits erwähnten Republikanischen Schutzbund auch der Verein „Freie Organisation der Sicherheitsbeamten Oesterreichs" am 25. Dezember 1933 aufgelöst worden war.[24] In beiden Fällen hätte aufgrund § 27 des Vereinsgesetzes[25]

19 Die Protokollbücher der Liquidierungsstelle befinden sich im Archiv der BPD Wien.

20 Der Aktenbestand wird im Wiener Stadt- und Landesarchiv aufbewahrt, WStLA, M.Abt. 116, A 37.

21 Mesner/Reiter/Venus (2007); Heinzl (2008).

22 Vgl. dazu auch den Beitrag von Maria Mesner in diesem Band.

23 Putschek (1993), 43.

24 Als Grund wurde angeführt, dass der Verein im Oktober 1933 in seinem Organ „Die Volkspolizei" in einem Leitartikel „offen gegen die Regierung Stellung genommen" habe, BPD Wien/Vereinsbüro an den Wiener Magistrat, Abt. 49 v. 25.12.1933, ÖStA/AdR, BKA-I, allg., 15/4/Wien, Zl. 106.055-GD 2/1934.

25 § 27 ordnete an, „dass jede behördlich verfügte Auflösung eines Vereines [...] durch die amtliche Zeitung veröffentlicht" werden muss und „in diesem Falle bezüglich des Vereinsvermögens von den Behörden die angemessenen gesetzmäßigen Vorkehrungen einzuleiten [sind]", RGBl. 134/1867.

die Beschlagnahme des Vereinsvermögens durchgeführt werden können, was allerdings auch erst nach dem Betätigungsverbot für die sozialdemokratische Partei erfolgte.[26]

Anders gestaltete sich die Situation bei der nationalsozialistischen Partei: Bis auf die NSDAP, die sich 1926 als „Nationalsozialistischer Arbeiterverein“ konstituiert hatte,[27] und den „Vaterländischen Schutzbund“, also SA und SS,[28] waren nach dem Parteiverbot im Juni 1933 bis Februar 1934 infolge der Untersuchung der Akten des Vereinsbüros nur ein einziger und bis zum Juliputsch 1934 zehn Vereine der NSDAP aufgelöst worden. Ähnlich wie bei der Ausbürgerung ist aufgrund der unterschiedlichen Größenordnungen ein quantitativer Vergleich zwischen dem Entzug des Vermögens der NSDAP und der Sozialdemokratie nicht möglich, allerdings lässt sich auch hier ein durchaus unterschiedliches Vorgehen seitens der Behörden festmachen.

Die rasche und flächendeckende Auflösung sozialdemokratischer Vereine, insbesondere der Sport- und Geselligkeitsvereine, stieß bei den Ministerien bald auf Kritik, die nun die Arbeiterschaft auf ihre Seite ziehen wollten. Die GDöS brachte daraufhin im Mai 1934 den Vorschlag ein, dass „aufgrund der inzwischen eingetretenen Konsolidierung der Verhältnisse“ nun „die Möglichkeit einer ruhigeren Behandlung der [...] Materie in den Bereich der Erwägung gerückt“ sei.[29] So wären nämlich auch Vereine aufgelöst worden, für die lediglich eine Überwachungsverfügung bzw. eine vom Verein angebotene Satzungsänderung oder Personenauswechslung durchführbar gewesen wäre.

Gegen die Beschlagnahmeanordnung konnte binnen einer Woche nach Zustellung der schriftlichen Ausfertigung bei der Bundespolizeidirektion Wien die Berufung eingebracht werden, die jedoch keine aufschiebende Wirkung hatte. Gläubiger konnten innerhalb von sechs Monaten ihre Ansprüche anmelden. Die anhängigen Berufungsfälle hätten nun einer genauen Überprüfung unterzogen werden müssen, und in all jenen Fällen, in denen „eine gänzliche Beseitigung des Vereins aus staatspolizeilichen Rücksichten nicht geboten erschien“, sollte die verfügte Vereinsauflösung zurückgenommen werden.[30] Nach der Untersuchung der Akten des Vereinsbüros wurde aber nur bei 77 Vereinen (19,5 Prozent), davon 43 Musik- und 14 Schrebergartenvereine, die Auflösung widerrufen und ein Verwaltungsausschuss bestellt.

Weitere Maßnahmen „im Interesse einer allgemeinen Befriedung“ ordnete die GDöS im Oktober 1934 an.[31] So konnten Sachbestände ehemaliger Arbeitersport- und Bildungsvereine „auf Ansuchen“ in gleichartige „vaterländische Nachfolgeorganisationen“ überführt werden, wenn diese „wenigstens einen Teil der Mitglieder der aufgelösten Vereinigungen aufgenommen“ hatten. Im Jänner 1935 weitete die GDöS diese „Ermächtigung zur Überlassung von Sachbeständen“ solcher Vereine an „vaterländische Nachfolgeorganisa-

26 Beschlagnahmebescheid der BPD Wien/L.St. v. 18.10.1935, ÖStA/AdR, BKA-I, allg., 15/4/Wien, Zl. 366.389/1935 bei Zl. 106.055-GD 2/1934.

27 Botz (1981), 171.

28 Die Auflösung des „Vaterländischen Schutzbundes“ erfolgte am 19.6.1933, ÖStA/AdR, BKA-I, 22/gen., Zl. 154.426-GD 2/1933.

29 GDöS/GD 2 an alle Sicherheitsdirektoren, den Bundessicherheitsminister und alle Bundespolizeibehörden v. 19.5.1934, ÖStA/AdR, BKA-I, allg., 15/gen., Zl. 167.333-GD 2/1934.

30 Ebd.

31 Erlass der GDöS v. 1.10.1934, ÖStA/AdR, allg., 15/gen., Zl. 240.240-GD 2/1934.

tionen“ noch weiter aus, von der auch „ausgiebiger Gebrauch“ gemacht werden sollte.[32] So konnten für erst in Bildung begriffene Organisationen „derartige Sachbestände zu diesem Behufe auch asserviert werden“.

Nachdem Inventar, Ausrüstungsgegenstände, Sportgeräte u. Ä. häufig „vaterländischen Vereinen“ überwiesen, aber auch zu einem sehr geringen Schätzwert von anderen Vereinen oder Organisationen übernommen worden waren, ist das Ausmaß der entzogenen Vermögenschaften sozialdemokratischer Vereine nicht mehr feststellbar. So erhielt etwa der Wiener Heimatschutz den Zuschlag für das Inventar und die Gerätschaften von mindestens 18 sozialdemokratischen Vereinen. Aber auch der Wert der beschlagnahmten Wertpapiere ist nicht mehr feststellbar, da diese zur Veräußerung der Staatszentralkasse übergeben wurden, welche die Gelder ohne weitere Meldung dem Bundesschatz einverleibte.

Während also die sozialdemokratischen Vereine sofort nach den Februarkämpfen aufgelöst wurden, zeigten die Behörden hinsichtlich der Auflösung nationalsozialistischer Vereine wenig Eile. Einer der wenigen aufgelösten NS-Vereine betraf den „Deutschakademischen Juristenverein, juristische Fachschaft der deutschen Studentenschaft an der Universität Wien“, an dessen Spitze der Student der Rechtswissenschaften Helmut Dachs stand, ein den Behörden seit Langem bekannter radikaler Nationalsozialist. Dachs hatte sich 1929 dem NS-Studentenbund angeschlossen, für den er auch als Fachgruppenleiter und später als stellvertretender Kreisleiter tätig war. 1931 trat er der SA bei und wurde im Jahr darauf Mitglied der NSDAP.[33] Im Herbst 1933 bemerkte die Wiener Polizei, dass „zahlreiche Mitglieder der Motorstaffel der S.A. geschlossen zum [sic] Kraftfahrstaffel der nationalständischen Front, (auch ‚Grüne Front‘)“ des Landbundes übergetreten waren und diese Aktion „offensichtlich zum Zwecke einer ‚Tarnung‘ erfolgt“ war, „um unter dem Deckmantel einer neu erstandenen erlaubten Wehrformation bei den Terroraktionen leichteres Spiel zu haben“. Auch Dachs, von dem die Polizei wusste, dass er eine „hohe Funktion bei der S. A. Oberführung“ inne hatte, gehörte dieser an.[34] Im Jänner 1934 nahm die Polizei die Ermittlungen gegen Dachs auf und stellte aufgrund einer beschlagnahmten Postkarte fest, dass sich dieser in München befand, woraufhin das Ausbürgerungsverfahren gegen ihn eingeleitet wurde.[35] Im März 1934 wandte die Bundespolizeidirektion Wien ihre Aufmerksamkeit dem „Deutsch-akademischen Juristenverein“ zu,[36] da dieser nämlich für den am 2. Februar 1934 geplanten „Universitätsball“„es geflissentlich und demonstrativ unterlassen“ hatte, „die Mitglieder der Bundesregierung zu dem Balle einzuladen, weshalb die Abhaltung desselben auch von der Bundespolizeidirektion verboten worden“ war. Außerdem sei der Bundespolizeidirektion bekannt geworden, dass aufgrund dieser Umstände „die vaterländisch gesinnten Mitglieder [...] ihren Austritt aus dem Vereine vollzogen haben“. Auch wurde

32 Erlass der GDöS v. 14. 1. 1935, Zl. 335.587-GD 2/1934, abgedruckt bei Meister (1935), 206.

33 WStLA, Gauakt Helmut Dachs, Zl. 276. 340.

34 Bericht der BPD Wien an die Staatsanwaltschaft Wien I v. 22. 12. 1934, WStLA, M.Abt. 116, A 37: Ausbürgerungsverfahren Günther Mark.

35 WStLA, M.Abt. 116, A 37: Ausbürgerungsverfahren Helmut Dachs.

36 BPD Wien/Vereinsbüro an den Sicherheitskommissär für das Gebiet der Bundeshauptstadt Wien v. 2. 3. 1934, ÖStA/AdR, BKA-I, allg., 15/4, Zl. 129.610-GD 2/1934.

nun angemerkt, dass Dachs „hier als nationalsozialistischer Parteigänger bekannt" und „wegen verbotswidriger Betätigung für diese Partei auch bereits polizeilich bestraft" worden sei. Überdies habe er sich unbefugt „vor einiger Zeit nach Deutschland begeben". Warum der Verein trotz des Kenntnisstandes der Sicherheitsbehörden nicht schon längst aufgelöst bzw. dessen Spitze ausgewechselt worden war, lässt der Akt offen. Jedenfalls musste der Verein am 2. März 1934 seine behördliche Tätigkeit einstellen. Zu beschlagnahmende Vermögenschaften scheinen keine vorhanden gewesen zu sein. Helmut Dachs wurde am 30. März 1934 die österreichische Staatsbürgerschaft entzogen.[37]

3.2 Die Beschlagnahme von Immobilien und Mietobjekten

Ebenso rasch wie die Auflösung der sozialdemokratischen Vereine erfolgten die Beschlagnahme der Eigenheime der Sozialdemokratischen Partei und die Übernahme von Mietobjekten. In den ersten Tagen nach Ausbruch der Februarkämpfe waren diese zum Teil auch von regierungsfreundlichen Vereinen und Selbstschutzverbänden eigenmächtig besetzt worden. Die Polizei schritt umgehend gegen diese wilden Übernahmsversuche ein, stellte alle Eigenheime und Mietobjekte der sozialdemokratischen Partei unter behördliche Kontrolle und ordnete die sofortige Inventarisierung der Vermögenschaften an.

Laut einem Verzeichnis vom 15. April 1934 waren 69 zumeist mehrstöckige Eigenheime der Sozialdemokratie beschlagnahmt worden. Bis zum Eintritt des Verfalls beschlagnahmter Liegenschaften übernahm die Bundesgebäudeverwaltung die treuhändige Verwaltung, die auch die zukünftige Widmung des Gebäudes feststellen musste und nach Einverleibung die definitive Verwaltung übernahm.[38]

Mitte April 1934 standen bereits 449 Mietobjekte der aufgelösten sozialdemokratischen Vereine und Organisationen zur Verteilung – davon 325 Gebäude im Eigentum der Gemeinde Wien. An vorderster Stelle bei der Bewerbung um die Zuteilung lagen dabei die Bundespolizeidirektion Wien, der Wiener Heimatschutz, die Vaterländische Front und die Ostmärkischen Sturmscharen. Aber auch zahlreiche katholische Vereine und Pfarrämter beteiligten sich rege am Rennen um das passende Objekt, während private Antragsteller vorerst noch die Ausnahme bildeten.[39]

3.3 Der individuelle Vermögensentzug

3.3.1 Die Beschlagnahme des Vermögens von Ausgebürgerten

Die verschiedenartigen Möglichkeiten des Entzugs von individuellem Vermögen und der Ablauf eines solchen Verfahrens lassen sich anschaulich am Beispiel von Berthold König illustrieren. Der ehemalige Nationalrat, zweite Vizepräsident des „Bundes der freien Gewerkschaften Österreichs" und Zentralsekretär der Eisenbahnergewerkschaft

37 WStLA, M.Abt. 116, A 37: Ausbürgerungsverfahren Helmut Dachs.

38 GD 2 v. 8.6.1935, ÖStA/AdR, BKA-I, allg., 15/gen., Zl. 335.341/GD 2/1935. Neugebauer berichtete auch vom Fall eines Gemeindemieters, dem „von der Magistratsabteilung 21 unter Androhung der Wohnungskündigung aufgetragen [wurde], ein Betretungsverbot für seinen aus politischen Gründen inhaftierten Sohn auszusprechen". Neugebauer (2005), 316.

39 BPD Wien/Budget Referat (B.R) an die GD 2 v. 15.4.1934, ÖStA/AdR, BKA-I, allg., 15/gen., Zl. 153.358-GD 2/1934.

flüchtete im Februar 1934 in die Tschechoslowakei,[40] wobei es ihm gelang, einen Großteil des Vermögens der Eisenbahnergewerkschaft dorthin zu schaffen. Die Gelder in der Höhe von 1,8 Millionen Schilling wurden in der Folgezeit zur Unterstützung der Angehörigen von Verhafteten und in Anhaltelagern Internierten sowie zum Aufbau der illegalen Gewerkschaften verwendet.[41] König selbst leitete von Brünn aus die Verbindungsstelle zu den illegalen Gewerkschaften in Österreich.

Unmittelbar nach Königs Flucht leitete das BfO das Ausbürgerungsverfahren gegen ihn ein, während das Landesgericht für Strafsachen Wien I einen Steckbrief wegen Verbrechens des Hochverrats und Veruntreuung erließ. Mit Bescheid vom 30. März 1934 wurde König die österreichische Staatsbürgerschaft aberkannt[42] und am 5. April die sofortige Beschlagnahme seines Vermögens verfügt. Am 5. April leitete das BfO das Beschlagnahmeverfahren nach der Ausbürgerungsverordnung ein und beauftragte das Kommissariat Margareten, in dessen Rayon Königs Wohnung lag, die „sofortige Erhebung" über dessen Vermögenschaften durchzuführen.[43] Die Polizeibeamten nahmen eine Inventarisierung in Königs Wohnung vor, die dem Verein „Eisenbahnerheim" gehörte, dessen Vermögen ebenfalls beschlagnahmt worden war und der unter treuhändiger Verwaltung stand. Dabei wurden alle in der Wohnung befindlichen Gegenstände, unabhängig von den tatsächlichen Eigentumsrechten, erfasst. Somit wurde auch der Besitz von Königs Frau Anna und seinem in der elterlichen Wohnung lebenden Sohn Otto König sichergestellt. Nach Abschluss der Inventarisierung wurde die Wohnung versiegelt. Aufgrund dieser Wohnungssicherstellung war allen Personen, also auch Otto König, der Zutritt untersagt. Weiters informierte das BfO die Generaldirektion der Österreichischen Bundesbahnen über die Ausbürgerung von König. Diese teilte dem BfO mit, dass Berthold Königs Pensionsbezüge von Februar bis April 1934 und ein weiterer ihm zustehender Geldbetrag nicht ausbezahlt werden konnten, und schlug vor, den Betrag für die teilweise Deckung jener „Terrorschäden",[44] für die König nach Ansicht der Generaldirektion verantwortlich war, als Ersatzkosten einzubehalten.[45] Das BfO kam dem Ansuchen nach und wies der Generaldirektion 1.319 Schilling[46] als Ersatzkostenleistung zu.

Am 10. September 1934 erließ das BKA den Beschlagnahmebescheid über das Vermögen von König, gegen den binnen eines Monats Einspruch erhoben werden konnte. Innerhalb derselben Frist konnten auch die Gläubiger ihren Anspruch geltend machen.[47] Königs Frau, die ebenfalls in die Tschechoslowakei geflüchtet war, machte von

40 Marschalek (1990), 23, 28.

41 Leichter (1963), 24 f.; Auer (2011), 9 f.

42 Ausbürgerungsbescheid des BfO gegen Berthold König v. 30. 3. 1934, WStLA, M.Abt. 116, A 37: Ausbürgerungsverfahren Berthold König.

43 BfO an das Bundespolizeikommissariat (BPK) Margareten (sic) v. 5. 4. 1934, WStLA, M.Abt. 116, A 37: Beschlagnahmeverfahren Berthold König.

44 Siehe dazu den Beitrag von Ilse Reiter-Zatloukal in diesem Band.

45 Generaldirektion der Österreichischen Bundesbahnen an das Polizeipräsidium in Wien v. 27. 4. 1934, WStLA, M.Abt. 116, A 37: Beschlagnahmeverfahren Berthold König.

46 Laut Umrechnungstabelle des Statistischen Zentralamtes entspricht der Wert eines Schillings im Jahr 1933 dem Gegenwert von 3,04 Euro im Jahr 2009.

47 Beschlagnahmebescheid der GDöS v. 10. 9. 1934, WStLA, M.Abt. 116, A 37: Beschlagnahmeverfahren Berthold König.

dieser Einspruchsmöglichkeit Gebrauch, da das Mobiliar angeblich von ihr angeschafft worden war, ebenso wie ihr Sohn, der gleichfalls Mobiliar in die elterliche Wohnung eingebracht hatte und dessen Effekten sich noch immer darin befanden.[48] Im Jänner 1935 wurde zunächst dem Einspruch von Otto König um Aufhebung der Beschlagnahme seiner Kleidungsstücke,[49] aber nicht des Mobiliars, stattgegeben. Nachdem weder Anna noch Otto König den Beweis erbringen konnten, dass das Mobiliar tatsächlich ihnen gehörte, begann ein zähes Ringen um die Einrichtungsgegenstände. Schlussendlich erhielt Otto König im Oktober 1935 sein Mobiliar und nach zahlreichen Untersuchungen und Nachforschungen auch seine Bibliothek, Anna König das Schlafzimmermobiliar zurück.[50] Ende Juni 1935 tauchten Spareinlagen von König in der Höhe von 19.000 Schilling bei der Zentralsparkasse Wien auf, die ebenfalls beschlagnahmt wurden.[51] Am 27. Jänner 1936 konnte das BfO schließlich mit der Liquidierung der Vermögenschaften beginnen.

Für die Abwicklung der Veräußerung war das Budgetreferat der Bundespolizeidirektion zuständig, das auch die Schätzung der Vermögenschaften und den anschließenden Freihandverkauf durchführte. Bei der Durchsicht der Fahrnisse wurde in einer Lade der Anrichte nun noch ein weiteres Einlagenbuch von König bei der Arbeiterbank in der Höhe von über 2.300 Schilling gefunden. Damit ging das Prozedere von Neuem los: Das Budgetreferat erstattete Meldung an das BfO, dieses unterrichtete die GDöS, die den Beschlagnahme-Bescheid erließ, gegen den Otto König Einspruch erhob, wodurch Abhebungen überprüft und Zeugen einvernommen werden mussten, bis der Einspruch im Dezember 1936 – also fast ein Jahr später – schließlich abgewiesen wurde. Darüber hinaus waren nach über zweieinhalb Jahren noch nicht einmal alle Gläubigeransprüche überprüft worden. Inzwischen hatte das Budget-Referat die beschlagnahmten Effekten im Freihandverkauf veräußert. Unverkäuflich blieb nur eine Beinprothese, die dem Haus der Barmherzigkeit als Spende überlassen wurde; der Rest wurde für 1.251 Schilling veräußert. Insgesamt wurden am 5. Mai 1937 nach Abzug aller Gläubigerkosten 21.228 Schilling dem Bundesschatz überwiesen.[52]

Zumindest konnte in Königs Fall dem Bundesschatz überhaupt etwas einverleibt werden. In zahlreichen anderen Verfahren war hingegen entweder überhaupt kein Vermögen vorhanden, dieses bereits in Sicherheit gebracht oder etwa über die Vorschreibung von Ersatzkostenleistungen eingezogen worden. Insgesamt wurden bei 536 aus Wien Ausgebürgerten nur 65 Beschlagnahmeverfahren eingeleitet. Auch hier ist das letztlich entzogene Vermögen nicht zur Gänze feststellbar, da Wertpapiere und Lose wiederum der Staatszentralkasse überwiesen wurden, Ansprüche aus Renten und Abfertigungen zum Teil direkt von den zuständigen Stellen und nicht über das BfO dem Bundesschatz überwiesen wurden, während etwa die Bundespolizeidirektion Wien zwei Motorräder und eine Schreibmaschine zugewiesen erhielt. Die vom BfO an den Bundesschatz überwiesenen Gelder beliefen sich somit auf die magere Summe von 33.082,86 Schilling.

48 Antrag von Anna König v. 14.9.1934, Einspruch von Anna und Otto König v. 18.10.1934, ebd.

49 Amtsvermerk des BPK Margareten v. 12.1.1935, ebd.

50 Bescheide der GDöS v. 14.10.1934, Zl. 358.853-GD 2, ebd.

51 L.St. an den Vorstand des BfO v. 26.6.1935, ebd.

52 BfO an die Zentralsparkasse der Gemeinde Wien v. 5.5.1937, ebd.

Zwar wurden zahlreiche Beschlagnahmen aufgrund der Geringfügigkeit der Werte erst gar nicht eingeleitet, aber dies geschah eben nicht in allen Fällen, bei denen sich die Kosten-Nutzen-Rechnung gelohnt hätte. So wurden etwa Einrichtungsgegenstände beschlagnahmt, die nur als Brennmaterial für einige wenige Schillinge veräußert werden konnten,[53] was von den Betroffenen und ihren Angehörigen als reine Schikane empfunden wurde. Ebenso sinnlos erscheint auch die Beschlagnahme desolater Kleidungsstücke. So wurde etwa gegen einen Nationalsozialisten die Beschlagnahme eines alten Herrenanzugs, eines Herrenhuts, eines Winterrocks sowie von sechs Hemden und drei Unterhosen angeordnet. Nachdem dessen Ehefrau den Herrenanzug bei ihrer Abreise nach Deutschland widerrechtlich an sich genommen hatte, leitete man die Strafamtshandlung gegen die Frau ein, die restlichen Effekte wurden um drei Schilling veräußert.[54] Sichergestellt wurden somit alle aufgefundenen Vermögenswerte und nicht nur jene, die auch einen tatsächlichen Wert darstellten, was so weit ging, dass etwa im Fall eines Nationalsozialisten diverse Nägel, Bretter und Holzstücke ebenso beschlagnahmt wurden[55] wie die Unterwäsche ehemaliger Nationalräte – 19 Unterhosen waren es im Falle von Julius Deutsch,[56] die Dollfuß und Schuschnigg dem Bundesschatz einverleiben konnten.

Dies führte dazu, dass Polizeibeamte als Flohmarkthändler fungierten und das Budgetreferat, das regelmäßig Verkaufsaktionen in der Bundespolizeidirektion durchführte, zum Ramschladen verkam und sich vermutlich so mancher Polizeibeamter die Frage nach der Sinnhaftigkeit seiner Arbeit stellte. Aufgrund der langen Dauer der Verfahren im Fall der Beschlagnahme ganzer Wohnungseinrichtungen von Ausgebürgten mussten auch die Mietverträge immer wieder verlängert werden, da die Depots der Bundespolizeidirektion bereits überfüllt waren. Nach Erlag des Mietzinses blieb für den Bundesschatz dann oft nur noch wenig bis überhaupt nichts übrig.

Was eine rasche Durchführung der Beschlagnahmeverfahren von individuellem Vermögen massiv erschwerte, waren die Ansprüche der Gläubiger, die für den Wirkungsbereich des sogenannten „Putschistengesetzes“ vom 30. Juli 1934 weitgehend beseitigt wurden.[57] Dieses bestimmte nämlich, dass Personen, die als minder Beteiligte anzusehen waren, in ein Anhaltelager zu verbringen waren. Weiters konnten sie ohne Möglichkeit einer Berufung zu Ersatzkostenleistungen herangezogen werden. Ihr Vermögen wurde beschlagnahmt und der Bescheid an der Amtstafel angeschlagen. Der Eigentümer konnte keinen Einspruch dagegen einlegen, den Gläubigern wurden vier Wochen eingeräumt, um ihre Ansprüche geltend zu machen. Dagegen liefen der Bank- und Sparkassenverband ebenso wie die Genossenschaften und Industriellenverbände Sturm, da die Wirkung der Beschlagnahme mit Anschlag des Bescheides in Wirkung trat.[58] Man einigte sich darauf, dass die Beschlagnahmebehörden dem Bankenverband regelmäßig

53 WStLA, M.Abt. 116, A 37: Beschlagnahmeverfahren Karl Haitzer.

54 WStLA, M.Abt. 116, A 37: Beschlagnahmeverfahren Johann Steindl.

55 WStLA, M.Abt. 116, A 37: Beschlagnahmeverfahren Rudolf Allram.

56 WStLA, M.Abt. 116, A 37: Vermögensbeschlagnahme Julius Deutsch.

57 BGBl. II 163/1934.

58 Reichsverband deutscher Sparkassen in Österreich und Verband österreichischer Banken und Bankiers an das BKA-I v. 7.8.1934, ÖStA/AdR, BKA-I, allg., 22/gen., Zl. 220.592-St.B./1934.

die Bescheide über beschlagnahmte Vermögen zukommen ließen,[59] der auf eigene Kosten eine Liste erstellte und diese an unzählige Institutionen versandte.[60] Das Problem war nur, dass die Behörden oftmals erst dann ihre Bescheide beim Bankenverband ablieferten, wenn die Einspruchsfrist schon abgelaufen war.[61]

Schwierigkeiten bei der Durchführung des Vermögensentzugs entstanden auch dadurch, dass sich die einzelnen Behördenstellen aufgrund der verschiedenen Beschlagnahme-Verordnungen und -Gesetze gegenseitig im Weg standen, wie etwa der Fall des Anwalts der Wiener SA und späteren Präsidenten der Wiener Rechtsanwaltskammer, Georg Ettingshausen, zeigt. Dieser war nach dem Juliputsch 1934 nach Deutschland geflüchtet, jedoch war bis Jänner 1936 kein Ausbürgerungsverfahren gegen ihn eingeleitet worden. Zu diesem Zeitpunkt war bereits seit 16. November 1934 ein Verfahren nach dem Beschlagnahmegesetz vom 8. Juni 1934[62] anhängig, das von der Liquidierungsstelle durchgeführt wurde, und auch die polizeiliche Sicherstellung des Vermögens hatte längst stattgefunden. Am 16. Juni 1936 wurde Ettingshausen die österreichische Staatsbürgerschaft aberkannt.[63] Das BfO leitete nun ebenfalls das Beschlagnahmeverfahren nach der Ausbürgerungs-Verordnung[64] ein und erfuhr von den mit der Inventarisierung beauftragten Polizeibeamten vom Beschlagnahmeverfahren durch die Liquidierungsstelle.[65] Am 20. Juni gab wiederum die Staatspolizei der Liquidierungsstelle bekannt, dass Ettingshausen nicht als Juliputschist anzusehen, das gegen ihn anhängige Gerichtsverfahren einzustellen und deshalb der aufgrund des „Putschistengesetzes" erlassene Beschlagnahmebescheid aufzuheben sei,[66] was per Bescheid der Liquidierungsstelle im August erfolgte.[67] Inzwischen hatte sie den Fall an das BfO abgetreten und diesem die im Depot der Bundespolizeidirektion befindliche SA-Ausrüstung Ettingshausens sowie dem Kommissariat Wieden eine Pistole übermittelt.[68]

Das BfO ließ nun eine neuerliche Inventarisierung des Vermögens vornehmen und stellte dabei fest, dass mehrere Gegenstände, darunter auch ein Jagdgewehr, fehlten. Zur Durchführung der Strafamtshandlung veranlasste es die „sofortige" Durchführung „geeignete[r] Erhebungen" beim Stadthauptmann Wieden.[69] Ettingshausens Wohnung war inzwischen von seiner Mutter vermietet worden, im Zuge dessen sie in einem Zimmer ihrer Wohnung die sichergestellten Gegenstände untergebracht hatte, wo sich „die bis zur Zimmerdecke aufgestappelten [sic] Wohnungseinrichtungen" befanden.[70] Die Suche nach den fehlenden Sachen verlief negativ und in den folgenden Monaten verfolgte das BfO den Fall nicht weiter.

59 St.B. an den Verband der österreichischen Banken und Bankiers v. 16. 8. 1934, ebd.

60 St.B. v. 25. 8. 1934, ebd.

61 Verband österreichischer Banken und Bankiers an die GDöS v. 14. 9. 1934, ebd.

62 BGBl. II 71/1934.

63 Ausbürgerungsbescheid der BPD Wien v. 16. 6. 1936, WStLA, M.Abt. 116, A 37: Ausbürgerungsverfahren Georg Ettingshausen.

64 BGBl. 369/1933.

65 Bericht des BPK Wieden v. 27. 6. 1936, ebd.

66 L.St. an den Vorstand des BfO v. 20. 6. 1936, ebd.

67 Bescheid der BPD Wien/L.St. v. 11. 8. 1936, ebd.

68 L.St. an das BfO v. 22. 8. 1936, ebd.

69 BfO an den Stadthauptmann Wieden v. 31. 8. 1936, ebd.

70 Bericht des BPK Wieden v. 5. 9. 1936, ebd.

Am 9. April 1937 ordnete die GDöS gegenüber der Liquidierungsstelle an, „die bisher noch aufrecht erhaltene Sicherstellung der Vermögenschaften [...] aufzuheben und unabhängig von dem Ausgang des noch anhängigen Ausbürgerungsverfahrens von der Durchführung der Vermögensbeschlagnahme Abstand zu nehmen, da eine solche Massnahme keinen nennenswerten Erfolg verspricht“.[71] Zu diesem Zeitpunkt war Ettingshausen bereits seit acht Monaten ausgebürgert. Das BfO wurde von der Liquidierungsstelle über den Bescheid informiert und übergab die SA-Ausrüstung dem Budget-Referat zur Vernichtung.[72] Am 13. Juli 1937 bat das BfO nach telefonischer Rücksprache mit Polizeirat Anton Klemm vom Budgetreferat kurioserweise, dass die Ausrüstung, darunter auch eine SA-Kappe und ein Ständer mit einer Hakenkreuzfahne, doch verkauft werden solle,[73] womit der Fall endgültig ad acta gelegt wurde. Über den erzielten Erlös wurde nichts mehr berichtet.

3.3.2 *Die Beschlagnahme von Gehältern und Pensionen*

Vor Erlass des Beschlagnahmegesetzes im Juni 1934[74] existierte keine Bestimmung, welche die Beschlagnahme von Gehältern und Pensionen der ehemaligen Angestellten von behördlich aufgelösten Vereinen detailliert geregelt hätte, was bei den eingesetzten treuhändigen Verwaltern zu einiger Konfusion führte. Dieser versuchte die GDöS am 18. März 1934 entgegenzutreten,[75] indem sie erklärte, dass „infolge der Auflösung der Vereine [...] der diesen Angestellten als Dienstgeber gegenüberstehende Vertragspartner weggefallen“ sei und, „soweit die Beschlagnahme des Vereinsvermögens zugunsten des Bundes bereits durchgeführt wurde, [...] vermögensrechtliche Ansprüche der Angestellten gegen den aufgelösten Verein [...], ganz abgesehen davon, dass er eines befugten Vertreters entbehrt, mangels eines Vermögens des Vereins nicht durchgesetzt werden [können]“. Auch „gegen den Bund als Uebernehmer des beschlagnahmten Vermögens“ war eine Geltendmachung von Ansprüchen nicht möglich, da das Vermögen an diesen „im Wege der *Konfiskation* über[geht]“, der „daher für die vom Vermögen eines aufgelösten Vereines gehörigen – nicht dinglich gesicherten – Schulden, anders als bei einer Vermögensübernahme im Sinne des § 1409 abGB., nicht haftbar“ sei. Der Bund könne aber, „ohne dass darauf ein Rechtsanspruch bestünde, zur Vermeidung von Härten gemäss § 7 der Beschlagnahmeverordnung[76] die Ansprüche von Angestellten der aufgelösten Vereine wie die anderer Gläubiger befriedigen“. Weiters wurden die Treuhändigen Verwalter ermächtigt, falls die Weiterbeschäftigung von Angestellten unbedingt notwendig sei, mit diesen neue Dienstverträge abzuschließen, sofern das Entgelt gedeckt war. Übergangsweise Zuwendungen (Notstandsaushilfen) waren von Fall zu Fall zu entscheiden und hatten sich in erster Linie nach dem vorhandenen Vermögen zu richten.

71 GDöS an die L.St. v. 9.4.1937, ebd.

72 BfO an den Vorstand des Budgetreferats v. 1.7.1937, ebd.

73 BfO an das Budgetreferat v. 13.7.1937, ebd.

74 BGBl. II 71/1934.

75 GD 2 an alle Sicherheitsdirektoren und Bundes-Polizeibehörden v. 18.3.1934, ÖStA/AdR, BKA-I, allg., 15/gen., Zl. 137.138-GD 2/1934, Hervorheb. i. O.

76 BGBl. 368/1933.

Die Angestellten bzw. ehemaligen Angestellten waren somit der Willkür der Treuhändigen Verwalter ausgesetzt, die darüber bestimmten, ob jemand eine Zuwendung oder einen neuen Dienstvertrag erhielt. So teilte der Treuhändige Verwalter der aufgelösten sozialdemokratischen Mietervereinigung, Oberinspektor i. R. Josef Kripal, den Angestellten am 26. März 1934 ihre Kündigung mit Endtermin 30. Juni mit. Die Gehälter sollten noch bis inklusive 30. April bezahlt werden. Eine weitere Bezahlung oder Abfertigung lehnte der Treuhänder ab, da sie nach behördlicher Weisung keine Rechtsansprüche auf Gehalt oder Abfertigungsansprüche hätten.[77] Dieser Willkür setzte das Beschlagnahmegesetz dann ein Ende.

Auch den Angestellten des aufgelösten Verbandes der sozialdemokratischen Abgeordneten und Bundesräte im Parlament war am 15. Februar 1934 mit sofortiger Wirkung gekündigt worden, ihre Gehälter bekamen sie vorerst nicht ausbezahlt. Erst nach Erlass des Beschlagnahmegesetzes konnten sie ihre Ansprüche bei der Beschlagnahmebehörde oder bei den von ihr bestellten Verwaltern anmelden. Einer der davon Betroffenen war Adolf Schärf, der seit 1919 Angestellter und zuletzt Sekretär des Verbandes sowie Bundesrat gewesen war. Am 12. Februar 1934 wurde Schärf im Parlament verhaftet, zunächst in Polizeigewahrsam genommen und anschließend bis 17. Mai im Anhaltelager Wöllersdorf interniert.[78] Nach seinem Dienstvertrag standen ihm eine Kündigungszeit von vier Monaten und eine Abfertigungszeit von sechs Monaten zu. Sein Gehalt hatte sich auf 765 Schilling 14 Mal pro Jahr belaufen.[79] Nach § 7 des Beschlagnahmegesetzes wurden „die Ansprüche von Dienstnehmern des beschlagnahmten Vermögens auf das vertragsmäßig bedungene Entgelt“[80] ebenso wie auf Abfertigung oder Kündigungsentgelt neu geregelt. Als Höchstbetrag wurden 500 Schilling monatlich – für die Zeit einer über den Dienstnehmer verhängten Haft 250 Schilling monatlich – festgelegt. Gleichfalls mit max. 500 Schilling – im Falle einer verhängten Haft 250 Schilling – wurde auch das Abfertigungsentgelt veranschlagt. Weiters wurden Schärf seine noch ausstehenden Urlaubsansprüche gestrichen.

In seiner Anmeldung auf Auszahlung seiner Ansprüche argumentierte Schärf, dass die Zeit seiner Freiheitsbeschränkungen und der Einschränkungen seiner Bewegungsfreiheit nicht als „Haft“ angesehen werden könne.[81] Er sei zum Zeitpunkt seiner Verhaftung noch Mitglied einer gesetzgebenden Körperschaft gewesen, sein Bundesratsmandat sei erst fünf Tage nach seiner Verhaftung aufgrund des Betätigungsverbots für die Sozialdemokratische Partei am 17. Februar 1934[82] für erloschen erklärt worden. Er sei ohne Verfahren zur Polizei gebracht und erst am sechsten Tag seiner Haft vernommen worden. Weiters habe man über ihn keine Untersuchungshaft, gerichtliche oder polizeiliche Strafe verhängt und kein Strafverfahren eingeleitet. Der Durchführungserlass zum

77 Rechtsanwalt Hermann Grimeisen an den BM für Sicherheitswesen Emil Fey v. 7. 6. 1934, ÖStA/AdR, BKA-I, allg., 15/gen., Zl. 137.138-GD 2/1934.

78 Stadler (1982), 121–129. Vgl. auch den Beitrag von Pia Schölnberger in diesem Band.

79 Berechnung der Gehaltsansprüche von Adolf Schärf, o. D., ÖStA/AdR, BKA-I, allg., Kt. 7405 (Mp. „Verband der Abgeordneten und Bundesräte im Parlament“).

80 BGBl. II 71/1934.

81 Adolf Schärf an die L.St. v. 12. 7. 1934, ÖStA/AdR, BKA-I, allg., Kt. 7405 (Mp. „Verband der Abgeordneten und Bundesräte im Parlament“).

82 BGBl. I 100/1934.

Gesetz ging zwar auf diese Fragen nicht ein, letztlich wurde seine „Freiheits- und Bewegungsbeschränkung" aber richtigerweise nicht als „Haft" interpretiert. Schärf erhielt somit 500 Schilling monatlich; das 13. und 14. Monatsgehalt sowie sein Urlaubsanspruch wurden jedoch gestrichen. Von seinen ursprünglichen Ansprüchen von 6.285 Schilling erhielt er nur noch 4.720 Schilling, wovon noch die Anhaltekosten in der Höhe von 168 Schilling sowie 800 Schilling als Ersatzvorschreibung für besondere Sicherheitsmaßnahmen abgezogen wurden.[83] Letzterer Betrag wurde im September 1934 aufgrund seiner „derzeit ungünstigen Vermögensverhältnisse" auf 400 Schilling herabgesetzt.[84]

Am härtesten wirkte sich für die Betroffenen die Beschlagnahme der Renten aus, denn diese Maßnahme traf die Schwächsten der Gesellschaft, die Alten und Kranken, die nicht mehr in der Lage waren, für sich selbst zu sorgen. So hatte der Verband der sozialdemokratischen Abgeordneten und Bundesräte im Parlament einen Altersfürsorgefonds eingerichtet, über den mittellose sozialdemokratische Mitglieder des National- und Bundesrats mit einer monatlichen Rente unterstützt wurden, so auch die zum Zeitpunkt der Februarkämpfe 72-jährige Sozialdemokratin Therese Schlesinger,[85] die von 1919 bis 1923 der Konstituierenden Nationalversammlung und dem Nationalrat und danach bis 1933 dem Bundesrat angehört hatte. Nach dem Betätigungsverbot für die SDAP wurde ihre – ohnedies bescheidene – monatliche Rente in der Höhe von 200 Schilling ausgesetzt,[86] ebenso wie etwa auch die des 78-jährigen ehemaligen Bundesrates Wilhelm Eich, der im Jänner 1935 der Liquidierungsstelle mitteilte, dass er aufgrund seiner vollständigen Lähmung ans Bett gefesselt, „machtlos und gänzlich hilflos" sei, und dem seit März 1934 keine Rente mehr ausbezahlt worden war.[87]

Erst im August 1935 wurden Erhebungen über den „Leumund" von Therese Schlesinger vorgenommen: Nach dem Bericht des Kommissariats Landstraße lagen „in moralischer und staatsbürgerlicher Hinsicht" keine Bedenken vor, sie war in „politischer Hinsicht" „nicht beanständet" worden, und es sei nicht bekannt, „dass sie nicht vaterländisch eingestellt" sei.[88] Im September 1935 wurde vier PensionistInnen eine sogenannte „Gnadengabe" zwischen 1.000 und 2.400 Schilling gewährt.[89] Unter Berücksichtigung ihrer bisherigen Pension war Schlesinger mit 2.400 Schilling ein einjähriger Pensionsanspruch bewilligt worden. Nicht mehr bedacht werden musste Wilhelm Eich, der inzwischen verstorben war. Mit Erlass der GDöS vom 26. November 1937 wurde die Sicherstellung von Rentenbezügen dann aufgehoben.[90]

83 Bescheid der L.St. betreffend Adolf Schärf v. 31.8.1935, ÖStA/AdR, BKA-I, allg., Kt. 7405 (Mp. „Verband der Abgeordneten und Bundesräte im Parlament").

84 Stadler (1982), 130.

85 Zu ihrer Biografie vgl. Hauch (1995); Dies. (2002), 311–315; Jaindl (1994).

86 Therese Schlesinger an die BPD Wien, o.D. (Eingangsstempel der L.St. v. 28.1.1935), ÖStA/AdR, BKA-I, allg., Kt. 7405 (Mp. „Verband der Abgeordneten und Bundesräte im Parlament").

87 Wilhelm Eich an die L.St. v. 23.1.1935, ebd.

88 Bericht des BPK Landstraße v. 6.8.1934, ebd.

89 L.St. v. 23.9.1935, ebd. Neben Schlesinger erhielten noch Hans Hammerstorfer, Josef Palme und Adolf Duda eine solche „Gnadengabe".

90 Erlass der GD 5 v. 26.11.1937, ÖStA/AdR, BKA-I, allg., Zl. 268.953-GD 5/1937.

4. Die Liquidierungsstelle und ihre leitenden Beamten nach dem „Anschluss"

Die Arbeit der Liquidierungsstelle war im März 1938 noch lange nicht beendet. Im Juli 1938 wurden die noch schwebenden Vermögensbeschlagnahmen der Abteilung „W" (Budgetreferat) übertragen, die bis Februar 1940 die noch nicht abgeschlossenen Fälle zu Ende führte. Alle leitenden Beamten der Liquidierungsstelle konnten ihre Karriere nach der NS-Machtübernahme ungebrochen fortsetzen, wobei insbesondere Rudolf Büngeners weiterer beruflicher Werdegang hervorsticht.

Büngener war im November 1937 der NSDAP und SS beigetreten und wurde mit Wirkung vom 1. Mai 1938 als „alter Kämpfer" in die Partei aufgenommen.[91] Befürwortet wurde seine Aufnahme von dem nationalsozialistischen Kriminalbeamten Johann Hoi, der für zahlreiche Polizeibeamte Persilscheine ausfüllte.[92] Im April 1938 wurde Büngener als Referatsleiter zum Inspekteur der Sicherheitspolizei versetzt. Sein Aufgabengebiet umfasste die Beschlagnahme, Einziehung und Verwertung staatsfeindlichen Vermögens. Darüber hinaus war Büngener für die Personalangelegenheiten der Gestapo und Kripo zuständig und fungierte u.a. als Schulungs- und Ausbildungsleiter der Sicherheitspolizei.[93] Büngener nahm somit eine Schlüsselstellung im Terrorapparat des NS-Regimes in Wien ein. Im Mai 1939 ersuchte der Polizeipräsident in Wien um Rückbeorderung Büngeners, der aufgrund der Pensionierung des Leiters des Zentralmeldeamtes „dringendst" für diesen Posten benötigt wurde.[94] In seiner Stellungnahme erklärte Büngener, dass er „von Anbeginn an nach bestem Wissen und Gewissen gedient" habe und „zum guten Teile" die ihm „zugedachten Aufgaben mit der ersten Einrichtung des Amtes als erfüllt betrachten" könne, außerdem „erledige" sich sein „Referat mit dem Übergang der meisten Angelegenheiten desselben an die Zentralstelle in Berlin". Er habe „es in der Zeit des Überganges nicht [...] fehlen lassen", sich „einzugliedern, und auch einsatzbereit als rangältester Beamter mitgearbeitet zu haben", wohin immer ihn die Verfügung seiner Vorgesetzten berufen habe.[95] Am 16. Mai 1939 wurde Büngener zum Leiter der Abteilung II ernannt, die neben dem Zentralmelde-, Pass- und Ausländeramt noch das Korrespondenzbüro mit dem Wehrdezernat umfasste.

Johann Hauke wurde nach dem „Anschluss" Chef des Wiener Gefangenenhauses, 1940 zum Leiter der Polizeileitstelle Ostmark ernannt, war ab 1942 dem Polizeipräsidium in Litzmannstadt und dann in Breslau zugeteilt. Robert Battek fungierte nach dem „Anschluss" als stellvertretender Leiter des Kriminalbeamtenreferats, war ab Ok-

91 BArch Berlin (ehem. BDC), PK: Rudolf Büngener; Bericht der Polizeidirektion Wien v. 19.3.1946, Personalakt Rudolf Büngener, Archiv der BPD Wien. Ein SS-Akt konnte im ehem. Berlin Document Center nicht aufgefunden werden.

92 Vgl. dazu Cézanne-Thauss (2003), 85.

93 Amt der Reichsstatthalterei in Oesterreich, Geschäftsverteilung des Amtes des Reichsstatthalters und des Ministeriums für innere und kulturelle Angelegenheiten v. 16.7.1938, Akten der Partei-Kanzlei der NSDAP (Regest 12813), zit. n. Nationalsozialismus, Holocaust, Widerstand und Exil 1933–1945, Online-Datenbank, K. G. Saur-Verlag.

94 Der Polizeipräsident an den Inspekteur der Sicherheitspolizei/SS-Standartenführer Walter Stahlecker v. 4.5.1939, Personalakt Rudolf Büngener, Archiv der BPD Wien.

95 Rudolf Büngener an Walter Stahlecker v. 11.5.1939, ebd.

tober 1939 mit der Leitung des „Ausländeramtes" betraut und wurde 1941 als Oberkriegsverwaltungsrat zum Oberkommando des Heeres versetzt. Im Juni 1940 erfolgte seine Aufnahme in die NSDAP.[96]

Teile der Akten der Liquidierungsstelle wurden im Oktober 1944 durch einen Bombenangriff vernichtet bzw. beschädigt, woraufhin im November ca. 80 bis 90 der erhalten gebliebenen Faszikel in Büngeners Dienststelle überführt wurden.[97] Gleichzeitig beauftragte man diesen damit, das alte Team der Liquidierungsstelle zu reaktivieren, um die Akten nochmals zu sichten und die Möglichkeit ihrer Skartierung zu prüfen.[98] Und damit begann die Beschlagnahmetätigkeit der Liquidierungsstelle von Neuem, da bei der Durchsicht der Akten weitere noch nicht beschlagnahmte Vermögenschaften der Sozialdemokratischen Partei auftauchten, die nun endgültig ihrer Verwertung zugeführt werden sollten. Am 5. Jänner 1945, die Rote Armee stand vor den Toren Wiens, fertigte der unermüdliche Rudolf Büngener seinen letzten Bericht über ein beschlagnahmtes Vermögensstück der Sozialdemokratie an, in dem es hieß: „Unter den noch vorhandenen Depositen der L.St. wurde eine Gedenkmünze gefunden [...] scheinbar aus Silber, die auf einer Seite die Jahreszahl 1848 in einem Lorbeerkranz [...] zeigt, auf der Kehrseite ein Gebäude, aus dessen Toren Qualm herausschlägt, vor dem Gestalten sichtbar sind, die gegeneinander im Kampfe stehen; diese Seite trägt als Umschrift ‚Die österreichische Sozialdemokratie 1898 den Freiheitskämpfern des Jahres 1848; unterhalb des Bildes steht das Datum ›13. März‹'."[99]

5. Resümee

Zusammenfassend ist festzustellen, dass sich die Durchführung der Beschlagnahme durch das austrofaschistische Regime überaus planlos und chaotisch gestaltete. Die rasch erlassenen Verordnungen und Gesetze waren wenig durchdacht und führten zu zahlreichen Problemen, die nachträglich durch eine Flut an Durchführungserlässen behoben werden mussten. Die Personalausstattung der mit dem Vermögensentzug betrauten Dienststellen war einerseits gänzlich unzureichend, um eine solch gewaltige Aufgabe bewältigen zu können, und darüber hinaus nur zu einem kleinen Teil für diese Aufgabe ausgebildet. Darüber hinaus waren zahlreiche Behörden in die Durchführung verwickelt, die einem streng einzuhaltenden Instanzenzug zu folgen hatten, sodass sich die einzelnen Dienststellen oftmals gegenseitig blockierten, Berichte immer wieder von Neuem angefertigt wurden und ein kaum zu bewältigendes Aktenmaterial produziert wurde. Eine vage Vorstellung über das Ausmaß der Beschlagnahme und der Übertragung sozialdemokratischen Vermögens gibt ein Verzeichnis vom März 1935, nach dem das noch bei der Arbeiterbank und bei der Postsparkasse einliegende Vermögen der So-

96 BArch (ehem. BDC), PK: Robert Battek; Robert Battek an die Präsidialabteilung, Dezernat 2 v. 22.2.1941, Personalakt Robert Battek, Archiv der BPD Wien.

97 Der Polizeipräsident / Abt. II, Amtsvermerk v. 22.11 1944, ÖStA / AdR, BKA-I, allg., Kt. 7404 (Mp. „Liquidierung Belege Wien").

98 Der Polizeipräsident / Abt. II als Liquidierungsstelle / Rudolf Büngener an den Kommandeur der Sicherheitspolizei, Abt. IV v. 5.1.1945, ebd.

99 Der Polizeipräsident / Abt. II als Liquidierungsstelle / Rudolf Büngener an den Leiter der Präsidialabteilung, Dezernat 2 v. 5.1.1944, ebd.

zialdemokratischen Partei über 2,7 Millionen Schilling betrug, wobei dieses wiederum auf zahlreiche Sparbücher, teils von einzelnen Personen, teils von Vereinen und Organisationen der Sozialdemokratie, verteilt war.[100] Das dem Gewerkschaftsbund für Arbeiter und Angestellte einverleibte Vermögen der sozialdemokratischen Gewerkschaftsvereine betrug nach Abzug aller Verpflichtungen 16 Millionen Schilling, das der „Freien Schule-Kinderfreunde" bundesweit nach Abzug aller Schulden rund zwei Millionen Schilling und jenes des „Arbeiter-Feuerbestattungs-Vereins Die Flamme" ungefähr drei Millionen Schilling.[101] Demgegenüber sah sich die Liquidierungsstelle im März 1935 Gläubigerforderungen von etwa vier Millionen Schilling gegenüber, die nach Einzelfallprüfung befriedigt werden mussten. Angesichts dieser Zahlen erscheint das Vorgehen der Behörden hinsichtlich der Beschlagnahme alter Kleidungsstücke, desolater Wohnungseinrichtungen und sonstigen Plunders, der sich im Nachhinein ohnedies als wertlos herausstellte, als völlig sinnlos. Dementsprechend rasch waren die Depots mit Einrichtungsgegenständen und Effekten überfüllt, die in der Folge an unterschiedlichsten Orten untergebracht wurden, zwischenzeitlich oder für immer verloren gingen, wieder mühsam gesucht werden mussten bzw. irgendwo wieder auftauchten.

Aufgrund der nur halbherzig betriebenen „Befriedungs"-Maßnahmen sah sich das im Zwei-Fronten-Krieg hoffnungslos verfangene Regime dann gezwungen, allzu übereilt angeordnete Befehle, wie etwa im Bereich der Vereinsauflösungen, wieder teilweise zurückzunehmen. Neben der enormen Verschwendung von Ressourcen, die zur Abwehr der nationalsozialistischen Gefahr dringend benötigt worden wären, zeigen die Vermögensbeschlagnahmen freilich den Vergeltungscharakter, aber auch die Raffgier des Regimes.

100 Verzeichnis der bei der Arbeiterbank A.G. i. L. erliegenden Guthaben der soz. dem. Arbeiterpartei Österreichs in Wien [22.3.1935], ebd.

101 Tätigkeitsbericht der Liquidierungsstelle der BPD Wien v. 1.3.1935, ÖStA/AdR, allg., 22/gen., Zl. 314.997-GD 2/1935.

Pia Schölnberger

„Ein Leben ohne Freiheit ist kein Leben".[1] Das „Anhaltelager" Wöllersdorf 1933–1938[2]

1. Einleitung

Die temporäre Internierung von Regimegegnern in sogenannten „Anhaltelagern" war ein wichtiges Instrument des austrofaschistischen Regimes, um politisch oppositionelle Aktivitäten einzuschränken. Das erste derartige Lager wurde im Herbst 1933 auf dem Gelände der ehemaligen k. u. k. Munitionsfabrik Wöllersdorf (Niederösterreich) eingerichtet. In der Folge kamen weitere Lager beispielsweise in Kaisersteinbruch (Burgenland), Messendorf und Waltendorf (Steiermark) oder Finstermünz (Tirol) hinzu, die jedoch nur vorübergehend und abhängig von politisch folgenschweren Ereignissen wie den Februarkämpfen oder dem Juliputsch als „Anhaltelager" genutzt wurden, weshalb sich die vorliegende Darstellung hauptsächlich auf Wöllersdorf konzentriert, das bis zum Februar 1938 als „Anhaltelager" in Betrieb war.[3]

Der Einsatz von Lagern zur Freiheitsentziehung abseits der gerichtlich verhängten Strafhaft ist bekanntermaßen keine austrofaschistische Erfindung, sondern kam erstmals 1896 mit der Schaffung der sogenannten „campos de (re)concentración" zur Anwendung. Diese waren von der spanischen Kolonialmacht zur Niederschlagung eines Aufstands der Bevölkerung auf Kuba eingerichtet worden und gelten als Vorbild für die von den Briten im Zweiten Burenkrieg um die Jahrhundertwende gegen die Zivilbevölkerung eingerichteten „Concentration Camps". Weitergeführt in den – freilich unter anderen Vorzeichen errichteten – Kriegsgefangenenlagern des Ersten Weltkriegs sowie zur Arretierung politischer GegnerInnen in den faschistischen Systemen im Europa der Zwischenkriegszeit fand der zum Element der Moderne[4] erhobene Lagerbegriff seine

1 Letzte Zeile des von Karl Schneller über Wöllersdorf verfassten Gedichtes „Erholung", Schneller (1978), 148.

2 In Bezug auf die „Anhalte"-Kosten enthält die Arbeit Ergebnisse des FWF-Projekts „Politisch motivierter Vermögensentzug in Wien 1933–1938" (P 19783-G08).

3 Die Dissertation der Verfasserin über das „Anhaltelager" Wöllersdorf ist in Fertigstellung begriffen.

4 Koutek/Rigoulot (2004), 17; s. a. Baumann (1999), 65: „Die Lager sind Teil dieser modernen Welt. Es muß noch bewiesen werden, daß sie nicht ein integraler und untrennbarer Teil von ihr sind."

Neukodierung bzw. in der Folge seine absolute Radikalisierung in den nationalsozialistischen Konzentrationslagern, bis er durch das Vernichtungslager zum „Nicht-Ort“ des Genozids erhoben wurde. Der Begriff selbst überdauerte jedoch den Zivilisationsbruch und stand bzw. steht bis heute weltweit für Internierungslager für KriegsverbrecherInnen,[5] Orte der Konzentrierung während Kriegs- und Krisensituationen sowie Flüchtlings- und MigrantInnenlager in Verwendung.[6]

Wöllersdorf, für das die Machthaber in bewusster Abgrenzung zu den nationalsozialistischen Konzentrationslagern die Bezeichnung „Anhaltelager“ wählten, diente, wie andere Lager, die unter Zuhilfenahme von Ausnahmegesetzgebung vom jeweiligen politischen System zur Freiheitsentziehung bestimmter Personengruppen eingerichtet wurden und werden, dem gesetzlich nicht einwandfrei legitimierten, vorbeugenden Freiheitsentzug politisch Oppositioneller, die während der Umgestaltung von Staat und Gesellschaft in Richtung Austrofaschismus für eine bestimmte oder unbestimmte Zeit von diesem Prozess ferngehalten werden sollten.

2. Politische Rahmenbedingungen

Nachdem Dollfuß im März 1933 unter Ausnützung einer Geschäftsordnungskrise das Parlament ausgeschaltet und dessen Wiederzusammentritt mithilfe von Polizeigewalt verhindert hatte, wurden die demokratischen Freiheitsrechte der BürgerInnen sukzessive eingeschränkt. Wichtigstes Gesetzgebungsinstrument wurde nach dem Verfassungsbruch das damals bereits seit Jahren umstrittene Kriegswirtschaftliche Ermächtigungsgesetz (KWEG) von 1917, mithilfe dessen nun bis zur Erlassung des „Ermächtigungsgesetzes“[7] bzw. der Maiverfassung 1934[8] regiert wurde. Unverhohlen wurde die politische Handlungsfähigkeit der in Opposition stehenden Parteien durch Maßnahmen wie (Vor-)Zensur, Einschränkung der Versammlungsfreiheit, Streik-, Plakatierungs- und Uniformverbote und weitere Schikanen zunehmend erschwert, bis sie durch Betätigungsverbote überhaupt untersagt war. Nachdem der sozialistische Republikanische Schutzbund Ende März 1933 aufgelöst worden war, griff die Regierung am 26. Mai „mit Rücksicht auf die in der letzten Zeit vielfach festgestellte *staatsgefährliche und illegale Tätigkeit*“[9] schließlich zum Verbot der Betätigung im Sinne der Kommunistischen Partei Österreichs,[10] das per Ministerratsverordnung auf der Grundlage des KWEG erlassen wurde. Unterdessen erreichte die seit der nationalsozialistischen Machtergreifung in Deutschland immer offener ausgeübte Gewalttätigkeit der NSDAP und ihrer Formationen einen ersten Höhepunkt. Infolge eines Revolverattentats auf den Heimwehrführer Richard Steidle am 10. Juni in Tirol und tödlicher Sprengstoffanschläge in Wien, unter anderem gegen den Juwelier Norbert Futterweit, das Kaufhaus „Hak“ und das jüdische Café „Produktenbörse“,[11] kam

5 Im Fall Guantánamos auch für *potenzielle* TerroristInnen.
6 Vgl. Baumann (2005), der die Lager mit dem modernen Globalisierungsprozess in Beziehung setzt.
7 BGBl. I 255/1934.
8 BGBl. II 1/1934.
9 Wiener Zeitung, 27.5.1933, 1 („Verbot der kommunistischen Partei“), Hervorheb. i. O.
10 BGBl. 200/1933.
11 Vgl. Botz (1976), 215–217; Rothländer (2012), 358–376.

es zum Verbot der nationalsozialistischen Parteizugehörigkeit für Soldaten und Beamte[12] sowie zur Auflösung des „Deutschen Soldatenbundes".[13] Zeitgleich setzte die Regierung dem Bundeskanzleramt direkt unterstellte Sicherheitsdirektoren ein.[14] Am 19. Juni, nachdem Nationalsozialisten in Krems Handgranaten in eine Gruppe christlicher Turner geworfen hatten, wodurch eine Person starb und 16 weitere schwer verletzt wurden, verhängte der Ministerrat ein Betätigungsverbot sowohl für die NSDAP als auch für den mit ihr durch eine Kampfgemeinschaft verbündeten Steirischen Heimatschutz.[15]

Die Skrupel, die die Regierung offenbar noch gegen eine endgültige Ausschaltung der österreichischen Sozialdemokratie gehegt hatte, wurden infolge der Februarkämpfe des Jahres 1934 endgültig beseitigt. Das rückwirkend ab 12. Februar geltende Verbot der sozialdemokratischen Betätigung[16] und die anschließende Verhaftungswelle, die sämtliche greifbaren sozialdemokratischen Mandatare, ob sie nun an den Kämpfen beteiligt gewesen waren oder nicht, mit einschloss, bildeten den Abschluss der Ausschaltung des Parteienstaats in Österreich durch den Missbrauch von Regierungsverordnungen nach dem KWEG.

An die Stelle der parlamentarischen Demokratie sollte, wie Dollfuß in seiner Trabrennplatzrede verkündet hatte, ein „sozialer", „christlicher" und „deutscher" Staat unter autoritärer Führung treten. Da dieser Kurs nicht von allen Regierungsmitgliedern gleichermaßen unterstützt wurde, entließ der Kanzler unter dem Druck der Heimwehr die drei Landbundminister sowie Verteidigungsminister Carl Vaugoin aus der Regierung. Diese am 21. September 1933 durchgeführte Regierungsumbildung stellte einen weiteren wichtigen Schritt auf dem Weg hin zur Etablierung des austrofaschistischen Regimes dar. Aus dem unüberwindbar gewordenen Konflikt mit dem Landbund war die Heimwehr siegreich hervorgegangen, womit die letzte kritische Stimme innerhalb der Regierung verstummte.[17] Wenn auch die seit August 1933 vor allem von Sicherheitsminister Emil Fey forcierte Diskussion um etwaige „Sammellager" für politisch Oppositionelle[18] nicht ausschlaggebend für die Umbildung gewesen war, so diente diese schließlich auch zu deren endgültiger Durchsetzung – war der vehementeste Antagonist innerhalb dieser Debatte doch der dem Landbund angehörende, nun abgesetzte Vizekanzler Franz Winkler gewesen. So wurde in Dollfuß' Abwesenheit am 23. September 1933 die Verordnung zur „Verhaltung sicherheitsgefährlicher Personen in einem bestimmten Orte oder Gebiete"[19] vom neu ernannten Vizekanzler Fey erlassen.

---

12 Wiener Zeitung, 14.6.1933, 1 („Bestellung von Sicherheitsdirektoren. Aufstellung einer Hilfsexekutive. Verbote für die Bundesangestellten").

13 Die Polizei hatte am 3. Juni 1933 eine Zusammenkunft von Mitgliedern des „Deutschen Soldatenbundes" ausgehoben, die zuvor nicht – wie vorgeschrieben – angezeigt worden war; vgl. Staudinger (1970), 358 f.

14 BGBl. 226/1933.

15 BGBl. 240/1933.

16 BGBl. I 78/1934.

17 Der Landbund hatte sich jedoch in entscheidenden Fragestellungen, wie dem Verbot der NSDAP, als unzuverlässig erwiesen, indem er sich bei dieser Abstimmung der Stimme enthielt, vgl. Kriechbaumer (2000), 533.

18 Schölnberger (2010a), 191–197.

19 BGBl. 431/1933.

3. Aufhebung des Schutzes der persönlichen Freiheit

Der Grundcharakter eines Lagers besteht, dem italienischen Philosophen Giorgio Agamben folgend, in der „Verräumlichung des Ausnahmezustands“,[20] realisiert auf einem „Stück Land, das außerhalb der normalen Rechtsordnung gesetzt wird“.[21] Diese Definition trifft insofern auf Wöllersdorf zu, als dort mithilfe des Instruments der „Anhaltung“ der grundrechtlich verankerte Schutz der persönlichen Freiheit faktisch aufgehoben war. Dem Anspruch der austrofaschistischen Machthaber entsprechend, die Zurückdrängung der politischen Opposition sowie die schrittweise Ausschaltung bürgerlicher Freiheitsrechte durch Regierungsverordnungen zu legitimieren, wurde auch das System der „Anhaltungen“ pseudolegal, mithilfe dieser aufgrund des KWEG erlassenen Verodnungen, getragen.

Sämtliche Formen von physischem Freiheitsentzug waren gemäß dem Gesetz zum Schutze der persönlichen Freiheit vom 27. Oktober 1862,[22] das 1867 zum Bestandteil des Staatsgrundgesetzes über die allgemeinen Rechte der Staatsbürger erklärt wurde,[23] dadurch beschränkt, dass sie nicht „ohne rechtlich definierte Begründung“ verfügt werden durften, was mit dem Schutz der „Freiheit der Person gegen Übergriffe der Organe der öffentlichen Gewalt“ begründet wurde. So konnte eine vorläufige Verwahrungshaft durch die Sicherheitsorgane nur bei Betretung auf frischer Tat und bei Gefahr im Verzug verhängt werden; für die anderen Haftgründe – Flucht-, Verdunkelungs, Tatbegehungs- und Ausführungsgefahr – musste ein richterlicher Haftbefehl vorliegen.[24]

Die Ausschaltung des Schutzes der persönlichen Freiheit wurde in Österreich nach der beginnenden Etablierung des austrofaschistischen Regimes schrittweise durchgeführt, wobei die Vorgänge im benachbarten nationalsozialistischen Deutschland hiefür nicht unbedeutend waren. Dort waren die Schranken des politisch „Erlaubten“ infolge der aus politischen und rassistischen Gründen gesetzten Maßnahmen der Verfolgung durchlässig bis bedeutungslos geworden. Dadurch sank jedoch auch für das Regime Dollfuß die Hemmschwelle für die Ausweitung seines Repressionsapparats. Die frühen nationalsozialistischen Konzentrationslager sowie die damit einhergehenden rechtlichen Vorschriften bzw. die Außerkraftsetzung der Grundrechte mögen dazu beigetragen haben, dass der Entscheidung, in Österreich „Anhaltelager“ zu errichten, der Boden bereitet wurde; die Proponenten, allen voran Sicherheitsminister Fey, aber auch der damalige Unterrichtsminister Kurt Schuschnigg, argumentierten, zwar nicht die nationalsozialistischen Terrormaßnahmen imitieren, aber doch ein Instrument zur Verfügung haben zu wollen, mithilfe dessen politische und kriminelle Häftlinge getrennt voneinander untergebracht und „Unruhestifter“ länger als den Straf- und Verwaltungsgesetzen entsprechend vorgesehen in Haft genommen werden konnten.[25] Freilich bot sich das in unmittelbarer geografischer Nähe zu Deutschland realisierte Instrument des Lagers

20 Schwarte (2008), 179.

21 Agamben (2002), 179.

22 RGBl. 87/1862.

23 RGBl. 142/1867, Art. 8; vgl. hierzu Foregger (1973), 7 f.

24 Bogensberger (1995), 695. Diese Grundsätze sind heute zusammengefasst im BVG v. 29. November 1988 über den Schutz der persönlichen Freiheit, BGBl. 684/1988; s. hierzu Morscher (1990).

25 Zu den Diskussionen im Ministerrat im Spätsommer 1933 vgl. Schölnberger (2010a).

zur – oberflächlichen – Nachahmung an; euphemistisch bezeichnete Maßnahmen der „Umerziehung“ nach nationalsozialistischem Muster bis hin zum mörderischen Diktum „Arbeit macht frei“ sollten jedoch zu keiner Zeit in den österreichischen „Anhaltelagern“ der Jahre 1933 bis 1938 eine Rolle spielen. Die durch Ausnutzung des Gesetzesvorbehalts des Grundgesetzes von 1867 ermöglichten Internierungen in austrofaschistischen „Anhaltelagern“ dienten vielmehr der politisch motivierten vorbeugenden Freiheitsentziehung. De facto stellten sie in der Praxis jedoch überwiegend die Verlängerung bereits gerichtlich verhängter Freiheitsstrafen dar, indem die Delinquenten nach deren Verbüßung für bestimmte oder unbestimmte Zeit in das „Anhaltelager“ überstellt wurden.

4. Wöllersdorf 1933 bis 1938

Am 17. Oktober 1933 wurden die ersten Häftlinge – elf Schladminger Nationalsozialisten – nach Wöllersdorf überstellt, unter denen sich auch eine Frau befand. Die 34-jährige Lehrerin aus Kindberg wurde wenige Tage später aufgrund eines Ekzems ins Krankenhaus Wiener Neustadt eingeliefert, am 2. November nach Wöllersdorf rücküberstellt, jedoch aufgrund Diphtherieverdachts sofort wieder ins Krankenhaus eingewiesen. Sie sollte der einzige weibliche Wöllersdorfer Häftling bleiben. Die „Anhaltung“ von Frauen, die lediglich einen minimalen Prozentsatz aller „Anhalte“-Häftlinge ausmachten, erfolgte fortan in den Frauentrakten der Polizeigefangenhäuser. Eine der prominentesten unter ihnen war die Soziologin Marie Jahoda(-Lazarsfeld), die aufgrund ihrer illegalen Betätigung für die Revolutionären Sozialisten im Rahmen der von ihr geleiteten „Wirtschaftspsychologischen Forschungsstelle“ Ende November 1936 verhaftet wurde und ihre dreimonatige „Anhaltung“ im Polizeigefangenhaus auf der Rossauerlände verbüßte.[26]

Während laufend neue Häftlinge nach Wöllersdorf verbracht wurden – im Februar 1934 befanden sich dort rund 350 „Angehaltene“, in der Mehrzahl Nationalsozialisten[27] –, begannen sich die Lagerstrukturen erst allmählich herauszubilden. Zu dem anfänglich genutzten Lagerobjekt Nr. 862, dem ehemaligen „Ledigenheim“ der k. u. k. Munitionsfabrik, kam eine Reihe anderer Unterkünfte hinzu, in denen die Häftlinge, in der Regel getrennt nach Parteizugehörigkeit, untergebracht wurden. Nachdem zunächst Polizeirat Otto Neumann (1888–1967) vom Bundespolizeikommissariat in Wiener Neustadt das Lagerkommando innegehabt hatte, löste diesen im März 1934 Gendarmerierittmeister Franz Gragl (1890–1952) ab, welcher der nun vor Ort eingerichteten Gendarmerieexpositur vorstand.[28] Die Wachmannschaften setzten sich aus Angehörigen des Bundesheeres, der Gendarmerie und des „Freiwilligen Schutzkorps“[29] zusammen. Für den Dienst und das Verhalten

26 Anhaltebescheid Marie Jahoda-Lazarsfeld, 11. 12. 1936, ÖStA / AdR, BKA-I, allg., 20 / g, Kt. 4514, Zl. 314.678-St.B. / 1937.

27 Personen, die aufgrund der Februarkämpfe in Wöllersdorf „angehalten“ wurden, brachte man erst Wochen später, ab der zweiten Aprilhälfte, ins „Anhaltelager“.

28 Aktenvermerk, 4. 3. 1934, ÖStA / AdR, BKA-I, allg., 20 / Wöllersdorf, Zl. 133.773-5 / 1934.

29 Das von Sicherheitsminister Fey als „Reserve für die staatliche Exekutive, im Besonderen für die Bundespolizei und die Bundesgendarmerie“ eingerichtete „Freiwillige Schutzkorps“ war formal den Sicherheitsdirektoren unterstellt und setzte sich aus Mitgliedern jener Verbände zusammen, aus denen auch für die Freiwilligen Assistenzkörper des Bundesheeres rekrutiert wurde, also der „Bauernwehr“, dem „Freiheitsbund“, den „Ostmärkischen Sturmscharen“ sowie der zahlenmäßig freilich am stärksten

der Gendarmeriebeamten und Assistenzmänner galten allgemein die Gendarmerievorschriften, die durch die Lager- und Dienstordnung vom Jänner 1934 ergänzt wurden.[30] Sämtliche Vorgänge im Lager regelte jedoch das Bundeskanzleramt, wobei das ihm unterstehende Staatspolizeiliche Büro über die Lagerführung entschied und die Abteilung GD 1 für die finanziellen Belange zuständig war. Die medizinische Versorgung erfolgte ab Mai 1934 dergestalt, dass Häftlinge mit leichteren Erkrankungen im „Marodenhaus“ im Lager (Objekt 16), bei schwereren Krankheitsfällen vor allem im Wiener Neustädter Krankenhaus, aber auch im Wiener Rainerspital, behandelt wurden. Ständig befanden sich mindestens ein bis drei Lagerärzte auf dem Lagergelände.[31]

Die beiden „Elementarereignisse“ des Jahres 1934 veränderten aufgrund der nun in die Höhe schnellenden Häftlingszahlen die Situation im „Anhaltelager“ Wöllersdorf grundlegend, wo nun infolge der vielen neuerlichen Verhaftungen und des damit einhergehenden Platzmangels in den Gefängnissen auch ein eigener Notarrest (Objekt 14) für politische Verwaltungsstrafhäftlinge auf dem Wöllersdorfer Lagergelände eingerichtet wurde. Kurz nach Beginn der Februarkämpfe wurden sämtliche SDAP-Mandatare, derer man habhaft werden konnte, verhaftet und für einige Wochen in die Polizeigefängnisse verbracht. In großen Transporten kamen sie am 19. und 20. April 1934 schließlich nach Wöllersdorf, wo sie aufgrund des Vorwurfs, in der sozialdemokratischen Bewegung „eine führende Rolle“ innegehabt zu haben, „angehalten“ wurden, da sie laut „Anhaltebescheid“ „im begründeten Verdachte“ stünden, „die Bestrebungen der ‚Sozialdemokratischen Arbeiterpartei Oesterreichs‘, welcher mit der Verordnung der Bundesregierung vom 12. Februar 1934, BGBl. Nr. 78, jede Betätigung in Oesterreich verboten wurde, zu fördern und staatsfeindliche oder sonstige, die öffentliche Sicherheit gefährdende Handlungen vorzubereiten bezw. die Begehung oder die Vorbereitung solcher Handlungen zu begünstigen, zu fördern oder dazu zu ermutigen“.[32] Damit meinte die Regierung die von ihr kolportierte sozialdemokratische Verschwörung manifestieren zu können – „suggestive, politisch einseitig gefärbte Spekulation“, wie Holtmann treffend beschreibt,[33] reichte zum Abtransport hunderter als einflussreiche Sozialdemokraten geltender Männer ins Lager aus. Der laut „Schwarzbuch“ besonders in England unter Städtebauern bekannte Stadtrat Anton Weber wurde beispielsweise am 27. Februar wegen Hochverrats (§§ 58b und c bzw. § 61 StG) angezeigt; außerdem führte man eine – später eingestellte – Untersuchung gegen ihn durch, da seine „Wiener Wohnhausbauten angeblich als Festungen für den Bürgerkrieg gebaut worden seien“.[34] Nachdem Weber am 20. Mai 1934 gegen Gelöbnis enthaftet und der Bundespolizeidirektion überstellt worden war – die Voruntersuchung wegen § 61 StG war noch nicht eingestellt –, wurde er am 3. Juni mit der Begründung nach Wöllersdorf gebracht, dass

vertretenen Heimwehr, weiters den „Frontkämpfern“ und den „Christlich-Deutschen Turnern“, wobei die beiden letztgenannten bereits massiv nationalsozialistisch unterwandert waren. Schutzkorpsverordnung, Durchführungserlass, 13. 7. 1933, ÖStA / AdR, BKA-I, allg., 40, S. R., Zl. 186.783–3 / 1933.

30 Dienst- und Lagerordnung, ÖStA / AdR, BKA-I, allg., 20 / g, Kt. 4495, Zl. 356.779-St.B. / 1935.

31 Sanitätsbericht, 22. 12. 1937, ÖStA / AdR, BKA-I, allg., 20 / g, S. R., Zl. 310.904 / 1938.

32 Siehe bspw. den Bescheid für den ehemaligen Bezirksvorsteher des 8. Wiener Gemeindebezirks, Augustin Kleppel, 19. 4. 1934, ÖStA / AdR, BKA-I, allg., 20 / g, S. R., Zl. 157.540 / 1934.

33 Holtmann (1975a), 47.

34 Livre noir de la dictature Autrichienne (1934), 118.

die polizeilichen Erhebungen zwar „keine Anhaltspunkte dafür ergeben [haben], dass er an der Februarrevolte oder an den Vorbereitungen zu derselben beteiligt war"; er könne „jedoch mit Rücksicht auf seine langjährige politische Tätigkeit im Gemeindebezirke Brigittenau von den Vorgängen in seiner Partei und den politischen Absichten seiner Parteigänger nicht ohne jede Kenntnis geblieben sein".[35]

Noch während sich die Regierung aufgrund des geringen Rückhalts in der Bevölkerung relativ rasch mit der Notwendigkeit einer baldigen Entlassung bzw. Amnestierung der Februarkämpfer auseinanderzusetzen hatte – erste diesbezügliche Diskussionen wurden im August 1934 mit Schuschnigg geführt –, war bereits die nächste Krise zu bewältigen. Bei einem Putschversuch am 25. Juli ermordeten Angehörige der 89. SS-Standarte Engelbert Dollfuß. Der letztendlich gescheiterte Staatsstreich stellte sich jedoch als organisatorisches Desaster heraus, was nicht zuletzt auf die in den Wochen zuvor besonders heftig geführten Querelen zwischen SS und SA zurückzuführen war.[36] Obwohl in den Monaten nach dem März 1933, wie erwähnt, eine Reihe an Regierungsverordnungen, Gesetzen, Erlässen und Verfügungen zur Repression politisch Oppositioneller ergangen war, wurden weder die ordentlichen noch die Standgerichte zur Aburteilung der Juliputschisten herangezogen.[37] Stattdessen errichtete man mit Gesetz vom 26. Juli 1934 einen Militärgerichtshof,[38] dessen Senaten,[39] die Standgerichten vergleichbar waren, ein vom Justizminister ernannter Berufsrichter und drei vom Verteidigungsminister bestellte Offiziere angehörten.[40] Obwohl elf Männer im Zusammenhang mit den Ereignissen des 25. Juli hingerichtet wurden, sind sich Neugebauer[41] und Holtmann[42] darin einig, dass die wenige Wochen zuvor verurteilten Februarkämpfer härter bestraft worden waren als die Juliputschisten.[43]

Während also die hauptbeteiligten Juliputschisten vom Militärgerichtshof abgeurteilt wurden, schuf die Regierung für die an der Aktion „Minderbeteiligten" ein spezielles Gesetz, das deren „Anhaltung" „in einem bestimmten Orte", sprich in Wöllersdorf, „unbeschadet der strafgerichtlichen Verfolgung" anordnete.[44] Zusätzlich zur „Anhaltung" waren die nach dieser „Lex Juliputsch" Verurteilten zur Zwangsarbeit verpflichtet (§ 1 Abs. 1), zu der es aber mangels geeigneter Arbeitsmöglichkeiten außerhalb des La-

35 Der Sicherheitsdirektor für die bundesunmittelbare Stadt Wien, 2.6.1934, ÖStA/AdR, BKA-I, allg., 20/g, Kt. 4454, Zl. 181.313/1934.

36 Siehe hierzu Schafranek (2006) 69 ff.; Rothländer (2012), 444 ff.

37 Vgl. Neugebauer (1995), 57. Siehe auch den Beitrag von Karin Bruckmüller in diesem Band.

38 BGBl. II 152/1934.

39 Insgesamt wurden sechs Senate, je zwei in Wien und Graz, je einer in Innsbruck und Linz errichtet. Jagschitz (1976), 170.

40 In dieser Zuständigkeit zur Ernennung bzw. im Abgehen von der Laiengerichtsbarkeit erkennt Neugebauer die Reaktion des Regimes auf seinen geringen Rückhalt in der Bevölkerung. Neugebauer (1995), 57.

41 Neugebauer (1995), 57 f.

42 Holtmann (1975b), 44 ff.

43 Davon zeugt unter anderem die Verhandlung gegen den ehemaligen steirischen Landeshauptmann Anton Rintelen, der auf Weisung von Justizminister Georg Berger-Waldenegg zu einer lebenslangen Kerkerstrafe – und nicht zum Tode – verurteilt wurde.

44 BGBl. II 163/1934.

gers nicht bzw. nur in geringem Umfang kam. Dies rechtfertigte man damit, dass der notwendige Aufwand, der aufgrund der Bewachung dieser Häftlinge und der Errichtung eigener Unterkünfte in keinem zu rechtfertigenden Verhältnis mit der zu erwartenden geringen Arbeitsleistung der Putschisten stünde, die außerdem aufgrund der erhöhten Fluchtgefahr keinesfalls in grenznahen Gebieten eingesetzt werden durften.[45] Ob und welche Häftlingsgruppen Arbeiten außerhalb des Lagers zu verrichten hatten, hing jedoch de facto vom jeweils eingesetzten Lagerkommandanten ab. Besonders seit dem Amtsantritt des Gendarmeriemajors Emanuel Stillfried-Rathenitz (1898–1965) im Sommer 1935 klagte eine Reihe von Zeitungsartikeln, vor allem in der im Untergrund erscheinenden „Arbeiter-Zeitung“, über Arbeiten in Wöllersdorf, die den „marxistischen“ „Angehaltenen“ auferlegt würden: „Die Häftlinge müssen vielfach Arbeiten verrichten, denen sie physisch nicht gewachsen sind oder die ekelerregend sind. So müssen sie zum Beispiel Ziegel schupfen, Straßen bauen, Erde führen, ferner müssen sie nicht nur ihre eigenen Klosette [sic], sondern auch die Gendarmenaborte reinigen.“[46]

Infolge des Juliputsches schnellten die „Angehaltenen“-Zahlen steil nach oben. Am 6. August überwogen die Nationalsozialisten mit 1.235 die Sozialdemokraten und Kommunisten mit 702 Häftlingen bei Weitem. Am 20. September war der Höchststand erreicht, als 567 Linke sowie 823 Nationalsozialisten nach der „Anhalteverordnung“ und 3.686 gemäß der „Lex Juliputsch“ „angehaltene“ Juliputschisten in Wöllersdorf interniert waren. Mit Ende dieses Jahres war jedoch wieder ein Großteil dieser Häftlinge auf freien Fuß gesetzt.

Da die Regierung offenbar damit rechnete, dass den großen Krisen des Jahres 1934 noch weitere Geschehnisse folgen würden, die erneut größere Verhaftungswellen nach sich zögen, führte man in den Folgejahren Ausbauarbeiten in Wöllersdorf durch, die in einer Dreiteilung des „Anhaltelagers“ resultierten, wobei Lager III nie und Lager II nur geringfügig in Betrieb waren. Letztendlich wurden sämtliche Wöllersdorfer Häftlinge inklusive der Strafgefangenen bereits im Laufe des Jahres 1936 in einem einzigen Objekt, Nr. 84, zusammengefasst.

Die darauffolgenden Jahre bis zum „Anschluss“ im März 1938 wurden für die Regierung zu einem Balanceakt zwischen der Suche nach Verbündeten bzw. dem Versuch, diese zu halten, und dem Bemühen um einen Kompromiss mit NS-Deutschland, der am 11. Juli 1936 mit der Unterzeichnung des Juliabkommens von Kurt Schuschnigg und Franz von Papen im Bundeskanzleramt festgeschrieben wurde. Es enthielt neben dem öffentlichen Kommuniqué das geheime „Gentlemen-Agreement“,[47] das eine Reihe von Zugeständnissen an Deutschland darstellte, welche die österreichische Regierung unter anderem zu einer „weitreichenden“ politischen Amnestie für nationalsozialistische StraftäterInnen verpflichtete. Die Verwendung nationalsozialistischer Hoheitszeichen und das Absingen der deutschen Nationalhymne waren in Österreich nun wieder erlaubt,[48] womit wichtige Strafgründe für die Internierung in „Anhaltela-

45 Vgl. die Niederschrift über die am 1.8.1934 in der GDöS diesbezüglich durchgeführte Sitzung, ÖStA/AdR, BKA-I, allg., 40, Kt. 5829, Zl. 302.256-GD.

46 Arbeiter-Zeitung, 19.7.1936, 5 („Gleichschaltung mit Deutschland – in Wöllersdorf“).

47 Volsansky (2001), 25–27.

48 Ebd., 31.

gern" für Nationalsozialisten wegfielen. Die Verfahren gegen sämtliche Juliputschisten, die für die Dauer ihrer – für unbestimmte Zeit ausgesprochenen – „Anhaltung" in Wöllersdorf ruhten, wurden mit Entschließung des Bundespräsidenten vom 22. Juli 1936 eingestellt.[49] Allen entlassenen Kanzleramtsputschisten wurde nun die Ausreise ins Deutsche Reich genehmigt, was Jagschitz „als verspätete und administrative Form des am 25. Juli zugesagten freien Geleits ins Deutsche Reich" interpretiert.[50] Außerdem ist bei der Durchsicht der Akten ab Juli 1936 verstärkt beobachtbar, dass immer mehr „Anhaltebescheide" zurückgezogen, d. h., die Überstellungen ins Lager gar nicht erst durchgeführt wurden. Dies war besonders bei jenen Bescheiden der Fall, die auf eine „Anhaltung" als Verlängerung einer vorangegangenen polizeilichen Arreststrafe abzielten, die also die Prolongierung der gerichtlich oder polizeilich verhängten Freiheitsstrafe für ein politisch motiviertes Delikt ermöglicht hätten. Nun wurden die Betroffenen vermehrt nach der Abbüßung der Freiheitsstrafe von der Bundespolizeidirektion sofort auf freien Fuß gesetzt. Obwohl das Hauptinteresse in der Befriedung der österreichisch-deutschen Beziehungen lag und dadurch vermehrt Nationalsozialisten zur Enthaftung gelangten, profitierten von den Freilassungswellen durchaus auch Sozialdemokraten und Kommunisten, die ihrerseits jedoch weiterhin die Forderung nach der Redemokratisierung der österreichischen Politik und Befreiung der ArbeiterInnenschaft von den auferlegten Repressionen erhoben bzw. bekräftigten. Angesichts der realen Annäherung an Nazideutschland und der großen Zugeständnisse, die Schuschnigg zu machen bereit war, rief das Juliabkommen in der linken Opposition allgemein großes Entsetzen hervor.[51]

5. Lagerleben[52]

Den Alltag im „Anhaltelager" reglementierte die bereits erwähnte Lagerordnung, die mit 26 Paragrafen nahezu jeden Lebensbereich der Häftlinge berührte: vom Tagesablauf über das Verhalten gegenüber anderen Häftlingen und den Wachmannschaften bis hin zu Hygiene und Reinlichkeit sowie Strafen bei Missachtung dieser Vorschriften. Die Häftlinge waren (wie etwa auch gewöhnliche Polizeigefangene) grundsätzlich zu Arbeiten innerhalb des Lagers verpflichtet, was die Unterkünfte in regelrechte Werkstätten verwandelte. Der Schremser Sozialdemokrat Alois Junker beschreibt sein Lagerobjekt als „an Ausdünstungen und Bastelstaub so reichen Saal",[53] was der fiktionalisierten Darstellung des nationalsozialistischen Schriftstellers Sepp Dobiasch, der 1934 selbst in Wöllersdorf „angehalten" gewesen war, durchaus entspricht, wenngleich er auch den unrealistischen Vergleich mit russischen Kriegsgefangenenlagern des Ersten Weltkriegs bemüht: „Es surrte wie in einem Bienenkorb; der Raum wurde wieder ‚Werkstätte', in der ein neuer Wöllersdorfer Industriezweig aufblühte, Arbeit der Angehaltenen, ähnlich wie in den

49 ÖStA/AVA, BMJ, VI, Vz 10, Zl. 40.049/1936.

50 Jagschitz (1976), 175.

51 Neugebauer (1977), 143 f.

52 Siehe hierzu auch Schölnberger (2010b).

53 Alois an Line Junker, 31.3.1935, Privatbesitz Dr. Ermar Junker, dem die Verfasserin zu großem Dank verpflichtet ist.

Kriegsgefangenenlagern Sibiriens. Arbeitslärm erfüllte den Saal: Feilen, hämmern, raspeln, sägen, bohren; es roch nach Leim, Lack und Farben, es roch nach Wöllersdorf, nicht mehr nach Liesl,[54] nach Dunst, Gestank, Beton, Staub und schlechtem Essen.“[55]

Aufgrund der besonders in den Jahren 1934/35 sehr hohen Anzahl an „angehaltenen“ Männern gestatteten die Behörden neben diesen Arbeiten auch andere Aktivitäten, schon um den drohenden kollektiven „Lagerkoller“ zu vermeiden, da aufgrund der ungewissen Dauer der Internierung Haftpsychosen sowie bisweilen auch Suizidversuche auftraten. So war die sportliche Betätigung ebenso erlaubt wie Bastelarbeit und andere manuelle Tätigkeiten. Den späteren Bundespräsidenten Adolf Schärf, der aufgrund seiner hohen Stellung als SDAP-Mandatar nach den Februarkämpfen 1934 in Wöllersdorf interniert worden war, bedachten seine Kameraden bei einer Art „Kabarettabend“ im Lager aufgrund seiner Aktivitäten mit folgendem Vers: „Doch hier entpuppt er sich indes/als Sportler, blau in seiner Dreß;/dem Turnen hat er sich verschworen,/turnt täglich mit den Senioren.“[56]

Freilich wurden gerade bei den Aktivitäten im Freien die Differenzen zwischen den verschiedenen Häftlingsgruppen, die einander sonst nicht bzw. nicht in so großen Ansammlungen begegneten,[57] deutlich. Ein dänischer Journalist schrieb etwa nach seinem Besuch in Wöllersdorf:[58] „Die Kommunisten und Sozialdemokraten, die die Nationalsozialisten hassen[,] machen sich in Schimpfworten Luft, wenn sie die Hitler-Anhänger Fussball spielen sehen.“[59] Strengstens verboten war hingegen das Musizieren, Pfeifen und Singen, da dies als „politische Demonstration“ angesehen wurde. So konnte das Pfeifen des Horst-Wessel-Liedes eine Disziplinarstrafe, zumeist in Form einer Verlängerung der „Anhaltung“, mit sich bringen. Eine verzögerte Entlassung drohte jedoch auch jenen Häftlingen, die sich an einem der zahlreichen Hungerstreiks beteiligten – sofern sie nicht aufgrund ihrer angeschlagenen gesundheitlichen Verfassung entlassen werden mussten, worauf 1936 ein „Gaubefehl“ der NSDAP u.a. abzielte: „Im Falle von Schikanen hat man sofort in den Hungerstreik zu treten oder zu trachten, krank zu werden. In beiden Fällen besteht die berechtigte Aussicht, an ein Spital abgegeben zu werden, was

54 Im Wiener Volksmund wurde das Polizeigefangenhaus an der Rossauer Lände in Wien-Alsergrund in Anlehnung an deren früheren Namen „Kaiserin-Elisabeth-Promenade“ als „Liesl“ bezeichnet.

55 Dobiasch (1938), 247.

56 Stadler (1982), 126.

57 Die Unterbringung der verschiedenen Häftlingskollektive je nach politischer Ausrichtung bzw. Parteizugehörigkeit wurde zwar sehr wohl forciert, doch finden sich in den Akten immer wieder Hinweise darauf, dass es sich hier nicht um eine hermetische Abgeschlossenheit dieser Gruppen handelte. Es kam also durchaus vor, dass beispielsweise in einem überwiegend von Nationalsozialisten „bewohnten“ Lagerobjekt auch kleinere Gruppen von Kommunisten oder Sozialdemokraten untergebracht waren. Mit der Zusammenlegung aller Häftlinge auf Objekt 84 im Jahr 1936 wurde diese anfänglich erhobene Forderung der getrennten Unterbring gänzlich obsolet.

58 Besuche von Journalisten sowie von Delegationen des Roten Kreuzes in Wöllersdorf wurden genehmigt, um mithilfe der Präsentation eines „vorbildlich“ geführten Lagers der besonders in deutschen Medien verbreiteten Gräuelpropaganda über Wöllersdorf entgegenzuwirken und die aufgrund der Vorgänge in Österreich beunruhigten Nachbarländer zu kalmieren.

59 Berlingske Tidende, 11.11.1934; dt. Übersetzung in ÖStA/AdR, BKA-I, allg., 22, S.R., Zl. 316.411/1934.

der Behörde stets unangenehm ist."[60] Verboten wurden unter Oskar Nittmann (1880–1957), seit Juli 1935 Lagerkommandant, später Stellvertreter Stillfrieds, auch Spiele, „die eine gewisse Geistesschärfe erfordern", wie Schach oder Bridge, „wodurch bei längerer Anhaltung mangels einer geistigen Tätigkeit gewiss eine geistige Verödung eintritt. [...] Durch eine Verdorrung der Gedankenschärfe dürfte dann auch das Interesse an politischen Tagesfragen schwinden",[61] wie sich Nittmann in erstaunlicher Naivität erhoffte. Hierbei wurde offenbar nicht bedacht, dass diese „geistige Verödung", zumindest in politischer Hinsicht, durch die gemeinsame Unterbringung, bei der sich die Häftlinge gegenseitig ideologisch schulten, wie Zeitzeugenberichte von Angehörigen aller politischen Gruppen bezeugen, gar nicht eintreten konnte. Insbesondere Nationalsozialisten verließen das Lager oft radikalisierter, als sie es betreten hatten.

In Wöllersdorf „angehalten" zu sein, bedeutete für die Häftlinge keine unmittelbare Gefährdung für Leib und Leben, was die österreichischen „Anhaltelager" grundlegend von nationalsozialistischen Konzentrationslagern unterschied. Körperliche Übergriffe auf einzelne Häftlinge kamen nur selten vor, ebenso wie Dunkel- bzw. Einzelhaft oder hartes Lager als Sanktionierung widersetzlichen Verhaltens. Auch gelang einer Reihe von Häftlingen die Flucht, und selbst bei Ausbrüchen von als besonders gefährlich eingestuften „Kanzleramtsputschisten" dürften die Sicherheitskräfte nicht, obgleich dies ausdrücklich erlaubt war, von der Schusswaffe Gebrauch gemacht haben.[62] Die gravierendste Schikane gegenüber den Wöllersdorfer Häftlingen bestand wohl in der Ausübung psychischen Drucks: der langen Trennung von den Angehörigen, der Untätigkeit, dem Eingesperrtsein auf engem Raum mit hunderten anderen sowie der Ungewissheit über die Dauer dieses Zustands. Diesbezüglich wurden Mitte 1934 zwar abgestufte „Anhalte"-Fristen eingeführt, die sich nach der Höhe der politischen Funktion beziehungsweise nach der Schwere des vorangegangenen Deliktes richteten.[63] Doch die Behörden konnten diese willkürlich verlängern, was einerseits bei schlechter „Aufführung" und andererseits bei politischen Unruhen im Wohnort des zu Entlassenden geschah. Mitunter kam es auch vor, dass eine zuvor beschlossene Entlassungsfrist schlicht vergessen und der Häftling nur deshalb länger im Lager festgehalten wurde.

Außerdem mussten gemäß einer weiteren auf der Grundlage des KWEG erlassenen Verordnung[64] alle „Angehaltenen" sechs Schilling für jeden Tag im Lager bezahlen – eine für viele Häftlinge aufgrund von Arbeits- und Vermögenslosigkeit unbezahlbare Summe; hinzu kamen bereits im Vorfeld seitens der Bundesregierung eingeforderte Ersatzkostenforderungen für „Terrorschäden" infolge der Februarkämpfe oder des Juliputsches.[65] Ab September 1934 konnten den Häftlingen außerdem für die Dauer ihrer „Anhaltung" ihre Renten aus der österreichischen Sozialversicherung sowie die Invali-

60 Gaubefehl, Aktenvermerk, 23.4.1936, ÖStA/AdR, BKA-I, allg., 40, Kt. 5985, Zl. 327.393-St.B./1936.

61 Nittmann an das St.B., 24.9.1935, ÖStA/AdR, BKA-I, allg., 20/g, S.R., Zl. 307.866-St.B./1936.

62 In den Akten ist zumindest bis dato kein solcher Fall gefunden worden.

63 Weisungserlass an alle Sicherheitsdirektoren, 5.6.1934, ÖStA/AdR, BKA-I, 20/g, Kt. 4454, Zl. 181.038-St.B./1934.

64 BGBl. 525/1933.

65 Vgl. dazu Reiter/Rothländer/Schölnberger (2009) sowie die Beiträge von Ilse Reiter-Zatloukal und Christiane Rothländer in diesem Band.

denentschädigung entzogen werden,[66] worunter vor allem die Familienangehörigen zu leiden hatten, die mit der „Anhaltung“ des Ehemannes oder Vaters auch zumeist ihren Versorger verloren. War der „Angehaltene“ vor der Internierung einer Beschäftigung nachgegangen, wurde ihm diese natürlich infolge seiner „Anhaltung“ gekündigt. „Persönlich habe ich meine Existenz verloren. Ich bin im E-Werk gekündigt worden. In den zehn Monaten, die ich in Haft war ohne Prozess“,[67] so der Leiter der Revolutionären Sozialisten des zehnten Wiener Gemeindebezirks, Hans Schiller, über seine Untersuchungshaft und anschließende „Anhaltung“ in Wöllersdorf von Februar bis Dezember 1937. Erhalten geblieben sind tausende Gnadengesuche von Ehefrauen, Kindern und auch Eltern, die vom Einkommen ihrer nun für ungewisse Zeit eingesperrten Ehemänner, Väter und Söhne abhängig waren. Die Vorschreibung von „Anhaltekosten“ als Instrument politisch motivierten Vermögensentzugs im Austrofaschismus muss jedoch angesichts des errechneten Anteils von über 95 Prozent an nicht bezahlten Geldern, die einem über Jahre hinweg aufgeblasenen bürokratischen Apparat zur (vergeblichen) Hereinbringung derselben gegenüberstanden, als vollkommen gescheitert erachtet werden – ein Befund, der sich auf das „Anhaltelager“ selbst ausweiten lässt: Weder konnte der wohl auch nur halbherzig erhoffte Gesinnungswandel der „Angehaltenen“ erreicht werden – im Gegenteil gingen diese in der Regel ideologisch gestärkt aus der „Anhaltung“ heraus – noch vermochte das „Anhaltelager“ Abschreckung oder Respekt innerhalb der Bevölkerung zu erzielen, geschweige denn diese von der Hinwendung zu anderen Ideologien als der austrofaschistischen abzuhalten.

6. Auflösung des „Anhaltelagers“ und Fazit

Die Generalamnestie für Angehörige der NSDAP, die Schuschnigg nach der Unterredung mit Hitler in Berchtesgaden am 12. Februar 1938 zu erlassen gezwungen war, erstreckte sich auch auf die „Anhaltungen“: Der letzte Häftling verließ Wöllersdorf am 17. Februar. Wenig später wurde das „Anhaltelager“ kurzfristig in ein NS-„Schutzhaftlager“ umfunktioniert, wo neben „Kommunisten“, „Juden“ und ehemaligen Angehörigen der Vaterländischen Front auch der frühere Wöllersdorfer Lagerkommandant Emanuel Stillfried interniert war, bevor man ihn kurz darauf mit dem sogenannten „Prominententransport“ am 1. April 1938 nach Dachau abtransportierte.[68] Einen Tag später wurde auch der erste Lagerkommandant, Otto Neumann, als „prominenter Schutzhaftgefangener“ dorthin gebracht, von wo er am 2. September 1939 wieder entlassen wurde.[69] Auf Genehmigung des Reichsführers-SS Heinrich Himmler wurde das in „Wöllersdorf-Trutzdorf“ umbenannte ehemalige „Anhaltelager“ am „Tag der Legion“, einer am 2. April 1938 abgehaltenen Propagandaveranstaltung anlässlich der Rückkehr der österreichischen Legionäre aus Deutschland, teilweise in Brand gesetzt. Die Liquidierung

66 BGBl. II 253/1934, § 6.

67 Dokumentationsarchiv des österreichischen Widerstandes/Institut für Wissenschaft und Kunst (1985), 99.

68 Siehe hierzu Neugebauer/Schwarz (2008).

69 Liste der prominenten Schutzhaftgefangenen, 17.8.1939, Archiv der KZ-Gedenkstätte Dachau, Zl. 32772.

des „Schutzhäftlingslagers Wöllersdorf-Trutzdorf" fand am 26. Juni 1938 um 14 Uhr mit der Auflassung der „Gendarmerieexpositur Wöllersdorf-Trutzdorf" ihren Abschluss.[70] Die Materialbestände gingen in das Verfügungsrecht der Staatspolizeileitstelle Wien (Sicherheitspolizei) zum Zweck der Einrichtung eines NS-Konzentrationslagers in Österreich über,[71] womit offenbar das im August 1938 „eröffnete" Konzentrationslager Mauthausen gemeint war, in dem bis Kriegsende an die hunderttausend Menschen ermordet wurden. Das Lagergelände in Wöllersdorf, fortan Teil des im Mai 1938 errichteten Luftparks 1/XVII, wurde im Zuge des Bombenkriegs völlig dem Erdboden gleichgemacht,[72] „[n]ur Betontrümmer, die aus dem Gras ragen, erinnern an die geschichtsträchtige Vergangenheit".[73]

In den ersten Nachkriegsjahrzehnten stand der Begriff „Wöllersdorf" als schmerzhafte pars pro toto für jene Zeit, als in Österreich – noch vor dem „Anschluss" 1938 – die Demokratie zerschlagen worden war und Menschen von der Regierung aus ideologischen Gründen verfolgt, verurteilt oder sogar getötet wurden. Mit dem Fortschreiten der Jahrzehnte schwand das Wissen von der Existenz des „Anhaltelagers", das für Nationalsozialisten, Sozialdemokraten und Kommunisten paradoxerweise eine gemeinsame Erfahrung konstituierte, immer mehr. Nur wenige Jahre nach ihrer „Anhaltung" hatten sich jedoch viele Sozialdemokraten und Kommunisten – gemeinsam mit ehemaligen Anhängern des Dollfuß-/Schuschnigg-Regimes – in nationalsozialistischen Konzentrationslagern wiedergefunden. Dieser Widerspruch schlug sich in der Zweiten Republik im Einstellungsgesetz 1945[74] beziehungsweise im Opferfürsorgegesetz nieder, das sich in der Fassung von 1947 auf den anspruchsbegründenden Zeitraum vom 6. März 1933 bis zum 9. Mai 1945 erstreckte.[75] Als Opfer der politischen Verfolgung galten demnach jene Menschen, die in dieser Zeit „aus politischen Gründen oder aus Gründen der Abstammung, Religion oder Nationalität durch Maßnahmen eines Gerichtes, einer Verwaltungs[...]behörde oder durch Eingriffe der NSDAP [...] in erheblichem Ausmaße zu Schaden gekommen sind", unter anderem durch den Verlust der Freiheit durch mindestens drei Monate.[76] Damit wurde in unerhörter Weise eine Gleichsetzung austrofaschistischer „Anhaltung" mit dem Aufenthalt in einem nationalsozialistischen Konzentrationslager oder ähnlichen „Einrichtungen" erzielt. So findet sich Wöllersdorf neben Auschwitz, Bergen-Belsen, Drancy oder Sobibor auf der 1965 gedruckten „Liste der Konzentrationslager und Internierungslager, die nach bisherigen Entscheidungen als

70 Schreiben der Gendarmerieexpositur Wöllersdorf an die Gestapo, Staatspolizeileitstelle Wien, 26.6.1938, ÖStA/AdR, BKA-I, allg., 20/Wöllersdorf, Kt. 4366, Zl. 134.720-5/1938.

71 Schreiben der Gestapo, Staatspolizeileitstelle Wien an den Inspekteur der Ordnungspolizei, 2.5.1938, ÖStA/AdR, BKA-I, allg., 20/Wöllersdorf, Kt. 4366, Zl. 5.365-OP/1938.

72 Moser (1999), 259.

73 Schifer (1999), 302.

74 BGBl. 1/1946. Mit diesem Gesetz wurden Strafverfahren gegen Personen eingestellt, die unter Einsatz von Leib und Leben im Zuge des „Kampfes gegen Nationalsozialismus oder Faschismus", „zur Unterstützung des Freiheitskampfes oder in der Absicht, ein selbständiges und demokratisches Österreich wieder herzustellen", in der Zeit vom 5. März 1933 bis zum Wirksamkeitsbeginn des Gesetzes am 23.11.1945 strafbare Handlungen begangen hatten.

75 Vgl. hierzu Bailer-Galanda (1993; 2000); zuletzt in diesem Band.

76 BGBl. 183/1947, §1 Abs. 2 lit. b.

Haftlager anerkannt worden sind“.[77] Nicht zuletzt diese Gesetzesbestimmung kann als zeitgenössisches Beispiel für die bis heute andauernden Uneinigkeiten und die Widersprüchlichkeiten in der Diskussion um die Einordnung und Benennung des austrofaschistischen Regimes und seiner Manifestationen gelesen werden.

77 Birti (1965), 120.

POLITISCHE GEWALT UND JUSTIZ

Winfried R. Garscha

Opferzahlen als Tabu. Totengedenken und Propaganda nach Februaraufstand und Juliputsch 1934

Zusammenfassung

Ausgehend von der Parlamentsdebatte um das im Jänner 2012 erlassene Aufhebungs- und Rehabilitierungsgesetz, das den Justizopfern der austrofaschistischen Diktatur späte Gerechtigkeit verspricht, geht der Beitrag der Frage nach, warum auch mehr als 75 Jahre nach dem Februar 1934 von den 340 bis 380 im Zuge der Kämpfe ums Leben gekommenen Personen nach wie vor nur die Namen der 126 Opfer auf Seiten der Regierung namentlich bekannt sind, und vergleicht die Opfer des Februaraufstands mit jenen des nationalsozialistischen Juliputschs (98 bis 104 Gefallene auf Seiten der Putschisten und 13 Hingerichtete). Die 96 Gefallenen bzw. Ermordeten auf Seiten der Regierung sowie die acht getöteten Unbeteiligten wurden zuletzt in einem Gemeinschaftsprojekt des Dokumentationsarchivs des österreichischen Widerstandes und des Karl von Vogelsang-Instituts näher untersucht. Das Andenken an die im Februar und im Juli 1934 getöteten Angehörigen der Exekutive war dem Regime zwar ein Anliegen, musste aber hinter die Heldenverehrung für den ermordeten Bundeskanzler Dollfuß zurücktreten.

Dass die nationalsozialistischen „Blutzeugen", nach denen in der NS-Zeit Straßen benannt wurden, nach 1945 außerhalb einer kleinen Gruppe von NS-Nostalgikern wenig Beachtung fanden, nimmt nicht weiter Wunder; erstaunlich ist hingegen, dass die juristische Antwort des Regimes auf den Putsch – der Militärgerichtshof mit einer der (relativ gründlich untersuchten) „Februarjustiz" vergleichbaren Suspendierung sämtlicher rechtsstaatlicher Garantien – die Rechts- und Zeitgeschichtsschreibung bisher kaum interessiert hat.

Bei der Erörterung der mutmaßlichen Gründe für die Forschungslücke der namentlichen Erfassung der Opfer der Februarkämpfe verweist der Autor auf die Tatsache, dass auch die Ermittlung der NS-Opfer nicht Resultat eines historiografischen Diskurses, sondern von Initiativen der Verfolgten selbst war. Diese Initiative fehlte im Falle der Februarkämpfe, weil die Überlebenden offenbar die in der linken Arbeiterbewegung tradierten überhöhten Opferzahlen nicht infrage stellen wollten. Als Erklärung für das mangelnde Interesse an der Erfassung der Opfer bietet er das Fehlen eines „methodischen Bindeglieds" zwischen der in der österreichischen Geschichtsschreibung populären Erforschung des Lebens und Leidens Einzelner einerseits und der politikwissenschaftlich orientierten, diskursanalytischen Zeitgeschichtsschreibung andererseits an. Was fehlt, sei die Integration der Erfassung biografischer Massendaten in den historiografischen Diskurs.

1. Vorbemerkungen zur tagespolitischen Relevanz des Themas

In der dem Aufhebungs- und Rehabilitierungsgesetz 2011 gewidmeten Plenarsitzung des Nationalrats am 18. Jänner 2012 meldete sich der freiheitliche Abgeordnete Peter Fichtenbauer zu Wort und verlangte die Einbeziehung der Exekutivbeamten, die durch den Februaraufstand 1934 zu Schaden gekommen waren, in die Rehabilitierungsdebatte: „Es sind insgesamt wahrscheinlich 480 – die Zahlen sind strittig – Angehörige der Exekutive Opfer geworden, 120 davon wurden getötet, der Rest verwundet. Sie sind aufgrund ihrer Dienstpflicht im Kampf gestanden. Es hat ja keinen Kampf zwischen Schutzbund und Heimwehr gegeben, sondern den Kampf Schutzbund gegen Exekutive. Sie hätten es auch verdient, mit einem großen Gedenkstein bedacht zu werden. *(Beifall bei der FPÖ.)* Denn der eingeteilte Polizist, der von einem Heckenschützen vom Karl-Marx-Hof aus erschossen worden ist, hat sich ein anderes Schicksal ausgesucht – auch seine Witwe und seine Kinder."[1] Sein Nachfolgeredner, Harald Walser von den Grünen, hielt Fichtenbauer entgegen, „die Polizisten, die Mitglieder der Exekutive, des Bundesheeres, die im Zuge der Februarkämpfe getötet worden sind, können und müssen *nicht rehabilitiert* werden. Sie waren *nie angeklagt,* und daher stellt sich diese Frage nicht".[2]

Dieser kurze Wortwechsel ist aus mehreren Gründen bemerkenswert.

Der Abgeordnete Walser hatte insofern Recht, als das zur Diskussion stehende Aufhebungs- und Rehabilitierungsgesetz[3] nicht auf die Organe der bewaffneten Macht zielte, sondern – nach jahrzehntelangen Diskussionen[4] – endlich den Justizopfern des Austrofaschismus die Anerkennung der Republik für ihren Einsatz gegen das diktatorische Regime 1933/34 bis 1938 zollen sollte; es stellt kein Gesetz zur Ehrung des Andenkens an die Opfer der politischen Gewalt, einschließlich der Angehörigen der Exekutive, dar, da nur die zu Schaden gekommenen Zufallsopfer in einem Nebensatz des Gesetzestextes erwähnt wurden.[5]

1 Sten.Prot. NR, XXIV. GP, 140. Sitzung, 135, http://www.parlament.gv.at/PAKT/VHG/XXIV/NRSITZ/NRSITZ_00140/fnameorig_245459.html (8.7.2012).

2 Ebd., Hervorheb. i. O.

3 Bundesgesetz über die Aufhebung und Rehabilitierung (Aufhebungs- und Rehabilitierungsgesetz 2011), BGBl. I 8/2012. Zu dessen Genese und Inhalt siehe den Beitrag von Ilse Reiter-Zatloukal in diesem Band.

4 Der Gesetzesentwurf ging auf einen Antrag der Grünen v. 26. Februar 2009 zurück, mit dem diese wortwörtlich einen fünf Jahre alten Antrag des Justizsprechers der SPÖ, Hannes Jarolim, aus Anlass des 70. Jahrestags der Februarkämpfe 1934 im Jahre 2004 erneuerten. – Die Diskussion war seit 1974 jeweils zu den runden Jahrestagen der Februarkämpfe öffentlich geführt worden.

5 § 4 Abs. 3 drückt allen Personen, die zwischen dem 12. November 1918 und 12. März 1938 an „mit Waffen ausgetragenen gewaltsamen politischen Auseinandersetzungen unbeteiligt Schäden an Leib, Leben oder Freiheit erlitten haben", „besonderes Mitgefühl" aus.

Dass ausgerechnet die FPÖ sich zur Anwältin der in den Kämpfen des Jahres 1934 ums Leben gekommenen Angehörigen der Staatsmacht aufschwingt, mutet auf den ersten Blick etwas seltsam an, wenn man nur die Entstehungsgeschichte dieser Partei als Sammelbecken ehemaliger Nationalsozialisten berücksichtigt. Eine derartige Positionierung ergibt allerdings Sinn, wenn man zweierlei bedenkt: einerseits die unter dem Parteivorsitz Jörg Haiders Realität gewordene Option eines Bündnisses mit der ÖVP (was zwischen 1945 und 1999 – trotz regionaler Kooperationen, die vereinzelt, wie beispielsweise in Krems an der Donau, auch längerfristigen Charakter hatten, und einiger ganz weniger, meist im Keim erstickter Annäherungsversuche auf Bundesebene – als nahezu ausgeschlossen gelten konnte), andererseits die vor allem unter dem Vorsitz Heinz Christian Straches verstärkten Bemühungen, die FPÖ als „staatstragende" Partei in Stellung zu bringen, die sich als Schutzmacht christlich-abendländischer Werte anbietet. Stärker noch als Jörg Haider zielt Strache damit auf eine ganz ähnliche Klientel ab wie die konservativsten Kräfte innerhalb der ÖVP. Damit werden aber die seinerzeitigen ideologischen Frontstellungen obsolet, die – wenngleich vielfach modifiziert und durch andere, auch liberale politische Strömungen beeinflusst – auf Seiten der ÖVP die austrofaschistischen und auf Seiten der FPÖ die nationalsozialistischen Traditionen fortführten.

Es lag nicht nur am hinhaltenden Widerstand der ÖVP, dass die Rehabilitierung der vergleichsweise wenigen Opfer des Austrofaschismus um so viel länger brauchte als jene der Opfer des Nationalsozialismus. Die Ablehnung des – durchaus diskutablen – Begriffs „Austrofaschismus" (der die grundlegenden Unterschiede zwischen der „ständestaatlichen" Diktatur 1933/34 bis 1938 und dem NS-Regime verwischen könnte) diente der ÖVP allerdings wohl eher dazu, die simple Tatsache aus der öffentlichen Diskussion auszuklammern, dass ihre christlichsozialen Vorläufer 1933/34 gemeinsam mit den faschistischen Heimwehren ein diktatorisches Regime in Österreich errichtet hatten.

Die Rehabilitierung der von diesem Regime Verfolgten stieß auch auf objektive Schwierigkeiten: Während, beginnend mit dem ersten Opferfürsorgegesetz 1945, für die Anerkennung als NS-Opfer der Einsatz gegen „Ideen und Ziele des Nationalsozialismus" und für „ein unabhängiges, demokratisches und seiner geschichtlichen Aufgabe bewußtes Österreich"[6] ausschlaggebend gewesen war, konnte die Definition der Justizopfer des Austrofaschismus nicht die historische Tatsache ausklammern, dass ein beträchtlicher Teil der Opposition gegen die „ständestaatliche" Diktatur nationalsozialistisch eingestellt war. Der Kampf des Dollfuß-/Schuschnigg-Regimes gegen den Terror der von Hitler-Deutschland geförderten nationalsozialistischen Untergrundbewegung erfolgte mit ähnlich undemokratischen Methoden, deren sich das Regime auch gegen die Linke bediente. Die Verfasser des Aufhebungs- und Rehabilitierungsgesetz 2011 versuchten, das Problem zu umgehen, indem sie mit diesem Gesetz gerichtliche Entscheidungen und Bescheide wegen Taten aufhoben, „die zwischen 6. März 1933 und 12. März 1938 im Kampf um ein unabhängiges, demokratisches und seiner geschichtlichen Aufgabe bewusstes Österreich (§1 Abs. 1 Opferfürsorgegesetz, BGBl. 183/1947) begangen wurden

6 §1 Abs. 1 Opfer-Fürsorgegesetz v. 17. Juli 1945, StGBl. 90/1945. Wortgleich auch im §1 Abs. 1 des bis heute gültigen OFG 1947 (Bundesgesetz v. 4. Juli 1947 über die Fürsorge für die Opfer des Kampfes um ein freies, demokratisches Österreich und die Opfer politischer Verfolgung, BGBl. 183/1947). Siehe hierzu den Beitrag von Brigitte Bailer in diesem Band.

oder wegen des Ausdrucks einer darauf gerichteten politischen Meinung erfolgten".[7] Neben der beachtenswerten Neuaufnahme der wegen einer regimekritischen Meinung erfolgten Freiheitsbeschränkung überrascht vor allem, dass jenen, die im Februar 1934 gegen die Aufrichtung einer faschistischen Diktatur zu den Waffen gegriffen hatten und die dafür von diesem Regime standrechtlich hingerichtet worden waren, zu Kerkerstrafen verurteilt oder in Anhaltelagern festgehalten wurden, unterstellt wird, ihnen sei es vor allem um den Kampf um ein „seiner geschichtlichen Aufgabe bewusstes Österreich" gegangen. Abgesehen von der Frage, wer diese nicht näher bezeichnete „geschichtliche Aufgabe" definieren soll (auch die Protagonisten der austrofaschistischen Diktatur waren vom Bewusstsein einer geschichtlichen „Sendung" Österreichs erfüllt), die immerhin pragmatisch mit einem Verweis auf die Gründungsdokumente der Zweiten Republik beantwortet werden könnte, hat die gewählte Formulierung allerdings unbestreitbare Vorteile: Sie knüpft mit wortidenten Formulierungen am bestehenden Recht an (das Opferfürsorgegesetz wird als Referenz ausdrücklich erwähnt) und sie ermöglicht auf diese Weise den Ausschluss der illegalen Nationalsozialisten aus dem Kreis der Begünstigten. Die Bezugnahme auf das Opferfürsorgegesetz ergibt auch insofern Sinn, als bereits das Opferfürsorgegesetz 1947 unter Opfern der politischen Verfolgung Personen verstand, „die in der Zeit vom 6. März 1933 bis zum 9. Mai 1945 aus politischen Gründen oder aus Gründen der Abstammung, Religion oder Nationalität durch Maßnahmen eines Gerichtes, einer Verwaltungs-[...]Behörde [...] in erheblichem Ausmaße zu Schaden gekommen sind".[8] Festzuhalten ist dennoch, dass Formulierungen des Opferfürsorgegesetzes, die insofern unproblematisch erschienen, als sie sich auf den gesamten Zeitraum zwischen 1933 und 1945 bezogen, fragwürdig werden, wenn sie ausschließlich auf den Zeitraum 1933 bis 1938 angewandt werden: Denn selbstverständlich fallen auch jene sozialistischen AntifaschistInnen, die nicht für ein „unabhängiges [...] seiner geschichtlichen Aufgabe bewußtes Österreich" kämpften, sondern für die Wiederherstellung der Demokratie in Österreich *und* Deutschland, unter das neue Gesetz, auch wenn sie als Ziel eine auch Österreich umfassende demokratische Republik (Groß-)Deutschland vor Augen hatten. Die Verfasser des Aufhebungs- und Rehabilitierungsgesetz 2011 haben die innerhalb der sozialdemokratischen und revolutionär-sozialistischen AnhängerInnenschaft dominante großdeutsche Orientierung (die im Herbst 1933 nur für die Zeit der Nazi-Herrschaft in Deutschland „auf Eis gelegt" worden war) ebenso ignoriert wie die Tatsache, dass die illegale KPÖ erst im Zuge der Erarbeitung ihrer „Volksfront"-Politik einen komplizierten Annäherungsprozess an parlamentarisch-demokratische Wertvorstellungen vollzog, während sie nach dem „blutigen Februar" noch auf einen „roten Oktober", d. h. die Errichtung eines Sowjet-Österreichs orientierte.

Die Abgrenzung von den Opfern auf Seiten des Regimes, deren Einbeziehung die FPÖ forderte, erfolgt im Aufhebungs- und Rehabilitierungsgesetz 2011 in der Weise, dass die vom Gesetz Betroffenen als Opfer der „Ausübung staatlicher Hoheitsgewalt zum Rechtsnachteil derjenigen, die sich in Wort und Tat für ein unabhängiges, demokratisches und seiner geschichtlichen Aufgabe bewusstes Österreich eingesetzt haben", definiert werden.

7 § 1 Abs. 1 Aufhebungs- und Rehabilitierungsgesetz 2011.

8 § 1 Abs. 2 Opferfürsorgegesetz 1947.

Diese Definition bot auch die Gelegenheit, den undemokratischen Charakter des Dollfuß-/Schuschnigg-Regimes unter Vermeidung von Begriffen wie „Diktatur" oder „Austrofaschismus" festzuhalten: Die damalige Form der „Ausübung staatlicher Hoheitsgewalt" widerspreche demokratischen Prinzipien. „Insbesondere sind Urteile im Sinne des § 1 Abs. 1 und Bescheide im Sinne des § 1 Abs. 2 Unrecht im Sinne des Rechtsstaates."[9]

Eine etwas weniger komplizierte Variante der Rehabilitierung der Justizopfer 1933/34 bis 1938, die die nationalsozialistischen „Illegalen" ausgeschlossen hätte, ohne den vom Gesetz Betroffenen Wertvorstellungen des Jahres 1945 zuzuschreiben, hätten die §§ 10 und 11 des Nationalsozialistengesetzes 1947[10] geboten. Die Bestrafbarkeit des in den beiden Paragrafen definierten Straftatbestands der Mitgliedschaft in der illegalen NSDAP 1933 bis 1938 als „Hochverrat" war zwar mit der NS-Amnestie 1957[11] aufgehoben worden, doch auch die Verbotsgesetznovelle 1992[12] hatte an der prinzipiellen Gültigkeit dieser gesetzlichen Bestimmungen nichts geändert. Personen, auf welche §§ 10 und 11 Verbotsgesetz zutrafen, vom Aufhebungs- und Rehabilitierungsgesetzes 2011 auszuschließen, wäre zudem eine Bekräftigung des Bekenntnisses zur Rechtsgültigkeit und -konformität des von der FPÖ als Einschränkung demokratischer Freiheiten bekämpften Verbotsgesetzes – und damit zum Charakter der Zweiten Republik als „Antithese zum Nationalsozialismus" (Vranitzky)[13] – gewesen. Genau aus diesem Grund „vertrug" sich allerdings eine solche Variante nicht mit der von der Bundesregierung offenkundig angestrebten von *allen* Parlamentsparteien getragenen konsensualen Lösung der offenen Rehabilitierungsfrage.

Die Einbindung der Freiheitlichen in diesen Vorgang war neu. In den Jahrzehnten davor war die Frage des Umgangs mit den Opfern des Februar 1934 Gegenstand von Kontroversen zwischen SPÖ und ÖVP gewesen. Diese Kontroverse war erstmals am 12. Februar 1964 entschärft worden, als die beiden Parteivorsitzenden – Bundeskanzler Alfons Gorbach und Vizekanzler Bruno Pittermann – einander, symbolisch gesagt, über den Gräbern des Februar 1934 die Hand zur Versöhnung reichten. 2004 fand im Parlament ein Symposium statt, bei dem SPÖ- und ÖVP-Vertreter (auf Vertreter*innen* hatte man wieder einmal verzichtet) der Wissenschaft aufboten, um der parteipolitischen Versöhnung einen würdigen Rahmen zu verleihen. Helmut Konrad sprach über den Februar 1934 im historischen Gedächtnis und hat seinen Vortrag in der Folge mehrfach publiziert.[14] Wie weiter unten ausgeführt, bezog Konrad – als von der SPÖ nominierter Redner – den Begriff der Opfer des Februar 1934 auf sämtliche „im Kampf

9 § 4 Abs. 1 Aufhebungs- und Rehabilitierungsgesetz 2011.

10 Abschnitt I, Z 7 und 8 der Verbotsgesetznovelle in der Fassung des Nationalsozialistengesetzes 1947 (Bundesverfassungsgesetz v. 6. Februar 1947, über die Behandlung von Nationalsozialisten, BGBl. 25/1947).

11 Bundesverfassungsgesetz v. 17. März 1957, womit Bestimmungen des Nationalsozialistengesetzes, BGBl. 25/1947, abgeändert oder aufgehoben werden, BGBl. 82/1957.

12 Bundesverfassungsgesetz, mit dem das Verbotsgesetz abgeändert wird, BGBl. 148/1992.

13 Zitiert in: Uhl (1992), 81. Von Ex-Bundeskanzler Franz Vranitzky bekräftigt in einem Interview mit der Tageszeitung „Österreich" am 25. Jänner 2007. Zur Genese des ursprünglich in einem anderen Zusammenhang gefallen Ausspruchs siehe Botz (1989), 98.

14 U. a. abgedruckt in der Festschrift für Wolfgang Neugebauer: Konrad (2004a). Die offizielle Publikation des Parlaments war: Konrad (2004b).

Getöteten, Verwundeten und deren Angehörige" (womit er, nebenbei bemerkt, auch Amtsträger wie den eingangs erwähnten Polizisten, der bei der Erstürmung des Karl-Marx-Hofs fiel, in das „historische Gedächtnis" mit einbezog).

2. Die bekannten und unbekannten Opfer des Februars 1934: Gefallene und hingerichtete Schutzbündler und Parteifunktionäre, zivile Zufallsopfer

Folgt man Helmut Konrads Definition, so sind folgende Personengruppen als Opfer des Februar 1934 anzusehen: die im Kampf Getöteten, Verwundeten und deren Angehörige, die standrechtlich Verurteilten, die Inhaftierten, die ins Ausland Geflohenen, jene Menschen, die ihre berufliche Existenz durch die Auflösung der Organisationsstrukturen und die Beschlagnahmung des Vermögens verloren.

Im Folgenden werden ausschließlich die ersten beiden Opfergruppen behandelt: Die Todesopfer der Kämpfe und die neun Hingerichteten.

Zunächst zur Anzahl der Hingerichteten. Über diese Zahl gibt es keine Zweifel, weil natürlich ihre Namen von allen Zeitungen publiziert wurden und sie auch in historischen Darstellungen immer wieder genannt werden. Es handelt sich um Josef Ahrer aus Steyr, Anton Bulgari aus Linz, Johann Hoys (auch: Hois) aus Hainfeld/Niederösterreich, Karl Münichreiter aus Wien-Hietzing, Alois Rauchenberger aus Hainfeld/Niederösterreich, Josef Stanek aus Graz, Emil Swoboda aus Wien-Döbling, Koloman Wallisch aus Bruck an der Mur und Georg Weissel aus Wien-Floridsdorf.

Die mitunter – übrigens auch in Helmut Konrads Text[15] – genannte Zahl von acht Hingerichteten bezieht sich auf jene Verurteilten, die während der Dauer des Standrechts für „Aufruhr" (12. bis 21. Februar) gehenkt wurden; Anton Bulgari wurde erst am 22. Februar hingerichtet.

Weniger bekannt ist die Anzahl der insgesamt wegen der Verbrechen des „Aufruhrs", des „Mordes" oder „Mordversuchs" im Zusammenhang mit den Februarkämpfen standrechtlich zum Tode verurteilten Personen.

Eine erste zusammenfassende, quellengestützte Darstellung der Standgerichtsbarkeit des Februar 1934 legte der deutsche Politikwissenschaftler Everhard Holtmann auf einer anlässlich des 40. Jahrestags der Februarkämpfe durchgeführten Tagung der „Wissenschaftlichen Kommission" vor, einem Anfang der 1970er-Jahre auf Initiative von Bundeskanzler Bruno Kreisky und Nationalratspräsident Alfred Maleta gebildeten Gremium von FachhistorikerInnen und ZeitzeugInnen, das von den Wissenschaftsstiftungen von SPÖ und ÖVP getragen wurde.[16] Als Beispiel für die jeglichen rechtsstaatlichen Prinzipien hohnsprechende Verhandlungsführung der Standgerichte ging Holtmann auf das Verfahren vom 16. Februar gegen Emmerich Sailer, Josef Kastinger und drei weitere Schutzbündler aus Wien-Margareten näher ein. Das Standgericht verurteilte Sailer und Kastinger als „zur Herstellung der Ruhe nötige[s] abschreckende[s] Beispiel" zum Tode und stützte sich dabei auf die „polizeilichen Angaben", obwohl die Angeklagten in der Hauptverhandlung berichteten, dass die „Geständnisse" im Polizeiverhör aus ihnen herausgeprügelt worden

15 Zitiert nach der „Dokumentation 1/2004" des Vereins für Geschichte der Arbeiterbewegung: Konrad (2004c), 28.

16 Holtmann (1975a).

seien. Für Holtmann dokumentierten derartige Richtersprüche „nicht etwa nur simple prozessurale Fahrlässigkeit, sondern Voreingenommenheit und eine über die institutionalisierten Unterdrückungsmechanismen hinausweisende, subjektive Bereitschaft, dem Regime bei der gewaltsamen und rechtswidrigen Ausschaltung der sozialdemokratischen Arbeiterbewegung mittels tendenziöser Rechtsprechung zu assistieren".[17] An dieser prinzipiellen Haltung der Richterschaft änderte auch die nachträgliche, politischer Taktik geschuldete Begnadigung der Mehrheit der zum Tode Verurteilten wenig.[18]

Am 12. Februar 1934 dehnte die Regierung mittels Notverordnung die Standgerichtsbarkeit auf das Verbrechen des „Aufruhrs" aus. Standgerichte in Graz, Leoben, Sankt Pölten, Steyr und Wien verurteilten wegen dieses Delikts zwanzig Angeklagte zum Tode. Insgesamt wurden, wie aus der nachfolgenden Aufstellung hervorgeht, zwischen 14. und 26. Februar 24 Personen zum Tode verurteilt, von denen 15 Verurteilte begnadigt wurden. Von den vier zusätzlichen Todesurteilen nach Abschaffung der Standgerichtsbarkeit für „Aufruhr" entfielen drei auf Linz und eines auf Graz.

Der Grazer Rechtshistoriker Martin Polaschek hat 2004 in einer von der österreichischen Zeitgeschichtsschreibung bisher allerdings wenig beachteten Monografie[19] eine komplette Aufstellung der Standgerichtsurteile[20] des Februar 1934 mit Hinweisen zu den Angeklagten und zu den verhandelten Tatbeständen geliefert:

Das Standgericht am Landesgericht für Strafsachen Wien I führte zwischen 15. und 19. Februar fünf Verfahren durch, in denen fünf Todesurteile und drei Kerkerstrafen zwischen 7 und 15 Jahren verhängt wurden; die Verfahren gegen elf Angeklagte wurden an das ordentliche Gericht verwiesen. Alle fünf zum Tode Verurteilten wurden begnadigt: Rudolf Krbec zu lebenslänglichem schweren Kerker, Jakob Morauf und Emmerich Sailer zu je zwanzig Jahren, Josef Kastinger zu zwölf und Robert Kalab zu zehn Jahren.

Das Standgericht am Landesgericht für Strafsachen Wien II führte zwischen 14. und 19. Februar acht Verfahren durch, in denen neun Todesurteile und acht Kerkerstrafen zwischen acht und zwanzig Jahren verhängt wurden; die Verfahren gegen 17 Angeklagte wurden an das ordentliche Gericht verwiesen. Das Todesurteil gegen Karl Münichreiter[21] wurde am 14. Februar, jenes gegen Georg Weissel[22] am 15. Februar und jenes gegen Emil Swoboda am 16. Februar vollstreckt. Die übrigen sechs zum Tode Verurteilten wurden begnadigt: Johann Giller zu lebenslänglichem schweren Kerker, Josef Dangl zu zwanzig Jahren, Josef Fidra und Bruno Sokoll zu je 15 Jahren, Ludwig Tuma und Anton Pribyl zu je zwölf Jahren.

Das Standgericht Sankt Pölten führte zwischen 16. und 20. Februar vier Verfahren durch, in denen zwei Todesurteile und drei Kerkerstrafen zwischen fünf und sieben Jahren verhängt wurden, fünf Angeklagte wurden freigesprochen; die Verfahren gegen

17 Ebd., 49.

18 Vgl. die kurze Überblicksdarstellung von Neugebauer (2005), 303 f.

19 Anzensberger/Polaschek (2004), Polascheks Monografie „Der Februar 1934 und die Justiz" stellt den 2. Teil des Buches, ab Seite 187, dar.

20 Ebd., 205–212.

21 Zu Münichreiter: Winkler (1985); Münichreiter (2004).

22 Die einzige biografische Darstellung Weissels ist vor nahezu einem halben Jahrhundert erschienen: Simon (1964).

16 Angeklagte wurden an das ordentliche Gericht verwiesen. Die beiden Todesurteile gegen Johann Hoys und Viktor Rauchenberger wurden am 16. Februar vollstreckt.

Das Standgericht Steyr führte am 17. Februar ein Verfahren durch, in dem ein Todesurteil verhängt wurde; das Verfahren gegen den zweiten Angeklagten wurde an das ordentliche Gericht verwiesen. Das Todesurteil gegen Josef Ahrer wurde am 17. Februar vollstreckt.

Das Standgericht am Landesgericht für Strafsachen Graz führte zwischen 14. und 20. Februar fünf Verfahren durch, in denen ein Todesurteil und neun Kerkerstrafen zwischen 5 und 15 Jahren verhängt wurden; die Verfahren gegen 36 Angeklagte wurden an das ordentliche Gericht verwiesen. Das Todesurteil gegen Josef Stanek[23] wurde am 17. Februar vollstreckt. Gesondert erwähnt Polaschek das – nicht der wegen „Aufruhrs" verhängten Standgerichtsbarkeit zuzurechnende, allerdings ebenfalls von einem Standgericht am Grazer Straflandesgericht verhängte – Todesurteil vom 26. Februar gegen den Grazer Schutzbundfunktionär Friedrich Gollner wegen versuchten Mordes. Gollner wurde zu zwanzig Jahren begnadigt.[24]

Das Standgericht Leoben führte zwischen 15. und 21. Februar sechs Verfahren durch, in denen zwei Todesurteile und eine Kerkerstrafe von 15 Jahren verhängt wurden; die Verfahren gegen fünf Angeklagte wurden an das ordentliche Gericht verwiesen. Das Todesurteil gegen Koloman Wallisch[25] wurde am 19. Februar vollstreckt, jenes gegen Hubert Russ gnadenhalber in eine lebenslängliche schwere Kerkerstrafe umgewandelt.

Wie das oben erwähnte Grazer Todesurteil vom 26. Februar gegen Friedrich Gollner sind auch die drei vom Standgericht Linz gefällten Todesurteile vom 22. Februar nicht der wegen „Aufruhrs" verhängten Standgerichtsbarkeit zuzurechnen: Anton Bulgari wurde noch am selben Tag hingerichtet, Franz Gschwandtner und Ludwig Schwinghammer wurden zu lebenslänglichem schweren Kerker begnadigt. Die Verfahren gegen drei weitere Angeklagte wurden an das ordentliche Gericht abgetreten.

Ermöglicht wurden die – inhaltlich selbstverständlich der „Februarjustiz" zuzurechnenden – Standgerichtsurteile gegen Bulgari, Gschwandtner, Schwinghammer und Gollner dadurch, dass die Staatsanwaltschaft die Beschuldigten nicht wegen „Aufruhrs" anklagte. Die Standgerichtsbarkeit für das Verbrechen des „Aufruhrs" war am Morgen des 21. Februar aufgehoben worden.[26] Das am 10. November 1933 eingeführte Standrecht für Mord war jedoch in Kraft geblieben.[27]

Da das Linzer Standgericht nicht am dortigen Landesgericht gebildet, sondern vom Landesgericht Wien entsandt worden war, wurde der Gerichtsakt offenkundig nach Abschluss des Verfahrens nach Wien mitgenommen. Zwar ist der in Verstoß geratene Akt

23 Zu Stanek: Anzensberger / Polaschek (2004), 213–223, sowie Köck (1986), 353–355.

24 Anzensberger / Polaschek (2004), 245, sowie Köck (1986), 356.

25 Zum Verfahren gegen Wallisch und Russ: Anzensberger / Polaschek (2004), 223–239. Das Schicksal des Nationalratsabgeordneten Wallisch ist Gegenstand zahlreicher historiografischer Darstellungen. Vgl. u. a. Soós (1990). Zitate aus dem Gerichtsakt enthält auch der Aufsatz von Everhard Holtmann über politische Tendenzjustiz: Holtmann (1975a), 50 f.

26 Ausführlich zu den Auswirkungen der negativen internationalen Reaktionen auf die Politik der Dollfuß-Regierung: Holtmann (1975a), 51–55.

27 Polaschek (2008), 46. – Die Erörterung des juristischen Hintergrunds der drei Linzer Todesurteile und des Grazer Todesurteils findet sich auch im gekürzten Auszug aus diesem Aufsatz: Ders. (2009), 38.

bisher nicht wieder aufgetaucht, doch existiert die Mitschrift eines Gerichtsredakteurs, die von den „Oberösterreichischen Nachrichten" zum 75. Jahrestag der Februarkämpfe veröffentlicht wurde.[28]

Es verdient festgehalten zu werden, dass die vorstehend angeführten Fälle, in denen die Standgerichte zwar Todesurteile aussprachen, diese dann aber im Gnadenweg in Kerkerstrafen umgewandelt wurden, jahrzehntelang in wissenschaftlichen und journalistischen Darstellungen des Februars 1934 – abgesehen von den erwähnten Regionalstudien zu Oberösterreich und zur Steiermark in Karl R. Stadlers Sammelband zu den Sozialistenprozessen aus dem Jahre 1986 – nicht vorkamen. Das ist umso verwunderlicher, als die oben zitierte, 1974 von Everhard Holtmann vorgestellte Studie zur „politischen Tendenzjustiz" 1934 bereits zahlreiche Hinweise auf die für eine solche systematische Erfassung zu konsultierenden Archivquellen[29] enthielt. Tatsächlich stellte die namentliche Erfassung dieser Justizopfer bis zum Erscheinen der Darstellung Martin Polascheks ein Desiderat der österreichischen Zeitgeschichtsschreibung dar.

Um vieles weniger gewiss als die Anzahl der Todesurteile und Hinrichtungen ist die Zahl der sonstigen Todesopfer der Februarkämpfe auf Seiten der Aufständischen und der Zivilbevölkerung.

Wer heute als TouristIn nach Wien kommt und sich für das Rote Wien und was daraus geworden ist, interessiert, kann das Angebot einer Fremdenführerin wahrnehmen, die auch den Zentralfriedhof besucht und die BesucherInnen dort zur Gruppe 28, Reihe 36, führt, wo sich das Massengrab für die zivilen Toten des Februar 1934 befindet. Der Inhalt der Führung kann auch im Internet nachgelesen werden: „Im Februar 1934 kam es in Österreich zum Bürgerkrieg, an dessen Ende mehr als 1.000 Todesopfer zu beklagen waren, aber auch die Demokratie und letztlich die Republik zu Grabe getragen wurde."[30]

Von „weit über 1.000 Mann", und das „allein in Wien", wusste auch der Militärhistoriker Kurt Peball zu berichten – auf der erwähnten Tagung der „Wissenschaftlichen Kommission" im Jahre 1974 meinte er, genaue Zahlenangaben zu den Verlusten auf Seiten der Sozialdemokratie würden sich „nicht ermitteln lassen".[31]

Gerhard Botz gab in seiner Arbeit über „Gewalt in der Politik" die Verluste auf Seiten des Schutzbundes, einschließlich zufällig getöteter Zivilpersonen, mit mindestens jenen 196[32] an, die amtlich bekanntgegeben wurden – eine Zahl, deren Größenordnung er im Zuge der Auswertung der Totenverzeichnisse im Archiv der Stadt Wien, der Tagespresse sowie von Erinnerungsberichten verifizierte. Als Obergrenze sah er die Schätzung des sozialdemokratischen Publizisten Ernst K. Herlitzka an, der in einem im Verein für Geschichte der Arbeiterbewegung aufbewahrten Manuskript von 250 bis 270 Toten ausging.[33]

28 „Das sind ja Märchen. Sie sind ein verstockter Sünder", in: Oberösterreichische Nachrichten, 12.2.2009. Vgl. auch: Hauch (1986), 323–325.

29 Holtmann (1975a), 56.

30 http://www.viennatouristguide.at/Friedhoefe/Zentralfriedhof/Opfergraeber/0_09_1934zivil.htm (1.3.2012).

31 Peball (1975), 32.

32 Botz (1983), 307. Zur ungefähren Richtigkeit der amtlichen Zahlen, die nur im einstelligen Bereich vom archivalischen Befund abweichen: Ebd., 258.

33 Ebd., 258.

„Wikipedia" orientiert sich mit der Angabe „fast 200 Tote"[34] an den amtlichen Zahlen, aber – wie oben gezeigt – bietet das Internet auch mehr als tausend Tote, was wohl eine kritiklose Übernahme der von den Schutzbündlern selbst geschätzten „1.500 bis 2.000" Todesopfer darstellt. Diese Zahl gab die in die ČSR geflüchtete sozialdemokratische Führung dem britischen Journalisten G.E.R. Gedye bekannt, der sie dann weltweit verbreitete. Sie findet sich auch in Gedyes historischer Reportage „Fallen Bastions. The Central European Tragedy",[35] die 1939 auf Englisch und 1947 auf Deutsch erschien und lange Zeit hindurch die einzige brauchbare Geschichte Österreichs in den 1930er-Jahren war.[36]

Sowohl die Sozialdemokratie als auch die durch den Zustrom Tausender enttäuschter Februarkämpfer und junger SozialistInnen erstarkte KPÖ veröffentlichten – in der Tschechoslowakei und in der Schweiz – Darstellungen der Februarkämpfe, in denen die Zahl von 1.500 bis 2.000 Todesopfern propagiert wurde. Hervorgehoben seien insbesondere Otto Bauers „Aufstand der österreichischen Arbeiter"[37] und Julius Deutschs „Bürgerkrieg in Österreich".[38] Die KPÖ brachte neben einer mehr oder weniger parteioffiziellen Broschüre von Oskar Grossmann[39] einen umfangreichen Sammelband unter dem Titel „Österreich – Brandherd Europas"[40] heraus, an dem neben Autoren wie Romain Rolland auch der oberösterreichische Schutzbundführer Richard Bernaschek mitwirkte, der über „Die Tragödie der österreichischen Sozialdemokratie" schrieb.

Wie nicht weiter verwunderlich, waren allen diesen Darstellungen die Heroisierung der Aufständischen, die Dämonisierung der Gegner im Bürgerkrieg und die maßlose Übertreibung der eigenen Opfer gemeinsam. Dies war in den ersten Monaten nach der Niederlage eine sinnvolle (und durchaus wirksame) Propagandamethode, um den Auflösungstendenzen in den Reihen der Sozialdemokratie entgegenzuwirken bzw. die Richtigkeit der kommunistischen Kritik am sozialdemokratischen Kurs in den Jahren zuvor zu unterstreichen. Zu dieser propagandistischen Form des Totengedenkens gehörte nicht nur die literarische Verarbeitung,[41] sondern auch die Aufnahme eines der Hingerichteten – Georg Weissel – in den Liederkanon der österreichischen Arbeiterbewegung („Vorm Standgericht Georg Weissel stand, unser Held aus Februartagen …").

Von den in hoher Auflage illegal verbreiteten Fotografien von Hingerichteten am populärsten war wohl das Bild, das den schwerverletzten Hietzinger Schutzbundkommandanten Karl Münichreiter zeigt, wie er auf der Bahre zur Hinrichtung getragen wurde. Die Aufnahme, auf der Koloman Wallisch mit seinem Todesurteil in der Hand im Gefängnishof abgebildet ist, war eine Fotomontage. Jene Aufnahme, die die Erschießung von Schutzbund-Sanitätern im oberösterreichischen Holzleithen – einer der scheußlichsten Übergriffe der Regierungstruppen während der Kämpfe – zeigte, stellte sich als ein weni-

34 http://de.wikipedia.org/wiki/%C3%96sterreichischer_B%C3%BCrgerkrieg (1.3.2012).

35 London 1939, Gedye (1939a); die amerikanische Ausgabe (New York 1939) erschien unter dem Titel „Betrayal in Central Europe. Austria and Czechoslovakia: The Fallen Bastions", Gedye (1939b).

36 Gedye (1947).

37 Bauer (1934).

38 Deutsch (1934).

39 Schönau [= Grossmann] (1934).

40 Österreich – Brandherd Europas, Zürich 1934.

41 Weinzierl (1984).

ge Stunden nach der Tat am Originalschauplatz nachgestelltes Foto heraus. Einige dieser Fotografien sind mit ziemlicher Sicherheit in Deutschland reproduziert worden und waren Teil einer Propagandawelle der illegalen NSDAP, mit der diese enttäuschte Schutzbündler auf ihre Seite ziehen wollte.[42]

Dass die aus der heroisierenden Übertreibung unmittelbar nach den Kämpfen hervorgegangenen Zahlenangaben auch noch Jahrzehnte später unhinterfragt blieben, war wohl einer der Gründe, warum es bis in die 1970er/1980er-Jahre dauerte, dass die Ereignisse und ihr Verlauf historiografisch untersucht wurden. Offensichtlich gab es eine weitverbreitete Scheu, die überhöhten Opferzahlen infrage zu stellen.

Am 1. März 1934 veröffentliche die Bundesregierung offizielle Zahlen, wonach es auf Seiten der „Zivilbevölkerung" – so die amtliche Terminologie – 173 getötete Männer, 21 getötete Frauen und zwei getötete Kinder gegeben habe.[43] 1983 hat Barry McLoughlin in den Akten des Bundeskanzleramts zum Februar 1934 eine interne Statistik vom 6. Oktober 1934 gefunden, die von den offiziell bekannt gegebenen Zahlen bei den Toten nur unwesentlich – nämlich um zweieinhalb Prozent – nach oben abweicht, allerdings bei den Verwundeten eine doppelt so hohe Zahl angibt.[44] Interessant an dieser Wiener Statistik ist auch, dass darin die Nachforschungen der Staatspolizei über die politische Zugehörigkeit der Toten und Verwundeten angegeben sind. Von den in Wien getöteten Personen wurden 16 dem Republikanischen Schutzbund zugeordnet, 36 der Sozialdemokratie (ohne Schutzbündler zu sein) und sechs der KPÖ. Bei den Verwundeten wurden 122 als Mitglieder der Sozialdemokratie, 19 als Angehörige des Republikanischen Schutzbundes und vier als Mitglieder der KPÖ identifiziert. Hans Hautmann bewertete diese Zahlen 1984 so, dass Schutzbündler und Kommunisten offenbar nur in schwerwiegenden Ausnahmefällen Verwundete der Exekutive überließen.[45] Nebenbei bemerkt belegen diese Zahlen auch, dass es offenbar Februarkämpfer gab, die nicht erst aus Enttäuschung über die Niederlage der KPÖ beitraten, sondern auch solche, die schon vorher der Kommunistischen Partei angehört hatten. Die amtliche Bezeichnung „Zivilbevölkerung" schließt sowohl Aufständische als auch unbeteiligte PassantInnen ein.

Ein Hinweis darauf, dass die offiziellen Zahlen von 196 Toten auf Seiten der Arbeiterschaft nicht so völlig falsch sein können, jedoch mit ziemlicher Sicherheit zu niedrig angesetzt waren, sind auch die Forschungsergebnisse des Linzer Regionalhistorikers Peter Kammerstätter, der die akademische Zeitgeschichtsforschung immer wieder mit seinen Recherchen überrascht und bereichert hat. Für Oberösterreich ermittelte Kammerstätter 34 Tote, was die amtlichen Zahlen um sieben – also fast ein Viertel – übersteigt.[46] Es dürfte also, wenn man die Werte von Wien (2,5 Prozent) und Oberösterreich (25 Prozent) zugrunde legt, davon auszugehen sein, dass die Zahl der Getöteten auf Seiten der Arbeiterschaft mehr als 200, aber weniger als 250 betrug.

42 Garscha (2005), 106.

43 Zitiert u. a. in Gulick (1948), Bd. 4, 327.

44 Zitiert in: Garscha/Hautmann (1984), 148.

45 Ebd.

46 Zitiert in: Konrad (2004c), 25.

In den letzten zwanzig Jahren gab es in Österreich eine Reihe von Projekten zur namentlichen Erfassung von Opfern – das größte und wichtigste ist die namentliche Erfassung der Holocaust-Opfer durch das Dokumentationsarchiv des österreichischen Widerstandes, bei dem bisher die Namen von über 63.000 ermordeten österreichischen Jüdinnen und Juden eruiert wurden. Es wäre wohl kein allzu großer Aufwand, die Bestände des Staatsarchivs und der Landesarchive zum Februar 1934 mit dem Ziel zu sichten, endlich jene nicht einmal 250 Namen zu eruieren.

Man kann nur darüber spekulieren, warum dies bis heute nicht erfolgt ist. Denn die Wirkungsmächtigkeit der genannten Darstellungen der unmittelbaren Zeitgenossen, die bis zum Erscheinen der Untersuchungen von Gerhard Botz und anderen HistorikerInnen aus der „Schule" Karl R. Stadlers weitgehend ungebrochen erschien, war zu dem Zeitpunkt, als sich die österreichische Geschichtsschreibung quantifizierenden Methoden zuwandte, längst verblasst. Bei der Suche nach Erklärungen für diese erstaunliche Forschungslücke sollte man allerdings in Betracht ziehen, dass auch die Ende der 1990er-Jahre in Gang gekommene Ermittlung der Opferzahlen von Juden/Jüdinnen, Roma und Sinti sowie schließlich auch der Opfer der politischen Verfolgung im engeren Sinne nicht einer Diskussion unter den ZeithistorikerInnen selbst entsprang, sondern Resultat des Drängens der Verfolgten des NS-Regimes war. Möglicherweise fehlt zwischen der in den 1980er- und 1990er-Jahren auf breiter Ebene erfolgten Hinwendung zu einer (häufig interviewgestützten) Erforschung des Lebens und Leidens Einzelner und den vor allem von der „Waldheim-Debatte" und den darauffolgenden politisch-wissenschaftlichen Auseinandersetzungen angestoßenen Analysen, die vornehmlich die in der Gesellschaft vorherrschenden Diskurse untersuchen, ein methodisches Bindeglied, das es erlauben würde, die Erfassung biografischer Massendaten in den historiografischen Diskurs zu integrieren.

3. Die „Blutzeugen" der illegalen nationalsozialistischen Bewegung in Österreich

Die offizielle NS-Geschichtsschreibung[47] zählte – ohne die Hingerichteten – zwischen 25. und 31. Juli 104 gefallene Putschisten, rechnete jedoch auch noch fünf Putschisten, die zwischen 3. und 13. August in Kärnten (Kaindorf, Feldkirchen, Spittal), Salzburg (Lamprechtshausen) und der Steiermark (Pichl) ums Leben kamen, zu den „Juliopfern". Die Namen der 122 Gefallenen und Hingerichteten fanden Eingang in die „Ehrenliste" der „Blutopfer der Bewegung", die mit den 16 Toten des Hitler-Ludendorff-Putschs am 9. November 1923 begonnen wurde. Sie wurde bis zum 4. Juni 1942 geführt – der an diesem Tag in Prag ermordete RSHA-Chef Reinhard Heydrich erhielt die Nummer 440.[48]

1965 publizierte der Militärhistoriker Erwin Steinböck in einer deutschen militärischen Zeitschrift eigene Recherche-Ergebnisse zur Zahl jener Nationalsozialisten, die während der Kampfhandlungen zwischen 25. und 31. Juli 1934 ums Leben gekommen waren.[49] Demnach fielen dem Putsch, ohne die 13 Hingerichteten, 140 Nationalsozialisten zum Op-

47 Weberstedt/Langner (1938); Reich von Rohrwig (1942).

48 Abbildung: http://de.metapedia.org/wiki/Datei:Liste_der_Blutzeugen-2. jpg (1.3.2012). Die Liste war auch Bestandteil der den neu beigetretenen Parteimitgliedern überreichten Fibel: Liese (1943), 44 f.

49 Steinböck (1965), 31.

fer (von denen vier Personen Selbstmord begangen hatten und drei von den eigenen Leuten im Zuge der „Feme“ ermordet worden waren). Steinböcks Zahlen wurden in den nachfolgenden Jahrzehnten in nahezu allen wissenschaftlichen Darstellungen aufgegriffen und finden sich auch in den grundlegenden Studien von Gerhard Jagschitz[50] und Gerhard Botz.[51] 2001 gelangte der Sozialhistoriker Kurt Bauer in seiner Dissertation,[52] die eine auf intensive lokalhistorische Forschungen gestützte quantitative Analyse der Juliputsch-Beteiligten enthält, zu wesentlich niedrigeren Zahlen: 98 Putschisten fielen, d. h. mit den 13 Hingerichteten betrug die Anzahl der nationalsozialistischen Opfer 111 Personen.[53]

Im Vergleich zum Regierungslager und zu den Aufständischen des Februar 1934 schenkte die nationalsozialistische Propaganda den im Kampf Gefallenen geringere Aufmerksamkeit, sieht man von der erwähnten „Ehrenliste“ und vereinzelten, regional verbreiteten Gedenkpostkarten ab. Eine derartige Karte mit 16 Porträts von „Juliopfern 1934“ der SA-Jägerstandarte 9 („Gefallen für Heimat und Führer im Kampf um's Ennstal, Stmk.“) wird beispielsweise auf der von NS-Nostalgikern betriebenen Website „Metapedia“ gezeigt.[54] Besondere Verehrung genossen hingegen die 13 Hingerichteten, die als Märtyrer („Blutzeugen“) gefeiert und nach der nationalsozialistischen Machtübernahme durch Straßenbenennungen geehrt wurden.

Da die Bundesregierung davon ausgehen musste, dass die in hohem Ausmaß deutschnational eingestellte Richterschaft aus Sympathie mit den nationalsozialistischen Putschisten nicht bereit sein würde, die erwünschten abschreckenden Urteile zu fällen, richtete sie am Tag nach der Ermordung von Bundeskanzler Engelbert Dollfuß einen Militärgerichtshof in Wien ein, an dessen Spitze ein General berufen wurde. Die einzelnen Senate des Militärgerichtshofs bestanden jeweils aus drei Offizieren und einem vom Bundesminister für Justiz berufenen Richter. Den Vorsitz führte nicht der Berufsrichter, sondern der ranghöchste Offizier.[55] Vom Militärgerichtshof wurden 73 Angeklagte zum Tode verurteilt, davon sechzig wieder begnadigt.[56]

Zum dritten Jahrestag des Putschs – im Juli 1937 – erschien eine Sondernummer des „Österreichischen Beobachters“, der Zeitung der illegalen NSDAP, die den „Kameraden, die von Henkershand den Tod für ihre deutsche Gesinnung erleiden mußten“, gewidmet war.[57] Die 13 Hingerichteten waren: Johann Domes (ehemaliger Unteroffizier des Bundesheeres, leitete die Erstürmung der RAVAG, hingerichtet am 18. August), Franz Ebner (wegen der Erschießung eines Gendarmerierevierinspektors in Sankt Gallen, Steiermark,

50 Jagschitz (1976), 167.

51 Botz (1983), 274.

52 Bauer (2001).

53 Bauer (2003), 325.

54 http://de.metapedia.org/wiki/Datei:Bei_den_K%C3%A4mpfen_im_Ennstal_am_Juliputsch_Gefallene.jpg (1. 3. 2012).

55 Bundesverfassungsgesetz v. 26. Juli 1934 über die Einführung eines Militärgerichtshofes als Ausnahmegericht zur Aburteilung der mit dem Umsturzversuch v. 25. Juli 1934 im Zusammenhang stehenden strafbaren Handlungen, BGBl. II 152/1934. Siehe dazu den Beitrag von Karin Bruckmüller in diesem Band.

56 Am ausführlichsten: Holtmann (1975b). Vgl. auch die Überblicksdarstellung in: Neugebauer (2005), 304 f.

57 Österreichischer Beobachter. Organ der NSDAP in Österreich, 2. Jg., Sonderfolge, Im Juli 1937.

hingerichtet am 29. August), Rudolf Erlbacher (Beteiligter am Putsch in Steinach an der Enns, hingerichtet am 22. August), Ernst Feike (als Feldjäger im Kraftfahr-Bataillon des Bundesheeres an der Erstürmung des Bundeskanzleramts beteiligt, hingerichtet am 7. August), Josef Hackl (als Polizeiwachmann an der Erstürmung des Bundeskanzleramts beteiligt, hingerichtet am 13. August), Franz Holzweber (leitete die Erstürmung des Bundeskanzleramts, hingerichtet am 31. Juli), Franz Leeb (als Polizeioberwachmeister an der Erstürmung des Bundeskanzleramts beteiligt, hingerichtet am 13. August), Ludwig Maitzen (als Polizeioberwachmeister an der Erstürmung des Bundeskanzleramts beteiligt, hingerichtet am 13. August), Otto Planetta („Dollfuß-Mörder", hingerichtet am 31. Juli), Franz Saureis (Putschteilnehmer in Bad Ischl, wegen Sprengstoffbesitzes hingerichtet am 20. August), Franz Unterberger (Putschteilnehmer in Bad Ischl, wegen Sprengstoffbesitzes hingerichtet am 20. August), Erich Wohlrab (als Polizeiwachmann an der Erstürmung des Bundeskanzleramts beteiligt, hingerichtet am 13. August), Friedrich Wurnig (wegen der Ermordung des Innsbrucker Polizeihauptmanns Franz Hickl hingerichtet am 1. August).

4. Die „Opfer der Pflicht": Gefallene Soldaten, Polizisten und Heimwehrmänner im Februar und Juli 1934

Das Totengedenken der Bundesregierung nach den beiden bewaffneten Konflikten des Jahres 1934 erfolgte durch imposante Manifestationen von Trauer als Propaganda, was wohl auch mit der Nähe des Regimes zur Katholischen Kirche zu tun hatte, die schon die Trauerfeierlichkeiten für Angehörige des Herrscherhauses als patriotische Kundgebungen gestaltet hatte. Zelebrierte sich die „bewaffnete Macht" – also Bundesheer, Polizei und Gendarmerie sowie Wehrverbände – nach dem Sieg über die Arbeiterbewegung im Februar 1934 noch selbst, so stand nach der Niederschlagung des nationalsozialistischen Putschversuchs die Trauer um den „Heldenkanzler" im Mittelpunkt von Manifestationen der Vaterländischen Front. Zur zentralen Kundgebung auf dem Heldenplatz am 8. August kamen rund 200.000 Menschen,[58] bis in den Oktober hinein fanden in ganz Österreich Trauergottesdienste und „vaterländische Gedenkstunden" statt. In Niederösterreich, dem Heimatbundesland des ermordeten Bundeskanzlers, wurden in der zweiten Jahreshälfte 1934 in zahlreichen Orten Erinnerungszeichen errichtet.[59]

4.1 Februar 1934

Auf dem eingangs erwähnten Symposium der „Wissenschaftlichen Kommission" im Jahre 1974 berichtete der Militärhistoriker Kurt Peball über das Ergebnis seiner Recherche im Kriegsarchiv: Peball zählte 124 Tote, davon dreißig Soldaten des Bundesheeres, 53 der Exekutive (also Polizei und Gendarmerie) und 41 Angehörige „bürgerlicher Wehrverbände".[60] Zusammen mit den – wie oben ausgeführt – sicher mehr als 200, aber vermutlich weniger als 250 Toten unter den Aufständischen und der Zivilbevölkerung sowie den neun Hingerichteten ist somit von einer Größenordnung von vermutlich 340 bis 380 Todesopfern des Februar 1934 auszugehen.

58 Hanisch (1998), 128.
59 Grassegger (2001), 578–586.
60 Peball (1975), 32.

Ende Februar 1934 erschien die Zeitschrift „Gendarmerie-Rundschau“ mit einer ganzseitigen Traueranzeige auf der Titelseite, in der die zwölf während der Februarkämpfe in der Steiermark, in Oberösterreich und Salzburg gefallenen Gendarmen als „Opfer der Pflicht“ gewürdigt wurden: „Bei der Niederkämpfung des marxistischen Aufruhrs brachte die Gendarmerie schwere Opfer. Es fielen ein allseits beliebter Gendarmerieoffizier und 11 brave Gendarmeriebeamte.“[61]

Das Bundesheer würdigte die „Todesopfer der bewaffneten Macht“ ein Jahr nach den Ereignissen – als Teil eines „Lichtbilderhefts“, das der umfangreichen Dokumentation „Der Februar-Aufruhr 1934“ beilag,[62] die im Auftrag des Bundesministeriums für Landesverteidigung als Manuskript („Nur für den Dienstgebrauch“) gedruckt wurde. Auf den Seiten 36 bis 39 des „Lichtbilderhefts“ sind Bilder von 31[63] getöteten Soldaten abgedruckt, die beiden Offiziere bekamen doppelt so große Bilder wie die Mannschaftsdienstgrade. Die Dokumentation enthält auch eine komplette Liste der Toten, Schwer- und Leichtverletzten auf Seiten des Bundesheeres, gegliedert nach Einheiten. Die übergroße Mehrheit der auf den Seiten 336 bis 346 aufgelisteten Infanterie-Soldaten, die mit Militärkarabinern an der Erstürmung der von den Schutzbündlern gehaltenen Stellungen teilgenommen hatten, wies Schusswunden auf, wobei Verletzungen des rechten Arms und der rechten Schulter besonders häufig waren. Das lässt auf gezielte Schüsse seitens der Verteidiger auf die angreifenden Soldaten schließen, die dadurch kampfunfähig gemacht, aber nicht getötet werden sollten. Nur 8 der 31 getöteten Soldaten wiesen einen Kopfschuss auf. Zur Einschätzung des Charakters der Kämpfe ist es nützlich, diese regierungsoffiziellen Angaben der Tatsache gegenüberzustellen, dass dieselbe Armee mit Artilleriegranaten auf Wohnhäuser schoss. Damit die Liste der eigenen Verluste lang genug war, zählte man darin auch durch Stürze zugezogene Verletzungen von Knie oder Ellbogen, Abschürfungen, Verstauchungen und Prellungen akribisch auf – bis zum Tod eines Gefreiten, der sich bei der Erstürmung des in der Nähe des Radiosenders auf dem Linzer Freinberg gelegenen Jägermayrhofs eine Lungenentzündung geholt hatte.

Im „Schlußwort“ wurde der Tagesbefehl von Bundespräsident Miklas nach der Niederschlagung der „blutige[n] Revolte irregeleiteter und verhetzter Menschen“ abgedruckt. Darin knüpfte der Oberbefehlshaber des Bundesheeres an die Traditionen der habsburgischen Armee an (die schließlich im Oktober 1848 ebenfalls zur Niederschlagung einer „Revolte“ eingesetzt worden war): „Getreu der ruhmreichen Überlieferung der alten Armee haben die [...] Truppen ihre schwere Pflicht erfüllt [...], nur von dem unbeirrbaren Gedanken beseelt, den Widerstand der Aufrührer zu brechen und so die ihnen übertragene Aufgabe in ruhiger und mannhafter Entschlossenheit zu lösen. Das junge Heer Österreichs hat in diesen leidvollen Tagen bewiesen, daß es in der Pflichttreue und im Kampfgeist der alten Armee nicht nachsteht.“[64]

61 Gendarmerie-Rundschau. Bilder und Worte von einst und jetzt für jedermann 1 (1934) 4, 1.

62 Bundesministerium für Landesverteidigung (1935).

63 Der 31. getötete Soldat, der bei der Erstürmung der Ennsleiten in Steyr eine Schussverletzung des Oberschenkels erlitten hatte, wird in anderen Statistiken – auch in der detaillierten Auflistung im selben Band (Ebd., 343), als „Schwerverletzter“ geführt. Er dürfte bis zur Drucklegung des „Lichtbilderhefts“ seinen Verletzungen erlegen sein.

64 Ebd., 347f.

4.2 Juli 1934

In derselben Aufmachung wie dem zum internen Gebrauch bestimmten Band zum „Februar-Aufruhr“ gab das Bundesministerium für Landesverteidigung 1936 die Dokumentation „Die Juli-Revolte 1934“[65] heraus: „2 Offiziere und 21 Mann erlitten, getreu der beschworenen Eidespflicht, den Heldentod […]. Ein Alpenjäger stürzte gelegentlich einer Streifung im Hochgebirge, die gegen geflüchtete Aufrührer unternommen wurde, tödlich ab.“[66]

Am 2. August 1934 veröffentliche die Bundesregierung eine Kundmachung „an die bewaffnete Macht Österreichs, an die Gendarmerie, an die Polizei und an alle Verbände des Freiwilligen Schutzkorps“, in der sie den Dank des Vaterlandes an die bewaffneten Kräfte mit einer kaum verhüllten Warnung vor den Kriegsplänen Hitler-Deutschlands verband und klar aussprach, dass ein Sieg der Putschisten nicht nur innenpolitische Folgen gehabt hätte: „Daß die aufwühlenden und schmerzlichen Ereignisse dieser Tage einen solchen Ausklang finden konnten, verdankt das Vaterland vor allem Euch, Männern der bewaffneten Staatsgewalt, Euch Männern des Bundesheeres und des freiwilligen Assistenzkorps, der Gendarmerie, der Polizei, des Heimatschutzes, der Sturmscharen, der Christlich-deutschen Turner, des Freiheitsbundes und anderer Abteilungen des Freiwilligen Schutzkorps. […] Euer Kampf und Eure Blutopfer galten diesmal aber nicht nur der Wiederherstellung des Friedens im eigenen Lande, sondern auch der Erhaltung des Friedens in Europa. Einem Sieg des Aufruhrs wäre ja nicht eine neue Ordnung gefolgt, sondern unselige Verwirrung und schwerste Kriegsgefahr. Eure Opfer haben der Welt tausendmal größere Opfer erspart.“[67] Doch folgte dieser Erkenntnis keine Konsequenz hinsichtlich der ideologischen Ausrichtung des Regimes, sondern im Gegenteil eine Bekräftigung des Postulats, wonach die Österreicher die besseren Deutschen seien: Neben der Linderung der durch die Massenarbeitslosigkeit verursachten Not erblickte die Bundesregierung ihre wichtigste Aufgabe darin, „die deutsche Sendung Österreichs zu erfüllen, als eine Friedenssendung für unser Vaterland, für das Deutschtum und für die Welt. […] Wer mit Gewehren und Sprengstoffen den inneren Frieden stört, kämpft […] gegen die wahren Interessen des deutschen Volkes.“ Der Aufruf der nunmehr von Kurt Schuschnigg geführten Bundesregierung schloss mit einer Formulierung, die bereits die Diktion der Radioansprache des Bundeskanzlers dreieinhalb Jahre später, am Abend des 11. März 1938, vorwegnahm: „Die Bundesregierung und die vaterlandstreue Bevölkerung Österreichs feiern keinen Sieg. Wir wollen das nicht, denn es ist Bruderblut geflossen.“[68] Und wie schon im Februar 1934 knüpfte das Regime an die Traditionen der k.u.k. Armee an. Bundeskanzler Schuschnigg, der auch das Heeresressort übernommen hatte, erließ am 4. August einen Heeresbefehl, in dem er sich den Soldaten als „Kamerad“ andiente, da er ja selbst ein „alter Soldat der ruhmvollen kaiserlichen Armee“ gewesen sei, und versprach ihnen: „Dereinst, wenn die Geschichte unserer Tage geschrieben werden wird, Soldaten Österreichs – dessen bin ich gewiss –, werdet Ihr als Retter österreichischen Wesens und wahrer deutscher Kultur

65 Die Juli-Revolte 1934 (1936).

66 Ebd., 188.

67 Ebd., 190.

68 Ebd., 191.

genannt werden. Soldaten! Ihr habt bewiesen, daß Ideale der ruhmvollen kaiserlichen Armee in Euren Herzen fest verankert sind, daß die zähe Arbeit [...] unseres großen toten Kanzlers in Eurem österreichischen Herzen tief Wurzeln geschlagen hat, daß die schönste der deutschen Tugenden – die Treue – Euch kein leerer Wahn ist." Damit wieder Friede werde „in unseren schönen Bergen, in unseren stillen Tälern, trauten Städten und Dörfern", sei es notwendig, dass die militärischen Führer ihren Untergebenen „das Ziel wahren österreichischen Soldatentums" nahebringen: „kulturelles, universelldeutsches Denken und Empfinden".[69]

Wie schon nach den Februarkämpfen widmete auch im Juli 1934 die „Gendarmerie-Rundschau" den Kämpfen fast eine ganze Nummer – diesmal allerdings nicht mit einer Ehrung der getöteten Gendarmen auf der Titelseite, sondern – unter dem Titel „Sturmtage in Österreich" – mit einem Bild Bundeskanzler Dollfuß' in Kaiserschützen-Uniform.[70] Zehn Gendarmen und ein Gendarmerieoffizier seien in den Kämpfen ums Leben gekommen. Die Zeitschrift druckte einen Aufruf des mit der Leitung des gesamten Sicherheitswesens betrauten Vizekanzlers an die „Kameraden im Sicherheitsdienst" ab, in dem Ernst Rüdiger Starhemberg den „stillen Helden der Pflichterfüllung" dankte, deren „Pflichttreue und Opfermut sprichwörtlich" geworden sei.[71]

Wesentlich größer als die Anzahl der gefallenen regulären Soldaten und Exekutivbeamten war übrigens die Anzahl der Toten in den Reihen des Freiwilligen Schutzkorps. „Schutzkorps" wurden die „Assistenzkörper" des Bundesheeres genannt, die im Jahr zuvor geschaffen worden waren. Sie bildeten eine Hilfstruppe – bestehend aus, meist arbeitslosen, Angehörigen christlichsozialer oder austrofaschistischer Wehrverbände und sonstigen Freiwilligen – die durch Bundesheeroffiziere kommandiert wurde.[72] Nach Recherchen des Karl von Vogelsang-Instituts und des Dokumentationsarchivs des österreichischen Widerstandes, die 2000 bis 2002 im Auftrag des Bundesministeriums für Bildung, Wissenschaft und Kultur die Opfer des NS-Terrors 1933 bis 1938[73] namentlich eruierten, waren 18 Todesopfer auf Regierungsseite Heimwehrmänner und 36 Todesopfer sonstige Schutzkorpsangehörige, 16 waren Polizisten, Gendarmen oder Zollwachebeamte. Das sind exakt jene 70 Toten, welche die Dokumentation des Bundesministeriums für Landesverteidigung aus dem Jahr 1936 als „Blutopfer" auf Seiten der Gendarmerie und der „freiwilligen Wehrverbände" nannte.[74]

In dem Dokumentations- und Forschungsprojekt wurden übrigens auch die (unbeteiligten) Zufallsopfer ermittelt – es dürfte sich um acht Personen gehandelt haben.

69 Ebd., 192.

70 Gendarmerie-Rundschau. Bilder und Worte von einst und jetzt für jedermann 1 (1934), 10.

71 Ebd., S. 11.

72 Verordnung der Bundesregierung v. 26. Mai 1933, betreffend die freiwilligen Assistenzkörper, BGBl. 201/1933, und Verordnung der Bundesregierung v. 26. Mai 1933, betreffend die Weitergewährung von Arbeitslosenunterstützung (Notstandshilfe) an Familienangehörige von Arbeitslosen, die zu den freiwilligen Assistenzkörpern einrücken, BGBl. 202/1933.

73 Georg Kastner (unter Mitarbeit von Heinz Arnberger, Winfried R. Garscha, Judith Kreiner und Susanne Uslu-Pauer), Opfer des Terrors der NS-Bewegung in Österreich 1933–1938. Unveröffentlichter Abschlussbericht des von Wolfgang Neugebauer und Helmut Wohnout geleiteten Forschungsprojekts, Wien 2002.

74 Die Juli-Revolte 1934 (1936), 188.

Den Juliopfern zuzurechnen sind selbstverständlich auch jene beiden Repräsentanten des Staates, die gezielt ermordet wurden: Engelbert Dollfuß und der Innsbrucker Polizeihauptmann Franz Hickl.

Die Gesamtzahl der Opfer des nationalsozialistischen Putschversuchs des Juli 1934 betrug somit 96 Gefallene bzw. Ermordete auf Seiten der Regierung, acht Unbeteiligte sowie zwischen 98 und 104 Gefallene auf Seiten der Putschisten (wozu noch die 13 Hingerichteten kamen), insgesamt somit zwischen 215 und 221 Personen. Der nationalsozialistische Juliputsch forderte damit wesentlich weniger Todesopfer als die 340 bis 380 im Zuge der Februarkämpfe ums Leben gekommenen Personen.

Frank Höpfel

Gewaltexzesse im Bürgerkrieg: Zur juristischen Aufarbeitung von Verbrechen während eines nicht-internationalen bewaffneten Konflikts[1]

1. Allgemeines

Die Überschrift ist ungenau. Die Fragestellung erscheint in Bezug auf die Februarereignisse 1934, die oftmals als „Bürgerkrieg" bezeichnet wurden,[2] in zweifacher Weise diskussionsbedürftig: Will man Sachverhalt und Norm auf theoretischer Ebene einander gegenüberstellen, so gibt es für die heftigen Unruhen jener Tage einerseits noch keine Kategorie des nicht-internationalen bewaffneten Konflikts im Sinne des humanitären Völkerrechts; andererseits stellt sich die Frage, gäbe es dieses Etikett wie heute, inwieweit dieses dann anwendbar wäre. Wiewohl eine Eskalation der Ereignisse stattgefunden hatte, erscheint es fraglich, ob zu irgendeinem Zeitpunkt dieser dramatischen Tage von einem Bürgerkrieg im technischen Sinn gesprochen werden kann.

Ein interdisziplinäres Gespräch, wie es die Tagung „Österreich 1933–1938" möglich machte, gestattet Fragen zu stellen, auch wenn sie nicht gleich beantwortet werden können. Daher erlaube ich mir, als These in den Raum zu stellen, dass die Februarereignisse noch nicht das Niveau eines internen „bewaffneten Konflikts" und damit eines echten Bürgerkriegs erreicht hatten.

Terminologisch ist zunächst klarzustellen, dass aus völkerrechtlicher Sicht in Bezug auf zwischenstaatliche Konflikte gerade in jenen Jahren vom formellen Begriff des „Krieges" abgerückt wurde. Einzelne Momente zu dieser Entwicklung lassen sich wie folgt nachweisen: 1932 hatte die Völkerbundversammlung erklärt, jeder Fall von „stress of military pressure" sei verboten; 1939, in Bezug auf den finnisch-sowjetischen Krieg, stellte dasselbe Organ fest, die „operations of Sovjet forces" würden ein kriegerisches Verhalten

1 Der Autor dankt Ilse Reiter-Zatloukal für kompetenten Rat und konstruktive Kritik, Winfried Garscha insb. für zahlreiche Informationen zur Frage der Gewalt in den Tagen zwischen 12. und 16. Februar 1934 sowie Gerhard Hafner für wichtige völkerrechtliche Hinweise.

2 Etwa zeitgenössisch Deutsch (1934); aber auch z. B. http://www.austria-lexikon.at/af/AEIOU/Februarkämpfe_1934 und http://www.rotbewegt.at/#/epoche/1918–1933/artikel/12-februar-1934-burgerkrieg-in-osterreich (15. 1. 2012).

darstellen („resort to war"), obwohl es sowohl an einer Kriegserklärung als auch an einem manifesten animus belligerendi fehlte. Vor diesem Hintergrund wäre an sich für die fragliche Zeit der Begriff der kriegerischen Auseinandersetzung weiter zu verstehen.

Der bewaffnete Konflikt, der *nicht* von internationaler Natur war, blieb damals begrifflich aber überhaupt noch unerfasst. Zu sehr stand noch das traditionelle Souveränitätsdenken, das Prinzip der Nichteinmischung, im Weg. Erst nach 1945, mit dem gemeinsamen Artikel 3 der Genfer Abkommen von 1949 (von Österreich ratifiziert 1953), wurde der erste Anlauf genommen, Maßstäbe des internationalen Humanitätsrechts auch für Konflikte nicht-internationaler Natur zu entwickeln.[3]

Ein umfassendes Regime von humanitärem Völkerrecht für nicht-internationale Konflikte schuf erst (im Gefolge der Befreiungskriege der 1960er-Jahre) das II. Zusatzprotokoll von 1977 zu den Genfer Abkommen. Seither hat es für den völkerrechtlichen Schutz von ZivilistInnen und zivilen Objekten in solchen nicht-internationalen Konflikten weitere Annäherungen an das gewöhnliche Kriegsrecht gegeben. Dazu hat die Judikatur des Jugoslawientribunals beigetragen – die seit dem wegweisenden Tadić-Fall[4] von einer weitgehenden völkergewohnheitsrechtlichen Geltung dieser Regeln auch in nicht-internationalen Konflikten ausging – aber auch der Einsatz des Internationalen Komitees vom Roten Kreuz (IKRK), das sich als Hüter der Beachtung des Humanitätsrechts kontinuierlich für eine Verbesserung der Standards einsetzt.

Um Handlungen während nicht-internationaler Konflikte heute als solche beurteilen zu können, kommt es nach Lehre und Praxis auf drei Kriterien an: 1.) die Intensität der Auseinandersetzung als „protracted armed violence", also im Sinne einer länger andauernden gewaltsamen Auseinandersetzung; 2.) eine hierarchische Strukturierung der Konfliktparteien (auf der einen Seite kann, aber muss nicht der Staat stehen); und 3.) muss sich ein Teil des staatlichen Territoriums in der Hand einer anderen Partei des Konflikts befinden, sodass das staatliche Gewaltmonopol infrage gestellt ist.

Wir werden sehen, dass im Fall der Kampfhandlungen im Februar 1934 zwar die Organisiertheit der bewaffneten Gruppen gegeben war – die Schutzbundeinheiten standen solchen der Regierung (Exekutive und Militär) gegenüber – jedoch erscheint es hinsichtlich der Intensität und auch des Kriteriums der Kontrolle eines Gebietes fraglich, ob man von einem bewaffneten Konflikt („armed conflict") sprechen kann – dies freilich, wie bereits erwähnt, nur unter der Prämisse, dass diese Kategorie überhaupt existierte. Wir bewegen uns vielmehr im Bereich eines „Aufstandes", also „bloßer" innerer Unruhen („internal disturbancies" iSd Art. 8 (2) (d) Römisches Statut des Internationalen Strafgerichtshofes).

Daher stellt sich an sich gar nicht die Frage der Unterscheidung zwischen einem nicht-internationalen und einem internationalen Konflikt. Übertrüge man dieses Begriffspaar anachronistischer Weise auf die Februarunruhen, so bildeten diese – auch wenn sie von

3 Unter den verbotenen Mitteln und Methoden der Kriegsführung wurde für den „Fall eines bewaffneten Konflikts, der keinen internationalen Charakter aufweist und der auf dem Gebiet einer der Hohen Vertragsparteien entsteht", für jede der am Konflikt beteiligten Parteien ein Minimalstandard festgelegt. Im Zentrum steht der Schutz der Zivilbevölkerung einschließlich solcher Personen, die die Waffen niedergelegt haben oder sich aus anderen Gründen „hors de combat" befinden. Vgl. http://www.humanrights.ch/de/Instrumente/Humanitaeres_Voelkerrecht/Genfer_Abkommen/index.html, 22.7.2012.

4 Prosecutor v. Tadić, IT-94-1-AR72, Zwischenentscheidung v. 2.10.1995, insb. paras. 96 ff.

der Weltöffentlichkeit mit größter Anteilnahme beobachtet wurden – höchstens einen *nicht*-internationalen Konflikt (nur in diesem Sinn kann überhaupt von einem „Bürgerkrieg" gesprochen werden). Die Unterstützung von außen (für die Regierung war dies Benito Mussolini) fällt nicht ins Gewicht, solange nicht von einer Kontrolle durch eine fremde Macht in Bezug auf eine Konfliktpartei gesprochen werden kann. Mit dem Nicaragua-Urteil des Internationalen Gerichtshofs[5] müsste dafür eine effektive Kontrolle („effective control") gegeben sein.

Das Grundwort „Krieg" im Sinn eines bewaffneten Konflikts ist aber an sich, wie bemerkt, nicht angebracht. Spricht man von einem Bürgerkrieg, so spiegelt dies schlicht die Tatsache wider, dass es sich um einen überregionalen innerösterreichischen Konflikt handelte. Daher wird die Frage nach Exzessen seitens einer der Konfliktparteien nun in einem weiteren Sinn verstanden: Es dreht sich nicht mehr um Kriegsverbrechen, sondern – breiter – um die Legitimität insbesondere von Schritten der Regierung, wie sie sich heute im Spiegel der Menschenrechte darstellen. Zwar waren auch die Menschenrechte in ihrer modernen, über die Bürgerrechte im Sinn des Staatsgrundgesetzes 1867 hinausgehenden Bedeutung noch nicht gegeben. Wesentliche Ansätze waren im StGG, das auch 1934 in Kraft stand, immerhin enthalten. Dieses grundrechtliche Regime schützte aber noch zu wenig deutlich und war nicht imstande, den Regierungsverordnungen aufgrund des Kriegswirtschaftlichen Ermächtigungsgesetzes von 1917 etwas Wirksames entgegenzusetzen. So wurden scheibchenweise die demokratischen Rechte, wie die Versammlungs- oder die Medienfreiheit oder die Unabhängigkeit der ordentlichen Gerichte, abgebaut. Besonders krass gingen prozessuale Garantien verloren, als die Regierung das Standrecht einsetzte.

In der langen Geschichte der wiederholten Abschaffung und Wiedereinführung der Todesstrafe nimmt der „Ständestaat" einen prominenten Platz ein. Es war nicht erst die Verfassung 1934, sondern schon kurz zuvor die Regierung, die in der Zeit der Februarunruhen mit dem Mittel des Standrechts den Einsatz des Terrorinstruments Todesstrafe erlaubte. Ich vertrete die Auffassung, dass dieser Einsatz – und nicht nur die Beschießung des Karl-Marx-Hofes mit schwerer Artillerie (siehe 2.4.) oder andere Missbräuche – zu den Exzessen dieser Auseinandersetzung gehörte. Zunächst aber zum historischen Sachverhalt und zur Frage, wie die Konfliktparteien aufgestellt waren.

2. Zum Sachverhalt[6]

2.1 Planung seitens des Republikanischen Schutzbundes

Nach dem ersten Putschversuch der faschistischen Heimwehren durch den Judenburger Führer des Steirischen Heimatschutzes, Walter Pfrimer, im September 1931 legte sich der Republikanische Schutzbund darauf fest, im Falle eines faschistischen Putschversuchs

5 Fall „Military and Paramilitary Activities in and against Nicaragua" (Nicaragua v. USA), Urteil des IGH v. 27.6.1986 (ICJ Reports 1986, 1ff.), http://www.icj-cij.org/docket/files/70/6503.pdf (19.7.2012). Vgl. – in kritischer Abgrenzung von der Judikatur des ICTY – das Urteil des IGH v. 26.2.2007 im Fall „Application of the Convention on the Prevention and Punishment of the Crime of Genocide" (Bosnia and Herzegovina v. Serbia and Montenegro), ICJ Reports 2007, 43ff., paras. 396ff., insb. 406f., http://www.icj-cij.org/docket/files/91/13685.pdf (19.7.2012).

6 Vgl. dazu insbes. Garscha/Hautmann (1984).

durch bewaffnete Aktionen alle Polizeiwachzimmer und Kasernen in den Wiener Außenbezirken abzuriegeln, um damit ein Zusammenwirken zwischen der Exekutive und den Putschisten zu verhindern. In weiterer Folge sollte das Stadtzentrum besetzt werden, um auf die Regierung Druck auszuüben. Verfasser und Namensgeber dieses Offensivplans war der Stabschef der sozialdemokratischen Wehrorganisation, Alexander Eifler. Bei einem Misslingen des „Eifler-Plans" sollte der Republikanische Schutzbund sich in Fabriken, sozialdemokratischen Parteiheimen und Gemeindebauten verschanzen und diese gegen die Putschisten und eine eventuell an ihrer Seite kämpfende Exekutive verteidigen. Die Realität des Februar 1934 war jedoch, dass fast überall nur der defensive Teil des „Eifler-Plans" umgesetzt wurde. Ausnahmen waren Floridsdorf und Simmering in Wien[7] sowie die Ennsleite in Steyr. Dort griffen Schutzbundeinheiten Polizeiwachstuben an und besetzten strategische Punkte. In Attnang-Puchheim führte die Besetzung des Bahnhofs durch den Schutzbund zur vorübergehenden Unterbrechung der Westbahnstrecke. Die wichtigste Ausnahme stellte jedoch Bruck/Mur dar, wo der Schutzbund die Stadt kontrollierte, auch Gösting bei Graz wurde am 13. Februar zeitweise vom Schutzbund gehalten.

2.2 *Planung seitens der faschistischen Heimwehren*

Die faschistischen Heimwehren planten ihrerseits ihren „Marsch auf Wien" nach dem Muster des faschistischen „Marschs auf Rom" und wollten die Regierung auf die Seite der Faschisten ziehen. So trat der Heimatblock, der politische Arm der Heimwehr, 1932 in die Regierung des christlichsozialen Bundeskanzlers Engelbert Dollfuß ein. De facto spielten Heimwehren in den bewaffneten Auseinandersetzungen militärisch allerdings eine inferiore Rolle, wenngleich einige der schlimmsten Grausamkeiten dieser Tage, wie die Morde im Arbeiterheim Holzleithen/Hausruck, auf ihr Konto gingen. „Nachdem Soldaten und Mitglieder der Heimwehr am 13. Februar 1934 das Arbeiterheim in Holzleithen stürmten, exekutierten sie sechs Schutzbündler und streckten sie mit mehr als 60 Schüssen nieder. Vier fanden den Tod dabei, zwei verdankten ihr Weiterleben dem damaligen Gemeindearzt Dr. Franz Hitzenberger sen. Dieser wurde laut Aussagen seines Sohnes ins Arbeiterheim gerufen und verhinderte dort ein weiteres Anlegen auf die beiden Überlebenden."[8]

2.3 *Planung seitens der Regierung*

Die Regierung intendierte die Niederwerfung der in Gestalt des Schutzbundes über eine inoffiziell bewaffnete „Privatarmee" verfügenden Sozialdemokratie und die Eingliederung des als Staat im Staate empfundenen „Roten Wien" in ein katholisch-autoritär regiertes Österreich, wie dies etwa in der Trabrennplatz-Rede von Kanzler Dollfuß im September 1933 zum Ausdruck kam: „Ständestaat" statt „Parteienstaat", notfalls mit Unterstützung der faschistischen „Privatarmee" der Heimwehrverbände. Langfristige Planungen in diese Richtung wurden bereits seit Anfang 1927 durch den damaligen Führer der Christlichsozialen Partei, Prälat Ignaz Seipel, angestellt – kundgetan in einer Ar-

7 Vgl. etwa Hindels (1984), 31ff.; Etzersdorfer/Schrafranek (1984), 46ff., 102ff.; Exenberger/Zoitl (1984), 18ff, 44ff.

8 Pressetext zur Präsentation des Buches „Bürgerkrieg in Holzleithen" von Peter Pohn im Vöcklabrucker Literaturkeller (2006); vgl. Pohn (2007).

tikelserie im Parteiblatt „Reichspost". Es folgte die schrittweise Ausschaltung der demokratischen Institutionen (Parlament, Verfassungsgerichtshof) ab März 1933 – für die oppositionelle Sozialdemokratie war die Parallele zur gleichzeitig ablaufenden nationalsozialistischen Machtübernahme und Durchsetzung der NS-Diktatur in Deutschland offenkundig, was verhindert werden sollte.

2.4 *Gewaltexzesse*

Als Gewaltexzess seitens der Regierung ist zweifelsfrei die Beschießung der Wohnungen des Karl-Marx-Hofs durch schwere Artillerie in der Nacht vom 12. auf den 13. Februar, von der Hohen Warte aus bis zum 15. Februar, anzusehen. Auch in Floridsdorf sowie in Steyr wurden Wohnhäuser mit Artillerie angegriffen. Am 14. Februar erfolgte die Artillerie-Kanonade auf den Goethehof in Kaisermühlen.[9] Andere Gemeindebauten, z. B. in Simmering, ergaben sich am 14. und 15. Februar, als das Bundesheer Kanonen und Haubitzen in Stellung brachte. Besonders hervorzuheben sind die genannten Morde in Holzleithen, wobei es sich bei den Opfern um Sanitäter handelte. Ebenfalls in Holzleithen ging die Exekutive so gegen die von den Schutzbündlern durchgeführte Besetzung der Bahnstation vor, dass sie Gefangene als lebende Schutzschilde benutzte, was ebenfalls als Exzess zu qualifizieren ist. Auch einige der Standgerichtsurteile (Josef Ahrer in Steyr wegen „Mordes",[10] Johann Hoys und Viktor Rauchenberger in St. Pölten, denen die angebliche Ermordung eines Heimwehrführers angelastet wurde[11]) waren rechtlich in hohem Maße bedenklich. Nur als Racheakt bezeichnet werden kann hingegen die standrechtliche Hinrichtung des steirischen Schutzbundführers Koloman Wallisch[12] am 19. Februar: Obwohl die Kämpfe längst vorbei waren, hob die Regierung Dollfuß das Standrecht – auf dieses wird noch einzugehen sein (unten 4.) – so lange nicht auf, bis Wallisch gefasst war. In einem ordentlichen Strafverfahren wäre es wohl kaum möglich gewesen, ihn irgendeines Delikts zu überführen.

Exzessakte seitens der Schutzbündler finden sich nur als Behauptungen in standrechtlichen Verfahren (wie jenem gegen Hoys und Rauchenberger); ein derartig unfaires und unter Missachtung der Angeklagtenrechte geführtes Verfahren lässt aber eine Nachprüfung der Behauptungen nicht zu. Offenkundig wären in einem ordentlichen Verfahren die unterstellten Taten kaum zu beweisen gewesen.

3. Zur juristischen Bewertung

Zwar haben also Schutzbundeinheiten von Anfang an einzelne Teile des öffentlichen Raumes oder einzelne öffentliche Einrichtungen unter ihre Kontrolle gebracht.[13] Ab

9 Schafranek (1984).

10 http://www.ooegeschichte.at/Buergerkrieg-in-Oberoesterreich.1663.0.html (1.1.2012).

11 Streibel (1994).

12 Vgl. zu ihm Soós (1990); Neck (1986).

13 Ich will hier die Diskussion beiseite lassen, ob ein Recht zum bewaffneten Widerstand um der Rettung der Demokratie willen anerkannt ist. Mit Rücksicht auf die Argumentation mit der Figur des „Staatsnotstandes", auf die sich insbesondere Exponenten des Nationalsozialismus berufen hatten, wurde und wird dies in Österreich – anders als in Deutschland – für ausgeschlossen gehalten.

dem Moment des effektiven „Kippens“ der zivilen Ordnung fiele nun das staatliche Gewaltmonopol weg, und es bestünde vielmehr ein Recht der Kombattanten, innerhalb der Grenzen des Humanitätsrechts den Gegner anzugreifen. Dieses Recht ist zwar in Österreich nirgends festgeschrieben, aber man kann es im Umkehrschluss den Rot-Kreuz-Übereinkommen entnehmen.

Ab dem 12. Februar war es zwar an einer Reihe von Orten im Bundesgebiet dazu gekommen, dass Regierungstruppen und Einheiten des Republikanischen Schutzbundes militärisch aktiv wurden. Hierzu gehören etwa die erwähnten Angriffe von Schutzbundeinheiten auf Polizeiwachstuben in Floridsdorf und Simmering. Diese gingen über die Besetzung von Siedlungen wie des Karl-Marx-Hofes in Döbling hinaus, wo sich der Wohnbereich zur Festung gewandelt hatte, auf die von der Hohen Warte aus schwere Artillerie gerichtet war. Ähnliche Vorgänge betrafen etwa die Ennsleite in Steyr, die Arbeitersiedlung am Rande der Steyr-Werke, des damals größten Betriebes Österreichs. Schusswechsel gab es weiters bei der Verteidigung der Hochburgen des Schutzbundes in der Obersteiermark. Gleichgültig, ob die Handlungen der Schutzbundeinheiten rein defensiver Natur waren oder Angriffe darstellten, ob also nur Stellung bezogen oder auch geschossen wurde: Die Situation der Besetzung war in den Augen der Regierung nicht tragbar und wurde mit erheblicher Gewalt bekämpft.

Man bereitete sich von Regierungsseite auf eine größere Auseinandersetzung mit Waffengewalt vor. In den Wochen und Monaten davor war es bereits zu Beschlagnahmungen von Waffenansammlungen gekommen (unmittelbar vor dem 12. Februar etwa in Schwechat); die Regierung wusste, dass der Republikanische Schutzbund um eine moderne Wiederbewaffnung bemüht war, und sah sich zum Handeln veranlasst. So wurde auch, als sich Schutzbündler im Karl-Marx-Hof verschanzten, nicht darauf gewartet, bis sie sich ergeben würden, sondern vielmehr militärisch losgeschlagen, wobei es, wie erwähnt, zu erheblichen Exzessen kam. Diese betrafen nicht nur die Beschießung von Wohnbauten mit schwerer Artillerie, ohne dass zwischen Kombattanten und Zivilbevölkerung unterschieden werden konnte; sondern seitens der Heimwehr (in Holzleithen) etwa die genannte Benützung von Gefangenen als menschliche Schutzschilde.

Wie einleitend gesehen, wird die Einordnung als bewaffneter Konflikt heute in Einzelfallbetrachtung unter Berücksichtigung der Intensität und der Organisiertheit der beteiligten Gruppen unternommen. Dabei wird nicht nur auf die konkreten Feindseligkeiten geachtet, sondern zum Beispiel auch auf das Vorhandensein einer *politischen Motivation* für Gewaltakte sowie auch auf den Zeitpunkt, an dem es zu *Flüchtlingsbewegungen* in der Zivilbevölkerung gekommen ist. Hier gab es solche Fluchtaktionen zunächst offenbar nicht, sondern man trachtete, sich nur jeweils in Keller- oder ähnlichen Räumen in Sicherheit zu bringen.

Das Humanitätsrecht würde dann an sich im *gesamten* Territorium als anwendbar gelten, nicht nur dort, wo die ausschlaggebenden Feindseligkeiten stattfinden. Wenn also für die steirischen Hochburgen des Schutzbundes die Einstufung als bewaffneter Konflikt bejaht würde, hätte dies auch Auswirkungen auf Wien oder Enns.

Wesentlich für jede solche rechtliche Erörterung ist, dass es hier nie um die Vorgeschichte eines Konflikts im Sinn einer Rechtfertigung der Gewalt geht, sondern gezielt um den Schutz der Zivilbevölkerung und die Einhaltung der übrigen humanitären Standards, sobald es eben einmal zum Ausbruch von Feindseligkeiten gekommen ist.

Nach der Erfahrung der verschiedenen Kriegsverbrechertribunale und der einzelnen Prozesse, etwa am Jugoslawien-Tribunal (ICTY), ist es in regelmäßigen Abständen immer wieder von Neuem notwendig, dieses Prinzip der normativen „Interpunktion" den Angeklagten klarzumachen – egal von welcher Seite sie kommen. Als Beispiel aus der Judikatur des ICTY sei hier das Ersturteil (Trial Judgement) aus dem Fall „Haradinaj et al."[14] erwähnt. Unter Rückgriff auf die ausführliche Rechtsprechung des Tribunals, begonnen mit dem zitierten Tadić-Fall,[15] prüfte das ICTY an dem Konflikt der serbischen Regierung mit der Kosovo-Befreiungsarmee („UĆK" oder „KLA") anhand der Vorgänge im Frühjahr 1998 ausführlich das Merkmal der „protracted armed violence" (ausgedehnte bewaffnete Gewalt) als Kriterium der Intensität des Konflikts in Verbindung mit jenen der Organisiertheit der beteiligten Parteien und der Kontrolle von Staatsgebiet. Das Gericht gelangte dazu,[16] den Beginn des fraglichen bewaffneten Konflikts mit dem 22. April 1998 anzusetzen: „With regard to the general elements of war crimes, the Chamber received a great deal of evidence relevant to the existence of an armed conflict in Kosovo between the KLA and Serbian forces. The clashes at the Ahmeti, Jashari, and Haradinaj family compounds between late February and late March 1998 were particularly violent yet isolated events, followed by periods of relative calm. The evidence shows that the conflict reached the requisite level of intensity on 22 April 1998, when frequent shelling was taking place in Dečani municipality, civilians were fleeing from the countryside, the KLA was clashing with Serbian forces, and the Yugoslav army was participating in combat and, on a large scale, deploying on the ground. By 22 April 1998, the KLA qualified as an organized armed group capable of entering into armed conflict with the Serbian forces. It had recruited many members or volunteers, provided training, and developed a rudimentary military structure. It controlled a considerable amount of territory, ran supply routes for obtaining weapons and other equipment, used guerrilla tactics, and issued communiqués in its name. On the basis of the evidence before it, the Chamber found that an armed conflict existed in Kosovo from and including 22 April 1998 onwards, that is to say before the material facts charged in each count of the Indictment, with the exception of Counts 3 and 4."

Auf den Februar 1934 bezogen, bewegen wir uns daher im Bereich von schwierigen Spekulationen. Deutlich wurde bereits, dass es insgesamt nicht gelingt, den Konflikt als Bürgerkrieg im technischen Sinn zu deuten, der über „innere Unruhen" hinausginge. Die Bekämpfung, auch mit der Assistenz des Heeres, einer Situation wie der von bloß passiver, abwartender Haltung gekennzeichneten Verschanzung im Karl-Marx-Hof muss grundsätzlich als Polizeiaktion gewertet werden; ihre Angemessenheit zu beurteilen, ist eine vom Humanitätsrecht losgelöste Frage. Dadurch, dass im Großen und Ganzen nur die defensiven Teile dieses Eifler-Plans umgesetzt wurden, fehlte es an der Intensität von Zusammenstößen, die das Eingreifen des Humanitätsrechts auslösen würde.

Wenn die beschriebenen Akte heute auch mangels eines bewaffneten Konflikts nicht als Verletzungen des humanitären Völkerrechts zu werten wären (für die es eine individuelle Verantwortlichkeit geben kann), so wären sie doch – soweit sie von der Regie-

14 Prosecutor v. Haradinaj et al., IT-04-84-T, Urteil v. 3.4.2008, insb. paras. 37 ff, 63 ff.

15 Oben Fn. 4; aus der reichen Literatur vgl. nur Greenwood (1996), 269 ff.

16 Siehe Urteil (Fn. 14), para. 100.

rung kamen – als Menschenrechtsverletzungen zu qualifizieren. Hätte hier die Ausnahme gegriffen, dass nach Art. 2 Abs. 2 lit. c der Europäischen Menschenrechtskonvention (EMRK) das Recht auf Leben missachtet werden darf, um „im Rahmen der Gesetze einen Aufruhr oder einen Aufstand zu unterdrücken" („for the purpose of quelling a riot or insurrection")? Man würde dies heute mit Sicherheit skrupulöser prüfen, als es offenbar 1934 geschah.[17] Jenseits von Prestigedenken müsste nach dem Schonungsprinzip auf die Verhältnismäßigkeit der Mittel geachtet werden, etwa ein Kordon um eine solche Siedlung gelegt oder versucht werden, mit Verhandlungen zum Ziel zu kommen. Eine Aushungerung – an die ebenfalls gedacht werden könnte – wäre aber problematisch. Unter der hypothetischen Annahme eines bewaffneten Konflikts stünde sie sogar im Widerstreit zum Humanitätsrecht (auch wenn sie als Kriegsverbrechen im Katalog verbotener Mittel und Methoden der Kriegsführung für nicht-internationale Konflikte im Rom-Statut nicht aufscheint);[18] aber ohne Vorliegen eines bewaffneten Konflikts im technischen Sinn ist man, wie gesagt, schlicht verwiesen auf die Menschenrechte. Diese verbieten unter dem Aspekt der Artikel 2 und 3 EMRK das Vorenthalten lebenswichtiger Gegenstände wie z. B. Hilfslieferungen, wie dies bei der jüngsten Gaza-Krise bewusst wurde.

4. Standrecht

Zu den Exzessen jener Tage zählt zweifellos auch die Benützung des juristischen Mittels der Ausnahmegerichtsbarkeit, nämlich des standgerichtlichen Verfahrens.[19] Dieses einzusetzen, war weder im Grundsatz geboten noch in der konkreten Anwendung gerechtfertigt, wie noch zu zeigen sein wird. Überdies ließ sich die Regierung, wie erwähnt, nach dem Ende der kurzen militärischen Auseinandersetzung mit der Beendigung des Ausnahmezustandes Zeit, bis man den genannten Anführer des Republikanischen Schutzbundes in der Steiermark, Koloman Wallisch, gefasst und ihn in einem kurzen Prozess hingerichtet hatte (dazu gleich nochmals).

Der politische Einfluss der Regierung war beträchtlich. Sie bestimmte offenkundig die konkrete Gestalt dieser standgerichtlichen Verfahren: Es gab für alle Verfahren nur einen „fliegenden" Senat des Wiener Landesgerichtes, zusammengesetzt durch dessen politisch offenbar steuerbaren Präsidenten.[20] Vor allem aber erlaubte der Einsatz des Standrechts die Anwendung der Todesstrafe – machte also den Justizmord möglich.[21]

---

17 Zu Art. 2 EMRK in diesem Zusammenhang siehe nur Grabenwarter/Pabel (2012), 153 f.

18 Siehe Art. 8 Abs. 2 (c) bis (f) des Römischen Statuts des Internationalen Strafgerichtshofs; vgl. dazu Werle (2007), Rz 1212.

19 Vgl. dazu Neugebauer (1981), 46–55; Holtmann (1975a), 45–57; Holtmann (1978), 95 ff; Safrian (1986), 986.

20 Siehe Enderle-Burcel (1984b), VIII/5, 52 (MRP 906, 10. 11. 1933); vgl. Reiter (2007), 96.

21 Der Abgeordnete zum Nationalrat Hannes Jarolim griff am 2. 3. 2000 (13. Sitzung des NR 21. GP) diesen Umstand auf: „Nach der Ausschaltung des Parlaments im März 1933 schritt die Regierung Dollfuß zur direkten Instrumentalisierung der Justiz für die Politik des autoritären Kurses und schaltete alle Elemente, die ihr dabei im Weg standen oder stehen hätten können, scheibchenweise aus." – Er setzte fort mit dem Hinweis, „dass es damals so war, dass das Standrecht eigentlich nach den Unruhen hätte abgeschafft werden sollen, und dass es Dollfuß war – und das ist den Regierungsdokumenten zu entnehmen –, der gefordert hat, das Standrecht noch so lange aufrecht zu erhalten, bis alle, die er ver-

Neben der standrechtlichen Hinrichtung von Koloman Wallisch waren zweifellos auch einige andere Standgerichtsurteile (die genannten Fälle Ahrer, Hoys, Rauchenberger) rechtlich in hohem Maße bedenklich.

Aus heutiger Sicht ist daher eine ganze Reihe von Fragen zu den Februarunruhen diskussionswürdig. Auffällig ist, dass die Exzesse fast ausschließlich von der Regierungsseite zu verantworten waren (insbesondere die Gewalt, mit der ohne Rücksicht auf die Zivilbevölkerung die Schutzbundaktivitäten niedergeschlagen wurden). Dies schlägt sich nicht nur in den Opferzahlen nieder (die nach wie vor unzureichend erforscht sind), sondern auch in den „Tumultschäden", die nach einem internen Papier des damaligen Bundeskanzleramtes[22] nahezu ausschließlich von der Regierungsseite zu verantworten waren.

Zu den Exzessen ist auch zu zählen, was im Gewand des Rechts geschah, als die Regierung in Ausübung des „Standrechts" eine Reihe von Gegnern ausschaltete. Dieses Instrument – das 1968 mit der generellen Abschaffung der Todesstrafe (Art. 85 Bundes-Verfassungsgesetz, siehe unten 5.) beseitigt wurde – ermöglichte gerade die Verhängung der Todesstrafe. Das Standrecht konnte entweder in Fällen von „Aufruhr" oder bei Mord, Raub, Brandlegung oder Verbrechen der öffentlichen Gewalttätigkeit durch boshafte Sachbeschädigungen nach den §§ 85, 87 und 89 Strafgesetz oder einem Sprengstoffdelikt sowie außerdem im Militärstrafrecht Platz greifen.[23] Für die Anwendung bei Aufruhr war ausdrücklich verlangt, dass die übrigen gesetzlichen Mittel nicht ausreichten, besonderer Gefahr zu begegnen. Dass das Standrecht im Fall einer sozialdemokratischen Erhebung ohne Prüfung gelinderer Mittel eingesetzt werden würde, darüber hatte Dollfuß allerdings schon Anfang 1933 im Vorstand der christlichsozialen Partei keinen Zweifel gelassen: „Wenn die Sozi [...] Dummheiten machen, werden wir mit aller Brutalität vorgehen. In den nächsten fünf Minuten ist Standrecht in Österreich."[24] Eine Notwendigkeit des Standrechts ließ sich aber jedenfalls – wenn überhaupt – nur für die Zeit des Konflikts behaupten (nicht mehr aber, als danach Koloman Wallisch für die Vorgänge in Bruck/Mur haftbar gemacht und hingerichtet wurde). Vielmehr hätte der Verhältnismäßigkeitsgrundsatz dafür gesprochen, das standrechtliche Verfahren selbst in dieser Zeit bloß anzukündigen. Es wurde jedoch am 12. Februar 1934 für Wien[25] und in der Folge auch für andere Bundesländer tatsächlich angeordnet.

Zwar galt auch in der Zeit des Standrechts das gewöhnliche Beweisrecht; aber durch die mit seinem Zweck (Abschreckung zur Herstellung der Ruhe) begründete Raschheit, verbunden mit dem Umstand, dass das Urteil, wie immer es lautete, keinem ordentlichen Rechtsmittel unterlag, waren die Gerichte zu unseriösen Beweiswürdigungen ver-

folgt hat – und es waren in erster Linie Personen wie Münichreiter und Koloman Wallisch –, gefasst und standesrechtlich erschossen worden sind. Mit Absicht wurde dieses Gesetz ausgedehnt!" Und nach einem Zwischenruf fügte er hinzu: „Das ist letztlich [...] auch im strafrechtlichen Sinn Mord."

22 Vgl. Reiter/Rothländer/Schölnberger (2009), 49.

23 Zum Ganzen Lohsing/Serini (1952), 488–492.

24 Zit. nach Reiter-Zatloukal (2012), 314.

25 Kundmachung des Polizeipräsidenten von Wien als Sicherheitsdirektor für das Bundesland Wien „im Einverständnis mit dem Präsidenten des Oberlandesgerichtes in Wien und mit dem Oberstaatsanwalt in Wien", gestützt auf § 429 der Strafprozessordnung und unter Ankündigung der „größten Strenge"; siehe Wiener Zeitung, 12. 2. 1934.

führt. Fand das Gericht in der angeklagten Tat – hierfür bedurfte es keiner Übereinstimmung mit dem Staatsanwalt – eine standrechtlich verpönte Handlung, so hatte es in der Regel bei Einstimmigkeit die Todesstrafe zu verhängen und innerhalb einer Frist von zwei, ausnahmsweise drei Stunden zu vollstrecken. Gnadengesuche von wem immer hatten keine aufschiebende Wirkung.

Die Urteile stehen daher im Verdacht der Unkorrektheit. Betrachtet man sie im Licht der Verhältnisse, so ist eine Rehabilitierung der Opfer angezeigt – wie sie mittlerweile auch geschehen ist.[26] Die Rehabilitierungsinitiative, die 2010 von einer wissenschaftlichen Plattform gestartet wurde, sollte diese Kritik verdeutlichen. Sie hat sich außerdem dafür ausgesprochen, „dass die Republik jenen Frauen und Männern ein ehrendes Andenken bewahrt, die 1934 in einen letzten, so mutigen wie aussichtslosen Kampf um ihre demokratischen Rechte gezogen sind".[27] Damit ist ein Unbehagen ausgedrückt, das jenseits der Debatte über ein allfälliges Widerstandsrecht steht.

5. Ausblick: Die Verbannung der Todesstrafe

Um mit einem allgemeineren Gedanken zu schließen: Man muss sich immer wieder vergegenwärtigen, dass die Entwicklungen jener Zeit – nicht nur im Nationalsozialismus, sondern auch schon im „autoritären Ständestaat" – einen solchen Niedergang der Rechtskultur gebracht hatten,[28] dass sich diese nach 1945 von Grund auf zu erneuern hatte. Das Nürnberger Militärtribunal (von Herbst 1945 bis Herbst 1946), die Allgemeine Erklärung der Menschenrechte, die Völkermordkonvention von 1948 und schließlich die EMRK von 1950 schufen die Fundamente des heutigen Völkerstrafrechts und der Menschenrechte und setzten damit das Werk der Aufklärung fort, wie es sich ursprünglich 1811 im ABGB manifestiert hatte. Diese Evolution schließt die Abschaffung der Todesstrafe ein – in Österreich bekanntlich 1950 im ordentlichen Verfahren und 1968 unter Aufgabe der Idee des Standrechts und der Ausnahmegerichte verfügt. Die Bundesverfassung 1920 hatte die Abschaffung, wie sie für das ordentliche Strafverfahren bereits von der Konstituierenden Nationalversammlung 1919 beschlossen worden war, in den Verfassungsrang erhoben. Es war also noch Platz für außergewöhnliche Verhältnisse (Standrecht, Ausnahmegerichte).

Es ist typisch für die Zeit der Radikalisierung seit 1933, dass – zunächst mittels des Standrechts, sodann im Rahmen der Verfassung 1934 und bis zur Überwindung des NS-Regimes, genauer gesagt bis zur endgültigen Abschaffung im ordentlichen Strafverfahren 1950 – wieder die Todesstrafe galt. In der Folge kam es nach einzelnen parlamentarischen Vorstößen, die die Todesstrafe neuerlich ins Spiel bringen wollten, in den 1960er-Jahren zu einem Meinungsumschwung: Nicht die Wiedereinführung der Todesstrafe stand nun zur Diskussion, sondern die Beseitigung ihrer „Restposten" in der Rechtsordnung (Standrecht, Ausnahmegerichte, verfassungsrechtliche Zulässigkeit der Todesstrafe bei außerordentlichen Verhältnissen). 1968 beschloss der Nationalrat schließlich einstimmig die Totalabschaffung der Todesstrafe in Österreich als Verfassungsgrundsatz.[29]

26 Vgl. den Beitrag von Ilse Reiter-Zatloukal in diesem Band.

27 Siehe den Offenen Brief auf http://www.gedenkdienst.at/index.php?id=626 (1. 1. 2012).

28 Dieser bestand nicht nur in der Zerstörung der parlamentarischen Demokratie als solcher, sondern man denke insbes. auch an den Abbau der richterlichen Unabhängigkeit bei den ordentlichen Gerichten schon vor 1938, vgl. Reiter (2007).

29 Zum Ganzen Miklau (2012).

1978 unternahm Justizminister Christian Broda sodann einen Vorstoß im Europarat zur Überwindung der Todesstrafe auf internationaler Ebene, der schließlich zur Ausarbeitung des 6. Zusatzprotokolls zur EMRK führte, dem ersten völkerrechtlich bindenden Rechtsinstrument gegen die Todesstrafe. Später folgte mit dem 13. Zusatzprotokoll ein Totalverbot dieser Strafe. Damit wurde der Verzicht auf die Todesstrafe endgültig zu einer Frage der Gewährleistung der Menschenrechte. Europarat und Europäische Union haben die Abschaffung der Todesstrafe zur Beitrittsbedingung erklärt und zu einem Markenzeichen der europäischen Identität entwickelt. Das moderne Völkerstrafrecht (begonnen mit dem ICTY) hat dazu beigetragen, die Idee auf die Ebene der internationalen Staatengemeinschaft zu heben:[30] Heute ist diese Strafform selbst bei schwersten Menschenrechtsverbrechen nicht mehr denkbar.

30 Vgl Höpfel (2012).

Karin Bruckmüller

Legistische und judizielle Aufarbeitung des Juliputsches

1. Die rasche Reaktion des Gesetzgebers auf den Juliputsch durch Schaffung zweier Spezialgesetze

Nach dem gescheiterten Juliputsch im Jahre 1934 wurde seitens des Gesetzgebers sehr rasch auf die Ereignisse – insbesondere mit zwei Gesetzen – reagiert, wodurch die Voraussetzungen geschaffen wurden, am Putsch Beteiligte mit besonderen strafrechtlichen Verfahren zu verfolgen und mit speziellen „Sanktionen"[1] zu belegen. Es handelt sich dabei zum einen um das Gesetz über die Errichtung eines Militärgerichtshofes als Ausnahmegericht zur Aburteilung der mit dem Umsturzversuch vom 25. Juli 1934 im Zusammenhang stehenden strafbaren Handlungen,[2] und zum anderen um das Gesetz über besondere Maßnahmen gegen die am Umsturzversuch vom 25. Juli 1934 beteiligten Personen (sogenanntes „Putschistengesetz").[3]

Im Folgenden werden diese Gesetze dargestellt und einzelne Gesetzesstellen analysiert. Vorwegzunehmen ist, dass beide in einer Wechselwirkung zueinander stehen; es bedarf somit des einen, um das andere interpretieren zu können. Zudem fügen sie sich in eine bereits bestehende Gesetzeslandschaft ein, wodurch zur Auslegung und Beurteilung dieser auch andere, allgemein geltende Gesetze herangezogen werden, so etwa das sogenannte „Anhaltegesetz"[4] und das Bundesgesetz über die Beschlagnahme und den Verfall des Vermögens wegen verbotener politischer Betätigung.[5] In weiterer Folge

1 Was hier unter dem Begriff „Sanktion" zu verstehen ist, wird weiter unten erläutert.

2 Bundesverfassungsgesetz v. 26.7.1934, BGBl. II 152/1934, über die Einführung eines Militärgerichtshofes als Ausnahmegerichtes zur Aburteilung der mit dem Umsturzversuch v. 25.7.1934 im Zusammenhang stehenden strafbaren Handlungen (kurz: Militärgerichtshofgesetz, MGHG).

3 Bundesverfassungsgesetz v. 30.7.1934, BGBl. II 163/1934, über besondere Maßnahmen gegen die an dem Umsturzversuch v. 25. Juli 1934 beteiligten Personen (kurz: Putschistengesetz, PutschG).

4 Bundesgesetz v. 24.9.1934, BGBl. II 253/1934, betreffend die Verhaltung sicherheitsgefährlicher Personen zum Aufenthalte in einem bestimmten Orte oder Gebiete (kurz: Anhaltegesetz, AnhG). Siehe dazu den Beitrag von Pia Schölnberger in diesem Band.

5 Bundesgesetz v. 8.6.1934, BGBl. II 71/1934, über die Beschlagnahme und den Verfall des Vermögens wegen verbotener politischer Betätigung (kurz: Beschlagnahmegesetz). Siehe dazu die Beiträge von Ilse Reiter-Zatloukal und Christiane Rothländer in diesem Band.

werden die Einsetzung des Militärgerichtshofes und die Verfahren gegen (mutmaßliche) Putschisten auf ihre Rechtsstaatlichkeit[6] hin überprüft; nämlich insbesondere dahingehend, ob dieses Sondergericht rechtskonform konstituiert wurde, ob Willkür bei der Anwendung der Gesetze herrschte oder ob grundlegende Verfahrensgrundsätze – somit nach heutigem Verständnis Menschenrechte – eingehalten wurden. Grundsätzlich ist in diesem Zusammenhang zu sagen, dass derartige Anlassgesetzgebungen zumeist Regelungen enthalten, die sich außerhalb bestehender (Verfahrens-)Grundsätze – etwa der Prinzipien der damals geltenden Strafprozessordnung – befinden, um eben auf die spezielle Situation angepasster reagieren zu können. Dennoch müssen sich diese innerhalb der Grenzen grundlegender Rechtsprinzipien, die nunmehr in den entsprechenden Regelungen über Menschenrechte und Grundrechte schriftlich verankert sind,[7] bewegen. Zudem sind bei Rehabilitationsfragen auch gegenwärtige Maßstäbe anzulegen. Als Grundlage zur Analyse werden die Gesetzeslage sowie die Gesetzesmaterialen herangezogen; rechtliche Perspektiven knüpfen des Weiteren an die Forschungsergebnisse von HistorikerInnen an.

2. Die Errichtung des Militärgerichtshofes

Das „Gesetz über die Einführung eines Militärgerichtshofes als Ausnahmegerichtes zur Aburteilung der mit dem Umsturzversuch vom 25. Juli 1934 im Zusammenhang stehenden strafbaren Handlungen" führte, wie der Name schon sagt, zur baldigen Einrichtung eines Militärgerichtshofes, der als Ausnahmegerichtshof statuiert war und dessen Richter jene Täter verurteilen sollten, die führend am Putsch beteiligt[8] und somit hauptverantwortlich waren.

2.1 *Täterkreis und Taten*

Als Hauptverantwortliche wurden insbesondere jene Personen angesehen, welche die im Gesetz zur Einführung des Militärgerichtshofes (§ 1 Abs. 2) genannten – für Putsch(versuche) typischen – Delikte wie etwa Hochverrat, Mord, Totschlag, Aufruhr, Aufstand, Raub, schwere Körperverletzungen oder etwa auch Brandlegungen[9] im Zusammenhang mit dem Umsturzversuch begangen hatten. Außerdem sollten Personen vor

6 Die beiden Termini „Rechtsstaatlichkeit" und „Menschenrechte" werden unter der Annahme verwendet, dass in Verfahren gegen jedermann grundlegende Verfahrensgrundsätze, die Menschenrechtscharakter haben, einzuhalten sind, somit auch gegen PutschistInnen oder heute – auch wenn dies immer wieder in Diskussionen in Frage gestellt wird – für TerroristInnen.

7 Auch wenn es zur damaligen Zeit die „Menschenrechte" nicht in der heute bestehenden Art und Weise gab, so waren doch grundlegende (Verfahrens-)Schutzrechte (als *ius cogens*) als Grenzen anerkannt. Gerade auch die Herausbildung der Menschenrechte nach der NS-Zeit aufgrund der nachträglichen Feststellung von Vorgehensweisen als menschenrechtsverletzend zeigt, dass Basisverfahrensrechte, wie etwa adäquate Verteidigungsrechte, auch damals unabdingbar gewesen waren. Allerdings besteht das praktische Problem, einen Vergleich mit der damaligen Rechtslage und deren Auslegung in der Praxis vorzunehmen, darin, dass es keine entsprechenden Kommentare und Lehrbücher dazu gibt.

8 Im Gegensatz zu den Minderbeteiligten, die unter das Putschistengesetz (siehe unten) fallen.

9 Es wird hier jeweils auf den entsprechenden Paragrafen im Strafgesetzbuch verwiesen. Somit sind die einzelnen Tatbestandselemente des Delikts aus diesem zu ersehen.

dem Militärgerichtshof gerichtet werden, die der Durchführung dieser Taten Vorschub geleistet hatten (§ 1 Abs. 2 Z 11). Dazu zählten, wie aus einem Erlass des Bundesministeriums für Justiz zum „Putschistengesetz" hervorgeht,[10] insbesondere die „Rädelsführer"; etwa Rädelsführer des Aufruhrs, worunter nach der Judikatur des Obersten Gerichtshofs (OGH) „jeder Anführer einer aufrührerischen Zusammenrottung"[11] oder nach Sicht des Justizministeriums diejenigen Personen verstanden wurden, welche die geistigen Urheber des Putsches waren oder sonst wesentlich zu einer der Taten beigetragen hatten.[12]

2.2 *Die Verfahren vor dem Militärgerichtshof*

Der Gerichtshof verhandelte in Senaten, die aus einem Verhandlungsleiter, einem Berufsrichter, und drei Offizieren des Bundesheeres, die als Richter fungierten und deren Rangältester den Vorsitz innehatte, zusammengesetzt waren.[13] Die Senatsmitglieder wurden ausnahmslos vom Justiz- und Landesverteidigungsminister bestellt.[14] Laut Gesetz waren die Richter unabhängig.[15] Dem Beschuldigten wurde ein Verteidiger zur Seite gestellt, allerdings von Amts wegen,[16] d. h., der Beschuldigte hatte keine Auswahlmöglichkeit bei der Bestellung des Verteidigers. Das Verfahren wurde öffentlich und mündlich geführt. In bestimmten Fällen, wie etwa bei Mord, Aufruhr, Brandstiftung oder Sprengstoffdelikten, hatte der Gerichtshof die Todesstrafe obligatorisch zu verhängen, die innerhalb von drei Stunden zu vollziehen war.[17] Gegen das Urteil gab es kein Rechtsmittel, somit keine Überprüfungsinstanz, und Gnadengesuchen kam keine aufschiebende Wirkung zu.[18]

2.2.1 *Warum ein Militärgerichtshof?*

Es stellt sich die Frage, weshalb den politischen Machthabern und in weiterer Folge dem Gesetzgeber die Standgerichte, die etwa für Mord, Brandstiftung und schwere Sachbeschädigung zuständig waren, bzw. die ordentlichen Gerichte zur Aburteilung der Putschisten als ungeeignet oder nicht ausreichend erschienen, sodass über die zu-

10 Erlass des BMJ v. 1. 8. 1934, Zl. 120.007/1934. Dieser Erlass gibt der Staatsanwaltschaft eine Richtlinie zur Abgrenzung der Minderbeteiligten von den führenden Beteiligten zur Hand; diese erfolgt über ein Ausschlusssystem. Minderbeteiligte sind demnach „alle Personen [...], die nicht als Aufwiegler oder Rädelsführer tätig waren, eine schwere Gewalttat begangen oder als geistige Urheber oder sonstwie in besonders wirksamer Weise den Umsturzversuche gefördert oder begünstig haben", abgedruckt bei Meister (1935), 216.

11 Entscheidung des Obersten Gerichtshofs v. 9. 7. 1934, 5 Os 608/1934, zit. n. Erlass des BMJ v. 1. 8. 1934, Zl. 120.007/1934, abgedruckt bei Meister (1935), 216.

12 Siehe Fn 10, mit genauem Wortlaut; siehe auch Enderle-Burcel (1986), VIII/7, 638 (MRP 956, 25. 7. 1934), 644 (MRP 957, 26. 7. 1934, Wortmeldung insbes. Schuschnigg, Karwinsky). Dies basiert auf der allgemeinen Beteiligungslehre, vgl. dazu Gamp (1931), 27 ff.

13 § 3 Abs. 1 MGHG.

14 § 2 Abs. 2 MGHG; die Offiziere wurden vom Verteidigungsminister, der Berufsrichter sowie der Staatsanwalt und dessen Vertreter vom Justizminister bestellt.

15 § 3 Abs. 2 MGHG; vgl. zur Aufhebung der Unabhängigkeit der Justiz Neugebauer (2005), 300 f.

16 § 6 Abs. 2 MGHG.

17 § 13 Abs. 1 MGHG.

18 § 14 Abs. 2 MGHG.

meist militärfremden bzw. aus dem Militärdienst ausgetretenen oder als Nationalsozialisten entlassenen[19] führenden Putschisten statt vor diesen ausgerechnet durch ein Militärgericht verhandelt wurde.

Die Idee für diese Sondergerichte wurde im Ministerrat von Justizminister Kurt Schuschnigg aufgebracht. Er war der Meinung, dass durch die ordentlichen Gerichte, aber auch durch Standgerichte, die Täter nicht eruiert und in weiterer Folge nicht entsprechend bestraft werden würden.[20] Da bei der Aufklärung der Tötung von Bundeskanzler Engelbert Dollfuß viele Sachverhaltsfragen offen geblieben waren, insbesondere hinsichtlich der Identität des eigentlichen Mörders, hätte es etwa beim Standgericht keine rasche und wohl auch keine eindeutige Aufklärung hinsichtlich der kausalen Handlung für den Mord geben können. Wie Odo Neustädter-Stürmer richtig bemerkte, galt „Standrecht [...] zwar für Mord, aber nicht für Aufruhr. Die Leute werden sagen, sie wissen nicht, wer von den 140 es war."[21] Vor dem Militärgerichtshof konnte man in jedem Fall über die Annahme an der Teilnahme an einem Aufstand oder Aufruhr[22] Kausalitätsprobleme rasch lösen, und zwar ohne weitere Beweisführung. Für die Verurteilung nach Mord hätte man demgegenüber beweisen müssen, wer tatsächlich die Tötungshandlung gesetzt und wer sich nur durch sonstige Hilfs- oder Bestimmungshandlungen beteiligt hatte.

Die Entscheidung, auch Vorbereitungs- und nicht nur die direkten Putschhandlungen vor das Militärgericht zu bringen, war darüber hinaus aufgrund verfahrensökonomischer Überlegungen getroffen worden: Man wollte keine Doppelgleisigkeit und eine dadurch entstehende Mehrbelastung für die ordentlichen Gerichte und Standgerichte.[23]

Ein weiterer Grund – aus rechtspolitischer Sicht – war wohl, dass möglichst strenge Strafen besonders schnell verhängt werden sollten, offenbar um die Regierung nach außen hin, sowohl der Bevölkerung als auch dem Ausland gegenüber, als gefestigt zu zeigen.[24] Der damit in Zusammenhang stehende Sühnegedanke, als wahrscheinlicher Hauptgrund, kam in der Diskussion zur Einführung der Militärgesetze immer wieder zum Ausdruck. So betonte Schuschnigg, dass „bezüglich der ganz besonderen Ereignisse vom 15. Juli 1934 die absolut sichere Gewähr für eine gerechte Sühne gegeben sein müsse".[25] Beides, sowohl die strengen Strafen als auch die schnellen Verfahren, konnten damals überdies wohl auch besser durch Richter, die dem Militär entstammten, gewährleistet werden,[26] und zwar nicht nur, weil die Verfahren an sich stärker einem Militärprozess gleichen sollten, sondern wohl insbesondere, weil sich die ordentlichen Gerichte oftmals – den Erkenntnissen der HistorikerInnen zufolge – als sehr „Nazi-freundlich" gezeigt hatten.[27]

19 Siehe dazu unten bei FN 29.

20 Siehe Enderle-Burcel (1986), VIII/7, 638 (MRP 956, 25.7.1934).

21 Ebd., 637 Fn XIV.

22 Siehe zu den Tatbeständen Gampp (1931), 82 ff.

23 Siehe Enderle-Burcel (1986), VIII/7, 645 ff. (MRP 957, 26.7.1934). Zudem konnten dadurch auch Fragen hinsichtlich des Zusammenhangs der Taten mit dem Putsch offener gestaltet und gelöst werden.

24 So siehe u. a. ebd., 639 (Wortmeldung Kienböck; in anderem Zusammenhang wird es angedeutet von Winterstein).

25 Ebd., 645.

26 Die Argumente sind ebd. zu finden, 644 ff.

27 Vgl. beispielsweise Neugebauer (2005), 305; Rothländer (2012), 229–250, 297 f.

Für die Schaffung und Zuständigkeit eines Militärgerichtshofes musste jedoch, weil die Militärgerichtsbarkeit in Österreich 1920 grundsätzlich beseitigt worden war, auch eine rechtlich-dogmatische Begründung gefunden werden.[28] Zwar standen und stehen (erfolglose) PutschistInnen – historisch gesehen – zumeist vor einem Militärgericht, jedoch überwiegend deshalb, weil Putschversuche durch das Militär selbst erfolgten.[29] Beim Juliputsch ging man während der Debatte um das Gesetz allerdings davon aus, dass von den mutmaßlichen 148 Tätern nur einer aktiver Angehöriger des Heeres war, und 106 ehemalige Heeresangehörige waren.[30] Um die Zuständigkeit eines Militärgerichtshofes dennoch rechtlich begründen zu können, wurde die Zeit des Putsches als Kriegszustand eingestuft, und zwar mit dem Argument, dass das Militär hatte eingreifen müssen.[31] Neben den genannten rechtlichen Gründen war nach Wolfgang Neugebauer[32] aber für die Entscheidung, ein Militärgericht einzusetzen, auch ausschlaggebend, dass zahlreiche Polizeiangehörige am Putsch beteiligt gewesen waren.[33]

2.2.2 *Rechtliche Überlegungen*

Die Einsetzung eines derartigen Ausnahmegerichtes erscheint allerdings – nicht nur aus heutiger Sicht[34] – rechtsstaatlich bedenklich, da nach der österreichischen Rechtsordnung seit 1862[35] niemand seinem gesetzlichen Richter entzogen werden darf, um Beeinflussung und Parteilichkeit des Gerichts zu verhindern. Bereits zum Tatzeitpunkt muss der gesetzliche Richter feststehen. Auch in der Zwischenkriegszeit galt infolge der Rezeption dieser Bestimmungen 1918 das Recht auf den gesetzlichen Richter. Nach der Bundesverfassung von 1920 war überdies die Errichtung von Ausnahmegerichten[36] explizit nur „in den durch die Gesetze über das Verfahren in Strafsachen geregelten Fällen zulässig",[37] also in den Fällen, in denen nach der Strafprozessordnung (§§ 429 ff. StPO 1873) die Einsetzung des Standgerichtes zulässig war, d. h. bei Aufruhr, „wenn die übrigen gesetzlichen Mittel zu dessen Unterdrückung nicht ausreichen", oder wenn in einzelnen oder mehreren Bezirken Mord, Brandlegung und öffentliche Gewalttätigkeit durch boshafte Beschädigung fremden Eigentums „in besonders gefahrdrohender Weise um sich greifen". Auch in der Verfassung 1934 war das Recht auf den gesetzlichen Rich-

---

28 Die eigentliche „Militärgerichtsbarkeit war – außer für Kriegszeiten – aufgehoben" (Art. 84 B-VG).

29 So z. B. beim Kapp-Lüttwitz-Putsch in Deutschland 1920.

30 Siehe Enderle-Burcel (1986), VIII/7, 644 (MRP 957, 26. 7. 1934, Karwinsky); siehe zur Rolle der SS während des Juliputsches Rothländer (2012), 444 ff.

31 Siehe Enderle-Burcel (1986), VIII/7, 644 ff. (MRP 957, 26. 7. 1934, Neustädter-Stürmer).

32 Siehe Neugebauer (2005), 304.

33 Vgl. dazu Rothländer (2012), 411–413, 429–436.

34 Nach dem Zweiten Weltkrieg wurde das mit dem Recht auf den gesetzlichen Richter verbundene Recht auf ein faires Verfahren in der Europäischen Menschenrechtskonvention festgelegt, siehe Art. 6 EMRK.

35 § 1 des Gesetzes v. 27. 11. 1862 zum Schutze der persönlichen Freiheit, RGBl. 87/1862, das im Staatsgrundgesetz v. 21. 12. 1867 über die allgemeinen Rechte der Staatsbürger für die im Reichsrathe vertretenen Königreiche und Länder, RGBl. 142/1867, zu dessen Bestandteil erklärt wurde und daher bis heute in Kraft ist.

36 Art. 83 B-VG.

37 Art. 83 Abs. 3 B-VG.

ter normiert, wobei Ausnahmegerichte nun „nur in den von den Gesetzen im voraus [sic] bestimmten Fällen zulässig" waren.[38] Dies war freilich hinsichtlich des Militärgerichtshofes nicht der Fall, da dieser eben nicht schon zum Zeitpunkt des Putsches für derartige Delikte bestanden hatte, sondern erst anlassbezogen eingerichtet worden war.

Wie sind nun die straff geführten, mit Einschränkungen bei den Verfahrensrechten verbundenen Verfahren vor diesem Militärgerichtshof aus rechtlicher Sicht zu beurteilen? Das Gesetz über die Einführung eines Militärgerichtshofes enthält einerseits Regelungen, welche rechtsstaatliche Grenzen, auch der damaligen Zeit, überschreiten. Zwar wird im Gesetz bei der Festlegung, wie und unter welchen Voraussetzungen das Verfahren zu führen ist, oftmals auf die Grundsätze der Strafprozessordnung verwiesen.[39] Alleine durch dieses schriftliche Bekenntnis sind aber die Verfahrensgarantien in der Umsetzung nicht gesichert. Es wurden nämlich durch die Anwendung der strafprozessualen Normen ganz fundamentale Verfahrensgrundsätze ausgehebelt.[40]

Überdies liefen die Verfahren vor dem Militärgerichtshof nicht ohne Einfluss der Regierung auf alle Verfahrensbeteiligte ab: Bereits im Ministerrat wurde in Bezug auf die Abgrenzung zwischen Militärgerichtshof und ordentlichen Gerichten konstatiert, dass man der Staatsanwaltschaft interne Weisungen[41] erteilen müsse.[42] Im Falle der Verhandlung gegen den von den Putschisten als Bundeskanzler vorgesehenen Anton Rintelen wurde der Staatsanwalt sogar explizit angewiesen, den Prozess so zu führen (gemeint war damit wohl, bereits die Anklage derart zu gestalten), dass vom Gericht „nur" auf lebenslangen Kerker erkannt werden könne.[43] Hier zeigt sich auch beispielhaft die Tendenz zur Ungleichbehandlung innerhalb der Sondergerichtsbarkeit, politisch bedeutende(re) Personen milder zu behandeln.[44]

Aufgrund der ausnahmslosen Einsetzung der Richter durch die Regierung konnten die Verfahren ebenfalls gelenkt werden. Die Unparteilichkeit der Richter, die im Gesetz zur Errichtung eines Militärgerichtshofes[45] zumindest formell verankert war,[46] muss daher infrage gestellt werden und führte wohl zu der in der Literatur festgestellten „Voreingenommenheit der Richter" in diesen Verfahren.[47]

38 Art. 100 Abs. 3 der Verfassung 1934, BGBl. II 1/1934.

39 Vgl etwa § 6 MGHG.

40 § 6 Abs. 1 MGHG.

41 Zwar ist die Staatsanwaltschaft – auch heute noch – eine weisungsgebundene Behörde, doch wurden hier rechtlich nicht gerechtfertigte Weisungen erteilt.

42 Siehe Enderle-Burcel (1986), VIII/7, 651 (MRP 957, 26. 7. 1934).

43 Vgl. Jagschitz (1976), 173.

44 Vgl. Neugebauer (2005), 305.

45 § 3 Abs. 2 MGHG.

46 So bezog sich § 28 des Bundesverfassungsgesetzes v. 19. Juni. 1934 betreffend den Übergang zur ständischen Verfassung (Verfassungsübergangsgesetz 1934), BGBl. II 75/1934, auf die Unparteilichkeit der Rechtssprechung, allerdings im Zusammenhang mit der Einschränkung der Unab- und Unversetzbarkeit der Richter, die u. a. dann erfolgten konnte, wenn „ihr Verbleiben auf ihrem Dienstposten oder im richterlichen Dienste überhaupt dem Ansehen der Rechtspflege offenbar zum Abbruch gereichen, insbesondere die Unparteilichkeit der Rechtsprechung nicht mehr gewährleisten würde", vgl. zur Verlängerung dieser Bestimmung bis zum „Anschluss" Reiter (2007), 105 ff. und insbes. 107. Vgl. u. a. Neugebauer (2005), 306.

47 Vgl. etwa Holtmann (1975b), 39.

Durch den Ausschluss eines Wahlverteidigers nach dem Gesetz und die Beigabe eines Verteidigers von Amts wegen konnte ebenfalls Einfluss ausgeübt werden. Der Beschuldigte hatte somit kein Recht und auch keine Möglichkeit, sich seinen Verteidiger, der tatsächlich seine Interessen vertreten hätte, selbst zu wählen. Den bestellten Verteidigern wurde vom Justizminister freilich zugesichert, dass ihnen „aus der im Rahmen des Gesetzes ausgeübten Verteidigung in keiner Weise ein Nachteil erwachsen kann und erwachsen wird".[48] In der Praxis wurde dieser Garantie allerdings nicht (immer) entsprochen, wurde doch etwa Otto Planettas Anwalt, der bekannte NS-Anwalt Erich Führer, wegen seines kritischen Plädoyers in das Anhaltelager Wöllersdorf eingewiesen.[49]

In der Umsetzung des Rechts zeigt sich weiters, dass die Findung der materiellen Wahrheit ein wohl nur nachrangiges Ziel darstellte. Dies kann durch die Ladung ausschließlich anklagekonformer Tatzeugen und die Ablehnung sämtlicher der Entlastung dienenden Beweisanträge[50] festgemacht werden. Zudem erscheint es bei der Kürze der Verfahrensdauer unmöglich, die komplexen, bei der Anklage z. T. noch nicht vollständig ermittelten Kausalsachverhalte für einen Schuldspruch ausreichend zu klären.[51]

Die Urteile – sogar diejenigen, in denen die Todesstrafe ausgesprochen wurde – konnten nicht mit einem ordentlichen Rechtsmittel oder aufschiebenden Gnadengesuch bekämpft werden. Das Recht der überinstanzlichen Überprüfbarkeit gehört jedoch zu jedem fairen – somit rechtsstaatlichen – Verfahren. Bei der Verweigerung eines Rechtsmittels werden abermals, damals wie heute, die Verteidigungsrechte verletzt.

3. Zahlen zu den Verfahren

Nach der Literatur liegen mit Stichtag vom 22. Oktober 1934 folgende Zahlen zu den Verfahren des Militärgerichtshofes (MGH) vor: 527 Personen waren in 213 Verfahren rechtskräftig verurteilt worden. Bei 96 Fällen mit 231 Angeklagten war es zu einer Verfahrenseinstellung gekommen. Gegen 672 Personen waren noch Verfahren anhängig und 126 Anklagen waren an die ordentlichen Gerichte abgetreten worden. Insgesamt kamen letztlich 5.300 bis 5.500 Personen mit den Gerichten in Kontakt, wobei hier auch die mutmaßlichen Putschisten eingerechnet sind, die als sogenannte „Minderbeteiligte" angezeigt[52] und angehalten worden waren. Aus diesen Zahlen wird ersichtlich, dass die Reaktionen auf Straftaten, die während des Putsches begangen wurden, in drei Richtungen gingen: 1. Verfahren vor dem bereits behandelten Militärgerichtshof, 2. Verfahren vor bereits bestehenden ordentlichen Gerichten und 3. Anordnung der Anhaltung. Die graduelle Unterscheidung der Strafverfolgung und Strafbehandlung wird hier deutlich.

48 Zit. n. Reiter-Zatloukal (2010), 21.

49 Vgl. Jagschitz (1976), 172.

50 Holtmann (1975b), 39.

51 Jagschitz (1976), 172, schreibt dazu: „Das Militärgerichtsverfahren wurde [...] oberflächlich und hastig durchgeführt, wichtige Fragen wurden nicht erörtert".

52 Vgl. Holtmann (1975b), 38 f.

4. Exkurs: Die Unschuldsvermutung

Aus den Zahlen ergibt sich, dass es bei den Verfahren gegen mutmaßliche Putschisten auch Einstellungen[53] gab. An dieser Stelle ist daher kurz auf die Unschuldsvermutung zu verweisen: Die Unschuldsvermutung besagt, dass jeder bis zum Beweis seiner Schuld bzw. der tatsächlichen Tatbegehung in einem justizförmigen Verfahren als unschuldig gilt.[54] Die Einstellungen zeigen, dass Personen, die angezeigt wurden, nicht zwingend auch als am Putsch Beteiligte verurteilt wurden, etwa weil nicht genügend Beweise gegen sie vorlagen. Aus diesem Grund ist die Heranziehung der Anzeigestatistiken in der einschlägigen historischen Literatur,[55] um personenbezogene Daten der „Putschisten" näher zu bestimmen – aus strafrechtlicher Sicht – zu hinterfragen. Auch wenn diese Statistiken interessante und gewinnbringende Erkenntnisquellen sind, dürften genau genommen, um jemanden als Putschisten zu bezeichnen, nur reine Verurteiltenstatistiken und Beschlüsse der Staatsanwaltschaft für eine Anhaltung verwendet werden, sind doch in der Anzeigenstatistik auch unschuldige Personen erfasst, wie etwa ein Passant, der sich gegen einen Putschisten wehrte und dabei von der Polizei fälschlicherweise festgenommen wurde, oder Personen, die aufgrund von Zeugenaussagen verwechselt und angezeigt wurden.

5. Weitere Regierungsmaßnahmen gegen die am Juliputsch Beteiligten: Die Verbringung Minderbeteiligter in die Anhaltelager

Um das Verfahren hinsichtlich der Minderbeteiligten eruieren zu können, ist das bereits genannte „Putschistengesetz" heranzuziehen. Hiernach waren „Personen, die an strafbaren Handlungen beteiligt waren, die mit dem Umsturzversuch vom 25. Juli 1934 im Zusammenhang stehen, sofern sie nur als minder Beteiligte anzusehen sind, [...] in einem bestimmten Ort anzuhalten" (§ 1 PutschG). Bei diesem Gesetz handelt es sich um ein – bei näherer Betrachtung – sehr komplexes Gesetz. Man kann hier vorwegnehmen, dass es, jedenfalls aus heutiger Sicht, wohl einige „pseudolegale" Gesetzesabschnitte enthält.

5.1 Täterkreis und Taten

Um das „Putschistengesetz" anwenden zu können, musste eine gerichtlich strafbare Handlung vorliegen, die während des Putsches von einem sogenannten „Minderbeteiligten" begangen worden war. Das Gesetz bestimmt jedoch nicht näher, wer als Minderbeteiligter infrage kommt. Dies wird durch einen Erlass des Ministeriums für Justiz mittels Ausschlussverfahren etwas näher bestimmt.[56] Diesem Erlass zufolge sind Min-

53 Dazu, dass es bei der ordentlichen Gerichtsbarkeit jedenfalls einen Freispruch gab, BAUER (2003), 312.

54 „Jede Person gilt bis zu ihrer rechtskräftigen Verurteilung als unschuldig", so jedenfalls die heutige Strafprozessordnung 1975 (StPO), BGBl. 61/1975, in der Fassung von BGBl. I 103/2011; bis 2008 war der Grundsatz nicht geregelt, aber anerkannt.

55 So etwa BAUER (2003), 131.

56 Vgl. Erlass des BMJ v. 1.8.1934, Zl. 120.007/1934. Zu finden im Anhang an das „Putschistengesetz" bei MEISTER (1935), 216 f.

derbeteiligte alle Personen, die nicht als Rädelsführer oder Aufwiegler tätig gewesen waren, die keine schweren Gewalttaten im Zuge des Putsches begangen hatten bzw. nicht dessen geistige Urheber gewesen waren, sowie jene, die nicht auf besonders wirksame Weise den Putschversuch gefördert oder begünstigt hatten. Es konnte somit sehr weit ausgelegt werden, wer als Minderbeteiligter anzusehen war.[57]

5.2 *Die Anhalteverfahren und deren Beurteilung*

Das Verfahren bestimmte an sich die Sicherheitsbehörde; wenn allerdings bereits eine Anzeige erstattet worden war, die Staatsanwaltschaft durch Beschlus. Sie legte dann fest, wer als Minderbeteiligter in Anhaltung zu nehmen sei.[58] Ein Rechtsmittel ist auch hier nicht vorgesehen.[59] Untersucht man den § 1 des „Putschistengesetzes" näher, ergibt sich, dass es sich bei der Anhaltung nicht – wie dem ersten Anschein nach – um eine sicherheitspolizeiliche Maßnahme handelt. Die Anhaltung, die auf sicherheitspolizeilichen Elementen aufbaut, war im sogenannten „Anhaltegesetz"[60] verankert und zielte darauf ab, künftige Taten einer Person aufgrund ihrer Gefährlichkeit zu verhindern. So konnte man „von vornherein" die „voraussichtlichen [Rädels-]Führer [...] durch Internierung [...] unschädlich [...] machen".[61] Im „Putschistengesetz" hingegen war die Anhaltung, so wie der Tatbestand in § 1 Abs. 1 beschrieben ist, mit Anordnung der schweren Zwangsarbeit als repressive Sanktion für eine Tat, die im Zusammenhang mit dem Putsch begangen worden war, auszulegen.[62]

Rechtlich interessant, aber auch rechtsstaatlich bedenklich, ist die Konstruktion, dass grundsätzlich die Polizei eine Sanktion über eine gerichtlich strafbare Handlung durch Beschluss aussprechen konnte, ohne dass zuvor ein gerichtliches Verfahren mit Beweisführung stattgefunden hatte oder ein Urteil ausgesprochen worden war.[63] War solch ein polizeilicher Beschluss erfolgt, musste zwar – so jedenfalls laut Erlass[64] – jede Anhaltung bei der Staatsanwaltschaft angezeigt werden. Der Staatsanwaltschaft oblag es dann, diese Entscheidung der Polizei zu überprüfen. Inwieweit tatsächlich bzw. wie genau Überprüfungen stattgefunden haben, ist nicht ersichtlich. Auch wenn die Anhaltung vom strafprozessualen Vorgehen her an eine Art Untersuchungshaft, die auf unbestimmte Zeit ausgesprochen wurde, erinnert, handelt es sich doch um eine repressive Sanktion, die von der Polizei angeordnet und von der Staatsanwaltschaft überprüft bzw. von dieser letztendlich verhängt wurde.

57 Überspitzt gesagt, kann sogar etwa die Zurverfügungstellung von Zündhölzern für eine Brandlegung während des Putsches darunterfallen, wenn die Person Vorsatz darauf hatte, dass die Zündhölzer derart Verwendung finden.

58 § 2 PutschG.

59 § 7 PutschG.

60 Bundesgesetz v. 24.9.1934, BGBl. II 253/1934, betreffend die Verhaltung sicherheitsgefährlicher Personen zum Aufenthalte in einem bestimmten Orte oder Gebiete.

61 Vgl. dazu Schölnberger (2010a), 195; dies. (2010b).

62 Diese Konstruktion ist mit den heutigen „vorbeugenden Maßnahmen" zu vergleichen.

63 § 1 Abs. 2 PutschG.

64 Erlass des BMJ v. 1.8.1934, Zl. 120.007/1934. Zu finden im Anhang an das Putschistengesetz bei Meister (1935), 216 f.

Die in der Literatur angeführte Begründung für die Zuständigkeit der Polizei bzw. Staatsanwaltschaft lautet wie folgt: Man wollte die Gerichte, die noch mit den Februarprozessen beschäftigt waren, nicht überlasten.[65] Es ist jedoch durchaus vorstellbar, dass der eigentliche Grund dafür jener war, dass die Richterschaft ausgeschaltet werden sollte und man weisungsempfangende Personen die Entscheidungen treffen lassen wollte. Gleichzeitig jedoch trachtete man danach, den Schein der Rechtsstaatlichkeit zu wahren, indem bei Entscheidungen durch die Polizei, die eine so weitreichende Sanktion wie eine unbestimmte Anhaltung ermöglichten, dann doch die Staatsanwaltschaft mit Überprüfungskompetenz ausgestattet wurde. Es wird in diesem Zusammenhang in der Literatur immer wieder angedeutet, dass diesen Personen ein Verfahren erspart geblieben sei.[66] Aus rechtlicher Sicht war jedoch bei so gravierenden Sanktionen wie einer zeitlich unbestimmten Anhaltung ein Verfahren vor einem Gericht, sogar vor einem Gericht zu Zeiten des Austrofaschismus, zu bevorzugen, da in solchen Verfahren doch zumindest ansatzweise Verfahrensgrundsätze wie Verteidigungsrechte eingehalten wurden. Im Falle eines polizeilichen Beschlusses sollte an sich ein begründeter Verdacht vorgelegen haben, allerdings ist fraglich, inwieweit die Polizei tatsächlich Untersuchungen anstellen bzw. diesen begründen musste, und inwiefern die Staatsanwaltschaft in der Folge tatsächlich Überprüfungen vornahm, die über Pro-forma-Handlungen hinausgingen. Im Ministerrat ging man jedenfalls davon aus, dass kein Zweifel über die Teilnahme am Umsturzversuch bestand, wenn jemand bei Kampfhandlungen gefangen genommen worden war.[67] Dies ist aber zu verallgemeinernd, denn auch in diesem Fall hätten Opfer und sonstige Unschuldige angehalten werden können. Aufgrund der angegebenen Zahlen ist wohl eher anzunehmen, dass – wie im Ministerrat angedacht – folgendermaßen vorgegangen wurde: Wer den Anschein einer minderen Beteiligung erweckte, wurde angehalten. Jedoch ist eine Bestrafung, die nur auf Anscheinsmomenten basiert, ohne ein Beweisverfahren durchzuführen und ohne faire Verteidigungsmöglichkeit aus rechtsstaatlichen Gründen sehr bedenklich.

5.3 Die Beschlagnahme des Vermögens als Form der Doppelbestrafung?

Als zusätzliche Sanktion zur Anhaltung wurde das Vermögen derer, gegen die ein gerichtliches Verfahren eingeleitet worden war,[68] nach dem „Putschistengesetz"[69] beschlagnahmt. Auch diese Beschlagnahme hatte im Gesetz eher strafrechtlichen Sanktionscharakter. Das Vermögen durfte nach dem Strafgesetz – wie auch heute – grundsätzlich nur beschlagnahmt werden, wenn es aus einer Straftat stammte.[70] Allerdings hatten schon vor dem „Putschistengesetz" zahlreiche Regierungsverordnungen und Gesetze die Möglichkeiten einer politisch motivierten Vermögensbeschlagnahme erheb-

65 Diesen Schluss zieht Holtmann (1975b), 42 f.

66 So Holtmann (1975b), 39, 43; Neugebauer (2005), 305; Wolf (2008), 187.

67 Siehe Enderle-Burcel (1986), VIII/7, 646 (MRP 957, 26.7.1934).

68 Fraglich ist hier, wie der Ausdruck „gerichtliches Verfahren" auszulegen ist: War hier bereits die Anordnung durch die Polizei ausreichend, bedurfte es der Anzeige bei der Staatsanwaltschaft oder einer Weiterleitung an ein Gericht?

69 § 4 PutschG.

70 Siehe für die heutige Rechtslage §§ 20 ff. StGB (in der Fassung BGBl. I 66/2011).

lich ausgeweitet.[71] Mit dem „Putschistengesetz“ wird das Vermögen beschlagnahmt, alleinig, weil eine Straftat begangen worden war. Der Strafcharakter wurde im Gesetz aber insofern verschleiert, als dadurch dem Verfall des Vermögens ein schadenersatzrechtlicher Aspekt zukam: Das Vermögen sollte die Kosten der Anhaltung decken sowie die Opfer des Putsches entschädigen.[72]

Beide Strafen, Anhaltung und Beschlagnahme des Vermögens, wurden nebeneinander ausgesprochen, womit die Frage der Doppelbestrafung relevant wird. Auch in der Literatur werden Beispiele für eine vermeintliche Doppelbestrafung bzw. Doppelverfolgung genannt.[73] Wann genau eine – verbotene – Doppelbestrafung oder -verfolgung vorliegt, ist eine diffizile und komplizierte Fragestellung, die oftmals auch für Juristen nur sehr schwer zu beantworten ist.[74] Um für die Verfahren über die Juliputschisten eine konkrete rechtliche Bewertung vornehmen zu können, würde es zudem näherer Angaben zu den Sachverhalten, den gesetzlichen Grundlagen und Entscheidungen bedürfen. Allgemein kann jedoch gesagt werden, dass bei gleichzeitiger Aussprache einer Strafe und einer Beschlagnahme, so wie sie im „Putschistengesetz“ angeordnet wurde, kein Verstoß gegen das Doppelbestrafungsverbot vorliegt, da beide Entscheidungen einander zwingend bedingen. Sie sind gleichsam als eine Gesamtentscheidung zu betrachten. Bedenklich erscheint jedoch aus strafrechtlicher Sicht das Ausmaß der „Vermögensstrafe“, da – wenn man es als Strafe ansieht – die individuelle Schuld bei der Bemessung der Strafe nicht berücksichtig wurde, eine Strafe aber immer schuldangemessen sein muss.

Innerhalb des Beschlagnahmegesetzes[75] gab es allerdings eine Bestimmung, die auf eine Doppelbestrafung hinweist: Wenn sich jemand weigerte, beschlagnahmtes Vermögen herauszugeben, konnte er sowohl mit einer Kriminalstrafe als auch einer Verwaltungsstrafe für diese Tat belegt werden. Für ein und denselben Sachverhalt wurden also zwei Sanktionen mit Strafcharakter zu unterschiedlichen Zeiten und von unterschiedlichen Behörden ausgesprochen. Da die in Betracht kommende Verwaltungsstrafe auf Grund der Schwere der Sanktion als strafähnlich betrachtet werden kann, liegt hier wohl – auch nach dem damaligem Rechtsverständnis[76] – eine Doppelbestrafung vor.[77]

---

71 Siehe dazu Reiter/Rothländer/Schölnberger (2009), 48 ff., und den Beitrag von Ilse Reiter-Zatloukal in diesem Band.

72 § 5 Z 5 PutschistenG.

73 Vgl. etwa Holtmann (1975b), 43; Neugebauer (2005), 311 ff.

74 Der Europäische Gerichtshof für Menschenrechte hat in diesem Bereich sehr diffizile Leitlinien erarbeitet, die freilich nicht auf die damalige Zeit in dieser Form übertragbar sind.

75 § 22 Abs. 1 Beschlagnahmegesetz: „[…] wird unbeschadet einer allfälligen strafgerichtlichen Verfolgung von der polizeilichen Bezirksbehörde (Bundespolizeibehörde) mit Geldstrafe bis 2000 S oder mit Arrest bis zu drei Monaten bestraft“.

76 In jedem Fall ist es nach der Rechtsprechung des EGMR eine nicht zulässige Doppelbestrafung.

77 Auch die Praxis, politische Häftlinge zwar aus der Haftstrafe zu entlassen, aber der Polizei zur Anhaltung zu übergeben, vgl. Schwarzbuch (1934), 105, die wohl auch für Putschisten galt, wäre als Doppelbestrafung anzusehen. Denn die Anhaltung kann – wie man es heute nennen würde – als nachträgliche Sicherungsverwahrung angesehen werden, wenn die zukünftige Gefährlichkeit des Täters aus der Tat, die er als Putschist begangen hatte, hergeleitet wurde (die nachträgliche Sicherungsverwahrung hat der EGMR mit Hinweis auf das Doppelbestrafungsverbot erst kürzlich als menschenrechtswidrig angesehen).

6. Begnadigungen nach dem „Juliabkommen" 1936

Schließlich wäre noch zu erwähnen, dass die auf Grund des Juliputsches inhaftierten und angehaltenen (mutmaßlichen) Täter unter die Amnestie auf Grund des „Juliabkommens" 1936 fielen. Überwiegend erfolgten die Strafrestnachsichten bei Häftlingen mit Strafsätzen bis zu zehn Jahren. Viele Putschisten hatten allerdings eine längere bzw. lebenslange Freiheitsstrafe wegen des Tatbestandes des Hochverrates erhalten, wurden aber trotzdem ebenfalls teilweise begnadigt. Nach Gabriele Volsansky mussten 44 Kanzleramtsputschisten weiterhin in Anhaltelagern bleiben, hinsichtlich der sonstigen in Haft befindlichen Personen gibt es keine genauen Angaben.[78]

7. Resümee

Es zeigt sich, dass die Justiz nach dem Juliputsch nicht nur heutigen, sondern auch damals geltenden grundlegenden Verfahrensprinzipien nicht standhalten kann. Ob man so weit gehen kann, dass Tucholskys Zitat „Das ist keine schlechte Justiz. Das ist keine mangelhafte Justiz. Das ist überhaupt keine Justiz"[79] bejaht werden kann? Wohl nicht, auch wenn sich zeigt, dass auf verschiedenen Ebenen die Grundsätze ausgehöhlt wurden: auf der gesetzlichen Ebene, etwa indem in den Spezialgesetzen bereits Rechte verwehrt wurden; auf der organisatorischen Ebene, und zwar durch Errichtung eines Sondergerichts mit Militärrichterbesetzung oder etwa durch die Zuständigkeit der Polizei bzw. Staatsanwaltschaft bei Anhaltungen; verstärkt wurde dies auf der Umsetzungsebene, da Rechte des (mutmaßlichen) Täters durch das Vorgehen während des Prozesses (beispielsweise keine ausgedehnte Beweisführung) negiert wurden. Dennoch handelt es sich noch um Justiz, jedoch um eine grob mangelhafte und stark politisch motivierte, da die gesetzlichen Grundlagen pseudorechtsstaatliche Elemente enthalten, und die Durchführung der Verfahren von Verletzungen der und Verstößen gegen die Menschenrechte und dabei insbesondere der Verfahrensgrundsätze nur so strotzte.

78 Siehe dazu ausführlich Volsansky (2001), 176 ff., insbes. 181.

79 Tucholsky (1970), 105.

WIRTSCHAFT UND ARBEIT

Alessandro Somma

Der Faschismus und die Große Transformation. Modernisierung und soziale Befriedung in den europäischen Diktaturen

1. Faschismustheorien: Wirtschaft und Politik

Die zeitliche Nähe zu ihren historischen Erscheinungen hat die Versuche, eine Faschismustheorie zu definieren, besonders emotional und ideologisch aufgeladen. Der Grund hierfür ist nicht zuletzt darin zu sehen, dass diese Versuche lange im Zeichen des Kalten Krieges gestanden haben. Während die Diktatur im marxistischen Lager als unvermeidbare Pervertierung des Kapitalismus beschrieben wurde, sahen sie die Konservativen als eine totalitäre Herrschaftsform mit wesentlichen Gemeinsamkeiten zum Sozialismus an. Es wurden auch sozialdemokratische Theorien aufgestellt, die den Faschismus als ein mittelständisches Projekt auffassten, sowie Theorien, die die Anziehungskraft der Diktatur auf psychologischer Ebene hervorhoben.[1]

Heftig polemisiert wurde schließlich gegen die sogenannten „Modernisierungstheorien", die den Faschismus als ein Herrschaftssystem betrachteten, das, wenn auch widerwillig, die Modernität angetrieben habe.[2] Heute gelten diese Theorien deshalb als verfehlt, da sie Ausdruck eines evolutionistischen Ansatzes sind, wonach der Industrialisierungsprozess als Fortschritt bezeichnet wird, und der Fortschritt als einseitige Entwicklung dessen, was für die westliche Tradition üblich ist. Im Übrigen ist es sinnvoll, den Faschismus als Teil jenes historischen Prozesses anzusehen, der mit dem Übergang von der bürgerlichen zur industriellen Gesellschaft beginnt, und der sich um die damit verbundenen Tendenzen zur Rationalisierung und Standardisierung der Wirtschaft und der Gesellschaft herum entwickelt. Dadurch wird die Diktatur nicht als Produkt einer auf bestimmte Interessen zurückzuführende Vision angesehen. Vielmehr erscheint sie als das Ergebnis des Gegensatzes zwischen politischem Liberalismus und reformiertem Wirtschaftsliberalismus, der durch den genannten Übergang von der bürgerlichen zur industriellen Gesellschaft ausgelöst wurde.

Im Folgenden soll dieser Übergang kurz geschildert und der dabei entstehende Prozess der Unterdrückung politischer Freiheiten als Teil des Prozesses der Funktionali-

1 Eine Übersicht dieser Theorien findet sich bei WIPPERMANN (1997a), 11–57.

2 So z. B. DAHRENDORF (1965), 416.

sierung wirtschaftlicher Freiheiten dargestellt werden. Einem Ansatz der neuesten Faschismusforschung entsprechend,[3] soll also die Wirtschaft in den Mittelpunkt der Untersuchung gestellt werden, damit ihre Wechselwirkung mit der Politik erkennbar wird.

Auf diese Weise werden zwar sicherlich in erster Linie Ähnlichkeiten zwischen historischen Varianten des Faschismus zum Vorschein kommen. Damit geht allerdings nicht die Absicht einher, Unterschiede willkürlich als unbedeutend abzuwerten. Wenn diesen Unterschieden aber auch Bedeutung zukommt – und dies gilt insbesondere hinsichtlich der Art und Weise, wie die zur Modernisierung der Eigentumsordnung notwendige Kooperation und soziale Befriedung erhalten wurde – so lässt sich trotzdem feststellen, dass die Unterdrückung der politischen und die Funktionalisierung der wirtschaftlichen Freiheiten eng miteinander verbunden waren und dass diese Verbindung sich als Kern aller Erscheinungen des Faschismus erkennen lässt.

Ähnlichkeiten zwischen historischen Erscheinungen des Faschismus hervorzuheben, bedeutet auch nicht, dem Faschismusvergleich dieselbe Bedeutung zuzumessen, wie es im berühmten deutschen Historikerstreit der Fall war.[4] Damals hieß es, eine besonders verhasste Erscheinung des Nationalsozialismus – der Antisemitismus und der damit verbundene Holocaust – sei mit nichts vergleichbar. Damit wollte man vor allem ein Urteil moralischer Art fällen, das darüber hinaus Produkt einer bestimmten politischen Diskussion war: jener um die Rolle des Bolschewismus mit Blick auf den Erfolg des Nationalsozialismus und letztendlich auch um den Wiederaufbau eines deutschen Nationalbewusstseins.[5]

Es ist mit Sicherheit kein Zufall, dass die deutsche These von der Unvergleichbarkeit des Holocausts den italienischen und österreichischen Untersuchungen bezüglich der eigenen Erfahrungen mit dem Faschismus nicht unbedingt förderlich gewesen ist. Sie hat dazu beigetragen, den Faschismus als Ausdruck einer Perversion des menschlichen Zusammenlebens zu verstehen, der seinen Mittelpunkt nicht in den italienischen und österreichischen Ereignissen fand. Zudem haben es diese Thesen verhindert, dass die Unterdrückung der politischen Freiheiten mit der Reform der wirtschaftlichen Freiheiten ins Verhältnis gesetzt und damit die Anregungen der neuesten Faschismusforschung weiterentwickelt wurden.

2. Die bürgerliche Gesellschaft als sozial eingebettete Wirtschaftsordnung

Durch die Französische Revolution sollte eine Ordnung errichtet werden, in der sich die Freiheit des Individuums mit seinem Eigentümerstatus identifizieren konnte. Letzterer stand jedem zu, da Eigentum durch Arbeit als Mittel zur individuellen Emanzipierung allen zugänglich gemacht werden sollte.[6] Die Revolution verfolgte also den Aufbau einer Eigentumsordnung, die bereits als solche Ausdruck von Gleichheit war.

3 Siehe die Publikationen innerhalb des am Max-Planck-Institut von Dieter Simon geleiteten Projekts „Das Europa der Diktatur: Wirtschaftskontrolle und Recht“, aufgelistet unter www.rg.mpg.de/de/publikationen/europa_der_diktatur. Zum Projekt Bender u. a. (2006), ix–xiv (20. 1. 2012).

4 Überblick z. B. bei Kühnl (1987), 14–199.

5 Vgl. Somma (2005), 4–10.

6 Locke (1690), Nr. 28.

Diese Ordnung war somit eine auf dem Individuum basierende Wirtschaftsordnung, die nur dann emanzipatorische Wirkungen entfalten konnte, wenn man sie von der holistisch konzipierten politischen Ordnung trennte: Die Lehre vom Gesellschaftsvertrag, verstanden als Fundament für die politische Ordnung, basierte zwar auf Konsens, nach seinem Abschluss galt allerdings ein Regime der Unterordnung.[7] Die politische Macht konnte also nur unter der Bedingung in den Händen des Herrschers konzentriert werden, dass dieser die Konzentration der wirtschaftlichen Macht in den Händen des Individuums sicherte: „Au citoyen appartient la propriété et au souverain l'empire."[8]

Die bürgerliche Wirtschaftsordnung war zwar freiheitlich, immer aber als Ordnung konzipiert. Die individuellen Handlungen wurden von einer „unsichtbaren Hand" so koordiniert, dass dadurch das höchstmögliche Volkseinkommen erreicht werden konnte[9] und vor allem eine gerechte Umverteilung der Ressourcen gesichert wurde: Die „Reichen" werden, so Adam Smith, „dahin geführt, beinahe die gleiche Verteilung der zum Leben notwendigen Güter zu verwirklichen, die zustande gekommen wäre, wenn die Erde zu gleichen Teilen unter all ihren Bewohner verteilt worden wäre".[10]

Darüber hinaus duldete die bürgerliche Gesellschaft keinerlei Spekulation oder Akkumulation, sie war also eher für eine Subsistenzwirtschaft gedacht, in der über den Eigenbedarf hinaus nicht produziert und verbraucht werden durfte[11] und in deren Rahmen jeder ein „Recht auf die Sachen besitzt, die er für seinen Lebensunterhalt braucht".[12]

Mit anderen Worten war die bürgerliche Gesellschaft zwar eine spontane Wirtschaftsordnung, gleichzeitig aber auch eine „richtige" Ordnung, in die das individuelle Handeln sozial „eingebettet" war, und in der die Wirtschaft „von nichtökonomischen Motiven getragen" wurde.[13] So sahen die anfänglichen Überlegungen innerhalb der Wirtschaftswissenschaften aus, und das nicht zuletzt deshalb, weil sie in der Moralphilosophie wurzelten.

Es verwundert also nicht, wenn behauptet wurde, die für die ordnungsgemäße Entwicklung der bürgerlichen Gesellschaft zuständige unsichtbare Hand sei eigentlich die Hand Gottes.[14]

3. Von der industriellen Gesellschaft zum Faschismus

Es dauerte nicht lange, bis der Übergang von der bürgerlichen zur industriellen Gesellschaft stattfand und damit das Programm der Französischen Revolution durch jenes der Industriellen Revolution ergänzt werden musste. Dieser Übergang verlangte nach einer Standardisierung und Rationalisierung der Marktbeziehungen, und diese wiederum nach einer sichtbaren Hand des Staates, die unter anderem deshalb nötig war, um der gravierenden Fehlentwicklung des Marktes entgegenzutreten.

7 Statt aller Costa (2005), 33–45.
8 So Portalis (1804), 31, unter Berufung auf ein Motto von Seneca.
9 Smith (1776), 41.
10 Smith (1761), 370.
11 Locke (1690), Nr. 25–51.
12 Vgl. Portalis (1804), 26.
13 Polanyi (1944), 75.
14 Von Mises (1963), 147.

Die durch den Aufbau der industriellen Gesellschaft angetriebene Standardisierung und Rationalisierung beschränkte sich nicht auf die Marktbeziehungen. Nicht nur dort kollidierten sie zwangsläufig mit dem Vorhaben, emanzipatorische Instanzen zu fördern: Gefragt war eine umfassende und systemisch orientierte „zwangsmäßige Schematisierung der Lebensführung".[15]

Die wachsende Arbeitsteilung war das Hauptmerkmal der Modernisierung und gleichzeitig ihre Folge,[16] da sie keine soziale Mobilität mehr erlaubte: Die Stände der feudalen Gesellschaft wurden durch die Klassen der industriellen Gesellschaft ersetzt. Während in der bürgerlichen Gesellschaft die Arbeiter noch das Eigentum an den Produktionsmitteln innehatten, war ihnen jetzt der Zugang zum Eigentum verwehrt: Dadurch verlor die Arbeit ihre emanzipatorische Kraft und wurde zur Grundlage einer unumkehrbaren Trennung vom Kapital.[17] Diese Entwicklung wurde der Auslöser heftiger sozialer Konflikte, die es durch die Politik zu schlichten galt: Ihr wurde die Aufgabe erteilt, soziale Kohäsion im Wirtschaftssystem durch holistische Strukturen zu sichern. Mit anderen Worten musste sich der wirtschaftliche Bereich zu einem autoreferenziellen System entwickeln, um sich vor der Zentrifugalkraft konfliktauslösender, individueller Strategien zu schützen. Die Verhaltensweisen des Einzelnen waren demgemäß auf Automatismen zu reduzieren, die unmittelbare Reaktionen auf die Reize des Marktes darstellen sollten. Der Politik kam also die Aufgabe zu, gegen den Pluralismus anzugehen, der als Ursprung für die Angriffe auf das System galt. Überhaupt sollte das Verhalten der Individuen an die Bedürfnisse nach Gleichgewicht und Entwicklung der Eigentumsordnung, so wie diese durch den Übergang von der bürgerlichen zur industriellen Gesellschaft mutiert war, angepasst werden.

Genau darin liegt der Sinn dessen, was Karl Polanyi als die Reaktion auf die Große Transformation durch die faschistischen Diktaturen bezeichnet hat. Als Große Transformation bezeichnete er den Aufbau einer auf dem Handeln der unsichtbaren Hand basierenden Marktordnung, die nicht oder jedenfalls, wie einleitend geschildert wurde, lediglich moralisch eingebettet war. Nunmehr handelte es sich um eine politische Einbettung der Marktordnung, wobei für eine Anpassung der wirtschaftlichen die politischen Freiheiten geopfert wurde oder, wie Polanyi es ausdrückt: „Den faschistischen Ausweg aus der Sackgasse, in die der liberale Kapitalismus geraten war, könnte man als eine Reform der Marktwirtschaft bezeichnen, erreicht um den Preis der Auslöschung aller demokratischen Institutionen sowohl im wirtschaftlichen als auch im politischen Bereich."[18]

Das ist der Sinn des berühmten dritten Weges zwischen klassischem Liberalismus und Sozialismus, den der Faschismus als Lösung zur Krise der Wirtschaftsordnung einschlug, um den systemischen Anpassungsbedürfnissen dieser Ordnung nachzukommen.

---

15 Weber (1972), 439.
16 Schon Durkheim (1893).
17 Z. B. Grimm (1987), 44 f.
18 Polanyi (1944), 314.

4. Zum theoretischen Rahmen einer Faschismusforschung

Sieht man das Wesen des Faschismus als Reaktion auf die Große Transformation, so hat dies Konsequenzen für die Bewertung des theoretischen Rahmens der Faschismusforschung, der eingangs angedeutet worden ist.

Dies betrifft zunächst die sogenannten „Totalitarismustheorien", die Faschismus und Sozialismus in die gleiche Kategorie drängen.[19] Diese können sich für Untersuchungen zur Unterdrückung politischer Freiheiten als nützlich erweisen, auch wenn diese Art von Untersuchungen meistens von der Ideologie des Kalten Krieges geprägt war. Totalitarismustheorien erweisen sich allerdings als wenig geeignet dazu, den Faschismus als Kombination von Unterdrückung politischer und Reformierung wirtschaftlicher Freiheiten zu untersuchen.

Faschismustheorien konservativer Ausrichtung müssen sich auch aus anderen Gründen Kritik gefallen lassen. Häufig wird in diesem Zusammenhang nämlich behauptet, dass die Diktatur die auf das Eigentum gegründete Wirtschaftsordnung pervertiert habe, dass der Faschismus sozusagen eine Art Auszeit darstelle, die in keinerlei Zusammenhang mit der Zeit stehe, die der Diktatur vorausgegangen sei, ganz zu schweigen von der Kontinuität danach.[20]

Auf diese Weise wird allerdings verkannt, dass der Liberalismus nicht etwa eine Theorie der unbegrenzten Freiheiten darstellt, dass es im Liberalismus also um die Art und Weise einer Vereinigung individuellen und kollektiven Profits geht, das heißt, um die Entstehung von Freiheiten, aber auch um ihren Konsum.[21] Genau darin liegt übrigens der Sinn der berühmten Aussage, der Faschismus habe den angesprochenen dritten Weg zwischen klassischem Liberalismus und Sozialismus experimentiert, und zwar so, wie es die damalige Entwicklung der Eigentumsordnung als autoreferenzielles System forderte.

Als wenig geeignet erweisen sich aber auch die Faschismustheorien marxistischer Prägung, die in der Diktatur eine Art Kapitalpolizei sehen[22] und dabei die Tatsache missachten, dass die Große Transformation eine Anpassung der Arbeit und gleichzeitig des Kapitals verlangt hat. Zwar ist das nicht in demselben Umfang passiert, doch mussten beide selbstständige Strategien aufgeben, um die Eigentumsordnung in ihrer Erscheinung als autoreferenzielles System zu versorgen.

Alle Faschismustheorien laufen schließlich Gefahr, die Besonderheiten konkreter Erscheinungen zu vernachlässigen; diese Gefahr wird nicht nur im Rahmen der Totalitarismustheorien, sondern auch bei der Einordnung des Austrofaschismus innerhalb der Faschismustheorien besonders offensichtlich. Vorliegend geht es allerdings darum, Hauptrichtungen zu identifizieren, die sich in mehr oder weniger starker Ausprägung im Rahmen der verschiedenen historischen Beispiele wiederfinden lassen. Es wurde darüber hinaus bereits darauf hingewiesen, dass die Unterschiede vor allem die Art und Weise betreffen, wie die zur Modernisierung der Eigentumsordnung notwendige Kooperation und soziale Befriedung aufrechterhalten wurde: Oft sind sie auf die Rhetorik

19 Ein Überblick dazu findet sich bei Wippermann (1997b).

20 So z. B. Croce (1944), 347.

21 Vgl. Foucault (1978–79), 65, 264 f.

22 Siehe Gramsci (1921), 36.

zurückzuführen, welche die Reform der Wirtschaftsordnung durch die Politik begleitet. Und das liegt nicht zuletzt daran, dass es darum ging, soziale Kohäsion durch vormoderne Werte und damit auf der Grundlage von Diskursen zu schaffen, die von der Tradition besonders stark beeinflusst werden.[23]

5. Faschistische Modernisierung und vormoderne Werte

Zurück zur faschistischen Reaktion auf die Große Transformation, die durch zwei entscheidende Ereignisse ausgelöst wurde: Den Ersten Weltkrieg und die Oktoberrevolution. Letztere gab endgültig zu verstehen, dass der Wirtschaftsliberalismus nur dann gerettet werden konnte, wenn man ihn zugunsten der Eigentumsordnung einer gründlichen Reform unterzog. Die Gelegenheit dazu bot der Erste Weltkrieg: Die kriegsbedingt sichtbare Hand des Staates ergriff Steuerungsmaßnahmen für die Wirtschaft, die als Ausnahme konzipiert wurden und doch den Konflikt überlebten. Die wirtschaftlichen Freiheiten wurden im Sinne der Entwicklung der Eigentumsordnung funktionalisiert, um endlich individuellen und kollektiven Profit miteinander in Einklang zu bringen. Der Erste Weltkrieg, so hieß es, hatte somit den Individualismus endgültig zu Fall gebracht, genauso wie die Französische Revolution den Feudalismus beseitigt hatte.[24]

Eigentlich konnte man in dieser Entwicklung noch keine klare Absage an den Sozialismus und damit noch keinen dritten Weg erkennen, so wie ihn der Faschismus interpretiert hatte. Es war der Parlamentarismus, der dafür sorgte, dass die Interessen der Arbeit mehr oder weniger Berücksichtigung fanden bzw. dass eine Konfrontation von Arbeit und Kapital nicht unbedingt durch nach Kooperation verlangende Maßnahmen verhindert wurde.

Angesichts seiner Forderung nach Pluralismus wurde der Parlamentarismus als ein Hindernis für die soziale Befriedung angesehen, und damit als ein Hindernis für die Funktionalisierung des wirtschaftlichen Handelns. Spätestens mit der internationalen Wirtschaftskrise und der damit verbundenen sozialen Frage wurde aber klar, dass dieses Hindernis endlich überwunden werden musste.

Die Demokratie wurde als eine Diktatur der Nummern attackiert, die das Parlament in eine passive „Gesetzesmaschine“ verwandelt[25] und den Staat zur „Beute“ wirtschaftlicher Interessengruppen gemacht hatte.[26] Der Staat musste also wieder stark werden, er musste seine Fähigkeit wiederherstellen, die Gesellschaft in seinem Inneren aufgehen zu lassen und sie mit Blick auf ein gemeinsames Ziel zu lenken. In erster Linie war damit der Wertzuwachs gemeint, der durch die Marktwirtschaft geschaffen werden konnte: Die Steigerung der Produktion wurde zum kollektiven Profit und zum gemeinsamen Ziel per definitionem.[27]

Die Gesellschaft wurde unterdessen immer häufiger als Gesamtheit beurteilt, deren Wechselbeziehungen holistisch mit Blick auf ein gemeinsames Ziel interpretiert und

23 Beispiele bei Somma (2005), 197–240.
24 Stolfi (1922), 388.
25 Ripert (1936), 25 f.
26 Rüstow (1932), 171.
27 Siehe z. B. Rocco (1919), 478 f.

gesteuert werden mussten. Hauptaufgabe der Politik wurde die Umformung der Gesellschaft in eine kooperative Gesamtheit, die im Sinne der Entwicklung der Eigentumsordnung wirken sollte.

Der neue Holismus basierte auf Paradigmen, die der Soziologie und der Biologie entlehnt waren.[28] Der Funktionalismus war mit der Auffassung verbunden, wonach die Gesellschaft mit einem Organismus gleichzusetzen war, in dem die Individuen aufgehen und handeln mussten. Diese Auffassung stand mehr oder weniger ausdrücklich für die unterschiedlichsten Tendenzen: Vom „autoritären Liberalismus"[29] bis hin zum Rechtssozialismus.[30] All diese Tendenzen haben auf ihre Art dazu beigetragen, die Eigentumsordnung als Eigentumsorganismus zu konzipieren.

Schon vor dem Aufkommen des Faschismus war Europa damit von einer Tendenz zur Zentralisierung und Verstärkung der politischen Macht geprägt, deren Ziel es war, die bürgerliche Gesellschaft neu zu interpretieren bzw. sie weiterzuentwickeln. War im Rahmen der bürgerlichen Gesellschaft noch die Befreiung des Individuums im Mittelpunkt gestanden, musste diese nun mit Ordnungsprinzipien kombiniert werden. Es sollte also ein holistisches System wirtschaftlicher Freiheiten unter politischer Aufsicht errichtet werden, gegebenenfalls unter Opferung politischer Freiheiten, wie dies bereits das Programm der Französischen Revolution vorgesehen habe: „Denn im Programm der Revolution bildeten das Befreiungsvorhaben und das Ordnungsvorhaben eine Einheit",[31] so der deutsche Rechtswissenschafter Franz Böhm.

Der Faschismus versuchte also, den Prozess der Modernisierung zu fördern und den damit verbundenen Konflikten durch Formen holistischen Zusammenlebens vormoderner Art vorzubeugen oder diese zu unterdrücken. Derartige Formen stellten schlechthin eine Alternative zu den Formen dar, die durch den Individualismus und durch die mit der Modernisierung verbundene Säkularisierung geprägt waren.

Deutlich wird dadurch die enge Verbindung mit dem Katholizismus, der ebenfalls in einen Kampf mit dem aufkommenden Sozialismus verwickelt war. Es erklärt sich damit auch die Entstehung der katholischen Soziallehre, die von der Enzyklika *Rerum novarum* von 1891 initiiert wurde und in der Enzyklika *Quadragesimo anno* von 1931 ihre Fortsetzung fand. Beide basierten auf dem Subsidiaritätsprinzip und dem Korporativismus und damit auf vormodernen Formen des Kommunitarismus, die man als Lösung der sozialen Frage und somit der Arbeiterfrage einsetzen wollte.[32]

Zwar ist es richtig, dass der faschistische dritte Weg nicht unbedingt mit dem Subsidiaritätsprinzip im Einklang stand. Die Bezugnahme auf den Korporativismus und die Überwindung des Klassenkampfes waren mit dem dritten Weg aber kompatibel. Die katholische Soziallehre wollte die Zeit vor der Französischen Revolution wieder aufleben lassen, und der Faschismus zielte auf die Koordination der Individuen durch den Staat ab: Dies stellte zwar einen Verstoß gegen das Subsidiaritätsprinzip dar, was allerdings im Namen der Bekämpfung des Sozialismus und der Schaffung einer Klas-

28 Vgl. Durkheim (1895); Comte (1830–42).

29 Kritisch gewürdigt bei Heller (1933), 296 f.

30 Vgl. Salvioli (1906), 102–105.

31 Böhm (1937), 4.

32 Z. B. Enzyklika Rerum novarum, Nr. 2 u. 36; Enzyklika Quadragesimo anno, Nr. 49.

senharmonie geduldet wurde. Es ist also bei Weitem kein Zufall, wenn man meint, der pluralistische Korporativismus sei – zumindest damals – nur schwer von dem autoritären Korporativismus zu unterscheiden.[33]

Natürlich konnten im Faschismus die Modalitäten der Verbindung von Modernisierung und vormodernen Formen des Zusammenlebens unterschiedlicher Art sein: Im Nationalsozialismus spielte zum Beispiel der Bezug zum Katholizismus keine besondere Rolle,[34] und der Korporativismus galt als nur scheinbare Überwindung des Klassenkampfes,[35] weshalb er nur anfangs einen Teil der politischen Agenda darstellte.[36] Allerdings war die Verbindung von Modernisierung und vormodernen Motiven eine Konstante, die sich anhand funktionaler Ähnlichkeiten nachweisen lässt. Wir werden im Folgenden sehen, dass dies auch bei einem Vergleich zwischen biologischem Rassismus und Korporativismus der Fall ist.

6. Die faschistische Wirtschaftsverfassung

Wie bereits erwähnt, hat der Faschismus die wirtschaftlichen Freiheiten und das Privateigentum nicht in Frage gestellt, sondern lediglich eine Entwicklung der Eigentumsordnung als autoreferenzielles System vorangetrieben. Die Politik zielte zwar auf eine Funktionalisierung des individuellen Handelns, dies allerdings nur in Übereinstimmung mit der „Verkehrswirtschaft" – wie man die Marktwirtschaft im Gegensatz zur „verkehrslosen zentralgeleiteten Wirtschaft" gewöhnlich nannte[37] – und dadurch mit dem Prinzip der Privatinitiative. Diese galt weiterhin als ein geeignetes Instrument dafür, individuellen Profit und kollektiven Wohlstand so miteinander in Einklang zu bringen,[38] wie es von der damaligen Reaktion auf die Große Transformation bezweckt war.

Natürlich wurden auch Maßnahmen ergriffen, die im Widerspruch zu dieser Aussage standen – vor allem solche, die eine Reaktion auf die Weltwirtschaftskrise darstellten oder zum Aufbau einer Kriegswirtschaft führten. Wenn nun aber für eine Wirtschaftsverfassung und damit für eine „politische Gesamtlenkung und eine Orientierung über das wirtschaftliche Gesamtgeschehen" plädiert wurde, wollte man nur solche Steuerungsmaßnahmen legitimieren, die das Ziel der Entwicklung der Eigentumsordnung unter Vermeidung einer „Beeinträchtigung der unternehmerischen Freiheit" verfolgten.[39]

Genauer gesagt waren die Steuerungsmaßnahmen in erster Linie als Anweisungen bezüglich der Frage danach konzipiert, was produziert werden sollte. Es existierten also gewisse Formen wirtschaftlicher Planung, die auch spätestens seit Beginn des Ersten Weltkriegs zur Normalität geworden waren. Anders war die Lage in Bezug auf die Frage, wie produziert werden sollte: In diesem Bereich musste sich die Politik zurückhalten. Sie

33 So Tarello (1980), 74.

34 Vgl. Tranfaglia (1987), 20.

35 Z. B. Lohmann (1935), 362.

36 Das Programm der NSDAP v. 24. 2. 1920 erwähnt die „Bildung von Stände- und Berufskammern" (Punkt 25).

37 Siehe Eucken (1938), 26.

38 Z. B. Rocco (1928), 313.

39 Böhm (1937), 7–15.

sollte, ganz im Gegenteil, mit Instrumenten der Kontrolle über die Arbeiterschaft für ein kooperatives Miteinander von Arbeit und Kapital sorgen und dabei die Stellung des „Betriebsführers“ stärken.[40]

Auf ein kooperatives Miteinander von Kapital und Arbeit, und damit auf die Vermeidung des Klassenkampfes, zielte auch das System der öffentlichen Leistungen ab, wie sie durch den Sozialstaat erbracht wurden:[41] Dies erfolgte ganz im Sinne der Ursprünge des Sozialstaates in Preußen, wo derartige Leistungen nach dem Scheitern des sogenannten „Sozialistengesetzes“ von 1878 als ordnungspolitische Maßnahme zur Erhaltung des sozialen Friedens konzipiert worden waren.

Ganz im Sinne der Ursprünge des Sozialstaates stand auch dessen eugenetische Funktion,[42] wie es vor allem in seinem Aufbau in den Vereinigten Staaten der Fall war, wo beispielsweise mit dem Verbot der Nachtarbeit für Frauen der Zweck verfolgt wurde, diese nicht von ihrer Rolle in der Reproduktion und Erziehung abzulenken: „[...] the physical well-being of woman becomes an object of public interest and care in order to preserve the strength and vigor of the race.“[43]

Das Vorhandensein eines Sozialstaates, der gewiss nicht mit einem System von sozialen Rechten verbunden war, diente auch dazu, die Rolle des Marktes als indirekten Umverteilungsmechanismus zu stärken. Sozialleistungen waren so weit möglich, als sie durch das Steuersystem finanziert werden konnten, soweit also die Marktwirtschaft in der Lage war, die dazu notwendigen Mittel zur Verfügung zu stellen.[44] Das System der öffentlichen Leistungen verkörperte somit einen Integrationsmechanismus im Rahmen der Eigentumsordnung.

7. Die Forderung nach Wettbewerb als politische Steuerung der Wirtschaft

Die faschistische Steuerung der Wirtschaft im Sinne der Entwicklung der Eigentumsordnung sollte durch eine Kombination von mittelbaren und unmittelbaren Lenkungsmaßnahmen erfolgen. Mittelbare Lenkungsmaßnahmen waren in erster Linie für die gewerbliche Wirtschaft gedacht. Eine davon war der Schutz des Wettbewerbs, verstanden als Selektionsmechanismus all jener Kräfte, die in der Gesellschaft vorhanden waren und die „als Mittel volkswirtschaftlicher Leistungssteigerung und Leistungsauslese“ durch den Markt koordiniert und fruchtbar gemacht werden mussten.[45]

Den Wettbewerb zu schützen, heißt einerseits, die Vielfalt der Produktion zu gewährleisten, andererseits eine rationale Selektion der Produktion durch die Verbraucher zu fördern, beide als allgemeine Interessen zu verstehen und zu fördern. Im klassischen Liberalismus konnte sich diese Konstellation spontan entwickeln, wie es auf der Grundlage der unsichtbaren Hand der Fall war. Nun musste die Politik eingeschaltet werden, um

40 Z. B. Siebert (1942), 31–35.

41 Siehe Peter (1942), 197.

42 Somma (2009), 116.

43 Muller v. State of Oregon, 208 U.S. 412 (1908), http://caselaw.lp.findlaw.com/scripts/getcase.pl?court=US&vol=208&invol=412 (20. 7. 2012)

44 Statt aller Klagges (1933), 118–165.

45 Schmölders (1942), 5.

den Wettbewerb nach Mustern, die der Wirtschaft entlehnt waren, in ein Mittel expliziter Steuerung umzuwandeln.[46] Vorrangstellung der Politik bedeutete damit Vorrangstellung der Wirtschaft innerhalb einer Eigentumsordnung, die zu einem autoreferenziellen System geworden war.

Gewiss hatte die Politik dabei auch eine Sozialisierung der Verluste und eine Privatisierung der Gewinne verursacht. Dies war aber nur teilweise durch ein Einlenken gegenüber den Anforderungen bedingt, die von unternehmerischer Seite gestellt wurden.[47] Oft entsprach die genannte Kombination dem, was für das Gleichgewicht und die Weiterentwicklung der Eigentumsordnung in ihrer Gesamtheit nötig war. Unter diesem Gesichtspunkt wird auch die Förderung begrenzender Maßnahmen im Wettbewerbsrecht – wie beispielsweise die Möglichkeit von Kartellen – verständlich, die insoweit zulässig waren, als sie die Verbindung von individuellem Profit und kollektivem Wohlstand maximierten.[48]

Von einer unmittelbaren Lenkung der Wirtschaft ließ sich außerhalb der gewerblichen Wirtschaft und insbesondere im Bereich der Ernährungs- und der Arbeitswirtschaft sprechen.[49] In der Ernährungswirtschaft wollte man dadurch auch vormoderne Muster des Zusammenlebens fördern, die sich vielleicht nicht unbedingt mit Effizienzprinzipien vereinigen ließen, die aber die Ausbreitung holistischer Integrationsmodelle erleichtern sollten.[50] Desgleichen wollte man, wie schon erwähnt, in der Arbeitswirtschaft den Klassenkampf vermeiden und im Hinblick auf das Funktionieren des Konkurrenzmechanismus außerdem die Kooperation der Produktionskräfte fördern.

Gerade dieser Aspekt erwies sich für die Entwicklung der Formen des Faschismus als zentral: Auf seiner Grundlage entwickelte sich der Korporativismus, und zwar so, wie er im Rahmen der italienischen Diktatur ausgearbeitet worden war. Theoretisch sollte der Korporativismus ein Instrument zur umfassenden Steuerung der Wirtschaft darstellen, in Wirklichkeit aber sorgte er lediglich für eine Kontrolle über die Arbeiterschaft.[51]

Unter diesem Gesichtspunkt liegen die Erfahrungen des Nationalsozialismus nur scheinbar in weiter Ferne. Für den deutschen Faschismus konnte der Korporativismus schon allein deshalb kein wünschenswertes politisches Ziel verkörpern, weil er auf Erfahrungen aus der Weimarer Zeit beruhte: Dort fand er in Verbindung mit dem sogenannten „organisierten Kapitalismus“ bei der Sozialdemokratie Zustimmung.[52] Funktionale Ähnlichkeiten weist der Korporativismus im Rahmen des Nationalsozialismus aber mit dem Rückgriff auf die „Rassengemeinschaft“ auf.[53] Dieser wurde ebenfalls dazu genutzt, den Konflikt von Kapital und Arbeit im Bereich einer Produktionsorganisation zu verbergen, die nunmehr als ausdrücklich auf hierarchischen Prinzipien aufbauend dargestellt werden konnte.

46 Siehe Gueli (1938), 93.
47 So schon Rossi (1955).
48 Erhard (1942), 276.
49 Z. B. Böhm (1937), 77.
50 Vgl. Wieacker (1938), 13–40.
51 Statt aller Zagari (2002), 67.
52 Z. B. Wehler (2003), 268.
53 Siehe Somma (2009), 109.

8. Ordoliberalismus: Starker Staat und gesunde Wirtschaft

Im Sinne der Großen Transformation ging die faschistische Reform der wirtschaftlichen Freiheiten mit der Unterdrückung der politischen Freiheiten Hand in Hand. Das Demokratieprinzip, das als Diktatur der Nummern galt, wurde zusammen mit der Idee von einer allgemeinen politischen Repräsentation auf der Grundlage des allgemeinen Wahlrechts beseitigt. Stattdessen bemühte man sich um Formen der Interessenvertretung, die auf der Grundlage einer totalitär gewordenen politischen Macht miteinander koordiniert werden sollten.

Dort, wo der Korporativismus theoretisiert und auch in die Praxis umgesetzt wurde, stellte er die Grundlage für die Reform der politischen Repräsentation dar. Nicht nur in der Wirtschaft, sondern auch in der Politik konnte er seine Funktion bestätigen, für forcierte Inklusion innerhalb einer Gemeinschaft zu sorgen, die in Form einer Eigentumsordnung zum Ausdruck kam. Beispielhaft hierfür ist der italienische Faschismus, in dem die Abgeordnetenkammer letztendlich von der Kammer der Fasci und den Korporationen abgelöst wurde.[54] Im Übrigen konnten die politischen Strukturen des vorfaschistischen liberalen Staates, der in zahlreichen Fällen dem Autoritarismus und der bürokratischen Niederschlagung zugeneigt war, aufrechterhalten werden.[55] Diese Strukturen ließen sich oft problemlos mit den Zielsetzungen der Diktatur in Einklang bringen.

Anders lag es im Fall des Nationalsozialismus, der auf die Weimarer Zeit und damit auf ein politisches Experiment gefolgt war, das zwar mit dem Korporativismus, nicht aber mit dem autoritären Liberalismus in Verbindung stand. Die 1920er-Jahre waren von der Tendenz geprägt, auf den Übergang von der bürgerlichen zur industriellen Gesellschaft mit der Sozialisierung des produktiven Eigentums, also mit der Wirtschaftsdemokratie, zu reagieren,[56] anstatt mit dem eine „gesunde Wirtschaft" fordernden starken Staat.[57]

Im Nationalsozialismus kam es also zu einer vollständigen Abschaffung der allgemeinen politischen Repräsentation: Es fehlte an einer Reform im Sinne einer Interessenvertretung, die den korporativen Mechanismus aufgewertet hätte.[58] Das hing unter anderem damit zusammen, dass der Bezug auf den Staat im deutschen Raum lange Zeit ungeeignet war, die Zusammengehörigkeit einer „Gemeinschaft",[59] die historisch bedingt innerhalb mehrerer politischer Entitäten verbreitet war, zum Ausdruck zu bringen:[60] Auch deshalb wurde der soziale Zusammenhalt eher auf rassistische Konstruktionen gestützt.

Auf welche Weise der Faschismus den politischen Liberalismus pervertiert hat, ist von der Literatur gründlich untersucht worden. In vorliegendem Beitrag ging es in erster Linie darum zu zeigen, dass der Aufbau eines totalitären „starken Staates" vor allem im Dienste

54 Durch Gesetz v. 19.1.1939, Nr. 129 (Istituzione della Camera dei Fasci e delle Corporazioni), in: Gazzetta ufficiale, 14.2.1939, Nr. 37; siehe hierzu Sermonti (1939), 368 f.

55 Tranfaglia (1975), 34–52.

56 Vgl. Naphtali (1928).

57 Schmitt (1933), 87.

58 Grundlage für die nationalsozialistische Gesetzgebung bildete das sogenannte Ermächtigungsgesetz v. 24.3.1933, dRGBl. 1933 I, S. 141.

59 Siehe Stolleis (1994), 94–125.

60 Vgl. Hedemann (1941), 755.

einer Reform des Wirtschaftsliberalismus sowie der dazu nötigen Gestaltung eines holistischen Ambientes stand. Diese Kombination von unterdrücktem politischen Liberalismus und reformiertem Wirtschaftsliberalismus wurde vor allem von den Anhängern der sogenannten „Freiburger Schule",[61] die später Ordoliberale genannt wurden, begünstigt.

Die Ordoliberalen mit dem Faschismus in Verbindung zu bringen, gilt als eine Häresie, denn auf sie ist ein Gründungsmythos der Bundesrepublik Deutschland zurückzuführen: die soziale Marktwirtschaft.[62] Auch wenn die Ordoliberalen dem nationalsozialistischen Antisemitismus feindlich gegenüberstanden, so haben sie doch insbesondere im Rahmen der Wirtschaftsverwaltung mit der Diktatur zusammengearbeitet. Sie sahen in ihr nämlich ein Mittel zur Durchsetzung ihres Programmes: die mittelbare und unmittelbare Steuerung der Wirtschaft durch einen starken Staat, der zwecks Förderung des Wettbewerbs gegen den gesellschaftlichen Pluralismus angehen musste.[63] Dem starken Staat sollten also ein schwaches Individuum und eine „entpolitisierte" Gesellschaft gegenüberstehen, um wirtschaftliche Konzentrationen, gleichzeitig aber auch den demokratischen Konflikt auszuschließen.[64]

Die Ordoliberalen wollten zwar eine Privatrechtsgesellschaft aufbauen und dabei die klassischen Privatrechtskonstruktionen anwenden,[65] dies aber mit Betonung auf Ordnungsinstanzen sowie mit Berufung auf vormoderne Werte, die der „Vermassung" und „Proletarisierung" entgegenwirken mussten[66] und somit die Modernisierung innerhalb des Eigentumsorganismus fordern sollten. Auf theoretischer Ebene kann also von einer Unvereinbarkeit von Ordoliberalismus und Faschismus nicht die Rede sein. Das Gleiche gilt aber auch für die praktische Teilnahme am Aufbau der faschistischen Wirtschaft, wie in der Literatur mit umfassenden Hinweisen belegt wird.[67]

61 Siehe Haselbach (1991), 77–115.
62 Vgl. Müller-Armack (1946), 65–157.
63 Eucken (1941), 242 f.
64 Schmitt (1933), 87.
65 Beispiele bei Harth (2008), 121–146.
66 Röpke (1944), 239 f., 246 f.
67 Statt aller Ptak (2004), 62–72.

Emmerich Tálos

Austrofaschismus und Arbeiterschaft

1. Einleitung

Im Selbstbild der Spitzenrepräsentanten des austrofaschistischen Regimes bildeten die Arbeiterschaft und deren Lebens- und Arbeitsbedingungen einen bevorzugten Adressaten deren Politik. So betonte Bundeskanzler Engelbert Dollfuß in der bekannten Trabrennplatzrede vom September 1933: „Wir kämpfen gegen den Marxismus, wir kämpfen auch gegen den braunen Sozialismus, aber wir werden niemals die Lebens- und Grundrechte der Arbeiter antasten, im Gegenteil, ein gerechter, christlicher Staat muss gerade den Ansprüchen der arbeitenden Menschen in erster Linie gerecht werden."[1] Sein Nachfolger Kurt Schuschnigg verknüpfte die Wahrung der Interessen der Arbeiterschaft engstens mit der Bestandssicherung und dem wirtschaftlichen Aufbau des neuen Staates.[2]

Der Austrofaschismus endete bekanntlich 1938 in einem politischen und sozialen Fiasko. Beides betraf die Arbeiterschaft im Besonderen. Entgegen den propagandistischen Ankündigungen war die politische und soziale Realität dieser Diktatur nicht von der Mitbestimmung sowie der Aufrechterhaltung und Sicherung der sozialen Rechte der Arbeiterschaft, sondern von Ausgrenzung und Verschlechterung ihrer Lebens- und Arbeitsbedingungen geprägt. Dafür gibt es – so meine These – mehrere Gründe: die große Teile der Arbeiterschaft betreffende prekäre soziale und materielle Lage; die Unterdrückung und Ausschaltung der traditionell einflussreichen Vertretungen der Arbeiterschaft sowie die weitgehend gescheiterten Integrationsversuche des austrofaschistischen Herrschaftssystems; nicht zuletzt die durchgängig realisierte Politik der Schieflage zulasten der Interessen der Arbeiterschaft. Insgesamt bestand eine unübersehbare Diskrepanz zwischen propagandistischer Selbstdarstellung des Austrofaschismus und der sozialen/politischen Realität der Arbeiterschaft. Selbst noch in den Tagen unmittelbarer massiver Bedrohung und verstärkten Drucks durch den deutschen Nationalsozialismus erwies sich die austrofaschistische Regierung trotz Angeboten der ausgegrenzten oppositionellen Arbeiterbewegung letztlich als unwillig und unfähig für einen konsequenten Schulterschluss gegen den Nationalsozialismus.

1 Zit. n. Berchtold (1967), 431.

2 Vgl. Die Aktion, 9.3.1935, 1.

Im ersten Punkt meiner Ausführungen werden Indikatoren der sozialen und materiellen Situation der Arbeiterschaft, im zweiten die Organisierung und (großteils misslungenen) Versuche der Integration der Arbeiterschaft durch die Diktatur dargestellt. Ein dritter Punkt behandelt die politische Gestaltung der Lebens- und Arbeitsbedingungen in einschlägigen Politikfeldern.

2. Zur sozialen und materiellen Situation der Arbeiterschaft

Die wirtschaftliche Entwicklung Österreichs zeigte vom massiven Einbruch während der Wirtschaftskrise bis zum „Anschluss" an den deutschen Faschismus im Jahr 1938 ein differenziertes Bild. Dies ist einerseits ablesbar am Sinken des allgemeinen Geschäftsganges und der Produktionsindices und damit des Bruttoinlandsproduktes, an rückläufigen Investitionen und am enormen Zuwachs der Arbeitslosigkeit, andererseits an der Stabilität der Währung und an einem weitgehend ausgeglichenen Budget oder dem Aufschwung der Schwerindustrie.[3] Die materielle und soziale Situation großer Teile der Arbeiterschaft war in diesem Zeitraum durchgängig von beträchtlichen Problemlagen gekennzeichnet.

Wurde die Arbeitslosigkeit bereits im Nachkriegsjahrzehnt zu einem Dauerproblem, so erfuhr sie zu Beginn der 1930er-Jahre eine beträchtliche Zuspitzung. Arbeitslosigkeit stellte auch noch im Anschluss an die Wirtschaftskrise ein zentrales und anhaltendes Problem dar. Am Höhepunkt der Erwerbslosigkeit in den Jahren 1933/34 war laut den offiziellen Statistiken mehr als jeder vierte unselbständig Erwerbstätige arbeitslos, im letzten Jahr der austrofaschistischen Herrschaft noch immer jeder fünfte. Arbeitslosigkeit bedeutete in diesem Kontext „etwas tagtäglich Erlebtes".[4] Betroffen waren vor allem auch Jugendliche.[5] Arbeitslosigkeit wirkte als Problemlage tief in die staatstragenden Institutionen des Austrofaschismus hinein: Ein großer Teil der Amtswalter der Vaterländischen Front (VF) waren arbeitslos – für viele war die politische Funktion mit der Hoffnung auf einen Arbeitsplatz bzw. auf eine bevorzugte Arbeitsplatzvermittlung verbunden.[6] Ähnliches gilt für die Frontmiliz: Von den ca. 12.000 ihrer Angehörigen in Wien war die Hälfte arbeitslos.[7]

Der Frauenanteil an den Beschäftigten fiel von annähernd 30,6 Prozent (1934) auf ca. 27 Prozent (1937). Der Rückgang der Beschäftigten im Öffentlichen Dienst (1930: 195.000, 1933: 169.000) wurde in den folgenden Jahren durch personelle Ausweitung bei Militär und Polizei zum Teil wettgemacht. Eine Reduktion der Frauenbeschäftigung wurde auch durch politische Maßnahmen wie der Verordnung über den Abbau verheirateter weiblicher Personen im Bundesdienst bzw. der sogenannten „Doppelverdienerverordnung" erreicht.[8]

Arbeitslosigkeit bedeutete schon für die BezieherInnen von Arbeitslosenunterstützung eine beträchtliche Einbuße: „Insgesamt machte die Arbeitslosenunterstützung je nach

3 Vgl. Senft (2002; 2005); Mattl (2005); Fassmann (1995).

4 Fassmann (1995), 22

5 Vgl. Stiefel (1979), 176; Bruckmüller (1983), 409.

6 Vgl. dazu ÖStA/AdR, VF Bestand 1413/15; 1425/5; 1445/94. Akten aus dem 2009 aus Moskau in das Österreichische Staatsarchiv/Archiv der Republik transferierten Bestand Vaterländische Front werden im Folgenden nur mit der Zahl des Konvolutes und der jeweiligen Seitenzahl angegeben.

7 3214/7.

8 Vgl. Stiefel (1979), 189 f. Siehe dazu auch den Beitrag von Neda Bei in diesem Band.

Lage des Betroffenen etwa die Hälfte bis ein Drittel seines Einkommens aus."[9] Ungeachtet der Unterschiede zwischen ländlichem und industriellem Bereich konnten die LeistungsbezieherInnen von der Arbeitslosenunterstützung allein nicht leben. Prekärer noch war die materielle Lage jener Arbeitslosen, die überhaupt keine Arbeitslosenunterstützung bezogen, weil sie die immer rigider werdenden Voraussetzungen für den Bezug nicht erfüllten oder zu den Ausgesteuerten zählten. Der Anteil der Unterstützten wurde immer mehr reduziert, ab 1935 erhielt nur mehr jeder zweite Arbeitslose eine Unterstützung.[10] Die mit Arbeitslosigkeit verbundene Not schildert eindrücklich ein Schreiben des Frauenreferates der VF in Werfen vom 20. November 1936 an die Landesführung:[11] „Die Not ist hier infolge der langen Dauer der Arbeitslosigkeit so gross und allgemein, dass den Familien das Notwendigste an Hausrat, Kleidung und Lebensbedarf fehlt. Es gibt viele Familien hier mit 4 oder mehr Kindern, die so arm sind, dass sie wochen- und monatelang sich keinen Laib Brot ins Haus schaffen können. Infolge der allgemeinen Not ist es auch den besser situierten Kreisen nicht mehr möglich mit wirksamer Hilfe einzugreifen." Der Pfarrer von Bischofshofen schloss sich diesen Ausführungen in einem Brief an die Bundesführung der VF an:[12] „Soll man sich wundern, wenn solche Menschen den Glauben an den christlichen Staat verlieren [...]. Darf man sich wundern[,] wenn solche allen Rechtes und aller Unterstützungen beraubten Menschen staatsfeindlichen Ideen Gehör schenken[,] denn schlechter wie jetzt kann es uns doch wirklich nicht mehr gehen (so sagen sie). Videant consules! Die Seelsorge bittet und warnt!"

Die wachsende soziale und materielle Verelendung von Arbeitslosen und Ausgesteuerten ist ein Phänomen, das von den politisch Verantwortlichen in Bund und Ländern auch im Begriff „Bettlerunwesen"[13] erfasst wurde. Die Schätzungen gingen für Beginn des Jahres 1935 von 1.000 Bettlern in Wien und 500 in den Bundesländern aus.[14]

Einkommenseinbußen resultierten für die Beschäftigten aus Lohnsenkungen,[15] vor allem am Beginn der 1930er-Jahre. Generell sank die Lohnquote ab 1931.[16] Sie betrug von 1929 bis 1933 59,6 Prozent, in den Jahren 1934 bis 1937 56,2 Prozent. Die nach Beseitigung der Freien Gewerkschaften und der Etablierung des Einheitsgewerkschaftsbundes neu abgeschlossenen Kollektivverträge beinhalteten eine Lohnkürzung um durchschnittlich vier bis acht Prozent.[17] Diese restriktive Entwicklung im Bereich der Löhne ging mit der Aufrechterhaltung traditioneller Einkommensunterschiede zwischen Angestellten und Arbeitern einher,[18] vor allem auch zwischen Arbeiterinnen und Arbeitern.[19]

9 Stiefel (1979), 147.

10 Die Zahl der Ausgesteuerten wurde selbst von den Landesarbeitsämtern und Arbeitsämtern nicht genau erfasst, siehe dazu die Info für das Burgenland: 2821/12 f.

11 93/20 f.

12 93/16.

13 Vgl. dazu näher Axmann/Chaloupka (1934), 542 f.; Melinz (2005).

14 Vgl. Enderle-Burcel (1993a), IX/2, 296 (MRP 984, 20.2.1935), 312 (MRP 985, 1.3.1935).

15 Die Statistischen Nachrichten berichten wiederholt von Lohnsenkungen, siehe z. B. (1933), 15. Die Lohnstatistik 1933 zeige „alle Merkmale der Wirtschaftskrise wie Kürzungen der Löhne", (1934), 6.

16 Vgl. Szecsi (o. J.), 25; Weber-Felber (1995), 333 ff.

17 Statistische Nachrichten (1935), 8.

18 Vgl. Bruckmüller (1983), 404 f.

19 Statistische Nachrichten (1936), 211.

Arbeitslosigkeit, Senkung der Löhne und Aussteuerung zeitigten für die Betroffenen beträchtliche negative Auswirkungen auf den materiellen Lebensstandard: „Die ökonomischen Lebenschancen der Menschen wurden radikal beschnitten."[20] Der Anteil der Ausgaben für Lebensmittel an den Gesamtausgaben nahm überproportional zu.[21] Laut Untersuchung aus 1936 verausgabte ein durchschnittlicher Arbeiterhaushalt dafür bereits mehr als die Hälfte des Gesamteinkommens.[22]

3. Organisierung der Arbeiterschaft und Integrationsversuche der Regierung

3.1 Politische Veränderungen der Rahmenbedingungen der Interessenwahrnehmung: Ausschaltung einer freien und eigenständigen Interessenvertretung der Arbeiterschaft

Gab es seitens der Arbeiterschaft und ihrer Interessenvertretungen zu Beginn der 1930er-Jahre noch offenen Widerstand gegen die Politik des Sozialabbaus – exemplarisch sei in diesem Zusammenhang auf Protestversammlungen und „Hungermärsche" verwiesen,[23] so erfolgten ab 1933 einschneidende Veränderungen der institutionellen und realen Bedingungen für politischen und sozialen Widerstand. Der Handlungsspielraum für eigenständige Interessenwahrnehmung und Interessenpolitik wurde in mehrfacher Hinsicht eingeschränkt bzw. überhaupt beseitigt. Zu einer der ersten Maßnahmen nach der Ausschaltung des Nationalrates 1933, nach dem Verbot des Republikanischen Schutzbundes und der Kommunistischen Partei sowie der Einführung der Vorzensur für die Presse zählte das Streikverbot per Verordnung vom 21. April 1933. Von daher überrascht es nicht, dass die Zahl der Streiks stark zurückging.[24]

Einschneidende Veränderungen betrafen vor allem die traditionellen Institutionen der Interessenvertretung: Am 21. Dezember 1933 wurden die Betriebsräte in allen staatlichen Unternehmungen aufgelöst. Für jede Arbeiterkammer wurde am gleichen Tag eine Verwaltungskommission errichtet, deren Mitglieder vom zuständigen Sozialminister bestellt wurden. Damit ging eine politische „Umfärbungsaktion" einher.[25] Die Ausschaltung der sozialdemokratischen Gewerkschaften erfolgte unmittelbar in Zusammenhang mit den Ereignissen des 12. Februar 1934: Sozialdemokratische Organisationen und die Freien Gewerkschaften wurden aufgelöst. Per Verordnung vom 17. Februar 1934 traten an Stelle der Freien Gewerkschaften die Arbeiterkammern in die bestehenden Kollektivverträge ein. Das Betätigungsverbot betraf gleichermaßen die Betriebsräte, „wenn sie ihr Mandat offenkundig aufgrund des Einflusses der sozialdemokratischen Arbeiterpartei Österreichs oder einer dem Bund der freien Gewerkschaften Österreichs angehörigen Berufsvereinigung [...] erlangt" hatten.[26] Aufgrund der gleichen Verordnung wurden So-

20 Hanisch (1994), 300.

21 Vgl. Fassmann (1995), 22.

22 Vgl. Senft (2002), 455. Eine Auflistung in der Studie über Marienthal zeigt, dass von den 41 Familien, die eine Woche hindurch Essverzeichnisse führten, 15 Prozent keine, 54 Prozent eine Fleischmahlzeit hatten. Von den 56 Fleischmahlzeiten bestanden 34 aus Rossfleisch, 18 aus Kaninchenbraten, zwei aus Rindfleisch, je eine aus „Faschiertem" und aus Schweinefleisch, Jahoda u. a. (1978), 45.

23 Vgl. Tálos (1995), 572 f.

24 Vgl. Senft (2002), 180 f.

25 Vgl. Göhring/Pellar (2001), 26 f.

26 Verordnung v. 23. 2. 1934 (BGBl. I 112/1934).

zialdemokratInnen aus den Einigungsämtern und Gewerbegerichten entfernt. Die Regierung versuchte zudem, die Aktivitäten freigelassener Gewerkschafter mit verschärfter polizeilicher Überwachung zu unterbinden.

Der 12. Februar 1934 bildet eine Zäsur hinsichtlich der Ausrichtung und des Gestaltungsspielraumes der Vertretung der Interessen von Arbeitern und Angestellten im Österreich der 1930er-Jahre. Große Teile der Arbeiterschaft verloren nicht nur ihre organisatorische und politische Heimat. Durch die Ausschaltung der Sozialdemokratie mit all ihren Organisationen und die Unterbindung illegaler gewerkschaftlicher Aktivitäten schuf die Regierung auch den Rahmen dafür, das System der Interessenrepräsentation einschneidend zu verändern.

3.2 Der Gewerkschaftsbund

Die Errichtung des Einheitsgewerkschaftsbundes erfolgte mit Verordnung vom 2. März 1934.[27] Die Entscheidung der Regierung wurde den loyalen Gewerkschaftsfraktionen mitgeteilt, ohne dass diesen – entgegen ihren Wünschen – die Möglichkeit einer Einflussnahme auf das Gesetz eingeräumt worden war. Die Neuordnung des Gewerkschaftswesens trat zugleich mit der Verkündung der neuen Verfassung am 1. Mai 1934 in Kraft.

Die christliche Arbeiterbewegung, näherhin die christlichen Gewerkschaften, erfuhren mit dieser Neuformierung der gewerkschaftlichen Interessenorganisierung eine beträchtliche Aufwertung.[28] Bis zur Ausschaltung der Demokratie – trotz Anstieg der Mitgliederzahl[29] – deutlich in einer Minderheitenposition (Ende 1932 110.000 Mitglieder, Freie Gewerkschaften 580.000 Mitglieder)[30] waren die christlichen Gewerkschaften nunmehr sowohl in materieller als auch politischer Hinsicht die großen Nutznießer der Veränderungen im Bereich der Interessenorganisierung. Sie stellten nach dem Verbot der Freien Gewerkschaften ihre Tätigkeit ein[31] und übernahmen die Führung im neu gegründeten Gewerkschaftsbund. An der Spitze stand der christliche Gewerkschafter Johann Staud.

3.3 Die Werksgemeinschaften

Ein Umbau der Interessenvertretung der Arbeiterschaft erfolgte im Austrofaschismus (ebenso wie bei den faschistischen Nachbarn) auch auf betrieblicher Ebene: Mit dem Werksgemeinschaftsgesetz vom 12. Juli 1934 wurde das Betriebsrätegesetz aus 1919 außer Kraft gesetzt. Das neue Gesetz sah für Betriebe der Industrie und des Bergbaus, des Handels und Verkehrs, des Geld- und Kreditwesens und der freien Berufe mit mindestens fünf dauernd beschäftigten Arbeitern und Angestellten die Einrichtung von Vertrauensmännern vor, und zwar einem Vertrauensmann für 5 bis 19 Beschäftigte, 3 Vertrauensmän-

27 Vgl. Pelinka (1972), 95 ff.; Putschek (1993), 90 ff.

28 Vgl. Pelinka (1972), 95 ff.; ders. (2005), 90 ff.

29 Der Anstieg seit der zweiten Hälfte der 1920er-Jahre steht auch mit der Strategie der politischen „Umfärbung" im Öffentlichen Dienst durch die Christlichsoziale Partei in Zusammenhang. Da die christlichen Gewerkschaften im industriellen Bereich schwächer vertreten waren, traf sie die Wirtschaftskrise weniger stark als die Freien Gewerkschaften.

30 Vgl. Pasteur (2008), 91.

31 Vgl. Göhring/Pellar (2001), 72.

nern für 20 bis 50 Beschäftigte sowie 4 für 51 bis 150 Beschäftigte. Bei mindestens 20 Beschäftigten bildeten Vertrauensmänner zusammen mit dem Unternehmer die sogenannte „Werksgemeinschaft". Durch die Bindung ihres Tätigkeitsbereiches an die Werksgemeinschaft war die Eigenständigkeit dieser neu geschaffenen betrieblichen Repräsentanten der Arbeiterschaft aufgehoben. Aus der Sicht der Regierung bestand der grundsätzliche Unterschied gegenüber dem Betriebsrätegesetz darin, „dass die Vertrauensmänner in Betrieben mit mindestens zwanzig Arbeitnehmern nicht mehr ausschließlich eine einseitige Interessenvertretung derselben gegenüber dem Betriebsinhaber darstellen".[32] Die Beschlüsse der Werksgemeinschaft, deren Aufgabe die Wahrnehmung der aus der Betriebsgemeinschaft sich ergebenden gemeinsamen Interessen sein sollte, waren an die Übereinstimmung zwischen dem Betriebsinhaber und der Mehrheit der Vertrauensmänner gebunden. Im Fall der Nichteinigung lag die Entscheidung beim Einigungsamt.

Das Gesetz sah eine Wahl der Vertrauensmänner vor, die im Zeitraum vom 1. Oktober bis 31. Dezember 1936 stattfand. Seitens der illegalen Freien Gewerkschaft wurde zwar Kritik an diesen Wahlen als Scheinwahlen geübt, aber dennoch zur Beteiligung aufgerufen.[33] Aus Berichten über die Ergebnisse der Wahl der Vertrauensmänner wird deutlich, dass der offensiv betriebende Ausschluss von Vertretern illegaler Organisationen nur zum Teil gelungen war.[34]

Der Bereich der Kollektivverträge war durch den politischen Umbruch substantiell betroffen. Durch die Ausschaltung der Freien Gewerkschaften war für viele Verträge der Vertragspartner weggefallen. Nach einer Interimslösung (die Kammer für Arbeiter und Angestellte fungierte vorübergehend als Vertragspartnerin) erfolgte im Rahmen des Gewerkschaftsbundgesetzes eine definitive Regelung. Der Gewerkschaftsbund bildete auf Seiten der Arbeiter und Angestellten die kollektivvertragliche Monopolinstanz. Die gleiche kollektivvertragliche Stellung wurde den 1934/35 errichteten Unternehmer-Bünden jeweils für ihren Bereich eingeräumt. Die Gültigkeit der von den Bünden abgeschlossenen Verträge war umfassend – unabhängig davon, ob die Mitgliedschaft bei den Bünden obligatorisch oder freiwillig war.

Die angeführten einschneidenden Veränderungen der Bedingungen der Interessenvertretung hatten weitreichende nachteilige Auswirkungen auf Lohn- und Arbeitsbedingungen der Arbeiterschaft. Der Wegfall des Vertragspartners „Freie Gewerkschaften" im Februar 1934 führte dazu, dass Kollektivverträge seitens der Unternehmer aufgekündigt wurden. Neue Verträge wurden zu schlechteren Bedingungen abgeschlossen.[35] Berichten der Gewerbeinspektoren ist zu entnehmen, dass Übertretungen arbeits- und sozialrechtlicher Bestimmungen betreffend Kollektivverträge, Überstundenabgeltung, Nachtarbeit, Acht-Stunden-Tag, Urlaub, Feiertagsruhe und Kündigungsschutz auf der Tagesordnung der Betriebe standen.[36]

32 ÖStA/AdR, Bundesministerium für Soziale Verwaltung, Ministerratsvortrag: Sammelakt 23/1–58.970/1934.

33 Vgl. z. B. den Aufruf im „Lebensmittelarbeiter" vom Oktober 1936, zit. n. Göhring/Pellar (2001), 122; siehe auch 132.

34 Leichter (1963), 135, schätzte den Anteil der illegalen Gewerkschafter auf zwei Drittel.

35 Vgl. Klenner (1953), 1133.

36 Siehe z. B. Bericht der Gewerbeinspektoren 1934, 21.

Die soziale Entwicklung im Austrofaschismus widerlegte nicht nur die eingangs zitierte Ankündigung von Dollfuß, sondern war auch durchgängig von der Diskrepanz zwischen Ankündigungen, Normen und Realisierung geprägt.[37]

Mit der Ausschaltung der Sozialdemokratie und ihres breiten Organisationsnetzes beseitigte die Regierung Dollfuß eine der wichtigsten Blockaden für die Realisierung des angepeilten Umbaues des politischen Systems. Damit sicherte sie sich wie auch den regierungsloyalen Verbänden einen größeren Handlungsspielraum. Zugleich schuf sich die Regierung mit den Ereignissen und Folgen des 12. Februar 1934 beträchtliche Legitimationsprobleme gegenüber einem großen Teil der Arbeiterschaft. Integration der „braven", „verführten", nunmehr heimatlosen und abseits stehenden Arbeiter und Angestellten war angesagt, da zum Überleben der Diktatur und damit auch zur Abwehr der Bedrohung durch die nationalsozialistische Bewegung notwendig. Der neu geschaffene Gewerkschaftsbund sollte diesem Ziel ebenso dienen wie zwei weitere Versuche, die sogenannte „Aktion Winter" und die „Soziale Arbeitsgemeinschaft" (SAG), die allerdings im Vergleich zu den Gewerkschaften diese Funktion nicht bzw. noch weniger erfüllen konnten.

3.4 Die „Aktion Winter"

Ernst Karl Winter, im April 1934 zum Vizebürgermeister von Wien ernannt, wurde von Dollfuß persönlich beauftragt,[38] einen Brückenschlag zwischen „Ständestaat" und Arbeiterschaft herbeizuführen. Nach Winters Selbstverständnis ging es darum, eine einheitliche österreichische Arbeiterbewegung zu schaffen, die alle weltanschaulichen Richtungen verbinden sollte.[39] Die „Aktion Winter" sollte eine Plattform der Diskussion bilden, „die grundsätzlich allen Gruppen innerhalb der Arbeiterschaft zur freien und sachlichen Meinungsäußerung offen steht und in der die Mitarbeit von Arbeitern aus allen diesen Gruppen erwünscht ist".[40] Letztlich scheiterte die „Aktion" an der Kritik, am Widerstand dagegen und an ihrer Ablehnung innerhalb des Regierungslagers.

3.5 Die „Soziale Arbeitsgemeinschaft"

Anders als die „Aktion Winter" basierte die Gründung der SAG nicht nur auf einem Bundesbefehl des Führers der VF, Ernst Rüdiger Starhemberg, vom 9. März 1935.[41] Die Stellung dieser Organisation im austrofaschistischen Herrschaftsgefüge war zudem als Suborganisation der VF auch klar bestimmt.[42] Der Gründung gingen zum einen – in Reaktion auf die Februarereignisse 1934 – Bemühungen in der VF um eine Institutionalisierung der Befassung mit Arbeiterfragen und in deren Gefolge die Etablierung eines „Arbeitskreises für die Probleme der Arbeiterfragen" (Juli 1934) voraus. Zum anderen peilten Regierung und VF an, ein – im Vergleich mit der „Aktion Winter" – loyales und integriertes Instrument zu etablieren.

37 Vgl. Tálos (1982), 277.
38 Vgl. Schuschnigg (1935), 1.
39 „Unsere 10 Punkte" (2871/5).
40 Richtlinie für die Arbeiterorganisationen (2871/3).
41 2848/1.
42 Vgl. Pelinka (1972), 119.

Laut dem oben genannten Bundesbefehl Starhembergs[43] sollte die SAG alle Fragen behandeln, „die im besonderen Interessen der Arbeiter- und Angestelltenschaft berühren und nicht ausschließlich in den Wirkungskreis des Gewerkschaftsbundes fallen". Der Gewerkschaftsbund war in erster Linie zur Vertretung der unmittelbaren wirtschaftlichen Interessen der ArbeitnehmerInnen berufen, in diesem bestand daher für die Arbeiterschaft keine darüber hinausgehende politische Mitwirkungsmöglichkeit. Im Unterschied dazu sollte es sich bei der SAG um die alleinige politische Interessenvertretung der Gesamtarbeiterschaft handeln. Die SAG stellte vor allem ein Integrationsangebot und -instrument dar: „Um aber auch der ehemals sozialdemokratischen Arbeiterschaft die politische Mitarbeit zu geben und den Weg zur Eingliederung in die Volksgemeinschaft zu ebnen, wird die SAG ehemalige Sozialdemokraten als Mitglieder aufnehmen."[44] Nach Johann Großauer, Bundesleiter der SAG, war die Mitwirkung und Heranziehung einzelner Vertreter der ehemals sozialdemokratischen Arbeiterschaft „geradezu eine Voraussetzung des richtigen Funktionierens der SAG".[45] Mit diesem Profil unterschied sich die SAG nicht nur vom Gewerkschaftsbund, sondern auch von der Berufs- bzw. Betriebsorganisation (B. O.) der VF. Während die SAG die politische Organisationsform der gesamten Arbeiterschaft sein sollte, war die B. O. als politische Organisationsform in den Betrieben gedacht.[46]

Die christliche Arbeiterbewegung hatte auf die SAG auch in personeller Hinsicht den größten Einfluss, da sich die SAG in ihren Händen befand. Ihre Spitzenrepräsentanten (Johann Großauer bis 1938, Hans Rott ab Februar 1938) kamen ebenso aus der christlichen Arbeiterbewegung wie die Funktionäre auf Landesebene.[47] Wie bei anderen Organisationen und bei den Frontwerken der VF gab es erhebliche Finanzierungsprobleme. Darin wurde „die größte Hemmung beim Ausbau der SAG" gesehen.[48]

Zum Aktionsradius der SAG zählten vor allem Interventionen verschiedenster Art: Es wurden Vorschläge an Regierung und Behörden gemacht – beispielsweise betreffend Arbeitslosigkeit und Arbeitsbeschaffung. Viele Interventionen reagierten auf Beschwerden und soziale Problemlagen wie Delogierungen, Entlassungen, Nichteinhaltung von Kollektivverträgen durch Unternehmungen, Missstände in Arbeits- und Lohnverhältnissen oder Probleme bei der Zuerkennung von Notstandsunterstützungen. Nicht zuletzt betraf ihre Intervention die Unzulänglichkeit bei der Vertretung von ArbeiterInnen in Körperschaften wie den Gemeindetagen. Letzteres klappte nicht. Laut einer Aufstellung vom September 1937 gab es in den steirischen Gemeindetagen bei einer Gesamtzahl von über 8.700 Mandataren nur 672 wirkliche Arbeiter, was einem Anteil von weniger als acht Prozent entsprach.[49]

Trotz der institutionellen Verankerung im Herrschaftsgefüge und trotz verschiedener Aktivitäten blieb die SAG bis zu ihrem Ende ein unvollständiges Projekt, was auch Präsident Staud noch Ende Februar 1938 bestätigte: „Auch muß in nächster Zeit die

43 2848/1.
44 2848/8.
45 2821/218.
46 2836/86.
47 Vgl. Pelinka (1972), 119, 123.
48 2858/20f.
49 2861/240.

SAG aktiver werden und die politische Vertretung der Arbeiter im Rahmen der Vaterländischen Front endlich zu funktionieren beginnen."[50] Es blieb bei der Deklamation.

Die mit ihrer Einführung verbundene Aufgabenzuschreibung als Basis für die politische Mitbestimmung der Arbeiterschaft und der Integration der abseits stehenden, auch illegal tätigen Arbeiterschaft konnte die SAG nicht einlösen, was auch von Regimevertretern gesehen wurde.[51] Ausdruck dafür ist nicht zuletzt die Etablierung eines eigenen Referates für Arbeiterfragen im Generalsekretariat der VF.[52]

3.6 Die Dienststellen- und Betriebs(stellen)organisationen

Der Anspruch des Austrofaschismus, alle gesellschaftlichen Bereiche zu erfassen und zu durchdringen sowie nach seinen Vorstellungen zu gestalten, zeigt sich nicht zuletzt auch an der Institutionalisierung der sogenannten Dienststellen- (D. O.) und Betriebs(stellen)-organisationen (B. O.). Die Dienststellenorganisation wurde Ende August 1933 eingeführt. Ihre Aufgabe war die Erfassung der Beschäftigten öffentlich-rechtlicher Betriebe bzw. in Betrieben, an denen die öffentliche Hand direkt oder indirekt beteiligt war. Sie war keine gewerkschaftliche Organisation, sondern ein Instrument der VF – „nicht zuletzt im Sinne der Kontrolle der vaterländischen Gesinnung der Beamten".[53] Die Mitgliedschaft war formell freiwillig, realiter bestand Beitrittszwang.

Die Februarereignisse 1934 bildeten den Anstoß dazu, als Pendant zu den D. O. die in der privaten Wirtschaft Beschäftigten mit einer eigenen Organisation (B. O.) zu erfassen.[54] Beide Organisationsformen waren im Statut der VF verankert.

Zu den Aufgaben der B. O.-Leiter[55] zählte die politische Schulung der Mitglieder mit dem Ziel aufklärender Information. Die Kontrollfunktion wird an der Aufgabe der politischen Beobachtung der Mitglieder evident: Da der B. O.-Leiter dies allein in großen Betriebe nicht schaffen konnte, war die Einrichtung eines Vertrauensmännerapparates vorgesehen. Damit sollte gewährleistet werden, „dass es den B. O. Leitern möglich wird, in jeder einzelnen Abteilung des Betriebes über jedes dortselbst tätige Mitglied alles in Erfahrung zu bringen, was im Interesse der Sicherheit und des Staatswohles notwendig ist".[56] Dem B. O.-Leiter war die Möglichkeit eingeräumt, Aufnahmen und Entlassungen über den Weg der VF zu beeinflussen. Weitere Aufgaben waren neben der Förderung der wirtschaftlichen Interessen des Betriebes der Ausgleich von Gegensätzen in Betrieben über die VF – für den Fall, dass dies der Gewerkschaft nicht gelang. Die „Angst des Austrofaschismus vor dem Klassenkampf" wird nicht zuletzt auch daran ersichtlich, dass eine Politisierung[57] von Konflikten durch die B. O. ausgeschlossen war: Sie sollte nicht Politik im Betrieb machen bzw. nicht Politik in den Betrieb hineintragen: „Im Gegenteil, die BO hat die Aufgabe jede politische Tätigkeit vom Be-

50 Zit. n. Pelinka (1972), 122.
51 Vgl. Bundeswirtschaftsrat Lois Weinberger in einer SAG Sitzung v. 1. 10. 1936 (1424/4).
52 Vgl. Amtskalender 1938: 2977/128 ff. Über die Tätigkeit dieses Referates ist wenig bekannt.
53 Bärnthaler (1971), 21.
54 Vgl. Bärnthaler (1971), 55.
55 Vgl. 2199/32 ff.
56 2199/36 f.
57 So auch die Position des Gewerkschaftsbundes (1921/20).

trieb fernzuhalten und die Belegschaft vor betriebsfremden Einflüssen zu bewahren."[58] Abgrenzungsprobleme zwischen B.O. und Gewerkschaftsbund im Betrieb zeigten sich beispielsweise daran, dass B.O.-Leiter, selbst wenn sie nicht Mitglieder der Werksgemeinschaft waren, versuchten, auf diese Einfluss zu nehmen.[59] Sie hatten auch kein Recht, an Sitzungen der Werksgemeinschaft teilzunehmen.

Die vielen Klagen über Unternehmenswillkür und Übertretungen kollektivvertraglicher und gesetzlicher Bestimmungen untermauern, dass weder die Werksgemeinschaft noch die Betriebsstellenorganisationen zu einem Ausgleich der betrieblichen Interessengegensätze beizutragen vermochten.

4. Politik der Schieflage zulasten der Arbeiterschaft

Die prekäre materielle und soziale Situation großer Teile der Arbeiterschaft war zum einen Konsequenz der Wirtschaftskrise und deren Folgewirkungen. Zum anderen resultierte diese Situation wesentlich auch aus der ab 1933 verfolgten Politik. Der Austrofaschismus schränkte nicht bloß den Handlungsspielraum unselbständig Erwerbstätiger und ihrer Interessenorganisationen einschneidend ein. Die Ausrichtung und Realisierung austrofaschistischer Politik lief auf eine beachtliche ökonomische und soziale Schieflage zu Lasten der Arbeiterschaft hinaus.

4.1 Währungs- und Budgetstabilität statt Arbeitsbeschaffung

Im Kontext der beträchtlich gestiegenen Arbeitslosigkeit hatte die Regierung Dollfuß nur zaghaft und selektiv Maßnahmen beschäftigungsrelevanter Art gesetzt: Im Freiwilligen Arbeitsdienst (FAD) vor allem vaterländisch gesinnte Arbeiter[60] zum Zug kommen (1933: 17.493, 1934: ca. 20.000 Arbeitsdiensttätige).[61] Mittels Anleihen wurden einige arbeitsintensive Projekte im Straßen- und Brückenbau durchgeführt (z.B. Reichsbrücke in Wien, Wiener Höhenstraße, Großglockner Hochalpenstraße). Derartige Maßnahmen lagen durchaus auf Linie der unter Dollfuß und Schuschnigg verfolgten Prioritäten, die auch die Folgejahre nach der Wirtschaftskrise prägten: Stabilität der (Schilling-)Währung und Dogma des ausgeglichenen Budgets.[62] Dies führte zu folgender Konsequenz: „Neue Ansätze, etwa auf dem Gebiet der Wirtschaftspolitik in Anlehnung an Maßnahmen in anderen Ländern, waren nur unzureichend konzipiert und verliefen sehr bald im Sand. Damit hatte Österreich in den dreißiger Jahren überhaupt keine Antwort mehr auf die Arbeitslosigkeit."[63]

Auch die von Schuschnigg 1935 groß angekündigte „Arbeitsschlacht", die über Anleihen finanziert wurde, trug nur wenig zur Verbesserung der Bedingungen am Arbeitsmarkt bei. War schon die „Trefferanleihe" aus 1933 nur zu einem Drittel für produktive

58 Dienstanweisung für die Amtswalter der Betriebsstellenorganisation (1921/40).

59 1459/188.

60 Vgl. Pelinka (1972), 63f.

61 Vgl. Senft (2002), 480.

62 Vgl. Senft (2002), 187; Stiefel (1979); Mattl (2005), 206f.; Kluge (1984), 113; Weber (1995).

63 Stiefel (1979), 50.

Zwecke verausgabt worden,[64] so wurde auch ein beträchtlicher Teil des Anleiheerlöses im Jahr 1935 zur „Festigung der Staatsfinanzen“ eingesetzt.[65] 1936 und 1937 versandeten selbst diese selektiven Aktivitäten. Nach Dieter Stiefel wurde die Arbeitsschlacht „weder gewonnen noch verloren, sie lief einfach aus. 1936 reduzierte der Bund seine Investitionen wieder drastisch.“[66] Im gegenständlichen Zeitraum waren die Investitionen insgesamt deutlich rückläufig. Der Anteil der Investitionsausgaben an den gesamten Ausgaben des Bundes betrug im Jahr 1933 2,1 Prozent, 1935 5 Prozent und 1937 3,4 Prozent – bei Einbeziehung der Investitionen für die Landesverteidigung 6,2, 11 sowie 15 Prozent. Anders ausgedrückt: In den Jahren 1933 bis 1937 wurden durchschnittlich 3,2 Prozent – bei Berücksichtigung der Landesverteidigung 10 Prozent – für Investitionen verausgabt. Dies machte nur 41 Prozent der Investitionen der Jahre 1923 bis 1930 aus.[67]

Der finanzpolitische Dogmatismus erwies sich somit als „größte Hemmschwelle für eine dynamische Politik der Arbeitsbeschaffung“.[68] Die Priorität der Stabilität von Währung und Budget stand einer aktiven und konsequenten Beschäftigungspolitik entgegen. Auch andere Wege der Arbeitsbeschaffung, wie eine generelle Arbeitszeitverkürzung, wurden ausgeschlossen. Es kam zwar zur Einführung neuer (unbezahlter) Feiertage, auf der anderen Seite erfolgte allerdings eine Durchlöcherung des Acht-Stunden-Tag-Gesetzes durch diverse Ausnahmeregelungen. Kurzarbeit wurde gesetzlich gefördert, eine generelle Arbeitszeitverkürzung jedoch strikt abgelehnt. Eine geschlechtsspezifische Diskriminierung brachte die beschäftigungspolitische Skurrilität des Doppelverdiener-Verbots im Öffentlichen Dienst.[69] Diese Regelung aus dem Jahr 1933 sah vor, dass verheiratete weibliche Angestellte aus dem Öffentlichen Dienst ausscheiden mussten, wenn der Ehemann ebenfalls beim Bund beschäftigt war und eine bestimmte Einkommensgrenze erreicht hatte. Aufgrund des geringen Erfolges staatlicher Arbeitsbeschaffungspolitik wurde wiederholt eine Verschärfung dieses Verbotes und dessen Ausweitung auch auf private Betriebe gefordert.[70] Ausdruck der weitgehend beschäftigungspolitischen Untätigkeit und Selektivität der Politik im Austrofaschismus ist die Tatsache, dass die Arbeitslosenrate im Jahr 1937 noch immer annähernd 22 Prozent betrug. Im Vergleich dazu war die Arbeitslosigkeit in Frankreich, Großbritannien und den USA merkbar rückläufig.[71] Deutlich anders stellte sich auch die Wirtschafts- und Arbeitsmarktentwicklung im nationalsozialistischen Deutschland dar – mit wachsender Attraktivität für Teile der Arbeiterschaft und der Arbeitslosen.

64 Vgl. Mattl (1988), 137.

65 Vgl. Senft (2002), 488.

66 Stiefel (1979), 98.

67 Vgl. Stiefel (1979), 102 f.

68 Senft (2002), 491.

69 Siehe dazu auch den Beitrag von Neda Bei in diesem Band.

70 Vgl. 2837/3.

71 Lag die Arbeitslosenrate dieser Länder im Jahr 1931 noch über der Österreichs, so war sie im Jahr 1937 deutlich unter das österreichische Niveau gesunken.

4.2 Kürzungen der Leistungen und Verschlechterungen auf allen Ebenen sozialstaatlicher Sicherung

Waren bereits im Zusammenhang mit der Wirtschaftskrise diverse Versuche unternommen worden, Niveau und Reichweite sozialstaatlicher Leistungen einzuschränken, so gelang dies realiter im großen Umfang und mit großer Reichweite erst ab 1933 nach Ausschaltung des Nationalrates. Der Sozialabbau erfolgte auf allen einschlägigen Ebenen, im Arbeitsrecht ebenso wie im Bereich sozialstaatlicher Sicherung.

Die wirtschaftliche Krise blieb für die staatlich geregelte soziale Sicherung nicht ohne Folgen. Der Zusammenbruch von Betrieben in der Wirtschaftskrise war ebenso wie die massiv ansteigende Zahl erwerbsloser Menschen und die Verringerung der Durchschnittsverdienste[72] für die Einnahmensituation der Sozialversicherung höchst nachteilig. Waren 1927 noch mehr als 1,3 Millionen ArbeiterInnen versichert, so hatte sich diese Zahl 1935 auf nur mehr 1,1 Millionen verringert. Zugleich ging damit eine sinkende Reichweite sozialstaatlicher Absicherung einher.

Eindrückliches Beispiel dafür ist die verstärkte Exklusion aus der Arbeitslosenversicherung: Ab 1935 erhielt nur noch jede/r Zweite eine Unterstützung. Die Ausweitung der Aussteuerung resultierte aus der Novellierung des Arbeitslosenversicherungsgesetzes im Rahmen des Gewerblichen Sozialversicherungsgesetzes: Für den Bezug der Notstandsunterstützung war damit eine versicherungspflichtige Beschäftigung im Ausmaß von mindestens fünf Jahren innerhalb der letzten zehn Jahre erforderlich. Darüber hinaus wurden selbst auch jene BezieherInnen etappenweise aus der Notstandsaushilfe ausgeschieden, die im Sinne des angegebenen Erfordernisses als nicht länger Beschäftigte galten. Laut Bericht der Bezirkshauptmannschaft Neunkirchen vom Juli 1935[73] waren in dem Gebiet mit hoher Arbeitslosigkeit die Folgen der Neubemessung der Notstandsunterstützung besonders stark spürbar: Fast jede/r Dritte, manche/r in beträchtlicher Höhe, war betroffen. Aus Angst vor Unruhen wurde für den Tag der Auszahlung Gendarmerieassistenz angefordert. Obwohl es keine Unruhen gab, erschien dem Sicherheitsdirektor für Niederösterreich angesichts der prekären sozialen Bedingungen der Arbeiterschaft, von Arbeitslosen und Ausgesteuerten „Abhilfe vom staatspolizeilichen Standpunkt sehr geboten".

Die Folgen einer derartigen Politik wurden auch in den eigenen Reihen wiederholt kritisch vermerkt. So heißt es beispielsweise in einem Antrag der SAG im 16. Wiener Gemeindebezirk vom Mai 1936:[74] „Da es ja wirklich unmenschlich ist, in der Volksgemeinschaft von heute Menschen zu wissen, die auf Nichts angewiesen, dem Bettel ausgesetzt sind, nur um ihr Leben zu erhalten, wird angeregt eine durchgreifende Reform dieses Gesetzes zur Behandlung einem Ausschuss zuzuweisen."

Veränderungen im Bereich sozialer Sicherung hatten ihren Ansatzpunkt nicht nur in krisenbedingten Finanzierungsproblemen. Austrofaschistische Sozialpolitik verstärkte die Schieflage der Belastungen der Arbeiterschaft. Während im Bereich des Arbeitsrechtes Regelungen der Arbeitszeit, des Kündigungsschutzes und der Kollektivverträge ausgehöhlt oder überhaupt beseitigt wurden,[75] hatten in den tradierten sozialstaatlichen

72 Vgl. Resch (1935b), 19; Bayer (1936).

73 61/102 ff.

74 2837/3.

75 Vgl. dazu den Beitrag von Walter Schrammel in diesem Band.

Leistungssystemen Einschränkungen der Leistungen oberste Priorität. Das angepeilte Ziel war die finanzielle Entlastung des staatlichen Budgets und der Unternehmen, anders gesagt: die Herstellung einer Balance zwischen Einnahmen und Ausgaben in der Sozialversicherung.

Aus dem Rahmen der sonstigen Vorstellungen und Zielsetzungen der Regierungspolitik fiel der Vorschlag, dass für kapitalintensive Betriebe ein neuer Finanzierungsmodus eingeführt werden sollte. Dieser Vorschlag wäre darauf hinaus gelaufen, den bisherigen Beitragsmodus (Beiträge der Arbeitgeber auf Basis der Lohnsumme) ganz oder teilweise durch eine Erhöhung des Krisenzuschlags zur Warenumsatzsteuer zu ersetzen. Der Vorschlag scheiterte am Widerstand der Unternehmervertretungen wie auch einzelner Ministerien.[76]

Nach diversen Maßnahmen in den Jahren 1933/34, die Verschlechterungen einzelner Leistungen der Sozialversicherung brachten,[77] enthielt die sogenannte „Gewerbliche Sozialreform" aus 1935 ein umfassendes Paket von einschneidenden Kürzungen im Bereich der Sozialversicherung. Damit sollte die „Wiederherstellung des gestörten Gleichgewichtes zwischen Einnahmen und Ausgaben in der Sozialversicherung" erreicht werden – ohne zusätzliche Belastung der Produktionskosten (durch Beitragserhöhungen) und ohne Staatszuschüsse zu den echten Versicherungszweigen. Einen Kernpunkt dieses Planes bildeten Kürzungen der Leistungen. Der Entscheidung für den Weg der Leistungseinschränkungen stimmten auch die Vertreter des Gewerkschaftsbundes zu. Das Gewerbliche Sozialversicherungsgesetz aus 1935 sah eine breite Palette von Kürzungen bzw. Verschlechterungen vor: Diese reichte von der Kürzung des Krankengeldes und Einführung einer dreitägigen Karenzfrist, von einschneidenden Kürzungen der Pensionen der Angestellten sowie des Arbeitslosengeldes und der Altersfürsorge bis hin zur neuerlichen Verschiebung des Inkrafttretens der Arbeiteraltersrenten.

Wie sehr diese Politik des Sozialabbaus mit den veränderten politischen Bedingungen in engstem Zusammenhang steht, wird vom damaligen Sozialminister Odo Neustädter-Stürmer selbst eindrücklich erläutert: „Und es ist Ihnen bekannt, dass die verschiedenen Ansätze meiner Amtsvorgänger, eine Sozialreform im alten Parlament durchzubringen, gescheitert sind, gescheitert sind deswegen, weil die Interessen, die sich an einen solchen Gesetzentwurf knüpfen, so verschiedene, so divergente sind, dass es, glaube ich, überhaupt niemandem gelungen wäre, im alten Parlament, das ja doch alle seine Verhandlungen in freier Öffentlichkeit geführt hat, ein solches Gesetz, das von allen Beteiligten Opfer verlangt, durchzusetzen."[78]

Mit den Veränderungen arbeitsrechtlicher Maßnahmen, wie zum Beispiel dem Streikverbot und der Aufhebung der Autonomie der betrieblichen Interessenvertretung der ArbeiterInnen und Angestellten, erfolgte eine Beschränkung des Handlungsspielraums für die Austragung von Konflikten aus dem Arbeitsverhältnis. Damit konnte die Intensität der Auseinandersetzungen reduziert und deren unmittelbares Durchschlagen auf die staatlich-politische Ebene verhindert werden. Durch den Sozialabbau im Bereich der Sozialversicherung konnten Produktionskosten gesenkt und damit einer der zentralen

76 Vgl. Tálos (1988), 171ff.
77 Vgl. auch Jellinek (1933).
78 Verhandlungsschrift des Bundeswirtschaftsrates, 10. Sitzung, 26.2.1935, 237.

Forderungen der Unternehmer entsprochen werden. Zudem bewirkte diese Politik eine merkbare Absenkung der Sozialausgaben wie auch eine Entlastung des Staatshaushaltes. Der Anteil der Ausgaben für „soziale Verwaltung" an den Gesamtausgaben des Bundes erfuhr eine deutliche Reduktion. Machte er 1932 (noch) 23,5 Prozent aus, sank er in den folgenden Jahren merkbar ab: 1937 betrug der Anteil nur noch 17,2 Prozent.[79]

Trotz Beibehaltung von Elementen der sozialpolitischen Tradition von vor 1933 und selektiver Gegenwehr durch den Einheitsgewerkschaftsbund realisierte der Austrofaschismus mit den Änderungen im Bereich des Arbeitsrechtes und der Sozialversicherung eine Abbaupolitik, wie wir sie in diesem Ausmaß für keine andere Phase der Entwicklung der österreichischen Sozialpolitik – mit Ausnahme der Jahre 1938 bis 1945 – konstatieren können.

5. Abschluss

Spitzenrepräsentanten und Propaganda des Austrofaschismus wurden nicht müde zu betonen, wie sehr die Rechte und das Wohlergehen der Arbeiterschaft zu den zentralen Anliegen der Neuordnung von Politik und Gesellschaft zählten. Das Herrschaftssystem versuchte die illegale politische Betätigung zu unterbinden und zu sanktionieren, die Arbeiterschaft in den und außerhalb der Betriebe organisatorisch zu erfassen und zu kontrollieren sowie nicht zuletzt die durch die Beseitigung ihrer bisherigen Organisationen „heimatlos" gewordene Arbeiterschaft zu integrieren. Die Erfassung gelang partiell und zwar in organisatorischer Hinsicht. Der Gewerkschaftsbund wurde zunehmend auch von den illegalen Gewerkschaftern als Betätigungsfeld genutzt – allerdings nicht im systemunterstützenden, sondern systemopponierenden Sinne.

Große Teile der Arbeiterschaft blieben dem Austrofaschismus aus politischen und sozial-materiellen Gründen fern. Mit der Beseitigung ihrer Organisationen machte der Austrofaschismus die Arbeiterschaft im hohen Maß wehrlos, lieferte sie der Willkür von Unternehmen und einer Politik zu ihren Lasten weitgehend schutzlos aus. Im Unterschied zur nationalsozialistischen Bewegung wurde der illegal operierenden sozialdemokratischen und kommunistischen Opposition vom Austrofaschismus bis zu seinem Ende keine Möglichkeit der politischen Mitgestaltung geboten. Im Gegenteil: Sie wurde verfolgt und sanktioniert.

Aus dieser Entwicklung resultierte folgende Konsequenz: Die sozialen und materiellen Probleme der Lohnabhängigen dauerten während der austrofaschistischen Herrschaft nicht nur an, sondern erfuhren eine Zuspitzung. Angesichts des sozialen Desasters des Austrofaschismus wirkte die Wirtschafts- und Arbeitsmarktpolitik des Nationalsozialismus attraktiver. Ungeachtet dessen, dass es die illegale NSDAP in Österreich nicht schaffte, große Teile der Arbeiterschaft an sich zu binden,[80] blieben Losungen wie „Brot und Arbeit" nicht ohne Auswirkungen auf die Akzeptanz bzw. die Hinnahme der politischen Veränderungen im März 1938.

79 Vgl. Fibich (1980), 179 ff.; Senft (2002), 155.

80 Vgl. Botz (1990); Konrad (1990); McLoughlin (1990).

Walter Schrammel

Arbeits- und sozialrechtliche Reformen im Austrofaschismus

Allgemeines

Die arbeits- und sozialrechtlichen Maßnahmen in der Zeit des sogenannten Ständestaates[1] können zeitlich zwei Perioden zugeordnet werden: Die erste Periode umfasste den Zeitraum vom 4. März 1933 bis 11. Februar 1934, die zweite begann mit dem 12. Februar 1934 und endete am 13. März 1938. Inhaltlich kann zwischen direkt politisch motivierten Regelungen, die dem Auf- und Ausbau des Austrofaschismus dienten, und gleichsam „unpolitischen" Regelungen, die vordergründig anderen Zwecken, insbesondere der Wirtschaft, dienen sollten, unterschieden werden. Die Grenzziehung ist allerdings fließend und dient lediglich der Systematisierung des Themas.

1. Arbeits- und sozialrechtliche Maßnahmen im Zeitraum vom 4. März 1933 bis 11. Februar 1934

1.1 „Nicht politische" Regelungen

Zu den vordringlichsten „nicht politischen" Maßnahmen der Bundesregierung zählten Regelungen, die sich mit der Sicherung der wirtschaftlichen Leistungsfähigkeit des Landes befassten. Diese Maßnahmen führten zu massiven Eingriffen in sogenannte wohl erworbene Rechte der ArbeitnehmerInnen. Betroffen waren vor allem die Bankangestellten und die Bediensteten der Österreichischen Bundesbahnen.

Die Bankentlastungsverordnung vom 19. März 1933[2] sah das Erlöschen sondervertraglich geregelter Dienstverhältnisse zu Kreditinstituten mit 31. März 1933 vor; die betroffenen ArbeitnehmerInnen hatten zwar Schadenersatzansprüche, diese waren jedoch betraglich beschränkt. Vom Geschäftserfolg unabhängige Tantiemen duften nicht mehr ausbezahlt bzw. in neuen Sonderverträgen gar nicht mehr vereinbart, verbotswidrig bezogene mussten zurückbezahlt werden. Für die Rückzahlung hatten die Mitglieder des Vorstandes der Bank solidarisch zu haften. Die Sonderverträge bedurften überdies der Genehmigung des Finanzministers. In Sonderverträgen enthaltene Pensionsansprüche

1 Vgl. dazu auch Tálos (2005).

2 BGBl. 68/1933.

wurden gekürzt, bestehende Kollektivverträge erloschen und galten nicht mehr als Bestandteil der Einzelverträge. Die Kollektivvertragsparteien sollten neue Regelungen treffen, bis zur Neuregelung hatte der Finanzminister Übergangsvorschriften zu erlassen.

Im Bereich der Österreichischen Bundesbahnen sah die Bezügeteilungs-Verordnung vom März 1933[3] vor, dass die Bezüge nicht mehr monatlich im Vorhinein gebührten, sondern in zwei Raten – am Beginn des Monats (60 Prozent) und in der Mitte des Monats – auszuzahlen waren. Im Herbst 1933 erfolgte eine Erleichterung der Versetzung von Bediensteten in den Ruhestand[4] und die Mitwirkungsrechte der Personalvertretung wurden beschnitten.[5] Diese Maßnahmen waren gleichsam die Fortsetzung von Regelungen, die bereits vor 1933 für öffentlich Bedienstete eingeführt worden waren. Diese konnten zwecks Erzielung einer Einsparung in der Verwaltung unter bestimmten Voraussetzungen gegen Bezahlung eines Wartegeldes beurlaubt werden;[6] eine Bezügeteilung war bereits für das Jahr 1932 vorgesehen gewesen.[7]

Im Dezember 1933 wurde das Ausscheiden von verheirateten weiblichen Personen aus dem Bundesdienst, die ausreichend versorgt waren, angeordnet[8] sowie zum Schutz des heimischen Arbeitsmarktes die Einbürgerung von Ausländern erschwert.[9] Die Verleihung der Landesbürgerschaft an AusländerInnen war nur mit Zustimmung der Bundesregierung zulässig.[10] Diese protektionistischen Maßnahmen wurden durch gewerberechtliche Regelungen ergänzt, die im Ergebnis zu einer weitgehenden Einschränkung der Gewerbefreiheit führten.[11]

Um die Beschäftigung anzukurbeln, wurden arbeitsrechtliche Schutzvorschriften zurückgenommen: So durften etwa Fleischhauer, Lebensmittelhändler und Friseure ArbeitnehmerInnen an Feiertagen von acht bis elf Uhr beschäftigen, allerdings nicht, wenn dies durch Kollektivvertrag verboten war.[12] Leitende Angestellte wurden vom Acht-Stunden-Taggesetz ausgenommen, Überstundenvergütungen mussten innerhalb von drei Monaten geltend gemacht werden.[13] Zur Förderung der Beschäftigung bei öffentlichen Bauten wurde das Erlöschen der Kollektivverträge angeordnet.[14]

Es gab in dieser Zeit allerdings auch Regelungen, die nicht auf eine Beschränkung bestehender Rechte ausgerichtet waren: So wurden im Bereich des Öffentlichen Diens-

3 Verordnung der Bundesregierung v. 20.3.1933, BGBl. 72/1933.

4 Verordnung der Bundesregierung v. 12.10.1933, BGBl. 475/1933.

5 Verordnung der Bundesregierung v. 30.9.1933, BGBl. 453/1933.

6 Bundesgesetz v. 18.8.1932 über die Beurlaubung von öffentlich-rechtlichen Angestellten gegen Wartegeld, BGBl. 247/1933.

7 Bundesgesetz v. 18.8.1932 über die Auszahlung der Bezüge der Bundesangestellten und der Pensionsparteien des Bundes, BGBl. 248/1933.

8 Verordnung der Bundesregierung v. 15.12.1933, BGBl. 545/1933, vgl. dazu auch den Beitrag von Neda Bei in diesem Band.

9 Vgl. dazu Reiter-Zatloukal (2012).

10 Verordnung der Bundesregierung v. 24.11.1933, BGBl. 523/1933.

11 Vgl. Korinek (2010), 58.

12 Verordnung der Bundesregierung v. 28.6.1933, BGBl. 262/1933.

13 Verordnung der Bundesregierung v. 31.5.1933, BGBl. 209/1933.

14 Verordnung der Bundesregierung v. 13.6.1933, BGBl. 225/1933.

tes – z. B. für die Post- und Telegraphenbediensteten,[15] Bedienstete in Betrieben des Bundes[16] und Bedienstete des Wiener Krankenanstaltenfonds[17] – Regelungen über die Personalvertretung der Bediensteten erlassen.

1. 2 „Politische“ Regelungen

1. 2. 1 Die Arbeiterkammern

Die Arbeiterkammern waren 1920 durch Gesetz errichtet worden und unterlagen der Aufsicht durch das Staatsamt für soziale Verwaltung.[18] Sie hatten an Behörden und gesetzgebende Körperschaften Gutachten zu erstatten, VertreterInnen in andere Körperschaften zu entsenden und zur Hebung der wirtschaftlichen und sozialen Lage der ArbeitnehmerInnen beizutragen. Die Berufung der Mitglieder der Kammer erfolgte durch Wahl für eine Funktionsperiode von fünf Jahren.[19] Wahlberechtigt waren alle ArbeiterInnen und Angestellten, die das 18. Lebensjahr vollendet hatten. Die letzten Wahlen fanden im Jahre 1926 statt. Sie brachten bei einer Wahlbeteiligung von 66,2 Prozent der sozialdemokratischen Bewegung 430.820 und den übrigen politischen Gruppierungen 116.718 Stimmen.[20] Die Tätigkeitsdauer der gewählten Mitglieder wurde im Juli 1931[21] bis 1. Oktober 1933 verlängert. Eine weitere Verlängerung der Tätigkeitsdauer erfolgte im September 1933[22] bis 31. Dezember 1933.

Vor Ablauf der verlängerten Funktionsperiode wurden im Dezember 1933 bei den Arbeiterkammern anstelle der demokratisch legitimierten Vertreter (Mitglieder) Verwaltungskommissionen eingerichtet, deren Mitglieder vom Bundesminister für soziale Verwaltung bestimmt wurden.[23] Die Verwaltungskommissionen hatten alle Aufgaben zu erfüllen, die nach dem Arbeiterkammergesetz der Vollversammlung und dem Vorstand der Kammer zugewiesen waren, womit sie auch zur Geschäftsführung der Kammer berufen waren. Ein Mitglied der Verwaltungskommission war vom Bundesminister zum Vorsitzenden zu bestellen; der Vorsitzende der Verwaltungskommission war gesetzlicher Vertreter der Kammer. Die Leitung der größten Arbeiterkammer, jener in Wien (zuständig für Wien und Niederösterreich), übernahm Johann Staud, der Sekretär der Zentralkommission der christlichen Gewerkschaften.[24] Der Bundesminister hatte überdies für jede Kammer einen Aufsichtskommissär zu bestellen, der berechtigt war, an allen Sitzungen der Kammer teilzunehmen.[25] Verfügungen in Personalangelegenhei-

15 Verordnung der Bundesregierung v. 23. 12. 1933, BGBl. 407/1933.

16 Verordnung der Bundesregierung v. 23. 12. 1933, BGBl. 571/1933.

17 Verordnung der Bundesregierung v. 18. 11. 1933, BGBl. 511/1933.

18 Gesetz v. 26. 2. 1920, StGBl. 100/1920.

19 § 7 AKG.

20 Vgl. Schmit (2009), 18.

21 Bundesgesetz v. 15. 7. 1931, BGBl. 211/1931.

22 Verordnung der Bundesregierung v. 29. 9. 1933, BGBl. 448/1933.

23 Verordnung der Bundesregierung v. 21. 12. 1933 über die Bestellung von Verwaltungskommissionen bei den Kammern für Arbeiter und Angestellte, BGBl. 572/1933; vgl. zur Zerschlagung der Kammern Göhring/Pellar (2001).

24 Vgl. zur christlichen Gewerkschaft und Johann Staud etwa Pelinka (1972); Kluwick-Muckenhuber (1969).

25 Nach § 3 AKG 1920 unterstanden die Kammern nur der Aufsicht des Staatsamtes.

ten konnten nur im Einvernehmen mit dem Aufsichtskommissär getroffen werden. Der Aufsichtskommissär konnte verlangen, dass das Dienstverhältnis bestimmter Angestellter aufgelöst wird. Diesem Verlangen musste entsprochen werden (§ 9 Abs. 2).

1.2.2 Die Gelöbnisregelung und der Amtsverlust

Öffentlich Bedienstete mussten seit Mai 1933 den Diensteid leisten, in dem sie zu schwören hatten, der „Regierung treu und gehorsam zu sein";[26] eine Verweigerung galt als Austritt.[27] Im Juni 1933 wurden die NSDAP und der Steirische Heimatschutz verboten;[28] dies hatte auch Konsequenzen für die Gestaltung der Dienstverhältnisse der öffentlich und halböffentlich Bediensteten. So mussten etwa die Bediensteten der Sozialversicherungsträger geloben, dass sie einer ausländischen, politische Zwecke verfolgenden Gesellschaft weder angehörten noch einer solchen Gesellschaft in Zukunft angehören würden. Gleichzeitig hatten sie auch die gewissenhafte Erfüllung der Dienstpflichten zu geloben. Die Verweigerung des Gelöbnisses hatte die sofortige Auflösung des Dienstverhältnisses unter Verlust aller erworbenen Ansprüche zur Folge.[29] Durch Verordnung der Bundesregierung vom 26. Jänner 1934 über Maßnahmen betreffend die öffentlichen Angestellten[30] wurde dann generell angeordnet, dass die Abstrafung aufgrund namentlich genannter „Sicherheitsverordnungen" den Verlust des Amtes und aller daraus erfließenden Rechte nach sich ziehen sollte, wenn das Bundeskanzleramt den Eintritt dieser Rechtsfolge aussprach.

2. Arbeits- und sozialrechtliche Maßnahmen im Zeitraum vom 12. Februar 1934 bis 12. März 1938

2.1 „Politische" Regelungen

2.1.1 Die Gewerkschaften

Nach den Ereignissen im Februar 1934 wurde der Sozialdemokratischen Arbeiterpartei mit Verordnung der Bundesregierung vom 12. Februar 1934 jede Betätigung verboten.[31] Die bestehenden Organisationen der Partei wurden aufgelöst, die Bildung neuer Organisationen verboten. Die Ausübung eines Mandats im Sinne der Sozialdemokratischen Partei galt als verbotene Betätigung für diese Partei. Dieses Verbot wurde kurze Zeit später dahin präzisiert, dass die Mandate von Mitgliedern der allgemeinen Vertretungskörper, die aufgrund von Wahlvorschlägen der Sozialdemokratischen Partei gewählt worden waren, erloschen. Das Erlöschen der Mandate hatte allerdings keinen Einfluss auf den Bestand des Vertretungskörpers.[32]

Die Auflösung sozialdemokratischer Organisationen erfasste auch die bestehenden Gewerkschaften. Hatten diese Kollektivverträge abgeschlossen, stellte sich die Frage, ob mit der Auflösung auch diese erloschen waren. Durch Verordnung der Bundes-

26 Ministerratsprotokoll 872, 10.5.1933, zit. nach Reiter (2007), 92.
27 Verordnung v. 1.5.1933, BGBl. 173/1933.
28 Verordnung v. 13.6.1933, BGBl. 237/1933.
29 Verordnung v. 21.12.1933, BGBl. 593/1933.
30 BGBl. I 52/1934.
31 BGBl. I 78/1934.
32 Verordnung der Bundesregierung v. 16.2.1934, BGBl. I 100/1934.

regierung vom 16. Februar 1934[33] wurde angeordnet, dass die Rechtswirksamkeit von Kollektivverträgen, die auf Arbeitnehmerseite von aufgelösten oder noch aufzulösenden Organisationen abgeschlossen wurden, unberührt bleiben sollte. Rechtsgeschäftliche Erklärungen, insbesondere Kündigungen, wurden auf Arbeitnehmerseite von der Arbeiterkammer abgegeben. Durch Verordnung der Bundesregierung vom 23. Februar 1934[34] wurden auch die Kollektivverträge mit land- und forstwirtschaftlichen Arbeitnehmern aufrecht erhalten. Wurde die auf Arbeitnehmerseite einschreitende Berufsvereinigung aufgelöst, trat die im Lande bestehende christliche Berufsvereinigung der Land- und Forstarbeiter in die Rechte und Pflichten der aufgelösten Vertragspartei ein.[35]

Am 2. März 1934[36] wurde durch Verordnung der Bundesregierung die neue Einheitsgewerkschaft, der Gewerkschaftsbund der österreichischen Arbeiter und Angestellten, gegründet, dem die Vertretung der arbeitsrechtlichen, wirtschaftlichen und sozialen Interessen der Arbeiter und Angestellten oblag. Er hatte seine Aufgaben in christlichem, vaterländischem und sozialem Geiste mit Ausschluss jeder parteipolitischen Tätigkeit zu erfüllen. Der Gewerkschaftsbund war eine Einrichtung öffentlichen Rechts und bestand aus Berufsverbänden (Industrie und Bergbau, Gewerbe, Handel und Verkehr, Geld- und Kreditwesen, freie Berufe), die wiederum in Fachverbände (Gewerkschaften) gegliedert werden konnten. Innerhalb der jeweiligen Gliederung konnte je eine Sektion der Arbeiter und der Angestellten errichtet werden. Die Mitgliedschaft wurde durch freiwilligen Beitritt erworben. Die erste Satzung des Gewerkschaftsbundes hatte der Bundesminister für soziale Verwaltung zu erlassen, dem auch die Bestellung des Vorstandes des Gewerkschaftsbundes zukam. Durch Verordnung des Bundesministers für soziale Verwaltung wurde Johann Staud zum Vorsitzenden des Gewerkschaftsbundes bestellt.[37] Der Gewerkschaftsbund war insbesondere dazu berufen, Kollektivverträge abzuschließen, deren Wirkung sich auf alle Arbeiter und Angestellten erstreckte, die im räumlichen und fachlichen Geltungsbereich des jeweiligen Kollektivvertrages beschäftigt waren, unabhängig von einer Mitgliedschaft zum Gewerkschaftsbund.[38] Dieser trat in alle bestehenden Kollektivverträge als neuer Vertragspartner ein, während die Rechte und Pflichten der bisherigen Vertragsparteien auf Arbeitnehmerseite erloschen.

Durch Verordnung der Bundesregierung vom 27. April 1934[39] wurde das Vermögen der im Anhang dieser Verordnung aufgezählten, durch behördliche Verfügung aufgelösten Berufsvereinigungen der Arbeiter und Angestellten in das Eigentum des Gewerkschaftsbundes übertragen, bei dem auch die Gläubiger der aufgelösten Berufsvereinigungen ihre Ansprüche anzumelden hatten. Der Gewerkschaftsbund erhielt dadurch eine entsprechende materielle Ausstattung. Das Dienstverhältnis von Arbeitnehmern der aufgelösten Berufsvereinigungen erlosch mit 30. Juni 1934 (Angestellte) bzw. mit

33 BGBl. I 94/1934.

34 BGBl. I 117/1934.

35 Verordnung des mit der Leitung des Bundesministeriums für Land- und Forstwirtschaft betrauten Bundeskanzlers v. 28. 2. 1934, BGBl. I 129/1934.

36 BGBl. I 132/1934.

37 Verordnung v. 8. 3. 1934, BGBl. I 140/1934.

38 Diese Außenseiterwirkung war bereits im sogenannten „Antiterrorgesetz" 1930, BGBl. 113, angeordnet worden. Vgl. Holzner (1994), 7.

39 BGBl. I 243/1934.

12. Mai 1934. Der Anspruch auf das Grundentgelt blieb bis zum Ende des Dienstverhältnisses bestehen, es durfte allerdings den Betrag von 600 Schilling monatlich nicht übersteigen. Bezüglich der Ruhe- und Versorgungsgenüsse von Bediensteten aufgelöster Berufsvereinigungen sah das Bundesgesetz betreffend die Regelung der Ansprüche und Anwartschaften auf Ruhe-(Versorgungs)genüsse der Dienstnehmer aufgelöster Berufsvereinigungen[40] eine – betragsmäßig begrenzte – Fortzahlung vor, wenn der Ruhegenuss vor der Auflösung angefallen war und der Dienstnehmer das 60. Lebensjahr vollendet hatte; die Ansprüche jüngerer Personen wurden entfertigt. Zu den aufgelösten Berufsvereinigungen gehörten insbesondere der Bund Freier Gewerkschaften, aber auch kleinere Organisationen, wie z. B. die Internationale Artistenorganisation, die Bekleidungsarbeitergewerkschaft oder der Verband der Kunstblumen- und Schmuckfedernarbeiterinnen und -arbeiter Österreichs.[41]

Die Satzung des Gewerkschaftsbundes wurde im Dezember 1934 erlassen.[42] Die Mitgliedschaft wurde danach durch Aufnahme in diejenige Gewerkschaft erworben, die nach der Art des Betriebes, in dem der Arbeitnehmer beschäftigt war, für ihn zuständig war.[43] Die Gewerkschaften, die der Vorstand der einzelnen Berufsverbände nach dem Grundsatz der zweckmäßigen Zusammenfassung von Angehörigen gleicher oder verwandter Berufszweige zu errichten hatte,[44] waren insbesondere dazu berufen, mit Zustimmung des Vorstandes des Berufsverbandes Kollektivverträge abzuschließen.[45]

2.1.2 Die Betriebsräte

Die schon erwähnten Bestimmungen der Verordnung der Bundesregierung vom 16. Februar 1934 über das Erlöschen der Mandate wurden am 23. Februar 1934[46] auch auf jene Betriebsräte und Vertrauensmänner ausgedehnt, die ihr Mandat aufgrund des Einflusses der Sozialdemokratischen Partei oder einer dem Bund der Freien Gewerkschaften Österreichs angehörenden Berufsvereinigung erlangt hatten. Wäre durch das Ausscheiden von Mitgliedern des Betriebsrates Beschlussunfähigkeit eingetreten, hätte die Arbeiterkammer Beschäftigte des Betriebes als Mitglieder nachzunominieren gehabt, die dann als Betriebsratsmitglieder gegolten hätten. Das Vermögen des Betriebsrates wurde zunächst dem zuständigen Bürgermeister übertragen, der dieses nach der Nominierung von Ersatzmitgliedern wieder dem Betriebsrat auszufolgen hatte. Die Einhebung der

40 BGBl. 307/1935.

41 Vgl. den Anhang zur Verordnung BGBl. I 243/1934.

42 Verordnung des Bundesministers für soziale Verwaltung v. 3.12.1934, BGBl. II 394/1934.

43 Auch nach der geltenden Geschäftsordnung des ÖGB wird die Mitgliedschaft zum ÖGB durch Aufnahme in eine Gewerkschaft begründet. Vgl. § 18 der Geschäftsordnung. Die Zuordnung der einzelnen Mitglieder zu den Gewerkschaften richtet sich nach § 19 der Geschäftsordnung nach der Art des Betriebes, in dem das Mitglied tätig ist.

44 Demgegenüber werden die einzelnen Fachgewerkschaften in § 4 der Statuten des ÖGB ohne Bedachtnahme auf eine zweckmäßige Zusammenfassung von Angehörigen gleicher oder verwandter Berufszweige aufgezählt.

45 § 11 Abs. 3 der Statuten. Auch die geltende Geschäftsordnung des ÖGB sieht vor, dass Kollektivverträge von den einzelnen Gewerkschaften abzuschließen sind. Vgl. § 4 iVm § 9 der Geschäftsordnung des ÖGB.

46 BGBl. I 112/1934.

Betriebsratsumlage war bis zur Bestellung der neuen Mitglieder gehemmt. Gleichzeitig wurde die Funktionsdauer der gewählten Mitglieder bis zu einem vom Bundesminister für soziale Verwaltung zu bestimmenden Zeitpunkt verlängert; Neuwahlen durften nicht mehr stattfinden. Der Bestand und die Aufgaben der Betriebsräte wurden durch diese Maßnahmen nicht berührt, allerdings wurde das Betriebsrätegesetz 1919[47] kurze Zeit später aufgehoben. Am 1. August 1934 trat das Bundesgesetz über die Errichtung von Werksgemeinschaften in Wirksamkeit,[48] das materiell jedoch zu keinen wesentlichen Änderungen der zuvor bestehenden Rechtslage führte. Das Betriebsrätegesetz 1919 hatte für jeden Betrieb, in dem mindestens zwanzig ArbeitnehmerInnen beschäftigt waren, die Errichtung eines Betriebsrates, für kleinere Betriebe die Bestellung von Vertrauensmännern vorgesehen. Die Mitglieder des Betriebsrates bzw. die Vertrauensmänner wurden von den ArbeitnehmerInnen gewählt und hatten deren Interessen gegenüber dem Betriebsinhaber zu vertreten. Bestimmte Angelegenheiten, wie z. B. die Festlegung von Akkordlöhnen, konnten nur mit Zustimmung der Betriebsräte geregelt werden, sofern eine kollektivvertragliche Regelung nicht bestand. Die Betriebsräte hatten ferner das Recht, Kündigungen anzufechten, die auf einem verpönten Motiv beruhten, während sie selbst nur mit Zustimmung des Einigungsamtes gekündigt werden durften.

Das Gesetz über die Errichtung von Werksgemeinschaften eliminierte den Begriff „Betriebsrat"; in Betrieben ab fünf ArbeitnehmerInnen waren von ebendiesen Vertrauensmänner zu wählen. Direktoren und leitende Angestellte galten nicht als ArbeitnehmerInnen.[49] Im Gegensatz zur Vorgängerregelung lag in der Definition des neuen Gesetzes ein selbständiger Betrieb dann vor, wenn sein Produktionsprozess oder Geschäftsbetrieb unabhängig von den anderen Teilen des Unternehmens vor sich ging, von ihnen räumlich getrennt war, nicht lediglich einen Hilfs- oder Ergänzungsbetrieb anderer Teile des Unternehmens darstellte und in technischer und wirtschaftlicher Beziehung einer eigenen selbständigen Leitung unterstand.

Die Aufgaben der Vertrauensmänner waren ähnlich gestaltet wie jene der Betriebsräte nach dem Betriebsrätegesetz. Die Vertrauensmänner hatten die Interessen der Arbeitnehmer gegenüber dem Betriebsinhaber wahrzunehmen; sie konnten Kündigungen anfechten, denen ein verpöntes Motiv zugrunde lag, und auch sie genossen weiterhin einen besonderen Kündigungsschutz. Kündigungen waren nur mit Zustimmung des Einigungsamtes zulässig.

In Betrieben mit mindestens zwanzig Arbeitnehmern bildeten die Vertrauensmänner zusammen mit dem Betriebsinhaber die Werksgemeinschaft, welche die aus der Verbundenheit der ArbeitnehmerInnen mit dem Betrieb sich ergebenden Interessen wahrzunehmen hatte. Sie war insbesondere dazu berufen, Akkord-, Stück- und Gedingelöhne festzusetzen, sofern diese nicht durch Kollektivvertrag geregelt waren. Ein Beschluss der Werksgemeinschaft kam zustande, wenn sowohl der Betriebsinhaber als auch die Mehrheit der Vertrauensmänner für einen Antrag gestimmt hatten. Materiell änderte sich daher die Rechtslage gegenüber dem Betriebsrätegesetz nicht. Die im Betriebsrätegesetz geforderte „Zustimmung" der Betriebsräte zur Festsetzung von Akkordlöhnen verlangte eben-

47 Gesetz v. 15. 5. 1919, StGBl. 282/1919.

48 Bundesgesetz v. 12. 7. 1934, BGBl. II 153/1934.

49 § 3 Abs. 4.

falls nach einer Übereinkunft von Betriebsinhaber und Betriebsrat, wobei die Zustimmung des Betriebsrates einen Mehrheitsbeschluss der Betriebsratsmitglieder voraussetzte. Es ist daher unrichtig, wenn in diesem Kontext gelegentlich behauptet wird, die Vertreter der ArbeitnehmerInnen hätten es in den Werksgemeinschaften deutlich schwerer gehabt, die Interessen der Beschäftigten zu vertreten, da bindende Beschlüsse von der Zustimmung des Betriebsinhabers abhängig waren.[50] Da den Werksgemeinschaften die Festlegung der Akkord- und Stücklöhne sowie der Arbeits- und Dienstordnungen oblag, hätten Betriebsinhaber daher Forderungen der ArbeitnehmerInnen blockieren und Lohnerhöhungen verhindern können. Diese Beurteilung beruht auf einer völligen Fehlinterpretation des Betriebsrätegesetzes. Wie schon erwähnt, konnten Akkordlöhne auch nach dem Betriebsrätegesetz nur im Einvernehmen mit dem Betriebsinhaber festgesetzt werden.

Eine beachtliche Einschränkung der Interessenvertretungsaufgabe brachte das Bundesgesetz über die Errichtung von Werksgemeinschaften allerdings mit sich: Das Betriebsrätegesetz hatte den Betriebsräten auch einige Mitwirkungsbefugnisse in wirtschaftlichen Angelegenheiten eingeräumt. So waren die Betriebsräte befugt gewesen, zwei Vertreter in den Aufsichtsrat von Aktiengesellschaften zu entsenden. Diese wirtschaftlichen Mitwirkungsbefugnisse waren in der Nachfolgeregelung nicht mehr enthalten.

Die im Gesetz vorgesehene Wahl von Vertrauensmännern wurde zunächst ausgesetzt; sie wurden vielmehr durch den Gewerkschaftsbund bestellt. Erst 1936 fanden Wahlen statt.

2.1.3 *Personalmaßnahmen*

Die politische Bekämpfung der Sozialdemokratie nach dem 12. Februar 1934 fand auch in verschiedenen dienstrechtlichen Regelungen ihren Niederschlag. Die Verordnung der Bundesregierung vom 23. Februar 1934 über die Dienstenthebung öffentlicher Bediensteter[51] räumte dem Bundeskanzleramt das Recht ein, öffentlich-rechtlich und privatrechtlich Bedienstete aus Gründen der Aufrechterhaltung der öffentlichen Ruhe, Ordnung und Sicherheit – allenfalls unter Kürzung der Bezüge – ihres Amtes zu entheben. Dieses Recht konnte zunächst nur bis 30. Juni 1934 ausgeübt werden; die Geltungsdauer wurde später jedoch mehrfach verlängert.[52] Nach dem Juliputsch 1934 wurde durch Bundesverfassungsgesetz die Zurückbehaltung der Bezüge öffentlich Bediensteter, die im Verdacht standen, an der Aufstandsbewegung teilgenommen zu haben, angeordnet.[53]

Zu erwähnen ist hier auch die Verordnung der Bundesregierung vom 9. März 1934 betreffend die Entlassung von privaten Arbeit-(Dienst)nehmern wegen staats- oder regierungsfeindlicher Betätigung.[54] Die rechtskräftige Verurteilung eines Arbeitnehmers

50 So aber Schmit (2009), 57.

51 BGBl. I 120/1934.

52 Vgl. Bundesgesetz v. 15.6.1934 über Maßnahmen betreffend die öffentlichen Angestellten, BGBl. II 74/1934; Bundesgesetz v. 20.12.1934 über Maßnahmen, betreffend die öffentlichen Angestellten, BGBl. II 462/1934; Bundesgesetz über Maßnahmen, betreffend die öffentlichen Angestellten, BGBl. 519/1935; Bundesgesetz über Maßnahmen betreffend die öffentlichen Angestellten, BGBl. 456/1936.

53 Bundesverfassungsgesetz v. 3.8.1934 über besondere Maßnahmen gegen die an der Aufstandsbewegung v. 25.7.1934 beteiligten öffentlichen Angestellten, BGBl. II 181/1934.

54 BGBl. I 157/1934.

aufgrund der „Auflösungsverordnung“ vom 12. Februar 1934,[55] aufgrund der die Betätigung im Sinne der Sozialdemokratischen Partei verboten wurde, berechtigte den Arbeitgeber zu dessen vorzeitiger Entlassung. Das Ergebnis eines gegen den Arbeitnehmer eingeleiteten Verfahrens musste dem Arbeitgeber mitgeteilt werden, der die Entlassung innerhalb von vier Wochen nach Zustellung dieser Mitteilung aussprechen konnte. Die Verordnung sollte mit Ende Juni 1934 außer Kraft treten, aber auch ihre Geltungsdauer wurde später mehrfach verlängert.[56]

Durch das Bundesverfassungsgesetz vom 17. August 1934 über den Wirkungskreis des Generalstaatskommissärs für außerordentliche Maßnahmen zur Bekämpfung staats- und regierungsfeindlicher Bestrebungen in der Privatwirtschaft[57] wurde dem Generalstaatskommissär das Recht eingeräumt, mit Bescheid privatrechtliche Arbeitsverhältnisse wegen Staatsgefährlichkeit des Dienstnehmers aufzulösen. Ein solcher Auflösungsbescheid hatte die Wirkung einer vom Dienstnehmer verschuldeten Entlassung. Dienstgeber mussten frei gewordene Stellen innerhalb von vier Wochen nachbesetzen, wobei das Unterlassen der Nachbesetzung ohne triftigen Grund als Verwaltungsübertretung strafbar war. Auch die Geltungsdauer dieses Bundesverfassungsgesetzes, das mit 31. Dezember 1934 außer Kraft treten sollte, wurde mehrfach verlängert.[58]

2.2 „Nicht politische“ Regelungen

2.2.1 Das Vertragsbedienstetengesetz

Zu den „nicht politischen“ arbeitsrechtlichen Regelungen im Zeitraum vom 12. Februar 1934 bis 13. März 1938 gehört das Bundesgesetz vom 26. Oktober 1934 über die Dienst- und Bezugsverhältnisse der Vertragsbediensteten des Bundes,[59] das zwischen nichtständigen und ständigen Bediensteten unterschied.[60] Das Dienstverhältnis der ständigen Vertragsbediensteten war stets auf unbestimmte Zeit abzuschließen, nichtständige Bedienstete konnten befristet oder unbefristet aufgenommen werden. Ständige Bedienstete hatten im Krankheitsfall Anspruch auf Entgeltfortzahlung für sechs Monate, für weitere sechs Monate auf die Hälfte der Bezüge. Bei Verhinderung aus anderen wichtigen,

55 BGBl. I 78/1934.

56 Vgl. Bundesgesetz v. 15.6.1934 betreffend die Entlassung von privaten Arbeit-(Dienst)nehmern wegen staats- oder regierungsfeindlicher Betätigung, BGBl. II 84/1934; Bundesgesetz v. 20.12.1934, betreffend die Entlassung von privaten Arbeit-(Dienst)nehmern wegen staats- oder regierungsfeindlicher Betätigung, BGBl. II 446/1934.

57 BGBl. II 193/1934.

58 Bundesverfassungsgesetz betreffend die Abänderung des Bundesverfassungsgesetzes über den Wirkungskreis des Generalstaatskommissärs für außerordentliche Maßnahmen zur Bekämpfung staats- und regierungsfeindlicher Bestrebungen in der Privatwirtschaft, BGBl. II 454/1934; Bundesverfassungsgesetz, betreffend die neuerliche Inkraftsetzung des Bundesverfassungsgesetzes über den Wirkungskreis des Generalstaatskommissärs für außerordentliche Maßnahmen zur Bekämpfung staats- und regierungsfeindlicher Bestrebungen in der Privatwirtschaft, BGBl. 1935/270; Bundesverfassungsgesetz zur Bekämpfung staatsgefährlicher Bestrebungen in der Privatwirtschaft, BGBl. 1935/473.

59 BGBl. II 312/1934.

60 Eine unmittelbare Aufnahme von ständigen Vertragsbediensteten war nicht zulässig. Ständiger Vertragsbediensteter wurde man durch Überleitung aus dem nichtständigen Status. Vgl. §3 Abs. 2 und 3 VBG.

die Person betreffenden Gründen konnte Entgelt für eine „verhältnismäßig kurze, einen Monat nicht übersteigende Zeit" fortbezogen werden. Das Dienstverhältnis der unbefristet aufgenommenen Bediensteten konnte durch Kündigung aufgelöst werden; ständige Vertragsbedienstete durften nur aus bestimmten Gründen gekündigt werden.[61] Die Vorgängerregelung[62] hatte einen derartigen Kündigungsschutz noch nicht vorgesehen.

2.2.2 *Das Kautionsschutzgesetz*

Zu den „nicht politischen" Reformen im „Ständestaat" gehört auch das Kautionsschutzgesetz 1937,[63] das noch immer in Geltung steht. Eine zentrale Regelung findet sich in § 3, gemäß dem der Abschluss oder die Aufrechterhaltung eines Dienstvertrags vom Dienstgeber nicht davon abhängig gemacht werden darf, dass dem Dienstgeber vom Dienstnehmer oder einem Dritten ein Darlehen gewährt wird oder dass der Dienstnehmer oder ein Dritter sich mit einer Geldanlage an dem Unternehmen des Dienstgebers als stiller Gesellschafter beteiligt. Gemäß § 4 Kautionsschutzgesetz sind Rechtsgeschäfte, die den Bestimmungen des § 3 widersprechen, nichtig. Das aufgrund solcher Rechtsgeschäfte und Verträge Geleistete kann jederzeit zurückgefordert werden.

Zweck der mit Nichtigkeitssanktion bewehrten Verbotsnorm des § 3 Kautionsschutzgesetz ist es, den Dienstnehmer davor zu schützen, dass er der Aufrechterhaltung des Dienstvertrags wegen dem Dienstgeber ein Darlehen gewährt und damit der Gefahr der Insolvenz des Dienstgebers ausgesetzt wird. Der Tatbestand des § 3 Kautionsschutzgesetz ist immer dann erfüllt, wenn der Arbeitgeber den Arbeitnehmer explizit vor die Alternative stellt, das Darlehen oder die Beteiligung abzuschließen oder allenfalls gekündigt zu werden.[64] Die besondere Gefahr von Darlehen und stillen Einlagen liegt dabei darin, dass beide formlos abgeschlossen werden können und der Darlehensgeber keine gesetzlichen Kontroll-, Informations- bzw. Einwirkungsrechte bezüglich des Geschäftsbetriebes des Darlehensnehmers hat. Dies trifft auch auf die stille Beteiligung zu, denn der stille Gesellschafter hat ebenfalls keine nennenswerten Kontroll-, Informations- oder Einwirkungsrechte.[65] Das Kautionsschutzgesetz hat damit eine wesentliche Aussage zur Risikoverteilung im Arbeitsverhältnis getroffen.

Die neuere Rechtsprechung hat den – bei wörtlicher Interpretation engen – Schutzbereich des Kautionsschutzgesetzes durch Analogie auf solche Sachverhalte erweitert, in denen eine Umgehung der Nichtigkeitssanktion dadurch versucht wurde, dass eine darlehensgewährende Bank auf der Beibringung eines Bürgen bestand, der Dienstgeber die Aufrechterhaltung des Dienstvertrags von der Bürgschaftsübernahme abhängig machte und dieser Umstand der darlehensgewährenden Bank bekannt war.[66]

61 Vgl. nunmehr § 32 des geltenden Vertragsbedienstetengesetzes.

62 Verordnung der Bundsregierung v. 16.1.1925, BGBl. 37/1925.

63 Bundesgesetz betreffend Kautionen, Darlehen und Geschäftseinlagen von Dienstnehmern, BGBl. 229/1937.

64 OGH 30.6.2010, 9 Ob A 107/08i, siehe Zeitschrift für österreichisches und europäisches Wirtschaftsrecht (wbl) 24 (2010), 539.

65 OGH 27.1.1998, 4 Ob 22/98h. Vgl. auch Geist (1995), 388.

66 OGH 15.12.2009, 9 Ob 41/09h, siehe Zeitschrift für österreichisches und europäisches Wirtschaftsrecht (wbl) 24 2010, 248.

2.2.3 Die Sicherung der wirtschaftlichen Leistungsfähigkeit

Um die Personallasten der Versicherungsanstalten zu verringern, sah das Bundesgesetz betreffend die Erleichterung der Personallasten der Versicherungsanstalten[67] aus dem Jahr 1936 vor, dass bestehende Kollektivverträge am 30. Juni 1936 erlöschen sollten; die das Dienstverhältnis und die Ruhe- und Versorgungsgenüsse betreffenden Regelungen galten nicht mehr als Bestandteil der Arbeitsverträge; sie waren nicht mehr Grundlage für die Bemessung von Ruhegenüssen. Neue Kollektivverträge bedurften der Zustimmung des Bundeskanzlers. Wurde bis 30. Juni 1936 kein Kollektivvertrag abgeschlossen, waren die Bezüge der Versicherungsangestellten und die Ruhegenüsse vom Bundeskanzler durch Verordnung zu bestimmen. Durch Sondervertrag geregelte Dienstverhältnisse erloschen am 30. Juni 1936; neue Sonderverträge bedurften ebenfalls der Zustimmung des Bundeskanzlers. Überdies wurden sondervertraglich geregelte Ruhegenüsse gekürzt. Die Regelungen erklären sich aus der Struktur und dem Verständnis des kollektiven Arbeitsrechts der Epoche. Wenn kollektive Regelungen Inhalt des Einzelvertrages werden, bedeutet der Wegfall der kollektiven Regelung nicht automatisch, dass sich auch der Inhalt des Einzelvertrages ändert. Die Zustimmungsrechte des Bundeskanzlers stellten einen erheblichen Eingriff in die Privatautonomie und die Autonomie der Kollektivvertragsparteien dar.

Das Bundesgesetz über Kassen zur Erfüllung der Pensionsverpflichtungen von Kreditinstituten und Privatversicherungsanstalten (Pensionserfüllungskassen)[68] ermöglichte 1937 die Bildung von rechtsfähigen Pensionskassen zur Erfüllung von Ruhe- und Versorgungsgenüssen ehemaliger Arbeitnehmer, die im Falle einer Übertragung von Ansprüchen als Schuldner an die Stelle des Arbeitgebers traten. Diese Pensionserfüllungskassen können durchaus als Vorläufer der bestehenden Pensionskassen angesehen werden.

3. Die Sozialversicherung

Die österreichische Sozialversicherung hatte sich seit dem Inkrafttreten der ersten Sozialversicherungsgesetze[69] zunächst nur langsam weiterentwickelt. Eine umfassende Pensionsversicherung für alle Arbeiter und Angestellten konnte nicht, eine Altersversorgung nur für die Privatangestellten mit dem Pensionsversicherungsgesetz vom 16. Dezember 1906 verwirklicht werden. Nach dem Ersten Weltkrieg gab es zwar Bestrebungen zur Schaffung einer einheitlichen Sozialversicherung[70] für alle Unselbständigen, verwirklicht wurde dann allerdings eine berufsständische Neuordnung der Pensionsversicherung durch das Angestellten-[71] und das Arbeiterversicherungsgesetz.[72] Das Angestelltenversicherungsgesetz trat am 1. Februar 1927 in Kraft, während der Erlass des Arbeiterversicherungsgesetzes vom Eintritt tragfähiger wirtschaftlicher Verhältnis-

67 BGBl. 91/1936.

68 BGBl. 183/1937.

69 Arbeiter-Krankenversicherungsgesetz v. 30.3.1888, RGBl. 33/1888; Arbeiter-Unfallversicherungsgesetz v. 28.12.1887, RGBl. 1/1888.

70 Vgl. Resch (1935a), 10.

71 BGBl. 388/1926.

72 BGBl. 125/1927.

se abhängig gemacht wurde. Da sich die wirtschaftliche Lage in den Folgejahren nicht verbesserte, wurde das Arbeiterversicherungsgesetz in seinen wesentlichen Teilen nie verwirklicht. Eine gewisse Verbesserung für die Arbeiterschaft brachten lediglich die wirksam gewordenen Bestimmungen über die Altersfürsorge.

Die Auswirkungen der Wirtschaftskrise machten die Durchführung von Einsparungsmaßnahmen immer dringlicher. Im Zeitraum von 1930 bis 1933 ging die Zahl der Versicherten in der Arbeiter-Krankenversicherung um 27 Prozent zurück; die Beitragseinnahmen verringerten sich um 33 Prozent. In der Krankenversicherung der Angestellten sank die Zahl der Beitragszahler um 18 Prozent; die Einnahmen der Pensionsversicherung gingen – bereinigt – um mehr als zwanzig Prozent zurück.[73] Der Rückgang der Beschäftigten traf vor allem die Pensionsversicherung der Angestellten, weil sie mit weniger Mitteln die früher angefallenen Pensionen zu finanzieren hatte. Reformversuche vor 1933 auf parlamentarischem Weg scheiterten.

Im Jahr 1934 bereitete der damalige Sozialminister Odo *Neustädter-Stürmer* eine umfangreiche Reform der Sozialgesetzgebung und der Sozialversicherung vor. Ziel war es, alle Versicherten in einem einheitlichen System zu erfassen und einen tatsächlichen Ausgleich zwischen Einnahmen und Ausgaben herzustellen. Es sollte ein komplett neues Finanzierungsmodell eingeführt werden, und zwar der Ersatz des Arbeitgeberbeitrages durch einen Zuschlag zur Warenumsatzsteuer und die Bildung einer Fondsgemeinschaft durch alle Versicherten. Diesem Entwurf war kein Erfolg beschieden. In der Folge brachte die Bundesregierung einen neuen Entwurf im Bundestag ein. Das Bundesgesetz über die gewerbliche Sozialversicherung (GSVG) wurde am 28. März 1935 beschlossen und trat am 1. April 1935 in Kraft,[74] wobei noch kurz vorher durch das Bundesgesetz über vorläufige Maßnahmen auf dem Gebiete der Angestelltenversicherung[75] Leistungskürzungen verfügt wurden, die den wirtschaftlichen Bestand der Angestelltenversicherung sichern sollten.

Das GSVG 1935 regelte die Versicherung aller im Inland Beschäftigten im Fall von Krankheit, Invalidität, Alter und Unfall. Einbezogen waren aber auch die Arbeitslosen- und Altersfürsorge. Die berufsständische Gliederung der Sozialversicherung wurde beibehalten. Das Gesetz hatte in erster Linie das Ziel, ein Gleichgewicht zwischen den Einnahmen und den Ausgaben der Sozialversicherung herzustellen. Der Sanierungsplan war auf fünf Jahre ausgerichtet. Die Beitragsaufteilung wurde flexibel gestaltet. Das Gesetz führte einen einheitlichen Sozialversicherungsbeitrag – zwanzig Prozent des Lohnes – ein, zwischen Pensions- und Arbeitslosenversicherung sollte aber ein Lastenausgleich stattfinden. Man ging davon aus, dass sich die Zahl der Arbeitslosen und damit auch der Aufwand in der Arbeitslosenversicherung verringern, der Aufwand für die Pensionen jedoch steigen würde. So sollten etwa im Jahre 1935 der Pensionsversicherung 10,5 Prozent und der Arbeitslosenversicherung 5,25 Prozent des beitragspflichtigen Entgelts zugeführt werden, im Jahre 1938 sollten 13,5 Prozent der Pensionsversicherung und 2,25 Prozent der Arbeitslosenversicherung zukommen.[76]

73 Resch (1935a), 20.

74 BGBl. 107/1935.

75 BGBl. 1935/56.

76 Resch (1935a), 29 f.

Den Krankenkassen (getrennt in Arbeiter- und Angestelltenkrankenkassen) wurde die Durchführung der Krankenversicherung und die Mitwirkung (= Beitragseinhebung) an den übrigen Versicherungs- und Fürsorgezweigen übertragen. Die einzelnen Arbeiterkrankenkassen bildeten ebenso wie die Angestelltenkrankenkassen einen gemeinsamen Hauptverband. Die Durchführung der übrigen Versicherungs- und Fürsorgezweige (im wesentlichen Unfall- und Pensionsversicherung) oblag der Angestellten- bzw. der Arbeiterversicherung, die beide ihren Sitz in Wien hatten und für das gesamte Bundesgebiet zuständig waren. Aus ihren Hauptverbänden wurde als oberste Verwaltungseinheit der Reichsverband der Sozialversicherungsträger gebildet.

GESCHLECHTER-POLITIK

Neda Bei

Austrofaschistische Geschlechterpolitik durch Recht: Die „Doppelverdienerverordnung“

1. Einleitung

Die Verordnung der Bundesregierung vom 15. Dezember 1933 über den Abbau verheirateter weiblicher Personen und andere dienstrechtliche Maßnahmen[1] gilt als charakteristisches Instrument der austrofaschistischen Geschlechterpolitik. Irene Bandhauer-Schöffmann hat die Frauen aus dem öffentlichen Leben ausgrenzende Bedeutung unterstrichen, die rechtlich normierte Einschränkungen der Frauenerwerbstätigkeit über das ständestaatliche Konzept des Berufsbürgers gewannen.[2] Die konkreten Auswirkungen der Doppelverdienerverordnung auf die Frauenbeschäftigung im Öffentlichen Dienst gelten aufgrund der Quellenlage als schwierig zu bestimmen.[3] In jedem Fall wird sie als Maßnahme von erheblicher symbolischer Bedeutung verstanden.[4] Ich möchte hier auf eine 2008 erarbeitete Beschreibung der Doppelverdienerverordnung als Norm und den Anriss einer Kontextualisierung im Normengefüge zurückkommen.[5] Hinsichtlich der frauenpolitischen Ausgangslage muss hier der Hinweis genügen, dass Maria Mesner eine „auffallende Kontinuität“ des Gegensatzes gesellschafts- und geschlechterpolitischer Konzeptionen für die Folgejahre der Krise 1873 bis in die Erste Republik konstatiert. Verkürzt kann gesagt werden, dass in der Ersten Republik einander im Wesentlichen rückläufige Gesellschaftsentwürfe auf der einen, die Sozialdemokratie auf der anderen Seite gegenüberstanden. Diese, wenn auch nicht bruchlosen Divergenzen bestimmten die Haltungen zur Erwerbstätigkeit von Frauen bis hin in die Rechtspolitik; anders gesagt, lassen sich Einschränkungen der Erwerbstätigkeit von Frauen durch die Rechtsordnung als Reflex gesellschaftspolitischer Entwürfe lesen.[6]

1 BGBl. 545/1933.

2 Vgl. Bandhauer-Schöffmann (2005), 258 ff.

3 Bandhauer-Schöffmann (2005), 276; Personalakten etwa waren alphabetisch organisiert (Hinweis von Dr. Maren Seliger).

4 Bandhauer-Schöffmann (2008), 48; Mesner (2010), 136 f., m. w. H. zum „Doppelverdienerproblem“.

5 Bei (2008).

6 Mesner (2010), 152–154.

2. Zur Rechtsform

Die Doppelverdienerverordnung war eine der – schon im Entstehungszusammenhang und daher im Grunde verfassungswidrigen nach der Auflösung des Parlaments im März 1933 als Ausnahme vom strengen Legalitätsprinzip des B-VG zur Regel gewordenen – Regierungsverordnungen, die auf das Notverordnungsrecht nach dem Kriegswirtschaftlichen Ermächtigungsgesetz 1917 gestützt waren. Zu dieser Rechtsform lassen sich Kontinuitäten über die Erste Republik zurück zum Spätabsolutismus beschreiben.[7]

2.1 *Aufbau und Inhalt*

Die Verordnung war in fünf nummerierte, unbetitelte Abschnitte gegliedert. Normadressat war der Bund. Abschnitt I (§§ 1–6) regelte den Abbau im engeren Sinn. Der Bund verpflichtete sich in Ausübung seiner Diensthoheit selbst, „verheiratete weibliche Personen, die in einem aktiven Dienstverhältnis zum Bund stehen", bis spätestens Ende Februar 1934 „auszuscheiden", wenn der Ehemann der Bediensteten beim Bund, bei einem Land oder Bezirk, bei einer sonstigen öffentlich-rechtlichen Körperschaft oder bei einem öffentlichen Fonds (Stiftung, Anstalt), beim Kriegsgeschädigtenfonds, beim Dorotheum, bei der Nationalbank oder bei den Österreichischen Bundesbahnen beschäftigt war oder am 1. Jänner 1933 einen Anspruch an einen der genannten Dienstgeber (oder an einen von diesem miterhaltenen Fonds) auf fortlaufenden Ruhegenuss hatte (§ 1 Abs. 1a und Abs. 2) *und* sein Einkommen bestimmte Grenzen überstieg, wobei ein Ruhegenuss der Ehefrau einberechnet wurde (§ 1 Abs. 1b). Gesetzliche Unterhaltspflichten, insbesondere für Kinder, wurden gestaffelt abgezogen (§ 1 Abs. 4). Die Einkommensgrenze betrug 340 Schilling brutto, hatte der Ehegatte eine mittlere Lehranstalt absolviert 400 Schilling, hatte er ein Hochschulstudium abgeschlossen 460 Schilling. Für ein Kind wurden 60 Schilling, für zwei Kinder 180 und für drei 300 Schilling eingerechnet. Sonstige gesetzliche oder durch Bewilligung des zuständigen Bundesministers anerkannte Unterhaltspflichten wurden mit 60 Schilling berücksichtigt.

Ausnahmen von der Abbauverpflichtung des Bundes waren für Ehemänner vorgesehen, die bei einer „Religionsgenossenschaft", also keiner öffentlich-rechtlichen Körperschaft im Sinne der Verordnung, beschäftigt waren (§ 1 Abs. 2) oder für mehr als drei Kinder zu sorgen hatten (§ 1 Abs. 3; Privilegierung der Mehrkindfamilie). Eine Schwangerschaft bewirkte den Aufschub des Ausscheidens aus dem Dienst bis zum meldepflichtigen Ende der Schwangerschaft (§ 2).

Nach dem Abbaugebot des § 3 waren Beamtinnen ohne Weiteres – „ohne Einhaltung des in einschlägigen Gesetzen und sonstigen Vorschriften vorgesehenen Verfahrens" – in den dauernden Ruhestand zu versetzen. Das Dienstverhältnis Vertragsbediensteter galt „mit dem letzten Tag des Monats Februar als aufgelöst". Ein Anspruch auf Ruhegenuss (Abfertigung) war unter sinngemäßer Anwendung der Bestimmungen über die Auflösung des Dienstverhältnisses wegen Dienstunfähigkeit vorgesehen, ein fortlaufender Ruhegenuss (Pension) nur nach einer Dienstzeit von mindestens zehn Jahren. Entgegenstehende günstigere Dienst- oder Pensionsvorschriften und Vereinbarungen wurden rechtsunwirksam (§ 4).

7 Bei (2004), 179 ff. m. H. auf Kelsen (1923), 201 f. m. H. auf Arbeiten von Otto Kirchheimer; Bei (2009), 32 f.

§§ 5 und 6 regelten die Fälle der Nichtanwendbarkeit von Abschnitt I: Scheidung vor dem Wirksamwerden der Verordnung sowie Tod, Ausscheiden aus dem aktiven Dienst oder Beurlaubung des Ehemannes gegen Wartegeld (§ 5 Abs. 1 und 2). War eine verheiratete Bundesangestellte durch die zuständige Abbaukommission in den Kalenderjahren 1932 oder 1933 gegen Wartegeld beurlaubt worden, trat an die Stelle des zwangsweise verfügten Ausscheidens ein Verbot der Wiedereinberufung zum Dienst. Gegen Wartegeld beurlaubte Ehemänner einer Bundesbediensteten wiederum galten nicht als im aktiven Dienst stehend und durften so lange nicht wieder zum Dienst einberufen werden, als die Ehefrau im aktiven Dienstverhältnis stand (§ 6).[8]

Abschnitt II normierte erstens ein absolutes Verbot der Aufnahme verheirateter Frauen als Beamtinnen bzw. in ein öffentlich-rechtliches Dienstverhältnis. Dieses Verbot galt ebenfalls für die Aufnahme als Vertragsbedienstete, wenn der Ehemann in einem aktiven Dienstverhältnis zum Bund oder einer der in § 1 Abs. 2 der Verordnung genannten Bundeseinrichtungen stand. Sanktion war die Nichtigkeit des Dienstverhältnisses („ist unzulässig und rechtsunwirksam", § 7 Abs. 1). Zweitens endete das Dienstverhältnis, wenn weibliche Bundesangestellte heirateten. Bei Beamtinnen oder Vertragsbediensteten mit Anspruch auf Ruhegenuss galt die Eheschließung als freiwilliger Dienstaustritt mit Abfertigungsanspruch (§ 7 Abs. 2). Bestand hingegen kein Anspruch auf Ruhegenuss, galt die Eheschließung als Kündigung durch den Dienstgeber zum gleichen Tag, ohne dass ein Anspruch auf Abfertigung vorgesehen war (§ 7 Abs. 4).

Abschnitt III dehnte die Geltung der Abschnitte I und II zunächst sinngemäß auf vom Bund verwaltete Fonds, Stiftungen und Anstalten, das Dorotheum und die Österreichischen Bundesbahnen aus (§ 8). Weiters wurde die Befugnis von Bundesministern, einen weiteren Abzug (60 Schilling) vom anrechenbaren Einkommen zu genehmigen, falls die Ehegatten für bedürftige Personen sorgten (§ 1 Abs. 4), sinngemäß für Rechnungshof und Österreichische Bundesbahnen geregelt (§ 9). Zudem normierte Abschnitt III Ausnahmen von den Zugangsbeschränkungen der Abschnitte I und II: Dies betraf Frauen, deren Dienstverhältnis durch das SchauspielerG 1922 geregelt war, Leiterinnen der Postämter III. Klasse (Postexpedientinnen), Arbeiterinnen der

8 Die Regierung Buresch-Schober (Buresch I) hatte durch die Verordnung v. 16. 12. 1931 über den Abbau entbehrlicher Bundesangestellter (Abbauverordnung 1931), BGBl. 380/1931, ergangen auf der Grundlage des Budgetsanierungsgesetzes v. 3. 10. 1931, BGBl. 294/1931, in den Bundesministerien, weiters u. a. im Postsparkassenamt, in der Tabakregie und in den Bundesforsten sogenannte „Abbaukommissionen" eingerichtet. Ziel der Abbauverordnung war nach § 1 die Anpassung der Personalstände an den „verringerten Bedarf, der sich aus der Vereinfachung der Verwaltung ergeben wird". Die Abbauverordnung 1931 galt befristetet bis 31. 12. 1933. Zu ihrer weiteren Durchführung erging das Bundesgesetz v. 18. 8. 1932 über die Beurlaubung von öffentlich-rechtlichen Angestellten gegen Wartegeld, BGBl. 247/1932, auf das § 6 der Doppelverdienerverordnung verweist. Der Begriff des Wartegeldes ist, im Gegensatz zur Bundesrepublik Deutschland, nicht mehr im geltenden österreichischen Beamtendienstrecht enthalten; in historischen Dienstrechten bezeichnete er einen unterschiedlich gestalteten und bemessenen Teilbezug im Zusammenhang mit – vom öffentlichen Dienstgeber in vorrechtsstaatlichen Verhältnissen einseitig ohne Weiteres verfügten – Außerdienststellungen bei aufrechtem Bestand des Dienstverhältnisses. Die Dienstpflichten blieben aufrecht; der Beamte musste auf Abruf verfügbar bleiben („Dispositionsstellung"). Weitere Fälle des Wartegeldes waren disziplinäre Suspendierungen sowie Vorruhestände; vgl MUSHACKE (1868).

Tabakregie sowie land- und forstwirtschaftliche Arbeiterinnen (§ 10 Abs. 1). Weitere Ausnahmen konnte der Bundesminister für Unterricht für weibliche Lehrkräfte mit hervorragenden Leistungen an der Staatsakademie für Musik und darstellende Kunst verfügen (§ 10 Abs. 2).

Abschnitt IV führte als „andere dienstrechtliche Maßnahm[e]“ eine Meldepflicht für eine Erwerbstätigkeit neben dem Bezug eines Ruhegenusses ein.

Abschnitt V schließlich definierte das Eingehen einer Lebensgemeinschaft ohne Eheschließung als Dienstvergehen „im Sinne der Dienstpragmatik oder der anderen einschlägigen Vorschriften“, das „mit der Entlassung zu ahnden“ war (§ 12). Diese Vorschrift galt für „Angestellte des Bundes“, für deren Dienstverhältnisse nach dem B-VG ausschließlich der Bundesgesetzgeber zuständig war, für Bedienstete der vom Bund verwalteten Fonds, Stiftungen und Anstalten sowie des Dorotheums und schließlich für Bedienstete der Österreichischen Bundesbahnen.

Auf den ersten Blick wirkt die Regelungstechnik verschachtelt und kasuistisch. Vom persönlichen Geltungsbereich nach Geschlecht her galten die Zugangsbeschränkungen sowie die Ausnahmen davon ausschließlich für verheiratete Frauen (Abschnitte I bis III), wobei diese auf Eigenschaften des Ehemannes abgestellt waren. Für beide Geschlechter traten in Abschnitt IV neu eingeführte Ruhensbestimmungen und das Verbot des Eingehens einer Lebensgemeinschaft (Abschnitt V) in Wirksamkeit.

3. Die Doppelverdienerverordnung im Spiegel von Texten Käthe Leichters aus dem Jahr 1934

Käthe Leichter bezeichnete die Doppelverdienerideologie in einem zu Beginn des Jahres 1934 im Parteiorgan „Die Frau“ erschienenen Artikel als internationale, gegen das „Recht der Frau auf Erwerbstätigkeit“ gerichtete Reaktion auf die Wirtschaftskrise und analysierte in einem zweiten Text die Implikationen der österreichischen Doppelverdienerverordnung.[9] Vor allem der zweite Text lässt sich als zeitgenössische Quelle dazu lesen, was möglicherweise nicht nur die Sozialdemokratin Käthe Leichter als besondere Härte begriff.

Dies war zunächst das in Abschnitt I der Verordnung festgelegte System der Einkommensgrenzen, in dem, so Leichter, von der höheren Bildung des Mannes ein Recht auf höhere Lebenshaltung abgeleitet wird. Als besondere Härten beschrieb sie die Anrechnung des Pensionsanspruches der Frau und den Eingriff in bestehende Kündigungsschutzbestimmungen. Der Abbau traf auch die beginnende Feminisierung des gehobenen Öffentlichen Dienstes, die durch den nunmehr so gut wie allgemeinen Zugang zum Frauenstudium begonnen hatte.

Die in Abschnitt II unabhängig vom Status des Ehemannes als öffentlich Bediensteter geregelten Zugangsbeschränkungen – Aufnahmestopp für verheiratete Frauen, „Heiratsverbot“ für Frauen im aufrechten öffentlichen Dienstverhältnis – betrafen zahlreiche Arbeiterinnen des Bundes. Leichter nannte als davon Betroffene etwa die Ar-

9 Käthe Leichter, Doppelverdienersorgen im Dritten Reich, in: Die Frau 1 (1934), 6–8 (gezeichnet K. L.), nachgedruckt in: Kammer für Arbeiter und Angestellte (1995), 199–203; Käthe Leichter, Wem nützt es?, in: Die Frau 2 (1934), 5–7 (gezeichnet K. L.), nachgedruckt in: Ebd., 208–212.

beiterinnen der Staatsdruckerei und die staatlichen Pflegerinnen. Als Beispiel führte sie die „Bedienerin einer staatlichen Krankenanstalt", eine Mutter von drei Kindern, an, die bei der Eheschließung mit einem Hilfsarbeiter oder Arbeitslosen aus dem Dienst hätte ausscheiden müssen.

Als österreichisches Spezifikum schließlich – „nicht einmal das Dritte Reich ist mit seinem Frauenabbau so weit gegangen"[10] – hob Leichter das in Abschnitt VII der Doppelverdienerverordnung statuierte Verbot freier Lebensgemeinschaften hervor. Sie unterstrich, dass dieses auch für die von Aufnahme- und Eheverbot ausgenommenen Frauen galt (dies waren insbesondere Tabakarbeiterinnen, Postexpedientinnen und Schauspielerinnen). Hier erschien ihr charakteristisch, dass dieses Verbot trotz des Fehlens einer rechtlichen Unterhaltspflicht für Lebensgefährtinnen wirksam war und eine Lebensgemeinschaft jederzeit gelöst werden konnte.[11] Als Folge dieses Verbots befürchtete Leichter zunächst das Einsetzen einer „unerträgliche[n] Moralschnüffelei".[12] Insgesamt folgerte sie freilich aus ihrer Beurteilung der Doppelverdienerverordnung als „Sonderrecht", unter das Frauen gestellt würden, dass dieses „in gefährlichster Weise auch auf die Privatindustrie übergreifen kann".[13]

4. Legistische Maßnahmen im Deutschen Reich 1923 bis 1933

Inwieweit ist nun Leichters Aussage nachvollziehbar, dass nicht einmal das „Dritte Reich" mit seinem Frauenabbau so weit gegangen sei? Bereits die sogenannte Personal-Abbau-Verordnung[14] der Regierung Stresemann aus 1923 hatte im Wesentlichen Versetzungen in den vorzeitigen Ruhestand, Ruhensbestimmungen im weitesten Sinn, die Entlassung bestimmter Bedienstetengruppen sowie haushaltsrechtliche Bestimmungen enthalten und in Artikel 14 die erleichterte Kündigung verheirateter Beamtinnen und Lehrerinnen zum jeweils nächsten Monatsersten vorgesehen – bestehende Kündigungsfristen wurden außer Kraft gesetzt – dies unter der Voraussetzung, dass „nach dem Ermessen der zuständigen Behörde die wirtschaftliche Versorgung des weibli-

10 Käthe LEICHTER, Der Kampf der Frauen um ihre Rechte [Rede, gehalten am 25. 1. 1934 vor dem erweiterten Frauenzentralkomitee der Sozialdemokratischen Arbeiterpartei Österreichs], in: Arbeiter-Zeitung, 27. 1. 1934, nachgedruckt in: Kammer für Arbeiter und Angestellte (1995), 206.

11 Käthe Leichter wies in diesem Zusammenhang auf den Leitartikel der „Reichspost" v. 21. 12. 1933 zur Doppelverdienerverordnung hin („Plädoyer des Widerspruchs"). Dort hieß es wörtlich: „Hier steht Weltanschauung gegen Weltanschauung. Ziel des autoritären Regierungskurses ist der christliche, soziale, deutsche Staat. Wer diesen will, kann unmöglich Verhältnisse in der Beamtenschaft dieses Staates wollen oder dulden, die ein Hohn auf dessen christlichen Charakter wären." Eine Zeitzeugin, die im Schuldienst beschäftigt gewesen war, wies Hanna Hacker und mich auf die zeitgenössische Bezeichnung „Krampuserlass" für die Doppelverdienerverordnung hin. Vgl. Käthe LEICHTER, Wem nützt es?, in: Die Frau 2 (1934), 5–7, nachgedruckt in: Kammer für Arbeiter und Angestellte (1995), 211 f.

12 Käthe LEICHTER, Der Kampf der Frauen um ihre Rechte, in: Arbeiter-Zeitung, 27. 1. 1934, nachgedruckt in: Kammer für Arbeiter und Angestellte (1995), 206.

13 Käthe LEICHTER, Wem nützt es?, in: Die Frau 2 (1934), 5–7, nachgedruckt in: Kammer für Arbeiter und Angestellte (1995), 212.

14 Verordnung zur Herabminderung der Personalausgaben des Reichs v. 27. 10. 1923, dRGBl. I, S. 999 ff.

chen Beamten gesichert erscheint".[15] Weitere gesetzliche Regelungen ergingen auf der Grundlage der Weimarer Verfassung 1932 und 1933. Deren Artikel 128 (Recht auf den gleichen Zugang zu öffentlichen Ämtern) hatte die Beseitigung aller „Ausnahmebestimmungen gegen weibliche Beamte" und die Regelung der „Grundlagen des Beamtenverhältnisses" durch Gesetz vorgesehen. Nach dem unter Reichspräsident Hindenburg ergangenen Gesetz über die Rechtsstellung der weiblichen Beamten vom 30. Mai 1932,[16] durch das zugleich die Beamtenvertretungen eingeschränkt wurden, waren Reichsbeamtinnen jederzeit auf Antrag aus dem Beamtenverhältnis zu entlassen. Ohne einen solchen Antrag konnte die vorgesetzte Dienstbehörde die Entlassung verfügen, wenn, wie nach der Abbauverordnung 1923, die wirtschaftliche Versorgung nach der Höhe des Familieneinkommens dauernd gesichert erschien (§ 1). Diese Regelung verschärfte der NS-Staat durch das Gesetz vom 30. Juni 1933 zur Änderung von Vorschriften auf dem Gebiete des allgemeinen Beamten-, des Besoldungs- und des Versorgerrechts[17] durch die Festlegung (Fiktion), dass die wirtschaftliche Absicherung als Voraussetzung der Entlassung stets dann vorliege, wenn der Ehemann unkündbar angestellter Beamter sei. Zudem wurden bereits erfolgte Entlassungen rückwirkend für wirksam erklärt. Die Entlassung sollte jeweils zu Quartalsende erfolgen. Weiters sah das Gesetz eine Genehmigungspflicht für Nebentätigkeiten von Beamten vor (Nebenämter, Nebenbeschäftigung gegen Vergütung).

Die österreichische Doppelverdienerverordnung knüpfte somit *prima facie* inhaltlich an reichsdeutsche Regelungen mit Stand vom Juni 1933 an: Zugangsbeschränkungen für verheiratete Frauen einerseits im Hinblick auf „doppelt verdienende" Ehepaare, die Einschränkung von Nebentätigkeiten des/der insoweit „doppelt verdienenden" einzelnen aktiven oder im Ruhestand befindliche/n Beamten/Beamtin andererseits. Jedoch verzichtete die österreichische Verordnung auf die noch in der NS-Regelung enthaltene Fiktion der ausreichenden Versorgung, die in früheren Regelungen als echte und nicht nur fingierte Voraussetzung gegolten hatte; allerdings war der verfassungsrechtliche Hintergrund ein anderer. Im Gegensatz zur deutschen Regelung war die Doppelverdienerverordnung jedenfalls eine einmalige Maßnahme, die abrupt, rund zweieinhalb Monate nach ihrer Verlautbarung, wirksam wurde. Der deutlichste Unterschied aber liegt im Verbot des „doppelt Verdienens" in Lebensgemeinschaften.

5. Die Doppelverdienerverordnung als kontroversieller Gegenstand der Willensbildung in der Regierung

Maßnahmen gegen Doppelverdiener wurden 1933 in drei Sitzungen des Ministerrates beraten. Auch wenn die Ministerratsprotokolle als Quelle kritisch gelesen werden müssen, kann gesagt werden, und zwar auch ohne vorhandene Entwürfe und Punktationen im Einzelnen nachvollzogen zu haben, dass die Ministerratsprotokolle und Editionsanmerkungen die Doppelverdienerverordnung als innerhalb der Regierung und der Ressorts kontroversielle Maßnahme zeigen.

15 Eine sinngemäße Regelung galt für verheiratete Beamtinnen und Lehrerinnen im Ruhestand.

16 dRGBl. I 1932, S. 245 ff.

17 dRGBl. I 1933, S. 433 ff.

Im August 1933 hatte der Ministerrat zu einem im Grunde bildungspolitischen Tagesordnungspunkt ein Komitee, bestehend aus Kanzleramtsminister Otto Ender,[18] Sozialminister Robert Kerber und Kurt Schuschnigg (Justiz und Unterricht),[19] mit der Vorberatung „einzelner Fragen des Doppelverdienertums" sowie weiterer Maßnahmen „zur Lösung des mit der Überfüllung im Mittel- und Hochschulstudium verbundenen sozialen Problems" betraut.[20] Im Ministerrat vom 1. Dezember 1933 berichtete Schmitz, der durch die Regierungsumbildung im September 1933 Kerber als Sozialminister im Kabinett Dollfuß II nachgefolgt war, über eine interministerielle Beratung auf Beamtenebene am 30. November 1933 im Unterrichtsministerium. Gegenstand war ein von Ender erstellter Entwurf.[21] Schmitz stellte diesen in drei Schwerpunkten vor: „Im Vordergrund" sollten „Maßnahmen bezüglich solcher Ehepaare stehen, bei denen beide Ehegatten von öffentlich-rechtlichen Dienstgebern besoldet würden". Diese Formulierung sollte „auch jene Fälle [...] erfassen, in denen der Ehepartner eines Bundesangestellten sich zum Bund, zu einem Land oder zu einer Gemeinde nur in dem privatrechtlichen Dienstverhältnis befinde". Zweitens kämen „Ruhestandsparteien mit einem neuen Erwerb in Betracht, der entweder nach seiner Höhe eine Stillegung der Pension rechtfertige oder aber seinem Wesen nach mit der Standesehre nicht in Einklang stehe".[22] Die dritte Gruppe beträfe „aktive Bundesbeamte mit einem Nebenverdienst; hier müßten allerdings noch Erhebungen über die Zweckmäßigkeit eines Eingriffes angestellt werden". Nach der Dienstpragmatik genüge freilich eine bloße Meldung ohne Angabe „des Ertrages".

18 Ender gehörte der Regierung Dollfuß I ab 19.7.1933 an und war als Kanzleramtsminister („Minister ohne Portefeuille") ab 20.7.1933 mit der sachlichen Leitung der Angelegenheiten der Verfassungs- und Verwaltungsreform betraut; siehe dazu jeweils die Einträge zu Beginn der Ministerratsprotokolle. Nach seiner Ernennung beschäftigte sich Schmitz jedoch weiterhin mit Fragen einer neuen berufsständischen Verfassung und agierte über die Presse, eine Rivalität, die ENDERLE-BURCEL (1984a), XXIII, m. w. H hervorhebt und in der Ministerratssitzung v. 21.12.1933 kulminieren sieht. Unter diesem Gesichtspunkt eines persönlichen Antagonismus lässt sich auch die Diskussion der Doppelverdienerverordnung im Ministerrat lesen, insbesondere soweit Verfassungsfragen betroffen waren.

19 Justizminister Schuschnigg war seit Mai 1933 mit der Leitung des Unterrichtsministeriums betraut (Dollfuß I); in der Regierung Dollfuß II war er Unterrichtsminister und mit der Leitung des Justizministeriums betraut.

20 Ender sprach im Ministerrat v. 16.8.1933 unter dem Tagesordnungspunkt „Sparmaßnahmen auf dem Gebiet des Mittelschulwesens und der Lehrerbildung" die „Bekämpfung des Doppelverdienertums in der Richtung" an, „daß das Zölibat für die Lehrerinnen eingeführt und außerdem eine gleichzeitige Betätigung von Mann und Frau im öffentlichen Dienst verhindert werde", DORNER-BRADER (1984), VIII/4, 284f. (MRP 894, 6.8.1933).

21 Siehe den Tagesordnungspunkt „Maßnahmen gegen Doppelverdiener", ENDERLE-BURCEL (1984b), VIII/5, 197 (MRP 909, 1.12.1933), Anm. 8, m.w.H. auf vorhandene Aktenbestände im Allgemeinen Verwaltungsarchiv zum Procedere und den Entwurf des Sozialministeriums sowie auf im Finanzarchiv dokumentierte Bedenken des Finanzministeriums. Diese Bestände habe ich allerdings nicht eingesehen.

22 Schmitz nannte das „typische" Beispiel eines Finanzbeamten im Ruhestand, der nunmehr Steuerpflichtige berate, „um ihnen mit seinen während der aktiven Dienstzeit gesammelten Erfahrungen und Beziehungen zu dem Zwecke beizustehen, damit sie sich ihren Verpflichtungen an den Bund entziehen könnten". ENDERLE-BURCEL (1984b), VIII/5, 139 (MRP 909, 1.12.1933).

Als Ergebnis der Sitzung vom 1. Dezember 1933 sollte Schmitz in der nächsten Sitzung dem Ministerrat eine Verordnung über die Behandlung von Ehepaaren im Bundesdienst mit Doppelbezügen vorlegen; inzwischen hätten sämtliche Ressorts unter Verwendung eines von Schmitz entworfenen Fragebogens Erhebungen über „Zahl und Familienverhältnisse der doppelverdienenden Ehepaare" einzuleiten. Der Ministerrat beschloss die Grundzüge der Doppelverdienerverordnung am 7. Dezember 1933 nach Diskussion und Lesung des vorgelegten Entwurfs mit einer Ermächtigung an Schmitz zur abschließenden Ausarbeitung, die er im Einvernehmen mit Vizekanzler Emil Fey, Kanzleramtsminister Robert Kerber, Finanzminister Karl Buresch und Justizstaatssekretär Franz Glas vornehmen sollte.

Vergleicht man die verlautbarte Verordnung mit der ersten, von Schmitz zusammenfassend präsentierten Maßnahmenpunktation, so wird deutlich, dass die dritte Gruppe der aktiven Beamten mit Nebenverdienst nicht mehr als „Doppelverdiener" erfasst war. Die Regelung für die zweite Gruppe, die Pensionisten mit Nebenbezügen, fiel in Abschnitt IV mit einer bloßen Meldepflicht höchst zurückhaltend aus. So hatte Schmitz dem Ministerrat empfohlen, weitere Härten durch ein generelles Beschäftigungsverbot für „Ruhestandsparteien" zu vermeiden, und verwies auf eine „Reihe freiwilliger und nicht freiwilliger Abbauaktionen" der Bundesregierung seit 1920 sowie auf Regierungsaktionen, „um den aus dem aktiven Dienst herausgedrängten Beamten ein Unterkommen in privaten Diensten zu vermitteln".[23] Vermutete Unzumutbarkeiten für die Beamtenschaft waren demnach wohl ein wichtiger Grund, warum die Doppelverdienerverordnung im Unterschied zu den deutschen Maßnahmen eine einmalige blieb.[24]

Die Ministerratsprotokolle dokumentieren kontroverse Diskussionen über Umfang, Dauer und Zeitpunkt der Maßnahmen. Nach dem Bericht von Schmitz am 1. Dezember 1933 über die Vorberatung auf Beamtenebene („Referentenkonferenz") war nur der Vertreter des Sozialministeriums, und auch dieser nicht vorbehaltlos, dem von Ender erstellten und in den einzelnen Ressorts gesondert vorberatenen Entwurf beigetreten. Die Vertreter „aller übrigen Ministerien" hätten sich mit Punktationen zu Richtlinien über die künftige Verhinderung „eines neuen Doppelverdienertums" begnügt. Ausführlich diskutiert wurde die Kompetenzlage auf dem Gebiet des Dienstrechts bei grundsätzlicher Zuständigkeit der Länder für Landes- und Gemeindenbedienstete und insbesondere auch LandeslehrerInnen. Unterschiedliche Standpunkte bestanden hinsichtlich der Frage, ob ein eigenes Verfassungsgesetz notwendig sei, um die Länder zum „Nachziehen" bei einer Doppelverdienerverordnung zu bewegen.[25] Es blieb bei einer „politischen Lösung": Die Bundesregierung solle die Länder auffordern, in ihren Dienstrechten „nachzuziehen"; die Länder würden sich, so meinte man, einer solchen Aufforderung nicht entziehen können.

23 Enderle-Burcel (1984b), VIII/5, 199 (MRP 910, 7.12.1933).

24 Ebd., 192.

25 Das „Homogenitätsprinzip", wonach die Länder ihre Dienstrechte am Dienstrecht des Bundes auszurichten haben, wurde erst 1974 in den Art. 21 B-VG aufgenommen. Dollfuß strebte für Lehrerinnen zwischen Bund und Ländern paktierte Regelungen an; neben Schmitz hielt Schuschnigg ein eigenes Verfassungsgesetz für notwendig. Ender hielt eine Lösung über die Finanzverfassung für möglich: Nach seinem Entwurf sollten einem widerstrebenden Land die Ertragsteile im Finanzausgleich gekürzt werden; Schmitz hielt dagegen, dass sich dieses Mittel bei Wien nicht mehr auswirken könne. Enderle-Burcel (1984b), VIII/5, 140 (MRP 909, 1.12.1933).

Schmitz legte am 1. Dezember 1933 das Ergebnis der in seinem Ressort durchgeführten Erhebungen über Ehepaare vor, wobei er „in einer flüchtigen Zusammenstellung auch die Kinderanzahl dieser Ehen ermittelt“ habe. Das „Übel“ der Kinderlosigkeit herrsche nicht so sehr unter den akademischen Beamten – als in den „Kreisen der mittleren und niederen Angestellten“.[26] Diese Ausführungen von Schmitz zur Notwendigkeit des „Aufbaus der Familie“ – die Widersprüchlichkeit im Hinblick auf Heiratsverbote lag auf der Hand – zeigen die Zielgruppe der geplanten Maßnahme deutlich. Finanzminister Buresch nannte in der zweiten Diskussion im Ministerrat eine Zahl von weniger als tausend Fällen als anzunehmenden Anwendungsbereich der Verordnung und warf die Frage auf, ob „es sich [...] rechtfertigen lasse, gegen einen derart kleinen Kreis mit einer solchen Härte vorzugehen“.[27] Damit sprach er neben Zweifeln an der fiskalischen Sinnhaftigkeit auch grundlegende Zweifel an der vorgesehenen Verordnung an.

Der Tagesordnungspunkt vor der Diskussion über die Doppelverdienerverordnung im Ministerrat am 7. Dezember 1933 war im Übrigen eine Verordnung betreffend Uniformen für Bundesbeamte.[28] Die männlichen Bundesbeamten und Beamtenanwärter der allgemeinen Verwaltung erhielten aufgrund der Verordnung das Recht, eine Uniform für Bundesbeamte zu tragen, für deren Kosten sie freilich selbst aufkommen mussten. Fassen wir das bisher Gesagte zusammen: Die Doppelverdienerverordnung griff als dienstrechtliche Maßnahme disziplinierend in die berufliche wie private Existenz, insbesondere in wohlerworbene Rechte, ein. Sie stand im normativen Kontext des Abbaus öffentlich Bediensteter; im weitesten Sinn im Kontext der dienstrechtlichen Maßnahmen und des Umgangs mit dem Berufsbeamtentum ab März 1933, für die Peter Huemer neben der Ausschaltung jeglicher Opposition als grundsätzliche Dimension die angestrebte Angleichung von Beamtenschaft und Heer postuliert hat. Diese Angleichung wiederum lässt sich als Indiz der Maskulinisierung, oder genauer gesagt der Re-Maskulinisierung des Öffentlichen Dienstes, verstehen, die in den Beamtenuniformen, auch wenn sie sich nicht durchsetzten, identitätsstiftend augenfällig werden sollte.[29]

6. Artikel 16 der „Mai-Verfassung“

Im zweiten Hauptstück („Allgemeine Rechte der Staatsbürger“) der sogenannten „Mai-Verfassung“, erhielten die Eingriffe der Doppelverdienerverordnung in das Recht auf Gleichheit eine nachträgliche verfassungsrechtliche Legitimation.[30] Artikel 16 der „Mai-Verfassung“[31] änderte den in Artikel 7 Bundes-Verfassungsgesetz 1920 in der Fassung

26 Für die Gruppe der akademischen Beamten nannte Schmitz zwölf Beamtenehepaare, davon sechs kinderlos, fünf hätten ein Kind und nur eines zwei. In der von Schmitz als problematisch angesehenen mittleren Verwendungsgruppe 7 gebe es 21 Beamtenehepaare, davon 18 kinderlos und drei mit je einem Kind, Enderle-Burcel (1984b), VIII/5, 140 (MRP 909, 1.12.1933).

27 Ebd., 197 (MRP 910, 7.12.1933).

28 Ebd., 189 ff.; Verordnung v. 7.12.1933, betreffend Uniformen für Bundesbeamte, BGBl. 356/1933, mit grafischen Darstellungen.

29 Bei (2008), 115–118, m. w. H. auf Huemer (1975), 232 ff.

30 Vgl. Bandhauer-Schöffmann (2008), 54.

31 Verordnung der Bundesregierung v. 24.4.1934 über die Verfassung des Bundesstaates Österreich, BGBl. I 239/1934, samt Anlage; die Anlage wurde wortgleich am 1.5.1934, BGBl. II 1/1934, kundgemacht („Mai-Verfassung“).

von 1929 verankerten Gleichheitssatz wesentlich: Nach Absatz 1 waren Privilegien auf Grund des Geschlechts und des Bekenntnisses nicht mehr verboten, d. h., der patriarchalische Geschlechtervorrang des Mannes wurde restauriert. Nach Absatz 2 konnte die verbleibende Geschlechtergleichheit („Frauen haben die gleichen Rechte und Pflichten wie die Männer“) durch Gesetze weiter eingeschränkt werden; die Hinzufügung von Pflichten ist freilich einem liberalen Grundrechtskatalog wesensfremd. Absatz 3 schränkte den Grundsatz der gleichen Zugänglichkeit zu öffentlichen Ämtern auf vaterlandstreue Bundesbürger ein und schuf damit die engere Grundlage für Zugangsbeschränkungen zum Öffentlichen Dienst. Die in den Absätzen 4 und 5 vorgesehene eingeschränkte Ausübung politischer und anderer verfassungsgesetzlich gewährleisteter Rechte betraf Beamtenschaft, Heeresangehörige und Polizei.

Generell kann zur verschachtelten Regelungstechnik der „Mai-Verfassung“ angemerkt werden, dass das Dollfuß-Regime auf widersprüchliche Weise bestrebt war, legalistisch zwar einerseits eine neue Verfassung zu schaffen und damit die Rechtskontinuität zur Republik zu unterbrechen, andererseits aber bemüht war, den Schein der Kontinuität mit dem B-VG herzustellen und an dieses anzuknüpfen. Diese spezifische Scheinhaftigkeit zeigt sich m. E. in der Abfolge von Akten der Regierungsgesetzgebung zwischen 24. April und 1. Mai 1934. Zugleich war die Kundmachung der „Mai-Verfassung“ in eine propagandistische Inszenierung, nämlich in drei von Dollfuß gehaltene Rundfunkreden, eingebettet. Die erste dieser Reden diente zur „Verlautbarung“ der neuen Verfassung in einer „großen Staatsrede an die Bevölkerung Österreichs“.[32] Allerdings sollte der – aus austrofaschistischer Sicht bisher „zum Kampftag proletarischen Klassenwahns erniedrigt[e]“ – 1. Mai nicht nur der Gedenktag der Proklamation der neuen Verfassung, sondern auch zum „Tag der Arbeit“ und zum „Tag der Mutter“ werden.[33]

Abschließend möchte ich auf eine Analyse Otto Kirchheimers aus dem Jahr 1930 hinweisen:[34] Demnach ist der Punkt, an dem die politische Demokratie des Bürgertums in die bürgerliche Diktatur umschlägt, nicht absolut bestimmbar und oft nur eine Frage der konkreten Zweckmäßigkeit.

32 Verordnung v. 30. 4. 1934 über die Bestimmung des 1. Mai zum Gedenktag an die Proklamation der Verfassung 1934, BGBl. I 249/1934; Österreichischer Bundespressedienst (o. J.), 7–14, nachgedruckt in: Neuhäuser (2004), 213–222. Zur Regelungstechnik vgl. Bei (2004), 168 ff.

33 Österreichischer Bundespressedienst (o. J.), 8.

34 Kirchheimer (1964), 19 f.

Karin Nusko

Frauen im Widerstand gegen den Austrofaschismus – Eine biografische Aufarbeitung

Einleitung

Am Beispiel des Widerstandes gegen den Austrofaschismus kann der noch immer zu wenig beachtete Einfluss von Frauen auf politisch und gesellschaftlich relevante Geschehnisse sichtbar gemacht werden. Frauen waren jenseits der ihnen vom Regime zugebilligten Frauenrolle, Organisationsstrukturen und Möglichkeiten der systemkompatiblen Aktionsmöglichkeiten an allen politischen und humanitären Aktivitäten gegen das autoritäre „ständestaatliche" Regime beteiligt. Sie wirkten als Funktionärinnen der verbotenen ArbeiterInnenparteien und der illegalen Freien Gewerkschaften, sie sammelten und verteilten Spenden für die ArbeiterInnenselbsthilfeorganisationen der „Roten Hilfe" (RH) und der „Sozialistischen Arbeiterhilfe" (SAH), sie pendelten als Kurierinnen zwischen Österreich und dem Ausland, sie stellten illegale Druckwerke her und verteilten sie. Viele Frauen beherbergten Verfolgte des Regimes und stellten ihre Wohnungen für illegale Zusammenkünfte zur Verfügung. Auch an den Februarkämpfen 1934 waren Frauen beteiligt. Die Regierung ahndete den politischen Protest rigoros: Neben Haftstrafen drohten etwa wirtschaftliche Sanktionen. Öffentlich Bedienstete konnten entlassen, gekündigt bzw. vom Dienst suspendiert werden. Auch in der Privatindustrie erfolgten ab August 1934 Entlassungen von politisch missliebigen Personen. Die Kündigung der Wohnung, sowohl in Gemeindebauten als auch in privaten Wohnhäusern, zählte zur Palette existenzbedrohender Maßnahmen. Relegierungen von Universitäten und Schulen konnten gegen oppositionelle Studierende und SchülerInnen ausgesprochen werden, was für viele Frauen das Ende oder die Unterbrechung ihres Bildungsweges bedeutete.[1]

Das austrofaschistische Frauenbild zeigt die Mystifikation des Weiblichen als katholisches hausfrauliches Mutterwesen und spiegelt damit eine antimoderne Haltung wieder.[2] Wenn ein Regime grundsätzlich frauendiskriminierend ausgerichtet ist, sind die Chancen, Fraueninteressen auf offiziellen Wegen durchzusetzen, gering. Deshalb wird

1 Vgl. Christine Kanzler/Karin Nusko, Frauen im Widerstand gegen den Austrofaschismus. Endbericht zum Projekt Nr. H–1789/2006 der Hochschuljubiläumsstiftung der Stadt Wien, Wien 2007.

2 Schöffmann (1988), 317.

es zum primären Anliegen, die Regierungsform als solche zu bekämpfen. Viele Arbeiterinnen, politische Funktionärinnen und Aktivistinnen der ArbeiterInnenbewegung, Künstlerinnen, Studentinnen und Wissenschafterinnen waren nicht bereit, sich mit dem faschistischen Bild von Weiblichkeit zu identifizieren. Bewusst oder unbewusst führte diese Weigerung zur Verweigerung des Gehorsams gegen die Obrigkeit und somit in eine der vielfältigen Formen des Widerstandes. Der Beitrag von Frauen zum Widerstand gegen den Austrofaschismus war deshalb nicht in erster Linie von der Durchsetzung speziell frauenpolitischer Anliegen geprägt, es zählte vielmehr die Einsicht, dass sich die allgemeinen politischen rückwärtsgewandten Veränderungen im gesellschaftlichen Leben auch zuungunsten der Frauen auswirkten – diese galt es zu bekämpfen.

1. Beteiligung an den Februarkämpfen 1934

Obwohl nicht mit Sicherheit festgestellt werden kann, dass Frauen mit der Waffe in der Hand an den Februarkämpfen des Jahres 1934 teilgenommen haben, lässt sich doch anhand zahlreicher persönlicher Erinnerungen wie auch von Gerichtsakten belegen, dass Frauen an im weitesten Sinn militärischen Aktionen, wie am Transport und an der Weitergabe von Waffen und Munition, am Laden von Waffen sowie am Bau von Barrikaden und Verteidigungsanlagen, beteiligt gewesen waren, wie sich dies anhand der Biografien von Käthe Odwody und Anna Haider deutlich festmachen lässt. In den Kampfgebieten des Februar 1934 formierten sich ganze Netzwerke von Aktivistinnen, welche die Männer mit Nahrung und Kleidung versorgten und Sanitätsdienste leisteten. Frauen versteckten gefährdete, von den Behörden gesuchte Personen und betätigten sich als Fluchthelferinnen.

1.1 Käthe (Katharina) Odwody

Née Wanek, Deckname: Walli; geb. in Hulk (Ungarisch-Hradisch), 6. März 1901; gest. in Wien, 23. September 1943
Widerstandskämpferin (KPÖ), Betriebsrätin und Hilfsarbeiterin
Tätigkeit im Widerstand 1934–1938: Hilfe bei den Februarkämpfen 1934 in Wien

Käthe Odwody wurde am 6. März 1901 als jüngste Tochter von insgesamt sechs Kindern der Landarbeiter Franz und Maria Wanek in Hulk (Ungarisch-Hradisch) geboren. 1905 übersiedelte die Familie nach Wien. Hier besuchte Käthe in Favoriten sechs Klassen der Volksschule. Danach war sie in verschiedenen Firmen als Hilfsarbeiterin beschäftigt. 1921 heiratete sie den Schlossergehilfen Franz Odwody (geb. 18. Oktober 1895), der 1922 nach Amerika auswanderte, jedoch zwei Jahre später wieder nach Wien zurückkehrte. Käthe Odwody wurde 1924 in der Ankerbrotfabrik als Hilfsarbeiterin eingestellt und war dort bis 1934 als Betriebsrätin tätig. Von 1923 bis 1934 war sie Mitglied der Freien Gewerkschaft der Lebens- und Genussmittelarbeiter Österreichs, ab 1934 KP-Mitglied.

Wegen Verdachts der Teilnahme an den Februarkämpfen war Käthe Odwody vom 17. Februar bis 11. Mai 1934 in Haft. Die Anklage bei der Verhandlung vor dem Landesgericht Wien am 14. Juni 1934 lautete auf „Aufstand und Hochverrat“. Da das Verfahren ausgeschieden wurde, konnte Odwody einer Gefängnisstrafe entgehen. Sie hatte allerdings keinen Anspruch auf Haftentschädigung, weil der „Verdacht der Teilnahme am Aufruhr nicht entkräftet wurde".[3] Laut Anklage hatte sie in der Kutscherkantine der Ankerbrotfabrik die Maschinengewehrgurte der Februarkämpfer mit Patronen bestückt.

Die Ankerbrot AG war seit ihrer Gründung 1891 mehrmals Schauplatz von Arbeitskämpfen gewesen. Auch im Februar 1934 folgten die ArbeiterInnen dem Streikaufruf; daraufhin kam es zur bewaffneten Auseinandersetzung mit den Ordnungskräften, der der Schutzbündler Alexander Scheck zum Opfer fiel.

Nach ihrer Haft war Käthe Odwody bis 1938 arbeitslos, dann arbeitete sie wieder bei den Ankerbrotwerken. Ab Herbst 1940 war sie in der KP-Bezirksleitung für den 10. Bezirk tätig und gehörte unter dem Decknamen „Walli" der sogenannten „Siegl-Gruppe" an.[4] Sie kassierte und verteilte Geldbeträge für die KPÖ und stellte die „Rote Fahne" zu. Am 29. April 1941 wurde sie von der Gestapo verhaftet und am 9. November 1942 wegen Vorbereitung zum Hochverrat zum Tode verurteilt. Die Hinrichtung fand am 23. September 1943 am Schafott des Wiener Landesgerichtes statt. Eine Gedenktafel im 10. Bezirk in der Absberggasse 35 (Ankerbrotwerke) erinnert seit 1946 an sie. 2004 erfolgte die Benennung einer Straße in Wien-Favoriten nach ihr.[5]

1.2 Anna Haider

Née Ladislav; geb. in Wien, 23. März 1902; gest. in Linz, 22. Juni 1990
Widerstandskämpferin, Funktionärin (KPÖ) und Fabrikarbeiterin
Tätigkeit im Widerstand 1934–1938: Hilfe bei den Februarkämpfen 1934 in Wien

Anna Haider wuchs als eine von sieben Töchtern der Wiener sozialdemokratischen Arbeiterfamilie Ladislav in Wien auf. Der Vater war aktiv in der sozialdemokratischen Partei tätig. Annas Mutter unterstützte ihren Mann bei politischen Aktionen, obwohl sie eine fromme Katholikin war. Nach dem Februar 1934, zu diesem Zeitpunkt bereits 63 Jahre alt, trat sie der seit Mai 1933 verbotenen KPÖ bei und wurde zur „Kampfgefährtin" ihrer Tochter. Auch auf Anna hatte die politische Arbeit ihres Vaters großen Einfluss. Sie war Wehrturnerin, hatte bereits als Kind enge Kontakte zu Schutzbündlern, von denen viele, wie die Familie Ladislav, im Gemeindebau Goethehof wohnten. Ihr Engagement für die ArbeiterInnenbewegung, zunächst im Rahmen der Sozialdemokratie, festigte sich durch ihre eigene Fabrikarbeit, ihre Tätigkeit für die Gewerkschaft und die Teilnahme an Streiks für bessere Arbeitsbedingungen. Anna Haider nahm aktiv an den Februarkämpfen um den Goethehof teil. Zu ihren Aufgaben gehörte es, über die von der Heimwehr und vom Militär abgeriegelte Reichsbrücke hinweg Kampfdirektiven zu übermitteln. Als der Kampf um den Goethehof und der Schutzbundaufstand für die ArbeiterInnen verloren waren, deckte Anna den Rückzug der Kämpfer nach eigenen Angaben mit einem Maschinengewehr.

3 DÖW, Zl. 21.720.

4 „Siegl" war der Deckname des am 28. Jänner 1943 wegen Hochverrates hingerichteten kommunistischen Widerstandskämpfers und KP-Bezirksleiters von Favoriten Rudolf Fischer.

5 Arbeiter-Zeitung, 16.6.1946. Vgl. Dokumentationsarchiv des österreichischen Widerstandes (1998), Nicht mehr anonym. Erkennungsdienstliche Kartei der Gestapo Wien, www.doew.at (19.7.2012); Weblexikon der Sozialdemokratie, www.dasrotewien.at (19.7.2012); WEINERT (2004); DÖW, Zl. 20.000/024.

Die Haltung der Führung der Sozialdemokratie angesichts der Ereignisse im Februar 1934 empfand sie als Verrat an der ArbeiterInnenschaft, weshalb sie sich, wie viele andere enttäuschte ParteigenossInnen, der KPÖ zuwandte. Nachdem sie sich an weiteren Aktionen gegen das austrofaschistische Regime beteiligt hatte, emigrierte sie 1934 (nach anderen Angaben 1936) über die Tschechoslowakei in die Sowjetunion. Ihr 1924 geborener Sohn Karl war bereits kurz vor den Februarkämpfen mit einer Kindergruppe in die Sowjetunion geschickt worden. Im Jänner 1938 kehrte Anna gemeinsam mit ihrem späteren Mann Franz Haider (Heirat am 2. März 1940) nach Österreich zurück. Der gemeinsame Sohn Helmut kam am 15. Februar zur Welt. Bald darauf nahm Anna Haider die lebensgefährliche Widerstandstätigkeit für die KPÖ wieder auf, diesmal gegen das nationalsozialistische Regime. Sie stellte eine Ersatzleitung der Partei zusammen, da zwei große Verhaftungswellen die KP-Führung personell geschwächt hatten. Weiters pendelte sie als Kurierin zwischen Wien, Linz und Prag. 1941 wurde Anna Haider gemeinsam mit ihrem Mann, Margarete Schütte-Lihotzky und Erwin Puschmann verhaftet, weil die Widerstandsgruppe durch einen Spitzel verraten worden war. Es erfolgte die Anklage wegen Hochverrats; der Staatsanwalt beantragte die Todesstrafe wegen „Nichtanzeige des Vorhabens eines hochverräterischen Unternehmens". Am 22. September 1942 erging das auf 15 Jahre Zuchthaushaft lautende Urteil. Im selben Prozess wurden ihr Mann zu 13, Margarete Schütte-Lihotzky zu 15 Jahren Zuchthaushaft, Erwin Puschmann und zwei weitere Angeklagte wegen „Vorbereitung zum Hochverrat" zum Tode verurteilt. Anna Haider und Margarete Schütte-Lihotzky wurden in das Zuchthaus Aichach (Bayern) gebracht, wo sie bis zur Befreiung des Lagers durch die US-Truppen am 29. April 1945 inhaftiert blieben. Franz Haider verbüßte seine Haftstrafe im Zuchthaus Garsten bei Steyr.

1945 ließ sich Anna Haider gemeinsam mit ihrem Mann in Oberösterreich nieder und arbeitete dort für die KPÖ. Sie war von 1946 bis 1955 Mitglied der oberösterreichischen Landesleitung der KPÖ, in der Frauenbewegung tätig und langjährige Landesvorsitzende des „Bundes Demokratischer Frauen". Anna Haider starb nach längerem Leiden am 22. Juni 1990 in Linz. Ihr Leben war sowohl von politischer Aktivität für die ArbeiterInnenbewegung als auch vom Widerstand gegen das austrofaschistische Regime und gegen die nationalsozialistische Diktatur geprägt.[6]

1.3 Maria Fertner

Geb. 1895; gest. in Bruck a. d. Mur, 1945
Politische Funktionärin (SDAP)
Tätigkeit im Widerstand 1934–1938: Hilfe bei den Februarkämpfen 1934 in Bruck an der Mur

Maria Fertner war seit 1916 sozialdemokratisch organisiert und führende Funktionärin in der Bezirksvertretung sowie der Frauenorganisation ihrer Heimatgemeinde Bruck an der Mur. Mit ihrem Mann, Hans Fertner, hatte sie ein Kind. Während der Februarkämpfe in Bruck an der Mur organisierte sie gemeinsam mit Paula Wallisch ein Netzwerk zur Verteilung von Lebensmitteln und Zigaretten an die kämpfenden Schutz-

6 Vgl. Berger u a. (1985); Dokumentationsarchiv des österreichischen Widerstandes (1984); Gugglberger (2006), 281–344; Pasteur (1986); Podgornik (1990); Röder/Strauss (1983); Tidl (1982).

bündler, wobei sie Unterstützung durch zahlreiche Frauen fand. Die Vorräte wurden aus dem Konsumverein herbeigeschafft und in den städtischen Betrieben zubereitet. Nach der Niederschlagung des Aufstandes floh sie mit Paula Wallisch und einer Gruppe von Schutzbündlern unter der Führung von Koloman Wallisch in einem beschwerlichen Marsch ins Gebirge. Nachdem Fertner und Paula Wallisch sich mit einem verletzten Kämpfer von der Gruppe getrennt hatten, hielten sie sich in einer Hütte im Hochangergebiet versteckt, die als Anlauf- und Versorgungsstelle für die letzten kämpfenden oder auf der Flucht befindlichen Schutzbündler diente.

Gemeinsam mit Paula Wallisch wurde Maria Fertner am 21. April 1934 vor dem Leobener Kreisgericht wegen Hochverrats angeklagt und zu einem Jahr schweren Kerkers verurteilt.

Während des Zweiten Weltkriegs betreute sie die Lebensmittelkartenausgabestelle in Bruck an der Mur. Nach Kriegsende war sie, mittlerweile verwitwet, als Arbeiterin in einer Getränkeerzeugungsfirma tätig, bis sie noch im Jahr 1945 erhängt in ihrer Wohnung in Bruck an der Mur aufgefunden wurde. Die Todesumstände konnten nie restlos geklärt werden.[7]

2. Tätigkeit für die „Rote Hilfe" und die „Sozialistische Arbeiterhilfe"

Nachdem mit dem Verbot der beiden ArbeiterInnenparteien (1933 KPÖ, 1934 SDAP) und der ihnen angeschlossenen Organisationen, wie etwa der Gewerkschaften sowie der SAH und der RH, viele Frauen ihren legalen Wirkungsbereich verloren hatten, waren sie weiterhin als Funktionärinnen der illegalisierten politischen und gewerkschaftlichen Organisationen tätig. Als Beispiele von Organisationen, die von Frauen geleitet und maßgeblich getragen wurden, sollen hier die Hilfs- und Solidaritätsvereinigungen der beiden ArbeiterInnenparteien näher beschrieben werden.

2.1 Die „Rote Hilfe"

Die 1922 gegründete „Rote Hilfe Österreichs" agierte laut Selbstdarstellung als Teil der „Internationalen Roten Hilfe" überparteilich und diente dazu, „den Opfern des revolutionären Klassenkampfes in allen Ländern materielle, moralische, politische und juristische Hilfe zu bringen".[8] De facto war sie eine Vorfeldorganisation der KPÖ und unterstützte politische Angeklagte, Inhaftierte und EmigrantInnen sowie deren Angehörige. Sie kämpfte ab ihrer Gründung mit wechselndem Erfolg um eine legale Existenz.

Laut einem Informationsblatt des Bundeskanzleramtes aus dem Jahre 1936 war der Zweck der RH „im Wesentlichen die Bekämpfung der‚bürgerlichen Klassenjustiz', die Erschütterung der Autorität der Polizei- und Gerichtsbehörden, die Vermittlung eines Rechtsbeistandes für Anhänger marxistischer Parteien, die Organisation von Solidaritätskundgebungen für‚antifaschistische' Häftlinge, die Durchführung von Unterstützungsaktionen für solche Häftlinge sowie deren Angehörige und damit im Zusammenhange die Verstärkung des Widerstandes der subversiven Elemente gegen die Staatsgewalt durch Milderung der Folgen strafbarer Handlungen".[9]

7 Vgl. Süddeutsches Tagblatt (= Grazer Tagblatt), 21., 22. u. 23. 4. 1934; Obersteirische Volkszeitung, 21. 4. 1934; Russ (2007), 31–42; Wallisch (1946); www.frauandermur.at (19. 7. 2012).

8 Vgl. Schorr (1926).

9 DÖW, Zl. 12.741.

Die RH war folgendermaßen aufgebaut: An der Spitze der gesamten österreichischen RH stand die Reichsleitung, mit der die Reichsfürsorgerin engen Kontakt hielt. Die Wiener Stadtleitung der Reichsleitung, auch Wiener Sekretariat genannt, bestand aus drei Sekretärinnen bzw. Sekretären. Auf der nächsten Hierarchieebene der Organisation befand sich die Kreisleitung, die jeweils von einem politischen Leiter oder einer Leiterin, einem Kassier bzw. einer Kassierin und einer Fürsorgerin gebildet wurde. Aufgabe der Fürsorgerinnen war es, Unterstützungsbedürftigen Geldbeträge zu übermitteln und Mitglieder für die RH zu werben. Den Kreisleitungen waren die Bezirksleitungen verantwortlich, welche die Unterstützungsverteilung in den jeweiligen Wiener Bezirken übernahmen. Auch hier waren Kassierinnen und Fürsorgerinnen tätig.[10]

Im Juni 1933 wurde die RH als Teilorganisation der KPÖ verboten. Sie diente nach Auffassung der Behörden der KPÖ als Hilfseinrichtung und galt somit als staatsfeindliche Verbindung, „deren Zweck es ist auf ungesetzliche Weise die verfassungsmäßig festgestellte Staats- und Regierungsform bzw. verfassungsmäßige Einrichtungen Österreichs zu erschüttern".[11] Die Mitarbeit bei der RH, etwa in Form von Sammeln und Verteilen von Spenden, wurde als Hochverrat geahndet.

Einen Einblick in die behördlichen Maßnahmen des austrofaschistischen Regimes gegen die Mitglieder der RH gibt ein im Dokumentationsarchiv des österreichischen Widerstandes aufgefundener Polizeibericht vom Dezember 1936, der eine Großrazzia gegen die RH in Wien beschreibt. Dabei wurde u. a. eine Konferenz der Kreisfürsorgerinnen der RH für Wien aufgelöst und eine Poststelle für die Verteilung illegaler Druckschriften und des Organs der RH („Tribunal") aufgedeckt. Unter den Festgenommenen befand sich auch die „Reichspostfrau" der RH, die 28-jährige Handelsangestellte Bertha Czipke, die in der Folge zu insgesamt acht Monaten Verwaltungsstrafe verurteilt wurde. Ferner erfolgte die Aufdeckung des Büros des Wiener Sekretariates der Reichsleitung der RH. Eine der dabei verhafteten Personen war die 25-jährige Handelsangestellte Johanna Silberstein, die eine viermonatige Haftstrafe wegen kommunistischer Betätigung verbüßen musste.

Zu den Verhafteten gehörte auch die Reichsfürsorgerin der RH, die – laut Polizeibericht – „radikale Kommunistin" und „stellenlose Kontoristin" Herta Hofer. Die zu diesem Zeitpunkt 21-jährige Frau agierte unter dem Decknamen „Korff" und war schon zuvor drei Monate „wegen kommunistischer Betätigung" in Haft gewesen. Am 4. Mai 1937 wurde sie erneut, diesmal zu sechs Monaten Haft, verurteilt und musste sich außerdem nach Strafverbüßung zur Verfügung der Staatspolizei halten. Insgesamt waren im Zuge dieser Polizeiaktion, die aufgrund einer Denunziation stattgefunden hatte, 15 Frauen festgenommen worden. Die daraufhin verhängten Haftstrafen erstreckten sich über einen Zeitraum von sechs Wochen bis sechs Monaten.[12] An sämtlichen Aktivitäten der RH war eine große Anzahl an Frauen beteiligt, und zwar auf fast allen Hierarchieebenen. Als langjährige Vorsitzende der „Österreichischen Roten Hilfe" fungierte Malke Schorr.

10 Ebd.

11 Ebd.

12 DÖW, Zl. 6.132.

2.1.1 *Malke Schorr*

Geb. in Galizien, 1885; gest. in Wien, 1961
Politische Funktionärin (KPÖ)
Tätigkeit im Widerstand 1934–1938: Leiterin der RH Österreichs

Malke Schorr wuchs gemeinsam mit ihren zehn Geschwistern in einer armen jüdischen Familie auf. Sie musste ab ihrem achten Lebensjahr Heimarbeit verrichten. 1904 trat sie in Lemberg der jüdisch-sozialistischen Arbeiterpartei „Poale Zion" bei, in der sie eine eigene Mädchengruppe gründete. Schorr absolvierte eine Ausbildung zur Modistin und kam 1905 nach Wien. Im November 1918 trat sie der KPÖ bei, 1923 erfolgte ihre Wahl ins Zentralkomitee (ZK). 1927 verfasste sie die Schrift „Österreichische Rote Hilfe" mit dem Anhang „Wie verhält sich ein Proletarier vor Gericht" von Emil Schönhof.[13]

Nach dem Verbot der österreichischen RH emigrierte Malke Schorr nach Frankreich und beschrieb in ihrem 1934 in Paris erschienenen Buch „Galgen über Österreich. Der heldenhafte Aufstand des Proletariats" unter dem Namen „Hertha Müller" die Februarereignisse desselben Jahres. 1935 vertrat sie, wieder unter ihrem Pseudonym, die Internationale RH in Paris. Immer wieder war sie in verschiedenen Missionen für die Organisation in Schweden, Mexiko, Japan und Moskau unterwegs. 1938 fungierte sie als KPÖ-Vertreterin der „Fédération des Emigrés provenant d'Autriche"; 1941 kam sie im Parteiauftrag nach Moskau, wo sie zum Mitglied des Exekutivkomitees der Internationalen RH avancierte. Nach Kriegsende arbeitete sie für die KP-Presseabteilung in Österreich.[14]

2.2 *Die „Sozialistische Arbeiterhilfe"*

Die Vorgängerorganisation der SAH, die Hilfsorganisation „Societas", wurde, wie die anderen Organisationen der Sozialdemokratie, von der Regierung Dollfuß im Jahr 1934 aufgelöst. Auf der „Wiener Konferenz" der Revolutionären Sozialisten in Blansko bei Brünn Anfang September 1934 fiel der Beschluss zur Gründung der SAH. Sie sollte, ähnlich wie die RH, ein Netz von materieller, juristischer aber auch humanitärer Hilfeleistung bieten und dadurch die Solidarität zwischen den Arbeitern und Arbeiterinnen aufrechterhalten. Die SAH stand von Beginn an unter der Leitung von Wilhelmine Moik und Frieda Nödl. Die Organisationsstruktur in Wien teilte sich in fünf Kreise auf, denen jeweils eine Kreisleiterin vorstand (Maria Murban, Maria Göbbel, Lina Richter, Maria Pokorny und Maria Schneider), die wiederum Bezirksleiterinnen unter sich hatten. Diese lieferten die gesammelten Hilfsgelder den Kreisleiterinnen ab, die sie an Wilhelmine Moik weiterleiteten. Die Kontrolle über die Aktivitäten der SAH übernahm Rudolfine Muhr.

2.2.1 *Wilhelmine Moik*

Deckname: Lichtenegger; geb. in Wien, 26. September 1894; gest. in Bad Vöslau, 21. Jänner 1970
Parteifunktionärin (SDAP), Nationalrätin (SPÖ) und Näherin
Tätigkeit im Widerstand 1934–1938: Leiterin der SAH

---

13 Schorr (1926).

14 Vgl. Frauenreferat der KPÖ (1989); www.biografia.at (19.7.2012).

Wilhelmine Moik wurde als viertes von insgesamt neun Kindern 1894 in Wien geboren. Der Vater war von Beruf Metallarbeiter, die Mutter führte eine Heimwerkstatt, in der sie mit der Hilfe ihrer Töchter Wäsche nähte. Nach dem Besuch der Volks- und Bürgerschule erlernte auch Wilhelmine Moik den Beruf der Näherin.

Von 1916 bis 1921 wirkte sie als Funktionärin in der Gewerkschaft der Heim- und Hausarbeiterinnen, ab 1921 war sie im Bund der Freien Gewerkschaften tätig. 1932 bis 1934 fungierte sie als Gemeinderats- und Landtagsmitglied in Wien. In dieser Funktion arbeitete sie eng mit Käthe Leichter, der Frauenreferentin der Wiener Arbeiterkammer, zusammen. Nach 1934 übernahm sie, gemeinsam mit Frieda Nödl, die Leitung der SAH. 1934 und 1937 musste sie Zuchthausstrafen wegen ihres illegalen, politischen Engagements verbüßen, während derer sie sich eine Lungenkrankheit zuzog.

Wilhelmine Moik wurde bereits 1938, zu Beginn der NS-Herrschaft in Österreich, verhaftet und war eine der Angeklagten im Volksgerichtshofprozess gegen die FunktionärInnen der Revolutionären Sozialisten und der SAH am 9. Juni 1939 in Wien. Weitere Haftstrafen verbüßte sie von 1938 bis 1941 und 1944.

Nach 1945 engagierte sie sich am Wiederaufbau der Gewerkschaften. Von Dezember 1945 bis Dezember 1962 war sie Abgeordnete zum Nationalrat. Ab 1945 stellte sie sich als Obfrau der Pensionsversicherungsanstalt der Arbeiter zur Verfügung, 1957 wurde sie zu deren Vorsitzenden gewählt.

Wilhelmine Moik setzte sich in ihrer politischen Arbeit vor allem für die Rechte der berufstätigen Frauen ein; ihr Spezialgebiet war die Sozialpolitik. Sie hatte wesentlichen Anteil an der Gestaltung des Allgemeinen Sozialversicherungsgesetzes und an der Gesetzgebung zur Ausweitung des Mutterschutzes, wie der Einführung einer Karenzzeit nach Geburt eines Kindes.[15]

2.2.2 *Frieda Nödl*

Née Rosenfeld; geb. in Wien, 30. Jänner 1898; gest. in Wien, 15. November 1979
Landtagsabgeordnete
Tätigkeit im Widerstand 1934–1938: Leiterin der SAH

Friederike Olga Rosenfeld war das vierte von acht Kindern einer Wiener Kaufmannsfamilie. Sie besuchte die Handelsschule und war acht Jahre lang als Buchhalterin tätig. 1923 heiratete sie den Schuldirektor Johann Nödl. 1932 trat sie der Sozialdemokratischen Arbeiterpartei bei und engagierte sich bei den „Kinderfreunden". Im Februar 1934 wurde Frieda Nödl für die nun illegale Partei aktiv. Es kam ihr zugute, dass sie bisher kaum politisch hervorgetreten war und somit der Polizei unverdächtig erschien. Sie stellte ihre Wohnung und ihr Wochenendhaus für klandestine Treffen zur Verfügung und beherbergte Mitglieder der Revolutionären Sozialisten. Über eine Gefangenenaufseherin gelang es ihr, Kontakt zu inhaftierten Genossinnen und Genossen aufzunehmen und mit Hilfe von Kassibern die Kommunikation unter den Häftlingen sowie mit den im Untergrund befindlichen Sozialistinnen und Sozialisten aufrecht zu erhalten. Sie verwal-

15 Vgl. Broessler (2006); Buttinger (1972); Leichter (1968); Neugebauer (1966); Oberleitner (1981); Pasteur (1986); Politikerinnen in Wien (2000); Spiegel (1967); Sporrer/Steiner (1983); Steiner (1973); Tidl (1982); Weinzierl (1975); www.biografia.at (19.7.2012).

tete die Kasse der SAH, aus der die Unterstützung Angehöriger politischer Gefangener erfolgte. Darüber hinaus sorgte sie als Kurierin für den Kontakt zwischen den Revolutionären Sozialisten und den in die Tschechoslowakei emigrierten Parteiführern. Auch nach 1938 setzte Frieda Nödl ihre Unterstützungs- und Kuriertätigkeit fort. Am 1. Juli 1938 wurde sie aufgrund einer Denunziation auf einer Reise nach England, deren Zweck es war, führende Funktionäre zu treffen, verhaftet.

Im Juni 1939 stand sie im ersten in Österreich durchgeführten Volksgerichtshofprozess wegen Vorbereitung zum Hochverrat erneut vor Gericht. Das Urteil lautete auf zweieinhalb Jahre Zuchthaus. In dem Verfahren vom 14. Oktober 1939, das gegen sie, Käthe Leichter und Pauline Nestler angestrengt worden war, erhielt sie wegen Kassiberschmuggels weitere zwei Monate Haft. Die Gefangenenaufseherin Pauline Nestler (1887–1969) wurde in diesem Verfahren wegen „Mißbrauches der Amtsgewalt" zu zehn Jahren schweren Kerkers verurteilt. Sie hatte bereits ab 1934 Briefe von inhaftierten Sozialdemokratinnen weitergeleitet.

1941 erfolgte die Entlassung Frieda Nödls, die in der Folge Verbindung zu den Kärntner PartisanInnen aufnahm und diese mit Medikamenten und Lebensmitteln versorgte.

Nach dem Krieg war sie weiter politisch tätig, von ihren zahlreichen Funktionen seien hier nur einige erwähnt: Von 1945 bis 1964 war Frieda Nödl Abgeordnete im Wiener Landtag und von 1945 bis 1968 Mitglied des Frauenzentralkomitees der SPÖ. Ferner bekleidete sie die Funktion eines Präsidiumsmitgliedes des „Bundes der Sozialistischen Freiheitskämpfer". Sie erhielt zahlreiche Auszeichnungen, u.a. die Viktor-Adler-Plakette, die Ehrenmedaille der Bundeshauptstadt Wien in Gold sowie das Goldene Ehrenzeichen für Verdienste um die Republik Österreich. Frieda Nödl starb 1979. In Wien-Landstraße ist seit 1984 eine Wohnhausanlage der Gemeinde Wien nach ihr benannt.[16]

2.2.3 *Maria Murban*

Née Stastny; geb. in Wien, 22. Mai 1899; gest. in Wien, 1984
Bezirksrätin, Geschäftsfrau und Verkäuferin
Tätigkeit im Widerstand 1934–1938: Unterstützung für Verfolgte des Regimes, Funktionärin der SAH

Maria Murban war zwischen 1934 und 1938 eine der führenden Funktionärinnen der illegalen SAH. Sie unterstützte und versteckte verfolgte Schutzbündler und leistete deren Angehörigen Hilfe. Ihre Tätigkeit beschrieb sie selbst in einem Interview mit der „Arbeiter-Zeitung" 1983: „Wissen Sie, ich habe damals furchtbar gelitten, dass ich in meinem Haus einen sehr schlechten Ruf hatte, weil so viele Männer bei mir aus und ein gegangen sind [...] und manchmal haben Schutzbündler bei mir geschlafen. Ich habe die Männer auch verköstigt. Bei mir zu Hause hat es wie bei einem Tandler ausgeschaut, weil die Leute Kleider als Spenden brachten, die wir dann an die Wienerberger Ziegelarbeiter weitergegeben haben, die ja besonders arm waren."[17]

16 DÖW, Zl. 4.382, 4.698, 7.006, 7.256, 11.132; vgl. Brauneis (1974), 188–191; Dokumentationsarchiv des österreichischen Widerstandes (1998); Steiner (1968), 156–163; Steiner (1995), 234–241.

17 Arbeiter-Zeitung, 30.4.1983.

Im April 1937 wurde Maria Murban gemeinsam mit ihrer 16-jährigen Tochter verhaftet und im Mai 1937 wegen illegaler Tätigkeit für die SAH zu sechs Wochen Polizeistrafe und sechs Monaten schweren Kerkers verurteilt. In ihrer Wohnung fand die Polizei Beweise für ihre Tätigkeit in der SAH; sie gestand in einem Verhör, seit März 1937 auch für die RS tätig gewesen zu sein. Während der Haft wurde ihr die Wohnung gekündigt.

Unter der nationalsozialistischen Herrschaft übte Maria Murban ihre soziale Hilfeleistung im kleinen Rahmen weiter aus, indem sie Kleidung und Lebensmittel in ihrem Milchgeschäft verteilte. Auch diesmal wurde ihr humanitäres Engagement mit einer Haftstrafe „belohnt", über die sie sich Jahrzehnte später folgendermaßen äußerte: „Einmal, nach Geschäftsschluss kam ein Jude zu mir ins Geschäft, ein Beistrich von einem Mann, und daheim hatte er eine kranke Frau. Er bat mich um ein bisschen Magermilch, und ich habe sie ihm gegeben, irgendjemand hat uns dabei beobachtet und ich büßte das mit drei Monaten Arrest in der Schiffamtsgasse."[18]

Nach 1945 gehörte Maria Murban zu den Gründungsmitgliedern der Volkshilfe, für die sie sich noch im hohen Alter aktiv einsetzte. 1946 bis 1950 war sie SPÖ-Bezirksrätin in Favoriten. Sie starb 1984 im Alter von 85 Jahren in Wien. Die Murbangasse in Favoriten erinnert seit 1992 an sie.[19]

3. Untergrund und Exil

Untergrund und Exil waren für politisch Oppositionelle oft die einzige Möglichkeit, drohenden Repressalien des autoritären Regimes in Österreich zu entgehen. Der Gang in die Illegalität bedeutete jedoch den Verlust der Arbeitsmöglichkeit und des bisherigen sozialen und politischen Umfelds. Der Großteil der Verfolgten flüchtete zunächst in die Tschechoslowakei. Bereits kurz nach der Ankunft der Schutzbündler erging seitens der Sowjetunion das Angebot, ihnen unbegrenztes Asyl zu gewähren und Arbeit zu verschaffen. Zwischen 1934 und 1937 gelangten etwa 750 der 1.200 Schutzbündler sowie politischen Funktionärinnen und Funktionäre in mehreren Transporten in den Osten. Ihnen folgten einige Hundert Familienangehörige nach.

Viele politische EmigrantInnen kehrten später der Sowjetunion aus Enttäuschung über die wirtschaftlichen Verhältnisse, der Unfähigkeit, sich zu integrieren, sowie unter dem Eindruck der 1936 in vollem Umfang einsetzenden und sie ebenfalls bedrohenden „Säuberungen" den Rücken, denn auch ÖsterreicherInnen gerieten in die Mühlen der Verfolgungen. Unter abenteuerlichen Anschuldigungen verhaftet, wurden sie Opfer von Todesurteilen, Lagerhaft, Verbannung oder Ausweisung. Frauen und Kinder waren darüber hinaus häufig als Angehörige von „Volksfeinden" sozialer Ächtung und Isolierung ausgesetzt.[20]

18 In der Schiffamtsgasse im zweiten Wiener Gemeindebezirk befand sich ein Gefangenenhaus für politische Häftlinge.

19 DÖW, Zl. 6.139; vgl. Autengruber (1995); Dokumentationsarchiv des österreichischen Widerstandes (1984); Weblexikon der Wiener Sozialdemokratie (www.dasrotewien.at).

20 Vgl. McLoughlin/Schafranek/Szevera (1997); Schafranek (1991).

3.1 Margarete Osche-Essmann

Née Essmann, Deckname: Else Seghers, Ilse Sagers; geb. in Wien, 4. November 1913
Tätigkeit im Widerstand 1934–1938: Jugendfunktionärin (SAJ)

Margarete Essmann wuchs in einer sozialdemokratischen Familie in Wien-Ottakring auf. Ihr Großvater Anton David war Reichsratsabgeordneter. Nach dem Justizpalastbrand im Juli 1927 trat sie der „Sozialistischen Arbeiterjugend" (SAJ) bei, in der sie die Funktion einer Bildungsreferentin mit Schwerpunkt Mädchenarbeit übernahm und in der „Jungen Garde", der Überleitungsorganisation zwischen Kinderfreunden und SAJ, mitarbeitete. Nach dem Besuch einer Haushaltsschule fand sie Beschäftigung als Hilfsarbeiterin, wurde aber 1933 arbeitslos. Sie leitete eine Mädchengruppe der Organisation „Jugend am Werk", deren Mitglieder Hilfsdienste bei alten und kranken Menschen leisteten und dafür ein kleines Entgelt erhielten. Am 12. Februar 1934, als zum Zeichen für den Generalstreik der Strom ausfiel, übergab sie den Schutzbündlern die Schlüssel für das Jugendheim, wo sich ein Waffenlager befand. Vorsorglich entfernte sie die Kartei der „Jungen Garde" aus dem Bezirkssekretariat der SAJ. Außerdem stellte sie den kämpfenden Schutzbündlern das für das Jugendheim gelieferte Essen zur Verfügung. Nach dem Abflauen der Kämpfe in Ottakring wurde sie von einem Schutzbündler darüber informiert, dass das Jugendheim nicht mehr benutzbar sei. Sie wies ihn an, die brauchbaren Bestände an Kohle, Stoffen und Wolle an die Opfer der Kämpfe zu verteilen. Das restliche Inventar wurde unbrauchbar gemacht. Einige Tage nach Ausbruch des Aufstandes verlangte die neue Leitung von „Jugend am Werk" eine Loyalitätserklärung, die sie mit dem Hinweis, im Goethehof werde noch gekämpft, ablehnte. Daraufhin musste sie den Schlüssel des Jugendheims abgeben und wurde für die Schäden und Verluste zur Verantwortung gezogen. Es folgte die Einleitung einer kriminalpolizeilichen Untersuchung, im Zuge derer Margarete Essmann drei Monate im Wiener Landesgericht inhaftiert war. Da keine Beweise gegen sie erbracht werden konnten, wurde das Verfahren eingestellt und Essmann entlassen. Nach der Niederlage des Aufstands vom Verhalten der sozialdemokratischen Führung enttäuscht, trat sie im Frühjahr 1934 zum „Kommunistischen Jugendverband" (KJV) über und ging, nachdem sie erfahren hatte, dass ihr Name bei der Polizei im Zusammenhang mit einem Waffenschmuggel genannt worden war, in den Untergrund. Sie engagierte sich bei der Herstellung einer Aktionseinheit von SAJ und KJV. Im April 1935 wurde sie an die Internationale Lenin-Schule entsandt und reiste mit einem gefälschten Pass über Prag in die Sowjetunion. In Moskau besuchte sie im Rahmen des Jugendsektors als Mitglied eines Komsomolzen-Zirkels die Lenin-Schule. Margarete Essmann nahm als Delegierte am VI. Weltkongress der Kommunistischen Jugendinternationale teil, wo sie ihren Mann kennenlernte.

1936 begann Margarete Osche-Essmann erste Zweifel am politischen System der Sowjetunion zu hegen, da ihr Mann politisch zunehmend unter Druck geriet. Wegen der Geburt ihres Sohnes im Jänner 1937 brach sie den Kurs an der Lenin-Schule vorzeitig ab und arbeitete in der Folge als Korrektorin beim Verlag für ausländische Literatur, wo auch ihr Mann beschäftigt war. Nach dem Überfall der Deutschen Wehrmacht auf die Sowjetunion wurde die Familie nach Udjelnaja, einen Ort in der Nähe von Moskau, evakuiert. Im September 1941 verhaftete das Volkskommissariat des Inneren (NKWD) Margaretes Ehemann. Zusammen mit Frauen anderer Schutzbündler gelangte sie mit ihrem Sohn in einem Komintern-Transport nach Frunse, wo sie in einer Kolchose Feldarbeiten verrichtete. Da ihr Sohn schwer erkrankt war, schlug sie sich auf eigene Faust nach Taschkent durch, wo sie eine Anstellung als Kindergartenhelferin fand und sich mit Stricken und Nähen ein zusätzliches Einkommen verschaffen konnte. Als Frau eines „Volksfeindes“ war sie gesellschaftlicher Ächtung und Isolierung ausgesetzt. Vom Roten Kreuz wurde sie nicht mehr als Politemigrantin anerkannt, weshalb sie keine zusätzlichen Lebensmittelrationen mehr erhielt. Während des gesamten Zeitraumes versuchte sie, Informationen über das Schicksal ihres Mannes zu bekommen. Erst nach dem Krieg erhielt sie ein Dokument, aus dem hervorging, dass er zwei Jahre nach seiner Verhaftung an Lungenentzündung verstorben war.

1956 kehrte sie, mittlerweile staatenlos, nach Österreich zurück. Ihr Sohn blieb in der Sowjetunion, um seine Ausbildung abzuschließen. Im selben Jahr konnte Margarete Osche-Essmann die Rehabilitierung ihres Mannes erwirken. Sie arbeitete zunächst in der Buchbinderei des Globus-Verlags und entschloss sich aufgrund ihrer misslichen wirtschaftlichen Lage zu einer Übersiedelung in die DDR. Von dort aus betrieb sie die Ausreise ihres Sohnes, der Sowjetbürger war. Sie arbeitete in Berlin im Ministerium für Verkehrswesen als Dolmetscherin. 1961 kehrte sie mit ihrem Sohn, noch vor dem Mauerbau, nach Österreich zurück. Aufgrund ihrer Erfahrungen in der Sowjetunion erklärte sie unmittelbar danach brieflich ihren Austritt aus der KPÖ.[21]

4. Resümee

Wie die beschriebenen Biografien zeigen, führte der Widerstand gegen den Austrofaschismus oft in den wesentlich lebensgefährlicheren Widerstand gegen den Nationalsozialismus. Viele der zwischen 1933 und 1938 geknüpften illegalen Netzwerke blieben über den „Anschluss“ hinaus bestehen und wurden ausgebaut. Das Organisieren von Verpflegung und Medikamenten, das Bereitstellen von Unterkünften und das Verstekken von gefährdeten Personen bildeten jene Infrastruktur, ohne die ein politisch organisierter Widerstand gar nicht möglich gewesen wäre. Diese Tätigkeiten wurden sehr oft von Frauen ausgeübt und waren zum Teil ganz bewusst in deren spezifisch weiblichen Lebens- und Alltagszusammenhang eingebettet, um unauffällig agieren zu können. So waren die RH und die SAH überwiegend von Frauen getragene Solidaritätsnetzwerke. In der SAH besetzten Frauen sogar alle leitenden Positionen, und auch die niedrigeren Hierarchieebenen wurden hauptsächlich durch Frauen vertreten. Nicht nur die Struktur und die Ziele von SAH und RH ähnelten einander, auch die Sanktionen, zuerst durch den „Ständestaat“, später durch die NS-Organe, waren dieselben. Waren bis 1938 bereits Verhaftungen, Verurteilungen zu Arrest- oder Kerkerstrafen, Verlust des Arbeitsplatzes und somit der Entzug der Existenzgrundlage die Folge der Teilnahme an humanitären Hilfsaktionen, konnten diese während des NS-Regimes bis zur Todesstrafe gehen.

Zäsuren in den Lebensläufen der Frauen markieren Haft, Verlust von Arbeits- und Ausbildungsmöglichkeiten, Untergrund, Flucht und Exil, auf der psychischen Ebene Zerschlagung des sozialen Umfelds sowie Trennungs- und Verlusterlebnisse.

21 Vgl. McLoughlin/Schafranek/Szevera (1997), 449 f.; DÖW, Sammlung Erzählte Geschichte, Interview 132.

So grausam die Maßnahmen des austrofaschistischen Regimes gegenüber den politischen GegnerInnen auch gewesen sein mögen, so sind sie doch in Qualität und Dimension nicht zu vergleichen mit dem Terror, der nach der Machtergreifung der Nationalsozialisten im März 1938 einsetzte. Freilich waren viele WiderstandskämpferInnen, die aufgrund ihrer illegalen Tätigkeit durch die austrofaschistischen Behörden erfasst worden waren, für die Repressionsorgane des NS-Staates erst identifizierbar geworden. Für einige Frauen erhielt der durch den Widerstand gegen den Austrofaschismus beeinflusste Verlauf des Lebens eine Dynamik, die erst später in existenzbedrohende Katastrophen mündete.

Obwohl die einschlägige Forschungsliteratur seit den 1980er-Jahren bemüht ist, der Marginalisierung von Frauen in der Widerstandsforschung entgegenzutreten, muss festgestellt werden, dass der Anteil des Frauenwiderstands gegen das austrofaschistische Regime bislang nicht in gebührendem Ausmaß berücksichtigt wurde.[22]

22 Vgl. Berger u. a. (1985; 1987); Broessler (2006); Frauenreferat der KPÖ (1989).

Ernst Hanisch

Traditionelle Männlichkeitsrollen im „Austrofaschismus"

1. Diskursbrüche

Um 1930 war in ganz Europa ein Diskursbruch zu beobachten. Das Trauma der Weltwirtschaftskrise rief tiefe Verstörungen hervor. Der liberale Kapitalismus und die Demokratie schienen am Ende zu sein. Das geistige Großklima schwenkte um: Staat gegen freie Wirtschaft, autoritäre und faschistische Systeme gegen Parteiendemokratie, Nationalismus gegen Universalismus, Gemeinschaft gegen Individualismus, Land gegen Großstadt, Jugend gegen Alte, Männlichkeit gegen Frauenemanzipation, militarisierte gegen zivile Männlichkeit. Vielfach setzte sich bei den Intellektuellen die falsche Alternative durch: Wer gegen Stalin sei, müsse sich für Hitler entscheiden. Wer gegen den Faschismus sei, müsse für den Kommunismus votieren.

Da Österreich von der Weltwirtschaftskrise besonders tief getroffen wurde, wirkten sich die Diskursbrüche markant hart aus und führten 1934 zur Etablierung eines autoritären Regimes. Ob es ein spezifisch österreichischer „Faschismus" war, ist wissenschaftlich heiß umstritten.[1] Doch auch bei den Linken kam es zu einem Ideologiebruch. Nach dem Februar 1934 ersetzten die illegalen Revolutionären Sozialisten das politische Programm der Demokratie durch das Programm der „Diktatur des Proletariats".[2] Paradoxerweise schwenkten die von Moskau gesteuerten internationalen Kommunisten (Komintern) 1935 im Kampf gegen den Faschismus aus taktischen Gründen auf die Leitvorstellungen „Demokratie" – „Einheitsfront" – „Volksfront" um. In Österreich verstärkten sich des Weiteren in den 1930er-Jahren in den bürgerlichen und bäuerlichen Schichten zwei Tendenzen, die gegen die „österreichische Revolution" von 1918/19 und gegen die geschlechterneutrale „Staatsbürgerrolle" gerichtet waren: Eine Remilitarisierung der Gesellschaft und eine Refeudalisierung des politischen Systems.

1 Hanisch (2007), 177–182.

2 Hanisch (2011).

2. Die Remilitarisierung der Gesellschaft

Nach einer kurzen pazifistischen Phase begann mit dem Heldenkult für die Kriegstoten eine Remilitarisierung der Gesellschaft. Ein junger Mann, der nicht an der Front des Ersten Weltkrieges gewesen war, trug einen Makel und musste eine Begründung für seinen nicht abgeleisteten Kriegsdienst liefern. Mit der Etablierung der außerstaatlichen Wehrverbände – 1922 gab es 75.000 bewaffnete Arbeiterordner und 25.000 Heimwehrangehörige – begann sich die Spirale der Gewalt zu drehen. Die Territorien – das von der Linken kontrollierte Rote Wien und die Industriegebiete auf der einen Seite, das von der Rechten beherrschte „schwarze“ und agrarische Land auf der anderen – wurden als Frontabschnitte behandelt. Nach dem Justizpalastbrand am 15. Juli 1927 gewannen die teilweise faschistischen Heimwehren einen starken Zulauf.[3] Die Männlichkeitsrolle des Kriegers breitete sich so nicht nur bei den Rechten, sondern auch bei den Linken aus. Auch der Klassenkämpfer war als Krieger konzipiert. In zahlreichen seiner großen Reden verwendete Otto Bauer eine ausgefeilte militärische Metaphorik.[4]

Der beginnende autoritäre „Ständestaat“ trieb die Militarisierung von oben weiter. Bedroht von außen, vom nationalsozialistischen Deutschland, und von innen, von der politischen Opposition, rüstete er militärisch auf – zunächst in der Erinnerungskultur, in der Rehabilitierung der Erinnerung an die Monarchie. Die Traditionspflege griff auf die k. u. k. Armee zurück: Auf den Briefmarken erschienen Köpfe der Heerführer aus dem Ersten Weltkrieg. Das Bundesheer erhielt wieder eine altösterreichische Uniform. Der Heldenkult wurde auf die Staatsebene transferiert. Gleichzeitig rezipierte die Vaterländische Front, die staatliche Einheitspartei, faschistische Elemente: mit der Einführung des Führerprinzips, der Uniformisierung (selbst die Beamten erhielten wieder Uniformen) sowie der Einbindung der rechten Wehrverbände in die Exekutive als Assistenzkorps, Schutzkorps und Frontmiliz.

Die Militarisierung reichte mit der Wiedereinführung der Militärgerichte bis in die Justiz, erfasste über den Wehrsport die Sportbewegung, griff vor allem nach der Jugend – von der Volksschule bis zur Universität. „Wehrwesen“ wurde als Unterrichtsfach eingerichtet, es gab von einem Offizier geleitete Schießübungen. Im April 1936 war es dann so weit: Die allgemeine Wehrpflicht wurde wieder eingeführt, wegen außenpolitischer Rücksichten „Bundesdienstpflicht für öffentliche Zwecke“ genannt. Das Heeresbudget stieg an, während das Sozialbudget sank.[5]

Sozialgeschichtlich kam 1934 nun die „Frontgeneration“ voll an die Macht. In der Selbstinterpretation des Regimes hieß dies: „Führerwille, Entschlußkraft, Verantwortungsbewußtsein, Bereitschaft das Letzte an Kraft und Können aus sich herauszuholen für die Kameraden, die er in allen seinen Mitbürgern sieht.“[6] Mehr als die Erste Republik war die österreichische Diktatur ein Männerstaat.

3 McLoughlin (2010), 46–53.

4 Hanisch (2011), passim.

5 Enderle-Burcel (2005), 67 f.; Hanisch (2005), 67 f.

6 Seliger (2010) 35, 379–381.

3. Die Refeudalisierung

Während die Anfänge der österreichischen Republik von einer stark antifeudalen Tendenz geprägt waren (Abschaffung des Adels, Habsburgergesetz) und von einer im Kern staatsbürgerlichen Revolution, blieb im gesellschaftlichen Verkehr der Graf noch immer ein „Herr Graf“. In den späten 1920er-Jahren zeigten sich allerdings bereits Tendenzen zur Refeudalisierung. Der Adel kehrte in die Öffentlichkeit zurück. In der Heimwehr besetzte er zahlreiche Führungspositionen, der bekannteste Adelige war Fürst Ernst Rüdiger von Starhemberg. Im autoritären System, das sich vorwiegend auf die traditionellen Eliten stützte – Militär, Hochbürokratie, Katholische Kirche, Unternehmerschaft – konnte der Adel im Führerrat der Vaterländischen Front ein Drittel der Positionen für sich beanspruchen.[7] Bei feierlichen Anlässen traten wieder Angehörige der kaiserlichen Familie auf. In zahlreichen ländlichen Gemeinden wurde Otto von Habsburg zum Ehrenbürger ernannt. Viele Vertreter der traditionellen Eliten, vor allem die Bischöfe, waren im Herzen Monarchisten.[8] Der adelige Lebensstil prägte auch die Lebensweise der Großbürger, Hochbürokraten und des Spitzenmilitärs: die Jagdsaison, der Wechsel vom Landaufenthalt im Sommer zum Stadtleben im Winter – das adelige Vorbild reichte vom Militär bis in das Zivilleben. Die zivilen Politiker des autoritären Regimes traten in der Öffentlichkeit entweder in der k. u. k. Uniform auf oder mit Hut (= Helm), Handschuhen und Spazierstock (einer Erinnerung an den Degen) oder in ländlicher Tracht, dem „Nationalkleid“ (Heimito von Doderer).[9]

Ein Ideologe des „Ständestaates“, der Wiener Landesschulinspektor Oskar Benda, nach 1945 Germanistikprofessor an der Universität Wien, übertrug das Adelsmodell auf eine soziologische Analyse des Bürgertums. Er unterschied neben der Feudalaristokratie (dem alten Adel) eine Dienstaristokratie (die Beamten), eine Geldaristokratie (das Wirtschaftsbürgertum) und eine Geistesaristokratie (das Bildungsbürgertum). Das war natürlich pure Spekulation, zeigte aber doch die Anziehungskraft des adeligen Lebens in dieser Zeit.[10]

4. Die soziale Vision

Die Vision des „Ständestaates“ war vormodern konzipiert. In ihrem Zentrum stand das bäuerliche Haus, auf das sich der Agrarexperte Engelbert Dollfuß häufig bezog: Der fürsorgende Hausvater, der mit den Dienstboten aus derselben Schüssel isst, repräsentierte das Haus nach außen. Im Inneren herrschte eine strenge Arbeitsteilung, bei der Mann und Frau bestimmte Aufgaben erfüllten, aber die Hausfrau keineswegs rechtlos war, zumindest auf großen Höfen, wenn die Frau ein eigenes Vermögen mitbrachte.[11] Die Einheit des Bauernstandes definierte sich durch die angeblich harmonische Zusammenarbeit von Hausherrn und Dienstboten. Dieses Modell sollte als Vorbild für die Organisation der Gesellschaft in Berufsständen dienen.

7 Kriechbaumer (2005), 230.

8 Alexander (2010); Hintermaier (2010).

9 Kriechbaumer (2002).

10 Benda (1936); Johnston (2010), 224 f.

11 Bruckmüller (2002).

Doch da die österreichische Wirtschaft bereits weitgehend industrialisiert war, musste ein anderes, moderneres Modell hinzutreten. In der Weltwirtschaftskrise klagte die Industrie vermehrt über die massiven Soziallasten und zu hohe Löhne. Ihr Stichwort hieß: „Sachlichkeit“ der Wirtschaftspolitik. Die ideologische Parteiendemokratie sei unfähig, die wirtschaftlichen Probleme zu lösen, daher müsse sie durch ein autoritäres Regime abgelöst werden, das allein eine „Politik der Sachlichkeit“ (im Sinne der Industrie) durchführen könne.[12] Das moderne Konzept dieser „Politik der Sachlichkeit“ bezog sich dabei auf die männliche Rolle des technokratisch gedachten „Berufsmenschen“, die seit dem späten 19. Jahrhundert dominant geworden war. Der Beruf als Erwerbsarbeit, von einem eigenen Berufsethos getragen, rückte in das Zentrum der männlichen Sinnstiftung. So erklärte Dollfuß bereits 1927, dass ein Mann von seinem Beruf ausgefüllt werden müsse, sonst wäre er kein Mann.[13] Der Berufsmensch solle sachliche Arbeit leisten. Nicht Klassenkampf und Konkurrenz, sondern sozialpartnerschaftliche Kooperation müsse seinen Alltag bestimmen. Die Führung allerdings sollten die Experten übernehmen. Geplant war, dieses Modell im Konzept des Ständestaates auf die Organisation der ganzen Gesellschaft zu übertragen. In den Berufsständen, nach Wirtschaftssparten getrennt, sollten Unternehmer und Belegschaften einen Stand bilden, was der Durchsetzung der Logik der Wirtschaft gegenüber der egoistischen parteipolitischen Interessenvertretung diente. Da sich die Freien Gewerkschaften und die Sozialdemokratische Partei dagegen wehren würden, müssten sie ausgeschaltet werden. Das geschah spätestens nach dem Februar 1934.

Doch die Logik der Wirtschaft war nicht so eindeutig. Von 1934 bis 1938 wurde über die genauere Einteilung der Berufsstände gestritten und auch der Konflikt Kapital versus Arbeit konnte nicht stillgelegt werden. Das Konzept der Berufsstände scheiterte an der historischen Realität.

5. Unterschiedliche Männlichkeitstypen und die Frauenrolle

Der neue faschistische Männlichkeitstypus, dessen Konzeption auf einer behaupteten „rassisch“-biologischen Überlegenheit aufbaute und Gewalt als zentrales Zeichen von Männlichkeit ansah, somit Gewalt in das zivile Leben hinein entgrenzte, konnte sich partiell nur bei den illegalen Nationalsozialisten durchsetzen. Voll entwickelte sich dieser Typus erst im Krieg sowie in der SS. Der zentrale Wert der SS, absolute Treue und absoluter Gehorsam gegenüber dem „Führer“, stand konträr zum christlichen Gewissensbegriff, der das traditionelle Soldatentum in irgendeiner Weise immer noch getragen hatte. Die SS wurde von Heinrich Himmler als „ein nationalsozialistischer, soldatischer Orden nordisch bestimmter Männer“ konzipiert, als neuer Adel der „reinen Rasse“ und der vorbildlichen Leistung, ein Adel, der den alten, dekadenten Geburtsadel ersetzen sollte. Die mittlere SS-Führerschaft stellten keine im bürgerlichen Beruf gescheiterten Existenzen, sondern akademisch ausgebildete Fachleute, die das Vernichtungsprogramm gleichsam szientistisch, im Auftrag der Geschichte, durchführten.[14]

12 Hanisch (1994), 302.

13 Miller (2003), 130.

14 Hanisch (2005), 71–76; Frankfurter Allgemeine Zeitung (2010), 32.

Anzeichen für den faschistischen Männlichkeitstypus gab es aber auch in der „österreichischen Diktatur“: bei einigen Gruppen der Heimwehr und beim „Vaterländischen Schutzkorps“. Die dunkelblaue Uniform, die Sturmkappe wurden der SS nachgebildet. Die vaterländische Tradition der Monarchie, die katholische Ideologie und die politische Auseinandersetzung mit dem Nationalsozialismus verhinderten jedoch einen Durchbruch.[15] Wer waren die Verlierer in den Jahren von 1934 bis 1938? Zuerst die „proletarische Männlichkeit“, die im Roten Wien mit dem Versuch verbunden war, einen „neuen Menschen“ zu schaffen. Die Niederlage im Februar 1934 drängte sie in den Untergrund, lediglich in der Staatsgewerkschaft waren einige Spurenelemente vorhanden, als illegale Gewerkschafter, aus taktischen Gründen, dort beitraten.[16] Mit dem Februaraufstand war der Mythos verbunden, dass die österreichischen Arbeiter die ersten waren, die den „Faschismus“ mit der Waffe in der Hand bekämpft hatten. Die Niederlage wurde so zur Heldensaga erhöht. Gleichzeitig bildete sich in der Illegalität ein neuer Männlichkeitstypus heraus: Ein Mann, der im Untergrund, verschwiegen und risikobereit, seine Berufschancen aufs Spiel setzte und monatelanges Gefängnis auf sich nahm.

Zu den Verlierern zählten auch die Frauen. Die österreichische Diktatur war eine Männerherrschaft. Die Frauen wurden in der Wirtschaftskrise aus den Berufen gedrängt („Beamtinnenzölibat“).[17] Die emanzipierte Frau wurde in der Öffentlichkeit durch die „soziale Mütterlichkeit“ abgelöst. Zwar hieß es in der Verfassung von 1934: „Frauen haben die gleichen Rechte und Pflichten wie die Männer“ – so der erste Teil von Art. 16 Abs. 2. Der zweite Satzteil schränkte diese jedoch mittels Gesetzesvorbehalt sofort ein: „soweit nicht durch Gesetz anders bestimmt“,[18] eine für den „Ständestaat“ sehr typische Vorgangsweise hinsichtlich der Grundrechte. In einem Entwurf für Leitsätze der Vaterländischen Front lautete Punkt 11: „Die Vaterländische Front tritt für den Rechtsschutz der Frau ein.“[19] Im Führerrat war dann allerdings nur eine Frau vertreten, eine Fürstin![20] Der Wiener „Bürgerschaft“, der „Gemeindevertretung“, gehörten nur vier Frauen (fünf Prozent) an.[21] Zu den Funktionseliten zählten auch die VF-Frauenschaft und das Mutterschutzwerk. Frauen traten zwar bei öffentlichen Veranstaltungen mit auf, aber meist in sekundären Funktionen, beispielsweise als Fahnenpatin – Ausdruck einer sehr traditionellen Frauenrolle.

15 Kriechbaumer (2002), 247 f.
16 Siehe hierzu den Beitrag von Emmerich Tálos in diesem Band.
17 Siehe auch den Beitrag von Neda Bei in diesem Band.
18 Fischer (1970), 248.
19 Kriechbaumer (2005), 59.
20 Kriechbaumer (2005), 111.
21 Seliger (2010), 223.

WISSENSCHAFTS-
GESCHICHTE

Thomas Olechowski/Kamila Staudigl-Ciechowicz

Die Staatsrechtslehre an der Universität Wien 1933–1938[1]

1. Einleitung

Die Verfassung des Jahres 1934 verkündete in ihrem Artikel 31:

(1) „Der Staat pflegt und fördert die Wissenschaft und die Kunst."

(2) „Die Wissenschaft und ihre Lehre ist frei. Die Pflichten eines öffentlichen Amtes werden hierdurch nicht berührt."

Wie Adolf Julius Merkl, Ordinarius für Staatsrecht an der Universität Wien, in seinem 1935 erschienenen Lehrbuch bemerkte, ging Absatz 1 der genannten Verfassungsbestimmung auf eine entsprechende Bestimmung der Weimarer Reichsverfassung zurück[2] und hatte lediglich programmatischen Charakter. Der erste Satz von Absatz 2 stimmte wörtlich, einschließlich des berühmten grammatikalischen Fehlers, mit Artikel 17 Absatz 1 des Staatsgrundgesetzes von 1867 überein. Der zweite Satz hingegen war neu, und Merkl konnte nur mutmaßen, dass er gewisse Einschränkungen der Wissenschaftsfreiheit legitimieren könnte – aber welche? „Der Mangel eines amtlichen Motivenberichtes macht sich bei dieser wichtigen Änderung des bisherigen Gesetzestextes besonders empfindlich bemerkbar."[3] Der zweite Lehrstuhlinhaber jener Zeit, Ludwig Adamovich senior, sah diese Problematik in seinem Lehrbuch nicht, vielmehr entnahm er dem Artikel 31 deutlich die Bestimmung, dass „wissenschaftliche Vorträge und Schriften keinesfalls von jeder Verantwortung frei" seien.[4]

Die hier dargestellte Situation ist durchaus typisch für das Staatsrecht und die Staatsrechtslehre jener Zeit. Ein Staat, der sich in seinem Neuaufbau insbesondere an das faschistische Italien anlehnen wollte, gab sich dennoch eine Verfassung mit gerichtlich durchsetzbaren Grundrechten, gestaltete diese nach konstitutionellen und demokratischen Vorbildern, schwächte sie dann aber doch so ab, dass das autoritäre Regime keine

1 Die Arbeit enthält Ergebnisse des FWF-Projekts „Die Wiener Rechts- und Staatswissenschaftliche Fakultät 1918–1938" (P 21280), das seit 2009 am Institut für Rechts- und Verfassungsgeschichte der Universität Wien durchgeführt wird.

2 Vgl. WRV, Artikel 142: „Die Kunst, die Wissenschaft und ihre Lehre sind frei. Der Staat gewährt ihnen Schutz und nimmt an ihrer Pflege teil."

3 Merkl (1935a), 53.

4 Adamovich (1935b), 80.

wirklichen Schranken vorfand, wenn es politisch notwendig sein sollte. Die Staatsrechtslehre ihrerseits war unschlüssig, was nun eigentlich der Sinn der neuen Bestimmungen sei und kam mangels Gesetzesmaterialien zu völlig unterschiedlichen Ergebnissen. Immerhin wagte Merkl zumindest verhaltene Kritik, während dies bei Adamovich nicht einmal im Ansatz aufkam.

2. Das Umfeld: Die Wiener Rechts- und Staatswissenschaftliche Fakultät

Adamovich[5] und Merkl[6] hatten das Fach „Staatsrecht" (sowie auch das Fach „Verwaltungsrecht") an Österreichs größter und ältester Juristenfakultät in einer überaus schwierigen Zeit zu vertreten. Sie standen in einer Tradition, die – unbeschadet einiger älterer Ansätze – im Grunde erst 1893/94 begonnen hatte, als das Staatsrecht als eigenes Fach für die juristischen Staatsprüfungen etabliert und zwei Lehrstühle zu dessen Vertretung eingerichtet worden waren. Die Vorgänger auf dem Lehrstuhl von Adamovich waren Wenzel Lustkandl (1894–1902), Adolf Menzel (1903–1927) und Max Layer (1928–1933), jene auf dem Lehrstuhl von Merkl waren Edmund Bernatzik (1894–1919) und Hans Kelsen (1919–1930).[7] Insbesondere der zuletzt Genannte hatte die Staatsrechtslehre in Wien zu einer noch nie dagewesenen Blüte geführt und – abgesehen von seinen rechtstheoretischen Arbeiten, auf die hier nicht einzugehen ist[8] – Bedeutendes sowohl zur Dogmatik des österreichischen Verfassungsrechts als auch zur politischen Theorie geleistet.[9]

Zum hohen internationalen Ansehen, das die Wiener Rechts- und Staatswissenschaftliche Fakultät zu Anfang des 20. Jahrhunderts genoss, hatten auch andere Fächer beigetragen. Hervorzuheben ist hier insbesondere die Österreichische Schule der Nationalökonomie, welche ihren Höhepunkt jedoch schon zu Anfang der 1920er-Jahre überschritten hatte und von der Universität weitgehend verdrängt worden war. Daran war nicht zuletzt der Antisemitismus schuld, der schon seit dem Ende des 19. Jahrhunderts und im 20. Jahrhundert in zunehmendem Maße Einfluss auf universitätspolitische Entscheidungen hatte.[10] Dies sowie die katastrophalen wirtschaftlichen Verhältnisse der Zwischenkriegszeit führten schon seit den 1920er-Jahren zu einem regelrechten „brain drain". Bruno Kreisky, der 1929 mit dem Studium auf der Rechts- und Staatswissenschaftlichen Fakultät begonnen hatte, bemerkte später, dass auf dem Gebiet der Ökonomie, das ihn damals besonders interessiert hatte, zu jener Zeit „nicht mehr viel los [war]. Denn die bedeutendsten Ökonomen waren zum Teil lange vor dem Durchbruch des Faschismus aus Österreich weggegangen."[11] Eine Aussage, die auch auf Hans Kelsen zutraf, der aufgrund der zahlrei-

5 Vgl. zu ihm seine „Selbstdarstellung": Adamovich (1952); ferner: Staudigl-Ciechowicz (2012), 219–226; Staudigl-Ciechowicz (2013), III.1; Adamovich jun. (2011); Merkl (1956); Verdross (1955).

6 Vgl. zu ihm seine „Selbstdarstellung": Merkl (1952); ferner: Grussmann (1989); Olechowski (2011b); Staudigl-Ciechowicz (2012), 203–232.

7 Siehe näher Walter (1988); Olechowski (2012c).

8 Die von ihm entwickelte Reine Rechtslehre, zusammengefasst in Kelsen (1934), bildet freilich geradezu das Kernstück von Kelsens wissenschaftlichem Werk, um das sich wie ein Kranz seine anderen Arbeiten anschließen, vgl. hiezu einführend Ehs (2009).

9 Nur beispielhaft genannt sei Kelsen (1923; 1929).

10 Ehs (2011).

11 Kreisky (1986), 167.

chen Anfeindungen in Wien bereits 1930 seine Heimatstadt verlassen hatte und nach Köln gegangen war. „Heute will jeder bessere Jurist Kelsen-Schüler gewesen sein. Aber damals wollte niemand etwas mit jüdischen Professoren zu tun haben", so Kreisky rückblickend.[12]

Wie bereits aus dem Vorstehenden deutlich geworden ist, beschränkte sich der Tätigkeitsbereich der Wiener Rechts- und Staatswissenschaftlichen Fakultät keineswegs auf die Rechtswissenschaften alleine, sondern umfasste zahlreiche andere, besonders sozial- und wirtschaftswissenschaftliche Fächer. Die juristische Studienordnung von 1935 etwa enthielt ein breites Spektrum an Pflichtvorlesungen in Gesellschafts- und Volkswirtschaftslehre, Kriminologie, Verwaltungslehre und anderen nicht-juristischen Fächern. Aber auch in der Forschung erlebte die allgemein zu konstatierende Hinwendung der Juristen zu den Sozialwissenschaften gerade in der hier zu behandelnden Zeit ihren Höhepunkt. Hinzuweisen ist auf das 1910 von Hans Sperl gegründete „Institut für angewandtes Recht", welches versuchte, eine Rechtssoziologie nach dem Vorbild, wie es Eugen Ehrlich in Czernowitz entwickelt hatte, auch in Wien zu etablieren, oder das 1923 von Wenzel Gleispach gegründete „Institut für die gesamte Strafrechtswissenschaft und Kriminalistik", in dem auch die Kriminologie ihren Platz hatte[13] – ganz zu schweigen von der 1935 zwar empfindlich geschwächten, aber immer noch sehr starken Stellung der rechtshistorischen Fächer in der Fakultät, die sich immer mehr an den Geschichtswissenschaften orientierten und sich damit gleichermaßen von den „eigentlichen" Rechtswissenschaften entfernten.[14] Erst vor diesem Hintergrund ist die Forderung Kelsens nach Rückbesinnung auf die Eigenständigkeit und Eigengesetzlichkeit der Rechtswissenschaft und die Etablierung seiner Reinen Rechtslehre, „das heißt: von aller politischen Ideologie und allen naturwissenschaftlichen Elementen gereinigten" Rechtslehre,[15] verständlich.

Der Kampf um die Neugestaltung des juristischen Studiums zu Ende des 19. und Anfang des 20. Jahrhunderts vollzog sich allerdings nicht an der Bruchstelle Juristen / Nichtjuristen. Eher kann davon gesprochen werden, dass die rechtshistorischen und die justizrechtlichen Fächer zusammen einen Block bildeten, der die Studienordnung 1855 fast zur Gänze beherrschte, sie auch noch in der Studienordnung 1893 dominierte und gegen den die öffentlich-rechtlichen und die sozial- und wirtschaftswissenschaftlichen Fächer gemeinsam ankämpften. In diesem Zusammenhang ist auch zu sehen, dass 1920 neben dem Studium der Rechtswissenschaften ein eigenes Studium der Staatswissenschaften etabliert wurde.[16] Wechselweise wurden auch im juristischen Studium Staatswissenschaften und im staatswissenschaftlichen Studium Rechtswissenschaften gelehrt, aber doch in einem ganz unterschiedlichen Mengenverhältnis. Das Studium der Staatswissenschaften sollte daher auch nicht zur Ergreifung des Richter- oder Rechtsanwaltsberufes berechtigen und wurde nicht mit dem *Doctor iuris*, sondern mit dem *Doctor rerum politicarum* abgeschlossen. Auf diese Weise wollte man den an sozial- und wirtschaftswissenschaftlichen Themen näher Interessierten eine Alternative zum Rechtsstudium geben, welches vorerst unverändert blieb.

12 Ebd., 169.
13 Staudigl-Ciechowicz (2011).
14 Olechowski (2012a).
15 Kelsen (1934), 1.
16 Dazu ausführlich Ehs (2010).

Doch konnte das Studium der Staatswissenschaften die ursprünglichen Erwartungen nicht erfüllen; die Reform des Jusstudiums war damit höchstens hinausgezögert worden. Nach jahrelangen Diskussionen erfolgte sie mit der bereits erwähnten Studienordnung 1935. Adolf Merkl formulierte elegant, dass die Umsetzung der „jahrzehntelang in Diskussion stehende[n] Reform" durch die neue „Verfassungsrechtslage begünstigt" worden war.[17] Denn kurz zuvor hatte der Bundestag das so genannte Hochschulermächtigungsgesetz[18] beschlossen, mit dem der zuständige Bundesminister ganz pauschal dazu ermächtigt wurde, „die Ordnung der Studien und Prüfungen" mit Verordnung festzulegen. Während also seinerzeit die Studienordnung 1893 noch aufgrund eingehender parlamentarischer Beratungen zustande gekommen war, genügte für jene des Jahres 1935 die Unterschrift des Unterrichtsministers und Bundeskanzlers Kurt Schuschnigg.[19] Doch basierte, wie Merkl betonte, diese Verordnung weitgehend auf entsprechenden Vorschlägen der juristischen Fakultäten, die dazu bereits vor Jahren aufgefordert worden waren. Aufgewertet wurden mit der Studienordnung 1935 insbesondere die öffentlich-rechtlichen Fächer, also „Allgemeines und österreichisches Staatsrecht" sowie „Verwaltungslehre und österreichisches Verwaltungsrecht", denen nach der Studienordnung 1893 zusammen nur elf Semesterwochenstunden zur Verfügung gestanden hatten, während z. B. das Römische Recht über zwanzig Stunden gelesen wurde. Nunmehr wurden die beiden öffentlich-rechtlichen Fächer um ein drittes Fach, „Verwaltungsverfahren und Verwaltungsgerichtsbarkeit", ergänzt und alle drei auf insgesamt zwanzig Semesterstunden angehoben, also fast verdoppelt, während umgekehrt das Römische Recht beinahe halbiert, nämlich auf zwölf Stunden herabgesetzt wurde. Manchen, wie Merkl, ging dies nicht weit genug, was deutlich wurde, wenn er etwa süffisant feststellte: „Auch die neue Studienordnung wird ermöglichen, daß an der Universität beispielsweise römisches Erbrecht ebenso genau behandelt wird, wie österreichisches Steuer- und Zollrecht."[20]

Aber im Ganzen, so musste er anerkennen, handelte es sich um einen Kompromiss, der sich auf mittlerer Linie bewegte – und daher sehr dauerhaft war: Von einer Unterbrechung in der NS-Zeit und einer etwas größeren Modifikation im Jahre 1945 abgesehen, galten die Grundlinien der Studienordnung 1935 noch bis zum Jahr 1979.

3. Das Vorspiel: Kelsens Auseinandersetzung mit dem „Ständestaat"

Es ist nach dem Gesagten also deutlich zwischen „Staatslehre" und „Staatsrechtslehre" zu unterscheiden. Nach der „Zwei-Seiten-Lehre" Georg Jellineks (1851–1911) konnte der Staat sowohl unter juristischen als auch unter soziologischen Gesichtspunkten untersucht werden; das vom Neukantianismus erhobene Postulat der Methodenreinheit er-

17 Merkl (1935b), 377.

18 BGBl. 266/1935.

19 Verordnung des mit der Leitung des Bundesministeriums für Unterricht betrauten Bundeskanzlers über die rechts- und staatswissenschaftlichen Studien und Staatsprüfungen, BGBl. 378/1935; vgl. Olechowski (2011a), 468.

20 Merkl (1935b), 378.

forderte jedoch, dass diese beiden Seiten nicht miteinander vermengt werden durften.[21] Aussagen über den rechtlichen Zustand des Staates waren von politischen Werturteilen streng zu trennen. Hans Kelsen hatte dieses Prinzip in seiner Reinen Rechtslehre noch wesentlich stärker als Jellinek durchgeführt, und dies erklärt auch, weshalb sich Adamovich und Merkl in ihren Lehrbüchern auf eine rein juristische Darstellung der Verfassung beschränkten. Politische Betrachtungen wurden nicht als Gegenstand der Staatsrechtslehre, sondern der Staatslehre aufgefasst, wie sie zur Zeit des autoritären Regimes etwa von Erich Voegelin repräsentiert wurde. Dieser hatte sich 1929 unter Kelsen zunächst für Soziologie, 1931 dann auch für allgemeine Staatslehre habilitiert; halb im Scherz, halb im Ernst bezeichnete er sich als „missratenen Schüler“ Kelsens.[22] Tatsächlich enthielt seine 1936 erschienene Monografie zum autoritären Staat eine radikale Kritik an Kelsens Reiner Rechtslehre, und doch folgte Voegelin denselben Denkmustern wie sein Lehrer. Das Problem des 1933 erfolgten Verfassungsbruchs wurde von ihm ausführlich behandelt, zugleich aber machte er der Reinen Rechtslehre den Vorwurf, dass sie mit ihrem Instrumentarium die volle Tragweite der 1933 und 1934 erfolgten Veränderungen gar nicht beurteilen könne; wörtlich stellte er fest: „Es kann im Sinne der reinen Rechtslehre keinen Verfassungsbruch […] geben.“[23]

Dieses Urteil ist falsch, da es auf einer verkürzten Sicht der Reinen Rechtslehre beruht. Aber der Vorwurf, dass der Kelsen'sche Rechtspositivismus mit schuld daran sei, dass überhaupt Diktaturen errichtet werden konnten, findet sich in der Literatur immer wieder. Daher sei festgehalten, dass kein wie auch immer geartetes rechtstheoretisches Konzept Grund dafür sein kann, mit persönlichen Werturteilen hinter dem Berg zu halten. Und dies machte niemand besser als Hans Kelsen selbst deutlich, der schon anlässlich der Verfassungsnovelle 1929 vor einer Reihe von Tendenzen gewarnt hatte, die bereits damals bestanden und dann 1934 umso stärker durchbrachen. Insbesondere gab Kelsen zu bedenken, dass „die Gliederung des Volkes nach Berufen keineswegs alle für die staatliche Willensbildung in Betracht kommenden Interessen“ erfasse. Landwirt zu sein, hieße ja nicht, dass man nur an landwirtschaftlichen Berufsfragen interessiert sei; vielmehr gebe es auch viele andere Gründe, aus denen man eine bestimmte gesetzliche Regelung etwa des Eherechts oder einer anderen Materie wünsche. Hier aber würden berufsständische Interessen mit religiösen, mit ethischen oder sonstigen Interessen konkurrieren. Das berufsständische Element versage also dort, wo es nicht mehr um rein interne Fragen gehe, sondern wo Stände gegeneinander abstimmen müssen, um Fragen zu lösen, die nicht standesgebunden sind. Woher das Kriterium nehmen, wie viele Stimmen, wie viel Macht der eine oder der andere Stand erhalten soll? Die Formel „Jeder Gruppe sei ein ihrer Bedeutung für das Ganze entsprechender Anteil an der Bildung des Staatswillens einzuräumen“, war nach Kelsen völlig unbrauchbar. Vielmehr könne sich die Lösung „nur so ergeben, daß die letzte Entscheidung der Interessengegensätze zwischen den berufsständischen Gruppen schließlich doch einer Autorität übertragen wird, die nach einem dem berufsständischen Prinzipe fremden Gesetz erzeugt wird; nämlich entweder einem demokratisch aus dem Gesamtvolke ge-

21 Olechowski (2012c).

22 Winkler (1997), XXV.

23 Voegelin (1936), 151.

wählten Parlament oder einem mehr oder weniger autokratisch gestalteten Organ".[24] Kelsen konnte sich eine Ständevertretung nur als beratendes Organ vorstellen; die politische Kernfrage – Demokratie oder Autokratie – bleibe vom Ständegedanken ganz unberührt. Aber, so Kelsen weiter mit Blick auf die konkrete politische Situation um 1929: „Ist es nicht merkwürdig, daß der Ruf nach berufsständischer Organisation von bürgerlicher Seite gerade in dem Augenblicke erhoben wird, da sich die Möglichkeit ergibt, daß das bisher in der Minorität gebliebene Proletariat zur Mehrheit wird, und der demokratische Parlamentarismus sich gegen jene Gruppe zu kehren droht, der er bisher die politische Vorherrschaft gesichert hat?" Verdränge aber tatsächlich die berufsständische Organisation das bisherige parlamentarisch-demokratische Modell, so werde in Wahrheit „die diktatorische Herrschaft der einen Klasse über die andere" errichtet.[25] Es waren dies warnende und zugleich überzeugende Worte, die jene, für die sie bestimmt waren, nicht zu erreichen vermochten.

4. Der Auftakt: Reaktionen der Fakultät auf den Staatsstreich

Der Staatsstreich von 1933 führte sowohl bei der Bevölkerung als auch ganz besonders beim Juristenstand zu kritischen Auseinandersetzungen. Die „Neue Freie Presse" berichtete am 25. Juni 1933 über folgenden Vorfall beim österreichischen Volkstag:

> „[...] Hierauf ergriff Bundeskanzler Dr. Dollfuß, der von der Musikkapelle mit dem Kaiserjägermarsch begrüßt wurde, das Wort. Kaum hatte er die ersten Worte gesprochen, da rief ein Mann, der knapp vor der Estrade stand, laut: ‚Herr Bundeskanzler, Sie brechen die Verfassung!' Die Umstehenden ergriffen sofort den Mann, der nur mit Mühe vor der Lynchjustiz der Massen bewahrt werden konnte. Er wurde, aus Ohr und Nase blutend, aus der Arena geführt. Der Bundeskanzler setzte hierauf seine Ausführungen fort und sagte: ‚Wenn wir uns wirklich über die Verfassung hinweggesetzt hätten, dann würden wir uns in vielen Dingen viel leichter getan haben. Wir haben uns mit Gewissenhaftigkeit bemüht, alles, was im Interesse der Wirtschaft und des Staates, besonders aber des Friedens im Lande, notwendig war, im Rahmen der Verfassung durchzuführen."[26]

Um den Schein der Rechtskonformität nach außen hin zu wahren, war es besonders wichtig, die Juristen an den österreichischen Hochschulen zu überzeugen. Die Reaktionen der Wiener Fakultät ließen nicht lange auf sich warten. Merkl äußerte sich bereits am 9. März, zwei Tage nach der Erlassung der Notverordnung, „betreffend besondere Maßnahmen zur Hintanhaltung der mit einer Störung der öffentlichen Ruhe, Ordnung und Sicherheit verbundenen Schädigungen des wirtschaftlichen Lebens"[27] im Abendblatt der „Neuen Freien Presse" über die mit dieser Verordnung erfolgte Suspension der Pressefreiheit. Seine Kritik richtete sich einerseits gegen die fehlende teleologische Grundlage im Kriegswirtschaftlichen Ermächtigungsgesetz,[28] welches (nur) für bestimmte Zwecke

24 Kelsen (1929), 49 f. (Zitierung nach Originalpaginierung).
25 Kelsen (1929), 52.
26 Neue Freie Presse, 25. 6. 1933, 7.
27 BGBl. 41/1933.
28 RGBl. 307/1917.

ein Verordnungsrecht der Regierung vorsah. Als weiteres Argument für die Rechtswidrigkeit derartiger Regierungsverordnungen brachte er den Stufenbau der Rechtsordnung: Die Pressefreiheit war gemäß § 149 B-VG ein gesetzesfestes Grundrecht, das nur mit einer Verfassungsbestimmung abgeändert werden konnte. Der Regierungsverordnung nach dem KWEG kam gesetzesändernder Charakter zu, jedoch war eine verfassungsändernde Kraft nicht vorgesehen. Diesen Gedanken verfeinerte Merkl in seiner Abhandlung über die Verfassung 1934, wo er pointiert schrieb:

> „Gerade für die Monarchie verbot sich die offizielle Annahme verfassungsändernder Kraft der kriegswirtschaftlichen Verordnungen aus zwingenden rechtpolitischen Gründen, nämlich aus der Idee der Monarchie heraus. [...] Will man wirklich ernstlich behaupten, daß Kaiser und Reichsrat einem Vollzugsorgan mit dem kriegswirtschaftlichen Ermächtigungsgesetz die Vollmacht erteilt haben, sie selbst in legitimer Weise zu depossedieren?! Es fehlt aber auch jeder Anhaltspunkt dafür, daß das Verfassungsübergangsgesetz vom 1. Oktober 1920 mit der Rezeption der Vollmacht deren Wirkungsmöglichkeiten steigern und eine Handhabe bieten wollte, die obersten Staatsorgane der Republik in legitimer Weise zu depossedieren.“[29]

Bereits in seinem Artikel vom 9. März erwog Merkl die Möglichkeit der Überprüfung der Verordnung vom 7. März 1933 beim Verfassungsgerichthof und schrieb abschließend:

> „Für mich kann aber nach dem Vorausgeschickten und nach allen Erfahrungen der verfassungsgerichtlichen Verordnungskontrolle das Ergebnis einer solchen gerichtlichen Überprüfung der kriegswirtschaftlichen Verordnung, wenigstens im Punkt der Pressezensur nicht zweifelhaft sein. Rationell könnte ich also den unvermuteten Eingriff in die Pressefreiheit nur unter der Voraussetzung finden, daß er als Auftakt für viel radikalere Maßnahmen gedacht ist, die letzten Endes selbst vor dem Bestand des Verfassungsgerichtshofes nicht haltmachen dürften. Es liegt mir aber selbstverständlich fern, der Regierung derartige Maßnahmen zu imputieren, für die mir übrigens in Österreich, das sich bisher neben der Schweiz geradezu als das Paradies der persönlichen und politischen Freiheit im kontinentalen Europa rühmen konnte, alle politischen Voraussetzungen zu fehlen scheinen.“[30]

Als aber mit der Regierungsverordnung vom 23. Mai 1933[31] der Verfassungsgerichtshof tatsächlich „ausgeschaltet“ wurde, löste dies an den juristischen Fakultäten Proteste aus. Am 29. Mai wandte sich der Prodekan der Wiener Rechts- und Staatswissenschaftlichen Fakultät, Alfred Verdross, an die Dekane der Schwesterfakultäten in Graz und Innsbruck mit dem Vorschlag eines gemeinsamen Protestes.[32] Demnach sollte gemeinsam eine Protestschrift beschlossen werden und diese dem Bundespräsidenten, dem Bundesminister für Unterricht und der Tagespresse überreicht werden. Um den Vorgang zu beschleunigen, fügte Verdross einen Entwurf des Schreibens bei, in dem die Mitglieder der Fakultäten an den Bundespräsidenten appellierten, „seine verfassungsmässige Autorität geltend zu machen, damit auf einem Wege innegehalten wird,

29 Merkl (1935a), 10.
30 Neue Freie Presse, Abendblatt, 9.3.1933, 2.
31 BGBl. 191/1933, vgl. dazu Zavadil (1997); Walter (1998).
32 UAG, Jur. Dek. 1932/33, 662–1250, Zl. 954.

der zur Zerstörung unserer wertvollsten Verfassungsgüter und zur Vernichtung des Rechtsstaates führen muss".[33] Die Grazer und Innsbrucker rechts- und staatswissenschaftlichen Professorenkollegien schlossen sich dem Wiener Kollegium an. Am 2. Juni[34] wurde die gemeinsame Denkschrift der drei Fakultäten dem Bundespräsidenten übergeben.[35] Auch der Unterrichtsminister erhielt ein Exemplar, von Seiten des Unterrichtsministeriums kam es zu einer äußerst raschen Reaktion, denn man wollte die Publikation der Denkschrift in der Tagespresse verhindern. In einem Schreiben vom 3. Juni 1933 wurde der Dekan darauf aufmerksam gemacht, dass „die aus dem Wortlaute erschliessbare Absicht[,] mit dieser Kundgebung an die Öffentlichkeit zu treten, unzulässig erscheint".[36] Das Ministerium argumentierte mit der Pflicht der Geheimhaltung aller Beschlüsse der akademischen Körperschaften und verwies auf einen Erlass des Ministers für Kultus und Unterricht aus dem Jahre 1874. In diesem hieß es, dass „[i]nsbesondere [...] über eingeleitete Verhandlungen bis zu deren endgültigem Abschlusse sowie über Anträge an eine Oberbehörde bis zu der von der letzteren getroffenen Entscheidung Stillschweigen zu beobachten [ist]".[37] Für den Fall, dass es trotzdem zu einem entgegengesetzten Beschluss des Professorenkollegiums kommen sollte, verwies das Schreiben auf § 18 Abs. 2 des Organisationsgesetzes.[38] Demnach hatte der Dekan, wenn er die Ausführung eines Beschlusses des Professorenkollegiums nicht verantworten zu können glaubte, den Fall dem Unterrichtsminister vorzulegen. In der Sitzung vom 6. Juli befasste sich das Wiener Professorenkollegium mit der Frage der Geheimhaltung von Fakultätsbeschlüssen und kam zu der Auffassung, dass lediglich die Normen über die Wahrung des Amtsgeheimnisses anzuwenden seien, der erwähnte Erlass von 1874 die Veröffentlichung also nicht per se untersage. Diese Rechtsmeinung wurde dem Ministerium tags darauf, am 7. Juli 1933, kundgetan.[39] Am 18. Juli verbreitete der Deutschlandsender die Nachricht, „dass die drei österreichischen juristischen Fakultäten die von der Regierung erlassenen Verordnungen für verfassungswidrig erklärt hätten und dass die Veröffentlichung dieser Beschlüsse von der Regierung verboten worden sei".[40]

Die Proteste der Wiener Rechts- und Staatswissenschaftlichen Fakultät gegen das autoritäre Regime kulminierten im dritten Heft der reichsdeutschen Zeitschrift „Verwaltungsarchiv. Zeitschrift für Verwaltungsrecht und Verwaltungsgerichtsbarkeit". Es er-

33 UAG, Jur. Dek. 1932/33 662–1250, Zl. 954.

34 Zavadil (1997), 116.

35 Busch (2012), 152, spricht von einem „zunächst mündlichen Protest", was sich auf die Überreichung der Denkschrift beziehen könnte oder auf die Vorsprache von Layer und Verdross beim Bundespräsidenten am 9. 6. 1933, vgl. m. w. N. Zavadil (1997), 114–120.

36 Schreiben des Unterrichtsministeriums, UAG, Jur. Dek. 1932/33, 662–1250, Zl. 954.

37 Erlass des Ministeriums für Kultus und Unterricht v. 28. 3. 1874, Zl. 4105 betreffend die Geheimhaltung der Beschlüsse der akademischen Körperschaften, abgedruckt in: Beck/Kelle (1906), Nr. 58.

38 Gesetz v. 27. 4. 1873, RGBl. 63/1873, betreffend die Organisation der akademischen Behörden, abgedruckt in: Beck/Kelle (1906), Nr. 18.

39 Schreiben des Grazer Prodekans an das Unterrichtsministerium v. 13. 7. 1933, UAG, Jur. Dek. 1932/33, 662–1250, Zl. 954.

40 Amtsvermerk Verdross' an den Grazer Dekan v. 19. 7. 1933, UAG, Jur. Dek. 1932/33, 662–1250, Zl. 954.

schien unter der Schriftleitung von Otto Koellreutter im Sommer 1933 in Berlin.[41] Die zehn Beiträge dieses Heftes widmeten sich ausschließlich der Entwicklung in Österreich; die Autoren, von denen neun Mitglieder der Wiener Rechts- und Staatswissenschaftlichen Fakultät waren, übten teilweise sehr scharfe Kritik am Regime. Im Einzelnen handelte es sich um fünf ordentliche Professoren (den Strafrechtler Wenzel Gleispach, den Romanisten Ernst Schönbauer, den Germanisten Karl Gottfried Hugelmann sowie die Verfassungsrechtler Max Layer und Adolf Merkl), drei Privatdozenten (Karl Braunias, Hans Frisch und Leopold Zimmerl) und einen Assistenten (Herbert Kier, wissenschaftliche Hilfskraft am Seminar für Staats- und Verwaltungsrecht); das einzige Nicht-Fakultätsmitglied war Norbert Gürke, der zu jener Zeit Assistent Koellreutters (und ab 1934 dessen Schwiegersohn)[42] in München war.

Hervorzuheben ist die politische Ausrichtung der Autoren: Gleispach und Schönbauer waren explizite Nationalsozialisten.[43] Auch Karl Gottfried Hugelmann, Professor für Deutsches Recht, vertrat ähnliche Positionen, doch stammte er mehr aus dem katholisch-nationalen Lager. 1933 trat er aus der Christlichsozialen Partei aus, die er in den Jahren zuvor im Bundesrat vertreten hatte. Wilhelm Wegener beurteilt Hugelmanns politische Einstellung nach 1938 folgendermaßen: „Nachdem er zunächst vom Anschluß 1938 beeindruckt gewesen war, entfernte er sich innerlich immer mehr vom Nationalsozialismus. Er [...] scheute sich schließlich nicht, in seinen Vorlesungen und, wenn auch etwas verhüllter, in Zeitschriftenartikeln öffentlich gegen Irrlehren und Rechtsbrüche Stellung zu beziehen."[44] Max Layer kam ebenfalls aus dem nationalen Lager, er „war zwar nie im eigentlichen Sinn politisch tätig, vertrat aber seine rechtsstaatlichen und freiheitlichen Überzeugungen."[45] Neben diesen teils nationalsozialistischen, teils nur national orientierten Autoren fällt Adolf Julius Merkl auf. Er identifizierte sich mit dem großdeutschen Lager, jedoch nicht mit dem nationalsozialistischen. Nach dem „Anschluss" wurde ihm vor allem sein „fanatischer Katholizismus"[46] vorgeworfen.

Mit Ausnahme von Gürke, der erst 1939 als Ordinarius für Verfassungsrecht nach Wien berufen wurde,[47] handelte es sich um Wiener Autoren; der 1934 nach Wien berufene Ludwig Adamovich, der zu jener Zeit noch in Graz lehrte, verfasste keinen Beitrag für das Heft. Aber auch die Wiener Privatdozenten Fritz Hawelka, Rudolf Herrnritt, Leo Wittmayer und Erich Voegelin blieben dem Protest fern. Layer setzte sich in seinem Ar-

41 Der Nationalsozialist Otto Koellreutter, der bis März 1933 gemeinsam mit Kelsen Mitglied des Vorstands der „Vereinigung der Deutschen Staatsrechtslehrer" gewesen war, hatte maßgeblich am Untergang dieser Vereinigung mitgewirkt, da diese sich einer „Gleichschaltung" mit dem NS-Regime zu entziehen versucht hatte; vgl. dazu Olechowski (2012b).

42 Der gebürtige Grazer Norbert Gürke wurde 1939 ordentlicher Professor in Wien, vgl. zu ihm Schartner (2011), 57.

43 Vgl zu Gleispach: Rabofsky/Oberkofler (1985), 150–176; zu Schönbauer: Meissel/Wedrac (2012), 57–62.

44 Wegener (1974), 10; vgl. zu ihm auch Funk (1990), 402; Rathkolb (1989), 210 f.

45 Baltl (1987), 277.

46 Brief Theodor Rittlers an Adolf Merkl vom 29.12.1942, UAW, Jur. PA Merkl, 056.

47 ÖStA/AVA, Unterricht Allgemein, Kt. 610, PA Gürke. Die Angabe in ÖBL 2 (1958), 102, http://www.biographien.ac.at/(22.7.2012), ist insofern missverständlich; eine kritische Würdigung der Publikationen Gürkes unternehmen Rathkolb (1989), 208–210; Funk (1990), 395 f. und Schartner (2011), 56–95.

tikel mit dem Ermächtigungsbereich des KWEG auseinander. Dabei ging er zunächst auf die Abänderung bestehender Gesetze ohne ausdrückliche gesetzliche Ermächtigung im Verordnungsweg ein. Er betonte, dass das KWEG, anders als das deutsche Ermächtigungsgesetz von 1914, welches ausdrücklich zur Anordnung „gesetzlicher Maßnahmen" ermächtigte, keinerlei Wendung enthielt, welche eine Gesetzesänderung zuließe. Somit sei das KWEG eine „reine Ermächtigung zur Erlassung von Rechtsverordnungen praeter legem".[48] Neben dem Wortlaut brachte er weiters als Argument vor, dass 1931 und 1932 die Regierung durch Verfassungsgesetz ermächtigt worden sei, „zum Schutze der Wirtschaft gesetzesändernde Verordnungen auf dem Gebiete des Geld- und Kreditwesens zu erlassen".[49] Dies wäre nicht notwendig gewesen, wenn das KWEG gesetzesändernde Kraft hätte. Die aktuelle Situation beurteilte er dementsprechend so:

> „Erst als die Krisis im Nationalrat eintrat und der normale Weg der Gesetzgebung nicht mehr gangbar war, suchte die Regierung aus dem Ermächtigungsgesetz Vollmachten herauszuholen, die darin nicht enthalten waren, obwohl andere Wege offenstanden, die der Verfassung besser entsprochen hätten. Aber es war wohl verlockend, nunmehr die ganze Gesetzgebung durch Verordnung auf Grund des kriegsw[irtschaftlichen] Ermächtigungsgesetzes zu besorgen, mittels eines so leicht zu handhabenden Instrumentes wie es eine einfache Verordnung ist, ohne die formalen Schwierigkeiten der Anwendung des Notverordnungsrechtes und ohne neue verfassungsgesetzliche Ermächtigungen, die jetzt kaum zu erhalten waren."[50]

Darauf folgte eine Aufzählung der verfassungswidrigen Verordnungen aufgrund des KWEG. Als bedenklichste sah Layer die Verordnung vom 23. Mai 1933 betreffend Änderungen des Verfassungsgerichtshofgesetzes an: „Die Anwendung der Verordnung macht aber zudem den Verf[assungs]Ger[ichts]H[of] unter den obwaltenden Umständen aktionsunfähig. Gerade an dieser traditionellen und höchst angesehenen gerichtlichen Institution, die angesichts eines lahmgelegten Parlaments die einzige Kontrollinstanz für die Verfassungsmäßigkeit der Regierungsmaßnahmen bildet, hätte sich die Regierung nicht vergreifen sollen."[51] Neben den bereits aus formellen Gründen rechtswidrigen Verordnungen unterschied Layer Verordnungen, die die inhaltliche Ermächtigung überschritten. Auch hier äußerte er sich zur bereits erwähnten Verordnung betreffend Änderungen des Verfassungsgerichtshofgesetzes: „Niemand wird behaupten können, daß die gänzliche oder teilweise Lahmlegung des Verfassungsgerichtshofes zur Förderung des wirtschaftlichen Lebens und Versorgung der Bevölkerung mit Nahrungsmitteln erforderlich gewesen sei."[52]

Ebenfalls mit diesen Fragen beschäftigte sich Frisch. In seinem Artikel „Die Ausschaltung des Verfassungsgerichtshofes"[53] schrieb er: „Die Verordnung vom 23. Mai hat die Wirkung, daß der Verfassungsgerichtshof für alle jene Angelegenheiten außer Funktion gesetzt ist, für die Senate von wenigstens 8 Stimmführern außer dem Vorsitzen-

48 Layer (1933), 208.
49 Ebd., 209.
50 Ebd., 209 f.
51 Ebd., 212.
52 Ebd., 218.
53 Frisch (1933).

den vorgeschrieben sind; zu diesen, nun ausgeschalteten Kompetenzen gehört auch die Überprüfung von Gesetzen und Verordnungen auf ihre Rechtsgültigkeit."[54] In weiterer Folge untersuchte Frisch die Rechtskonformität der Vorgänge und begann dabei mit der Frage, ob die Mitglieder des Verfassungsgerichtshofes ihr Amt jederzeit niederlegen dürfen. Er kam zum Schluss, dass „[w]enn aber kein zwingender Grund vorliegt, so wird die Niederlegung als Pflichtverletzung, als Bruch des geleisteten Eides anzusehen sein".[55] Da in der österreichischen Rechtsordnung jedoch keine diesbezügliche Kontrollinstanz vorhanden war, blieb „die Verpflichtung der Verfassungsrichter zur gewissenhaften Erfüllung ihrer Pflicht ohne Sanktion, sie ist eine lex imperfecta".[56]

Weiters prüfte Frisch die Zulässigkeit der erwähnten Verordnung vom 23. Mai und stellte einen Zusammenhang zwischen Verfassungsgerichtsbarkeit und wirtschaftlichen Schäden insofern her, als dass durch die Außerkraftsetzung der angefochtenen Verordnungen durch den Verfassungsgerichtshof auch wirtschaftliche Schäden eintreten könnten. Doch beurteilte er diese Lösung so: „Es ist dies allerdings eine etwas gewaltsame Auslegung des Ermächtigungsgesetzes, aber anders ist seine Anwendung zu diesem Zweck kaum zu erreichen."[57] Er wies auch auf ein neues verfassungsrechtliches Problem hin: Denn es kam durch diese Verordnung zum Eingriff der Verwaltung in die Rechtspflege. Dieser Umstand wurde von ihm aufs Schärfste kritisiert: „Es ist eine für den Juristen, namentlich für den Verfassungsrechtler ungeheuerliche Vorstellung, daß die Bundesregierung den Verfassungsgerichtshof nach Belieben soll im Verordnungswege lahm legen können! Solche Eingriffe zu ermöglichen[,] war gewiß niemals Sinn und Zweck des kriegswirtschaftlichen Ermächtigungsgesetzes."[58]

Thematisch daran anschließend findet sich unter den Artikeln dieses Heftes der Zeitschrift „Verwaltungsarchiv" auch ein Beitrag von Merkl. Im Unterschied zu dem Großteil der Aufsätze problematisierte Merkl die aktuellen Geschehnisse zunächst gar nicht, sondern konzentrierte sich auf sein Thema „Die Verfassungsgerichtsbarkeit in Österreich",[59] indem er jede Kompetenz des Verfassungsgerichtshofes erläuterte. Kritisch behandelte er die Änderung der Zusammensetzung des Verfassungsgerichtshofes durch die Novelle 1929. Erst gegen Schluss kam er auf die aktuelle Situation des Verfassungsgerichtshofes zu sprechen:

> „Gerade die Überzeugung, daß von dem Gericht keine Gefälligkeitsjustiz nach der einen oder anderen Seite zu erwarten sei, erklärt denn auch den jüngsten Anschlag, der zwar nicht ge-

54 Ebd., 234. Ebenso wenig wie die heutige Rechtslage kannte das Verfassungsgerichtshofgesetz 1930, BGBl. 127/1930, verfassungsgerichtliche „Senate", vielmehr entscheidet der VfGH stets im Plenum, wofür nach § 7 Abs. 1 ein Vorsitzender und acht Stimmführer vorgeschrieben sind, in bestimmten Fällen jedoch gemäß Abs. 2 vier Stimmführer ausreichen, woraus sich in der Praxis eine – gesetzlich nicht vorgesehene, aber auch nicht rechtswidrige – Einteilung der Richter in „Senate" etabliert hat. In den Angelegenheiten nach § 7 Abs. 2 Verfassungsgerichtshofgesetz war der Verfassungsgerichtshof weiterhin beschlussfähig; vgl. Walter (1998), 20.

55 Frisch (1933), 234.

56 Ebd., 235.

57 Ebd., 239.

58 Ebd., 239.

59 Merkl (1933).

> gen seinen Bestand, wohl aber gegen seine volle Aktionsfähigkeit unternommen wurde. [...] In dieser Situation zeigte sich in Österreich zum ersten Male die Problematik einer gerichtlichen Judikatur in politischen Machtfragen. – Nicht, als ob fraglich geworden wäre, ob sich Machtfragen auch juristisch entscheiden lassen, und ob sie vom Verfassungsgerichtshof streng nach dem Rechte entschieden worden wären, sondern weil sich das Rechtsinteresse schwächer als ein besonders potenziertes Machtinteresse erwiesen hat und daher – wenngleich nach meiner Überzeugung nur vorübergehend – zum Schweigen verurteilt wurde."[60]

Die übrigen Aufsätze des Heftes befassten sich mit den Neuerungen im Dienstrecht der Bundesangestellten (Gleispach), den Gefahren der Ausdehnung der Verwaltungsstrafgerichtsbarkeit in Österreich (Zimmerl), der Unabhängigkeit Österreichs sowie dem Protokoll von Lausanne (Hugelmann) und schließlich der Ausschaltung des Nationalrates (Schönbauer).

Am 6. Oktober 1933 berichtete die „Wiener Zeitung", dass die Professoren Gleispach und Layer in den Ruhestand versetzt worden seien. Layer hatte, im Gegensatz zu Gleispach, bereits die Altersgrenze erreicht, dennoch mutmaßte die Zeitung, dass in beiden Fällen die Pensionierungen mit den Aufsätzen, die im „Verwaltungsarchiv" erschienen waren, zusammenhingen.[61] Layer richtete daraufhin ein Schreiben an das Ministerium, in dem er erklärte, dass er gegen seine Pensionierung, zumal sie gesetzlich gedeckt sei, keinen Widerspruch erhoben hätte, wenn nicht der „dumme" Zeitungsartikel erschienen wäre. Nun aber forderte er das Ministerium zur Distanzierung von dieser Nachricht auf sowie zur Feststellung, dass ihm „nicht die geringste Pflichtverletzung zur Last" gelegt werde.[62] Das Ministerium, das bis dahin gehofft hatte, sich nicht inhaltlich mit dem Auftreten Layers im „Verwaltungsarchiv" auseinandersetzen zu müssen, sah sich nunmehr „genötigt", eine Note an den Dekan zu richten. Darin hielt es fest, dass Layers Aufsatz zumindest in seinem Schlussteil „keine wie immer geartete wissenschaftliche Aeusserung, wohl aber einen hemmungslosen Angriff ausgesprochen politischen Charakters gegen die Bundesregierung" dargestellt und Layer mit seinem Aufsatz „unbeschadet der Freiheit der Wissenschaft und ihrer Lehre, sowie der freien politischen Meinungsäusserung und unabhängig von jedem Gegensatze der politischen Einstellung" jedenfalls nicht jene „Loyalität, die jeder Bundesbürger seiner Heimat schuldet", gezeigt habe. Es beharrte auf der Pensionierung und behielt sich sogar noch weitere Schritte angesichts der „ungebührliche[n] und beleidigende[n] Schreibweise" im Brief Layers an das Ministerium vor.[63]

1934 wurde nach Layer und Gleispach auch Hugelmann in den vorzeitigen Ruhestand versetzt.[64] Frisch wurde von seiner Haupttätigkeit an der Technischen Hochschule be-

60 Ebd., 230.

61 Wiener Zeitung, 6.10.1933, 3. Zur Pensionierung Gleispachs vgl. Staudigl-Ciechowicz (2011), 32.

62 Schreiben Layers an das BMU, 13.10.1933, ÖStA/AVA, Unterricht Allgemein, Kt. 611, PA Layer.

63 Erlass des BMU, z.Z. 876 und 877/1933 v. 16.10.1933, ÖStA/AVA, Unterricht Allgemein, Kt. 611, PA Layer.

64 Wegener (1974), 10, und einige andere Autoren behaupten, dass Hugelmann nach dem gescheiterten Juliputsch 1934 wegen seiner „Sympathie mit den Nationalsozialisten [...] in ein Konzentrationslager" [sic! gemeint wohl: das Anhaltelager Wöllersdorf] eingewiesen worden sei. Tatsächlich wurde Hugelmann in der Nacht auf den 26. Juli 1934 in Klosterneuburg verhaftet, blieb dort aber bis

urlaubt, blieb aber weiter als Privatdozent an der Universität Wien tätig.[65] Von den ordentlichen Professoren, die im „Verwaltungsarchiv" publiziert hatten, hatte diese Beteiligung lediglich für Schönbauer und Merkl keinerlei Konsequenzen für ihre Anstellung.

5. Des Pudels Kern: Die Positionierungen von Adamovich und Merkl zur Maiverfassung

Sowohl Adamovich als auch Merkl setzten sich mit der neuen Verfassung wissenschaftlich auseinander.[66] Im Vorwort zu seinem 1935 erschienenen Lehrbuch „Die ständisch-autoritäre Verfassung Österreichs" schrieb Merkl: „Wenn an dieser Stelle ein politisches Urteil gestattet ist, das im gesamten Texte dieses Büchleins sorgsam vermieden wurde, so sei festgestellt, daß nur eine solche Entwicklung der Staatsform in der Richtung gelegen ist, die dem Geiste der Enzyklika ‚Quadragesimo anno', dem bedeutendsten staatspolitischen Bekenntnis dieses Jahrhunderts, ja überhaupt dem bemerkenswertesten Zeugnisse katholischen Staatsdenkens aller Jahrhunderte entspricht."[67] Sein Werk ist bei Weitem kritischer als der zuvor erwähnte Artikel in der Zeitschrift „Verwaltungsarchiv". Seine Kritik richtete sich sowohl gegen die Anwendung des KWEG, als auch gegen manche Teile der Verfassung. Besonders scharf kritisierte Merkl die Normen betreffend die Grundrechte. Zwar begrüßte er die individualistischen und liberalen Ansätze, die auf die Dezemberverfassung 1867 zurückgingen, doch er kritisierte die Einschränkungen durch nicht näher spezifizierte Gesetzesvorbehalte. Bei der Betrachtung der einzelnen Grundrechte missfiel Merkl ganz besonders ein Absatz des Artikels 16: „Die öffentlichen Ämter sind allen vaterlandstreuen Bundesbürgern, die den vorgeschriebenen Erfordernissen entsprechen, gleich zugänglich." Er befürchtete, dass die explizite Nennung der Vaterlandstreue eine einengende Auslegung zur Folge haben könnte:

> „Vaterlandstreue bewährt sich nicht in haltloser Anschmiegsamkeit an die Schwankungen der politischen Konjunktur und in unbedingter Gutheißung jeder offiziell geäußerten Meinung; eine konstitutionelle Staatsordnung sieht auch nach Überwindung des Parteienstaates begriffsnotwendig ideelle Richtungsunterschiede vor und muß daher [...] gegensätzlichen politischen Wünschen Raum geben, und gerade die überzeugungstreue Vertretung persönlicher Auffassungen über das politisch Beste, wenn sie in rechtmäßigen Formen vor sich geht, als Bekundung vaterländischer Gesinnung gelten lassen."[68]

Die schärfste Kritik übte Merkl jedoch an den Bestimmungen über die Meinungs- und Pressefreiheit. Er drückte seinen Unmut über die Degradierung der Pressefreiheit zu einem biegsamen Grundrecht folgendermaßen aus:

---

zum 3. August, als er wegen Hungerstreiks in ein Wiener Spital eingeliefert und von dort am 27. September 1934 entlassen wurde: ÖStA/AdR, BKA-I, allg., 20g, Kt. 4459, Zl. 221.033/1934. Diese Archivalie verdanken wir Mag.[a] Pia Schölnberger.

65 Nekrolog Hans Frisch verfasst v. Helfried Pfeifer, UAW, Senat S 305.59; Staudigl-Ciechowicz (2013), III.3.

66 Vgl. beispielsweise Merkl (1935a); Adamovich (1935b; 1935c; 1938); Adamovich/Froehlich (1934).

67 Merkl (1935a), IV.

68 Ebd., 40f.

> „Ein derart beschränkbares ‚Recht der Meinungsäußerung' kann schwerlich als ‚Grundrecht der Freiheit der Meinungsäußerung' gedeutet werden. Wenn dem Gesetzgeber überhaupt keine Schranken gezogen werden sollten, so hätte es sich vielleicht im Hinblick auf die optische Wirkung empfohlen, des ‚Rechtes der Meinungsäußerung' in der Verfassung überhaupt nicht zu gedenken, denn auch im Falle des Schweigens der Verfassung über die Meinungsäußerung wären alle beabsichtigten Beschränkungen derselben dem Gesetzgeber freigestanden."[69]

Merkl konnte jedoch in gewissem Maße der Verfassung auch Positives abgewinnen. Er bezeichnete die Berücksichtigung der ständischen Einrichtungen als originellste Neuerung der Verfassung 1934. In dieser Hinsicht hielt er sie noch für ausbaufähig. Während nämlich der Ausbau des autoritären Elements „die österreichische Verfassung in die Nachbarschaft zu Staatsordnungen bringen" würde, „mit denen in Vergleich gestellt zu werden gewiß nicht der Ehrgeiz österreichischer Verfassungsgebung sein kann", nähere die Entwicklung des ständischen Charakters die österreichische Verfassung an die „ihr kulturell nächstliegenden west- und nordeuropäischen Staatengemeinschaft" an.[70] Unzureichend fand Merkl das äußerliche Bekenntnis zum ständischen Prinzip in der Verfassungsurkunde, denn es fehlte ein Abschnitt über die genaue Ausgestaltung dieses Prinzips. Auch forderte er ein stärkeres, mit den Ländern gleichberechtigtes ständisches Organ. Somit erwies sich Merkl als Kritiker der Verfassung, der aber doch ihren grundlegenden Prinzipien positiv gegenüberstand.

Schwieriger ist es, Adamovich anhand seiner Schriften inhaltlich zu positionieren. Zwar publizierte auch er 1935 ein Lehrbuch zum österreichischen Staatsrecht, jedoch handelte es sich dabei lediglich um eine aktualisierte Fassung seines bereits 1927 erschienenen Buches. Seine politische Einstellung blieb hierin verborgen; inhaltliche Kritik an der Maiverfassung sucht man vergeblich. Andere Publikationen machen jedoch deutlich, dass auch Adamovich der Maiverfassung zumindest aufgeschlossen gegenüberstand. In einem Artikel in der „Öffentlichen Sicherheit" von 1935 schrieb er: „Kein anderer Zweig der öffentlichen Verwaltung bedarf aber zweifellos einer autoritären Führung in dem Maße, wie das öffentliche Sicherheitswesen. Dieser Erkenntnis hat sich die neue österreichische Verfassung voll und ganz erschlossen. Sie hat damit endgültig den schweren, ja vielleicht schwersten, Mangel der Bundesverfassung von 1920 behoben."[71] Er begrüßte auch besonders aus der Sicht des öffentlichen Sicherheitswesens die in der Verfassung normierten Notrechte des Bundespräsidenten und der Bundesregierung. Angesichts seines staatsrechtlichen Hintergrunds und seiner richterlichen Tätigkeit am Verfassungsgerichtshof erscheint es besonders problematisch, dass er die damit legitimierte Änderung von Verfassungsbestimmungen durch die Exekutive guthieß.

6. Das Nachspiel: Adamovich und Merkl nach 1938 und nach 1945

Am 15. Februar 1938 bildete Bundskanzler Schuschnigg ein letztes Mal sein Kabinett um. Ludwig Adamovich wurde nun in das Justizministerium berufen – wie sein Sohn spä-

69 Ebd., 48.

70 Ebd., 28.

71 Adamovich (1935c).

ter erklärte,[72] sozusagen als monarchistisches Gegengewicht zum Nationalsozialisten Arthur Seyß-Inquart, der am selben Tag zum Innenminister ernannt wurde. Adamovich amtierte infolge der politischen Ereignisse nur ein Monat lang. An der Universität Wien wurde er nach dem „Anschluss" in den Ruhestand versetzt, blieb aber von persönlicher Verfolgung verschont. Er überdauerte die NS-Zeit in „innerer Zurückgezogenheit",[73] kehrte aber unmittelbar nach deren Ende an die Universität Wien zurück und wurde ihr erster Rektor nach 1945. Auch entwarf er als juristischer Berater der Provisorischen Staatsregierung die Vorläufige Verfassung und wurde 1946 Präsident des wiedererrichteten Verfassungsgerichtshofes.

Demgegenüber hatte sich Merkl im April 1938 in einem Zeitungsaufsatz zustimmend zum „Anschluss" geäußert.[74] Dies bewahrte ihn allerdings nicht davor, dass auch er in den Ruhestand versetzt wurde und erst 1941 wieder einen Lehrstuhl, diesmal an der Universität Tübingen, erhielt. Nach 1945 wurde ihm dieser Aufsatz jedoch fast zum Verhängnis, als der Bundespräsident sich 1947 weigerte, die Rückberufung Merkls zu unterzeichnen. Erst mehrmalige Interventionen, u. a. durch Kelsen, der von Berkeley aus brieflich versicherte, dass Merkl „sicherlich in keiner Weise mit den verabscheuungswürdigen Prinzipien des [nationalsozialistischen] Regimes", sondern nur, wie so „viele", mit der großdeutschen Idee des „Anschlusses" an sich sympathisiert hatte,[75] bewogen Renner, Merkl wieder nach Wien zu berufen. 1950 kehrte er in seine Heimatstadt zurück.[76]

72 Ludwig Adamovich jun., Interview mit Thomas Olechowski und Kamila Staudigl-Ciechowicz v. 3.11.2009.

73 Adamovich jun. (1974), 198.

74 Neue Freie Presse, 21.4.1938, 1f, vgl. dazu Staudigl-Ciechowicz (2012), 215f.

75 Brief Kelsens an Verdross, 10.6.1947, UAW, Jur. PA Merkl, 045.

76 Vgl. Staudigl-Ciechowicz (2012), 217–219; Schartner (2011), 211–237.

Lucile Dreidemy

Dollfuß – biografisch. Eine Längsschnittanalyse des biografischen Diskurses über Engelbert Dollfuß

Die Gattung der Biografie ist seit der Antike mit dem Totenkult verbunden und teilt mit ihm ein Naheverhältnis zum Mythos. So wie sich im Totenkult faktische Geschichte in Mythos transformiert, sind auch Biografien, um mit dem Biografietheoretiker Christian Klein zu sprechen, „sowohl auf dem Gebiet der faktischen Erinnerung als auch auf dem der mythologisierten Ausprägung anzusiedeln".[1] Da Engelbert Dollfuß kaum autobiografisches Material hinterlassen hat, stützten sich die Biografen von Anfang an auf seine Reden oder auf angeblich von ihm erzählte Anekdoten, um ihre Darstellungen zu untermauern. Aus diesem Grund bilden Biografien eine entscheidende Quelle für die Erfassung des vor und nach Dollfuß' Tod entstandenen und bis heute andauernden „Dollfuß-Mythos" sowie von dessen Wirksamkeit.

Dementsprechend werde ich in diesem Beitrag zunächst auf die Rolle von Biografien im ursprünglichen Staatskult unmittelbar nach Dollfuß' Tod eingehen und aus diesem hagiografischen Korpus[2] jene Eigenschaften und Tugenden herausdestillieren, die den mythischen Diskurs über Dollfuß in seiner Verankerungsphase prägten. In einem weiteren Schritt wird eine Brücke zur späteren Biografik geschlagen, wobei auf der einen Seite die Entstehung der verschiedenen Schriften geschichtspolitisch eingeordnet sowie auf einer sprachlichen und symbolischen Ebene der Entwicklung der Haupttopoi des biografischen Diskurses nachgegangen wird.

1 Klein (2002), 83.

2 Der Begriff Hagiografie wird in diesem Artikel in seinen zwei Bedeutungen aufgefasst. Erstens im ursprünglichen Sinn als Erzählung von Legenden über einen Heiligen zum Zwecke der Vermittlung von christlichen Tugenden (dies trifft v. a. auf die frühen Biografien sowie auf die späteren, religiös geprägten Schriften zu), zweitens im moderneren Sinn als Huldigungsdiskurs. An dieser Stelle sei zudem darauf hingewiesen, dass im untersuchten Korpus allein deswegen keine kritischen Biografien zu finden sind, weil diese bis heute nicht existieren.

1. Biografien im Dienste des Staatskultes

Unmittelbar nach Dollfuß' Tod entstand eine „Hymnenliteratur"[3] in Form von hagiografischen Büchern und Broschüren. Diese Literatur gehörte zu den ersten kulturellen Trägern des Staatskultes, der ab diesem Zeitpunkt von Seiten der Nachfolgeregierung und deren UnterstützerInnen eingerichtet wurde. Die Biografen waren keineswegs professionelle Historiker, sondern entweder ehemalige Wegbegleiter von Dollfuß wie sein Kriegskamerad Ludwig Weithaler oder Hans Maurer,[4] sein „Cartellbruder" in der Studentenverbindung Franco-Bavaria, oder Mitarbeiter bzw. Unterstützer des Regimes wie Dietrich von Hildebrand[5] und Attilio Renato Bleibtreu.[6] Der wahrscheinlich bekannteste Dollfuß-Biograf dieser Zeit, Johannes Messner, war als richtunggebender Theoretiker der ständestaatlichen Ideologie in Österreich auch ein zentraler „Vordenker und Ratgeber der politischen Elite"[7] und insbesondere ein enger Berater von Dollfuß. Die Nähe zum Regime zeigt sich auch dadurch, dass die Unwissenschaftlichkeit dieser Werke von höchster Stelle legitimiert wurde, wie z. B. als der Bundesleiter der Vaterländischen Front, Karl Maria Stepan, im Vorwort zu Maurers Biografie festhielt: „Es war nicht seine Absicht, ein Generalstabswerk zu schaffen, das in minutiöser Genauigkeit sämtliche vorhandenen Dokumente wiedergibt, alle Reden[,] die Dollfuß gehalten, im Wortlaute bringt und sein Leben gleichsam in der chronologischen Peinlichkeit des Geschichtsschreibers alter Schule aufzeichnet. [...] Was er schreiben wollte[,] war: ein Volksbuch über den Volkskanzler zu bringen. Und das ist ihm gelungen."[8]

Einzig die zeitgenössische Biografie „Dollfuß and his times" des britischen Diplomaten John Duncan Gregory (1935)[9] weist einen insofern „sachlicheren" Zugang auf, als dieser seinen Objektivitätsmangel ausdrücklich thematisiert und sich zum hagiografischen Charakter seines Werks offen bekennt.[10]

---

3 Jagschitz (1967), 3. Zu Gerhard Jagschitz: geb. 1940, österreichischer Zeithistoriker; 1978 an der Universität Wien habilitiert, ab 1985 Professor für Zeitgeschichte. In der Folge werden über alle Biografen, wenn verfügbar, kurzbiografische Hinweise im Fußnotenapparat angegeben.

4 Hans Maurer (1888–1976), österreichischer Landwirt, Schriftsteller, Redakteur des Regierungsorgans „Die Reichspost", 1945–1953 ÖVP-Abgeordneter zum Nationalrat; vgl. http://www.parlament.gv.at/WWER/PAD_01092/(6. 1. 2012).

5 Dietrich von Hildebrand (1889–1977), deutsch-schweizerischer katholischer Journalist und Philosoph, 1918 habilitiert; 1933 Gründer und von nun an auch Redakteur der Zeitschrift „Der Christliche Ständestaat"; ab 1938 im Exil in verschiedenen Ländern, ab 1940 in den USA, ab 1941 als Professor für Philosophie an der Fordham University in New York tätig; mehr bei Röder/Strauss (1980), 295.

6 Attilio Renato Bleibtreu (1893–1964), österreichischer Schriftsteller und Theaterautor, ab 1938 Zusammenarbeit mit Rudolf Heß; versuchte vergeblich, NSDAP-Mitglied zu werden, mehr bei Hamann (2008), 339 ff.

7 Klieber (2005), 91. Johannes Messner (1891–1984), katholischer Publizist, Theologe und Sozialwissenschaftler; 1927 Habilitation an der Universität Salzburg; ab 1935 außerordentlicher Professor für Ethik und Sozialwissenschaft; während des Zweiten Weltkriegs im britischen Exil; 1949 Rückkehr nach Wien, hier geringfügige Lehrtätigkeit; 1962 emeritiert; mehr bei Röder/Strauss (1980), 493.

8 Maurer (1934), 6.

9 John Duncan Gregory (1878–1951), britischer Diplomat, als Katholik auch eine Zeit lang Assistent beim britischen Minister am päpstlichen Hof; siehe dazu Hachey (1972), xix.

10 Gregory (1935), 40 f., 71.

Unwissenschaftlichkeit und Parteilichkeit der frühen Biografik zeigen sich auch im überschwänglich lyrischen und dramatischen Ton der Autoren sowie in deren beliebiger Vermischung von Fakten und Fiktion. Durch kehrreimartig wiederkehrende und meist erdichtete bzw. voneinander abgeschriebene Anekdoten wurden – beginnend mit der Beschreibung von Dollfuß' Kindheit – Belege für dessen Bestimmung oder Berufung[11] geliefert und seine Zukunft schicksalhaft vorweggenommen.[12] Die Autoren überschrieben die unspektakulären bzw. dunklen Facetten von Dollfuß' Laufbahn und scheuten nicht davor zurück, gleich allwissenden Fiktions-Erzählern, die vermutlichen Gedanken des Protagonisten wiederzugeben.[13]

Mit diesen rhetorischen Mitteln wurden alle Etappen von Dollfuß' Leben in eine mythische Steigerung eingebettet: Die bäuerliche Herkunft diente dazu, Dollfuß' Schollenverbundenheit, Volksnähe und Menschlichkeit zu bekunden, wie Bleibtreus programmatischer Titel „Der Heldenkanzler. Ein Lied der Scholle" anschaulich zeigt. Um dieses idyllische Bild nicht zu trüben, wurde Dollfuß' uneheliche Herkunft meist verschleiert,[14] hingegen die Komponente der „einfachen Menschlichkeit" durch die Assoziation mit christlichen Tugenden wie Güte und Großzügigkeit überhöht.[15] Diese leichte Schwerpunktverschiebung diente einer Strategie der Differenzierung bzw. der Singularisierung, die Dollfuß als besonders vorbildlichen Menschen (und somit auch als Verkörperung des guten Österreichertums) hervorhob,[16] welcher von Kindheit an wegen seiner geringen Körpergröße Spott, Angriffen und Verleumdungen ausgesetzt gewesen sei und sich trotzdem immer mit einmaligem Mut, Tatkraft und Pflichtbewusstsein gegen alle Angriffe gewehrt und für seine Mitmenschen sowie später für sein Vaterland geopfert hätte.[17]

Das Pflichtbewusstsein ist durch seinen immateriellen Charakter gekennzeichnet. Es ist schwer überprüfbar, ungreifbar und macht den Protagonisten dadurch auch unangreifbar. Dadurch fiel es den Biografen leicht, Dollfuß' autoritäre Politik insgesamt[18] und insbesondere schwer verteidigbare Maßnahmen, wie die standrechtlichen Hinrichtungen vom Februar 1934, auf dessen Basis zu rechtfertigen.[19] Gestützt auf dieses Pflichtbewusstsein wurde letztendlich auch Dollfuß' Führertum als zweifacher Dienst präsentiert: als Dienst für das Vaterland[20] und v. a. für Gott: „Fügung und Führung, das war sein Weg. Fügung von oben und Führung durch ihn."[21] Dieser Topos der „Fügung von oben", des Sendungsbewusstseins, war weit weniger leicht angreifbar als das Pflichtbewusstsein, da sich die eventuellen Kritiker nun nicht mehr nur mit Dollfuß' weltlichen Handlungen beschäftigen, sondern vielmehr die Pläne Gottes, seines angeblichen

11 Jagschitz (1967), 27.

12 Siehe z. B. Bleibtreu (1934), 25, 36.

13 Messner (1935), 152 f.

14 Maurer (1934), 7; Bleibtreu (1934), 11–14; bei Gregory (1935), 34, ist der Vater ein Holzfäller.

15 Siehe z. B. Bleibtreu (1934), 37; Maurer (1934), 95; Messner (1935), 17; von Hildebrand (1934), 72; Gregrory (1935), 294.

16 Siehe z. B. von Hildebrand (1934), 63; Maurer (1934), 69; Gregrory (1935), 46.

17 Siehe z. B. Bleibtreu (1934), 22 oder Messner (1935), 5.

18 Bleibtreu (1934), 35; Gregory (1935), 154.

19 Messner (1935), 44; siehe dazu auch Bleibtreu (1934), 35 f.

20 Messner (1935), 144.

21 Ebd., 49.

Auftraggebers, in Frage stellen hätten müssen. Das Sendungsbewusstsein erwies sich somit als ein effizientes Bollwerk gegen etwaige Kritik und als wirksames Instrument der Schuldabwehr, denn es stellte Dollfuß als Werkzeug der Vorsehung vor und minimierte somit seine eigene Verantwortung. Dies akzentuierte auch Messner im Bezug auf Dollfuß' Kampf gegen die Sozialdemokratie: „Und wenn der Kanzler Dollfuß später sagte, dass er oft und oft das Gefühl einer höheren Fügung hatte in Situationen, in denen es für ihn keine andere Erklärung gegeben hat, dann gehört dazu ganz gewiss die Befreiung Österreichs von der Vergewaltigung durch den Austromarxismus."[22]

Dollfuß erschien als auserwählter Messias; sein Kampf um die Unabhängigkeit des Vaterlands Österreich nahm die Form eines heiligen Kreuzzuges zur Rettung des Christentums an.[23] Diese Topoi des hagiografischen Diskurses und darüber hinaus des Kults wurden aber nicht aus dem Nichts heraus erfunden, sondern schärften lediglich die Konturen eines Bildes, das Dollfuß durch seine Selbstinszenierung bereits selbst so geprägt hatte, dass es über seinen Tod hinaus strahlte: Ein schwer zu überprüfender Topos wie das Sendungsbewusstsein wirkte z. B. umso glaubwürdiger und „authentischer", als er bereits von Dollfuß selbst propagiert worden war. Dies erklärt, warum die Biografen, wie im obigen Zitat ersichtlich, sehr oft auf Dollfuß' eigene Behauptungen zurückgriffen.

„Wer Engelbert Dollfuß war, haben kundige Biographen geschildert",[24] notierte Schuschnigg in seinem Werk „Dreimal Österreich" im Jahr 1937. Diese Aussage veranschaulicht die politische Bedeutung des von den Biografien mitgesteuerten Kanonisierungsverfahrens, mit dem im Rahmen des Staatskults das Feld des Sagbaren über Dollfuß in Übereinstimmung mit der Ideologie des Regimes eingegrenzt wurde. Diese Huldigungsschriften trugen aber nicht nur zur Propagierung des offiziellen Heldenkanzler- und Märtyrer-Mythos bei, sondern auch zur Verankerung eines langjährigen verklärten Bildes von Dollfuß an der Schnittstelle zwischen Geschichte und Fiktion.

2. Die Biografik der 1940er- bis 1970er-Jahre – zwischen Tabuisierung und Verehrung

2.1 Die österreichische Dollfuß-Biografik im Schatten der Koalitionsgeschichtsschreibung

Die erste biografisch ansetzende Studie über Dollfuß im Österreich der Nachkriegszeit war Rosa Mausers 1959 eingereichte Dissertation über „Die Genesis des politisch-sozialen Ideengutes des Bundeskanzlers Dr. Engelbert Dollfuß". Dass diese Arbeit nie publiziert wurde, mag am gewagten Charakter mancher ihrer Thesen liegen. Mauser betonte beispielsweise, dass Dollfuß trotz all der Beeinflussungen von außen immer eine eigene Verantwortung für seine Handlungen getragen habe,[25] und zog für die Zeit bahnbrechende Parallelen zwischen Dollfuß' Politik und dem italienischen Faschismus.[26] Trotz dieser aufklärerischen Ansätze verfiel Mauser aber oftmals in unbelegte Behauptungen über Dollfuß' angebliche Begabungen, Tugenden sowie seinen persönli-

22 Ebd., 46.
23 Siehe z. B. von Hildebrand (1934), 63, 119 f.; Gregory (1935), 316; Messner (1935), 4, 49.
24 Schuschnigg (1937), 161.
25 Mauser (1959), VII.
26 Ebd., 35.

chen Mut[27] und rechtfertigte seine Politik als alternativlose Reaktion auf den Druck von innen und außen. Dementsprechend schließt die Arbeit mit einer unzweideutigen Rehabilitierung des Politikers: „Über diesen Faktoren aber stand und steht die Persönlichkeit des Menschen, des Politikers und des mannhaften Kämpfers für seine Ideen …“[28]

Sowohl die Wahl des Themas als auch diese endgültige Rehabilitierung sind mit hoher Wahrscheinlichkeit auf den Einfluss von Mausers Doktorvater Hugo Hantsch zurückzuführen, einem ehemaligen aktiven Mitarbeiter des Dollfuß- / Schuschnigg-Regimes und vor allem begeisterten Bewunderer Dollfuß'.[29] Davon zeugt exemplarisch dessen kurzer Aufsatz „Engelbert Dollfuß (1892–1934)“ in dem 1962 von ihm herausgegebenen Sammelwerk mit dem aussagekräftigen Titel „Die Gestalter Österreichs“. Trotz ihrer Knappheit verdient diese biografische Schilderung besondere Aufmerksamkeit, weil sie zum Vorschein bringt, wie die ursprünglichen Topoi des Verehrungsdiskurses an den neuen, demokratischen Kontext adaptiert wurden, um weiterhin salonfähig zu bleiben. Auf der einen Seite wiederholte Hantsch die in der frühen Hagiografik bereits verbreitete Deutung von Dollfuß' „tiefe[r], aber keineswegs aufdringliche[r] Religiosität“[30] als Grundkraft seines Handelns, präsentierte aber diesen Aspekt als bahnbrechende Erkenntnis und deutete ihn als mildernden Umstand für seine Politik. Auf der anderen Seite wurde in dieser Schrift sehr klar vom üblichen „Führer“-Jargon der 1930er-Jahre Abstand genommen und stattdessen aus Dollfuß' bäuerlicher Herkunft ein authentisches bäuerliches Demokratiebewusstsein abgeleitet.[31] Besonders aussagekräftig für diese kontextbezogene Anpassungsfähigkeit des Diskurses ist sein Vergleich zwischen Dollfuß' „Demokratiebewusstsein“ und Charles de Gaulles Politik im „klassischen Lan[d] demokratischer Gesinnung“, Frankreich, als Beweis für die Vielfalt der demokratischen Modelle und für die Aktualität von Dollfuß' Gedankengut.[32] In dieser Hinsicht zelebrierte Hantsch Dollfuß als mutigen Gestalter Österreichs, der mit der Bildung der Vaterländischen Front eine Erneuerung Österreichs „gesät“ habe, die nach 1945 „in frischer Blüte“ aufgegangen sei.[33] Somit lieferte Hantsch mehr als eine Rechtfertigung von Dollfuß' Politik aus dem Kontext der 1930er-Jahre heraus: Er schrieb ihr eine zeitgenössische Relevanz zu und legitimierte sie als weiterhin erstrebenswert.

Erst 1967 kam es mit Gerhard Jagschitz' Dissertation über Dollfuß' Jugend zu einer differenzierteren Darstellung und einer ersten kritischen Auseinandersetzung mit dem

27 Ebd., 2, 7, 8 f.

28 Ebd., 133.

29 Hugo Hantsch (1895–1972), österreichischer Benediktinerpater und Philosoph; 1930 an der Universität Wien habilitiert; unter Dollfuß zunächst Referent des Generalsekretariats der VF für volksdeutsche Arbeit, ab 1935 Obmann des „Österreichischen Verbands für volksdeutsche Auslandsarbeit“; 1938 verhaftet, bis 1939 im KZ Buchenwald interniert; ab 1946 Lehrstuhl für Geschichte der Neuzeit; vgl. http://geschichte.landesmuseum.net / index.asp?contenturl=http://geschichte.landesmuseum.net / personen / personendetail.asp___id=–436564697 (6. 1. 2012); Staudinger (1989), 55.

30 Hantsch (1962), 614, siehe dazu auch 622.

31 Schon Jagschitz übernahm dieses Deutungsmuster kurze Zeit später in seiner Dissertation, ohne zu hinterfragen, was unter dieser besonderen Form der Demokratie verstanden werden könnte, vgl. dazu Jagschitz (1967), 53.

32 Hantsch (1962), 621.

33 Ebd., 623.

hagiografischen Korpus inklusive der darin propagierten Legenden. Trotz der prekären Wissenslage sah er die Zeit als durchaus günstig für eine Auseinandersetzung mit Dollfuß an, „weil diese Persönlichkeit allmählich aus der politischen Polemik in den Bereich der objektiven Geschichtsbetrachtung rückt".[34] Diese optimistische Feststellung sollte sich angesichts der bis heute andauernden geschichtspolitischen Kontroversen um Dollfuß allerdings als irrtümlich erweisen. Während Jagschitz außerdem 1967 den Jugend-Fokus gar nicht auf den kontroversen Charakter von Dollfuß' späterer Laufbahn zurückführte, wirkt der Schwerpunkt auf Dollfuß' „vorpolitische" Laufbahn rückblickend eher als eindeutiger Beweis für das damalige aus der Jahrzehnte lang konservativ geprägten Koalitionsgeschichtsschreibung entstandene Tabu um Dollfuß' Diktatur.

Die Zeit war offensichtlich noch nicht reif für wissenschaftliche Dollfuß-Biografien, für neue österreichische Huldigungswerke jedoch schon zu kritisch aufgeladen. In diese historiografische Bresche warfen sich nun ausländische Biografen.

2.2 Hagiografische Kontinuität aus dem Ausland

2.2.1 Verehrung à la Française

Bereits in den 1930er-Jahren hatte der Huldigungsdiskurs über Dollfuß Frankreich erfasst, z. B. mit der 1935 vorgenommenen Übersetzung von Maurers Biografie ins Französische. In der Kontinuität zu diesen Ansätzen begab sich Ende 1946 der französische Dominikanerpriester Louis Rambaud auf Dollfuß' Spuren nach Österreich; die daraus resultierende Dollfuß-Biografie erschien 1948 auf Französisch beim katholischen Verleger Emmanuel Vitte, wo übrigens Johannes Messner früher auch publiziert hatte.[35] Schon auf den ersten Seiten werden Rambauds einseitige Einschätzungen und seine hagiografischen Absichten klar, so z. B. wenn er zitiert, was er während seines Aufenthalts in Österreich im Gästebuch von Dollfuß' Geburtshaus eintrug: „Seit 1932 bewundere und liebe ich Engelbert Dollfuß. Wenn ich in mein Land zurückkehren werde, werde ich durch das Buch, das ich schreiben werde, sein grosses [sic] Gedächtnis glorifizieren."[36] Diese Einstellung durchdringt in der Folge das ganze Werk, das die Legenden der frühen Hagiografien wiederholt und trotz behaupteter Objektivität und Verweigerung von Lobhudelei[37] keine Spur von Kritik enthält. Vor diesem Hintergrund werden die autoritäre Wende als alternativlos gerechtfertigt, die Beziehung zu Mussolini als unpolitische Freundschaft entschuldigt und weitere problematische Maßnahmen wie die Verhandlungen mit den Nationalsozialisten schlicht verschwiegen. Wie die früheren Huldigungswerke sind auch Rambauds Interpretationen geprägt von unmissverständlichen antimarxistischen und antiparlamentarischen Tendenzen,[38] und sein Stil ist von einer peinlichen Unterwürfigkeit gegenüber Dollfuß gekennzeichnet, den er nicht nur direkt anspricht, sondern sogar anbetet.[39] Der Höhepunkt der Huldigung wird im Schlusskapitel „Traum oder Wahrheit" erreicht, in dem Rambaud eine ideale

34 Jagschitz (1967), 1.
35 Messner (1937).
36 Rambaud (1948), 8 (Übersetzung der Autorin).
37 Ebd., 117.
38 Ebd., u. a. 73 f., 115, 183 f.
39 Ebd., 250.

österreichische Nachkriegszeit schildert, in der auch die SozialdemokratInnen Dollfuß verehren und PilgerInnen aus der ganzen Welt nach Wien ziehen, um eine monumentale Dollfuß-Gedenkstätte zu besuchen.

Als eine der wenigen bisher existierenden französischsprachigen Informationsquellen über Dollfuß fungierte diese Huldigungsschrift als Hauptreferenz für François Broches Werk „Vienne, 25 juillet 1934, Assassinat du Chancelier Dollfuss", das 1977 in einer Reihe über politische Morde erschien. Für diese an ein breites Publikum gerichtete Publikation ließ der französische Journalist und Historiker seine wissenschaftliche Expertise beiseite und lieferte eine populäre Biografie in Form eines Kriminalromans, in dem historische Genauigkeit zugunsten von Spannung vernachlässigt wurde. Dabei übernahm Broche nicht nur alte Legenden, sondern erfand auch weitere, wie die an Boulevardzeitungen erinnernde reißerische Behauptung, dass die Freundschaft zwischen Dollfuß und Mussolini auf eine Zuneigung des italienischen „womanizers" Mussolini zu Dollfuß' Frau zurückzuführen sei.[40] Trotz starker Fiktionalisierung blieb der Krimi von verherrlichenden Botschaften und hagiografischen Deutungsmustern geprägt und vermittelte im Endeffekt das Porträt eines tragischen Helden. Problematisch wird eine solche Schrift vor allem, wenn man feststellt, dass sie – wahrscheinlich aufgrund von Broches Ansehen als Historiker – in der Folge mehrmals als wissenschaftliche Quelle aufgefasst und verwendet wurde.[41]

2.2.2 *Brook-Shepherd – angelsächsisches Sprachrohr der Dollfuß-Verehrung*

Die von Gregory früh geschaffenen Ansätze einer angelsächsischen Hagiografik wurden nach dem Zweiten Weltkrieg weitertradiert. So erschien 1961 in England und noch im selben Jahr in Österreich Gordon Brook-Shepherds Biografie „Engelbert Dollfuß".[42] Mit diesem Werk beabsichtigte Shepherd ausdrücklich keine kritische Untersuchung, sondern eine Würdigung Dollfuß' als „Verkörperung des wahren Österreichertums",[43] wie er gleich zu Beginn der Einleitung klarstellt. Dementsprechend „belastete" er sich nicht mit einem wissenschaftlichen Instrumentarium, sondern übernahm die meisten Erklärungsmuster der ersten Hagiografen bzw. schrieb von ihnen ab,[44] wenn er nicht selbst Dollfuß' Leben weitere märchenhafte Züge andichtete, wie z. B. in seinem Vergleich des körperlich klein gewachsenen Dollfuß mit einer „Elfe aus einer heitere-

40 Broche (1977), 73. François Broche (geb. 1939), französischer Historiker und Journalist, Mitglied des Wissenschaftlichen Komitees der Stiftung der „France Libre" und der Stiftung „Charles de Gaulle". Autor zahlreicher Biografien und insbesondere spezialisiert auf Forschungen über Leben und Wirken Charles de Gaulles; vgl. u. a. http://www.france-libre.net/fondation-france-libre/structure-fonctionnement/conseil-scientifique.php (5.1.2012).

41 Vgl. u. a. Low (1984), 41; Bartolaso (1995), 64.

42 Gordon Brook-Shepherd (1918–2004), britischer Historiker und Journalist; 1945–1961 in Wien, bis 1948 Berichterstatter der Alliierten Kontrollkommission und Sekretär des „Joint Intelligence Committee", ab 1948 Korrespondent des „Daily Telegraph"; ab 1961 zurück in London und diplomatischer Korrespondent des von ihm mitbegründeten „Sunday Telegraph". Informationen aus dem Privatnachlass von Gordon Brook-Shepherd.

43 Brook-Shepherd (1961), 5.

44 Siehe dazu die ausführliche Analyse von Jagschitz (1967), u. a. 124 f., 196.

ren und blühenderen Welt".[45] Er präsentierte Dollfuß als Inbild von Menschlichkeit und Großzügigkeit, als ersten österreichischen Patrioten, ersten europäischen Widerstandskämpfer und erstes Opfer des Nationalsozialismus,[46] denunzierte Sozialdemokratie und Heimwehr als Schuldtragende am Untergang Österreichs[47] und beschrieb die Kommunistische Partei als „kleines, aber giftiges Kraut", ganz im Einklang mit dem etablierten Diskurs des Kalten Krieges. Ganz im Zeichen der Zeit stand auch seine an Hantsch erinnernde Parallele zwischen Dollfuß und de Gaulle.[48]

Die Geschwindigkeit des Übersetzungsprozesses spricht für die Zuversicht des Styria-Verlags im Hinblick auf das potenzielle Interesse der ÖsterreicherInnen für einen derartig wohlwollenden, ungefährlichen „Dollfuß-Roman",[49] wie ihn Jagschitz bezeichnete. Trotz seiner Unwissenschaftlichkeit stellt dieses Werk aber insofern einen historiografischen Meilenstein dar, als es den biografischen Diskurs über Dollfuß bis mindestens Anfang der 1990er-Jahre dominierte und bis heute in der populären Rezeption als Referenzwerk bekannt ist.

Auch wenn zwischen Shepherds und Eva Dollfuß' (1994) Veröffentlichungen keine Dollfuß-Biografie im strengen Sinne des Wortes herausgebracht wurden, lieferten einige Studien über Dollfuß' Politik wichtige Anknüpfungspunkte für die weitere Entwicklung der Biografik jenseits von grundlegenden Hinterfragungen des mythischen Diskurses.

3. Seit den späten 1970er-Jahren: Verwissenschaftlichung des Verehrungsdiskurses?

3.1 Das Primat der Unabhängigkeit und der Topos des Staatswiderstands

1979 erschien beim Niederösterreichischen Pressehaus das Werk „Dollfuß im Spiegel der US-Akten" von Franz Goldner, einem Österreicher, der zu diesem Zeitpunkt als Rechtsanwalt in den USA tätig war. In seinem Vorwort hält Goldner fest, dass ihm die Berichte des State Departments als „bestmögliche Quelle" für eine unparteiische und objektive Studie über Dollfuß erschienen, da die damalige Außenpolitik der Vereinigten Staaten „von dem Prinzip der Neutralität geleitet" worden sei.[50] Entsprechend dieser willkürlichen Behauptung, welche die möglichen politischen Interessen der USA im Europa der 1930er-Jahre vollkommen außer Acht lässt, wird die US-Berichterstattung tatsächlich als Glaubenswahrheit aufgefasst und verwendet, um Goldners „Überzeugungen"[51] betreffend das Primat der Unabhängigkeit Österreichs vor der Bewahrung der Demokratie und darüber hinaus hinsichtlich der Aufrichtigkeit von Dollfuß' Politik insgesamt

45 Brook-Shepherd (1961), 21.

46 Ebd., zum „vorbildlichen Menschen" u. a. 230, zum „Patrioten, Widerstandskämpfer und Opfer" u. a. 10.

47 Ebd., 78.

48 Diese gemeinsame Anspielung auf de Gaulle spricht umso mehr für eine Prägung des „Zeitgeists", als man ein Abschreiben zwischen Hantsch und Shepherd ausschließen kann: Hantsch, dessen Aufsatz unmittelbar nach der Veröffentlichung von Shepherds Biografie erschien, bedauert nämlich in einer Fußnote, dass er dieses jüngste Werk in seiner Analyse nicht mehr mitberücksichtigen konnte.

49 Jagschitz (1967), 3.

50 Goldner (1979), 7. Zu Franz Goldner sind derzeit keine weiteren biografischen Angaben bekannt.

51 Von Thesen kann hier kaum die Rede sein, vgl. Haas (1980), 134; von Überzeugungen spricht auch der Autor selbst, vgl. Goldner (1979), 19, 22, 28.

eine pseudowissenschaftliche Basis zu geben.[52] Nach diesem Deutungsschema habe der „Demokrat"[53] Dollfuß die nationalsozialistische Gefahr von Anfang an richtig eingeschätzt und sei von dieser Gefahr, aber auch von der Konsensverweigerung der SozialdemokratInnen „gezwungen" worden, eine autoritäre Politik zu wählen; dies allerdings bloß als reine Übergangslösung.[54] Der auf die amerikanische Berichterstattung gerichtete Fokus machte es dem Autor leicht, die Verhandlungsversuche mit Deutschland 1933 und 1934 genauso zu verschweigen wie Dollfuß' programmatische Ankündigung im September 1933: „Dieses Parlament, eine solche Volksvertretung, eine solche Führung des Volkes, wird und darf nie wieder kommen …"[55] Goldners vorgebliche Wissenschaftlichkeit wurde von der Kritik dementsprechend vernichtend rezipiert: Der österreichische Historiker Karl Haas sprach von einer „Apologie der Diktatur", in der hinter dem Vorwand der reklamierten Wissenschaftlichkeit nur fixierte Meinungen dargeboten würden.[56] Noch gnadenloser fiel das Urteil des deutsch-amerikanischen Historikers Klemens von Klemperer aus: „The manuscript should never have been published."[57]

Trotz dieser negativen Rezeption erschien kurze Zeit später in Deutschland eine Studie mit einer ähnlichen Ausrichtung, nämlich Gottfried-Karl Kindermanns Werk „Hitlers Niederlage in Österreich: bewaffneter NS-Putsch, Kanzlermord und Österreichs Abwehrsieg von 1934", ein Plädoyer für die Würdigung des Dollfuß-Regimes als erste europäische Widerstandsfront gegen den Nationalsozialismus. Anlässlich des Gedenkjahres 1988 wurde das Werk ins Englische übersetzt und diente als Basis für eine Wanderausstellung.[58] Im Vorfeld des nächsten großen Gedenkjahres 2004 kam unter dem Titel „Österreich gegen Hitler: Europas erste Abwehrfront 1933–1938" eine erweiterte Fassung des Buchs heraus, die auf Einladung des damaligen Ersten Parlamentspräsidenten Andreas Khol (ÖVP) im Parlament öffentlich präsentiert wurde. Sehr zutreffend erscheint vor diesem Hintergrund die Analyse des Zeithistorikers Anton Pelinka, der Kindermanns Vorgehensweise mit der Strategie eines guten Anwalts vergleicht, der nur jene Fakten betont, die dem Interesse seines Klienten entsprechen, in diesem Fall des katholisch-konservativen Lagers, und nach dem Motto „weil nicht sein kann, was nicht sein darf" all jene Aspekte der Politik des Dollfuß- / Schuschnigg-Regimes verschweigt, die in das Bild des heroischen Widerstandes nicht passen, wie z. B. die bewiesenen Verhandlungsversuche mit Nazideutschland oder die Tatsache, „dass ein und dieselbe Person mit den Nationalsozialisten paktieren und dann den Nationalsozialisten zum Opfer fallen kann".[59] Zwar war mit der Waldheim-Affäre die österreichische kollektive „Op-

52 Goldner (1979), 9, 18, 22.

53 Ebd., 22.

54 Ebd., 18 f., 29.

55 Dollfuss (1933).

56 Haas (1980), 134, 137.

57 von Klemperer (1981), 142.

58 Für zusätzliche Informationen zu dieser kleinen Wanderausstellung siehe u. a. Kindermann (1988). Gottfried-Karl Kindermann (geb. 1926), laut eigener Definition „Auslandsösterreicher", Politikwissenschafter, Habilitation an der Universität Freiburg, seit 1967 Professor für Internationale Politik am Geschwister-Scholl-Institut der Ludwig-Maximilians-Universität München mit Forschungsschwerpunkt Ost- und Südostasien.

59 Pelinka (2004), 952.

ferthese" endgültig ins Wanken gebracht worden, doch mit dem Topos „Dollfuß' Österreich, Hitlers erster Gegner" hatte Kindermann einen Kontrapunkt zu dieser geschichtspolitischen Entwicklung geschaffen. Anstatt des verpönten „Staatsopfers" prägte er die These des „Staatswiderstands" und präsentierte Dollfuß als dessen Galionsfigur.

Unter dem aussagekräftigen Titel „Mein Vater, Hitlers erstes Opfer" ging Eva Dollfuß mit der Biografie ihres Vaters 1994 einen Schritt weiter in Richtung Verankerung einer Dollfuß-bezogenen Opferthese, indem nun, wie es der Titel schon andeutet, das Opfer Österreich in der Person seines höchsten Vertreters individualisiert wurde.[60] Laut Dollfuß' Enkelin Claudia Tancsits, die das Werk ihrer kurz vor der Publikation verstorbenen Mutter fertig stellte, wurde dessen Titel vom Verlag aus marktstrategischen Gründen ausgewählt, und tatsächlich sei die Biografie innerhalb kürzester Zeit vergriffen gewesen. Dies spricht für die damalige Salonfähigkeit dieser Dollfuß-bezogenen Widerstands- und Opferthese. Eva Dollfuß muss aber gewusst haben, dass die These des ersten Opfers der Realität widersprach, da sie auch von jenen NS-Terrorakten berichtet, die bereits 1933 die tatsächlich ersten österreichischen Todesopfer forderten.[61] Dieses Fallbeispiel ist nur einer von vielen Beweisen für Eva Dollfuß' beliebige Vermischung von Fakten und Fiktion, aller angekündigten Objektivität zum Trotz.[62] Um ihr Vorhaben zu erfüllen, Dollfuß bzw. ihren „Papa" so zu präsentieren, „wie wir ihn kannten",[63] konnte sich die im Jahr 1934 erst fünfjährige Tochter kaum auf eigene Erinnerungen stützen und wiederholte daher Anekdoten von Freunden oder Heldenerzählungen der Mutter, womit nicht nur scheinbare Authentizität konstruiert wurde, sondern zugleich die Verantwortung für gewagte Thesen auf Dritte geschoben werden konnte. Für die rhetorisch zentrale Emotionalität des Werks sorgt auf der stilistischen Ebene eine Mischung aus Kommentaren in „Erwachsenensprache" und idyllischen, in naiver Kindersprache wiedergegeben bzw. erträumten Kindheitserinnerungen.

Die unkritische Amalgamierung von Fakten und Fiktion zeigt abermals die zentrale Rolle der Dollfuß-BiografInnen in der Weitertradierung von hartnäckigen Mythen, aller wissenschaftlicher Erkenntnisse über das Dollfuß- / Schuschnigg-Regime zum Trotz. Aber ungeachtet der fiktional angehauchten Biografien von Shepherd und Eva Dollfuß zeichnete sich die kontextspezifische Anpassungsfähigkeit der Biografik seit den 1950er-Jahren im Allgemeinen durch einen Rückgang des lyrischen Tons und Legendhaften sowie durch eine stärkere Beschäftigung mit historischen Quellen aus. Die Werke wiesen auch immer öfter äußere Merkmale von wissenschaftlichen Arbeiten, wie etwa einen wissenschaftlichen Apparat, auf, was allein freilich noch keine Garantie für Wissenschaftlichkeit darstellt.

60 Eva Dollfuß (1928–1993), flüchtet 1938 gemeinsam mit Mutter und Bruder in die Schweiz, wenig später Übersiedlung ins englische Exil, dann weiter nach Kanada; dort nach dem Studium in der österreichischen Außenhandelsstelle tätig, 1955 Rückkehr nach Österreich, Naheverhältnis zur ÖVP und zur „ÖVP-Kameradschaft der politisch Verfolgten und Bekenner für Österreich", die Dollfuß bis heute verehrt, siehe dazu Tancsits (1993).

61 Dollfuss (1994), 162. Genau das gleiche Paradoxon ist auch schon bei Shepherd zu finden, vgl. Brook-Shepherd (1961), 10, 237.

62 Dollfuss (1994), 10.

63 Ebd., 10.

4. Die Hartnäckigkeit der emotionalen Rechtfertigungsmuster

1989 erschien in Österreich die bisher wohl stringenteste Studie über einen Teilaspekt von Dollfuß' Leben, nämlich die Dissertation des amerikanischen Historikers James William Miller „Engelbert Dollfuß als Agrarfachmann. Eine Analyse bäuerlicher Führungsbegriffe und österreichischer Agrarpolitik 1918–1934". Die Arbeit, die Miller vier Jahre zuvor an der University of Minnesota eingereicht hatte, trug ursprünglich den von der deutschen Fassung abweichenden Titel „Engelbert Dollfuß and Austrian Agriculture: An Authoritarian Democrat and His Policies". Der Verzicht auf die Charakterisierung „autoritärer Demokrat" – ob vom Autor oder vom Böhlau-Verlag vorgenommen, bleibt dahingestellt – zeugt vom weiterhin politisch heiklen Charakter dieses Themas im Österreich der späten 1980er-Jahre. Dass die Publikation auf österreichischer Seite vom Niederösterreichischen Bauernbund, einer Parteiorganisation der ÖVP, gefördert wurde, spricht allerdings gleichzeitig für deren wohlwollende Rezeption seitens des konservativen Lagers.

Miller begnügte sich nicht mit der ausführlichen Analyse von Dollfuß' Leistungen als Agrarfachmann, sondern legte, in Kontinuität zu Hantsch, den Akzent auf die Prägung der besonderen demokratischen Tradition seines bäuerlichen Herkunftsmilieus[64] und nutzte diesen Topos, um die zum Zeitpunkt seiner Recherchen bereits verbreiteten Theorien des Austro- oder Klerikalfaschismus als irrelevant hinzustellen und Dollfuß trotz seiner diktatorischen Maßnahmen als „grundsätzlichen" Demokraten zu präsentieren.[65] Ungeachtet der Tatsache, dass der Topos des bäuerlichen Demokraten auch nach Millers Ausführungen weiterhin dürftig bleibt, ist dieses Interpretationsmuster vor allem insofern problematisch, als Miller durch eine interpretatorische Verkürzung die simple aber entscheidende Tatsache außer Acht lässt, dass politische Gesinnungen nicht ein für allemal feststehen, sondern meistens einem Wandel unterzogen sind, und dass selbst ein ursprünglicher Demokrat (wenn dies auf die Person Dollfuß überhaupt zutrifft) zum Antidemokraten und faschistischen Führer mutieren kann. Interessanterweise berufen sich die Dollfuß-VerteidigerInnen manchmal auch auf einen solchen Gesinnungswandel, wenn es ihnen darum geht, seine langjährige Anschlussfreudigkeit oder seine frühe Zuneigung zum Antisemitismus im Rahmen des Lebenslaufs zu rechtfertigen.[66]

Neben diesen Unzulänglichkeiten auf der Argumentationsebene verraten mehrere emotionale Ausrutscher ein unzweifelhaftes „Faible" Millers für Dollfuß, z. B. wenn er ihn als „zwar klein an Gestalt, doch unbezwinglich im Mute"[67] beschreibt, seinen „unermüdliche[n]" und „unerschrockene[n]"[68] Einsatz hervorhebt, oder wenn er bedauert, dass „Studien der Dollfuß- / Schuschnigg-Ära, gleichgültig welcher politischen Ausrichtung, [...] leider nur selten zwischen Dollfuß als Individuum und dem Regime,

64 Miller (1989), 13.

65 Ebd., u. a. 20, 58, 142.

66 Was Dollfuß' Nähe zum Antisemitismus in der Franco-Bavaria Anfang der 1920er-Jahre anbelangt, betont zum Beispiel Walterskirchen (2004), 69: „Wie die spätere Entwicklung zeigen wird, war diese Periode aber keineswegs symptomatisch für die Einstellung Dollfuß' zum Judentum."

67 Miller (1989), 14.

68 Ebd., 12, 144.

das mit seiner Hilfe etabliert wurde, [differenzieren, Anm. LD]".[69] Diese Zitate sprechen für einen eindeutigen Versuch, Dollfuß von der diktatorischen Entwicklung in Österreich loszulösen und als Menschen zu rehabilitieren bzw. zu würdigen.

Die Kombination von wissenschaftlichen Ansätzen und emotionalen Rehabilitierungsmustern prägt auch die jüngste 2004 veröffentlichte Dollfuß-Biografie von Gudula Walterskirchen. Zwei Jahre zuvor hatte Walterskirchen bereits begonnen, sich als Biografin einer der umstrittensten Persönlichkeiten des Dollfuß- / Schuschnigg-Regimes einen Namen zu machen, als sie beim konservativen Almathea-Verlag eine Biografie des Heimwehrführers Ernst Rüdiger Starhemberg veröffentlichte, die ausdrücklich auf die Rehabilitierung des überzeugten Austrofaschisten aus der Perspektive seines Einsatzes für die Erhaltung eines unabhängigen Österreichs abzielte.[70]

Im Gedenkjahr 2004 erschien dann Gudula Walterskirchens Biografie „Engelbert Dollfuß: Arbeitermörder oder Heldenkanzler" – und zwar wieder beim Almathea-Verlag (wie übrigens auch Eva Dollfuß' Biografie von 1994). Laut ihrer Einleitung hatte sich die Autorin zum Ziel gesetzt, einen Beitrag „zu einem gegenseitigen Verstehen und zu einem Mehr an Faktenwissen statt an Klischeebildern und Legenden"[71] zu leisten. Doch bleiben auch bei ihr zahlreiche Zitate ohne Quellenverweise, während sie inhaltlich zwar im Titel eine Auseinandersetzung mit der heiklen Frage „Arbeitermörder oder Heldenkanzler" verspricht, im Endeffekt aber in Kontinuität mit Kindermann anstelle der angekündigten kritischen Vorgehensweise ein verteidigendes Plädoyer verfasst. Wie bereits Hantsch in den 1950er-Jahren erklärt auch sie Dollfuß' Handlungen auf der Basis von dessen Frömmigkeit und Sendungsbewusstsein und bedauert ebenfalls, dass diese Komponente bisher in der Literatur zu wenig Beachtung gefunden hätte – eine bereits 1962 gewagte und 2004 umso dürftigere Behauptung, als eben der Aspekt des Sendungsbewusstseins von Anfang an einen zentralen Platz in den Werken über Dollfuß eingenommen hatte. Nicht anders als in der ursprünglichen Hagiografie wird auch hier der Begriff des Sendungsbewusstseins genutzt, um Dollfuß' Handlungen zu rechtfertigen und seine Verantwortung zu lindern: In auffallender Kontinuität zu Messner heißt es z.B., dass nicht er, sondern sein Sendungsbewusstsein den Konsens mit den SozialdemokratInnen verhindert habe.[72] Ähnlich dem Arbeitsstil von Eva Dollfuß besteht auch die Biografie Walterkirchens großteils aus einem Flickwerk von Zitaten von Freunden und engen Mitarbeitern Dollfuß' sowie ausgewählten wohlwollenden Aussagen von SozialdemokratInnen wie etwa von Julius Deutsch über Dollfuß' schmächtige Statur oder jener Bruno Kreiskys über das ursprünglich gute Verhältnis zwischen dem Agrarfachmann und seiner Partei.

Dementsprechend liefert Walterskirchen das Porträt eines kleinen (die Körpergröße wird wie in allen Biografien immer wieder betont), einfachen, fröhlichen und trotz seines Pflichtbewusstseins immer freundlichen Menschen,[73] eines gegenüber seinen Mitarbei-

69 Ebd., 14.

70 Walterskirchen (2002), 26. Gudula Walterskirchen (geb. 1967), österreichische Historikerin und Journalistin; mehrere Studien zum österreichischen Adel; ehemalige Redakteurin der bürgerlichen Tageszeitung „Die Presse"; heute freie Journalistin; mehr auf http://www.walterskirchen.cc/?Document_id=1157060897235 (5.1.2012).

71 Ebd., 11.

72 Ebd., 171.

73 Ebd., 83f.

tern strengen, aber gerechten Chefs[74] und eines selbstbewussten Politikers mit unermüdlicher Energie,[75] für den im Gegensatz zu den SozialdemokratInnen die Lösung der Wirtschafts- und Staatskrise mehr gezählt habe als parteipolitische Taktiken.[76] Das Regime wird als inhaltlich autoritär, aber im Stil und System demokratisch bezeichnet[77] und dessen Scheitern darauf zurückgeführt, dass das Volk die Verfassung nicht verstanden habe.[78] Die Schuld wird somit den Anderen zugeschoben, und zwar in erster Linie dem mangelnden Verständnis des Volks sowie dem egoistischen Verhalten der SozialdemokratInnen.

Walterskirchen geht zwar in der Thematisierung von strittigen Aspekten der Politik Dollfuß' weiter als die bisherigen BiografInnen, angedeutete Kritikpunkte werden jedoch sofort wieder abgeschwächt, sei es durch Hinweis auf die Unerfahrenheit des jungen Politikers (zum Beispiel als Agrarminister)[79] oder auf die Alternativlosigkeit seiner späteren Maßnahmen aufgrund des Drucks von innen und außen.[80] Walterskirchen scheint somit offensichtlich bestrebt, den Staatsmann der Kritik zu entziehen und trotz seiner schwerwiegenden Rechtsbrüche zu würdigen, wie es der Zeithistoriker Manfried Rauchensteiner in einer Rezension betonte.[81] Besonders offensichtlich wird diese Würdigung im Schlussteil der Biografie, als Walterskirchen, ohne Beweise dafür anzuführen, behauptet, dass „Dollfuß' Einsatz für die Unabhängigkeit Österreichs den Staatsvertrag und damit die Freiheit überhaupt erst möglich gemacht" habe.[82] An dieser Stelle wird die Analyse vollständig von der emotionalen Beurteilung eingeholt und die Biografie verliert vollends ihre wissenschaftliche Glaubwürdigkeit. Aufgrund solcher Aussagen konnten sich Dollfuß-AnhängerInnen leicht auf diese Biografie stützen, um den letzten Resten des Dollfuß-Kults eine pseudowissenschaftliche Legitimationsbasis zu geben. So wurde die Biografie beispielsweise bei einer ÖVP-Gedenkveranstaltung für Dollfuß in Wien 2004 vorgestellt.[83]

5. Katholische Netzwerke als Vermittler einer neuen Internationalisierung des Verehrungsdiskurses

Die Hartnäckigkeit von Mythen in der Dollfuß-Biografik zeigt sich letztendlich eindrücklich am Beispiel von drei jüngeren Veröffentlichungen. 2003 wurde zunächst Johannes Messners Biografie aus dem Jahr 1935 in den USA wieder veröffentlicht und um ein Vorwort zu dessen Aktualität ergänzt. Hinter dieser Veröffentlichung stehen zum

74 Ebd., 83.
75 Ebd., 82.
76 Ebd., 101.
77 Ebd., 138, 210.
78 Ebd., 288.
79 Ebd., 99.
80 Ebd., 147, 163.
81 Manfried Rauchensteiner, Woher der zweite Schuss?, in: Die Presse, 30. 4. 2004, http://diepresse.com/home/diverse/literatur/191796/index.do?from=suche.intern.portal (5. 1. 2012).
82 Diese These erinnert an die Behauptung von Eva Dollfuß im Rahmen eines Symposiums des Karl von Vogelsang-Instituts zum 100. Geburtstag ihres Vaters 1992, laut welcher er den Zweiten Weltkrieg hätte verhindern können, vgl. Dollfuss (1993), 81.
83 Trischler (2004).

einen die Witwe des Dollfuß-Biografen Dietrich von Hildebrand – warum sie nicht die Hagiografie ihres Gatten veröffentlichen ließ, bleibt dahingestellt – und zum anderen das kleine Verlagshaus IHS-Press, das, wie das Christusmonogramm IHS und das Motto des Verlags, „Non es enim potestas nisi a Deo", ein Auszug aus dem Römerbrief, bereits hinreichend andeuten, die Wiederverbreitung zentraler Werke des christlichsozialen Gedankenguts des frühen 20. Jahrhunderts als seine „Mission" betrachtet. Die Biografie wurde in der Reihe „The Gates of Vienna Books" veröffentlicht, die sich folgende Aufgabe zum Ziel gesetzt hat: „to concentrate on works of history or historical biography which are essential for the formation of a correct understanding of history". Sie vertritt eine historiografische Kehrtwende, weil aus ihrer Perspektive „establishment, history' has to a large degree seriously misrepresented numerous events and persons [...] in an attempt to downplay the central historical truth that European civilization excelled and succeeded to the extent that it was informed with Catholic values".[84]

Die Bedeutung dieser Neuveröffentlichung bei einem derart kleinen Verlag darf zwar nicht überschätzt werden, lediglich anekdotisch ist diese Wiederveröffentlichung allerdings auch nicht, denn Ähnliches geschah 2009 mit einer anderen frühen Dollfuß-Hagiografie, nämlich Hildebrands Publikation „Engelbert Dollfuß, ein katholischer Staatsmann" aus dem Jahr 1934. Vorgenommen wurde die Neuveröffentlichung diesmal vom deutschen „Civitas-Institut, Verein für die Verwirklichung des sozialen Königtums Christi". Eine ideologische Nähe zum Verlag IHS-Press lässt sich im Symbol des Civitas-Instituts erkennen, nämlich dem Christogramm XP. Auch die Schwerpunktsetzung auf katholisches Gedankengut und christlichsoziale Lehre lässt Verbindungen zwischen beiden Institutionen erkennen. Dieses Mal wurde ebenfalls durch das Hinzufügen von Vorwort und Kommentar versucht, „[d]ie Aktualität Dollfuß'" und seiner Zeit zu betonen, indem z. B. der sogenannte „Terrorakt" vom 12. Februar 1934 mit den islamistischen Anschlägen vom 11. September 2001 in New York oder den Attentaten in Madrid am 11. März 2004 und in London am 7. Juli 2005 verglichen wurde.[85] Der Verfasser des Kommentars rekurriert für diese Analyse von Dollfuß' Aktualität auf Walterskirchens Fazit über Dollfuß' Rolle bei der Gründung der Zweiten Republik. Dies zeigt nochmals den problematischen Charakter von Walterskirchens Werk, das heute in den meisten österreichischen Buchhandlungen die einzig verfügbare Dollfuß-Biografie ist.

Diese Wiederentdeckung von Dollfuß durch konservative Katholikenkreise zeigt sich letztendlich auch an der ebenfalls 2009 von einem französischen Benediktiner-Kloster herausgebrachten Kurzbiografie von Philippe Girard mit dem Titel „Dollfuß. Der Kanzler Gottes"; ein Werk zum Zweck der Rehabilitierung jenes Kanzlers und Christen, der, so der Autor, in seinem Heimatland Österreich zu Unrecht mit allen Mitteln verunglimpft und als Austrofaschist oder Tyrann bezeichnet werde. Gestützt auf die französischsprachigen Biografien von Maurer, Rambaud und Broche wird Dollfuß als einfacher Mensch mit Wahrheitsliebe und überirdischer Güte[86] geschildert, als Verteidiger einer autoritären Demokratie gegen jede Form der Diktatur[87] und

84 http://www.ihspress.com/gatesofvienna.htm (6. 1. 2012).

85 Landgrebe (2009), 176.

86 Girard (2009), 14 ff.

87 Ebd., 19.

letztendlich als Vorbild eines von Gott gesandten christlichen Führers, „den man sich auch im eigenen Land wünschen würde".[88] Nicht von ungefähr erschien das Werk in der Reihe „Unsere Meister".

6. Abschließende Bemerkungen

Die Längsschnittanalyse zeigt eindrücklich, wie im Bereich der Biografik eine gewisse Kanonisierung von Dollfuß zustande kommen konnte, indem der ursprünglich mit ihm assoziierte „Wertekanon" je nach kulturellem, generationellem und politischem Kontext adaptiert wurde, um salonfähig zu bleiben. Jagschitz' Feststellung aus dem Jahr 1967, dass die frühen Hagiografien „die Quellen für die meisten in die Literatur eingegangenen Legenden bilden",[89] lässt sich problemlos auf die weitere Entwicklung des biografischen Diskurses übertragen. Einen besonderen Einfluss auf die Entwicklung des österreichischen Verehrungsdiskurses übten ausländische Biografien aus, wodurch zum Vorschein kommt, dass geografische und kulturelle Distanz noch lange keine Garantie für Objektivität sind und dementsprechend auch keine wissenschaftliche Methode zu ersetzen vermögen.

Einige Rollenbilder, die Dollfuß ursprünglich zugeschrieben wurden, veralteten schnell und verschwanden, wie z. B. der übermenschliche Held, der Führer, der Messias oder der Heilige, während andere salonfähig blieben, wie z. B. das Bild des pflichtbewussten Politikers, des einfachen und edlen Menschen und des mutigen Patrioten. Hinsichtlich weiterer Rollenbilder erfolgte eine Umwandlung: So wurde das heilige Opfer in einer Art diskursivem Säkularisierungsverfahren zum Topos des ersten Opfers. Eine starke Kontinuität lässt sich gleichfalls in den Rechtfertigungsmustern erkennen, wie etwa in den Topoi des Pflicht- und Sendungsbewusstseins und der Alternativlosigkeit von Dollfuß' Maßnahmen oder im Mechanismus der Schuldabwehr (vor allem gegenüber den SozialdemokratInnen). Zwar kommen in den Biografien von Shepherd, Miller oder Walterskirchen auch kritische Bemerkungen vor, z. B. betreffend die standrechtlichen Exekutionen im Februar 1934.[90] Diese bleiben jedoch Ausnahmen, die im Rahmen des jeweiligen Gesamtwerkes durch weitere Rechtfertigungsstrategien eher als menschliche Schwächen und „Widersprüche",[91] denn als politische Fehler gedeutet werden.

Die Längsschnittanalyse lässt die Gattung der Biografik ergo als geschichtspolitischen Palimpsest erscheinen und zeigt, wie Schwerpunktsetzungen und -verschiebungen sowie bestimmte rhetorische Legitimationsstrategien der Dollfuß-Biografik der letzten 77 Jahre zur Verklärung des Geschichtsbildes von Dollfuß beigetragen haben.

88 Ebd., u. a. 16, 18–21.

89 Jagschitz (1967), 3.

90 Siehe z. B. Brook-Shepherd (1961), 182; Walterskirchen (2004), 287.

91 Brook-Shepherd (1961), 60 f.

Florian Wenninger

Austrian Missions – Das Problem der politischen Äquidistanz der Forschung am Beispiel Austrofaschismus

Wohl nicht zuletzt aufgrund der politischen Sensibilität des Themas im Inland haben ausländische WissenschafterInnen außerordentlich großen Anteil an den bisher vorliegenden Forschungsergebnissen zur Zwischenkriegszeit in Österreich. Im Folgenden werden die Entwicklungslinien der angelsächsischen Historiografie[1] zum Austrofaschismus bis Anfang der 1960er-Jahre skizziert. Dabei wird die These vertreten, dass die in geschichtspolitischen Auseinandersetzungen in Österreich als vermeintlich unabhängige Instanz angerufenen „ausländischen Stimmen" tatsächlich bereits in den Anfängen keineswegs „neutrale" Positionen eingenommen haben, wenn es um eine Bewertung des Regimes Dollfuß / Schuschnigg ging.

Die zeitgeschichtliche Dimension der – erst später so betitelten – „Austrian Studies" wurde im Untersuchungszeitraum von einer Handvoll AutorInnen betrieben. Später erfuhren die Erste Republik und die auf sie folgende Diktatur im Kontext der internationalen Faschismusforschung verstärkte Aufmerksamkeit. Von besonderem Interesse für den vorliegenden Text sind nicht zuletzt mehrere Autoren, die durch ihre Arbeit, teilweise auch durch ihre institutionelle Verankerung, die wissenschaftliche Beschäftigung mit dem Regime Dollfuß / Schuschnigg maßgeblich prägten.

1 Die Sammelbezeichnung „angelsächsisch" beziehe ich dabei auf Forschungen englischsprachiger AutorInnen, wobei sowohl VerfasserInnen wissenschaftlicher wie populärer Monografien Berücksichtigung finden. Nicht systematisch berücksichtigt werden dagegen VerfasserInnen von Artikeln und österreichische ExilantInnen, die über ihre Heimat auf Englisch publizierten. Desgleichen bleiben englischsprachige Arbeiten von WissenschafterInnen aus Drittstaaten aus systematischen Überlegungen unberücksichtigt. Allgemein stützt sich der vorliegende Aufsatz auf publizierte Quellen, eine Einschränkung, die nicht zuletzt einem Verfügbarkeitsproblem geschuldet ist. An dieser Stelle soll daher der Hinweis nicht fehlen, dass etliche unveröffentlichte Hochschulschriften, insbesondere an britischen und US-amerikanischen Universitäten, zu Österreich-spezifischen Fragestellungen existieren. Sie zu sammeln und in Österreich verfügbar zu machen, wäre eine lohnende Aufgabe für die hiesige Bibliothekenlandschaft. Bisher ist das nur in Ausnahmefällen geschehen: So befinden sich einzelne Hochschulschriften in der Bibliothek des Instituts für Zeitgeschichte Wien. Ein Überblick zu den frühen nichtpublizierten US-amerikanischen Forschungsarbeiten findet sich etwa im Austrian History Yearbook 1 (1965), 217–225.

1. Die Anfänge

Die erste englischsprachige Darstellung der Februarkämpfe als dem endgültigen Übergang zu einem diktatorischen Regime in Österreich war ein Exportprodukt: Otto Bauers Broschüre „Der Aufstand der österreichischen Arbeiter", verfasst unmittelbar nach den Kämpfen im tschechoslowakischen Exil, wurde im Auftrag des von Bauer und Julius Deutsch gegründeten „Auslandsbüros der Österreichischen Sozialdemokratie" (ALÖS) umgehend ins Englische übersetzt. Sie erschien im April 1934, bereits wenige Wochen nach der deutschen Auflage, unter dem Titel „Austrian Democracy under Fire" in London. Das Ziel dieser Veröffentlichung bestand neben der Desavouierung des österreichischen Regimes besonders in der Akquise von Mitteln seitens der Sozialistischen Internationale, aber auch einzelner sozialdemokratischer Parteien, insbesondere der britischen Labour Party.

Offenkundig stießen die publizistischen Aktivitäten des ALÖS durchaus auf Interesse, denn das Regime Dollfuß sah sich durch die sozialdemokratische Propaganda alsbald genötigt, ebenfalls mit Darstellungen an die internationale Öffentlichkeit zu gehen.[2] Vor allem die unterlegene Sozialdemokratie berief sich in ihren Schriften früh auf vermeintlich unvoreingenommene Zeugen, mehrheitlich Korrespondenten von Zeitungen aus dem angelsächsischen Raum.[3]

Insgesamt ist erstaunlich, auf welches Interesse die österreichischen Entwicklungen in Großbritannien und den USA stießen. Als Indizien dafür mögen nicht nur die intensive Medienberichterstattung in der Konstituierungsphase des Regimes dienen, in der Dollfuß es schon vor den Februarkämpfen aufs Titelblatt des „Time Magazine" geschafft hatte,[4] sondern auch die heftigen Reaktionen von Intellektuellen auf die Errichtung der Diktatur, die sich etwa in hitzigen Debatten am PEN-Kongress in Edinburgh 1934 manifestierten.[5]

Ein bemerkenswertes Exempel für das starke öffentliche Interesse an der Errichtung der Diktatur in Österreich stellt die literarische Verarbeitung der Februarkämpfe in Boris Todrins Buch „Five Days" dar: In Form eines Heldengesanges werden, historisch weitgehend korrekt und detailreich, Vorgänge und handelnde Personen des „Bürgerkrieges" beschrieben. Als Quelle standen dem damals 19-jährigen Autor, einem New Yorker Studenten, der bis dahin noch nie in Österreich gewesen war, ausschließlich Medienberichte zur Verfügung.[6] Auch auf wissenschaftlicher Ebene war die Errichtung der Diktatur 1933 frühzeitig reflektiert worden, insbesondere durch PolitikwissenschafterInnen.[7]

---

2 Siehe etwa die vom Bundespressedienst verbreitete Broschüre von Kuhnert (1934).

3 Als ein Beispiel von vielen siehe den Bericht über einen Beitrag im britischen „Daily Telegraph" v. 7. 4. 1934: Harold Laski gegen Dollfuß, in: Arbeiter-Zeitung (Brünn), 15. 4. 1934, 8.

4 Vgl. Time. The weekly Newsmagazine, Vol. XIII, 25. 9. 1933.

5 Nedoma (1984), 27. Für diesen Hinweis danke ich Herbert Posch.

6 Vgl. Todrin (1936).

7 Zurcher (1934); Seton-Watson (1935; 1936; 1937). Bereits die Verfassungsreform 1929 hatte in der US-Politikwissenschaft Interesse geweckt, vgl. Graham (1930). Die Heftigkeit der Reaktionen auf die Februarkämpfe rührt vermutlich auch daher, dass die österreichische Sozialdemokratie und ihre Politik im Roten Wien international empathisches Interesse ausgelöst hatte; als Beispiel für die wissenschaftliche Auseinandersetzung damit vgl. Macartney (1926; 1929).

Die erste ausführliche Abhandlung erschien in Großbritannien bereits 1935 in Form einer umfangreichen Dollfuß-Biografie. Verfasst hatte sie ein ehemaliger britischer Diplomat, John Duncan Gregory, der in Wien gedient hatte und aus seinen Sympathien für den Kanzler kein Geheimnis machte.[8] Im selben Jahr trat Cicely Hamilton mit dem Bericht einer Reise ins Dollfuß-/Schuschnigg-Österreich an die Öffentlichkeit.[9] Die Autorin gehörte seit der Jahrhundertwende den Suffragetten an und war vor dem Ersten Weltkrieg zu einer prominenten Repräsentantin der bürgerlichen Frauenbewegung aufgestiegen.[10] Umso mehr überrascht, wie positiv sie in ihrem Buch dem – feministischen Anliegen keineswegs aufgeschlossenen – österreichischen Regime gegenüber stand, dem sie offenbar besonders die Abwehr der „Roten Gefahr" zugutehielt.

Mit Ausnahme einer 1937 publizierten Studie über die Anschlussbewegung[11] zeichnete sich die Mehrzahl der bis Kriegsende vorgelegten Monografien durch eine empathische Darstellung der österreichischen Diktatur aus. Die geäußerten Sympathien verbanden sich durchaus mit politischen Hoffnungen in der eigenen Heimat, so etwa im Fall von Edward Quinn, der 1938 das Buch „The Mission of Austria" veröffentlichte:[12] Das Werk liefert ein eindrucksvolles Indiz dafür, dass die durch das Regime betriebene Auslandskulturarbeit tatsächlich Resonanz hervorrief und die von der klerikalen Rechten in Österreich proklamierte „Österreichische Sendung" auch außerhalb des Landes auf Interesse stieß. Quinn, selbst katholischer Priester in Leeds, verband seine 140-seitige Rechtfertigungsschrift für das „neue" Österreich ausdrücklich mit der Hoffnung auf eine Rechristianisierung Europas. Um die Verwirklichung dieses Ziels zu erleichtern, war es ihm darum zu tun, auch diverse im Raum stehende „Missverständnisse" aufzuklären. Dazu gehörte für ihn auch das behauptete Naheverhältnis zum Faschismus: „It is not incorrect, but it is misleading to describe [...] the Austrian State as ‚corporate'. Unfortunately, most people have heard so much about Italy that they tend to identify Corporativism with Fascism [...]. Actually, Italy is a Corporate and a Fascist State, but the two aspects are not identical nor necessarily connected; moreover, Corporativism itself may be vastly different in different countries. It is better therefore and more in accordance with the language of the Austrian constitution to speak of the vocational organisation or of the vocational State."[13]

Hinweise darauf, dass politische Aussagen, die über Österreich getätigt wurden, ebenfalls innenpolitische Stoßrichtungen hatten, lieferte auch der britische Adelige und Tory-Politiker Harold Malcolm Bullock, der 1939 eine Publikation über die Geschichte der Ersten Republik und ihres Endes vorlegte.[14] Die das Buch durchziehende Skepsis gegenüber Demokratie und Parlamentarismus kennzeichnet eine deutlich autoritäre Schlagseite.[15]

8 Gregory (1935), für Hinweise in diesem Zusammenhang bin ich Lucile Dreidemy zu Dank verpflichtet. Vgl. dazu auch ihren Beitrag in diesem Band.

9 Hamilton (1935).

10 Vgl. Whitelaw (1990).

11 Ball (1937), 195.

12 Quinn (1938).

13 Ebd., 62 f.

14 Bullock (1939).

15 Laut Bullock habe es etwa aufgrund des Verhältniswahlrechtes und der starken Stellung der Parteien keine echte parlamentarische Demokratie in Österreich gegeben. Diese Argumentation ist

Auch R.K. Sheridon stand der Diktatur und ihren Exponenten wohlwollend gegenüber. Das Ziel seiner 1942 publizierten Schuschnigg-Biografie[16] bestand erklärtermaßen darin, unter der englischsprachigen Leserschaft Sympathie für den ehemaligen Kanzler zu wecken. Weil er sich auf dem Höhepunkt des Zweiten Weltkrieges darüber im Klaren sein musste, dass es diesem Ansinnen nicht eben förderlich sein würde, seinem Publikum das österreichische Regime als „faschistisch“ vorzustellen, wies Sheridon, ähnlich wie Quinn, die Verwendung dieses Begriffes zurück und entwickelte dazu eine im Weiteren auch in Österreich gängige Argumentationslinie: Zugestanden wird, dass es sich bei der Heimwehr um eine faschistische Organisation gehandelt habe; zugleich wird jedoch der Anschein erweckt, als habe die Führung der Christlichsozialen mit dieser Formation (außer ihrer Gründung)[17] nichts zu schaffen gehabt, ja als sei sie ihr im Gegenteil schon immer skeptisch gegenübergestanden.[18] Das Regime selbst habe zwar gewisse Ähnlichkeiten mit dem faschistischen Deutschland aufgewiesen, grundsätzliche Unterschiede bestünden jedoch hinsichtlich der vergleichsweise milden Herrschaftsmethoden und der ideologischen Basis des Katholizismus: „In one respect he [Dollfuß, Anm.] was in line with Berlin – he had drawn the sword against the Socialist element. [...] A further point of resemblance with Germany was the authoritarian regime of both – not, however, that the clerical system of Vienna was in any way allied to the iron autarchy of the north. Those who craved for Fascist dictation might now be satisfied by Dollfuss' comparatively easy-going personal rule, the anti-red policy and the alliance with authoritarian States, rather than continuing their mourning for the milk and honey of Nazi domination. [...] It was upon the Catholic heritage of Austria that the new State was built [...]. At last the night was broken with the rise of Engelbert Dollfuss and the Christian Corporative State.“[19]

Die erste kritische Auseinandersetzung mit den Vorgängen in Österreich erschien erst kurz nach Kriegsausbruch, nämlich George Eric Rowe Gedyes „Fallen Bastions“ (1939).[20] Während die bisher genannten Werke eine enden wollende Rezeption erfuhren, wurde Gedyes Buch breite Aufmerksamkeit zuteil. Das war nicht zuletzt auf die Aktivitäten des sozialdemokratischen Exils zurückzuführen.

Die linke Exilgruppe war ungeachtet ihrer inneren Zerwürfnisse und der faktischen Selbststilllegung in den USA seit dem Jahreswechsel 1941/42 schon rein personell wesentlich größer und besser organisiert als die ins Ausland geflüchteten Christlichsozialen.[21] Sowohl in ihrer Publizistik als auch in ihrer Netzwerkarbeit mit alliierten Stellen kam der Rolle des Regimes Dollfuß/Schuschnigg aus naheliegenden Gründen eine

---

nicht allzu weit entfernt von einer Ablehnung der Demokratie als „Parteienherrschaft“, wie sie die österreichische Rechte zu dieser Zeit vertrat.

16 Sheridon (1942).

17 Ebd., 54.

18 Vgl. ebd., 46, 55.

19 Ebd., 80 f.

20 Gedye (1939a). Als ergänzte Version erschienen in den Vereinigten Staaten im selben Jahr ders. (1939b) und ein Jahr später in Frankreich ders. (1940). Gedye hatte bereits Ende der 1920er-Jahre ein mehrfach aufgelegtes Buch über Österreich veröffentlicht, vgl. ders. (1928).

21 Zum österreichischen Exil liegen mehrere Arbeiten vor; neben den nach Staaten systematisierten Exil-Bänden des Dokumentationsarchives des Österreichischen Widerstandes siehe zum sozialdemokratischen Exil zuletzt Egger (2008), zum christlichsozialen Exil Kaiser (2000).

wesentliche Bedeutung zu. Frühzeitig bezog man sich dabei auch auf Gedye. Dessen Interpretation deckte sich im Wesentlichen mit der eigenen Perspektive, hinzu kamen enge persönliche Bande. Gedye, der im Ersten Weltkrieg dem britischen militärischen Nachrichtendienst angehört hatte,[22] lebte seit 1925 in Wien, wo er als Korrespondent für verschiedene britische und amerikanische Zeitungen tätig gewesem war[23] und zeitweise auch für die BBC gearbeitet hatte. Er war einer jener ausländischen JournalistInnen, die mit der linken Sache ganz unverhohlen sympathisiert hatten[24] und dafür auch in Konflikt mit dem Regime und seiner Presse geraten waren.[25] In Wien hatte Gedye vielfältige persönliche Beziehungen zu führenden SozialdemokratInnen[26] unterhalten, die er nach Ausbruch des Zweiten Weltkrieges 1939 als Mitarbeiter des britischen Militärgeheimdienstes „Special Operation Executive" (SOE) fortsetzte. So warb er etwa neben Stefan Wirlandner und Walter Hacker[27] auch den ehemaligen Vorsitzenden der Revolutionären Sozialisten, Karl Hans Sailer, als – wenngleich wenig erfolgreichen – Agenten an.[28]

Nach dem Ende des Zweiten Weltkrieges zeichneten maßgeblich Mitarbeiter des Londoner Büros der Sozialdemokratie rund um Oscar Pollak und Karl Czernetz (und mithin Kontaktleute Gedyes) für die Außendarstellung der SPÖ verantwortlich. Ein wesentlicher Bestandteil derselben, insbesondere im Vorfeld von Wahlen, war thematisch mit der Periode 1933 bis 1938 unterfüttert.[29] Es dürfte daher auch auf das Betreiben von Pollaks Kreis zurückzuführen sein, dass Gedyes Buch das erste ausführlichere Werk zur Geschichte des Regimes 1933–1938 war, das in Österreich bereits im Jahr 1947 erschien.[30] Schon zuvor wurde es auszugsweise in Broschüren der SPÖ wiedergegeben, nicht ohne zu betonen, es handle sich beim „Daily Telegraph" um eine konservative Zeitung.[31]

22 Vgl. den biografischen Eintrag im „Oxford Dictionary of National Biography", http://www.oxforddnb.com/view/article/33362 (7.5.2012).

23 So arbeitete er zunächst für die „Times", zwischenzeitlich für den „Daily Express" und schließlich ab 1929 für den „Daily Telegraph" sowie die „New York Times".

24 Als Sympathisanten der linken Opposition galten den österreichischen Behörden neben Gedye auch John Gunther („Chicago Daily News"), M. W. Fodor („Manchester Guardian", „The Nation", „Washington Post", „New York Evening Post"), Hugo A. Neumann („Times") und Friedrich Scheu („Daily Herald"), vgl. den Bericht der Sicherheitsdirektion an das Bundeskanzleramt v. 19.1.1934 bezüglich der politischen Einstellung der angelsächsischen Korrespondenten in Wien, 4. Eine Abschrift des Dokuments wurde Gedye zugespielt und befindet sich in seinem Nachlass, vgl. The Gedye Papers, Komp. 17, Imperial War Museum London, Department of Documents. Für diese Quelle danke ich Peter Pirker. Zur Korrespondentenszene in Wien in den 1930er-Jahren siehe auch die Novelle von Gunther (1964).

25 Vgl. „Ein Zuverlässiger", in: Reichspost, 22.12.1934, 4.

26 So galt Gedye Bernhard Kuschey zufolge dem Ehepaar Pollak als „Lebensfreund", vgl. Kuschey (2008), 222.

27 Vgl. Pirker (2009a), 132 ff.

28 Vgl. Pirker (2009b), 506 ff.

29 Zur Bedeutung in Wahlkampagnen vgl. etwa Hölzl (1974).

30 Übersetzt hatten es zwei SozialdemokratInnen, Henriette Werner und der bereits angesprochene Walter Hacker, der als Exilant unter Gedye im britischen Geheimdienst gedient hatte. Die deutsche Ausgabe erschien im Wiener Danubia-Verlag, der zur Geschäftsgruppe des sozialdemokratischen Vorwärts-Verlages gehörte und in dem später etliche andere historische Werke zur Zwischenkriegszeit erschienen, darunter Gulicks „Von Habsburg zu Hitler".

31 Vgl. Sozialistische Partei Österreichs (1945), 15.

An Gedyes Beispiel wird deutlich, dass eine getrennte Behandlung der englischsprachigen PublizistInnen entlang ihrer jeweiligen Staatsangehörigkeit wenig zielführend wäre: Literarisch und deshalb auch diskursiv handelte es sich um einen Binnenraum. Gedye war zwar Brite, arbeitete aber auch im Auftrag amerikanischer Medien in Österreich und wurde in Großbritannien wie den Vereinigten Staaten zeitgleich verlegt. Sein Buch war in weiterer Folge auch ein wichtiger Bezugspunkt der US-Historiografie zur österreichischen Zwischenkriegszeit. Ähnliche diskursive Verschränkungen finden wir ebenso in den Arbeiten exilierter GeschichtsschreiberInnen.[32]

2. Schreiben über Österreich: die Pionierarbeiten nach 1945

Die erste Publikation zur österreichischen Zwischenkriegszeit bildete nach dem Zweiten Weltkrieg eine Studie des „Royal Institute of International Affairs", verfasst von Mary MacDonald.[33] Erklärtermaßen handelte es sich dabei lediglich um einen knappen Überblick, der dazu dienen sollte, das Thema aufzubereiten.[34] Selbst unter dieser Einschränkung erfuhr MacDonalds Arbeit jedoch trotz wohlwollender Besprechungen[35] kaum Aufmerksamkeit, was eventuell auch an den teilweise reichlich problematischen Erklärungsansätzen der Autorin liegen mochte. So war etwa MacDonalds Charakterisierung der Sozialdemokratie stark von antisemitischen Stereotypen bestimmt: „[...] almost all the party officials, as well as the leaders, were Jews. The Jewish tendency towards extremism thus accentuated the natural tilt of the party towards the left." Offen bleibt, ob ebenfalls Juden gemeint sind, wenn sie unmittelbar fortsetzt: „Almost precisely the same forces were at work on the Christian Socialist side."[36]

Dennoch interessant ist das Werk als frühe Variante eines Paradigmas, das lange konstitutiv für die bürgerliche Perzeption des Austrofaschismus war: Die Erzählung von der geteilten Schuld, die Regierung wie Opposition Verantwortung für die Diktatur zuwies[37] und auch im wissenschaftlichen Diskurs bis in die jüngere Vergangenheit noch mehrfach aufgegriffen wurde, zuletzt von Stanley Payne.[38]

32 Das zeigt etwa die Rezeption der Arbeit von Karl Polanyi, vgl. POLANYI (1933). Ähnliches lässt sich später von anderen exilierten AutorInnen sagen, vgl. BRAUNTHAL (1948); vgl. auch die Wahrnehmung der in Großbritannien erschienenen Bücher der Emigranten DUTCH [Otto E. Deutsch] (1938) und BORKENAU (1938) sowie das des legitimistischen Diplomaten und Mitbegründers des „Austrian National Committee", FUCHS (1939), und – als letztes Werk einer Exilantin zum gegenständlichen Thema – DUCZYNSKA (1978), das in den USA mit einem Vorwort des in Großbritannien und den USA tätigen Eric Hobsbawm erschien.

33 MACDONALD (1946).

34 Ebd., viii.

35 Vgl. FRANZ (1952), 152 f.; SELBY (1947), 108 f.

36 MACDONALD (1946), 68.

37 Laut MacDonald hätten die Extremismen beider Parteien die Demokratie untergraben. Abseits dessen seien neben der ebenfalls sattsam bekannten „Selbstausschaltung" des Parlaments (ebd., 12) die wirtschaftliche Misere und – vor allem – ausländischer Druck die ausschlaggebenden Gründe für das Scheitern der Demokratie in Österreich gewesen (ebd., 103 f.).

38 Vgl. PAYNE (1995). Der Autor verweist ohne Beleg oder Begründung auf die demokratiepolitisch

Anders ein 1948 erschienenes Werk, dessen Verfasser, Charles Adam Gulick, in den 1930er-Jahren selbst Zeuge der Vorgänge in Österreich gewesen war. Der Ökonom Gulick hatte sich in den 1920er-Jahren in mehreren Studien u. a. mit der Arbeiterbewegung auseinandergesetzt,[39] arbeitete am „Institute for Research on Labor and Employment" an der Universität Berkeley und gehörte dort einem linksliberalen Zirkel um Henry Seager an.[40] Ende der 1920er-Jahre war Gulick eigentlich zu Studienzwecken nach Deutschland gekommen. Mehr oder weniger zufällig führte ihn seine Reise 1930 erstmals auch nach Wien. Wie Gedye war Gulick – obschon im Unterschied zu jenem vermutlich seinem Selbstverständnis nach kein Sozialist[41] – jedenfalls Sympathisant der sozialdemokratischen Bewegung, die er in der politischen Arena der Ersten Republik als einzige Repräsentantin demokratischer Wertvorstellungen betrachtete.[42]

Im Jahr 1936 benützte Gulick ein Sabbatical, um mit seiner Frau Esther nach Österreich zu kommen und für ein Buch über die hiesigen Entwicklungen zu recherchieren. Ursprünglich hatte er eine kommunalpolitische Studie verfassen wollen, seit der Sistierung der Demokratie und der Unterdrückung der Sozialdemokratie war jedoch klar, dass es sich um eine historische Arbeit würde handeln müssen. Bald nach seiner Ankunft begann Gulick damit, akribisch Material zu sammeln und ein dichtes Netz an Kontakten in alle politische Lager aufzubauen.[43] Auf Basis der gewonnenen Informationen legte er nach mehr als 15-jähriger Arbeit schließlich sein zweibändiges Opus Magnum vor: „Austria from Habsburg to Hitler".[44] In Österreich wurde das Buch besonders von sozialdemokratischer Seite mit großem Interesse aufgenommen. Im Umfeld der SPÖ entstand ein Übersetzungskomitee, das die 1.900 Seiten binnen eineinhalb Jahren ins Deutsche übertrug.[45] Die konservativen Reaktionen waren dagegen von Ablehnung geprägt; so nahm „Die Furche" bitter „Abschied von Professor Gulick als Wissenschaftler und Historiker".[46]

angeblich zweifelhafte Haltung der Sozialdemokratie (ebd., 245 f.), um anschließend festzuhalten: „similarly, the Christian Socials [...] were also less than fully committed to democracy" (ebd., 246).

39 Vgl. Gulick (1924); ders. / Seager (1929).

40 Siehe Gulicks Biografie auf der Homepage der University of California, http://texts.cdlib.org/view?docId=hb4d5nb20m&doc.view=frames&chunk.id=div00062&toc.depth=1&toc.id= (3. 3. 2012).

41 Das FBI beurteilte ihn als „liberal thinker and mild pink", zit. n. Rathkolb (2009), 341. Aus naheliegenden Gründen betonte die Sozialdemokratie Gulicks politische Distanz zur eigenen Bewegung, vgl. Hannak (1949), 16. Zur Frage seiner persönlichen politischen Einstellung wäre sicherlich die für 1960 in Aussicht gestellte, jedoch niemals publizierte Arbeit Gulicks „The Spirit and Ideology of Austrian Socialism" aufschlussreich gewesen, vgl. Amerikanisches Komitee zum Studium der Geschichte der Donaumonarchie (1959), 131.

42 Gulick (1948), 6.

43 Simon (2008), 262 ff.

44 Ebd.

45 Unter der redaktionellen Leitung Jacques Hannaks arbeiteten Josefine Ausch, Anny Deutsch, Inge Deutsch, Grete Helfgott, Bettina Hirsch, Minna Lachs, Gertrude Magaziner, Lilly Speiser und Josefine Weissel nicht nur an der Übersetzung, sondern waren auch mit der Beschaffung der Originalquellen befasst, um die Zitate nicht rückübersetzen zu müssen und gleichzeitig Gulicks Ausführungen zu verifizieren; siehe das Vorwort Karl R. Stadlers in der gekürzten Neuauflage, Gulick (1976), 7.

46 „Österreich von Habsburg zu Hitler?", in: Die Furche, 5. 8. 1950, abgedruckt bei Skalnik (1966), 167.

Ein zweiter amerikanischer Wissenschafter steuerte in den ersten Nachkriegsjahren Wesentliches zur Historiografie des Dollfuß-/Schuschnigg-Regimes bei, allerdings weniger durch eine Analyse als vielmehr durch eine Recherche. Paul R. Sweet, ein Doktorand der Geschichte, hatte in den Jahren von 1929 bis 1930 jeweils ein Semester in Göttingen und München studiert, wobei er Zeuge des Aufstiegs der NSDAP geworden war. Im Zuge einer Recherche zu Friedrich von Gentz kam er im September 1933 nach Wien, wo gerade Dollfuß' „Staatsstreich auf Raten" vor sich ging. Die politischen Auseinandersetzungen erlebte Sweet in Form der Studentenunruhen an der Wiener Universität. Im Jänner 1934, also kurz vor Ausbruch der Februarkämpfe, verließ er das Land wieder. Ab dem Sommer 1943 gehörte er dem amerikanischen Militärgeheimdienst, dem „Office of Strategic Services" (OSS), an, wo er in der für Mitteleuropa zuständigen Sektion diente.[47] Als stellvertretender Leiter der OSS-Abteilung „Research Analyse Austria"[48] war Sweet unmittelbar nach dem Einmarsch der US-Truppen mit der Sichtung von Beständen des Österreichischen Staatsarchivs befasst. Diese waren im Hinblick auf die Bombengefahr von den NS-Behörden außerhalb Wiens aufbewahrt worden und fielen in Linz den vorrückenden alliierten Truppen in die Hände.

Die Aufgabe von Sweets Abteilung bestand in der Sicherstellung aller verfügbarer Dokumente, die als Beweise in den geplanten Prozessen gegen die Hauptkriegsverbrecher dienen oder für die Außenpolitik der USA anderwärtig von Nutzen sein konnten.[49] In den gesichteten Beständen fanden sich mehrere Quellen zur Geschichte des Dollfuß-Staatsstreiches, speziell zu den Beziehungen des österreichischen Bundeskanzlers zu Benito Mussolini. Sweet fertigte Abschriften dieser zum Teil später verschollenen[50] Dokumente an, von denen einige 1948 zunächst im Anhang eines (im Übrigen nie auf Deutsch erschienenen) Buches von Julius Braunthal veröffentlicht wurden.[51] Im darauffolgenden Jahr, rechtzeitig zu den jährlichen Gedenkkundgebungen anlässlich der Februarkämpfe, wurde das Konvolut von einem Verlag im Einflussbereich der Wiener SPÖ erneut publiziert, diesmal versehen mit einem Vorwort des amtierenden SPÖ-Parteivorsitzenden Adolf Schärf und Erläuterungen von Karl Hans Sailer.[52]

Neben Sweet und seinem Team machte sich im Nachkriegsösterreich ein britischer Geheimdienstler und Journalist auf die Suche nach Quellen zur jüngeren Vergangen-

47 Interview des „Historian" mit Paul R. Sweet, http://onlinelibrary.wiley.com/doi/10.1111/j.1540-6563.1997.tb00992.x/pdf (7.5.2012).

48 Vgl. Rathkolb (1985), 434.

49 Vgl. Marckhgott (1991), 186.

50 Vgl. Maderthaner/Maier (2004), 9.

51 Sweet (1948). Vorangegangen war bereits eine andere Publikation Sweets basierend auf diesem Bestand, vgl. Sweet (1947). Offensichtlich erschien es den Verantwortlichen der SPÖ aber wenig opportun, die Frage des „Anschlusses" offensiv zu thematisieren. Überdies hätte eine offensive Kritik an Ignaz Seipel die Katholische Kirche über Gebühr verärgern können, ergo blieben diese Dokumente ausgespart. Auch die Scheu christlichsozialer Kreise in- und außerhalb des Wissenschaftsbetriebes, das Thema anzugreifen, ist weitgehend selbsterklärend. Dagegen hatte im angelsächsischen Raum Barbara Ward bereits 1938 zu Seipel und der „Anschluss"-Frage einen Artikel publiziert, vgl. Ward (1938).

52 Geheimer Briefwechsel Mussolini – Dollfuß (1949). Die 72-seitige Broschüre fand großen Absatz und musste noch im selben Jahr nachgedruckt werden.

heit, diesmal jedoch nicht in höherem Auftrag, sondern als Privatier. Gordon Shepherd war vor dem Krieg Journalist in Deutschland gewesen und wurde 1945 vom SOE-Hauptquartier zunächst der British High Commission in Wien zugeteilt. Nach seiner Demobilisierung 1948 verbrachte er noch weitere sieben Jahre bis zum Abschluss des Staatsvertrages 1955 in Österreich und arbeitete in dieser Zeit (wie zehn Jahre früher Gedye) als Korrespondent für den „Daily Telegraph".[53]

Shepherd, der sich selbst zumindest dem Namen nach nobilitierte, indem er nach seiner Hochzeit mit einer Adeligen 1947 zusätzlich deren Namen Brook annahm, verfasste in den folgenden vierzig Jahren mehrere journalistische Darstellungen über die Endphase der Habsburgermonarchie, die Zwischenkriegszeit und Engelbert Dollfuß.[54] Insbesondere die Dollfuß-Biografie bildete lange (nicht zuletzt mangels Alternativen) einen wichtigen Referenzpunkt für die wissenschaftliche Literatur.

Auch den Amerikaner Reuben John Rath trieb seine persönliche Neugier in die österreichischen Archive. Rath hatte 1941 mit einer Arbeit über das napoleonische Königreich Italien an der Columbia University New York promoviert und war 1937/38 als Student zu Forschungszwecken nach Wien gekommen. Hier war er eng mit dem Sprachwissenschafter Alexander Issatschenko befreundet, damals Mitarbeiter des Bundeskommissärs für Kulturpropaganda im Unterrichtsministerium. Ein anderer Freund Raths war der gleichfalls aus den USA stammende George Shuster, der über hervorragende Beziehungen ins gesamte mitteleuropäische christlichsoziale Milieu verfügte, so auch ins Bundeskanzleramt unter Kurt Schuschnigg.[55] Auf diese Weise hatte Rath nicht nur die Wirren des „Anschlusses" im Umfeld der Regierung Schusch-

53 Vgl. den Nachruf auf Shepherd, http://www.timesonline.co.uk/tol/comment/obituaries/article1024352.ece (22. 8. 2009).

54 Die auf Deutsch erschienenen Publikationen Shepherds finden sich im Anhang. Obwohl die Arbeiten über Dollfuß und die österreichische Zwischenkriegszeit zweifellos einen gewichtigen Teil der Arbeiten Shepherds ausmachten, ist interessanterweise keine einzige davon im oben zitierten Nachruf erwähnt. Zu seiner Bedeutung in der Biografik von Engelbert Dollfuß siehe auch den Beitrag von Lucile Dreidemy in diesem Band.

55 Der tief katholische George Shuster war eine durchaus schillernde Figur und mit konservativen Kreisen in zahlreichen europäischen Staaten bestens vernetzt: Er hatte 1933 den Zusammenbruch des deutschen Zentrums aus nächster Nähe miterlebt und war mit dessen Führungsfiguren in Kontakt gewesen, kannte zentrale Persönlichkeiten der italienischen Christdemokratie und kam im Spätherbst 1937 nach Österreich. Dort stand er in engem Einvernehmen mit Regierungskreisen und war in den letzten Tagen vor dem „Anschluss" an einer Initiative Ernst Karl Winters beteiligt, SprecherInnen des sozialdemokratischen Untergrunds und führende Vertreter des Regimes an einen Tisch zu bringen. An entsprechenden Verhandlungen in Steyr nahm Shuster im März 1938 selbst teil. Er hielt während des Krieges über die „Austrian-American-Friendship-Association" Kontakt mit konservativen ExilantInnen um Otto Habsburg, nach dem Krieg wurde er zunächst in eine historische Kommission berufen, die in Vernehmungen mit der NS-Führungsriege verwertbare Informationen generieren sollte. In diesem Zusammenhang interviewte Shuster u. a. Hermann Göring und Wilhelm Keitel. 1950 wurde Shuster schließlich amerikanischer Landeskommissar in Bayern, in den folgenden Jahren machte er sich in Deutschland wie in den USA einen Namen als ideologischer Streiter gegen den Kommunismus. Bisher liegt leider nur seine anekdotisch gehaltene Autobiografie vor, vgl. Shuster (1965).

nigg miterlebt, was schon an sich fraglos eine prägende Erfahrung war,[56] sondern er verkehrte darüber hinaus auch in einem englischsprachigen akademischen Milieu, das den Konservativen in Deutschland und Österreich eng verbunden war.

Bald nach dem Krieg reiste Rath wieder nach Österreich und machte sich auf die Suche nach dem Verbleib der über ganz Österreich verstreuten Bestände der großen österreichischen Archive.[57] Aus Rath wurde in den darauffolgenden fünfzig Jahren in den USA „Mr. Austrian History".[58] Er begründete nicht nur das „Austrian History Yearbook", sondern initiierte auch vielfältige amerikanisch-europäische Wissenschaftskooperationen[59] und war für HistorikerInnen, die sich mit Österreich befassten, eine zentrale Anlaufstelle. Anders als Gulick oder Gedye begründete Rath also gewissermaßen eine „Schule". Seit den 1960er-Jahren recherchierte er zu einer Biografie von Engelbert Dollfuß[60] und befasste sich dabei auch mit dem Charakter von dessen Regime. Seine Ergebnisse legte er in drei einander stark ähnelnden Aufsätzen dar,[61] die Argumentation blieb dabei aus naheliegenden Gründen nah an der Person des Diktators. Als junger Student hatte Rath Dollfuß nach den Februarkämpfen 1934 für den Führer einer „faschistischen Regierung" gehalten, für ein „more calamitous monster than Adolf Hitler".[62] Dreißig Jahre später bescheinigte er ihm, „von Natur aus genuin demokratisch"[63] gewesen zu sein. Dollfuß erscheint in dieser Perspektive als ein von den Umständen Getriebener, dem letztlich vor allem aufgrund des deutschen Drucks keine andere Wahl geblieben sei, als die Errichtung einer Diktatur. Bei dieser wiederum habe es sich um ein „autoritäres", nicht um ein „faschistisches" System gehandelt, das seine Ziele mit vergleichsweise milden Methoden durchzusetzen versucht habe.[64]

An wissenschaftlicher Literatur zu nennen wären in der Phase bis Anfang der 1960er-Jahre abgesehen von mehreren, zum Teil bereits genannten Publikationen österreichischer ExilantInnen[65] noch einige Hochschulschriften[66] und kürzere Artikel.[67] In wei-

56 Siehe dazu Rath (1994).

57 Die Resultate seiner Fact-Finding-Mission finden sich in Rath (1947).

58 Mit dieser Bezeichnung wird William Wright in einem Nachruf auf Rath zitiert, siehe: Star Tribune (Minneapolis), 22. 2. 2001, http://www.highbeam.com/doc/1G1-70744273.html (24. 8. 2009).

59 Vgl. Stourzh (2001/02).

60 Die Ergebnisse seiner Arbeit veröffentlichte er erst schrittweise ab Mitte der 1990er-Jahre in mehreren Artikeln im „Austrian History Yearbook", vgl. Rath (1996; 1997; 1998; 1999; 2001).

61 Vgl. Rath (1971). Streckenweise wortident wiederholt Rath diese Interpretation fünf Jahre später, vgl. Rath (1976). Auch in seinem dritten Artikel zum Thema behält er seine Argumentation bei, vgl. Rath/Schum (1980).

62 Vgl. Rath (1985), 47.

63 Rath (1971), 31.

64 Vgl. Rath (1976), 179.

65 Vgl. Engel-Janosi (1953), das von seinen Anhängern publizierte Buch von Kurt Schuschnigg, vgl. Schuschnigg (1938), sowie ders. (1946); zudem mehrere Artikel Schuschniggs in verschiedenen, zumeist katholischen Zeitschriften, die aber offenbar allesamt keine größere Beachtung fanden. Von der angelsächsischen Kritik durchwegs verrissen und hinsichtlich der Verkaufszahlen weit unter den Erwartungen geblieben, aber für die innerösterreichische Debatte von Bedeutung waren die 1942 in New York publizierten Memoiren Ernst Rüdiger Starhembergs, vgl. Starhemberg (1942).

66 Bluhm (1956); Clute (1957); Neimann (1958). Die vielleicht wichtigste Arbeit wurde 14 Jahre später ins Deutsche übersetzt, vgl. Shell (1955).

67 Sweet (1950); Kann (1951); Schwarz (1959).

terer Folge ausführlicher rezipiert wurden jedoch lediglich das 1960 erschienene Buch über den politischen Katholizismus von Alfred Diamant,[68] die Parteienstudie von Walter B. Simon[69] sowie jene von Kurt L. Shell.[70]

3. Das Problem der Neutralität

In österreichischen Geschichtsdebatten werden ausländische WissenschafterInnen gerne als gleichsam unvoreingenommen zitiert, was mit der vermeintlichen Distanz zu den hiesigen politischen Niederungen begründet wird.[71] Wie im vorliegenden Beitrag gezeigt wird, handelt es sich dabei um einen mehrfachen Irrtum. Zunächst ist schon der hier implizit formulierte Anspruch wissenschaftlicher „Neutralität" fragwürdig. HistorikerInnen nähern sich keinem Problem unbefangen, das heißt grundlos. Sie bringen bereits ein bestimmtes Vorwissen mit, das ihnen ein Thema, sei es eine Organisation, ein Staat oder eine Einzelperson bzw. jeweils Teilaspekte derselben, besonders interessant erscheinen lässt. Schon die Auswahl eines Forschungsthemas drückt damit eine gewisse Wertung aus. „Neutrale" Forschung gibt es also schon deshalb nicht, weil es keine „neutralen" ForscherInnen gibt. Selbst aber, wenn es sie gäbe: Wäre eine vorgeblich unpolitische Wissenschaft wie auch eine politisch deklarierte, sofern sie der Gesellschaft von irgendeinem Nutzen sein möchte, nicht geradezu in der Pflicht, aus den untersuchten Fakten Schlüsse zu ziehen, ja sogar Urteile zu fällen? Mit Charles Gulick gefragt: Was spricht denn dagegen, Faschisten ihre Politik auch vorzuhalten, selbst wenn die Fakten unter den geänderten Rahmenbedingungen wie Anwürfe erscheinen? Während es dem US-amerikanischen Liberalen der 1940er-Jahre noch völlig selbstverständlich erschien, die politische Geschichte Österreichs als deklarierter Anhänger einer parlamentarischen Demokratie zu beschreiben und davon ausgehend mit Werturteilen nicht hinter dem Berg zu halten, kamen solche transparenten Ansprüche in den darauffolgenden Jahrzehnten zunehmend aus der Mode. Verschwunden sind sie deshalb nicht – wie könnten sie auch?

---

68 Diamant (1960). Das Buch widmet sich hauptsächlich geistesgeschichtlichen Strömungen im politischen Katholizismus und identifiziert zwar klar den antidemokratischen und antisozialistischen Konsens (ebd., 254) sowie die prokapitalistische Funktion (ebd., 92) des politischen Katholizismus, ignoriert die ideologischen Überlappungen mit dem Faschismus aber erstaunlicherweise vollständig und vermeidet sorgfältig alle dahingehenden Begrifflichkeiten. Es kommt daher weiter unten auch nicht mehr eigens zur Sprache. Die deutsche Ausgabe erschien im selben Jahr in der Übersetzung von Norbert Leser. Ungeachtet mehrerer Passagen, die nach einem sozialdemokratischen Geschichtsverständnis wohl eher nicht gefallen konnten, erschien das Buch übrigens im SPÖ-nahen Verlag Wiener Volksbuchhandlung.

69 Walter B. Simon, ein Schüler Paul F. Lazarsfelds an der Columbia University New York, war gebürtiger Österreicher, vgl. Simon (1957), desgleichen seine Wahlstudie, ders. (1959); auf Deutsch erschienen Simons Arbeiten erst knapp dreißig Jahre später, vgl. ders. (1984; 1988).

70 Siehe FN 65.

71 Zuletzt sinngemäß etwa von Helmut Wohnout, der in der ORF-Sendung „Report" v. 14.2.2012 die Ansicht vertrat, dem Begriff „Austrofaschismus" sei jener des „autoritären Regimes" vorzuziehen, weil dieser Begriff auch in der internationalen Forschung verwendet würde.

Wenn wir als Konsequenz dieser Überlegungen die Hypothese wagen, dass die „Unabhängigkeit" der angelsächsischen Historiografie vornehmlich ein Konstrukt der inner-österreichischen Debatte ist (was freilich nicht ausschließt, dass diese durchaus schmeichelhafte Zuschreibung von den Betroffenen selbst hier und da aufgegriffen und betont wurde), so herrscht an entsprechenden Belegen besonders in der Frühzeit kein Mangel. Wer sich als Brite/Britin oder US-AmerikanerIn in den 1930er- und 1940er-Jahren ausführlich mit den Vorgängen in Österreich befasste, kannte das Land samt den Konfliktlinien, die sein politisches Leben prägten. Diese politischen Frontstellungen waren und sind freilich weder örtlich noch zeitlich auf das Österreich der 1930er-Jahre begrenzbar. Die soziale Frage zum Beispiel mochte damals wie heute in Großbritannien oder den USA anders debattiert werden als in Zentraleuropa. Aber hier wie da verlangte sie eine Position. Eine aufgeklärte bürgerliche Feministin wie Cicely Hamilton konnte dabei offenkundig zur Einsicht gelangen, dass selbst herkömmliche Rollenbilder betonende Diktaturen im Zweifelsfall sozialistischen Anwandlungen vorzuziehen waren.

Die AutorInnen der ersten englischsprachigen Werke über das „Neue Österreich" machten aus ihrer Haltung denn auch wenig Hehl. Das galt für deklarierte SympathisantInnen wie GegnerInnen des Systems ebenso wie für die VerfasserInnen späterer Arbeiten. Rath beschrieb später selbst die Veränderung seiner Haltung gegenüber der Person Dollfuß. Es ist wohl nicht zu weit hergeholt anzunehmen, dass ein Teil dieses Meinungsumschwunges mit jenen Eindrücken zu tun hatte, die der junge Student im Wien des Jahres 1938 gesammelt hatte, umgeben von Mitarbeitern und SympathisantInnen der austrofaschistischen Diktatur. Auch nach 1945 war Rath daher kein „Außenstehender" im klassischen Sinne.

Natürlich steht dem Anspruch einer „neutralen Perspektive" gleichfalls der Versuch entgegen, Verständnis für die Diktatoren und ihr Tun zu erzeugen. Eine solche Apologetik ist in der angelsächsischen Historiografie keineswegs nur in den frühen Werken zu finden. Dass dabei auch die parteipolitische Debatte in Österreich Einfluss auf die angelsächsische Historiografie hatte, lässt sich zwar nicht unmittelbar belegen, erscheint aber durchaus wahrscheinlich, so etwa im Fall Gordon Shepherds und der von ihm verwendeten Etiketten für das Regime. Die Frage der akkuraten Bezeichnung ist hierzulande bekanntlich bis in die Gegenwart ein Politikum und gerade ausländische HistorikerInnen werden in dieser Auseinandersetzung gerne bemüht, um unliebsame Begrifflichkeiten zurückzuweisen.[72] In seinem ersten Buch zur österreichischen Zwischenkriegszeit, publiziert in den 1950er-Jahren, gebrauchte Shepherd den Begriff „Austrofaschismus" noch ganz selbstverständlich als Regimebezeichnung,[73] setzte ihn in der vier Jahre später erschienenen Dollfuß-Biografie[74] und abermals zwei Jahre später in seiner Schilderung des „Anschlusses"[75] allerdings bereits unter Anführungszei-

72 So rief etwa auch Bundeskanzler Schüssel Gordon Shepherd – „nicht einer, der uns nahe steht, sondern ein objektiver Wissenschafter" – als einen solchen unvoreingenommenen Zeugen an, vgl. 47. Nationalratssitzung der XXI. Gesetzgebungsperiode v. 28.11.2000, 42, http://www.parlament.gv.at/PAKT/VHG/XXI/NRSITZ/NRSITZ_00047/fname_114449.pdf (2.7.2012). Ähnlich Andreas Khol in seiner Eröffnungsansprache anlässlich des Symposiums „Österreich 1934", abgehalten am 12.2.2004 im österreichischen Parlament, vgl. Khol (2004), 15.

73 Vgl. Shepherd (1957), 106.

74 Vgl. Brook-Shepherd (1961), 99 f.

75 Vgl. Brook-Shepherd (1963), 108.

chen und wies nun außerdem auf die vorgebliche Verwässerung des faschistischen Gehalts im österreichischen Regime hin. In weiterer Folge ließ er den Begriff überhaupt ganz fallen und argumentierte entschieden gegen dessen Verwendung.[76]

Diese Modifikation seines Standpunktes war wohl kaum ein Zufall. Was konnte Shepherd dazu bewogen haben? Die wissenschaftliche Literatur zu dem Thema hatte in den Jahren zwischen den beiden Büchern keinerlei Ergänzung erfahren. Der Autor selbst begründete seinen Positionswechsel nicht. Als wahrscheinlichstes Szenario bleibt demnach übrig, dass Shepherd auf die politische Brisanz des Begriffs aufmerksam gemacht worden war. Da der Begriff aber nur in Österreich selbst politisch aufgeladen war und Shepherd hierzulande hervorragende Kontakte ins konservative Milieu unterhielt, ist es durchaus möglich, dass er eben dort auf seinen „Fehler" hingewiesen wurde – und ihn stillschweigend „korrigierte".

4. Fazit

In der Bewertung der großen Entwicklungslinien stehen in- wie ausländische WissenschafterInnen vor denselben Fragen: Wie weit darf Demokratie gehen? Wo verläuft die Grenze zwischen legitimen ordnungspolitischen Maßnahmen des Staates und der Unterdrückung politisch Missliebiger? Wie sind soziale Interessengegensätze zu interpretieren und was sind legitime Rahmen für ihre Lösung?

In- wie ausländische WissenschafterInnen sind damit letztlich auf den Kern ihrer eigenen Weltauffassung zurückgeworfen, zumindest sofern sie nicht radikal phänomenologisch vorgehen und prinzipiell Vergleichbarkeiten in Abrede stellen. Anders als die ProponentInnen einer „neutralen" Wissenschaft behaupten, besteht die wissenschaftliche Herausforderung nicht darin, *keine* Meinung zu haben, sondern vielmehr darin, unabhängig von eigenen Präferenzen in den Quellen Zusammenhänge zu erkennen und historische Vorgänge zu rekonstruieren. Wer aufgrund einer persönlichen politischen Disposition bestimmte Quellen nicht zur Kenntnis nimmt oder bewusst falsch interpretiert, agiert methodisch unsauber und ist dafür konkret zu kritisieren, nicht aber für den Umstand, eine Meinung zu gesellschaftlichen Vorgängen zu haben. Die eigene politische Haltung offen zu legen, ist ein Akt wissenschaftlicher Redlichkeit, weil LeserInnen ein Hinweis gegeben wird, wo am ehesten blinde Flecken oder günstigere Beurteilungen im eigenen Werk zu erwarten sind, deren Bearbeitung eine adäquatere Annäherung an den beschriebenen historischen Prozess erlaubt. Aus politischer Verortbarkeit den Vorwurf politisch genehmer Geschichtsschreibung abzuleiten, stellt die Zunft letztlich unter Generalverdacht und ist erkennbarer Ausfluss einer Vermeidungsstrategie. In der Hoffnung, sich dann nicht mit deren Inhalten auseinandersetzen zu müssen, werden AutorInnen mit dem Vorwurf eingedeckt, von eigenen Vorbehalten bestimmt und daher nicht zu einem faktisch korrekten Urteil fähig zu sein. Umgekehrt soll die Integrität der eigenen Deutung unterstrichen und gegen Kritik immunisiert werden. In beiden Fällen handelt es sich um Argumentationstechniken, die Anwendung finden, wenn in Wirklichkeit von vornherein an einer Auseinandersetzung mit Inhalten kein Interesse besteht.

76 Vgl. Brook-Shepherd (1996), 265–294, bes. 269 und 276f.

KRIEGS- UND NACHKRIEGSZEIT

Oliver Rathkolb

„Elimination of Austro-Fascists from Post of Influence". US-Nachkriegsplanungen für eine umfassende Entfaschisierung

Noch während des Zweiten Weltkrieges fürchteten Planungsexperten in den USA, dass die Etablierung eines demokratischen Systems in Österreich nach der Zerschlagung des Nationalsozialismus schwieriger sein werde als in Deutschland, da sich in der Zwischenkriegszeit das christlichsoziale und das sozialdemokratische Lager seit 1920 mit steigender Intensität bekämpft hatten und die Regierungsdiktatur Bundeskanzler Dollfuß' sowie der Bürgerkrieg vom Februar 1934 nicht vergessen waren. Anders als Deutschland hatte Österreich zwei Diktaturen erlebt, wenngleich das Dollfuß- / Schuschnigg-Regime aus einer Reihe von Gründen keineswegs mit dem NS-Terrorregime zu vergleichen war. Dennoch hatte es zigtausend Menschen in Angst und Schrecken versetzt, mit zahlreichen Toten, politisch motivierten Exekutionen, Tausenden politischen Gefangenen und ExilantInnen.

Der Politikwissenschaftler Anton Pelinka hat vor diesem Hintergrund ein eigenes Modell eines „verlängerten Bürgerkriegs" entwickelt, d. h., dass bereits nach dem kurzen Bürgerkrieg im Februar 1934 der missglückte Juliputsch von Nationalsozialisten im selben Jahr den Beginn eines zweiten Bürgerkriegs signalisierte, der nach dem „Anschluss" 1938 „mit großer Entschiedenheit zwischen zwei Minderheiten ausgetragen wurde. Auf der einen Seite standen die Nationalsozialisten – die österreichische NSDAP hatte etwa 600.000 Mitglieder" bzw. „rund 12–14 % der erwachsenen Bevölkerung des Landes. Auf der anderen Seite waren jene, die sich entschieden gegen das Regime wandten, die es bekämpften, die es zerstören wollten. Die Mehrheit der Österreicher stand abseits [...]."[1]

1 Der „verdrängte Bürgerkrieg", wie PELINKA (1987), 144, schreibt, „brach 1938 über Österreich herein, dauerte sieben Jahre und kostete direkt Zehntausenden, indirekt Hunderttausenden Österreichern das Leben. [...] Auf der einen Seite standen die österreichischen Nationalsozialisten [...]. Die anderen waren konservative Legitimisten, katholische Austrofaschisten, großdeutsche Sozialdemokraten, stalinistische Kommunisten. [...] Die direkten Opfer dieses Bürgerkrieges waren die Zehntausenden, die in den Konzentrationslagern und auf den Hinrichtungsstätten des ‚Dritten Reiches' ermordet wurden – als politisch Verfolgte, als ‚rassisch Minderwertige'. [...] Auf beiden Seiten dieses Bürgerkrieges standen Österreicher."

Bereits in einer wegweisenden Studie des „US Department of State", betitelt mit „The Treatment of Austria", vom 8. Juni 1944[2] war der „Ständestaat" deutlich negativ kommentiert worden. Im Folgenden wird versucht, anhand der US-Planungen für eine umfassende „Entfaschisierung" der politischen Eliten Österreichs die Hintergründe für die intensive Beschäftigung mit der Kanzlerdiktatur unter Engelbert Dollfuß und Kurt Schuschnigg zu rekonstruieren.

Besonders klar werden die US-Ziele in den diversen Strategieplanungen für die Medienpolitik im befreiten Österreich. Bereits hier wurde eine Sonderrolle „Österreichs" ansatzweise deutlich gemacht, wie aus dem „Freeborn Memorandum Nummer 10" von Ende Februar 1945 hervorgeht,[3] sowie die Genehmigung erteilt, die „Austerity Phase", wie sie für Deutschland vom „Supreme Headquarters Allied Expeditionary Force" (SHAEF) projektiert war, zu überspringen.[4] Das „Office of War Information" (OWI) in Washington stellte ebenfalls einen „Operational Plan for Austria" vor,[5] nachdem bereits am 12. April 1945 eine „Long-Range Policy Directive for Austria"[6] in Umlauf gesetzt worden war: Neben einem kurzen geschichtlichen Rückblick auf die Zeit zwischen 1918 und 1938 wurde der einzigartige Status dieses Landes herausgestellt – Österreich gehörte zwar nicht zu den befreiten Ländern wie Frankreich oder die Tschechoslowakei, aber es galt nicht als ehemaliger Feindstaat.[7]

Der Aufbau der Studie lässt auf große Sachkenntnis schließen. Es ist anzunehmen, dass die Unterlagen teilweise von emigrierten ÖsterreicherInnen erarbeitet wurden. So befand sich zum Beispiel der Sozialdemokrat Julius Deutsch unter den MitarbeiterInnen des OWI. Jedoch gab es dort auch zahlreiche konservative EmigrantInnen, vor allem bei den Rundfunkprogrammen für Österreich, so u. a. Dr. Robert Bauer, ehemaliges VF-Mitglied, Dr. Martin Fuchs (Presseattaché in Paris 1938), Friedrich Bock-Bordy (VF-Mitglied), Dr. Clementine Zernik (Generalsekretärin der „Austrian Action").[8] Überhaupt drängt sich beim Studium des historischen Abrisses der Eindruck auf, dass auch die US-ExpertInnen eher die sozialdemokratische Interpretation der politischen Kultur der Zwischenkriegszeit unterstützten. So wurde der militärische Charakter der Heimwehr betont und der Republikanische Schutzbund als reine Verteidigungsorganisation dargestellt.[9] Auch die massive negative Kritik am Dollfuß-/Schuschnigg-Regime, das eindeutig als

2 Hoover Institution Archives, Stanford University, David Harris papers, Box 1, Folder Austria. Teile der nachfolgenden Texte sind überarbeitete und korrigierte sowie erweiterte Kapitel aus meiner unpublizierten Dissertation „Politische Propaganda der amerikanischen Besatzungsmacht in Österreich 1945 bis 1950. Ein Beitrag zur Geschichte des Kalten Krieges in der Presse-, Kultur- und Rundfunkpolitik", phil. Diss. Wien 1981.

3 National Archives and Records Administration– Record Group (NARA-RG) 260/845/Operation Freeborn, Freeborn Memorandum No. 10, 28. 2. 1945; NARA-RG 260/890/80, Minutes of Meeting on Austrian Planning Team, 28. 3. 1945, 1 f.

4 NARA-RG 260/890/80, Minutes – Planning Team, 3.

5 NARA-RG 260/916/Folder: Classified Documents from Information Services Branch (ISB), Vol. I, Revised First Draft – Operational Plan for Austria, 25. 4. 1945.

6 NARA-RG 208/Entry 6/25/Area Austria, Longe-Range Policy Directive for Austria, 12. 4. 1945.

7 Ebd., 3.

8 Deutsch (1960), 369; nähere biografische Angaben zur ganzen Gruppe im Handbuch der deutschsprachigen Emigration nach 1933 (1980), 40, 119 f., 206 f., 74, 845.

9 NARA-RG 208/Entry 6/25/Area Austria, Long-Range Policy Directive, 22.

„autoritär“ klassifiziert wurde, lässt diese Vermutung zu. Es muss aber darauf hingewiesen werden, dass die US-AuslandsjournalistInnen in Wien ebenfalls massive Kritik in ihren Zeitungen am „Ständestaat“ geübt hatten; besonders deutlich wurde dies während der Februarereignisse 1934, wo ganz offen in der amerikanischen Presse für die SozialistInnen Partei ergriffen wurde – ohne jedoch in Richtung Klassenkampf zu argumentieren.[10] Ebenso unterstützt die arbeiterfreundliche Darstellung der Ereignisse rund um den Brand des Justizpalastes 1927 und der blutigen Polizeiaktion eine derartige Annahme.

Dieser spezifische politische Fokus fällt bei den Kriegszielen auf, wo postuliert wurde: „2. To counteract and eradicate the effects of German and Austrian anti-democratic and grossdeutsche (pan-German) policies and propaganda“.[11] In den bisherigen Direktiven waren die Adjektiva „antinationalsozialistisch“ oder „antifaschistisch“ verwendet worden – noch nie aber „antidemokratisch“. Primäre Absicht war immer die Schaffung eines österreichischen Nationalbewusstseins gewesen, das sich von jenem Deutschlands unterscheiden sollte.

Am 15. Mai 1945 waren alle Vorbereitungen abgeschlossen, und die für alle Medien (Printmedien, Verlage, Musik- und Sprechtheater sowie Film) zuständige „Information Services Branch“ (ISB) konnte ihre Einsatzbereitschaft melden.[12] Leiter war Brigadegeneral Arthur J. McChrystal. Als politischen Berater hatte sich dieser Nichtfachmann im Medienbereich den Kanadier James M. Minifie ausgesucht. Minifie, ein gebürtiger Brite, war ein renommierter Auslandskorrespondent für den „New York Herald Tribune“ in Europa gewesen, der für das „Office of Strategic Services“ (OSS), die Vorläuferorganisation der CIA, aber dienstzugeteilt bei der Psychological Warfare Branch, arbeitete.[13]

Nun setzte ein unerwarteter Rückschlag ein und Westösterreich blieb wochenlang ohne US-Nachrichteneinrichtungen, obwohl seit 14. Mai 1945 eine Einheit (95 Militärangehörige, 20 Zivilisten) in Verona bereitstand, um nach Salzburg, das seit 4. Mai in Händen amerikanischer Truppen des XV. Armeekorps war, vorzurücken. Ursprünglich war geplant, die Gruppe über Frankreich und Deutschland nach Salzburg zu bringen, aber dann wurde von den „Allied Forces Headquarters“ (AFHQ) mitgeteilt, dass bis zum Eintreffen dieser Einheiten die Landroute nach Österreich über den Brenner frei sein würde.[14] Als jedoch die ISB nach Erteilung der erforderlichen Zustimmung endlich nach Salzburg gelangt war – die ISB operierte auf SHAEF-Gebiet – waren weitere Verhandlungen mit dem Kommando des XV. Armeekorps notwendig, ehe die ISB mit ihrer eigentlichen Arbeit beginnen durfte.[15]

10 Ebd., 25; vgl. dazu Shirer (1979), 9 ff., 94.

11 NARA-RG 208/Entry 6/25/Area Austria, Long-Range Policy Directive, 5.

12 NARA-RG 260/890/80, McClure an Chief of Staff, SHAEF – US element for control of Austrian Information Services during interim period of SHAEF command, 28.4.1945. Vgl. dazu zuletzt mit aktuellen Literaturhinweisen Schlegel (2008)

13 Vgl. dazu die Autobiografie von Minifie (1979), bes. 163, und das Schreiben Miss Denise Abbey an den Verfasser, 18.3.1981, 1.

14 NARA-RG 208/Entry 6/25/Area I, Austria, Conversation Barnes.

15 Ebd.; NARA-RG 260/890/80, G-5 an G-2, XV. Armee Corps – Establishment of Radio Station and Newspaper in Salzburg, 19.5.1945; bereits zu diesem Zeitpunkt legte die PWB, vertreten durch Major O. Paul Herzig, konkrete Vorschläge zur Errichtung einer Rundfunkstation und der Verbreitung der „Salzburger Nachrichten“ vor. Zur propagandafeindlichen Einstellung der SHAEF-Trup-

Nach wie vor musste sich die ISB nach den SHAEF-Direktiven richten, obwohl seit 4. Mai 1945 das „Freeborn Memorandum Nummer 10" in eine politische Anweisung der „US Group, Control Council Austria" eingebaut worden war, wobei vor allem Vorsorge für die Informationspolitik nach der Besetzung der amerikanischen Zone in Wien getroffen worden war.[16] Eigenartigerweise war geplant, dass die operative Aufgabe von der „Psychological Warfare Division" (PWD), die der SHAEF unterstand, gelöst werden sollte. Der politische Grundtenor dieser Bestimmungen sollte sich später in der Praxis aber nicht erfüllen. So war vorgesehen, dass die Rundfunkstationen in Österreich als alliierte Institutionen geführt werden sollten, die dem „Control Council" unterstellt gewesen wären.[17] Nach einiger Zeit hätten dann alle Rundfunkstationen den österreichischen Behörden übergeben werden sollen. Von einer Zerstörung des Rundfunkmonopols der RAVAG war noch nicht die Rede, wohl aber von einer Aufteilung der Sender, um lokalen Ansprüchen besser entsprechen zu können. Ebenfalls vom „Kontrollrat" überwacht werden sollte das Pressewesen.[18] „Information and Censorship" (INC) und „Psychological Warfare Branch" (PWB) sollten das Verbot aller Printmedien gemeinsam mit dem „Central Investigation Command" (CIC) durchsetzen und „Allied Information Sheets" herausgeben. Gleichzeitig hätten nach sorgfältiger Überprüfung ausgewählte österreichische RedakteurInnen mit der Publikation von Zeitungen beginnen können. Selbstverständlich unterlagen diese „Lizenzträger" der Nachzensur, und bei Verstößen sollte ihnen die Erlaubnis wieder entzogen werden. Weiters war beabsichtigt, die Nachrichtenverbreitung zentral durch die Übernahme des „Deutschen Nachrichtenbüros" von allen Alliierten gemeinsam zu steuern.[19]

Im Zusammenhang mit all diesen Aktivitäten spielte auch die Frage der historischen politischen Beurteilung der RedakteurInnen und ZeitungsherausgeberInnen und anderer im öffentlichen Raum aktiven Personen eine zentrale Rolle. Während die ersten, allgemeiner gehaltenen SHAEF-Direktiven nur die Verfolgung von KriegsverbrecherInnen und die Absetzung von nationalsozialistischen BeamtInnen sowie die Auflösung nationalsozialistischer Organisationen vorgeschrieben hatten,[20] war in der vorläufigen SHAEF-Weisung vom 29. April 1945 ein gesamter Annex (Annex G) der Frage der Weiterverwendung von ÖsterreicherInnen im Bereich der Verantwortlichkeit der „Information Services" (Presse, Rundfunk, aber auch Theater, Film und Musik) vor-

---

pen in Österreich vgl. auch NARA-RG 226/131772, Martin Herz – Reconnaissance Trip to Austria, 21.5.1945, 3. Die Verhandlungen durch Vermittlung von van Eerden sind in NARA-RG 260/38/Unmarked Folder, McChrystal an Chief of Staff, AFHQ, dokumentiert.

16 NARA-RG 260/890/83, US Group Control Council Austria – Information Services (in Austria) (Propaganda), 4.5.1945, 2; Der Annex VI – Information Services gehörte zu einem weit gezogenen Plan betreffend die US-Teilnahme an der alliierten Verwaltung und Besetzung Österreichs. Er ist abgedruckt bei Schönberg (1975), 138 ff.

17 NARA-RG 260/890/83, Information Services, Appendix A, 1 f.

18 Ebd., Appendix B, 1 ff.

19 NARA-RG 260/874/Folder: Basic Plan Annex VI, Headquarters 15th Army Group, US Group Control Council (Austria) – Basic Plan for US Participation in Allied Administration and Occupation of Austria Annex VI – Information Services (in Austria) (Propaganda), 1.6.1945.

20 NARA-RG 218 CCS/383: 21 Austria (1–21–44) Section 1, SHAEF an Supreme Allied Commander, Mediterranean Theatre, April 1944, §§ 6 und 7.

behalten.[21] Schon in der pragmatischen Einleitung (Annex A/2) wurde als politische Leitlinie die Entfernung aller reichsdeutschen BeamtInnen, RedakteurInnen, VerlegerInnen und leitenden Angestellten bei Rundfunk, Film und Theater zum frühestmöglichen Zeitpunkt gefordert, um in der täglichen Arbeit der verschiedenen Medien eine vollständige personelle und auch inhaltliche Diskontinuität und somit eine totale Trennung Österreichs von Deutschland auf Propagandaebene zu erreichen.[22]

Während die Entlassung aller Reichsdeutschen zwingend und ohne Untersuchung des Einzelfalles vorgeschrieben war, sollte bei den politisch belasteten KünstlerInnen grundsätzlich zwischen zwei Gruppen unterschieden werden. Die Differenzierung in Personen, die unbedingt entfernt, das heißt vom öffentlichen Leben ferngehalten werden mussten, und in Personen, deren Öffentlichkeitsverbot – im Kulturbereich Auftrittsverbot – im Ermessen des „Information Control Officers“ stand, wurde aus der allgemeinen US-Entnazifizierungspolitik übernommen. Obwohl die Planungsoffiziere die besondere Schwierigkeit der Entlassung von KünstlerInnen, die immer im Blickpunkt der Öffentlichkeit und in einem manchmal ungewollten Naheverhältnis zur politischen Macht gestanden waren, erkannten, sollten für die ISB die Bestimmungen des allgemeinen Kapitels „Denazification“ aus dem „Provisional Handbook for Military Government in Austria“ vom April 1945 unverändert gelten.[23]

Zu jener Gruppe, die entsprechend der SHAEF-Direktive vom 29. April 1945 unbedingt und nach Möglichkeit sofort zu entlassen war, zählten alle leitenden Mitglieder der NSDAP, alle NSDAP-Mitglieder, die vor dem 13. März 1938 in die Partei eingetreten waren, sowie alle Beamten von verschiedensten nationalsozialistischen Organisationen, wie Parteikanzlei, Kanzlei des Führers der NSDAP und der unzähligen Partei- und Reichsverwaltungsstellen. In diese Kategorie gehörten auch die Gliederungen der NSDAP, SS, SA und ähnlicher Organisationen, bei denen als Grenze eine höhere Funktion bestimmt worden war, zahlreiche Institutionen mit ihren leitenden Mitgliedern sowie zivile und militärische Einrichtungen verschiedenster Art.

Der einzige Unterschied zu den allgemeinen Entnazifizierungsrichtlinien wurde bei jenen Personengruppen gesetzt, deren Klassifizierung als politisch Belastete im Ermessen der Behörde der Militärregierung lag. Während es generell jedem zuständigen Offizier überlassen blieb, eine Person als Militaristen, „Ardent Nazi“ oder Faschisten einzustufen und damit zu entlassen,[24] wurde im Informationsbereich dieser Rahmen wesentlich enger gesteckt, da hier „Ideen und Charaktere eine größere Rolle spielen als in anderen Bereichen“,[25] so zumindest die offizielle Begründung. Gerade in das Spektrum der „Ardent Nazi“ (fanatischer Nazi) wurden diejenigen eingereiht, die in keine Kategorie mit sofortigem Berufsverbot passten, aber trotzdem der Idee des Nationalsozialismus in schädigender Weise Vorschub geleistet – zum Beispiel DenunziantInnen, Begünstigte durch „Arisierungen“ – oder die nationalsozialistischen Bandenorganisationen, die etwa der „Neu-heidnischen Bewegung“ angehört hatten.

21 Abgedruckt bei Schönberg (1975), 102 f.

22 Ebd., 75.

23 Supreme Headquarters Allied Expeditionary Force Area, Provisional Handbook for Military Government in Austria, o. O. 1945 (Original im Besitz des Verfassers), 31 ff.

24 Ebd., 33 f.

25 Schönberg (1975), 102.

Ähnlich anderen rechtlichen Ermessensentscheidungen blieb es aber letztlich der Entscheidungsfreiheit des einzelnen Besatzungsorgans überlassen, jemanden als Faschisten oder als „Austrofaschisten" zu bezeichnen. Besonders heikel war die Situation im Medienbereich, da – zumindest generell gesprochen – jede Person, auf welche die Merkmale eines Militaristen, fanatischen Nazis oder Faschisten auch nur ansatzweise zutrafen, sofort hätte entlassen werden müssen. Andererseits war es sehr schwierig, eine schnelle Karriere eindeutig auf nationalsozialistische Bevorzugung zurückzuführen, womit der Tatbestand „fanatischer Nazi" erfüllt gewesen wäre.

Zum Begriff „Denazification" selbst wäre zu sagen, dass im ersten Entwurf des „Handbook" für diesen Bereich noch die Bezeichnung „Destruction of the Nazi Party" gewählt worden war.[26] Der Terminus „Denazification" ist endgültig erst bei der Endredaktion der amerikanischen Pläne für die Militärverwaltung in Deutschland und Österreich im April 1945 gewählt worden. Die Titeländerung drückte aber gleichzeitig auch einen inhaltlichen Wandel aus. 1944 stellte nicht eine totale Säuberung der NSDAP in personeller Hinsicht den Ausgangspunkt aller Überlegungen dar. Wesentlicher, primär sicherheitsstrategischer Bestandteil dieser Pläne war die „Auflösung von nationalsozialistischen Organisationen". Der institutionelle Aufhänger wurde dazu benützt, höhere Funktionäre von einzelnen, vorher im Detail angeführten Organisationen zu verhaften und zu internieren bzw. deren automatische Entlassung festzusetzen.[27] Vergleicht man nun die ersten grundsätzlichen Direktiven[28] und die endgültige Fassung des Handbuches, so wird man feststellen, dass die aufzulösenden Organisationen wesentlich weniger anwuchsen als die zu „verfolgenden" Personenkategorien. Die beabsichtigte totale Zerstörung der NSDAP durch politische Maßregelung aller ihrer Mitglieder ging zuletzt so weit, dass auch „innerliche Nationalsozialisten" wie „Militaristen, fanatische Nazis ohne besondere Parteibindung und Faschisten" von der Säuberungswelle erfasst werden sollten.

Die Ziele wurden seit April 1944 in Richtung einer „künstlichen Revolution" erweitert: Sie sahen einen Austausch der politischen Eliten in Deutschland und Österreich vor – d. h. einen totalen gesellschaftlichen Wandel.[29]

---

26 Laut Niethammer (1972), 12, wurde der Terminus „Denazification" von einem Politologen im Stab des politischen Beraters General Eisenhowers erfunden.

27 Supreme Headquarters Allied Expeditionary Force Area, Provisional Handbook for Military Government in Austria, o. O. 1945 (Original im Besitz des Verfassers), 38 ff.

28 So die „Interim Directive" von SHAEF an AFHQ, NARA-RG 218 CCS/383:21 Austria (1–21–44) Section 1, SHAEF an Supreme Allied Commander, Mediterranean Theatre, April 1944, §§ 6 und 7. Das „Inter Divisional Committee on Germany" des State Departments hatte in seinem einzigen Arbeitspapier über Österreich – „The Treatment of Austria" (abgedruckt bei Schönberg (1975). 42 ff.) – unter Hinweis auf entsprechende Pläne für Deutschland empfohlen, „that Party leaders and other active Nazis be excluded from office and made subject to limitation of other political rights in the restoration of government in Austria". Am Rande sei erwähnt, dass drei der insgesamt 14 Mitglieder dieses Planungskomitees für Deutschland 1945 vom State Department in Österreich eingesetzt wurden (Eleanor Dulles als Financial Officer und Sidney L. W. Mellen sowie James O. Denby als Political Officers).

29 Vgl. dazu die exzellente Studie von Niethammer (1972), 18 f.; in der Praxis setzten die Amerikaner jedoch anti-faschistische, revolutionäre Kräfte keineswegs uneingeschränkt an die Stelle der Nationalsozialisten zum Wiederaufbau der Demokratie ein, sondern ließen sich von restaurativen Überlegungen stark beeinflussen. In Österreich traf dies im Besonderen auf die O-5, die österreichische

Bei all diesen Plänen spielte die Diskussion der „Frankfurter Schule“ im Exil um Franz Neumann und Herbert Marcuse eine treibende Rolle. Als Angestellte der „Central European Section des Research and Analysis Branch“ des OSS arbeiteten sie direkt an einer eher praxisorientierten Auseinandersetzung mit einer Theorie der sozialen Änderungen unter Einbeziehung von Philosophie, Sozialtheorie und radikaler, aber praxisorientierter Politik. In dieser Geheimdienstevaluations- und Planungsabteilung hatte sich eine Gruppe von Intellektuellen – US-amerikanischen, deutschen und österreichischen Sozialwissenschaftlern, Soziologen, Psychologen, Historikern, Juristen und Politikwissenschaftlern – zusammengefunden, um über die Nachkriegsgestaltung der sozio-politischen und ökonomischen Strukturen Europas und Deutschlands (inklusive Österreichs) auf der Basis von historischen Analysen nachzudenken und konkrete Zukunftsstrategien und Handlungsanleitungen zu entwickeln.

Marcuse und Neumann artikulierten ihre Ideen anfangs übrigens durchaus in topografischen großdeutschen Systemen und dachten an irgendeine Form eines „Anschlusses“ Österreichs an Deutschland nach Kriegsende, wohingegen sich der US-Historiker Paul R. Sweet und der spätere Leiter der für Österreich zuständigen Forschungs- und Analyseabteilung des OSS, Edgar N. Johnston, ebenfalls Historiker, bereits mit der konkreten Planung für die politische Verwaltung Nachkriegsösterreichs in seinen Grenzen von 1937 beschäftigten.

Der anhand des deutschen Modells entwickelte Elitenaustausch und die damit verbundene Reform der gesamten Gesellschaft wurden auch in die Entnazifizierungsrichtlinien des „Austrian Handbook“ übernommen und um die Variante des „Austrofaschismus“ erweitert. Das bedeutete, dass nicht nur ehemalige NationalsozialistInnen von Führungspositionen im öffentlichen Leben und in der Wirtschaft zeitweise ausgeschlossen werden sollten, sondern auch prononcierte AnhängerInnen, FunktionärInnen und AktivistInnen des Dollfuß-/Schuschnigg-Regimes. Für die mit Österreich befassten Professoren war die Entfaschisierung der Bürokratie ein Zentralthema des demokratischen Wiederaufbaus.

Vor allem nach der Moskauer Deklaration vom 1. November 1943, in der grundsätzlich die Trennung Österreichs von Deutschland von den Alliierten paktiert worden war, sollten innerhalb des OSS konkrete Studien entwickelt werden. Schon am 6. Jänner 1944 wurde ein erster Entwurf eines Berichts zum Thema „The Revival of Austrian Political and Constitutional Life under Military Government“ vorgelegt. Am 14. August 1944 folgte eine Zusammenfassung von sieben Berichten, um die Implementierung der Moskauer Deklaration durch die US-Militärregierung vorzubereiten.[30]

Sehr skeptisch zeigten sich die OSS-Experten bezüglich einer eigenstaatlichen österreichischen Identität und forcierten daher rasche konkrete Maßnahmen zur Trennung von Deutschland, wie die Einführung einer eigenen Währung oder die sofortige Ab-

Widerstandsbewegung, zu, die von allen Besatzungsmächten systematisch durch die traditionellen Parteien als realpolitischer Faktor ersetzt wurde, vgl. Aichinger (1977), 160 ff. Dieser Vorgang wurde auch in Westösterreich trotz starker Widerstandstätigkeit wiederholt. Vgl. dazu N/260/274/12, Hartigan an Snook – Meeting; Broda (1974/75), 162 ff.; NARA-RG 226/XL 34516, The Bumballa Incident, 3.12.1945, und Molden (1980), 13 ff., der wenig Substantielles zu dieser Frage bringt.

30 Die Texte befinden sich in NARA-RG 260, ACA Austria B 870 f Directives.

schiebung (schon vor 1938) reichsdeutscher Staatsangehöriger und die Rückholung antinazistischer EmigrantInnen. Schon 1944 wurde bemerkenswerter Weise damit gerechnet, dass eine österreichische Regierung als Reaktion auf die Moskauer Deklaration vor dem Eintreffen der Alliierten entstehen könnte. Grundsätzlich sollte nach Meinung des OSS, Abteilung „Research and Analysis" (R&A), diese Regierung akzeptiert werden, wenn keine NationalsozialistеInnen, „Austrofaschisten" oder „Reaktionäre" diese Regierung dominierten. Die demokratischen Strukturen sollten aber von der Militärregierung aufgebaut werden, die auch die lokalen und nationalen Wahlen vorzubereiten hätte.

Hinsichtlich der Verfassungsfrage argumentierte aber das OSS, R&A ambivalent: Einerseits wurde die Mai-Verfassung von 1934 als undemokratisch bezeichnet, andererseits sollte sie nicht aufgehoben werden, da das Dollfuß-/Schuschnigg-Regime international anerkannt gewesen war. Die Verfassung von 1920 idF 1929 sollte nur als Übergangsverfassung dienen.

Im Unterschied zu Deutschland und um ein Österreich-Bewusstsein zu unterstützen, sollten trotz militärischer Sicherheitsbedenken rasch die demokratischen Grundfreiheiten (Presse-, Rede-, Versammlungs-, Vereins- und Religionsfreiheit) wiederhergestellt und allen zugelassenen politischen Gruppierungen Zugang zu den unter alliierter Verwaltung stehenden Radiostationen sowie Verlags- und Pressehäusern gewährt werden. Ehemalige NSDAP-Mitglieder hingegen wurden vorerst von den Wahlen ausgeschlossen.

Intendiert war nach diesen Planungen explizit eine Einmischung der Alliierten in die Reetablierung der politischen Parteien, wobei mit einer Mehrheit für SozialdemokratInnen und KommunistInnen gerechnet wurde – hier wird das Wunschdenken der OSS-Planer deutlich. Die ehemalige christlichsoziale Partei sollte jedoch ebenfalls wiedererstehen – ohne die alten Heimwehr-Verbindungen.

Allerdings gab es Widerstände gegen den sowohl in den OSS-Studien als auch in dem State Department-Papier aus 1944 thematisierten Ausschluss von „Austrofaschisten" von Regierungsämtern. Ein Habsburg-treuer Emigrant, der Kirchenrechtler Willibald Plöchl, der im „Bureau of Areas, Foreign Economic Administration" (FEA) arbeitete, kritisierte 1945 diese Analysen heftig. Er selbst war 1936 Mitglied des Führerrates der Vaterländischen Front geworden. Aber schon 1944 hatte beispielsweise der international renommierte Rechtsgelehrte Hans Kelsen, der in die USA hatte flüchten müssen und an der University of California, Berkeley, unterrichtete, für dieselbe Behörde der FEA ein Gutachten verfasst, demzufolge Österreich als demokratischer Staat nicht erst 1938 untergegangen war, sondern bereits 1933 aufgrund eines Verfassungsbruchs aufgehört hatte zu existieren: „[...] Austria, since 1933 – that is, during the period of fascism, could hardly be recognized as a legal community and would have ceased to exist as a ‚State' in the sense of law long before the Anschluss [...]."[31]

Grundsätzlich konnten auf der Basis der „Joint Chiefs of Staff Direktive Nummer 1067", die für Deutschland galt und für Österreich leicht adaptiert werden konnte, nicht nur KriegsverbrecherInnen und ehemalige NSDAP-FunktionärInnen sofort entlassen und verhaftet werden, sondern auf einer zweiten Liste war als Ermessensentscheidung die folgende Möglichkeit betreffend „Militarists, Ardent Nazi Sympathizers and Fascists" vorgesehen: „Military Government Officers will remove or exclude from all

31 Abgedruckt in Dokumentationsarchiv des österreichischen Widerstandes (1995), 237.

posts of authority and important governmental and civil positions any individual who is believed to fall within the scope of para 15 above.“[32] Der Begriff „Fascists“ war breit gefasst und bezog sich auf „members of, or sympathizers with, totalitarian Austrian organizations advocating ideologies, programs or organizations similar in nature to the Nazi program or Party in Germany or the Fascist program or Party in Italy. Government officials appointed between 1934 and 1938, the period of the Dolfuss-Schuschnigg regime should be very carefully strutinized [sic!] for ‚Fascist‘ leanings before they are allowed to assume or retain posts of authority or important governmental or civil positions“.

In der Praxis galt aber rasch die politische Verfolgung durch das NS-Regime als „Absolution“ für die früheren Aktivitäten in einer Diktatur und de facto als Nachweis für die plötzliche demokratische Gesinnung.

Das Problem „Austrofaschismus“ wurde – abgesehen von einigen Einzelfällen – in der Praxis der Militärverwaltung letztlich – trotz mancher Debatten – nur kurz beachtet und diskutiert. Bei der Überprüfung politischer Zuverlässigkeit im Sinne einer Nichtbetätigung in nationalsozialistischen Parteiorganisationen durch das CIC wurde die politische Vergangenheit in den Jahren des „Austrofaschismus“ jedoch dokumentiert. So hatte der spätere Herausgeber und Chefredakteur der „Salzburger Nachrichten“, Gustav Canaval, beträchtliche Schwierigkeiten, wieder als leitender Journalist und Zeitungsherausgeber von den Amerikanern zugelassen zu werden, obwohl er sieben Jahre lang wegen „politischer Propaganda in Presse und Rede gegen Nationalsozialismus und wegen Zusammenarbeit mit Juden im KZ Dachau bzw. Flossenbürg“ inhaftiert gewesen war.[33] Die Tätigkeit als Organisator der Niederösterreichischen Sturmscharen bzw. Chefredakteur der Zeitung der Sturmscharen, „Sturm über Österreich“, schien dem zuständigen CIC-Offizier zu genügen, um ein Anstellungsverbot zu empfehlen.[34] Erst massive Interventionen von ÖVP-Landespolitikern aus Salzburg beim Presseoffizier Albert van Eerden bewirkten, dass Canaval wieder als leitender Journalist arbeiten durfte.[35] Letztlich erhielt er (gemeinsam mit Max Dasch) sogar die Lizenz, als Herausgeber die von den US-Streitkräften gegründeten „Salzburger Nachrichten“ als unabhängige demokratische Zeitung weiterzuführen. Da dies v. a. in der Frage der Auseinandersetzung mit dem Nationalsozialismus und der Entnazifizierung nicht funktionierte, überlegten jedoch US-Diplomaten um 1950, Canaval die Lizenz wieder zu entziehen. Auch die ÖVP bereute es inzwischen, ihn 1945 unterstützt zu haben.

Vor allem in Oberösterreich kümmerte sich die zuständige Militärverwaltung nicht um die Direktiven der „Joint Chiefs of Staff“, sondern setzte eine konservativ ausgerichtete Beamtenregierung ein – unter den Regierungsmitgliedern war ein ehemaliger Regierungsdirektor aus der NS-Zeit, Adolf Eigl, der sogar zum Landeshauptmann er-

32 Supreme Headquarters Allied Expeditionary Force Area, Provisional Handbook for Military Government in Austria, o. O. 1945 (Original im Besitz des Verfassers), 45.

33 NARA-RG 260/98/Folder: Salzburger Nachrichten, Militärregierung – Österreich Fragebogen: Dr. Gustav Canaval, 2. Zur schillernden Persönlichkeit Canavals vgl. die leider teilweise recht oberflächlichen Arbeiten von Schwarzkogler (1972); Prandstetten (1971) und Popp (1965).

34 NARA-RG 260/98/Folder: Salzburger Nachrichten, Militärregierung – Österreich Fragebogen: Dr. Gustav Canaval, 4.

35 Schmidt (1961), 38 f.

nannt wurde. Ganz offensichtlich hatte der zuständige Rechtsoffizier und stellvertretende Kommandeur der US-Militärregierung in Linz, Lieutenant Colonel Robert C. Hendrickson, späterer US-Senator, als aktiver Republikaner ausschließlich Vertrauen zu konservativen Beamten. Auch dies ist ein Grund, warum in Oberösterreich das Thema „Austrofaschismus" keine Rolle spielte. So wurde dann auch Eigl durch Heinrich Gleissner ersetzt, der bereits im März 1934 Landeshauptmann von Oberösterreich geworden und nach mehrjähriger KZ-Haft und Gauverbot aus Berlin nach Linz zurückgekehrt war. Damals wussten die Amerikaner noch nicht, dass Gleissner trotz KZ-Haft 1941 als NSDAP-Mitglied in Berlin aufgenommen worden war.[36]

Der Leiter der „Research and Analysis Division" des OSS in Österreich, Edgar N. Johnston, fasste in einem Brief an seine Frau vom 7. Juli 1945 die grundsätzlichen Schwierigkeiten bei der Bewertung ehemaliger aktiver Stützen der Kanzlerdiktatur 1933–1938 zusammen – und zwar am Beispiel Richard Kerschagls, der bereits 1930 der Wiener Heimwehr beigetreten war. Er hatte auch als Ökonom und Beamter der Österreichischen Nationalbank im „ständisch" orientierten „Spann-Kreis" mitgearbeitet.[37] 1934 bis 1938 fungierte er als Staatsrat-Mitglied und wurde 1937 zum ordentlichen Professor an der Hochschule für Welthandel ernannt. 1938 war er kurz von den Nationalsozialisten inhaftiert und in Wien mit Gauverbot belegt worden. Der Historiker Johnston schilderte eine Begegnung mit Kerschagl, der aus einer Kärntner Familie stammte, folgendermaßen:

> „I had a visit today from a person in Klagenfurt, whom I saw there, a Herr Kerchagl [sic] who was formerly a professor in some school of economics at Vienna and is associated with quite rightest circles there. It is all very strange. Here is a person who cooperated very closely with the Dollfuss-Schuschnigg regime which we used to call in Washington Austro-Fascist. Yet this regime fought the Nazis (as well as the Communists and Socialists). This person has a left eye in the struggle, and I learned today, participated in the Polish underground and has been victimized by the Nazis here. What are you going to do about a person like this – give him public office? He does not understand what we mean when we talk about democracy. The Dollfuss-Schuschnigg regime is regarded by him as being ‚perfectly democratic'. He calls himself a democrat, the definition of a democrat being in this case one who fought against the Nazis. But the Social Democrats do not forget that this man belonged to the group which put the workers in concentration camps and outlawed their parties during the 1934–38 period. If you don't use men of his party then you have to rely almost entirely upon Social Democrats and Communists who haven't enough leaders to go round and besides we are supposed to be politically neutral."[38]

Grundsätzlich gab es zwei Probleme bei der Umsetzung der „Austrofaschismus"-Richtlinien: Erstens hatten die US-Behörden in ihrer Zone in Salzburg und Oberösterreich alle Hände voll zu tun, um die Vorgaben des „automatic arrest" von bestimmten Kategorien von NSDAP-Funktionären und die Entlassung von NSDAP-Funktionären aus allen

36 Schuster (2004).

37 http://agso.uni-graz.at/sozio/biografien/k/kerschagl_richard_biografie.htm (15. 7. 2012).

38 Kopie im Besitz des Verfassers. Die Originale wurden auf meinen Vorschlag hin von der Familie Johnstons an die Bibliothek der University of Chicago übergeben, eine Publikation in Form einer kommentierten Edition der Briefe ist in Planung.

Bereichen des öffentlichen Lebens (von der Verwaltung bis zur Kultur) durchzusetzen. Gleichzeitig fokussierte die Gesetzgebung der autonom mit sowjetischer Zustimmung in Wien etablierten Provisorischen Staatsregierung Renner auf die Entfernung von ehemaligen NSDAP-Mitgliedern, und prominente Vertreter des Dollfuß-/Schuschnigg-Regimes, wie Leopold Figl oder Julius Raab, wurden auch von den Sowjets akzeptiert. Nur Staatskanzler Karl Renner thematisierte in den ersten Gesprächen mit sowjetischen Politoffizieren im April 1945 und in den ersten Monaten danach immer wieder die Frage des „Klerikofaschismus“; ebenso offen bedeuteten ihm aber die Sowjets, dieses Thema nicht diskutieren zu wollen.

Ein letztes Mal versuchten US-Behörden nach der Zulassung von politischen Parteien durch den US-Hochkommissar während dessen Rede zur Eröffnung der Salzburger Festspiele am 12. August 1945, die Richtlinien bezüglich der „Austrofaschisten“ durchzusetzen: „Considerable bitterness has developed over the question of retention of former ‚Austro-Fascists‘ in office. Socialists feel fully as hostile to their earlier enemies of the Dollfuss-Schuschnigg regime as toward the Nazis, while the People's Party is not averse to enlisting such persons in their ranks.“[39] Von den US-Behörden waren Beamte, die der Heimwehr oder den Ostmärkischen Sturmscharen angehört hatten, entlassen worden. Die ÖVP reagierte mit einem langen Artikel in ihrem Parteiorgan „Kleines Volksblatt“, in dem sie argumentierte, dass gerade Angehörige dieser Gruppen den höchsten Blutzoll beim Kampf gegen den Nationalsozialismus zu verzeichnen hatten: „Die Oesterreichische Volkspartei sieht deshalb als ihre Pflicht an, allen jenen Kämpfern für Oesterreich die entsprechende Anerkennung und Würdigung zu teil [sic] werden zu lassen. Aus diesem Grund bedauert sie es, wenn eine Mentalität, die aus rein *parteipolitischen Erwägungen* die große antifaschistische Mission Oesterreichs 1934–1938 verkennt, Unterstützung findet und ist sich mit der Bundesleitung der OeVP *darüber einig, daß nur durch die Mitarbeit aller, die für Oesterreich gearbeitet, gekämpft und gelitten haben, der Neuaufbau Oesterreichs, seine Gesundung und seine Zukunft als Herzstück des neuen Europa im Sinne einer freien europäischen Demokratie gesichert werden kann.*“[40] Zwar schränkte die ÖVP diese Linie etwas ein und konzedierte, „daß radikale antidemokratische Elemente sowohl aus der Heimwehr wie auch aus der Sturmscharbewegung [...] aus der Mitarbeit am öffentlichen Leben *ausgeschieden* werden müssen“ – aber mit der Einschränkung, dass dies nur jene betreffen sollte, „die sich nicht zu dem neuen demokratischen Österreich bekennen“.[41]

Damit wurde deutlich, dass die ÖVP auch bei ihrer Neugründung letztlich entscheiden wollte, wer aus dem autoritären Regime der Jahre 1933 bis 1938 wieder innerhalb der ÖVP aktiv mitarbeiten sollte. Ein typisches Beispiel für einen Funktionär, der im Konzentrationslager durchaus auch zum Demokraten geworden war, ist Hans Becker, ein ehemaliger hochrangiger Propagandafunktionär der Vaterländischen Front. Becker hatte die Widerstandsgruppe O-5 gegründet und wurde im Konzentrationslager Mauthausen 1945 befreit. Gemeinsam mit anderen, wie Hermann Rainer, einem Gewerk-

39 Gesellschaft und Politik am Beginn der Zweiten Republik. Vertrauliche Berichte der US-Militäradministration aus Österreich 1945 in englischer Originalfassung, Wien 1985.

40 Kleines Volksblatt, 20.10.1945, 2.

41 Ebd.

schafter, der ÖVP-Landesparteiobmann wurde, vertrat Becker die Linie der Trennung von Staat und Kirche und einer möglichen „Sozialisierung" des deutschen Industrie- und Bankeigentums.

Die US-Pläne scheiterten gerade im Bereich der Beamten und Politfunktionäre letztlich am Fehlen von Ersatzeliten. EmigrantInnen wurden aus militärstrategischen und sicherheitspolitischen Gründen noch kaum ins Land gelassen – abgesehen von einigen Ausnahmefällen. Letztlich bestimmten die nicht-nationalsozialistischen Gruppen vor Ort über die Wiederaufbaukader der politischen Parteien – mit Ausnahme der KPÖ, da die Moskauer Exilanten dominierten. Überdies gab es bei der Entnazifizierung bereits große Probleme und die gesellschaftliche Meinung tendierte in Richtung einer raschen Integration der ehemaligen NSDAP-Mitglieder, wie auch der Wahlerfolg der ÖVP zeigte, die stark in diese Richtung argumentiert hatte. Der Versuch der SPÖ, das Thema „Austrofaschismus" immer wieder auch im Nationalratswahlkampf zu spielen, brachte der Partei nur 44,6 Prozent der Stimmen ein, hingegen gewann die ÖVP, die sich als Partei der Mitte präsentierte, 49,8 Prozent und die absolute Mandatsmehrheit. Der hohe Frauenanteil von 64 Prozent bei den Wahlberechtigten – NSDAP-Mitglieder durften nicht wählen, hunderttausende Männer waren gefallen oder noch in Kriegsgefangenschaft – stützte die ÖVP-Argumente, keine zu tiefgreifenden demokratiepolitischen Auseinandersetzungen zu führen. Frauen tendierten aufgrund des nach wie vor herrschenden patriarchalischen Systems stärker in Richtung systembewahrender und kirchennaher Parteien.

Rückblickend resümierte im Dezember 1945 ein Historiker und US-Experte im State Department, Leon W. Fuller, dass die USA die strengste Entnazifizierungspolitik in ihrer Zone durchgeführt hätten: „U.S. policy has made less distinction between various Nazi categories and moreover, favors elimination of Austro-Fascists from posts of influence."[42] Letztlich waren die US-Experten mit beiden Zielsetzungen gescheitert. Der Trend der raschen Integration ohne tiefgreifende Vergangenheitsbewältigung im Wiederaufbau und im Zuge des beginnenden Kalten Krieges hatte sich durchgesetzt. In der Frage der Auseinandersetzung mit prononcierten „Austrofaschisten" hatten die USA bereits Ende 1945 nachgegeben – trotz der Debatte in Salzburg im Oktober – in der Entnazifizierungspolitik dann endgültig ab 1947 bis 1949, spätestens mit der Zulassung einer vierten Partei, des Verbandes der Unabhängigen (VdU).

Nach 1945 setzte sich auch in Österreich jenes Transitionsmodell des Umgangs mit Regimewechseln durch, das bereits Joseph Schumpeter aus seinen Erfahrungen nach 1945 entwickelt hatte. Schumpeter argumentierte in seiner wohl bekanntesten Studie „Capitalism, Socialism and Democracy" (1942 erschienen) – angeleitet von diversen österreichischen Erfahrungen vor allem nach 1918 – dass moderne Demokratien von gewählten PolitikerInnen dann besonders profitieren, wenn sie von professionellen und „funktionierenden" Bürokraten (die keineswegs demokratisch gesinnt sind) unterstützt werden, wodurch letztlich die Effizienz der demokratischen Strukturen gesteigert werde – ein Phänomen, das auch in Österreich nach 1945 eine wichtige Rolle spielte und das letztlich Bürokraten aus vier Systemen vor 1945 integrierte (Monarchie, Demokratie, autoritäres Dollfuß- / Schuschnigg-Regime und Nationalsozialismus)!

42 Gesellschaft und Politik am Beginn der Zweiten Republik. Vertrauliche Berichte der US-Militäradministration aus Österreich 1945 in englischer Originalfassung, Wien 1985, 209.

Brigitte Bailer

Abgeltung von Verfolgungsschäden der Jahre 1933 bis 1938 vor dem Hintergrund von Parteienauseinandersetzungen, Rückstellungsgesetzen und ahistorischer Gleichsetzung[1]

Für die österreichische Arbeiterbewegung bestand die große, traumatische Zäsur in ihrer Entrechtung ab dem März 1933 und der Auflösung sowie dem Verbot ihrer Institutionen und Vereine unter Beschlagnahme des gesamten Parteivermögens und des Vermögens aller ihrer Nebenorganisationen im Februar 1934.[2] Der März 1938 stellte für viele nur die Ablöse einer verhassten Diktatur durch eine andere dar, auch wenn der „Anschluss" einen starken personellen Aderlass durch die Flucht tausender Mitglieder, UnterstützerInnen und FunktionärInnen nach sich zog, der im Übrigen nach 1945 durch keinerlei Einladungen zur Rückkehr nicht wieder aufzuheben versucht wurde.[3]

Die in der Zweiten Republik von politischer Notwendigkeit und Einsicht diktierte Zusammenarbeit der Sozialdemokraten und Konservativen, also der innenpolitischen Gegner der Ersten Republik, bedeutete keineswegs, dass jeweils parteiintern die Feindschaft gegen den nunmehrigen Regierungspartne vergessen worden wäre. Seitens der Sozialdemokratie, die auch nach der Befreiung so wie vor 1933 die dominante Kraft der österreichischen Arbeiterbewegung repräsentierte, wurde bereits in der Kabinettsratssitzung der Provisorischen Regierung vom 10. Mai 1945 die Forderung nach einem Gesetz zur Rückerstattung der Vermögen der „organisierten Arbeiterschaft" erhoben. Einen entsprechenden Vorstoß des Staatssekretärs für Inneres, Oskar Helmer, unterstützte Staatskanzler Karl Renner nachdrücklich: „Ich nehme es als selbstverständlich an, daß ein solches Gesetz gemacht werden muß." Der Staatskanzler knüpfte sogar seinen Verbleib in dieser Funktion an die Verabschiedung eines solchen Gesetzes: „Ich könnte die Geschäfte nicht mit dem Makel weiterführen, daß ich wohl die Rechte von 7 % der Bevölkerung

1 Der folgende Beitrag sieht das Regime Dollfuß/Schuschnigg als „Möchtegern-Faschismus", aber nicht als voll ausgebildeten Faschismus und benutzt daher nicht den wiewohl in der Literatur vor allem durch Emmerich Tálos und Walter Manoschek vertretenen Begriff des Austrofaschismus.

2 Zum Umfang des Vermögensentzugs siehe Mesner/Reiter/Venus (2007), 15–31. Vergleiche dazu auch die Beiträge von Ilse Reiter-Zatloukal und Christiane Rothländer in diesem Band.

3 Protokoll der Sitzung des Bundesparteivorstands, 15.7.1946, Neues Parteiarchiv, Generalsekretariat der SPÖ, heute VGA.

[nämlich der jüdischen Opfer, Anm.] so hoch und heilig gehalten habe, daß ich ein Sondergesetz gemacht habe, daß ich aber die Rechte des anderen, weit größeren Teiles nicht gewahrt habe."[4] Damit benutzte Renner eine Argumentationslinie, die in den Folgejahren immer wieder zum Einsatz kommen sollte und die Forderungen der Arbeiterbewegung gegen jene der jüdischen NS-Opfer stellte bzw. mit deren Wünschen junktimierte.

Während bis Anfang 1946 innerhalb von Parteien und Regierung noch keine Entscheidung zur Restitution in der NS-Zeit entzogenen Vermögens an die einzelnen Geschädigten gefallen war, hatte Bundeskanzler Leopold Figl (ÖVP) in seiner Regierungserklärung am 12. Dezember 1945, wohl aufgrund mehrfacher Vorstöße der Sozialdemokraten, die Rückgabe des 1934 der Sozialdemokratie und Gewerkschaft entzogenen Eigentums angekündigt.[5]

Wurden die Forderungen der NS-Opfer stets mit dem Hinweis auf die Moskauer Deklaration und die damit verbundene Behauptung von der angeblichen Unschuld Österreichs an den auf seinem Territorium begangenen Verbrechen abgewehrt, konnten diese Argumente gegenüber den Forderungen der Arbeiterbewegung nicht ins Treffen geführt werden. War es doch ein österreichisches Regime, das diese Schäden verursacht hatte. Und während die NS-Opfer über keine ernstzunehmende Interessenvertretung verfügten, besaß die SPÖ als Regierungspartei Macht und Möglichkeiten, ihren Koalitionspartner entsprechend unter Druck zu setzen.[6]

Die für die Geschädigten des Regimes Dollfuß/Schuschnigg vor allem von der SPÖ ab 1945 durchgesetzten Maßnahmen umfassten zwei Bereiche, nämlich die Rückgabe von Organisationsvermögen und Maßnahmen für geschädigte Einzelpersonen.

1. Maßnahmen zur Rückgabe des Vermögens von Organisationen der Arbeiterbewegung

Die Durchsetzung der in den Rückgabegesetzen geregelten Rückerstattung der Organisationsvermögen steht in engem Zusammenhang mit der Entwicklung der Rückstellungsgesetzgebung, die in sieben Gesetzen die Rückübertragung in der NS-Zeit entzogener Vermögen regelte. Die Entscheidung dazu fiel erst in der ersten Hälfte 1946 angesichts des alliierten Drucks und vor allem angesichts der ersten Entwürfe des künftigen Staatsvertrags, die unmissverständlich Österreich zur Rückstellung entzogenen Vermögens zu verpflichten beabsichtigten.[7] Insbesondere das Dritte Rückstellungsgesetz (RStG), das die Rückstellung von in der Verfügung von Einzelpersonen bzw. juristischen Personen befindlichem Vermögen an die geschädigten EigentümerInnen vorsah, war politisch heftig umstritten. Vor allem Wirtschaftskreise sowie der Wirtschaftsflügel der ÖVP befürchteten negative Auswirkungen auf das Wirtschaftsleben, sodass die ÖVP diesem Gesetz nur zustimmte, weil es von den Alliierten gewünscht und daher außenpolitisch opportun erschien. SPÖ und KPÖ wiederum sahen in der Rückstellungsgesetzgebung

4 5. Sitzung des Kabinettsrats, 10.5.1945, in: Protokolle (1995), 40 f.

5 2. Sitzung des Nationalrats. V. GP, 21.12.1945, 22.

6 Siehe dazu auch den Beitrag von Maria Mesner in diesem Band.

7 Bailer-Galanda (2003), 34 ff., 57 ff. Zur Entstehung der Rückgabegesetze siehe auch Mesner/Reiter/Venus (2007), 33–40.

die Wiederherstellung „kapitalistischer" Vermögen und meinten daher ein Interesse der Wirtschaftspartei ÖVP an diesen Gesetzen festzustellen. Die SPÖ knüpfte in der Folge ihre Zustimmung zur Rückstellungsgesetzgebung an die Erledigung ihrer Forderung nach Entschädigung für die Verluste von 1934. Ein dazu im Juni 1946 von sozialistischen Abgeordneten im Nationalrat eingebrachter Gesetzesantrag[8] fand aus verschiedenen, auch legistischen Gründen nicht die Zustimmung der ÖVP und der im Bundesministerium für Vermögenssicherung und Wirtschaftsplanung zuständigen Abteilung, geleitet vom der ÖVP nahestehenden Ministerialrat Dr. Gottfried Klein,[9] der auf Weisung von Bundesminister Peter Krauland einen Gegenentwurf ausarbeitete. Bei Parteienverhandlungen im Jänner 1947 tauchte der Plan auf, die Rückgabe der 1934 beschlagnahmten Vermögen im Dritten Rückstellungsgesetz, also gemeinsam mit der Rückerstattung in der NS-Zeit entzogener Vermögen zu regeln. Dagegen verwahrte sich Klein, selbst 1938 gemaßregelt, vehement; eine Gleichstellung des Regimes Dollfuß/Schuschnigg mit der NS-Zeit sei „unter allen Umständen" zu vermeiden. Denn, ohne „ein Werturteil" über die Zeit 1933 bis 1938 zu fällen, wäre doch festzustellen, dass „sich damals Österreich in einer höchst bedauerlichen innerpolitischen [sic], man könnte sagen, in einem Notstand, den beide Teile zu verantworten haben, befunden hat, der mit Recht heute von allen verantwortungsbewußten Kreisen aufs tiefste bedauert" werden würde.[10] Eine Vermischung mit der Rückstellung würde eine „Diffamierung eines immerhin großen Teiles der österreichischen Bevölkerung" nach sich ziehen und wäre auch aus außenpolitischen Rücksichten sehr ungünstig. Eben diese Gleichsetzung fand dann jedoch vor allem in sozialrechtlichen Maßnahmen sowie bei der Abgeltung materieller Verfolgungsschäden statt.

Am 22. Jänner 1947 wurde im Unterausschuss des Vermögenssicherungsausschusses grundsätzliche Einigkeit über den Entwurf des Ersten Rückgabegesetzes (RGG) erzielt, das am 6. Februar 1947, also am selben Tag wie das Zweite und Dritte RStG, im Nationalrat beschlossen wurde.[11] Ansprüche auf Entschädigungen über die Naturalrestitution hinaus, wie im SPÖ-Antrag vorgesehen gewesen war, waren nicht in den Gesetzestext aufgenommen worden.[12]

Rund ein Jahr später unternahm die SPÖ im Nationalrat einen neuerlichen Vorstoß für eine gesetzliche Regelung von Ersatzansprüchen von Vermögen 1933/34 verbotener demokratischer Organisationen. Sie wünschte Schadenersatzleistungen durch die Republik sowohl für die zwischen 1933 und 1938 eingezogenen Vermögen ihrer Organisationen als auch für Schäden verfolgter Sozialdemokraten.[13] Dies lehnte das Finanzministerium mit der Begründung ab, die Realisierung dieses Antrages würde die Grenzen des Bundesfi-

8 Zu diesem und der folgenden Entwicklung im Detail: Bailer-Galanda (2003), 120–124.

9 Zur Person Kleins siehe: Bailer-Galanda (2005), 78–90.

10 Information für den Bundesminister betreffend: Gesetzentwurf 1934 bis 1938, 14.1.1947, ÖStA/AdR, BMF, Nachlass Klein, Kt. 2.

11 Österreichische Volksstimme, 23.1.1947; Kleines Volksblatt, 23.1.1947. Zum Gesetz selbst siehe den Beitrag von Georg Graf in diesem Band.

12 BGBl. 55/1947. Zu den juristischen Aspekten dieses Gesetzes siehe Graf (2003), Kap. 5. A. Das 1. Rückgabegesetz.

13 Antrag der Abgeordneten Probst und Genossen betreffend ein Bundesgesetz über die Ersatzansprüche von Vermögen aufgelassener oder verbotener demokratischer Organisationen (Zweites Rückgabegesetz), 125/A d. B., V. GP.

nanzgesetzes 1949 bei Weitem sprengen.[14] Daraufhin dürfte sich die SPÖ zunächst auf die Forderung nach Rückgabe der Bestandrechte, also der ihr 1934 entzogenen gemieteten Objekte, sowie die Rückgabe der während des Regimes Dollfuß/Schuschnigg durch Kündigung oder Entlassung entzogenen Ansprüche von DienstnehmerInnen beschränkt haben.

Die entsprechenden Regelungen wurden schließlich gemeinsam mit dem Fünften und Siebenten RStG[15] im Nationalrat beschlossen. Die Abgeordneten der SPÖ hatten zuvor an diesen Gesetzen nur mit Vorbehalt mitgearbeitet, um im Notfall noch ein Druckmittel zur Durchsetzung der Rückgabeansprüche parat zu haben, wie der Abgeordnete und spätere Minister Karl Waldbrunner in einem Schreiben an Bruno Pittermann festhielt.[16]

Das Zweite RGG war anfangs als Parallelgesetz zum und mit Verweisen auf das geplante RStG für Mietrechte konzipiert worden, der Entwurf musste dann infolge der Nichtverabschiedung dieses RStG[17] geändert werden. Das RStG lag am 22. Juni 1949 dann dem Plenum des Nationalrates zur Beschlussfassung vor.[18]

Die von der SPÖ geforderte Abgeltung des 1934 entzogenen Geldvermögens wurde nie realisiert, obschon diese seitens der Partei immer wieder im Kontext von Maßnahmen zugunsten von NS-Opfern, vor allem auch 1953 anlässlich des Beginns der Verhandlungen mit dem „Committee for Jewish Claims on Austria", gefordert worden war.[19]

Das Dritte Rückgabegesetz regelte Entschädigungen für aus politischen Gründen entzogene Ansprüche von DienstnehmerInnen und verweist damit in den Bereich der Maßnahmen für individuelle Opfer des Regimes Dollfuß/Schuschnigg.

2. Maßnahmen für die einzelnen Verfolgten des autoritären Regimes Dollfuß/Schuschnigg

2.1 Sozialrechtliche Materien

2.1.1 Das Opferfürsorgegesetz

Das für die Opfer des Dollfuß-/Schuschnigg-Regimes sowie für die NS-Opfer zentrale sozialrechtliche Gesetz stellt wohl das Opferfürsorgegesetz (OFG) dar, das in einer ersten Fassung schon von der Provisorischen Regierung unter dem Titel „Gesetz über die Fürsorge für die Opfer des Kampfes um ein freies, demokratisches Österreich" im Juli 1945 beschlossen worden war, sich in seiner konkreten Umsetzung aber als äußerst unwirksam erwies.[20] Berücksichtigte dieses erste Gesetz – wohl auch unter dem Eindruck der „Moskauer Deklaration" – nur die Opfer des aktiven Widerstandes gegen das NS-Re-

14 Bericht Nr. 153 der Abteilung 1 an den Bundesminister, 1.12.1948, ÖStA/AdR, BMF, Nachlass Klein, Kt. 2.

15 Fünftes Rückstellungsgesetz v. 22.6.1949 über die Rückstellung entzogenen Vermögens juristischer Personen des Wirtschaftslebens, die ihre Rechtspersönlichkeit unter nationalsozialistischem Zwang verloren haben. BGBl. 167/1949. Siebentes Rückstellungsgesetz v. 14.7.1949 über die Geltendmachung entzogener oder nicht erfüllter Ansprüche aus Dienstverhältnissen in der Privatwirtschaft, BGBl. 207/1949.

16 Schreiben Waldbrunner an Pittermann, 2.2.1949, VGA, Nachlass Schärf, 4/130, Box 20.

17 Bailer-Galanda/Blimlinger/Kowarc (2004), 162–192.

18 BGBl. 165/1949.

19 Bailer-Galanda (2003), 326f., 356ff., 462f.

20 Bailer (1993), 28, 31ff.

gime, erweiterte die neue Fassung vom 4. Juli 1947 den berücksichtigten Personenkreis um eine weitere, in etlicher Hinsicht benachteiligte Kategorie, nämlich die Opfer der Verfolgung.[21] Für jene, die zwischen dem 6. März 1933 und dem 8. Mai 1945 aufgrund ihres Einsatzes „um ein unabhängiges, demokratisches und seiner geschichtlichen Aufgabe bewusstes Österreich, insbesondere gegen Ideen und Ziele des Nationalsozialismus, mit der Waffe in der Hand" oder „in Wort oder Tat",[22] also aufgrund ihres Widerstandes, zu Schaden gekommen waren, sah das OFG eine Amtsbescheinigung vor. Waren diese Personen aufgrund dieser Schädigung nicht mehr in der Lage, selbst in ausreichendem Maße für ihren Lebensunterhalt zu sorgen, konnten an diese Amtsbescheinigung, und nur an diese, auch Rentenleistungen geknüpft werden.

Erst durch spätere Änderungen 1949 konnten auch schwer betroffene Verfolgungsopfer, vor allem Jüdinnen und Juden, unter bestimmten Voraussetzungen eine Amtsbescheinigung und damit eine solche Rente erhalten, deren Höhe jener für Kriegsopfer nach Kriegsopferversorgungsgesetz entsprach. Für die übrigen Verfolgten wurde ein Opferausweis zuerkannt, der aber nur geringfügige Vorteile wie beispielsweise einen Steuerfreibetrag nach sich zog. Eine Antragstellung auf Anerkennung nach OFG war aber bis nach der Jahrtausendwende an die aufrechte österreichische Staatsbürgerschaft geknüpft, wodurch alle nach 1938 geflüchteten ehemaligen ÖsterreicherInnen, die mittlerweile eine andere Staatsbürgerschaft angenommen hatten, von den meisten Leistungen des Gesetzes ausgeschlossen blieben, wobei sich unter ihnen auch einige der zwischen 1933/34 und 1938 bei den Revolutionären Sozialisten oder Kommunisten aktiv gewesene Personen befanden. Nur einzelne 1953 (8. Novelle)[23] bzw. 1961 (12. Novelle[24]) in das Gesetz eingeführte Entschädigungsleistungen für Haftzeiten, Freiheitsbeschränkungen u. a. konnten unabhängig von der Staatsbürgerschaft erhalten werden. Weiters ausgeschlossen blieben über Jahrzehnte hindurch soziale Randgruppen. Dazu zählten aufgrund ihrer sexuellen Orientierung oder als angeblich „asozial" Verfolgte ebenso wie Opfer der NS-Medizinverbrechen sowie die Kinder, die in der Erziehungsanstalt „Am Spiegelgrund" zu leiden hatten.[25] Schwierigkeiten, als Opfer anerkannt zu werden, hatten – aus sozialen Gründen, aber auch aus Gründen der spezifischen Verfolgung – auch Roma und Sinti.[26]

2.1.1.1 Der Schädigungszeitraum im OFG

Die Anerkennung der Verfolgten der Jahre 1933 bis 1938 war im ersten OFG 1945 noch nicht enthalten gewesen, dieses hatte keine Angaben zum Schädigungszeitraum enthalten und sich somit nur auf die WiderstandskämpferInnen gegen das NS-Regime bezogen. Der Nennung des Zeitraums 1933 bis 1945 im OFG 1947 waren Diskussionen im parlamentarischen Ausschuss für soziale Verwaltung vorangegangen. Die Regierungsvorlage zum OFG hatte den maßgeblichen Zeitrum mit dem 12. Februar 1934, also dem

21 Zur Entwicklung des OFG, den beiden Kategorien von Opfern und auch der Kritik daran siehe Bailer (1993); aus juristischer Sicht Pfeil (2004), 34–138.

22 § 1 Abs. 1 OFG 1947.

23 BGBl. 109/1953.

24 BGBl. 101/1961.

25 Zu den vom OFG ausgeschlossenen Gruppen siehe Bailer (2003), 185–215.

26 Zu Roma und Sinti siehe Bailer (2003), 176–184; ausführlich Freund/Baumgartner/Greifeneder (2004), 212–243.

Tag des Verbots der Sozialdemokratischen Partei, beginnen lassen, wobei – ob bewusst oder aus Nachlässigkeit – das schon am 26. Mai 1933 erfolgte Verbot der KPÖ außer Acht gelassen wurde. Im Ausschuss, dem auch der kommunistische Abgeordnete Viktor Elser angehörte, wurde der Beginn des Schädigungszeitraums dann mit dem Tag vor der Installierung des autoritären Regimes mittels Kriegswirtschaftlichen Ermächtigungsgesetzes festgelegt.[27] Das OFG 1947 berücksichtigte mit dieser Festlegung des Zeitraums nun alle jene, die vom Dollfuß- / Schuschnigg-Regime aus politischen Gründen, also wegen ihrer Opposition gegen das Regime, inhaftiert oder sonst zu Schaden gekommen waren, sofern die Haftzeiten die im OFG vorgesehenen Grenzen überschritten hatten. Ausgenommen davon blieben selbstverständlich die damals gleichfalls illegal gewesene NationalsozialistInnen. Der Gesetzgeber fasste im OFG also die Diktatur des sogenannten Ständestaates und das ungleich grausamere, menschenverachtende und vor allem mörderische NS-Regime ungeachtet der historischen Fakten ausschließlich aufgrund innenpolitischer Gegebenheiten in eins zusammen, was der Sicht jener SozialdemokratInnen und KommunistInnen entsprochen hat, die von beiden Diktaturen verfolgt worden waren.[28] Auf diese Weise aber erhielten zwischen 1933 und 1938 inhaftiert gewesene AktivistInnen der Arbeiterbewegung dieselben Begünstigungen wie NS-Verfolgte, oder anders ausgedrückt: Der Haft im Anhaltelager Wöllersdorf, wo de facto weder Zwangsarbeit geleistet werden musste noch Misshandlungen oder Morde an der Tagesordnung standen,[29] wurde vom Gesetzgeber und den vollziehenden Behörden dieselbe Bedeutung wie eine Haft in einem nationalsozialistischen Konzentrationslager, wie z. B. Dachau oder Auschwitz, zugemessen. Der vom zuständigen Bundesministerium für soziale Verwaltung herausgegebene Opferfürsorgeerlass 1948 bestimmte dazu ausdrücklich: „Die Anhaltung im Anhaltelager Wöllersdorf ist einer Anhaltung in einem deutschen KZ gleichzuhalten."[30] Gerade um die Anerkennung von Haftstätten als anspruchsbegründend im Sinne des OFG waren ab 1952 langwierige Debatten entstanden, die vom mit dem Vollzug des Gesetzes betrauten Bundesministerium für soziale Verwaltung erstellten Listen unterlagen steter Kritik der Opfervertreter. So stellte die Nicht-Anerkennung des „Zigeuner"-Lagers Lackenbach als Haftort einen wesentlichen Nachteil für die davon betroffenen Roma und Sinti bis ins Jahr 1988 dar.

Der Opferfürsorgeerlass 1948 gab den vollziehenden Behörden auch Richtlinien vor, was unter aktivem Einsatz im Sinne des § 1 Abs. 1 (siehe oben) zu verstehen sei. So sei ein Kampf „mit der Waffe in der Hand" auch für die „Mitglieder der Wehrverbände 1933 bis 1938" anzunehmen, so diese „1. zur Erhaltung und Wiederherstellung der Demokratie in Österreich und 2. für die Freiheit und Unabhängigkeit Österreichs, insbesondere gegen die Ideen und Ziele des Nationalsozialismus gekämpft haben."[31] Als Opfer ihres Einsatzes für Österreich wurden auch öffentlich Bedienstete, die vor dem 12. März

27 Bailer (1993), 33, 42.

28 Überlegungen zu dieser Zusammenfassung des Zeitraums 1933/34–1945 in eine undifferenzierte diktatorische Periode siehe Neugebauer (2011), 43–45.

29 Schölnberger (2010a). Siehe auch deren Beitrag in diesem Band. Eine Dissertation der Autorin zur Geschichte des Lagers Wöllersdorf wird voraussichtlich 2012 abgeschlossen werden.

30 Opferfürsorgegesetz (1958), 275.

31 Ebd., 265.

1938 im Dienst gestanden waren und anschließend vom NS-Regime gemaßregelt wurden, verstanden.[32] In letzter Konsequenz fasste das OFG den gegen das Regime 1933 bis 1938 gerichteten Widerstand mit antinationalsozialistischer Betätigung und Verfolgung von Funktionären des Regimes Dollfuß/Schuschnigg durch das NS-Regime zusammen, denen im Falle entsprechender Haftzeiten auch ohne Nachweis eines weiteren aktiven Einsatzes eine Amtsbescheinigung gewährt wurde. Das OFG kann damit auch als beispielloser großkoalitionärer Kompromiss angesehen werden.

2.1.2 *Weitere Maßnahmen*

Als Folge der 1953 begonnenen Verhandlungen mit den im „Committee for Jewish Claims on Austria" zusammengefassten jüdischen Organisationen wurde 1956, nicht zuletzt aufgrund des Drucks der Westalliierten, der mit 550 Millionen Schilling dotierte Hilfsfonds[33] etabliert. Im Vorfeld hatten die SPÖ, aber auch der der KPÖ nahe stehende KZ-Verband darauf gedrängt, keine Sonderregelung nur für jüdische Opfer zu beschließen, sondern auch politisch Verfolgte – und dabei auch jene der Jahre von 1933/34 bis 1938 – einzubeziehen, wobei sie auch heftige Kritik der USA und Großbritanniens in Kauf nahmen bzw. Bundeskanzler Julius Raab infolge ihrer Blockade einer Regelung für die ehemaligen ÖsterreicherInnen dieser Kritik aussetzten.[34] Letztlich blieb die sozialistische Strategie erfolgreich. Der Hilfsfonds stellte eine Art Ergänzung des OFG dar und sah einmalige Leistungen, gestaffelt nach Alter und Gesundheitszustand der ehemaligen Verfolgten, vor, wobei wiederum nicht zwischen Schäden aus den Jahren 1933 bis 1938 und jenen aus 1938 bis 1945 unterschieden wurde. 1962 folgte parallel zur Erweiterung des Opferfürsorgegesetzes auch eine Ergänzung des Hilfsfonds, der nun auch Ausbildungs- und Berufsschäden abgolt.[35] Dieser neue Hilfsfonds wurde nun um 600 Millionen Schilling aufgestockt. An der Bereitstellung der Mittel beteiligte sich aufgrund des Abkommens von Bad Kreuznach auch die Bundesrepublik Deutschland, die ebenfalls zur Ergänzung des OFG und zu sozialversicherungsrechtlichen Regelungen für NS-Opfer und „Heimatvertriebene", also 1945 vertriebene Angehörige deutscher Minderheiten, die nun in Österreich lebten, beitrug.[36] Eine letzte Aufstockung des Hilfsfonds, dann um 440 Millionen Schilling, erfolgte 1976. Dieser dritte Hilfsfonds sah nun Leistungen allgemein für politisch Verfolgte vor, auch für jene in Österreich lebenden.[37]

Vertreibung, Inhaftierung und Verlust des Arbeitsplatzes zogen für die Betroffenen auch sozialversicherungsrechtliche Konsequenzen nach sich. Eine erste Regelung dieses Problems erfolgte durch das Sozialversicherungs-Überleitungsgesetz von 1947,[38] wenn

32 Ebd., 267.

33 Hilfsfondsgesetz v. 18.1.1956, womit Bundesmittel zur Hilfeleistung an politisch Verfolgte, die ihren Wohnsitz und ständigen Aufenthalt im Ausland haben, zur Verfügung gestellt werden, BGBl. 110/1953. Zu den ersten beiden Hilfsfonds siehe auch Pfeil (2004), 262–268.

34 Bailer-Galanda (2003), 358–361.

35 Neuer Hilfsfonds, BGBl. 178/1962.

36 Zur Vorgeschichte siehe Bailer-Galanda (2003), 473–527, zum Inhalt des Abkommens 522.

37 BGBl. 714/1976, siehe auch Pfeil (2004), 268–271.

38 BGBl. 142/1947. Zur Entwicklung des Sozialversicherungsrechts sowie einer Analyse aus juristischer Sicht siehe Pfeil (2004), 286–413. Eine kurze Zusammenfassung sozialversicherungsrechtlicher Begünstigungen für ehemals Verfolgte durch das NS-Regime liefern Jabloner et al. (2003), 381–408.

auch damals noch in bescheidenem Ausmaß, so blieben beispielsweise die aus Österreich 1938 Vertriebenen bis in die 1950er-Jahre von sozialversicherungsrechtlichen Begünstigungen ausgeschlossen, was sich erst aufgrund internationalen Drucks änderte. Das Sozialversicherungs-Überleitungsgesetz ebenso wie die heute diese Fragen regelnden §§ 500 ff. des Allgemeinen Sozialversicherungsgesetzes bezogen und beziehen sich so wie das OFG undifferenziert auf den Schädigungszeitraum zwischen 1933 und 1945. Ebenso wurde im Bereich des Öffentlichen Dienstes verfahren. Mit dem Beamten-Überleitungsgesetz 1945 konnten jene öffentlich Bediensteten, die aus politischen Gründen in den Jahren 1933 bis 1938 bzw. auch aus Gründen „der Abstammung" zwischen 1938 und 1945 außer Dienst gestellt worden waren, wieder rehabilitiert werden.[39] Das OFG 1947 hatte eine Anrechnung von aus politischen Gründen (mit Ausnahme wegen nationalsozialistischer Betätigung) verbrachten Haftzeiten für die Vorrückung in höhere Bezüge bzw. die Bemessung der Ruhestandsbezüge („Pension") vorgesehen. Das Beamtenentschädigungsgesetz 1952[40] sah noch weiter reichende Nachzahlungen und Anrechnungen von Verfolgungszeiten für öffentlich Bedienstete vor, die zwischen 1933 und 1945 verfolgungsbedingt dienstrechtliche Nachteile erlitten hatten.[41] Mit einer Novelle 1953 wurde auch ehemaligen Beamten, die aufgrund nicht mehr aufrechter österreichischer Staatsbürgerschaft nicht in den Genuss der Begünstigungen des Gesetzes kommen konnten, ein gleichwertiger Anspruch auf Entschädigung eingeräumt.[42]

Für den gesamten sozialrechtlichen Bereich gilt und galt somit eine Gleichförmigkeit der Ansprüche für die Geschädigten durch das Regime Dollfuß/Schuschnigg mit jenen des NS-Regimes. Der 1995 errichtete Nationalfonds für Opfer des Nationalsozialismus wich durch seine ausschließliche Berücksichtigung von NS-Opfern von dieser Gleichsetzung ab, was zu jener Zeit auch die Kritik der sozialdemokratischen Freiheitskämpfer und des KZ-Verbandes nach sich zog.

Eine Ausnahme stellte die Entschädigung für verfolgungsbedingten Entzug der Ansprüche aus Privatdienstverhältnissen dar, diese wurden – wie erwähnt – im Rückgabe- bzw. Rückstellungsrecht geregelt, wobei das entsprechende Dritte RGG parallel zum entsprechenden Siebenten RStG konzipiert war. Beide Gesetze schränkten de facto die Ansprüche der Geschädigten gegenüber zivilrechtlich durchsetzbaren Entschädigungen deutlich ein, um zu hohe Forderungen von der Privatwirtschaft abzuwenden. So wurde das Siebente RStG dann beschleunigt verabschiedet, als die ersten um vieles teureren Klagen von Geschädigten gerichtsanhängig geworden waren.[43]

Das gemeinsam mit dem OFG 1947 vom Nationalrat verabschiedete Wiedereinstellungsgesetz hingegen regelte für alle DienstnehmerInnen, die ihren Arbeitsplatz zwischen dem 4. März 1933 und „vor dem Befreiungstag" verfolgungsbedingt verloren hatten, den Anspruch auf die Rückkehr zu diesem Arbeitsplatz. Es fasste also wiederum die beiden Diktaturen in eins zusammen.[44]

39 BGBl. 134/1945.

40 BGBl. 181/1952.

41 Jabloner et al. (2003), 411–416; ausführlicher Pfeil (2004), 418–431.

42 BGBl. 110/1953.

43 Bailer-Galanda (2003), 190–197, bes. 194; aus juristischer Sicht Graf (2003), 320–355.

44 BGBl. 160/1947.

2.2 *Entschädigung für materielle Verluste*

Entschädigungsleistungen für materielle Verluste, die über Naturalrestitution hinausgingen, wurden erst nach dem Abschluss des Staatsvertrages, wiederum aufgrund des Drucks der Westalliierten, für NS-Opfer umgesetzt, wobei besonders der Fonds zur Abgeltung von Vermögensverlusten politisch Verfolgter (Abgeltungsfonds)[45] zu erwähnen ist, der aber schon aufgrund seines Inhalts – nämlich Abgeltung spezifisch nationalsozialistischer Schädigungen, wie beispielsweise „Reichsfluchtsteuer" oder „Judenvermögensabgabe", auf Verfolgte des NS-Regimes beschränkt blieb. Hingegen vermischte das Kriegs- und Verfolgungssachschädengesetz (KSVG) aus 1958[46] Ansprüche von Opfern des Dollfuß-/Schuschnigg-Regimes, Verfolgten des NS-Regimes und jenen Personen, die infolge von Krieg und Besatzung materielle Verluste an Hausrat und Gerät zur Berufsausübung erlitten hatten. Der Initiativantrag der beiden Regierungsparteien, der Österreich zur Entschädigung von Verfolgungsschäden in jenem Ausmaß verpflichtete, wie diese für Kriegsschäden gewährt wurden, hatte dies wohl unter Hinblick auf Art. 26 Abs. 1 des Staatsvertrags vorgesehen, .[47] Die Entschädigungsleistungen bemaßen sich nach den verlorenen Gegenständen, die ebenso mit Punkten bewertet wurden, wie die Größe und Anzahl der Räume einer verlorenen Wohnung, wobei die Obergrenze bei einer Wohnung mit zwei Zimmern und einem Kabinett lag.

3. Zusammenfassende Bemerkungen

Zum Ausmaß, in dem Opfer der Jahre 1933/34 bis 1938 im Verhältnis zu den NS-Opfern Leistungen bezogen, können keine Angaben gemacht werden, da es an Statistiken der vollziehenden Behörden und an Untersuchungen, die diesen Aspekt berücksichtigen, mangelt.[48] Zum Vollzug des OFG liegen nur Auflistungen der gewährten Leistungen vor, aber keine, die Auskunft über Verfolgungsgrund oder Zeitpunkt geben.

Aufgrund der unvollständigen Aktenlage und zahlreicher anderer nicht restlos klärbarer Umstände[49] kann, wie Maria Mesner im vorliegenden Band hinweist, auch keine exakte Angabe zum Ausmaß der Vermögensrückgabe an die Parteien und Organisationen der Arbeiterbewegung gemacht werden. Mesner et al. stellen in ihrer Untersuchung fest, dass im Unterschied zur vermutlich „fragmentarisch[en]" Rückgabe von Parteivermögen die Restitution von Liegenschaften „als relativ umfassend zu beurteilen" ist.[50] Damit zeigt sich im Bereich der Rückgabe ein ähnliches Ergebnis wie im Bereich der Rückstellungen, wo gleichfalls Liegenschaften die zentrale zurückgegebene Vermögenskategorie darstellten, nicht zuletzt aufgrund der guten Dokumentation von Entzug und

45 BGBl. 100/1961.

46 BGBl. 127/1958.

47 Zum KVSG siehe Bailer-Galanda (2003), 442–445.

48 Die Untersuchungen zum Vollzug des OFG und des Sozialversicherungsrechts, die im Auftrag der Historikerkommission durchgeführt wurden, erfassten in ihren Datenbanken ihrem Auftrag folgend nur NS-Opfer, Berger et al. (2004).

49 Wie z. B. das Ausmaß des von Sozialdemokraten 1934 noch ins rettende Ausland verbrachter Werte, siehe Mesner/Reiter/Venus (2007), 45.

50 Mesner/Reiter/Venus (2007), 48, 87.

Besitzwechsel im Grundbuch, welche die Erhebung von Ansprüchen erleichterte. Mobiles Vermögen hingegen konnte im Wege der Naturalrestitution kaum beansprucht werden, da seine Auffindbarkeit und Identifizierbarkeit, von wenigen Ausnahmen abgesehen,[51] so gut wie unmöglich bleiben.

Trotzdem bleibt festzuhalten, dass die Sozialdemokratie infolge ihrer Verankerung in den staatlichen und politischen Strukturen deutlich besser in der Lage war, ihre – berechtigten – Ansprüche durchzusetzen, als dies den einzelnen Opfern der nationalsozialistischen Verfolgung möglich gewesen war.

51 Wie beispielsweise bekannte Kunstsammlungen oder Bibliotheken.

Georg Graf

Die Rückgabegesetze – Überblick und Kritik[1]

1. Einleitung

Mit den drei Rückgabegesetzen schuf der österreichische Gesetzgeber die Grundlage für die Rückführung jener Vermögenswerte, die vom austrofaschistischen Regime dem politischen Gegner zwischen 1933 und 1938 abgenommen worden waren.[2] Der Begriff wurde bewusst so gewählt, um diese Gesetze von den sieben Rückstellungsgesetzen abzugrenzen, die sich mit der Zeit von 1938 bis 1945 beschäftigten.

2. Überblick über die drei Rückgabegesetze

2.1 *Das Erste Rückgabegesetz*

Das Erste RGG vom 6. Februar 1947[3] war das allgemeinste, dem Dritten RStG[4] vergleichbar und mit ihm gleichzeitig erlassen. Es regelte die Rückgabe des Vermögens aufgelöster oder verbotener demokratischer Organisationen, indem es die gegenwärtigen

1 Schriftliche Fassung des am 25.1.2011 gehaltenen Vortrages; die Vortragsform wurde weitgehend beibehalten.

2 Dieser Zugriff auf das Vermögen des politischen Gegners war durch folgende Rechtsvorschriften ermöglicht worden: Verordnung der Bundesregierung v. 26.5.1933, BGBl. 200/1933, womit der Kommunistischen Partei jede Betätigung in Österreich verboten wird; Verordnung der Bundesregierung v. 16.8.1933, BGBl. 368/1933, über die Beschlagnahme und den Verfall des Vermögens verbotener politischer Parteien, ersetzt durch das Bundesgesetz v. 8.6.1934, BGBl. II 71/1934 über die Beschlagnahme und den Verfall des Vermögens wegen verbotener politischer Betätigung, novelliert durch das Bundesgesetz, BGBl. 213/1935, womit das Beschlagnahmegesetz, BGBl. II 71/1934, geändert und ergänzt wird; Verordnung der Bundesregierung v. 12.2.1934, BGBl. I 78/1934, womit der Sozialdemokratischen Arbeiterpartei Österreichs jede Betätigung in Österreich verboten wird; siehe auch Verordnung der Bundesregierung v. 2.3.1934 über die Errichtung des Gewerkschaftsbundes der österreichischen Arbeiter und Angestellten, BGBl. I 132/1934.

3 Bundesgesetz v. 6.2.1947, BGBl. 55/1947, über die Rückgabe des Vermögens aufgelöster oder verbotener demokratischer Organisationen (Rückgabegesetz).

4 Bundesgesetz v. 6.2.1947, BGBl. 54/1947, über die Nichtigkeit von Vermögensentziehungen (Drittes Rückstellungsgesetz).

Inhaber solcher Vermögen zur Rückgabe verpflichtete. Erfasst war Vermögen, das die betreffenden Organisationen in der Zeit zwischen dem 5. März 1933 und dem 13. März 1938 aufgrund von Maßnahmen verloren hatten, die mit den am 5. März 1933 geltenden Rechtsvorschriften nicht vereinbar gewesen waren, oder welches sie ohne Entschädigung abgegeben hatten.

Wenn wir diese Regelung des Anwendungsbereichs des Ersten RGG mit derjenigen der Rückstellungsgesetze vergleichen, dann fällt die „Sanftheit" der Formulierung ins Auge: Den Rückstellungsgesetzen ging es um entzogenes Vermögen.[5] „Vermögensentziehung" war der Zentralbegriff dieser Gesetze. Die Rückgabegesetze hatten es hingegen mit verlorenem oder abgegebenem Vermögen zu tun, ganz so, als hätte der Vorsitzende der sozialdemokratischen Partei das Sparbuch mit dem Parteivermögen auf einer Parkbank liegen lassen. Dieser sanfte Zugang hatte natürlich einen Grund. Es sollte vermieden werden, jene Vorgänge, die sich zwischen 1933 und 1938 ereignet hatten, als Unrecht zu bezeichnen. Es ist hier durchaus instruktiv, die Ausführungen des für die Rückgabe- und Rückstellungsgesetze primär verantwortlichen Legisten Gottfried Klein zu konsultieren. Er berichtet, der Gesetzgeber habe das Wort „Entziehung" ganz bewusst vermieden. Klein rechtfertigt das auch, und zwar damit, dass mit dem Gedanken der staatsrechtlichen Kontinuität Österreichs das Österreich von vor 1938 doch ident mit dem nach 1945 sei. Ein Staat könne nun nicht so ohne Weiteres rückwirkend seine eigenen Gesetze außer Kraft setzen bzw. der früheren Gesetzgebung derogieren. Dies könnte, so Klein wörtlich, „zu schwersten Erschütterungen des Rechtsgefühls führen".[6] Daher habe man es bewusst vermieden, von Entziehung zu sprechen. Die früheren Rechtsgeschäfte seien auch nicht nichtig. Bloß müssten eben die verloren gegangenen Vermögenswerte zurückgegeben werden. Wir werden später sehen, dass die Dinge nicht so einfach lagen.

Zurückzugeben waren die verlorenen oder abgegebenen Vermögenswerte an extra zu diesem Zweck eingerichtete Vermögensträger, die sogenannten „Restitutionsfonds". Sie waren Einrichtungen des öffentlichen Rechts mit eigener Rechtspersönlichkeit (§ 1 Abs. 3). Insgesamt wurden vier Restitutionsfonds geschaffen. Der Restitutionsfonds der sozialdemokratischen Organisationen[7] war für die Geltendmachung der Ansprüche bezüglich des Vermögens der Sozialdemokratischen Arbeiterpartei und aller ihrer Organisationen, Einrichtungen und Unternehmungen zuständig. Seine Statuten wurden vom Vorstand der Sozialistischen Partei Österreichs aufgestellt. Zur Geltendmachung von Ansprüchen bezüglich des Vermögens der aufgrund des Verbotes der Sozialdemokratischen Arbeiterpartei aufgelösten Berufsvereinigungen von Arbeitern und Angestellten sowie deren Organisationen, Einrichtungen und Unternehmungen wurde der Restitutionsfonds der freien Gewerkschaften gegründet. Seine Statuten wurden ebenfalls vom Vorstand der Sozialistischen Partei Österreichs aufgestellt.[8] Der dritte Restitutionsfonds war jener der Zentralkommission der christlichen Arbeiter- und Angestelltenorganisationen Österreichs. Ihm war Vermögen dieser Organisationen sowie deren Einrich-

5 Vgl. 3. RStG §§ 1 und 2.

6 Klein (1949), 258.

7 Das Vermögen der Druck- und Verlagsanstalt „Vorwärts" Aktiengesellschaft und der Sozialdemokratischen Verlag Gesellschaft mbH fiel nach § 2 Abs. 2 in diesen Fonds.

8 Das Vermögen der ehemaligen Arbeiterbank AG in Wien fiel nach § 3 Abs. 2 in diesen Fonds.

tungen und Unternehmungen zu übertragen; seine Statuten wurden vom Vorstand des österreichischen Arbeiter- und Angestelltenbundes aufgestellt. Schließlich gab es viertens den Restitutionsfonds der kommunistischen Organisationen; seine Statuten wurden vom Zentralkomitee der Kommunistischen Partei aufgestellt.

Über die von den Restitutionsfonds geltend gemachten Ansprüche entschieden sozialpartnerschaftlich besetzte Rückgabekommissionen (1. RGG § 6 Abs. 4). Je ein Beisitzer wurde aufgrund von Vorschlägen der Kammer der gewerblichen Wirtschaft und der Arbeiterkammer bestellt. Den Vorsitz führte ein Richter. Auf die gleiche Weise waren die Oberkommissionen besetzt. Die Verfahren entsprachen denen der Rückstellungsgesetze.

2.2 *Das Zweite Rückgabegesetz*

Das Zweite RGG vom 22. Juni 1949[9] gewährte aufgelösten oder verbotenen demokratischen Organisationen, welche in der Ausübung ihrer Bestandrechte behindert worden waren, Rückgabeansprüche. Beachten Sie wieder die Terminologie – es geht nicht um den Entzug/die Wegnahme von Bestandrechten, sondern vornehm um die Behinderung der Ausübung.

Das Gesetz erfasste Bestandrechte sowohl an Wohn- als auch Geschäftsräumen, bebauten und unbebauten Grundstücken: Voraussetzung dafür war lediglich, dass sie demokratischen Organisationen auf politischem, wirtschaftlichem oder kulturellem Gebiet zugestanden waren. Die gegenwärtigen Inhaber solcher Bestandgegenstände hatten diese nach Maßgabe der Bestimmungen des Gesetzes zu räumen, wenn die genannten Organisationen in der Zeit zwischen dem 5. März 1933 und dem 13. März 1938 in der Ausübung ihrer Rechte aufgrund von Maßnahmen behindert worden waren,[10] die mit den am 5. März 1933 geltenden Rechtsvorschriften nicht vereinbar gewesen waren. Diese Regelung bedeutete im Klartext, dass die gegenwärtigen Inhaber diese Räume an die Anspruchsberechtigten[11] zurückgeben mussten.

2.3 *Das Dritte Rückgabegesetz*

Gegenstand des Dritten RGG[12] schließlich waren verloren gegangene Ansprüche aus Privatdienstverhältnissen. Es wurde am selben Tag wie das Siebente RStG[13] beschlossen, welches sich mit während der NS-Herrschaft entzogenen Ansprüchen aus Dienstverträgen beschäftigt. Erfasst waren nach § 1 Abs. 1 Ansprüche aus Privatdienstverhältnissen in Österreich, welche die Berechtigten zwischen dem 5. März 1933 und dem 13. März 1938 aufgrund von Gesetzen oder anderen Anordnungen aus politischen Gründen, natio-

9 Bundesgesetz v. 22. 6. 1949, BGBl. 165/1949, über die Rückgabeansprüche aufgelöster oder verbotener demokratischer Organisationen als Bestandnehmer (Zweites Rückgabegesetz).

10 Der Ausdruck „Behinderung" war der Parallelbegriff zu dem des „Verlustes", den das Erste RGG verwendet hatte.

11 Nach § 3 Abs. 1 waren zur Erhebung der Ansprüche die in den §§ 2–5 des Ersten RGG genannten Vermögensträger berechtigt, also die dort genannten Restitutionsfonds.

12 Bundesgesetz v. 14. 7. 1949, BGBl. 208/1949, über die Geltendmachung von in der Zeit zwischen März 1933 und März 1938 verloren gegangenen Ansprüchen aus Privatdienstverhältnissen.

13 Bundesgesetz v. 14. 7. 1949, BGBl. 207/1949, über die Geltendmachung entzogener oder nicht erfüllter Ansprüche aus Dienstverhältnissen in der Privatwirtschaft (Siebentes Rückstellungsgesetz).

nalsozialistische Betätigung ausgenommen, verloren hatten. Als ein solcher Verlust waren auch eine tatsächliche Beendigung des Dienstverhältnisses sowie die Nichterfüllung von Dienstnehmeransprüchen bei fortdauerndem Dienstverhältnis anzusehen, sofern sie durch politische Gründe bedingt worden waren. Ein solcher Verlust aus politischen Gründen lag nach § 1 Abs. 2 insbesondere dann vor, wenn der Betroffene zum Zeitpunkt des Verlustes politischer Verfolgung unterworfen gewesen war und der Dienstgeber nicht nachwies, dass der Anspruch aus anderen als politischen Gründen verloren gegangen war.

§ 1 Abs. 3 zählte die Berechtigten im Sinn des Abs. 1 auf. Dies waren Personen, die Gehalts-, Lohn- oder sonstige Entgeltansprüche bei Fortdauer des Dienstverhältnisses, Ansprüche aus dem Dienstverhältnis im Zusammenhang mit dessen Auflösung bzw. aufgrund eines Dienstvertrages, einer Dienst- oder Pensionsordnung zustehende Ruhe- oder Versorgungsgenussansprüche ganz oder teilweise verloren hatten.

3. Die nur teilweise übernommene Verantwortung im Ersten Rückgabegesetz

3.1 Das Verhältnis zu den Rückstellungsgesetzen

Die skizzierten Gesetze haben in der rechtshistorischen bzw. historischen Forschung bis dato nicht sonderlich viel Aufmerksamkeit erfahren. Beschäftigt man sich mit ihnen, geschieht dies hauptsächlich in Verfolgung eines komparativen Interesses.[14] Die Regeln der Rückgabegesetze werden mit jenen der Rückstellungsgesetze verglichen, um festzustellen, welche Opfer nach 1945 besser behandelt wurden – jene des Austrofaschismus oder die des Nationalsozialismus. Das dabei gefundene Ergebnis ist nicht überraschend: Besser behandelt wurden die Opfer der Jahre 1933 bis 1938. So gab es nur für diese Gruppe von Geschädigten ein Gesetz, mit dem entzogene Mietrechte zurückgegeben wurden, nämlich das Zweite RGG.[15] Eine zweite Besserstellung stellt dar, dass es – während die Ansprüche nach den Rückstellungsgesetzen streng fristgebunden[16] waren – für die Ansprüche nach dem Ersten RGG überhaupt keine Frist gab. Sie können prinzipiell auch noch heute geltend gemacht werden. Ein dritter Unterschied besteht darin, dass ein Rückstellungsanspruch gegen denjenigen nicht geltend gemacht werden konnte, der die Sache gutgläubig erworben hatte, während die Rückgabegesetze einen solchen gutgläubigen Eigentumserwerb nicht vorsahen.[17]

Gerechtfertigt wurde diese Ungleichbehandlung damit, dass es hier um die Wiedergutmachung eines zwar nicht als solches bezeichneten, aber in der Sache doch eingestandenen Unrechts ging, das vom österreichischen Staat selbst ausgegangen war, während man im Bereich der Rückstellungsgesetze argumentierte, dass den österreichischen Staat an den Entziehungen selbst kein Verschulden traf. Das war bekanntlich keine wirklich überzeugende Argumentation, weil ja nichts den Staat daran hinderte, sich gegenüber den Opfern der Nationalsozialisten so großzügig zu verhalten wie gegenüber den Opfern auf Seiten des innerstaatlichen politischen Gegners. Das ist aber eine andere Geschichte.

14 Vgl. z. B. Graf (2003), 348 ff.

15 Für die Opfer der nationalsozialistischen Verfolgung gab es hier erst im Jahr 2001 durch BGBl. I 11/2001, eine Entschädigung.

16 Vgl. Graf (2003), 438 ff.

17 Vgl. z. B. Rgv 4/48 – veröffentlicht in Heller/Rauscher (1949), Nr. 314.

3.2 Der unentschädigte Dritte

Das Überraschende bei den Rückgabegesetzen ist freilich, dass diese unstrittige und eingestandene Verantwortung für die Vorgänge 1933 bis 1938 in einem durchaus relevanten Bereich nicht wahrgenommen wurde. Man stellte zwar sicher, dass die Sozialisten und Kommunisten (und die Christlichen) ihre Vermögenswerte, soweit noch vorhanden, zurückfordern konnten, nahm aber ganz bewusst den Eintritt von „Kollateralschäden" in Kauf. Verzeihen Sie mir diesen Ausdruck, aber er bringt die Sache auf den Punkt. Das Problem resultierte daraus, dass es sich in vielen Fällen nicht einfach um die Rückgängigmachung eines Vermögenstransfers handelte, dass also die öffentliche Hand ganz einfach Vermögenswerte zurückgab, die sie selbst weggenommen hatte und die sich noch in ihrer Innehabung befanden. Solchen simplen natürlich auch vorhandenen Konstellationen standen Fälle gegenüber, in denen sich das Vermögen nicht mehr im Eigentum der öffentlichen Hand befand, sondern in der Zwischenzeit weiterverkauft worden war, sodass der betreffende Vermögensgegenstand nunmehr jemandem abgenommen werden sollte, der mit der seinerzeitigen Entziehung der Sache überhaupt nichts zu tun gehabt hatte.

Lassen Sie mich das anhand eines typischen Falles verdeutlichen. Nehmen wir ein simples Beispiel, den der Entscheidung Rgv 2/48[18] zugrunde liegenden Sachverhalt. Hier ging es um eine Bergliegenschaft, auf der sich ein Schutzhaus befand. Dieses war im Eigentum der „Naturfreunde", einer Organisation der Sozialdemokratischen Arbeiterpartei gestanden. Die „Naturfreunde" wurden von der Regierung aufgelöst, ihr Vermögen beschlagnahmt. Mit Bescheid der Bundesregierung vom 26. Juni 1935 wurde das beschlagnahmte Vermögen, unter anderem auch die Schutzhütte, den „Bergfreunden" übertragen. Die „Bergfreunde" ihrerseits verkauften die Schutzhütte zwei Jahre später an den bisherigen Pächter, der hiefür einen Kaufpreis von 40.000,– Schilling bezahlte. Nach dem Krieg forderte der sozialistische Restitutionsfonds vom Käufer diese Schutzhütte zurück. Der Käufer wendete ein, er sei nicht rückgabeverpflichtet, da er es ja nicht gewesen sei, der die Schutzhütte den „Naturfreunden" abgenommen hatte; selbst wenn das Gesetz Anwendung finden sollte, müsse er doch zumindest Entschädigung für den Kaufpreis, den er geleistet hatte, erhalten. Darüber hinaus habe er massiv Schulden der „Bergfreunde" bezahlt, wofür er auch Ersatz fordere. Damit war er jedoch bei der obersten Rückgabekommission nicht erfolgreich. Diese verwies trocken darauf, dass das Erste RGG jeden Inhaber der betreffenden Vermögenswerte zur Rückgabe verpflichtet, unabhängig davon, ob er in irgendeiner Weise am ursprünglichen Verlust beteiligt war oder nicht. Die geltend gemachten Gegenansprüche erachtete die Rückgabekommission ebenfalls als unberechtigt, weil das Gesetz keinen Ausgleichsanspruch für einen allfällig bezahlten Kaufpreis vorsah.[19]

18 Veröffentlicht in Heller/Rauscher (1949), Nr. 312.

19 Dies war im Übrigen ein weiterer wesentlicher Unterschied zu den Rückstellungsgesetzen: Diese gaben (3. RStG § 6 Abs. 1) dem Antragsgegner die Möglichkeit, einen bezahlten Kaufpreis zurückzufordern, vorausgesetzt, dieser war dem Opfer der Vermögensentziehung zur freien Verfügung überlassen worden. Das Erste RGG sah diese Möglichkeit nicht vor, sondern ließ den Erwerber quasi „im Regen" stehen. Die Rechtsprechung schuf einen kleinen Ausgleich für diese Belastung, indem sie die Erträgnisse beim Rückgabebetroffenen beließ, Rgv 3/49 veröffentlicht in Heller/Rauscher (1949),

Dieser Fall ist instruktiv, weil er einen im Ersten RGG angelegten fundamentalen Widerspruch deutlich macht: Einerseits weigerte sich das Gesetz, die Vermögensentziehungen zwischen 1933 und 1938 als solche zu benennen und somit als Unrecht zu qualifizieren, andererseits behandelte es aber den Dritterwerber eines derartigen Vermögens nicht anders, als hätte er von einem Hehler Vermögenswerte erworben. Er musste den Vermögensgegenstand herausgeben, ohne Gegenansprüche geltend machen zu können. Wie konnte eine solche Behandlung aber stattfinden, wenn sich das Ganze doch im Rahmen rechtmäßiger Gesetze abgespielt hatte? Und wenn es unrechtmäßige Gesetze gewesen waren, hätte der Staat als Verursacher dieses Unrechts nicht kompensatorische Regelungen bereitstellen müssen?

Man hätte sich nicht in diese Bredouille bringen müssen: Ausgleich wäre möglich gewesen – und zwar auf unterschiedliche Weise. So wäre es denkbar gewesen, den Restitutionsfonds oder aber die Republik Österreich zu einer Ausgleichszahlung zu verpflichten. Diese war es ja gewesen, die den unglücklichen Transferkreislauf überhaupt ins Leben gerufen hatte. Das war aber – jedenfalls im Anwendungsbereich des Ersten RGG – nicht erwünscht: Das Erste RGG sollte nicht zu Lasten der öffentlichen Hand gehen. Ansprüche gegen die „Bergfreunde" waren zwar nicht komplett ausgeschlossen, im Ersten RGG aber nicht konkret vorgesehen. Es blieb somit der Schaden in der Praxis allein am Käufer hängen. Dies war kein Einzelfall. Peter Böhmer[20] berichtet in seiner Untersuchung zum Ersten RGG, dass ca. 200 bis 250 Personen das gleiche Schicksal erlitten.

Zwar gab es vage Pläne, eine Entschädigung für die Rückgabebetroffenen vorzusehen; diese unterblieb aber, weil es hier anscheinend koalitionär ein Junktim gab. Den Sozialdemokraten waren 1934 auch Bankguthaben in beträchtlicher Höhe abgenommen worden. Da die entsprechenden Vermögenswerte nicht mehr vorhanden waren, gab es bezüglich dieser Bankkonten keine Rückgabeansprüche.[21] Falls nun jedoch eine Entschädigung für die Rückgabebetroffenen eingeführt worden wäre, hätte die Sozialdemokratie auf einer Entschädigung für die verlorenen Bankkonten bestanden. Diese Kosten scheute man denn doch.

3.3 Rückgabe versus Rückstellung

Die geschilderte Interessensituation wurde noch komplexer, wenn es sich um Vermögenswerte handelte, die während der nationalsozialistischen Herrschaft Gegenstand einer Vermögensentziehung geworden waren. Ein solcher Fall lässt sich leicht bilden: Nehmen wir an, der Pächter unseres Schutzhauses wäre Gegner des nationalsozialistischen Regimes gewesen und die Schutzhütte wäre 1939 von den Nationalsozialisten beschlagnahmt und an einen treuen Parteigenossen weitergegeben worden. Dann wären wir plötzlich mit zwei Opfern konfrontiert, nämlich einerseits den „Naturfreunden" (Opfer des Austrofaschismus) und dem ersten Käufer der Hütte (Opfer des Nationalsozialismus). Wem sein Vermögen während der nationalsozialistischen Herrschaft entzogen worden war, der konnte bekanntlich Rückstellungsansprüche geltend machen.

Nr. 405. Allerdings ist zu berücksichtigen, dass bei der zwischen 1933 und 1938 erfolgten Abnahme des Vermögens des politischen Gegners kein Entgelt bezahlt worden war.

20 Böhmer (2003), 71.

21 Vgl. z. B. Rgv 1/1955 = EvBl. 1956/40.

Damit konnten Rückgabe- und Rückstellungsansprüche einander in die Quere kommen, ein Umstand, der die Erlassung einer Vorrangregelung notwendig machte. Diese fiel eindeutig aus: § 6 Abs. 5 1. RGG sah vor, dass dann, wenn auf ein Vermögen sowohl die Bestimmungen des RGG als auch die eines Rückstellungsgesetzes Anwendung fanden, der Rückgabeanspruch dem Rückstellungsanspruch vorging. In unserem Fall hätte das dazu geführt, dass der Restitutionsfonds die Hütte bekommen hätte und nicht das Opfer des Nationalsozialismus. Diese Regelung wurde zwar durch die Logik des zeitlichen Ablaufs nahegelegt, zwingend war sie aber nicht. Vielmehr wäre es denkbar gewesen, eine Abwägung der Interessen des Opfers 1933–1938 gegenüber denen des Opfers 1938–1945 vorzunehmen und in gewissen Fällen jene des Opfers der nationalsozialistischen Beraubung höher zu bewerten. Dies hätte durch eine generelle Regelung im Gesetz oder eine entsprechende Generalklausel geschehen können.

Dieser Vorrang des Rückgabeanspruchs vor dem Restitutionsanspruch manifestierte sich noch in anderer Hinsicht. Wie ein von Böhmer berichteter Fall verdeutlicht, ergab sich aus dem RGG die Möglichkeit, zwischen 1938 und 1945 entzogenes Vermögen zurückzufordern, hinsichtlich dessen die Rückstellungsgesetze selbst noch gar keine Rückforderungsmöglichkeit vorsahen. Der Fall betrifft das Haus Windmühlgasse 9 im sechsten Wiener Gemeindebezirk, das im Jahr 1933 der der Sozialdemokratischen Arbeiterpartei zuzurechnenden Österreichischen Baugewerkschaft Ortsgruppe Wien gehört hatte. 1934 ging das Eigentum auf den Gewerkschaftsbund der österreichischen Arbeiter und Angestellten über. Von dort fiel es 1938/39 an die Deutsche Arbeitsfront (DAF), die es dem Kaufmann Karl Fogl verkaufte. Wir haben hier einen von den Rückgabegesetzen erfassten Verlust und sodann eine Entziehung im Sinn der Rückstellungsgesetze – der Eigentumsübergang von Gewerkschaftsbund auf DAF war eine Entziehung.

Wer hätte hier aber Rückstellungsansprüche geltend machen können? Auf den ersten Blick könnte man meinen, der Österreichische Gewerkschaftsbund (ÖGB). Hier lag aber keine Rechtsnachfolge vor, da der ÖGB von 1945 nicht ident mit dem Gewerkschaftsbund von 1938 war. Es bedurfte daher der Erlassung eines eigenen Gesetzes, und zwar des 3. Rückstellungsanspruchsgesetzes (RStAG),[22] um dem ÖGB 1954 eine Anspruchsberechtigung zu geben. Wäre es rein nach den Rückstellungsgesetzen gegangen, hätte sich Karl Fogl bis 1954 seines Hauses in der Windmühlgasse erfreuen können. Dass dem nicht so war, ist dem Ersten RGG zuzuschreiben, das eine drastische Beschleunigung der Sache ermöglichte. Da es sich um verlorenes Vermögen handelte, konnte der Restitutionsfonds der freien Gewerkschaften von Herrn Fogl die Herausgabe verlangen.

Diese Privilegierung der Restitutionsfonds ging sogar so weit, dass sie Ansprüche geltend machen konnten, obwohl zwischen 1933 und 1938 gar kein Vermögensverlust stattgefunden hatte. § 1 Abs. 2 1. RGG sah nämlich vor, dass die Restitutionsfonds auch Rückstellungsansprüche geltend machen konnten. Die praktische Bedeutung dieser Bestimmung verdeutlicht die Entscheidung Rgv 420/51 = EvBl. 1952/158. Hier ging es um eine Liegenschaft, die ursprünglich dem Verein „Arbeiterheim“ in N. gehört hatte. Ob-

22 Bundesgesetz v. 16.12.1953,BGBl. 792/1954, über die Übertragung der Ansprüche auf Rückstellung von Vermögen weiterer juristischer Personen, die ihre Rechtspersönlichkeit während der deutschen Besetzung Österreichs verloren und später nicht wiedererlangt haben, und über die Abänderung und Ergänzung des 2. Rückstellungsanspruchsgesetzes (3. Rückstellungsanspruchsgesetz).

wohl es sich hierbei um eine Organisation der ehemaligen Sozialdemokratischen Arbeiterpartei gehandelt hatte, wurde sie in der Zeit vom 5. März 1933 bis 13. März 1938 nicht aufgelöst; erst nach dem „Anschluss" kam es zur Vereinsauflösung. Das Vermögen wurde der DAF eingewiesen. Diese verkaufte es in der Folge an die nunmehrigen Eigentümer.

Der Verein „Arbeiterheim" wurde aufgrund des Vereins-Reorganisationsgesetzes 1947[23] reorganisiert. Rückstellungsansprüche hinsichtlich der Liegenschaft machte freilich nicht der Verein, sondern der Restitutionsfonds der sozialdemokratischen Organisationen geltend. Während die Rückstellungsoberkommission (ROK) meinte, der Restitutionsfonds könne nur dann einschreiten, wenn zwischen 1933 und 1938 ein Vermögensverlust stattgefunden habe, sah die Oberste Rückstellungskommission (ORK) dies anders und ließ die Geltendmachung des Rückstellungsanspruchs unter Berufung auf den Wortlaut des Gesetzes zu. Meines Erachtens entsprach die Ansicht der ROK wohl aber dem Verständnis des Gesetzgebers, der mit dieser Regelung bloß sicherstellen wollte, dass eine nachfolgende Entziehung die Ansprüche des Restitutionsfonds nicht einschränkte. Was der Gesetzgeber freilich übersehen hatte, war, dass es für derartige Fälle nicht das Zugeständnis eines Rückstellungsanspruchs bedurfte, weil das gewünschte Ergebnis sowieso qua Rückgabeanspruch herbeigeführt werden konnte. Die ORK war insoweit geschickter als der Gesetzgeber, als sie eine an und für sich überflüssige Gesetzesbestimmung so umdeutete, dass sie einen Anwendungsbereich fand – nämlich Konstellationen, in denen nur eine Entziehung, aber kein vorgängiger Verlust zwischen 1933 und 1938 stattgefunden hatte.

4. Berücksichtigung von Drittinteressen im Bereich des Zweiten Rückgabegesetzes

Kehren wir zurück zu unserer Ausgangsfrage – der Problematik des Verhältnisses von geschädigter Organisation, Bund und rückgabepflichtigem Inhaber. Im Bereich des Ersten RGG fanden die Interessen des Letzteren keine Berücksichtigung. Im Bereich des Zweiten RGG ergibt sich ein etwas verändertes Bild. Auch dort führte die Rückgabe zu einem Interessenkonflikt – in diesem Fall zwischen dem neuen Mieter[24] und dem Rückgabewerber, der an dessen Stelle wieder Bestandnehmer werden wollte. Hier gab der Gesetzgeber in bestimmten Konstellationen den Interessen des neuen Mieters den Vorrang. Nach § 2 2. RGG fand nämlich dann keine Rückgabe des Bestandrechts statt, wenn der Bestandgegenstand am 1. Jänner 1949 und am Tage der Geltendmachung des Anspruchs zum überwiegenden Teil Wohnzwecken gedient hatte.

Hier haben wir also – im Interessenkonflikt zwischen Rückgabewerber und gegenwärtigem Inhaber des verlorenen Rechts – eine Höherbewertung der Interessen des gegenwärtigen Inhabers. Offenkundig ein gewisses Zugeständnis an die öffentliche Meinung, der es nicht gefallen hätte, wenn Mieter ihre Wohnungen räumen hätten müssen, damit aus diesen wieder Parteilokale werden hätten können. Freilich muss man sagen, dass der geschützte Kreis eng gefasst war: Ein nach dem 1. Jänner 1949 (somit vor dem Inkrafttreten des Gesetzes) abgeschlossener Mietvertrag hinderte die Rückstellung nicht – und ein Geschäftsraummieter kam überhaupt nicht in den Genuss dieser Regelung.

23 Verfassungsgesetz v. 31. 7. 1945, StGBl. 102/1945 über vereinsrechtliche Maßnahmen (Vereins-Reorganisationsgesetz).

24 Wenn ein solcher vorhanden war.

5. Die Bundeshaftung im Dritten Rückgabegesetz

Ein ganz anderes Bild ergibt sich schließlich im Anwendungsbereich des Dritten RGG, das die verloren gegangenen Ansprüche aus Privatdienstverhältnissen betraf. Inhaltlich hat sich dieses Gesetz weitgehend an den Regelungen des die Jahre 1938 bis 1945 betreffenden Siebenten RStG orientiert, gab den Opfern des Austrofaschismus also im Prinzip dieselben Ansprüche wie den Opfern des Nationalsozialismus – bis auf einen Punkt: Dieser betraf die Frage, was mit solchen Ansprüchen geschehen sollte, die vom Berechtigten deswegen nicht geltend gemacht werden konnten, weil der Anspruchsverpflichtete bereits schuldbefreiend an Dritte bezahlt hatte oder weil gar kein Verpflichteter vorhanden war. Das Siebente RStG stellte für seinen Anwendungsbereich bloß unverbindlich in Aussicht, solche Ansprüche durch ein eigenes Bundesgesetz zu regeln. Dieses erging in weiterer Folge tatsächlich – freilich erst im Jahr 1963[25] – als zu diesem Zweck ein eigener Fonds gegründet wurde.

Das Dritte RGG hingegen machte gleich „Nägel mit Köpfen“ und sah in § 3 Abs. 2 Z 2 vor, dass solche Ansprüche gegen den Bund geltend gemacht werden konnten.[26] Das ist rückblickend sehr bemerkenswert: Soweit die Gefahr bestand, dass die Opfer der Jahre 1933–1938 keine volle Entschädigung bekommen würden, nahm der Bund selbst Geld in die Hand. Für die durch die Rückgabe ohne eigenes Verschulden geschädigten Personen („Kollateralschäden“) hat er das – wie gesehen – nicht gemacht. Weit schwerer wiegt aber, dass diese Regelung wieder eine markante Besserstellung der Opfer der Jahre 1933 bis 1938 im Verhältnis zu den Opfern des Nationalsozialismus darstellt – und zwar nicht bloß in zeitlicher Hinsicht. Der nach 14 Jahren gegründete Fonds war nämlich ein solcher, der aus Mitteln der Sammelstellen gespeist wurde. Hierbei handelte es sich aber bekanntlich um den Opfern des Nationalsozialismus entzogene Vermögenswerte, hinsichtlich derer keine Rückstellungsansprüche geltend gemacht worden waren – das sogenannte „erbenlose Vermögen“. Während sich die Opfer des Nationalsozialismus als Gruppe ihre Entschädigung selbst finanzieren mussten, wurde jene der Opfer des Austrofaschismus von der öffentlichen Hand finanziert.

6. Resümee

Ich beende an dieser Stelle meine kritischen Überlegungen zu den Rückgabegesetzen. Die Gesetze haben ihre Aufgabe – die Rückgabe von Vermögen, das zwischen 1933 und 1938 entzogen worden war – geradezu vorbildlich erfüllt. Dennoch bleibt ein schaler

25 Bundesgesetz v. 12.12.1963, BGBl. 319/1963, betreffend die Abgeltung gewisser Ansprüche aus Dienstverhältnissen in der Privatwirtschaft.

26 Es ist also falsch, wenn teilweise behauptet wird, der Gesetzgeber hätte es unterlassen, für Gegner des austrofaschistischen Regimes, die ihren Arbeitsplatz aus politischen Gründen verloren hatten, eine Entschädigungsregelung zu schaffen (so z. B. von Oliver Rathkolb in seinem Vortrag auf der Tagung am 25.1.2011). In Gestalt des Dritten RGG wurde vielmehr eine durchaus adäquate Regelung geschaffen. Dass es einzelne Opfer aus der Sozialdemokratie aus politischer Rücksichtnahme unterließen, ihre Ansprüche geltend zu machen, weil sich diese gegen ihre ebenfalls der Sozialdemokratie zugehörigen Arbeitgeber gerichtet hätten, stellt keinen Einwand gegen das Gesetz dar, da diese Arbeitgeber ja auch bei Fortbestand der Dienstverhältnisse Schuldner der betreffenden Ansprüche gewesen wären.

Beigeschmack, hat es der Bund doch unterlassen, hinsichtlich unbeteiligter Dritter eine adäquate Kompensation zu schaffen. Von der in den Gesetzen zum Ausdruck kommenden Bevorzugung der Opfer der Jahre 1933 bis 1938 gegenüber jenen der Zeit von 1938 bis 1945 ganz zu schweigen.

Maria Mesner

Rückgabe. Nicht Restitution. Am Beispiel der SPÖ

Einleitung

Aufgrund der lückenhaften Quellenlage stellt der vorliegende Beitrag mehr die Dokumentation einer Spurensuche, denn die detaillierte Präsentation von Ergebnissen dar. Ausgangspunkt dieser Spurensuche war der von Margit Reiter, Theo Venus und der Verfasserin unternommene Versuch, im Rahmen eines vom Renner-Institut in Auftrag gegebenen Forschungsprojektes das Verhältnis zwischen den 1934 und in den Folgejahren enteigneten sozialdemokratischen Vermögenswerten und dem, was die nunmehrige SPÖ in der Zweiten Republik zurückerhielt, herzustellen.[1] Die Konzentration lag dabei auf dem der Bundesorganisation der SPÖ zuzurechnendem Vermögen. Das klingt zunächst nach einer sehr exakten Fragestellung. Es stellte sich aber, wie noch gezeigt werden wird, als schwierig heraus, ebensolche Antworten zu finden, da sowohl beim Entzug als auch bei der Rückgabe von den beteiligten Personen und Institutionen oft keine genauen Trennlinien zwischen den jeweiligen Eigentumsverhältnissen gezogen wurden: Es ging den Handelnden um sozialdemokratisches Vermögen, wobei sie sehr genau wussten, was darunter zu verstehen war, es ihnen allerdings nicht wichtig war, ob es dabei um die Bundes- oder Landesparteien, um Vorfeld- oder befreundete Organisationen ging; das sind eher Scheidungen, die in der Gegenwart Gültigkeit haben.

1. Die Materialbasis

Weil die Gesetzeswerdung bereits an anderer Stelle in diesem Band ausführlich dargelegt wird, [2] liegt der Schwerpunkt hier auf der praktischen Umsetzung des Rückgabeverfahrens. Um die Validität des Dargestellten kontextualisieren zu können, sei zuerst kurz auf die Materialbasis der Untersuchung eingegangen. Dabei geht es um die Frage, was man am Anfang des 21. Jahrhunderts tatsächlich über die Rückgabepraxis im Zusammenhang mit sozialdemokratischem Parteivermögen wissen kann und auf welcher Grundlage sich beurteilen lässt, wie sich das Zurückgegebene zum Entzogenen verhält. Eine wichtige Quelle ist das Parteiarchiv der SPÖ im „Verein für Geschichte der Arbei-

1 Siehe Mesner/Reiter/Venus (2007). Ich bedanke mich vor allem bei Margit Reiter, weil ich mich in meinen Ausführungen in erster Linie auf die Ergebnisse ihrer Recherchen stütze.

2 Siehe den Beitrag von Georg Graf in diesem Band.

terbewegung" (VGA), das allerdings Hinweise auf die Rückgabe nur erratisch, verstreut über mehrere Jahrzehnte und Bereiche enthält. Das Gleiche gilt für einige wenige Ordner, die in der Bundesgeschäftsführung der SPÖ aufbewahrt werden.

Für den Zeitraum, in dem der „erste" Vermögensentzug, also jener durch den autoritären „Ständestaat" erfolgte, waren die Aktenbestände des Bundeskanzleramts bzw. Innenministeriums im Archiv der Republik im Österreichischen Staatsarchiv von größter Bedeutung, weil die Durchführung und Koordinierung der Vermögensbeschlagnahme nach dem 12. Februar 1934 im Wesentlichen bei der Generaldirektion der öffentlichen Sicherheit lag. Diese bildete in der Bundespolizeidirektion Wien eine eigene sogenannte „Liquidierungsstelle" als Wirtschaftsagentur zur Verwaltung des beschlagnahmten Vermögens. Die Akten der „Liquidierungsstelle" sind aber, abgesehen von einem Konvolut, das Umfang und Verbleib der im „Vorwärts"-Gebäude beschlagnahmten Akten der Sozialdemokratischen Arbeiterpartei (SDAP) betrifft, und einigen Index-Büchern nicht mehr erhalten geblieben. Forschende sind daher auf Sekundärüberlieferung in Gestalt von Berichten, Aktenvermerken, Verhandlungsunterlagen und Listen innerhalb der Akten des Innenministeriums angewiesen. Den Berichten der „Liquidierungsstelle", insbesondere dem umfangreichen Schlussbericht, kann man wichtige Hinweise entnehmen: die Rechtsgrundlagen, die den Beschlagnahmemaßnahmen zugrunde lagen, die davon betroffenen Organisationen und Einzelpersonen, die Akteure und die von ihnen angestellten Überlegungen über die Verwendung des Vermögens sowie die Nutznießer, soweit das konfiszierte Vermögen nicht verwertet wurde und dem Bundesschatz verfiel.

Trotzdem wirft diese Quelle viele Fragen auf: Sind die Informationen auch nur annähernd vollständig? Sind die angegebenen Zahlen über die konfiszierten Vermögen glaubwürdig? Welche Vermögenschaften gehörten zum Vermögen der SDAP-Reichsleitung, und kann eine exakte Abgrenzung zu anderen Vermögenschaften vorgenommen werden? Besonders schwierig ist diese Abgrenzung für die Vermögensverflechtung zwischen Vermögen der Bundesorganisation und den Organisationen der Freien Gewerkschaften, Genossenschaften und der Arbeiterbank zu ziehen.

Die Situation wird auch dadurch undurchsichtig, dass im Kreise des sozialdemokratischen Parteivorstands, der Freien Gewerkschaften und der Arbeiterbank ab dem März 1933 verschiedene Überlegungen für Vermögenstransfers ins Ausland angestellt wurden. Teilweise konnten solche Transfers auch umgesetzt werden, zum Teil blieben diese Versuche im Ansatz stecken. Den Polizeibehörden gelang es nach der Auflösung der Organisationen vielfach, getarnte Vermögen in Österreich aufzuspüren und zu konfiszieren. Die umgekehrte Frage, wie groß das Vermögen war, das durch Transfers gerettet werden konnte, ist wesentlich schwieriger zu beantworten, da nur ein sehr kleiner Kreis eingeweiht war – die ehemalige Massenpartei war ja zu einer verbotenen Organisation geworden, die nur im Geheimen agieren konnte. Allem Anschein nach gelang es auch der SPÖ-Parteiführung nach Kriegsende nicht, sich einen vollständigen Überblick darüber zu verschaffen, wie viel vom ins Ausland verbrachten Vermögen sich über die Kriegsjahre hinweg erhalten hatte. Inwieweit Spannungen zwischen „Emigranten" und den Vertretern der „Inlandspartei" dazu beitrugen, dass verschiedene Fragen offen blieben, ist bis dato nicht endgültig geklärt und harrt noch der Analyse. Die Untersuchung der Exilkorrespondenz im Archiv des Auslandsbüros der österreichischen Sozialdemokraten

(ALÖS) im VGA sowie die Sichtung verschiedener Nachlässe führender Repräsentanten beider Richtungen (u. a. Friedrich Adler, Adolf Schärf, Julius Deutsch, Oskar Helmer) konnten keine endgültige Klärung über das ins Ausland gebrachte bzw. nach Österreich repatriierte Vermögen bringen.

Dem Gesetz entsprechend gründete die SPÖ zur Abwicklung der Rückgabe einen „Restitutionsfonds der sozialdemokratischen Organisationen". Dessen Aktenbestand ist nur sehr fragmentarisch erhalten. Er enthält summarische Kostenaufstellungen und Bilanzen, vereinzelte Korrespondenzen sowie Unterlagen zu einzelnen Bezirksorganisationen – er kann höchstens Hinweise, aber kein großes Bild liefern. Die umfassendste Liste von rückgeforderten Liegenschaften wurde in einem Lager der SPÖ Favoriten aufgefunden. Sie stammt aus Unterlagen des SPÖ-Zentralsekretärs und Vorsitzenden der SPÖ Favoriten Otto Probst. Die noch erhaltenen Akten des für die Rückgabe zuständigen Bundesministeriums für Vermögenssicherung und Wirtschaftsplanung („Krauland-Ministerium") geben zur praktischen Umsetzung der Rückgabe eher spärlich Auskunft. Die Akten der Rückgabekommissionen beim Landesgericht Wien und deren zweiter Instanz müssen als vollständig skartiert gelten.

Das alles, wie vorwegnehmend festgestellt werden kann, führt dazu, dass es ein umfassendes, gesichertes Wissen über den Umfang des Vermögens dieser Organisationen und das Ausmaß der Vermögensverflechtungen mit der Sozialdemokratischen Partei (noch) nicht gibt, sondern nur, allerdings durch die Quellenbasis fundierte, Vermutungen.

2. Das Prozedere der Rückgabe

Unmittelbar nachdem das Erste Rückgabegesetz in Kraft getreten war, wurden erste Rückgabeverfahren eingeleitet. Der Ablauf von Rückgabeverfahren sah folgendermaßen aus: Die SPÖ bzw. sozialdemokratische Organisationen stellten über den „Restitutionsfonds der sozialdemokratischen Organisationen" Anträge zur Rückgabe ehemaligen Parteivermögens. In seiner Sitzung am 7. März 1947 genehmigte der Parteivorstand der SPÖ auf Vorschlag von Zentralsekretär Otto Probst dessen Statuten und bestellte Karl Mantler als Geschäftsführer.[3] Den Vorstand bildete laut Statuten der gesamte Parteivorstand.[4] Da Mantler vom Jänner 1947 bis November 1949 auch Staatssekretär im Ministerium für Vermögenssicherung und Wirtschaftsplanung (BMVS) war, ergab sich aus dieser Doppelfunktion eine für die SPÖ wichtige und vorteilhafte Machtposition bei der Rückgabe des Parteivermögens.[5]

Unmittelbar nach Inkrafttreten des Ersten RGG richtete der „Restitutionsfonds der sozialdemokratischen Organisationen" ein Rundschreiben an alle Teil-, Neben- und Unterorganisationen der SPÖ-Organisationen, in dem er nochmals dringend die Einsendung von Fragebögen, mit denen das Ausmaß des Entzuges erhoben werden soll-

3 SPÖ-Bundesgeschäftsführung, Protokoll des Parteivorstandes der SPÖ v. 7. 3. 1947.

4 SPÖ-Bundesgeschäftsführung, Ordner „Restitutionsfonds". Die wenigen erhaltenen Dokumente des Restitutionsfonds wurden im fraglichen Zeitraum alle von Mantler und Probst gemeinsam unterschrieben.

5 Vgl. Böhmer (1999), 106.

te, bis 31. Mai des Jahres urgierte.[6] Offenbar waren diese Fragebögen schon im Vorfeld ausgesandt worden. Nötig war dieses akkordierte Vorgehen, weil nur die Restitutionsfonds zum Einbringen von Anträgen auf Rückgabe berechtigt waren. Bereits auf dem Parteitag 1947 wurde vermeldet, dass beim Restitutionsfonds „bisher von Parteiorganisationen die Rückforderung von *193 Liegenschaften im Werte von 15.000.000 Schilling*, sowie die Rückforderung sonstiger Vermögenswerte, von Geldern, Inventaren usw. in einem Betrag von ungefähr 6.000.000 Schilling angemeldet“[7] worden waren.

Aufgrund der Quellenlage können keine konkreten Angaben über das Ausmaß und die konkreten Inhalte der Rückgabeverfahren gemacht werden. Die ungefähre Anzahl der Verfahren lässt sich aber aus summarischen Aufstellungen über den Stand der Rückgabeverfahren ableiten: Die letzte vorliegende Version von Ende 1956[8] listet – allerdings nicht nach Rückstellungswerbern bzw. Restitutionsfonds differenziert – 574 bis zu diesem Zeitpunkt beantragte oder durchgeführte Rückgabeverfahren auf, die nach dem Ersten RGG bis zum 31. Dezember 1956 anhängig gemacht worden waren. Hiervon waren 571 Fälle von den Rückgabekommissionen erledigt worden: Es verblieben nur noch drei Verfahren, die im Laufe des nächsten Jahres beendet wurden.[9] Von den 571 Verfahren endeten 183, also etwa ein Drittel, mit Vergleichen, 178, also ein weiteres Drittel, durch Stattgebung des Antrags, das letzte Drittel entfällt je zur Hälfte auf abgewiesene (86 Fälle) oder zurückgezogene Anträge (97 Fälle). Schließlich wurden 27 Fälle an andere Instanzen abgetreten. Im statistischen Handbuch von 1958 ist in der entsprechenden Rubrik nur vermerkt, dass keine Anträge mehr eingebracht wurden.[10]

Auf Detailergebnisse der Rückgabe in Bezug auf die SPÖ wird noch zurückzukommen sein. Die Rückgabegesetze deckten aber nicht alle von der SPÖ erhobenen Ansprüche ab. Während die Fälle nach den ersten drei Rückgabegesetzen juristisch bearbeitet und sukzessiv abgeschlossen wurden,[11] standen ungeklärte Fragen der Gewerberechte und weiterer Entschädigungsansprüche noch des Öfteren zur Debatte. Das Kernstück der von der SPÖ gestellten Ersatzforderungen betraf jenes Vermögen, das nicht mehr in natura zurückgegeben werden konnte, „weil es beispielsweise im Verlaufe der Februarereignisse des Jahres 1934 durch Kampfhandlungen vernichtet, geplündert oder sonst wie in die Hand unbekannter Dritter gelangt ist“, wie es in einem Bericht des Ministeriums für Vermögenssicherung einmal formuliert wurde.[12] Die SPÖ hatte schon

6 Bezirksorganisation Favoriten, Karton Probst, Ordner Restitutionsfonds, Schreiben des Restitutionsfonds der Sozialdemokratischen Organisationen an alle Organisationen, 3.4.1947, Kopien im Kreisky-Archiv.

7 Parteitag 1947 der SPÖ. Tagesordnung, Geschäftsordnung, Anträge, Wien, o.J. (1947), 47, Hervorheb. i.O.

8 Statistisches Handbuch für die Republik Österreich (1957), 243.

9 Der Ausgang des Verfahrens der letzten drei Fälle konnte nicht rekonstruiert werden.

10 Statistisches Handbuch für die Republik Österreich (1958), 254.

11 Anfang Jänner 1951 wurde damit gerechnet, dass „in absehbarer Zeit“ die Verfahren nach dem Ersten RGG beendet sein würden; vgl. ÖStA/AdR, BMF, Nachlass Klein, Kt. 2, Note des Justizministeriums, 14.1.1952, betr. Stand der Verfahren nach dem Rückgabegesetz zum 31.12.1951, 24.1.1952.

12 ÖStA/AdR, BMF Nachlass Klein, Kt. 32, Bericht Nr. 191 an den Bundesminister betr. bevorstehende Parteienverhandlungen über das Zweite Rückgabegesetz, 7.6.1949.

seit Jahren für dieses verlorene Vermögen Ersatzleistungen, nach Möglichkeit auch in Geld, gefordert. Das widersprach jedoch eindeutig der Rückstellungspraxis und wurde vom Bundesministerium für Vermögenssicherung abgelehnt.

Die Frage der „Wiedergutmachung" kam in den Parteienverhandlungen zwischen ÖVP und SPÖ im Februar 1951 zur Sprache. Dort forderte die SPÖ noch einmal nachdrücklich die bereits angemeldeten 26 Millionen Schilling an Ersatzansprüchen,[13] worauf die ÖVP aber nicht eingehen wollte. So vertrat Julius Raab den Standpunkt, dass die Sozialisten ihr Barvermögen 1938 auf jeden Fall verloren hätten, und Felix Hurdes verlangte, dass in diesem Zusammenhang unbedingt auch die von 1938 bis 1945 entstandenen „Wiedergutmachungs"-Ansprüche zu berücksichtigen wären – und so blieb diese Frage weiterhin offen.

Mitunter versuchte die SPÖ, ihr Ziel dadurch zu erreichen, dass die noch offenen Rückgabeforderungen mit anderen Teilfragen der Rückgaberegelung verknüpft wurden, so z. B. wenn die SPÖ ihre Mietzahlungen, die sie für die Benützung von Möbeln aus dem DAF-Vermögen zu leisten hatte, mit den noch ausstehenden Rückgabeforderungen gegenrechnen wollte oder unter Hinweis auf diese Forderungen bestimmte Steuererleichterungen vorschlug.[14] Dieses Ansinnen wurde jedoch immer mit dem Argument abgewiesen, dass die SPÖ diese Forderungen zwar angemeldet hätte, diese jedoch „ziffernmäßig noch nicht feststehend" wären, da der Restitutionsfonds nach wie vor keine genauen Belege dafür vorgelegt hätte; die geforderte Aufrechnung lehnte Finanzminister Reinhard Kamitz daher prinzipiell ab.[15]

Die Rückgabeansprüche der SPÖ wurden auch in den Folgejahren, ja selbst in den nächsten Jahrzehnten, keineswegs aufgegeben. 1954 z. B. unternahm der Parteivorsitzende Adolf Schärf parteiinterne Recherchen über den Verbleib der Akten zu den Februarereignissen von 1934, welche die Partei seiner Ansicht nach dringend benötigte, um – wie er es ausdrückte – „ernsthafte Rückforderungsansprüche" stellen zu können.[16] Auch die Debatten darüber, wer in welchem Ausmaß Ersatzleistungen an Drittkäufer von entzogenem Vermögen, die dieses an die Partei zurückgeben mussten, zahlen sollte, zogen sich noch jahrzehntelang hin.[17] Letztendlich sollte es zu keiner gesetzlichen Regelung dieser Fragen kommen, wie in einem Schreiben der Finanzprokuratur noch im Jahr 1973 lapidar festgehalten wurde: „Die im § 8 angekündigte Erlassung eines besonderen Bundesgesetzes hinsichtlich der Regelung derjenigen Ersatzansprüche, die über die Rückgabe hinausgehen, kann nach dem derzeitigen Stand in absehbarer Zeit nicht erwartet werden."[18]

13 VGA, Nachlass Schärf, 4/134, Box 20, Vorschlag für Parteienverhandlungen, 28. 12. 1950; KvVI, Protokoll von der Parteienverhandlung zwischen SPÖ und ÖVP, 8. 2. 1951.

14 Nachlass Waldbrunner, im Privatbesitz der Erben, Kopien im Kreisky-Archiv, Schreiben von Otto Probst an Adolf Schärf, 5. 11. 1950 und 20. 11. 1950; Schreiben von Adolf Schärf an Kamitz, 22. 9. 1952.

15 Nachlass Waldbrunner, Schreiben von Kamitz an Adolf Schärf, 9. 10. 1952.

16 VGA, Nachlass Schärf, 4/287, Box 44, Schreiben von Adolf Schärf an Franz Rauscher, 18. 8. 1954.

17 Vgl. ÖStA/AdR, BMF, Nachlass Klein, Kt. 2, Durchführung des § 8 des Rückgabegesetzes (undatiert). Aus diesem Schriftstück, wo diverse Einzelfälle von Privateigentümern aufgelistet werden, geht hervor, dass es dazu im Vermögensministerium einen generellen Akt mit der GZ 27.511–1/48 gäbe.

18 Archiv des BMF, GZ 106.282–2/73, liegt bei Sammelakt zum Restitutionsfonds der sozialdemokratischen Organisationen, offene Kosten der Finanzprokuratur, Zl. 52.017/1-I/5a/93, Zuschrift der

3. Die Ergebnisse der Rückgabe

Der Rückgabeprozess war durch verschiedene Vermögenskategorien strukturiert, an denen sich auch der folgende Überblick orientiert. Aufgrund der – mehrfach erwähnten – sehr lückenhaften, fragmentarischen Quellenlage ist es nicht möglich, eine enge quantitative Beziehung zwischen dem entzogenen und dem rückgestellten Vermögen herzustellen. Die Quellenlage sowohl für den Vermögensentzug als auch für die Rückgabe gibt auch jeweils nur einen Zwischenstand des Gesamtprozesses wieder, nämlich beim Entzug den Stand von 1936, bei der Rückgabe im Wesentlichen jenen von 1950. Betont werden muss daher der provisorische Charakter der folgenden Ausführungen, der noch viel Raum für weitere Forschungen bietet.

Die wesentlichste Gruppe von Vermögenswerten waren wohl die beschlagnahmten sozialdemokratischen Liegenschaften: In der sehr umfassenden Aufstellung der rückgeforderten Liegenschaften aus den Materialien Otto Probsts[19] finden sich zwar verschiedenen Bundesländerorganisationen zuzuordnende Liegenschaften, der Bundesebene der SPÖ bzw. der SDAP war aber nur der „Vorwärts“-Komplex zuzuordnen. In Bezug auf die Liegenschaften, die nicht den Vorfeldorganisationen, wie den „Natur-“ oder „Kinderfreunden“, gehörten, sondern Arbeiterheime (mit eigenen Trägervereinen) oder im Besitz von Bezirks- oder Landesorganisationen waren, steht zum jetzigen Zeitpunkt der Ausgang der Rückgabeverfahren nur bei rund der Hälfte der beanspruchten Liegenschaften fest. Über den (großen) Rest der Rückgabeverfahren können keine Aussagen gemacht werden – insgesamt stellt dieser Bereich sicher eine Forschungslücke dar. Allerdings finden sich unter den abgeschlossenen Verfahren nur zwei von 122, die nicht zur Rückgabe der beanspruchten Liegenschaften führten. Auch wenn es sich bei den 1950 noch nicht abgeschlossenen Fällen tendenziell um die komplexeren gehandelt haben dürfte, kann vermutet werden, dass auch die große Mehrheit dieser Liegenschaften schließlich restituiert wurde. Was die Restitution des „Vorwärts“-Verlages angeht, wurden mehrfach Vorwürfe erhoben, es seien Vermögenswerte restituiert worden, die bei der Beschlagnahme im Februar 1934 nicht in sozialdemokratischem Eigentum gestanden hätten.[20] Das kann durch die Recherche-Ergebnisse dieser Studie nicht bestätigt werden: Das Forschungsteam hat keine Hinweise auf eine dem Gegenstand nach unrechtmäßige Rückgabe gefunden.

Was die Bestandrechte und die beschlagnahmten beweglichen Sachen, also z. B. Fahrzeuge, Fahnen und Büroinventar, anlangt, sind wir in unserer Studie auf zu wenig diesbezügliche Unterlagen gestoßen, als dass auch nur provisorische Aussagen gemacht werden könnten. Schon lange bevor das Zweite RGG[21] 1949 in Kraft trat, das die Rückgabe

---

Finanzprokuratur Zl. 21.859–6/73, 19.4.1973. Wir danken in diesem Zusammenhang Mag.ª Ingrid Oberleitner vom Bundesministerium für Finanzen dafür, dass sie uns diesen Akt zur Verfügung gestellt hat, und Dr. Reinhard Binder-Krieglstein von der Historikerkommission der Republik Österreich für die Unterstützung beim Ausfindigmachen des Akts.

19 SPÖ-Bezirksorganisation Favoriten, Karton Probst, bundesländerweise geordnete Listen per 1.5.1950, Kopien im Kreisky-Archiv.

20 Vgl. Böhmer (1999), 74 f.

21 BGBl. 165/1949 v. 22.6.1949.

der Bestandrechte regelte, wurden seitens der SPÖ Ansprüche erhoben, die auf entzogene Mietrechte zielten. Es ist beispielsweise ein Schreiben an das Wohnungsamt der Gemeinde Wien aus dem Februar 1947 erhalten, in dem jene „Kinderfreunde-" und Jugendheime sowie Parteilokale aufgelistet waren, welche die SPÖ in Wien zurückforderte:[22] Grundlage dieser Auflistung war offenbar die schon einmal erwähnte Fragebogenaktion der SPÖ,[23] in der alle Lokalorganisationen gebeten worden waren, entzogenes Vermögen anzugeben.

Wesentlich ist, dass bei der Möglichkeit, Mietrechte zurückzufordern, ein erheblicher Unterschied zwischen Rückgabe- und Rückstellungswerbern bzw. -werberinnen bestand, der bewirkte, dass die Geschädigten der Jahre 1933 bis 1938 gegenüber den Opfern der nationalsozialistischen Verfolgung im Vorteil waren.[24] Soweit bekannt, ist außer einem Ordner im SPÖ-Archiv im „Vorwärts"-Gebäude keine Dokumentation zur Rückgabe von Bestandrechten welcher Art auch immer vorhanden, und auch diese Dokumentation[25] beschränkt sich auf Wien und konzentriert sich auf das Jahr 1947, also auf den Zeitraum vor der Beschlussfassung des Zweiten RGG. Sie reicht nur ganz vereinzelt darüber hinaus. Zumindest im Wiener Bereich weisen einige der erhaltenen Schreiben darauf hin, dass Mietobjekte auch schon vor dem Inkrafttreten des entsprechenden Rückgabegesetzes rückgestellt wurden. In einem Schreiben der KPÖ-Sektion Leopoldstadt heißt es: „Auf Grund des Wiedergutmachungsgesetzes treten wir ab 1. Mai 1947 von unserem Mietvertrag [...] zu Gunsten der sozialistischen Partei, Sektion Schüttel, zurück [...]."[26] Unmittelbar darauf meldete die zuständige SPÖ-Bezirksorganisation den „Erfolg" weiter: Es sei der „Sektion 20 gelungen [...], durch politische Parteiverhandlungen [sic!] ihr altes ehemaliges Versammlungslokal [...] zurückzuerhalten."[27] Über solche Einzelfälle hinaus können aber keine Aussagen über das Ausmaß der Rückgabe von Bestandrechten aufgrund des Zweiten RGG gemacht werden.

Nur nebenbei sei bemerkt, dass diese Geschichte der „Sektion 20" auf einen Konflikt zwischen SPÖ und KPÖ verweist, der ganz am Anfang der Diskussion über die Rückgabe gestanden war: Die KPÖ hatte Anspruch auf „Arbeitervermögen", also auf ehemaliges sozialdemokratisches Vermögen, erhoben, weil sie, noch vor den Wahlen 1945, davon ausging, dass sie nun große Teile der Arbeiterschaft vertrete. Durchsetzen konnte sich die KPÖ allerdings mit ihrer Forderung, auch aufgrund der im November 1945 offenbar werdenden Mehrheitsverhältnisse, nicht.

Die Aktenlage in Bezug auf die beweglichen Sachen ist ebenso schlecht wie jene hinsichtlich der Mietrechte. Abgesehen von ganz vereinzelten Fällen, etwa der Rückgabe zweier Filmprojektoren von der Wiener Urania an den Arbeiterbildungsverein in Wien-

22 VGA, Neues Parteiarchiv, Ordner Lokale Partei 1947, Schreiben v. 8. 2. 1947 an das Wohnungsamt der Gemeinde Wien, ohne Unterschrift.

23 VGA, Neues Parteiarchiv, Schreiben der SPÖ-Bezirksleitung Innere Stadt an das Wiener Sekretariat der SPÖ v. 6. 2. 1947.

24 Siehe dazu auch Graf (2003), 198 f.

25 VGA, Neues Parteiarchiv, Ordner Lokale Partei 1947.

26 VGA, Neues Parteiarchiv, Ordner Lokale Partei 1947, Schreiben der KPÖ Leopoldstadt, Sektion 14/15 an die Hausverwaltung des Hauses Wien 2., Böcklinstrasse 76 v. 8. 5. 1947.

27 VGA, Neues Parteiarchiv, Schreiben der SPÖ-Bezirksorganisation Leopoldstadt an das Wiener Sekretariat v. 22. 5. 1947.

Alsergrund,[28] ist keinerlei historische Dokumentation vorhanden. Möglicherweise waren viele dieser Gebrauchsgegenstände – um solche handelte es sich wohl im Wesentlichen – inzwischen durch Kriegseinwirkung zerstört oder durch den langen Gebrauch wertlos geworden, sodass keine erheblichen Anstrengungen unternommen wurden, sie zurückzuerhalten. Im Verhältnis zu den beschlagnahmten Geldvermögen, vor allem aber zum Wert der entzogenen Liegenschaften und Wirtschaftsbetriebe, dürfte der durch die beschlagnahmten beweglichen Sachen repräsentierte Wert geringfügig gewesen sein. Trotz der Lückenhaftigkeit der Quellen kann davon ausgegangen werden, dass ihr Wert nicht wesentlich für die Beurteilung der Gesamtrestitution ist.

Einen speziellen Fall bilden die Bestände der Arbeiterbüchereien, soweit sie die Säuberungsaktionen von autoritärem „Ständestaat" und NS-Regime überstanden hatten. Die um politisch missliebige Literatur reduzierten Arbeiterbüchereien, 1934 zusammengefasst unter dem Dach des „Verein Arbeiterbüchereien", waren zumindest in Wien[29] – über die Praxis in den anderen Bundesländern ist nichts bekannt – 1936 kommunalisiert und als „Arbeiterbüchereien der Stadt Wien" wieder zugänglich gemacht worden. Nach einer weiteren politisch motivierten Bücherzerstörung wurde die Institution 1938 in „Städtische Büchereien" umbenannt. Schon bald nach der Befreiung, teilweise schon am 1. Mai 1945, nahmen einzelne Zweigstellen den Betrieb wieder auf, nachdem die nationalsozialistische Literatur aus den Regalen entfernt worden war. Die wiedergegründete SPÖ verzichtete auf die Rückgabe der Bücher zugunsten der Beibehaltung der Kommunalisierung. In einem informellen Übereinkommen zwischen den drei Nachkriegsparteien wurde vereinbart, dass keine parteieigenen Büchereien mehr eröffnet werden sollten. Diese Maßnahme war zwar Heimo Gruber, dem Historiografen der Wiener Städtischen Büchereien, zufolge, innerhalb der Sozialistischen Partei nicht unumstritten, letztlich dürfte aber auch ein Mangel an finanziellen und personellen Ressourcen für den Verzicht gesprochen haben.[30]

Was die Bankguthaben und das beschlagnahmte Bargeld betrifft, gilt, dass Bargeld – mit Ausnahme eines Teils des Juliopferfonds[31] – nicht restituiert wurde: Die Finanzprokuratur als Anwältin der Republik setzte sich mit ihrer Argumentation durch, dass die Zweite Republik nicht mehr eindeutig im Besitz der beschlagnahmten Mittel sei, die daher nicht unter das Erste RGG fielen.[32] Der „Restitutionsfonds der sozialdemokratischen Organisationen" wurde auf ein Gesetz verwiesen, das noch zu erlassen sei und Ersatzansprüche regeln sollte – dieses wurde allerdings nie erlassen.

28 ÖStA/AdR, BMF, Nachlass Klein, Kt. 25, GZ. 35.850–1/47, Gegenstand: Zuschrift des „Österreichischen Gewerkschaftsbundes" Liquidationsstelle der DAF, betreffend Anzeige über eine Rückgabe im Vergleichswege gemäß § 13 des Dritten Rückstellungsgesetzes BGBl. 54/1947 von Tonfilmapparaten seitens der „Wiener Volksbildung Urania" an den geschädigten Arbeiterbildungsverein in Wien.

29 Siehe dazu Gruber (1987).

30 Gruber (1987), 14.

31 Der „Vereinigte Juli-Opfer-Fonds" hatte sich aus freiwilligen Beiträgen gespeist und war gegründet worden, um die Opfer der Auseinandersetzungen um den Justizpalastbrand zu unterstützen. Siehe dazu auch Heinzl (2008),73 f.

32 ÖStA/AdR, Finanzprokuratur, Aktenzeichen 17.867, Beschluss des Obersten Rückgabekommission beim Obersten Gerichtshof v. 29. Oktober 1959, Rgv 1/55.

4. Rückgabe und Rückstellung

Der Vergleich zwischen den Geschädigten des Jahres 1934 und jenen des NS-Regimes liegt nicht nur in der Gegenwart nahe, er war auch in der Nachkriegs-SPÖ sehr geläufig. Es sei nur an Karl Renners entlarvende Wortmeldung aus dem Jahr 1945 erinnert, wonach „[e]s [...] unverständlich [wäre], dass man jeden kleinen jüdischen Kaufmann oder Hausierer für seinen Verlust entschädigt, dass man aber einer ganzen Klasse und einer Bewegung, der 47 % der Bevölkerung angehört haben, straflos und ohne Ersatz das Ergebnis ihrer emsigen Sammeltätigkeit und ihrer Organisationsarbeit glatt wegnehmen kann".[33] Dass während der ganzen Restitutionsdebatte der SPÖ die Entschädigung für ihre eigenen Verluste wesentlich näher lag als jene der jüdischen Opfer, kann, das hat Brigitte Bailer[34] umfassend dargelegt, als gesichert gelten. Die SPÖ verzögerte eine Regelung der Restitution an die jüdischen Opfer oft, wenn sie ihre eigenen Ansprüche bedroht sah. Das ändert aber nichts daran, dass die SPÖ und ihr nahestehende Organisationen aller Wahrscheinlichkeit nach nicht alle Vermögenswerte zurückerhielten, die den sozialdemokratischen Organisationen im Zusammenhang mit dem Bürgerkrieg des Jahres 1934 entzogen worden waren. Allerdings erhielt die SPÖ – im Unterschied zu den Juden und Jüdinnen, die nach dem „Anschluss" aus ihren Wohnungen vertrieben worden waren – Mietrechte restituiert.

Wesentlich ist auch ein weiteres Spezifikum des Rückgabeprozesses, das beim Vergleich mit den Rückstellungsverfahren in Bezug auf Juden und Jüdinnen entzogenes Eigentum ins Auge fällt: Der SPÖ nahestehende oder ihr angehörende Personen waren gleichzeitig die Hauptakteure und Entscheidungsträger im Rückgabeverfahren; Antragsteller und Entscheidungsbefugte im Ministerium gehörten beide der SPÖ an, auf die einflussreiche Doppelfunktion Karl Mantlers als Staatssekretär im zuständigen Ministerium und als Vorsitzender des sozialdemokratischen Restitutionsfonds wurde schon hingewiesen. Illustrativ für die Vorgänge ist auch die bereits erwähnte, an sich unbedeutende Geschichte zweier Filmprojektoren: Als Geschädigter trat der Arbeiter-Bildungsverein Wien IX, Dreihackengasse 7, auf, vertreten durch Gemeinderat Ludwig Dienstl und Bezirksrat Rudolf Küffner sowie Karl Mantler vom „Restitutionsfonds der sozialdemokratischen Organisationen". Antragsgegnerin war die „Wiener Volksbildung", die ihrerseits durch ihren Direktor Otto Böhm und Wolfgang Speiser, beide sozialdemokratische Funktionäre, repräsentiert wurde. Als Vermittler trat der ÖGB, Liquidationsstelle DAF, auf, den der Leiter der Liquidationsstelle Johann Svitanics vertrat. Im entsprechenden Akt wird festgehalten, dass die Rückgabe anstandslos funktioniert habe, weil sich die Vertreter des Antragsgegners „rückhaltlos" bereit erklärt hätten, die Filmapparate – noch dazu auf ihre Kosten –zurückzugeben.[35] Dass unter

33 Protokolle des Kabinettsrates der Provisorischen Regierung Karl Renner 1945, Nr. 5 v. 10.5.1945, zit. n. Enderle-Burcel (1995), 41.

34 Siehe Bailer-Galanda (2003). Siehe dazu auch deren Beitrag in diesem Band.

35 ÖStA/AdR, BMF, Nachlass Klein, Kt. 25, GZ. 35.850–1/47, Gegenstand: Zuschrift des Österreichischen Gewerkschaftsbundes Liquidationsstelle der DAF, betreffend Anzeige über eine Rückgabe im Vergleichswege gemäß § 13 des Dritten Rückstellungsgesetzes BGBl. 54/1947 von Tonfilmapparaten seitens der „Wiener Volksbildung Urania" an den geschädigten Arbeiterbildungsverein in Wien.

solchen Umständen die Rückgabeverfahren wesentlich unaufwändiger verliefen und aus der Sicht der Geschädigten eher positiv endeten als das für jüdische Geschädigte der Fall war, liegt auf der Hand.

Der relativ große Einfluss, den der SPÖ nahestehende Funktionäre auf die Restitution sozialdemokratischen Eigentums ausüben konnten, verweist auf den zeithistorischen Kontext und damit auf ein Charakteristikum der politischen Kultur in den ersten Jahrzehnten der Zweiten Republik: Zugespitzt formuliert war die Zweite Republik vor allem eine Gründung der beiden Koalitionsparteien. Diese betrachteten sie (sowie ihre Organe und Institutionen) dann auch als ihren rechtmäßigen Besitz, ihren klaren Einflussbereich. Die Einhaltung einer strikten Unterscheidung zwischen politischen Parteien und staatlichen Institutionen fiel den meisten politischen Akteuren der Nachkriegszeit sehr schwer – und das bildet sich auch in der Rückgabepraxis ab.

REHABILITIERUNGEN

Walter Manoschek/Thomas Geldmacher

Spät. Aber doch. Anmerkungen zur Rehabilitierung der österreichischen Wehrmachtsdeserteure (1998–2009)

Am Ende war der Deserteur ein Ehrengast. Als im Plenum des Nationalrates am Abend des 21. Oktobers 2009 über den „Bericht und Antrag des Justizausschusses betreffend ein Aufhebungs- und Rehabilitationsgesetz"[1] diskutiert wurde, saß Richard Wadani, Ehrenobmann des Personenkomitees „Gerechtigkeit für die Opfer der NS-Militärjustiz", auf der Zuschauertribüne und wurde sowohl von Fritz Neugebauer, dem Zweiten Präsidenten des Nationalrates, als auch vom Justizsprecher der Grünen, Albert Steinhauser, namentlich begrüßt.

Diese Geste – insbesondere des ÖVP-Politikers Neugebauer – war keine Selbstverständlichkeit; sie verdeutlichte, welcher Einstellungswandel hinsichtlich der Wehrmachtsdeserteure sich in den Jahren zwischen 1998 und 2009 in der österreichischen politischen Landschaft ereignet hatte. „Mit den Stimmen der Regierungsfraktionen und der Grünen hat heute der Nationalrat sämtliche noch nicht aufgehobene NS-Unrechtsurteile aufgehoben. Damit sind auch alle Deserteure aus Hitlers Armeen rehabilitiert."[2] Was die Parlamentskorrespondenz vom 21. Oktober 2009 in zwei lapidaren Sätzen zusammenfasste, war der Abschluss eines über zehnjährigen Kampfes um die juristische und gesellschaftliche Rehabilitierung der Opfer der NS-Militärjustiz und um die Anerkennung der Desertion als Akt des Widerstandes gegen den Nationalsozialismus. Geführt wurde dieser Kampf von einer kleinen, anfangs politisch völlig unbedeutenden zivilgesellschaftlichen Gruppe, auf parlamentarischer Ebene unterstützt von der Fraktion der Grünen – umso bemerkenswerter und ungewöhnlicher ist es, dass die Bemühungen letztlich zum Erfolg führten. Dieser Artikel stellt so etwas wie eine kommentierte Chronik der Ereignisse zwischen 1998 und 2009 dar. Der Weg zur Rehabilitierung der Opfer von Unrechtsregimen ist in Österreich zumeist lang und hürdenreich. Es dauerte auch Jahre bis durch beständigen zivilgesellschaftlichen und wissenschaftlichen Druck im Jänner 2012 die fünf Parlamentspartei-

1 XXIV. GP, 359 d. B. zu den Sten.Prot. NR, http://www.parlament.gv.at/PAKT/VHG/XXIV/NRSITZ/NRSITZ_00040/fname_177083.pdf (19.7.2012).

2 Parlamentskorrespondenz, Nr. 889, Nationalsozialistische Unrechtsurteile aufgehoben, 21.10.2009, http://www.parlament.gv.at/PAKT/PR/JAHR_2009/PK0889/(19.7.2012).

en alle jene Personen rehabilitierten, die zwischen dem 6. März 1933 und dem 12. März 1938 verurteilt worden waren, weil sie sich für ein unabhängiges und demokratisches Österreich eingesetzt hatten.[3]

1. Die vergangenheitspolitische Ausgangslage

1946 war alles noch ganz anders. Das „Rot-Weiß-Rot-Buch", eine vom Außenministerium in Auftrag gegebene Publikation, in der es vor allem darum ging, den österreichischen Widerstand gegen das NS-Regime breit ins Licht zu rücken, würdigte explizit den Anteil der Deserteure an der Befreiung von Hitlers Joch. So wurde lobend hervorgehoben, dass sich „viele österreichische Deserteure zu den bewaffneten Widerstandstruppen in Frankreich, Jugoslawien, Dänemark und in den Ostgebieten" geschlagen hatten, und es war gar von einem Geheimbefehl der Heeresgruppe Süd vom März 1945 die Rede, demzufolge Wehrmachtangehörige aus den „Donau- und Alpengauen" speziell zu überwachen seien, da sie zur Fahnenflucht neigten.[4] Der Leiter der Staatsanwaltschaft Wien, Theodor Mayer-Maly, betonte im Jänner 1946: „Ein Deserteur der deutschen Wehrmacht war [...] kein ‚Fahnenflüchtiger', sondern ein Österreicher, der sich weigerte, gegen sein Vaterland für fremde Interessen zu kämpfen. Wer ihn verraten hat, hat damit auch Österreich verraten."[5]

Doch diese Einschätzungen änderten sich rasch. Binnen weniger Jahre gelang es den maßgeblichen politischen Parteien, und insbesondere dem mächtigen „Österreichischen Kameradschaftsbund", dem Traditionsverband ehemaliger österreichischer Wehrmachtssoldaten, Deserteure gesellschaftlich auszugrenzen und als „Feiglinge" oder „Kameradenschweine" zu diffamieren.[6] Die staatsoffiziell vertretene „Opferthese" bot keinen Platz für jene Soldaten, die sich geweigert hatten, in Hitlers Vernichtungsfeldzug mitzumarschieren. Deserteure anzuerkennen hätte bedeutet, das Verhalten jener Wehrmachtssoldaten, die bis zur Kapitulation des „Dritten Reichs" vermeintlich heldenhaft eine vermeintliche Heimat verteidigt hatten, zumindest infrage zu stellen. Dies wusste man in Österreich lange Zeit zu verhindern. Für die Deserteure galt dasselbe, was Ernst Hanisch für den antifaschistischen Widerstand festgestellt hat: „Tatsächlich konnte nur einer Recht haben: entweder der Soldat der deutschen Wehrmacht oder der Mann und die Frau des Widerstands."[7] Um die Erzählung der Mehrheit zu kanonisieren, mussten die Deserteure verschwinden.

In Deutschland bildeten sich seit Anfang der 1980er-Jahre vereinzelte regionale Friedensinitiativen, die den Deserteuren der Wehrmacht Denkmäler setzen wollten, und 1990 kam es zur Gründung der „Bundesvereinigung Opfer der NS-Militärjustiz e. V." unter dem Vorsitz des ehemaligen Deserteurs Ludwig Baumann, die sich binnen weniger Jahre zu einem bedeutenden Faktor in vergangenheitspolitischen Fragen der Bundesre-

3 Siehe dazu den Beitrag von Ilse Reiter-Zatloukal in diesem Band.

4 Rot-Weiß-Rot-Buch (1946), 166, 167.

5 Zit. n. Butterweck (2003), 99 f.

6 Vgl. dazu ausführlich Geldmacher (2009).

7 Hanisch (1996), 45.

publik entwickelte.[8] Im Herbst 1991 formulierte das deutsche Bundessozialgericht sein denkwürdiges Grundsatzurteil, in welchem es der NS-Militärjustiz jegliche rechtsstaatliche Qualität absprach und sie als „verbrecherisch" und „terroristisch" bezeichnete.[9]

In Österreich hingegen blieb das Bild von der „sauberen Wehrmacht" trotz der Affäre um die Weltkriegsvergangenheit des Bundespräsidenten Kurt Waldheim und trotz der 1991 durch Bundeskanzler Franz Vranitzky erfolgten Relativierung der „Opferthese" weitgehend unangetastet. Es geriet erst Mitte der 1990er-Jahre ins Wanken, und zwar durch die Ausstellung „Vernichtungskrieg. Verbrechen der Wehrmacht 1941–1944". Im Zuge der heftig geführten Auseinandersetzungen wurde erstmals einer breiten Öffentlichkeit bewusst, dass die Wehrmacht nicht abseits des Nationalsozialismus gekämpft hatte, sondern auf vielfältige Weise in den rassenideologisch motivierten Angriffs- und Vernichtungskrieg involviert gewesen war. Auch die Arbeit der 1998 eingesetzten Historikerkommission der Republik Österreich und die Debatten um NS-Raubkunst in Österreichs Museen leisteten ihren Beitrag zu einem Wandel im öffentlichen Meinungsklima. Erst diese Entwicklungen schufen die grundlegenden Rahmenbedingungen, um die Rehabilitierung der Opfer der NS-Militärjustiz vorwärts zu bringen.

Den Anfang machten die Zeugen Jehovas.[10] Von der Öffentlichkeit weitgehend unbemerkt, stellten VertreterInnen dieser Glaubensgemeinschaft, deren männliche Mitglieder im Zweiten Weltkrieg in großer Zahl wegen Kriegsdienstverweigerung zum Tode verurteilt worden waren, Mitte der 1990er-Jahre einige erfolgreiche Anträge auf Rehabilitierung nach den Bestimmungen des 1945 erlassenen Aufhebungs- und Einstellungsgesetzes.[11]

Der nächste Schritt folgte in einem von Walter Manoschek geleiteten politikwissenschaftlichen Seminar an der Universität Wien im Wintersemester 1998/99. Eine Gruppe von Studierenden wollte den vergangenheitspolitischen Umgang mit Wehrmachtsdeserteuren in Österreich analysieren und musste zu ihrer Überraschung feststellen, dass es dazu keinerlei Forschungen und praktisch keine österreichspezifische Literatur gab. Das Thema war wissenschaftlich und politisch inexistent. Die Studierenden leisteten erste rudimentäre Forschungsarbeit und nahmen darüber hinaus Kontakt zu den Grünen auf, um das Thema in den parlamentarischen Raum zu hieven. Dadurch erhielten die Dinge ungeahnte Dynamik.

2. Forschung und Vernetzung (1999–2003)

Die Grünen starteten zu Beginn des Jahres 1999 eine parlamentarische Initiative zur Rehabilitierung der Wehrmachtsdeserteure. Der parteilose Justizminister Nikolaus Michalek gab im Rahmen einer parlamentarischen Anfragebeantwortung zu Protokoll, dass die Wehrmacht als „fremde Armee" zu betrachten sei. Hinsichtlich der Frage, inwieweit Urteile gegen Deserteure aufgehoben seien, verwies Michalek auf das Aufhebungs- und Einstellungsgesetz.[12] Dieses besagt, dass Verurteilungen österreichischer Staatsbürge-

8 Vgl. dazu ausführlich Wette (1995); Metzler (2003; 2007); Geldmacher (2008).

9 Vgl. Wette (1995), 194.

10 Vgl. Herrberger (2003).

11 StGBl. 48/1945.

12 Anfragebeantwortung XX. GP, NR 5377/AB, 30.3.1999, http://www.parlament.gv.at/PAKT/VHG/XX/AB/AB_05377/index.shtml (20.7.2012).

rInnen durch nationalsozialistische Gerichte als nicht erfolgt zu gelten hätten, fügt aber einschränkend hinzu, dass die Tat, die zur Verurteilung geführt hatte, „gegen die nationalsozialistische Herrschaft oder auf die Wiederherstellung eines unabhängigen Staates Österreich gerichtet" gewesen sein musste.[13] Diese Einschränkung wollten die Grünen beseitigt wissen und brachten daher einen Entschließungsantrag ein, in dem es hieß: „Alle Urteile der nationalsozialistischen Militärgerichtsbarkeit gegen Österreicher sind von Amts wegen aufzuheben."[14] In leicht modifizierter Form wurde dieser Antrag in der Nationalratssitzung am 14. Juli 1999 mit den Stimmen von SPÖ, ÖVP, Grünen und Liberalem Forum (und gegen die Stimmen der FPÖ) angenommen. Das Wissenschaftsministerium wurde aufgefordert, die Geschichte der österreichischen Opfer der NS-Militärjustiz untersuchen zu lassen. Auf den Ergebnissen basierend, sollte die Bundesregierung die gegen diese Personen ergangenen Urteile aufheben und für die Verständigung der Betroffenen oder der Hinterbliebenen sorgen.

Insbesondere die ÖVP hatte sich von dem Tempo, das die Grünen in dieser Frage anschlugen, überrumpeln lassen. Dass sich der FPÖ-Abgeordnete Wolfgang Jung ereiferte, eine „Schuldfreisprechung" sei nur möglich, „wenn ich in jedem einzelnen Fall [...] prüfe, warum der Wehrmachtssoldat das gemacht hat", war noch keine große Überraschung.[15] Helmut Kukacka von der ÖVP aber hatte die unangenehme Aufgabe, einerseits dem Antrag zustimmen zu müssen (dies war bereits vorab im Justizausschuss so besprochen worden) und andererseits den Kameradschaftsbund, der von diesen Entwicklungen höchst irritiert war, zu beschwichtigen.[16] Aus diesem Grund glaubte er wohl zu wissen, dass „viele Deserteure auch deshalb geflohen sind, weil sie selbst vorher ein Unrecht verübt haben, indem sie beispielsweise der Zivilbevölkerung Verbrechen zugefügt haben". Es sei daher „historisch nicht aufrechtzuerhalten, dass alle Urteile wegen Wehrkraftzersetzung und wegen Fahnenflucht zu Unrecht gefällt wurden".[17] Mit der Erforschung der Schicksale österreichischer Opfer der NS-Militärjustiz beauftragte das Wissenschaftsministerium per 1. Jänner 2001 ein Forschungsteam unter der Leitung von Walter Manoschek.[18]

Aber bereits mit dem Antritt der FPÖ-ÖVP-Regierung im Februar 2000 war klar, dass mit einer zügigen Umsetzung der Rehabilitierung nicht zu rechnen war. Während der Deutsche Bundestag im Frühjahr 2002 die pauschale Rehabilitierung der Wehrmachtsdeserteure beschloss, gab es keine Indizien dafür, dass sich in Österreich eine ähnliche Entwicklung abzeichnen könnte. Ganz im Gegenteil: Im März 2002 erklärte Sozialminister Herbert Haupt von der FPÖ, dass „Zeiten einer wegen Desertion verhängten Haft [inklusive Konzentrationslager, Anm.] grundsätzlich nicht als Ersatzzeiten in der österreichischen Pensionsversicherung angerechnet werden" könnten – und zwar

13 § 1 lit. a Aufhebungs- und Einstellungsgesetz; vgl. auch Walter (2003).

14 Entschließungsantrag XX. GP, NR 1070/A(E), 22.4.1999, http://www.pk-deserteure.at/fileadmin/user_upload/entschliessung_1999.PDF (19.7.2012).

15 Sten.Prot. NR, 180. Sitzung, XX. GP, 14.7.1999, 187, http://www.parlament.gv.at/PAKT/VHG/XX/NRSITZ/NRSITZ_00180/fname_114349.pdf (19.7.2012).

16 Vgl. ausführlich Metzler (2007), 63–70.

17 Sten.Prot. NR, 180. Sitzung, XX. GP, 14.7.1999, 196, http://www.parlament.gv.at/PAKT/VHG/XX/NRSITZ/NRSITZ_00180/fname_114349.pdf (19.7.2012).

18 Diesem Forschungsteam gehörten an: David Forster, Maria Fritsche, Thomas Geldmacher, Hannes Metzler und Thomas Walter. Zu den Ergebnissen des Projektes siehe Manoschek (2003).

deshalb, weil Desertion auch unter „Annahme der Weitergeltung der am 12. März 1938 in Geltung gestandenen Rechtsvorschriften" strafbar gewesen wäre.[19] Damit herrschte in Österreich die groteske Situation, dass „der Deserteur [...] sich die im KZ verbrachten Monate und Jahre nicht auf die Pension anrechnen lassen [kann], der Waffen-SS-Mann, der ihn bewacht hat, aber schon".[20] Im September 2002 brachten die Grünen einen Gesetzesantrag zur Rehabilitierung der Opfer der NS-Militärjustiz ein, der im Justizausschuss verstaubte und bis 2005 nicht weniger als fünfmal vertagt wurde.[21]

Aber immerhin kamen auf gesellschaftspolitischer Ebene einige Prozesse in Bewegung. Seit 2001 ging der „Nationalfonds der Republik Österreich für Opfer des Nationalsozialismus" dazu über, Anträge von Deserteuren auf die sogenannte „Gestenzahlung" von rund 5.000 Euro anzuerkennen.[22] Im Mai 2002 ließ Otto Keimel, Präsident des Kameradschaftsbundes, den APA-Journalisten Peter Pirker wissen, dass er im strengen Sinne auch ein Wehrmachtsdeserteur sei, da er im April 1945 die Truppe in aussichtsloser Lage verlassen habe und ins heimatliche Tirol zurückgekehrt sei.[23] Und im Herbst 2002 konstituierte sich das Personenkomitee „Gerechtigkeit für die Opfer der NS-Militärjustiz", das bis heute als inoffizielle Interessenvertretung der Betroffenen agiert und mit seinem Sprecher, dem Wehrmachtsdeserteur Richard Wadani, über eine weithin hörbare Stimme verfügt.

Dem weitgehenden parlamentarischen Stillstand zum Trotz hatten Wissenschaft, Politik, Medien und Zivilgesellschaft begonnen, ein informelles, dicht verflochtenes Netzwerk aufzubauen.

3. Der Weg zum Anerkennungsgesetz (2003–2005)

Dennoch war das Jahr 2003 geprägt von enttäuschten Hoffnungen. Im Juni dieses Jahres präsentierte das Team um Walter Manoschek seinen Forschungs-Endbericht im Parlament. Dabei plädierte der damalige Zweite Nationalratspräsident Heinz Fischer für „eine Geste des Gesetzgebers, in geeigneter Form zu sagen: Urteile der Militärgerichtsbarkeit [...] sind aufgehoben, gelten nicht mehr, sind irrelevant".[24] Das Justizministerium sah die Dinge aber plötzlich völlig anders und verwies auf die sogenannte „Befreiungsamnestie", eine „in der bisherigen Fachdiskussion unbeachtet gebliebene" gesetzliche Bestimmung aus dem Jahr 1946.[25] Nach § 7 gelten „Urteile der deutschen Militärjustiz und der SS-Gerichte, gleichviel ob sie innerhalb oder außerhalb der Republik Österreich gefällt worden sind, für das Gebiet dieser Republik als nicht erfolgt".[26] Das Gesetz war zwar hauptsäch-

19 Anfragebeantwortung XXI. GP, 3243/AB, 4.3.2002, http://www.parlament.gv.at/PAKT/VHG/XXI/AB/AB_03243/index.shtml (20.7.2012).

20 Thomas Geldmacher, Es ist beschämend, in: Falter 12 (2005), 6 f.

21 Initiativantrag XXI. GP, 753/A, 19.9.2002, http://www.parlament.gv.at/PAKT/VHG/XXI/NRSITZ/NRSITZ_00116/fname_114605.pdf (19.7.2012).

22 Vgl. Forster (2003), 674–679.

23 APA-Meldung, „Wehrmachtsdeserteure: Kameradschaftsbund für großzügige Regelung", 7.5.2002. Keimel wurde als Präsident des Kameradschaftsbundes nicht wiedergewählt.

24 Fischer (2003), 121.

25 Grünewald (2003), 96.

26 BGBl. 79/1946.

lich deswegen beschlossen worden, um noch anhängige NS-Strafverfahren zu beenden,[27] dennoch argumentierte das Ministerium, es gebe keinen legistischen Handlungsbedarf mehr, da Österreichs Deserteure in Wirklichkeit bereits seit 1946 rehabilitiert seien.

Dass dies jahrzehntelang weder den Betroffenen noch dem Justizministerium bekannt gewesen und dass Letzteres in der Rehabilitierungsfrage bisher offenbar von unzureichenden Rechtsquellen ausgegangen war, sei zwar bedauerlich, ändere aber nichts an der gegebenen Situation. Ende 2003 sandte das Justizministerium einen Erlass an die nachgeordneten Behörden, in dem es sinngemäß hieß: Wer bei den zuständigen Gerichten um Rehabilitierung ansuche, dem solle mitgeteilt werden, dass er ohnehin schon seit 1946 rehabilitiert sei, auch wenn er davon nichts wusste.[28] Mit dieser Farce machte die Regierung deutlich, dass sie auch um den Preis der Verhöhnung der Opfer nicht bereit war, bei der Rehabilitierung der Deserteure auch nur einen Schritt nach vorne zu setzen. All diese Kritikpunkte änderten aber nichts am Erfolg der Strategie des Ministeriums, das nunmehr allen Ernstes behauptete, in Österreich habe man die Deserteure 56 Jahre früher als in Deutschland rehabilitiert.

Es blieb dem in der Zwischenzeit zum Bundespräsidenten gewählten Heinz Fischer vorbehalten, die Debatte erneut zu entfachen. Zu Beginn des Jubiläumsjahres 2005 veranstaltete das Parlament in Zusammenarbeit mit dem „Dokumentationsarchiv des österreichischen Widerstandes" im Plenarsaal des Nationalrates die Tagung „Widerstand in Österreich 1938–1945", zu der notabene Richard Wadani, der Sprecher des Personenkomitees „Gerechtigkeit für die Opfer der NS-Militärjustiz", nicht einmal eingeladen wurde.[29] In seiner Eröffnungsrede ließ der Bundespräsident durch die Forderung aufhorchen, „alle Urteile der Wehrmachtsjustiz […] durch einen Akt des Gesetzgebers insgesamt und mit einer unserem heutigen Erkenntnisstand entsprechenden Begründung aufzuheben", und erntete damit hohe Resonanz in den österreichischen Medien.[30] Das Thema erhielt dadurch immerhin so viel politische Relevanz, dass der ORF-Journalist Gerhard Jelinek im Rahmen der Fernsehsendung „Pressestunde" Justizministerin Karin Miklautsch (FPÖ) nach ihrer Meinung fragte. Miklautsch brachte erneut die Frage der individuellen Motivation ins Spiel. Es mache „einen Unterschied, ob ich jetzt desertiere, weil ich einfach feige bin, oder ob ich desertiere, weil ich gegen das Naziregime war".[31] Diese Aussage war für die Grünen, unterstützt von der SPÖ, Grund genug, die Justizministerin wenige Wochen später im Bundesrat dringlich zu befragen. In dieser Sitzung bezeichnete der bis dahin weitgehend unbekannte BZÖ-Bundesrat Siegfried Kampl, im Zivilberuf Bürgermeister von Gurk, Deserteure als „zum Teil aber Kameradenmörder" und beklagte die „Naziverfolgung" nach dem Krieg, die er selbst „mit voller Brutalität gespürt" habe.[32] Rasch nahmen sich in- und ausländische Medien der „Affäre Kampl" an

27 Vgl. Walter (2003), 610.

28 Erlass des BMJ betreffend die Rehabilitierung der Opfer der NS-Militär- bzw. SS-Gerichtsbarkeit, JMZ 3536/46-IV 3/03, 30.12.2003. Vgl. auch Metzler (2007), 88.

29 Wadani durfte erst nach Intervention durch die Justizsprecherin der Grünen, Terezija Stoisits, an der Veranstaltung teilnehmen.

30 Zit. n. Metzler (2007), 108.

31 ORF-Pressestunde, 20.3.2005, zit. n. Metzler (2007), 118.

32 Sten.Prot. BR, XXII. GP. des Nationalrates, 720. Sitzung, 14.4.2005, 134f., http://www.parlament.gv.at/PAKT/VHG/BR/BRSITZ/BRSITZ_00720/fname_044485.pdf (19.7.2012).

und zielten mit ihrer Kritik insbesondere auf die ÖVP, weil diese sich nur halbherzig von Kampls Aussagen distanziert hatte – wohl auch um den Koalitionspartner nicht über Gebühr zu verärgern. Die Grünen brachten umgehend einen erweiterten, vom Linzer Strafrechtler Reinhard Moos formulierten Gesetzesantrag zur Rehabilitierung der Deserteure ein.[33] Das Medienecho zeigte Wirkung: Acht Tage nach der Bundesratssitzung erklärte ÖVP-Klubobmann Wilhelm Molterer, dass man nun noch im ersten Halbjahr 2005 ein Rehabilitierungsgesetz für Deserteure beschließen wolle, und Sozialministerin Ursula Haubner (BZÖ) erwähnte in einem Interview, anlässlich des Gedenkjahres sei „für die Trümmerfrauen etwas zu tun und für Deserteure bei Pensionszeiten auch".[34] In dieser Äußerung kündigte sich bereits der Kuhhandel der Koalitionsparteien an.

Wilhelm Molterer hielt Wort – zumindest beinahe. Am 7. Juli 2005 beschloss der Nationalrat das in aller Eile offensichtlich im ÖVP-Klub ausgearbeitete Anerkennungsgesetz 2005.[35] Es lieferte aber keine abschließende Rehabilitierung der Opfer der NS-Militärjustiz, sondern beschränkte sich auf die Wiederverlautbarung des Aufhebungs- und Einstellungsgesetzes und der Befreiungsamnestie. Wehrmachtsdeserteure wurden – ein Zugeständnis an das BZÖ – nicht explizit erwähnt; das Gesetz erwies „den Opfern derartiger Unrechtsurteile, insbesondere auch der Urteile der nationalsozialistischen Militärjustiz, und anderer nationalsozialistischer Unrechtsakte, den Opfern der politischen Verfolgung, den aus ihrer Heimat Vertriebenen, allen Opfern des vom nationalsozialistischen Regime zu verantwortenden Krieges und jenen, die zu dessen Beendigung und zur Befreiung Österreichs beigetragen haben, insbesondere den Personen im österreichischen Widerstand, und ebenso deren Familien" Achtung und Mitgefühl. Damit konnten sich praktisch alle Österreicherinnen und Österreicher gemeint fühlen, die nicht aktive Nazis waren. Auffallend waren darüber hinaus die handwerklichen Mängel und logischen Inkonsequenzen, wie Reinhard Moos akribisch analysierte.[36] Immerhin waren Deserteure nun anspruchsberechtigt im Sinne des Opferfürsorgegesetzes,[37] und eine Novelle des Sozialversicherungsgesetzes beseitigte die sozialrechtliche Schlechterstellung der Militärjustizopfer im Vergleich mit anderen NS-Opfergruppen.[38]

Aber das Gesetz hatte seinen Preis. Wie bereits von Ursula Haubner angekündigt, beschloss der Nationalrat in derselben Sitzung nicht nur eine Erhöhung der Kriegsgefangenenentschädigung,[39] sondern auch die Zahlung einer einmaligen Prämie für die sogenannten „Trümmerfrauen".[40]

So hinterließ das Anerkennungsgesetz einen bitteren Beigeschmack. Zwar war es gelungen, die versorgungsrechtlichen Fragen befriedigend zu lösen. Doch im Kernpunkt – der pauschalen Rehabilitierung – war auch 60 Jahre nach Kriegsende unter einer

33 Initiativantrag XXII. GP, 21/A, 19.4.2005, http://www.parlament.gv.at/PAKT/VHG/XXII/I/I_01023/fnameorig_045217.html (19.7.2012).

34 Haubner: „Kein Miteinander möglich", in: Der Standard, 26.4.2005.

35 BGBl. 86/2005.

36 Vgl. Moos (2006).

37 Art. II Anerkennungsgesetz 2005.

38 XXII. GP, 1025 d. B. zu den Sten.Prot. NR, http://www.parlament.gv.at/PAKT/VHG/XXII/I/I_01025/index.shtml (20.7.2012).

39 BGBl. 90/2005.

40 BGBl. 89/2005.

ÖVP-FPÖ-Regierung kein Fortschritt zu erzielen. Anders als in Deutschland hatten sich Wehrmachtsdeserteure hierzulande nach wie vor einer Einzelfallprüfung zu unterziehen. Aus vergangenheitspolitischer Sicht war das Anerkennungsgesetz eine typisch österreichische Lösung: Ein kleiner Schritt nach vorne wurde mit substanziellen Gegengeschäften erkauft.[41] Während die Anerkennungsprämie für „Trümmerfrauen" nicht zuletzt aufgrund von intensiver Bewerbung durch Ursula Haubner höchstpersönlich an über 50.000 Betroffene ausbezahlt wurde,[42] informierte niemand die Opfer der NS-Militärjustiz über ihre neuen gesetzlichen Ansprüche auf Sozial- und Rentenleistungen, was dazu führte, dass bis Sommer 2007 lediglich 19 Anträge von ehemaligen Deserteuren auf Opferfürsorge im Sozialministerium einlangten.[43]

„Mehr war unter den gegebenen Umständen nicht zu holen", gab Richard Wadani missmutig zu Protokoll.[44] Das Kapitel schien abgeschlossen; nichts deutete darauf hin, dass die Rehabilitierung der österreichischen Opfer der NS-Militärjustiz es jemals wieder auf die politische Agenda der Republik schaffen würde.

4. „Was damals Recht war" hat heute Folgen

Die Bundesregierung leitete in der Folgezeit keine weiteren Schritte ein, um an der Situation doch noch etwas zu ändern. Der 70. Jahrestag des deutschen Überfalls auf Polen war für das offizielle Österreich kein Grund, vergangenheitspolitische Akzente welcher Art auch immer zu setzen. Das Personenkomitee „Gerechtigkeit für die Opfer der NS-Militärjustiz" wollte diese Leerstelle nutzen. Der Plan bestand darin, die Ausstellung „ ‚Was damals Recht war…' – Soldaten und Zivilisten vor Gerichten der Wehrmacht",[45] die, organisiert von der Berliner Stiftung „Denkmal für die ermordeten Juden Europas", seit Juni 2007 in deutschen Städten mit großem Erfolg zu sehen war, in einer um österreichische Spezifika erweiterten Fassung in Wien zu zeigen und am 1. September 2009 zu eröffnen.

Die Rahmenbedingungen waren günstig. Anfang 2009 hatten die unermüdlichen Grünen nämlich einen wiederum von Reinhard Moos erarbeiteten Initiativantrag für ein umfassendes NS-Aufhebungsgesetz eingebracht;[46] das Gesprächsklima zwischen den Grünen und dem Justizministerium war konstruktiv.[47] In Deutschland gingen im Sommer 2009 die langen Diskussionen um die Rehabilitierung der sogenannten „Kriegsverräter" in die Zielgerade, was sich auch in österreichischen Zeitungsmeldungen niederschlug.[48] Dem Ehrenschutzkomitee der Ausstellung gehörten nicht nur die

41 Eine Konstante in der Geschichte der Zweiten Republik. Vgl. Manoschek/Geldmacher (2006).

42 Anfragebeantwortung 931/AB, XXIII. GP, 1.8.2007, http://www.parlament.gv.at/PAKT/VHG/XXIII/AB/AB_00931/index.shtml (20.7.2012).

43 Anfragebeantwortung 932/AB, XXIII. GP, 1.8.2007, http://www.parlament.gv.at/PAKT/VHG/XXIII/AB/AB_00932/index.shtml (20.7.2012).

44 Geldmacher (2006), 29.

45 Vgl. Baumann/Koch (2008).

46 Initiativantrag XXIV. GP, 374/A, 21.1.2009, http://www.parlament.gv.at/PAKT/VHG/XXIV/A/A_00374/index.shtml (20.7.2012).

47 Metzler (2011), 259.

48 Vgl. NS-Kriegsverräter werden rehabilitiert, in: Salzburger Nachrichten, 25.8.2009; Berlin rehabilitiert alle Kriegsverräter der NS-Zeit, in: Der Standard, 29.8.2009.

„üblichen Verdächtigen" der „linken Reichshälfte" an, sondern auch Nationalratspräsidentin Barbara Prammer, Nationalratspräsident Fritz Neugebauer, Verteidigungsminister Norbert Darabos, Erzbischof Christoph Schönborn und der ehemalige Nationalratspräsident Andreas Khol.[49] Der Boden war also nahezu ideal aufbereitet, umso mehr, als am Vorabend der Eröffnung von „Was damals Recht war..." das Nachrichtenmagazin „profil" den Prominenten unter Österreichs Wehrmachtsdeserteuren die Titelgeschichte („Die wahren Kriegshelden") widmete[50] und die Tageszeitung „Der Standard" tags darauf einen Essay der Literaturnobelpreisträgerin Elfriede Jelinek („Die Macht und ihr Preis. Gezahlt haben andere") veröffentlichte.[51]

Barbara Prammer bekräftigte in ihrer Rede anlässlich der Ausstellungseröffnung am 1. September 2009, dass sie die Rehabilitierung der Wehrmachtsdeserteure durchsetzen und gesetzlich verankern wolle, und regte an, den Gesetzesvorschlag der Grünen aufzugreifen.[52] Der Justizsprecher der ÖVP, Heribert Donnerbauer, ging umgehend auf Distanz. Er sei dagegen, sämtliche Urteile pauschal aufzuheben, denn „Desertion ist ein Delikt, das es nach wie vor gibt".[53] Er gab damit im Prinzip den Standpunkt der ÖVP aus den Jahren 1999 bzw. 2005 wieder, wurde aber rasch von mächtigeren Parteikollegen darüber belehrt, dass sich die Zeiten geändert hätten. Andreas Khol verkündete in der Fernsehsendung *Club 2*, dass die ÖVP einlenken und die bestehenden Gesetzeslücken schließen werde.[54] Fritz Neugebauer erklärte: „Es geht darum, das Bewusstsein zu schärfen, dass die Desertion aus der Wehrmacht Widerstand war – und nicht [darum], Einzelfälle zu prüfen."[55]

Danach ging alles sehr schnell. Weder die FPÖ noch der Kameradschaftsbund spielten in den Debatten noch eine größere Rolle. Anfang Oktober 2009 präsentierte die parteiunabhängige Justizministerin Claudia Bandion-Ortner einen Gesetzesentwurf und sorgte damit für eine letzte Provokation: Sie wollte zwar zahlreiche Unrechtsurteile der NS-Zeit aufheben, Deserteure, die getötet hatten, sollten aber nicht unter die Rehabilitierung fallen.[56] Damit stand die Gefahr im Raum, dass die „Kameradenmörder"-Debatten des Jahres 2005 wiederbelebt würden. Dem Ministerialentwurf schlug einhellige Ablehnung entgegen. Grüne und SPÖ protestierten, Richard Wadani sprach namens des Personenkomitees von einer „unglaublichen Provokation", und der Historiker Oliver Rathkolb sah in der Ausnahmeklausel „ein falsches politisches Signal".[57] In der entscheidenden Verhandlungsrunde am 6. Oktober 2009, einen Tag bevor der Antrag im Justizausschuss des Nationalrates beschlossen werden sollte, überraschte der Justizsprecher der SPÖ, Hannes Jarolim, mit der Feststellung, seine Fraktion werde dem Antrag nur zustimmen, wenn auch die Grünen dafür seien. Die Grünen wiederum machten deut-

49 Metzler (2010), 53.
50 Die wahren Helden, in: profil, 31.8.2009. Auf dem Titelblatt des Hefts fanden sich Konterfeis von H. C. Artmann, Fritz Muliar, Dietmar Schönherr und Oskar Werner.
51 Elfriede Jelinek, Die Macht und ihr Preis. Gezahlt haben andere, in: Der Standard, 1.9.2009.
52 Prammer für lückenlose Rehabilitierung, in: Der Standard, 2.9.2009.
53 Deserteure: ÖVP gegen rasche Rehabilitierung, in: Die Presse, 3.9.2009.
54 Vgl. Metzler (2010), 54.
55 Kein Zweifel, dass Respekt zu zollen ist, in: Der Standard, 7.9.2009.
56 Vgl. Ehrenrettung für Deserteure, in: Kurier, 1.10.2009.
57 Zit. n. Metzler (2010), 56.

lich, dass sie ausschließlich einer pauschalen Rehabilitierung der Deserteure – also ohne Einzelfallprüfung und ohne Erörterung der Frage, ob ein sogenanntes „Mischurteil" vorliege – ihren Segen geben würden.[58] Claudia Bandion-Ortner – oder, besser gesagt, ihr die Verhandlungen führender Kabinettschef Georg Krakow – gab letztlich klein bei.

Tags darauf stimmten SPÖ, ÖVP und Grüne im Justizausschuss der Vorlage zu. Der Beschluss im Nationalrat zwei Wochen später war bloß noch eine Formsache. Am 1. Dezember 2009 trat das Aufhebungs- und Rehabilitationsgesetz in Kraft.[59] Die Opfer der NS-Militärjustiz, aber auch die Opfer der Urteile von Sonder- und Standgerichten, des Volksgerichtshofes und der Erbgesundheitsgerichte sind nunmehr umfassend und pauschal rehabilitiert.

5. Leben im Lande

Es ist ein Wermutstropfen, spielt in der politischen Betrachtung der Ereignisse aber nur eine untergeordnete Rolle, dass das Gesetz, das „in Eile erstellt" wurde, „die Reife vermissen [lässt], die einer Regierungsvorlage mit anschließendem Begutachtungsverfahren zugekommen wäre", und daher einige kleinere Widersprüchlichkeiten und Unklarheiten enthält.[60] Unter Ausnützung einer günstigen politischen Gemengelage hatte das Personenkomitee „Gerechtigkeit für die Opfer der NS-Militärjustiz" mit der Präsentation der Ausstellung „Was damals Recht war…" zum idealen Zeitpunkt einen hochsensiblen politischen Ort besetzt und konnte insbesondere ÖVP-PolitikerInnen von der Redlichkeit seines Anliegens überzeugen. Der „Österreichische Kameradschaftsbund", der jahrzehntelang die Deutungshoheit über den Zweiten Weltkrieg innegehabt hatte, war in den Debatten des Jahres 2009 hingegen völlig bedeutungslos geworden. Auf parlamentarischer Ebene gebührt der Triumph ohne Zweifel den Grünen, deren Beharrlichkeit über zehn Jahre hinweg schließlich belohnt wurde.

Mit dem Beschluss dieses Gesetzes setzte der Nationalrat juristisch um, was bereits in der Unabhängigkeitserklärung der Republik Österreich vom 27. April 1945 verankert ist – nämlich die Feststellung, dass alle Deserteure im Sinne der „Moskauer Deklaration über die Wiedererrichtung eines unabhängigen demokratischen Österreich" vom November 1943 zur Schwächung des nationalsozialistischen Unrechtsregimes, zu seiner Überwindung und somit zur Befreiung Österreichs beigetragen haben. Das letzte Wort an dieser Stelle hat Peter Huemer: „Natürlich ist es grotesk, dies als historischen Fortschritt betrachten zu müssen, aber das Land ist nun einmal, wie es ist."[61]

58 Vgl. Metzler (2010), 56.
59 BGBl. I 110/2009.
60 Moos (2010), 150.
61 Das schrecklich gute Gewissen der Republik, in: Der Standard, 12.10.2009.

Ilse Reiter-Zatloukal

„Unrecht im Sinne des Rechtsstaats" – Das Aufhebungs- und Rehabilitierungsgesetz 2011

1. Einleitung

Rehabilitierungsgesetze regeln die rückwirkende Aufhebung strafrechtlicher Urteile und allfällig verwaltungsbehördlicher Bescheide als rechtsstaatswidriges Unrecht. Amnestiegesetze hingegen „vergessen" hinsichtlich der von ihnen Begünstigten ohne Einzelfallprüfung rückwirkend für bestimmte Personengruppen, dass eine nach Kriminal- oder Verwaltungsstrafrecht strafbare Tat begangen wurde, indem laufende Verfahren eingestellt oder ausgesprochene Strafen nachgesehen werden. Im Unterschied zur Begnadigung als Einzelfallentscheidung der Exekutive von Einzelnen gibt es bei der in Gesetzesform erfolgenden Amnestie einen Rechtsanspruch bei Erfüllung der gesetzlichen Voraussetzungen, im Unterschied zur Rehabilitierung bleiben allerdings die Urteile bzw. verwaltungsbehördlichen Strafverfügungen aufrecht.[1]

Die erste in der österreichischen Nachkriegszeit vorgenommene Urteilsaufhebung betraf von nationalsozialistischen Gerichten gegen regimefeindliche WiderstandkämpferInnen gefällte Urteile und erfolgte mit dem Aufhebungs- und Einstellungsgesetz vom 3. Juli 1945.[2] Mit dem Bundesgesetz vom 21. Dezember 1945 „betreffend die Einstellung

1 Vgl. zur Begrifflichkeit etwa Pröll (2001), 5 ff.

2 Gesetz v. 3.7.1945 über die Aufhebung von Strafurteilen und die Einstellung von Strafverfahren (Aufhebungs- und Einstellungsgesetz), StGBl. 48/1945. Es normierte, dass Verurteilungen österreichischer Staatsbürger durch nationalsozialistische Gerichte als nicht erfolgt zu gelten hätten, wenn sie nach den Bestimmungen gegen Hoch- und Landesverrat des Reichsstrafgesetzes oder der Verordnung über das Sonderstrafrecht im Kriege und bei besonderem Einsatz (Kriegssonderstrafrechtsverordnung 1938) ergangen waren und die Handlung „gegen die nationalsozialistische Herrschaft oder auf die Wiederherstellung eines unabhängigen Staates Österreich" gerichtet gewesen war, wenn sie aufgrund des „Gesetzes zum Schutz des deutschen Blutes und der deutschen Ehre", nach dem „Gesetz gegen heimtückische Angriffe auf Staat und Partei und zum Schutz der Parteiuniform" (1934) oder nach der „Verordnung über außerordentliche Rundfunkmaßnahmen" (1939) ergangen waren. War jemand wegen strafbarer Handlungen dieser Art im Zusammentreffen mit anderen strafbaren Handlungen verurteilt worden, so blieb der Schuldspruch wegen der anderen strafbaren Handlungen aufrecht; dagegen trat das Urteil hinsichtlich der Strafe außer Kraft. Im September 1945 wurde das Gesetz um zahlreiche weitere Straf-

von Strafverfahren und die Nachsicht von Strafen für Kämpfer gegen Nationalsozialismus und Faschismus" erging die erste vom Nationalrat beschlossene Nachkriegsamnestie.[3] Sie hatte nicht nur die Einstellung von Strafverfahren zum Inhalt, sondern auch die unbedingte Strafnachsicht bei Straftaten, die im Zuge des „Kampfes gegen Nationalsozialismus oder Faschismus", „zur Unterstützung des Freiheitskampfes" oder „in der Absicht, ein selbständiges und demokratisches Österreich wieder herzustellen", begangen worden waren. Das Gesetz war auf alle Personen anzuwenden, die eine solche strafbare Handlung in der Zeit vom 6. März 1933 bis zum Wirksamkeitsbeginn des Gesetzes am 23. November 1945 begangen hatten. Es gab keine Ausschlusstatbestände hinsichtlich gewisser Delikte, allerdings waren NationalsozialistInnen von der Amnestie ausgeschlossen. Diese „Schlussstrichamnestie" sollte durch die Amnestierung der WiderstandskämpferInnen einen klaren Bruch mit der Vergangenheit signalisieren.

Darüber hinaus fielen „Opfer des Kampfes um ein freies, demokratisches Österreich" und „Opfer der politischen Verfolgung" auch unter das Opferfürsorgesetz aus dem Jahr 1947.[4] Nach § 1 Abs. 1 des OFG sind alle diejenigen Personen als „Opfer des Kampfes um ein freies, demokratisches Österreich" anzusehen, „die um ein unabhängiges, freies und seiner geschichtlichen Aufgabe bewusstes Österreich, insbesondere gegen Ideen und Ziele des Nationalsozialismus, mit der Waffe in der Hand gekämpft oder sich rückhaltlos in Wort und Tat eingesetzt" hatten und hiefür in der Zeit vom 6. März 1933 bis zum 9. Mai 1945 „im Kampfe gefallen" oder hingerichtet worden waren, an den Folgen einer im Kampf erlittenen Krankheit, der Haft oder einer Misshandlung verstorben waren, Gesundheitsschädigungen davongetragen oder nachweisbar aus politischen Gründen mindestens ein Jahr oder, wenn die Haft mit besonders schweren körperlichen oder seelischen Leiden verbunden gewesen war, mindestens sechs Monate in Haft verbracht hatten. „Opfer der politischen Verfolgung" sind nach § 1 Abs. 2 OFG hingegen alle Personen, die „in der Zeit vom 6. März 1933 bis zum 9. Mai 1945 aus politischen Gründen oder aus Gründen der Abstammung, Religion oder Nationalität durch Maßnahmen eines Gerichtes, einer Verwaltungs- (im besonderen einer Staatspolizei-)Behörde oder durch Eingriffe der NSDAP einschließlich ihrer Gliederungen in erheblichem Ausmaße zu Schaden gekommen" waren, wobei als solche Schädigungen anzusehen sind: der „Verlust des Lebens" oder „der Freiheit durch mindestens drei Monate", ein bedeutender „Schaden an der Gesundheit" oder am Vermögen.[5]

---

tatbestände erweitert, vgl. die Verordnung der Provisorischen Staatsregierung v. 5. 9. 1945, betreffend die Ergänzung des Gesetzes v. 3. 7. 1945, StGBl. 48/1945, über die Aufhebung von Strafurteilen und die Einstellung von Strafverfahren (Verordnung zum Aufhebungs- und Einstellungsgesetz).

3 Bundesgesetz v. 21. 12. 1945, betreffend die Einstellung von Strafverfahren und die Nachsicht von Strafen für Kämpfer gegen Nationalsozialismus und Faschismus, BGBl. 14/1946; zu den Begnadigungen in der Zeit von 1934 bis 1938 siehe Reiter-Zatloukal (im Erscheinen).

4 Bundesgesetz v. 4. 7. 1947 über die Fürsorge für die Opfer des Kampfes um ein freies, demokratisches Österreich und die Opfer politischer Verfolgung (Opferfürsorgegesetz), BGBl. 183/1947; siehe dazu den Beitrag von Brigitte Bailer in diesem Band und ihre zahlreichen einschlägigen Publikationen.

5 Nämlich der Verlust oder die Minderung des Einkommens um mindestens die Hälfte gegenüber dem Zeitpunkt vor der gesetzlichen Maßnahme, wenn diese in ihrer Auswirkung mindestens dreieinhalb Jahre gedauert hat, sowie der Abbruch oder eine mindestens dreieinhalbjährige Unterbrechung des Studiums oder der Lehrausbildung.

2. Die Entstehungsgeschichte des Aufhebungs- und Rehabilitierungsgesetzes 2011

Erst seit Ende der 1990er-Jahre wurde in Österreich die Frage der Rehabilitierung von Opfern der Diktaturen des 20. Jahrhunderts zum politischen Thema; zuerst hinsichtlich der Wehrmachtsdeserteure, dann in Bezug auf die Opfer des Austrofaschismus.

2002 schlug die SPÖ erstmals vor, für die Opfer des Austrofaschismus eine gemeinsame Lösung zu finden. Dem Justizsprecher der SPÖ, Hannes Jarolim, zufolge war allerdings die Bereitschaft der ÖVP, „mehr oder weniger über Schatten zu springen, die historisch eigentlich schon dargelegt waren“, bzw. „historische Tatsachen anzuerkennen“, damals „nur sehr gering“.[6] 2004 startete Jarolim eine parlamentarische Initiative zur Rehabilitierung der Justizopfer des Austrofaschismus, zu welchem Zweck der Justizminister aufgefordert wurde, „in geeigneter Bezugnahme auf die nach 1945 erfolgte Rehabilitierung der durch die NS-Justiz verurteilten Patrioten und Widerstandskämpfer nunmehr dem Nationalrat einen Gesetzesvorschlag zuzuleiten, durch welchen auch eine Rehabilitierung der Justizopfer des Austrofaschismus ermöglicht wird“.[7] Wie Jarolim ausführte, hätten die „hingerichteten und mit Kerkerstrafen belegten Persönlichkeiten [...] aus politischer und demokratischer Überzeugung für den Erhalt der Ersten Republik gekämpft“. In „einer Zeit, in der zurecht verstärkt die Aufarbeitung der Vergangenheit als eine Voraussetzung für die Gestaltung der Zukunft angesehen“ würde, sei es „in hohem Maße angebracht, zu einer politischen und juristischen Aufarbeitung des Dollfuß-/Schuschnigg-Regimes beizutragen und sich für eine Rehabilitierung der Opfer auch dieses Regimes einzusetzen“. Man solle doch „70 Jahre nach Erlassung der rechtswidrigen Terrorurteile eines grausamen Unrechtsregimes“ endlich „den Opfern dieses Regimes, die für Demokratie und Freiheit eingestanden sind, [...] Gerechtigkeit zukommen [...] lassen“.[8] Im Justizausschuss fand der Antrag allerdings nicht die Mehrheit.[9]

2009 erfolgte in Österreich (nach dem Vorbild des deutschen Aufhebungs- und Rehabilitationsgesetzes 2009)[10] die Rehabilitierung der Wehrmachtsdeserteure.[11] Im selben Jahr verkündete der SPÖ-Vorsitzende Werner Faymann aus Anlass der Feierlichkeiten zu den Februarereignissen 1934, dass allerdings hinsichtlich einer Rehabilitierung der Opfer des Austrofaschismus „momentan [...] keine eigene Initiative [...] geplant“[12]

6 Sten.Prot. NR, 140. Sitzung, XXIV. GP, 18.1.2012, 133, http://www.parlament.gv.at/PAKT/VHG/XXIV/NRSITZ/NRSITZ_00140/fname_245459.pdf (19.7.2012).

7 Entschließungsantrag der Abgeordneten Jarolim, Heinzl und GenossInnen v. 10.2.2004, 334/A(E) XXII. GP, betreffend Rehabilitierung von Justizopfern des Austrofaschismus, http://www.parlament.gv.at/PAKT/VHG/XXII/A/A_00334/imfname_015689.pdf (1.6.2012).

8 Ebd.

9 Bericht des Justizausschusses über den Antrag 334/A(E) der Abgeordneten Johannes Jarolim, Anton Heinzl, Kolleginnen und Kollegen betreffend Rehabilitierung von Justizopfern des Austrofaschismus v. 20.9.2005, 1082 d. B. zu den Sten.Prot. NR XXII. GP, http://www.parlament.gv.at/PAKT/VHG/XXII/I/I_01082/fname_049275.pdf (1.6.2012).

10 Bundesgesetz, mit dem ein Aufhebungs- und Rehabilitationsgesetz erlassen wird, dBGBl. I 110/2009.

11 Siehe dazu ausführlich den Beitrag von Walter Manoschek und Thomas Geldmacher in diesem Band.

12 Vgl. http://albertsteinhauser.at/kategorie/gruene-initiative-zur-rehabilitierung-der-opfer-des-austrofaschismus/wie-alles-begann/(1.6.2012).

sei. Dies war für die Grün-Politiker Albert Steinhauser und Harald Walser nach eigenem Bekunden der Anlass, „die Rehabilitierung der Widerstandskämpfer gegen das Dollfuß-Regime“ selbst in die Hand „zu nehmen“, weil es „in justiz- und vergangenheitspolitischer Sicht völlig unverantwortlich wäre, dieses Kapitel österreichischer Geschichte nicht aufzuarbeiten“. Die Rehabilitierung der Wehrmachtsdeserteure habe gezeigt, dass trotz Schwierigkeiten „kontinuierliche Arbeit“ zum Erfolg führe, selbst wenn die Rehabilitierung nur mehr einen „symbolischen Akt“ darstellen könne.[13] Da die „Idee der Rehabilitierung“ keineswegs „an Aktualität verloren“ hätte, forderten die Grünen im Februar 2009 die Bundesregierung auf, dem Nationalrat einen Gesetzesvorschlag zuzuleiten, „durch welchen die Justizopfer des Austrofaschismus, insbesondere auch jene, die wegen Handlungen zur Verteidigung der Demokratie und des Rechtsstaats verurteilt wurden, rehabilitiert werden“.[14] Die Tatsache, dass der Antrag ohne Beteiligung der Sozialdemokratie eingebracht wurde, begründeten Steinhauser und Walser mit der Ablehnung aller diesbezüglichen „Offerten“ durch dieselbe.[15]

Angesichts des Stillstandes in der parlamentarischen Behandlung dieses Anliegens entstand im Herbst 2009 die „Wissenschaftliche Plattform für die Rehabilitierung der Opfer des Regimes Dollfuß/Schuschnigg“, die sich im Februar 2010 in einem Brief an den Bundespräsidenten, die Bundesregierung und alle Abgeordneten des Nationalrats wendete.[16] Darin wurde auf den seit „geraumer Zeit [...] auf wissenschaftlicher Ebene [existierenden ...] Konsens“ hingewiesen, „welcher die wesentlichen Entwicklungen der Ersten Republik und den Weg in die Diktatur der Jahre 1933–1938 betrifft“, sowie darauf, „dass sowohl die öffentliche Debatte 2004 als auch die Diskussion rund um den 75. Jahrestag der Februarkämpfe und des Juliputsches 1934 [...] einmal mehr gezeigt“ hätten, „wie weit wissenschaftliche Erkenntnis und öffentliches historisches Bewusstsein in dieser Frage auseinander klaffen“. Der Brief monierte u.a., dass es „ungeachtet der Faktenlage immer noch kein Einverständnis über die Bewertung des Regimes Dollfuß/Schuschnigg“ gebe, weshalb die „Bedeutung der Jahre 1933–1938 für die weitere Entwicklung Österreichs seltsam ungeklärt“ bleibe. Die Unterzeichner des Briefes forderten als „Initialzündung“ für eine kritische Befassung mit der Geschichte dieser Zeit den symbolischen Akt der Rehabilitierung „all jener Menschen, die im Gefolge der Februarkämpfe 1934 von Standgerichten des Regimes abgeurteilt wurden“, und sprachen sich dafür aus, „dass die Republik jenen Frauen und Männern ein ehrendes Andenken bewahrt, die 1934 in einen letzten, so mutigen wie aussichtslosen Kampf um ihre demokratischen Rechte gezogen sind“.

13 Ebd.

14 Entschließungsantrag des Abgeordneten Albert Steinhauser, Freundinnen und Freunde, 475/A(E), XXIV. GP, 26.2.2009 betreffend die Rehabilitierung von Justizopfern des Austrofaschismus, http://www.parlament.gv.at/PAKT/VHG/XXIV/A/A_00475/imfname_150781.pdf (1.6.2012).

15 Brief an Oliver Rathkolb v. 16.3.2009, http://albertsteinhauser.at/wp-content/uploads/2010/07/Rathkolb-Brief.pdf (1.6.2012).

16 Brief v. 3.2.2010, http://albertsteinhauser.at/wp-content/uploads/2010/07/HistorikerInnenbrief.pdf (1.6.2012); siehe dazu auch „Der sozialdemokratische Kämpfer. Bund sozialdemokratischer Freiheitskämpfer, Opfer des Faschismus und aktiver Antifaschisten“, Nr. 1–2–3/2010, 2–3, http://www.freiheitskaempfer.at/site-new/kaempfer/pdf/Jahrgang%202010%20Quartal%201.pdf (1.6.2012); siehe auch Peter Mayr, Rehabilitierung. 97 Forscher kämpfen für Dollfuß-Opfer, in: Der Standard, 5.2.2010, http://derstandard.at/1263706854106/Rehabilitierung-97-Forscher-kaempfen-fuer-Dollfuss-Opfer (1.6.2012).

Die „Grüne Antwort"[17] auf diesen Brief betonte ebenfalls die Wichtigkeit einer „unmissverständlichen Aufhebung der Standgerichtsurteile", hob aber hervor, dass damit „das Thema noch lange nicht erledigt" sei, denn etwa Bruno Kreisky wäre bei einer Umsetzung bloß dieser Forderung nicht rehabilitiert. Auch ginge es um „die Tausenden in Wöllersdorf und andernorts eingesperrten Personen, ebenso um die Vertriebenen und Ausgebürgerten". Die „Abgrenzung zu den zum Teil ebenfalls eingesperrten NationalsozialistInnen" stelle dabei eine „der zentralen wissenschaftlichen Herausforderungen" dar. Überdies drängten die Grünen auf ein Forschungsprojekt zur Aufarbeitung der Gerichtsverfahren der Jahre 1933 bis 1938.[18] Der Brief der Plattform zeigte aber auch insofern Wirkung, als SPÖ-Justizsprecher Jarolim nun den Medienberichten zufolge seine Bereitschaft zeigte, „demnächst Gespräche mit den Grünen", den „Briefschreibern" und dem Koalitionspartner ÖVP zu führen.[19] Die ÖVP, vertreten durch Nationalratspräsident Fritz Neugebauer, sprach sich allerdings gegen eine pauschale Aufhebung der Urteile und für eine Einzelfallprüfung aus.[20]

Erwartungsgemäß brachen nun wieder Kontroversen hinsichtlich der Bewertung des Regimes als faschistisch oder diktatorisch auf, wobei Andreas Khol den Begriff „Austrofaschismus" mit der Begründung, er würde den Nationalsozialismus verharmlosen, ablehnte und stattdessen „weiche Demokratie" vorschlug.[21] Auch der Mythos von Dollfuß als „Märtyrer" und „erstem Opfer" des Nationalsozialismus wurde erneut strapaziert und mit dem des „Arbeitermörders" kontrastiert.[22] Zu einem heftigen medialen Schlagabtausch kam es in weiterer Folge, als Steinhauser in einem Gastkommentar in der Tageszeitung „Die Presse"[23] erneut dazu aufrief, die „Freiheitskämpfer [zu] rehabilitieren!", die passive Haltung des Bundeskanzlers kritisierte und monierte, dass niemand bis jetzt ausgesprochen habe, dass die Urteile über die Februarkämpfer „Unrechtsurteile einer Diktatur" gewesen waren. Nach Steinhauser sei es der ÖVP zumutbar, „dass sie ihr Geschichtsbild weiterentwickelt, statt die Dollfuß-/Schuschnigg-Ära unkritisch schön zu reden". Er forderte die ÖVP dazu auf, sich einzugestehen, dass die „Ära Dollfuß […] eine spezifisch österreichische und klerikale Interpretation des aufkommenden Faschismus – ein dunkles Kapitel der österreichischen Geschichte" gewesen sei. Daraufhin warf

17 Brief von Eva Glawischnig an die Plattform v. 12. 2. 2012, http://albertsteinhauser.at/wp-content/uploads/2010/07/Antwortbrief-Grüne-an-HistorikerInnen2.pdf (1. 6. 2012).

18 Austrofaschismus-Opfer. Grüne drängen auf ein Forschungsprojekt, in: Der Standard, 16. 2. 2010, http://derstandard.at/1266278898750/Austrofaschismus-Opfer-Gruene-draengen-auf-Forschungsprojekt (1. 6. 2012).

19 Peter Mayr, Dollfuß-Opfer. SPÖ will mit ÖVP über die Rehabilitierung reden, in: Der Standard, 11. 2. 2010, http://derstandard.at/1263707203292/Dollfuss-Opfer-SPOe-will-mit-OeVP-ueber-die-Rehabilitierung-reden (1. 5. 2012).

20 Oliver Pink, Dollfuß-Opfer: Die ÖVP ist für „Einzelfallprüfung", in: Die Presse, 11. 2. 2010, http://diepresse.com/home/politik/zeitgeschichte/539044/print.do# (1. 6. 2012); Austrofaschismus-Opfer. Koalition über Einzelfallprüfung einig, in: Der Standard, 12. 2. 2012, http://derstandard.at/1265852016569/Austrofaschismus-Opfer-Koalition-ueber-Einzelfallpruefung-einig (1. 6. 2012).

21 Peter Mayr, Begraben wir Dollfuß noch ein zweites Mal, in: Der Standard, 13. 2. 2010, auch http://derstandard.at/1265852087330/Begraben-wir-Dollfuss-noch-ein-zweites-Mal (1. 6. 2012).

22 Ebd.

23 Albert Steinhauser, Freiheitskämpfer rehabilitieren!, in: Die Presse, 10. 2. 2010, http://diepresse.com/home/meinung/gastkommentar/539349/Freiheitskaempfer-rehabilitieren (1. 6. 2012).

Khol in einem Gastkommentar nun seinerseits Steinhauser vor,[24] „über die Vergangenheit zu Gericht" zu sitzen und mit der Wahl des Begriffs „Austrofaschismus" eine von Vorurteilen geprägte, „völlig einseitige Betrachtung eines tragischen Kapitels unserer Geschichte vorzunehmen. Er bezog sich auf die Meinung „viele[r] österreichische[r] Historiker", wonach „Dollfuß [...] die parlamentarische Demokratie in seinem Staatsstreich gleichsam aus Notwehr beseitigt" habe, um „eine nationalsozialistische Machtergreifung" zu verhindern. Khol forderte außerdem „Unzweideutigkeit" hinsichtlich der „Beurteilung jener [...], die gegen die Regierung Dollfuß mit der Waffe in der Hand vorgingen", seien doch „die politischen Konzepte der Exponenten des Austromarxismus", so Khol unter Berufung auf den Historiker Roman Sandgruber, „von der Demokratie oder ihrer Wiederherstellung weit entfernt" gewesen und „in ihrer Nähe zum Nationalsozialismus einerseits, zu Kommunismus und bolschewistischer Diktatur andererseits kritisch hervorzuheben". „Sie rehabilitieren?", fragte Khol und verknüpfte die Möglichkeit einer ähnlichen Vorgangsweise wie bei der Deserteursrehabilitierung mit einer vorangehenden Untersuchung der „historischen Fakten für die Dollfuß-Zeit", nach der man allfällig bloß noch „über eine Einzelprüfung wahrscheinlich weniger Fälle reden" müsse. Die Grünen hingegen diagnostizierten einen Argumentationsnotstand der ÖVP, gebe es doch „keine stichhaltige Begründung dafür, warum die Justizopfer des Unrechtsstaats von 1933 bis 1938 nicht rehabilitiert werden sollen, sofern ihr ‚Vergehen' die Verteidigung des demokratischen Mehrparteienstaats und des Parlamentarismus war",[25] was auf Nationalsozialisten freilich nicht zutraf.[26] Die „Kronen Zeitung"[27] wiederum gab, wie auch Khol, dem „Kanzler [...] recht, wenn er der Grünen-Forderung nach einer sogenannten Aufarbeitung der Geschehnisse der Jahre 1934 bis 1938 nicht oder nur sehr zögerlich nachkommt". Niemand brauche „eine sogenannte ‚Aufarbeitung', wenn diese nichts anderes darstellt, als Jahrzehnte nach den Geschehnissen mit hoch erhobenem Zeigefinger klüger sein zu wollen als die Akteure ihrer Zeit". Nach Ansicht der „Kronen Zeitung" wäre es „auch angemessen und fair, dem ermordeten Kanzler Engelbert Dollfuß endlich die ewige Ruhe zu gönnen", habe er doch „an Österreich geglaubt und dafür mit dem Leben bezahlt!" Eine rege publizistischen Debatte prägte die Monate Februar und März 2010, insbesondere über die Frage der Einstufung des Dollfuß-/Schuschnigg-Regimes als faschistisch, der Bedeutung von dessen Maßnahmen für die Machtübernahme der Nationalsozialisten 1938 sowie über Abgrenzungsfragen hinsichtlich der zu Begünstigenden, an der sich auch verschiedene Wissenschafter beteiligten.[28]

24 Andreas Khol, Nicht diese Töne, Herr Steinhauser!, in: Die Presse, 15. 2. 2012, http://diepresse.com/home/meinung/gastkommentar/539920/Nicht-diese-Toene-Herr-Steinhauser (1. 6. 2012).

25 Harald Walser, Austro- aber nicht -faschistisch, in: Die Presse, 19. 2. 2010, http://diepresse.com/home/meinung/gastkommentar/540517/Austro-aber-nicht-faschistisch (1. 6. 2010).

26 Kurt Bauer, Sozis ja, Nazis nein?, in: Der Standard, 17. 2. 2010, http://derstandard.at/1266278995469/Sozis-ja-Nazis-nein (1. 6. 2012).

27 Kronen Zeitung, 21. 2. 2010, zit. n. 1400/A(E) XXIV. GP (vgl. Fn. 29).

28 Rupert Klieber, Eine Rehabilitierung wird schwierig. Zur Debatte um die Opfer des Austrofaschismus, in: Die Presse, 2. 3. 2012, http://diepresse.com/home/meinung/gastkommentar/543731/Eine-Rehabilitierung-wird-schwierig (1. 6. 2012); Norbert Leser, Päpstlicher als der Papst. Der Ständestaat hatte faschistische Elemente. Aber er war nicht insgesamt faschistisch, in: Die Presse, 5. 3. 2010, http://diepresse.com/home/politik/innenpolitik/544245/Paepstlicher-als-der-Papst (1. 6. 2012); Roman Sandgruber,

Unterdessen kam es jedoch im Februar 2010 zunächst zu einer Einigung zwischen Grünen, ÖVP und SPÖ auf ein Forschungsprojekt zur Aufarbeitung der Justizakten 1933 bis 1938.[29] Danach sei aber, so Steinhauser im Juli 2010, „wie es in Österreich halt ist, nichts passiert",[30] und es wieder „viel zu ruhig um die Rehabilitierung der Opfer des Austrofaschismus geworden".[31] Die SPÖ-Verhandlerin und Erste Nationalratspräsidentin Barbara Prammer wies den Vorwurf der Grünen, eine „Verzögerungstaktik" zu verfolgen, allerdings zurück und bezeichnete jedes Drängen von deren Seite als „überflüssig und kontraproduktiv". Gemeinsam mit Staatssekretär Josef Ostermayer und dem Zweiten Nationalratspräsidenten Fritz Neugebauer wolle sie, der „Wiener Zeitung" zufolge, das Thema konsequent und zügig vorantreiben. Neugebauer unterstrich seinerseits, dass sich die Verhandlungen auf dem Weg befänden und man sich nun um „eine seriöse wissenschaftliche Aufarbeitung bemühen" müsse.[32] Im August 2010 verlangte Walser[33] die Einsetzung einer unabhängigen Historikerkommission, damit die wissenschaftliche Aufarbeitung des Austrofaschismus nicht „durch großkoalitionäre Interessen getrübt" werde bzw. kein „Gemauschel um ‚dunkle Zeiten'" stattfände. Er verwies darauf, dass man sich in der ÖVP „nach wie vor schwer [tut] mit einer Neubewertung des Wegs zur Diktatur von 1933 bis 1938 und ihrer realen Verfassung, die man immer noch gerne als ‚autoritären Ständestaat' verbrämt". Es müsse doch, was „unter Schwarz-Blau möglich

Ganz so unrecht hat Khol nicht. Im Übrigen kann die historische Wahrheit nicht ausgehandelt werden, in: Die Presse, 4.3.2010, http://diepresse.com/home/politik/innenpolitik/543992/Ganz-so-unrecht-hat-Khol-nicht (1.6.2012); Lothar Höbelt, Wieder einmal der Februar 1934, in: Wiener Zeitung, 4.3.2010, http://www.wienerzeitung.at/meinungen/gastkommentare/228891_Wieder-einmal-der-Februar-1934.html (1.6.2012); Doron Rabinovici, Widerstand aus Begeisterung für Hitler und Stalin?, in: Der Standard, 3.3.2010, http://derstandard.at/1267132165200/Kommentar-der-anderen-Widerstand-aus-Begeisterung-fuer-Hitler-und-Stalin (1.6.2012); Peter Warta, „Rehabilitieren" ist das falsche Wort. Anmerkungen zu einem semantischen Dilemma, in: Der Standard, 3.3.2010, http://derstandard.at/1267132165995/Dollfuss-Rehabilitieren-ist-das-falsche-Wort (1.6.2012); Hannes Jarolim, Andreas Khol hat unrecht. Die Zerstörung der Demokratie durch Dollfuß führte zur Nazidiktatur, in: Die Presse, 25.2.2010, http://diepresse.com/home/politik/innenpolitik/542242/Andreas-Khol-hat-unrecht (1.6.2012); Walter Baier, Darf man auch Kommunisten rehabilitieren? Zum Umgang mit Sozis, Nazis und Stalinisten in der wieder entflammten Debatte um die Opfer des Dollfuß-Regimes – Ein Vorschlag zur Güte in Erwiderung auf Fragen und Bedenken des Historikers Kurt Bauer, in: Der Standard, 23.2.2010, http://derstandard.at/1266541229075/Darf-man-auch-Kommunisten-rehabilitieren (1.6.2012).

29 Vgl. den Entschließungsantrag der Abgeordneten Albert Steinhauser und Harald Walser, Freundinnen und Freunde v. 20.1.2011, 1400/A(E) XXIV. GP, betreffend die Rehabilitierung von Justizopfern des Austrofaschismus, http://www.parlament.gv.at/PAKT/VHG/XXIV/A/A_01400/imfname_204653.pdf (1.6.2012).

30 Ein weiteres Stück Aufarbeitung, in: Wiener Zeitung, 16.7.2010, http://www.wienerzeitung.at/nachrichten/politik/oesterreich/41136_Ein-weiteres-Stueck-Aufarbeitung.html (1.6.2012).

31 Man brauche „keine Mauschelei über ein großkoalitionär-konsensuales Geschichtsbild", sondern „historische Forschung, die aktuellen methodischen Standards entspricht", Albert Steinhauser, Stand der Dinge, 14.7.2010, http://albertsteinhauser.at/kategorie/gruene-initiative-zur-rehabilitierung-der-opfer-des-austrofaschismus/stand-der-dinge/(1.6.2012).

32 Ebd.

33 Harald Walser, Das Gemauschel um „dunkle Zeiten", in: Der Standard, 3.8.2010, http://derstandard.at/1277339456415/Kommentar-der-anderen-Das-Gemauschel-um-dunkle-Zeiten (1.6.2010),

war", nämlich eine „wirklich unabhängige Historiker-Kommission" zu rufen, um „eine wissenschaftlich fundierte Aufarbeitung der NS-Zeit in Angriff zu nehmen", jetzt doch auch „für die Zeit des Austrofaschismus" möglich sein".

Die schleppende Umsetzung des Rehabilitierungsvorhabens kritisierte im Jänner 2011 schließlich auch der, wie Helmut Wohnout[34] als Wissenschafter die Verhandlungen begleitende Historiker Oliver Rathkolb,[35] liege doch Prammer und Neugebauer ein entsprechendes Konzept für die Rehabilitierung bereits seit Monaten vor. Dieses gemeinsam mit Wohnout entwickelte Konzept sehe – um eine Rehabilitierung von Nationalsozialisten auszuschließen – auch Einzelfallprüfungen vor, wenngleich „nur in verhältnismäßig wenigen Fällen", denn es sei nachweisbar, „dass eine relativ große Opfergruppe der rund 10.000 in unterschiedlicher Art und Weise von Polizei und Justiz politisch Verfolgten rasch rehabilitiert werden" könne, und dazu gebe es „genug empirisches Material."[36] Rathkolb betonte überdies, dass die Rehabilitierung seitens der Republik eine „Bringschuld" darstelle, immerhin feiere sie aus Anlass des 100-jährigen Geburtstages Bruno Kreiskys „gerade intensiv einen ehemaligen Hochverräter, [...] dessen Verurteilung nie formal getilgt wurde".[37]

Auch Steinhauser und Walser wollten die „Verzögerungen bei der Aufarbeitung der Jahre 1933 bis 1938 und der Rehabilitierung der (Justiz-)Opfer des Austrofaschismus [...] nicht länger hinnehmen"[38] und brachten im Jänner 2011 erneut einen Entschließungsantrag im Parlament ein, in dem sie monierten, dass die „Gründe für die merkwürdigen politischen Verzögerungen in der Rehabilitierung der Opfer des Austrofaschismus [...] unklar [blieben]". Sie befürchteten, „dass großkoalitionäres Mauscheln die historische Forschung ersetzen soll, was weder dem Niveau der politischen Auseinandersetzung noch der Freiheit der Wissenschaft im Lande zur Ehre gereichen würde". Der Nationalrat sei „schon einmal wesentlich weiter gewesen", und die Abgeordneten der Regierungsparteien müssten sich nun „endlich entscheiden". Die „Thesen von der ‚geteilten Schuld' zwischen Sozialdemokratie und Christlichsozialen oder vom heldenhaften Widerstand des Engelbert Dollfuß (dessen Porträt immer noch den ÖVP-Klub ziert) gegen den Nationalsozialismus" auch weiterhin „am Leben erhalten zu wollen," müsse „im Lichte des heutigen Forschungstandes" als „schlicht falsch" bezeichnet werden. Vielmehr liege die „Hauptverantwortung für den blutigen Februar 1934, für das Ende der Demokratie und den daraus folgenden Bürgerkrieg" „seriöser wissenschaftlicher Forschung" zufolge, ganz „eindeutig bei den Christlichsozialen und der Heimwehr", habe doch Dollfuß das Parlament auf Dauer ausschalten wollen. Allein die „Tatsache, dass ein Diktator gegen einen anderen, noch gefährlicheren Despoten kämpfte", mache „Ersteren nicht zum Demokraten". Mit ihrem Entschließungsantrag ersuchten die Grünen die Bundesregierung, nun „ehestmöglich eine öffentlich ausgeschriebene, unabhängige historische Aufarbeitung der Verurteilungen von Justizopfern des Austrofaschismus, insbesondere auch jener, die wegen Handlungen zur Verteidigung der Demokratie und

34 Geschäftsführer des Karl von Vogelsang-Instituts.

35 Peter Mayr, Die Republik hat die Bringschuld, in: Der Standard, 20.1.2011, http://derstandard.at/1293371092192/Zeitgeschichte-Die-Republik-hat-die-Bringschuld (1.6.2012).

36 Zit. n. ebd.

37 Zit. n. ebd.

38 Parlamentskorrespondenz Nr. 79, 25.1.2011, http://www.parlament.gv.at/PAKT/PR/JAHR_2011/PK0079/(1.6.2012).

des Rechtsstaats verurteilt wurden, zu veranlassen und zu fördern sowie nach Vorliegen der Forschungsergebnisse für die Herbeiführung von Nichtigkeitsbeschlüssen auf Basis von teilweisen Einzelfallprüfungen der Verurteilungen durch das austrofaschistische Regime zu sorgen“. In der Debatte im Nationalrat[39] verwiesen die Grünen darauf, dass Prammer und Neugebauer ihnen versprochen hätten: „Wenn die Historiker sich einig sind, geht hier etwas vorwärts“. Und sie verwiesen auf die Aussage Rathkolbs, dass „seit Monaten die Situation klar sei, dass seit Monaten eine Empfehlung der Historiker vorliege“. Die Sozialdemokratie sei „gut beraten, zwei Tage vor dem 100. Geburtstag Bruno Kreiskys, [...] ihn endlich vom Makel des Hochverräters zu befreien“. Das parlamentarische Ergebnis dieses Antrages brachte Walser dann allerdings so auf den Punkt: „SPÖ verhindert Rehabilitierung Kreiskys!“[40] „Eine geschichtsbewusste Partei“, so warf er der SPÖ vor, „hätte die heutige Sitzung [des Nationalrats] wahrscheinlich genutzt, um das selbst zu machen“.

Im September 2011 lag schließlich ein erster Entwurf für das Rehabilitierungsgesetz vor,[41] der jedoch auf heftigen Widerstand sowohl bei den Grünen als auch bei einem Teil der Sozialdemokratie stieß. Kritisiert wurde vor allem die fehlende Verwendung des Begriffes „Austrofaschismus“. Walser bedauerte in einem Gastkommentar in der „Presse“,[42] dass der ÖVP „noch heute nicht über die Lippen“ komme, was für Bundeskanzler Leopold Figl „eine Selbstverständlichkeit“ gewesen sei, denn dieser habe 1946 gefordert, dass sich, „ja, sagen wir es nur ganz offen und ehrlich, der Austromarxist und der Austrofaschist vom Jahr 1934“ doch zur Abklärung der Februarereignisse 1934 „zusammensetzen“ sollten. Es käme Walser zufolge einer „Beleidigung der Bevölkerung“ gleich, wenn sich der „Starrsinn einiger ÖVP-Ideologen“ hinter der Entwurf-Formulierung „Zeit nach der Außerkraftsetzung des Parlamentarismus in Österreich“ verstecke.[43] Neugebauer habe zwar bewiesen, dass er eine klare gesetzliche Regelung „dieser zeitgeschichtlichen und ‚juristischen‘ Wunde“ wünsche, aber die „innerparteilichen Zwänge“ seien „wohl zu stark“ gewesen. Der Historiker Kurt Bauer hingegen qualifizierte die Bezeichnung „Austrofaschismus“ als „bequeme[n] linke[n] Kampfbegriff“, den es in dieser Debatte zu vermeiden gelte, um der ÖVP zu helfen, „über den eigenen Schatten zu springen“.[44]

39 Sten.Prot. NR, 93. Sitzung, XXIV. GP, 20. und 21. 1, 2011, http://www.parlament.gv.at/PAKT/VHG/XXIV/NRSITZ/NRSITZ_00093/SEITE_0001.html, 18–184 (1. 6. 2012).

40 Harald Walser, SPÖ verhindert Rehabilitierung Kreiskys! 20. 1. 2011, http://haraldwalser.twoday.net/stories/11584838 (1. 6. 2011).

41 Antrag betreffend ein Bundesgesetz über die Aufhebung- und Rehabilitierung (Aufhebungs- und Rehabilitierungsgesetz 2011), 110922_IA_Reha33-38_SV. Mein Dank gilt Albert Steinhauser für die Zurverfügungstellung dieses Entwurfs.

42 Harald Walser, Austrofaschismus – „sagen wir es nur ganz offen und ehrlich!“, in: Die Presse, 2. 10. 2011, http://diepresse.com/home/meinung/gastkommentar/697770/Austrofaschismus-sagen-wir-es-nur-ganz-offen-und-ehrlich (1. 6. 2012).

43 Siehe auch die Kritik Wolfgang Moitzis, http://albertsteinhauser.at/2011/10/10/dollfus-und-die-gansefuschen/(1. 2. 2012).

44 Kurt Bauer, Dollfuß-Debatte: „Austrofaschismus“, nein danke, in: Der Standard, 29. 09. 2011, http://derstandard.at/1317018853516/Dollfuss-Debatte-Austrofaschismus-nein-danke (1. 6. 2012); siehe dazu allerdings Albert Steinhauser, Dollfuss-Debatte: Ist auch „Unrecht“ ein Kampfbegriff?, in: Der Standard, 5. 10. 2011, http://derstandard.at/1317019296523/Dollfuss-Debatte-Ist-auch-Unrecht-ein-Kampfbegriff (1. 6. 2012).

Beanstandet wurde von den KritikerInnen des Entwurfes insbesondere auch, dass der Unrechtscharakter des Dollfuß-/Schuschnigg-Regimes keine Erwähnung fand, an welchem es aber keinen Zweifel geben könne. Daher schlugen die Grünen[45] auch eine vom „Doyen der Austrofaschismus-Forschung", Emmerich Tálos, formulierte Alternativ-Präambel vor: „Die Regierung [...] brach mit der demokratischen Verfassung und rechtsstaatlichen Regeln, etablierte ein System des Unrechts. Grund- und Freiheitsrechte wurden realiter massiv eingeschränkt, Anhaltelager, Standrecht und Todesstrafe eingeführt. Die Unterdrückung oppositioneller Medien stellte einen wichtigen Bereich staatlicher Repression dar. Die Unabhängigkeit der Justiz wurde beseitigt, die Strafkompetenz der Polizei ausgeweitet. Polizei und Justiz bildeten zentrale Instrumente der Absicherung der Diktatur." Trotz all dieser Einwände stelle der Entwurf aus Sicht der Grünen aber „unbestritten ein[en] Fortschritt" dar, so Walser abschließend.

Aus den Reihen der SPÖ kritisierte Günther Kräuter den Entwurf ebenfalls als nicht weitreichend genug, denn das „Gesetz spricht nicht Klartext". Er stieß sich insbesondere daran, dass im geplanten Gesetzestext nur von „Mitleid mit den Opfern" die Rede war: Es wurde nämlich bloß ausgesprochen, dass denjenigen Personen, „die in den Auseinandersetzungen zwischen dem 12. November 1918 und dem 12. März 1938 unbeteiligt Schäden an Leib und Leben oder Freiheit erlitten hatten", „besonderes Mitgefühl gebühre". Nach Kräuter seien jedoch, wenn „es um die Justizverbrechen eines totalitären Regimes geht und die Aufhebung der Unrechtsakte erfolgt, [...] auch die Voraussetzungen und Begleitumstände darzulegen", also die „Ausschaltung von Parlament und Demokratie, Diktatur, Willkür, Unrecht und Verbrechen gegen die Menschlichkeit".[46] Die „Würdigung von Menschen, die für ihren Einsatz für Freiheit und Demokratie in Österreich ihr Leben lassen mussten", dürfe nicht durch ein „interpretationsgeneigtes Gesetz" beeinträchtigt werden. Außerdem wurde seitens der SPÖ kritisiert, dass abgesehen von gerichtlichen Strafen und Anhaltungen „alle weiteren Unterdrückungsmaßnahmen des Regimes (Ausbürgerungen, politisch motivierte Entlassungen, Geldstrafen für Oppositionelle, Wohnungsräumungen, Pensionskürzungen usw.) außen vor" blieben.[47] Aus Österreich geflohene und ausgebürgerte SozialdemokratInnen, wie etwa Otto Bauer und Julius Deutsch, seien daher von der Rehabilitierung nicht erfasst. Ebenfalls nicht rehabilitiert hätten nach der Gesetzesvorlage auch unterschiedslos alle diejenigen werden können, die „für den ‚Anschluss' an das nationalsozialistische Deutschland eingetreten" waren, was freilich auch für Karl Renner zutrifft. „Da nützt es auch nichts, dass er zwei Mal Kanzler war", konstatierte der „Kurier".[48] Barbara Prammer betonte hingegen, dass man „noch nie so weit wie jetzt" gekommen sei.[49] Trotzdem war aufgrund des Widerstandes innerhalb der SPÖ der Entwurf „schnell wieder vom Tisch".[50]

---

45 Walser, 2.10.2011 (vgl. Fn. 42).

46 Wirbel in der SPÖ um Gesetz zum „Austrofaschismus", in: Die Presse, 28.9.2011, http://diepresse.com/home/politik/innenpolitik/696720/Wirbel-in-der-SPOe-um-Gesetz-zum-Austrofaschismus (1.6.2012).

47 So Wolfgang Moitzi (2011, vgl. Fn, 43).

48 „Debatte um Faschismus spaltet die SPÖ", in: Kurier, 10.10.2011, http://albertsteinhauser.at/2011/10/10/debatte-um-faschismus-spaltet-die-spo-politiker/(1.6.2012).

49 Rehabilitierung: Antrag entzweit SPÖ, in: Die Presse, 28.9.2011, http://diepresse.com/home/politik/innenpolitik/696890/Rehabilitierung_Antrag-entzweit-SPOe (1.6.2012).

50 Dollfuß-Opfer. ÖVP wartet nun auf „Rückmeldung der SP", in: Der Standard, 7.10.2011, ht-

Schließlich einigten sich ÖVP, SPÖ und Grüne Anfang Dezember 2011 auf einen gemeinsamen Antrag,[51] demzufolge Urteile gegen Personen, die sich zwischen 1933 und 1938 für ein demokratisches Österreich eingesetzt hatten, rückwirkend aufgehoben werden. Das Wort „Austrofaschismus" kam zwar, der „Bedingung der ÖVP für ihre Zustimmung" Rechnung tragend,[52] weiterhin nicht vor, das „Unrecht der Politurteile" wurde nun aber benannt, denn der Antrag deklarierte die betreffenden gerichtlichen und verwaltungsbehördlichen Entscheidungen ausdrücklich als „Unrecht im Sinne des Rechtsstaates".[53] Wie Neugebauer betonte, ist aber für die ÖVP mit dem „Rehabilitationsgesetz [...] keine Geschichtsbewertung verbunden", dieses stelle „vielmehr eine wichtige Geste für die noch wenigen lebenden Betroffenen" dar.[54]

Der Initiativantrag[55] betonte, dass „ein bedeutsamer Teil österreichischer Zeitgeschichte [...] in den in gewaltsamem Handeln [...] kulminierten politischen Auseinandersetzungen während der Ersten Republik" liege, als „Menschen ihrer demokratischen Rechte beraubt, an Leib, Leben und Eigentum beschädigt, strafgerichtlich verurteilt, verwaltungsbehördlich angehalten oder aus dem heimatlichen Staatsverband ausgestoßen (ausgebürgert)" wurden, „die sich für den Erhalt eines unabhängigen und demokratischen Österreichs eingesetzt" hatten. Darüber hinaus sei es „auch zu Verurteilungen wegen der Kundgabe politischer auf ein unabhängiges und demokratisches Österreich gerichteter Meinungen" gekommen. Der vorliegende Antrag sollte nun „solche strafgerichtlichen und verwaltungsbehördlichen Entscheidungen aus der Zeit nach Außerkraftsetzung des Parlamentarismus in Österreich – also ab 6. März 1933 bis 12. März 1938 – rückwirkend beseitigen und als eindeutige Unrechtsmaßnahmen deklarieren". Dieses Ziel solle „im Wege einer umfassenden Neuregelung erreicht werden, mit der der Umfang der rückwirkenden Aufhebung strafgerichtlicher Entscheidungen [...] und der Rehabilitierung der davon Betroffenen [...] in Orientierung an den Leitgedanken des Opferfürsorgegesetzes" von 1947 i.d.F. 2010[56] „sowie der rückwirkenden Aufhebung von Bescheiden, mit denen die Anhaltung einer Person angeordnet wurde [...], definiert werden soll". Zusätzlich würde nun „all jenen, die sich zwischen 12. November 1918 und 12. März 1938 für ein unabhängiges, demokratisches und seiner geschichtlichen Aufgabe bewusstes Österreich in Wort und Tat eingesetzt haben, die Anerkennung der Re-

---

tp://derstandard.at/1317019678346/Dollfuss-Opfer-OeVP-wartet-nun-auf-Rueckmeldung-der-SP (1.6.2012).

51 Siehe dazu „S-V-G-Initiative zu Aufhebungs- und Rehabilitierungsgesetz 2011. Initiativantrag im Zusammenhang mit Justizopfern der Jahre 1933–1938, Parlamentskorrespondenz Nr. 1191, 5.12.2011, http://www.parlament.gv.at/PAKT/PR/JAHR_2011/PK1191/index.shtml (1.6.2012).

52 „Opfer des Austrofaschismus werden rehabilitiert", in: Die Presse, 5.12.2011, http://diepresse.com/home/politik/zeitgeschichte/714556/Opfer-des-Austrofaschismus-werden-rehabilitiert (1.6.2012).

53 „Austrofaschismus: Einigung auf Opfer-Rehabilitierung", 5.12.2011, http://news.orf.at/stories/2093168/(1.6.2012).

54 Neugebauer (2012), 25.

55 Antrag der Abgeordneten Barbara Prammer, Fritz Neugebauer, Albert Steinhauser, Kolleginnen und Kollegen betreffend ein Bundesgesetz über die Aufhebung- und Rehabilitierung (Aufhebungs- und Rehabilitierungsgesetz 2011, 1773/A XXIV. GP, v. 6.12.2011, http://www.parlament.gv.at/PAKT/VHG/XXIV/A/A_01773/imfname_237742.pdf (1.6.2012); siehe dazu auch Parlamentskorrespondenz Nr. 5, 10.1.2012, http://www.parlament.gv.at/PAKT/PR/JAHR_2012/PK0005/(1.6.2012).

56 BGBl. 183/1947 idF BGBl. I 4/2010.

publik ausgesprochen werden[,] sowie all jenen, die unbeteiligt zu Schaden kamen, im Bewusstsein um das geschehene Unrecht das besondere Mitgefühl ausgedrückt werden".

Es sei zwar bereits mit dem Einstellungsgesetz 1945 zu einer „Amnestierung aller Personen" gekommen, „die wegen Taten im Kampf gegen den Nationalsozialismus oder Faschismus oder zur Unterstützung des österreichischen Freiheitskampfes oder in der Absicht, ein selbständiges, unabhängiges und demokratisches Österreich wiederherzustellen, verurteilt worden waren"; auch waren Strafverfahren wegen solcher Handlungen einzustellen bzw. erst gar nicht einzuleiten, noch nicht vollstreckte Strafen nachzusehen, entsprechende Verurteilungen galten als getilgt. Eine „vollständige Rehabilitierung der Betroffenen durch eine rückwirkende Beseitigung der entsprechenden strafgerichtlichen Entscheidungen" war jedoch damit nicht verbunden. Der vorliegende Antrag sollte nun „auch dies bewerkstelligen". Hinsichtlich der Ausbürgerungen von StaatsbürgerInnen aus dem angeführten Personenkreis bestünde kein Regelungsbedarf, da bereits kurz nach Wiedererstehen der Republik gesetzliche Maßnahmen ergriffen worden seien, „die Betroffenen auf Antrag eine vereinfachte Verleihung der Staatsbürgerschaft ermöglicht" hätten.[57]

Nachdem der Justizausschuss am 11. Jänner 2012 den Antrag gegen die Stimmen der FPÖ angenommen hatte,[58] wurde er eine Woche später im Nationalrat diskutiert.[59] Neu-

57 Hinsichtlich der Ausbürgerungen hatte bereits das Staatsbürgerschafts-Überleitungsgesetzes (St-ÜG) v. 10.7.1945, BGBl. 59/1945 normiert, dass Ausbürgerungen aufgrund der Ausbürgerungsverordnung von 1933 auf Antrag zu widerrufen seien, wenn sie nicht als Folge einer allgemeinen Haltung, die mit den Grundsätzen der unabhängigen demokratischen Republik Österreich in Widerspruch steht, ausgesprochen worden waren. Die 2. Staatsbürgerschafts-Überleitungsgesetznovelle, BGBl. 52/1946, normierte, dass die für das Recht zum Erwerb der österreichischen Staatsbürgerschaft durch Erklärung des Betroffenen notwendige Voraussetzung des freiwilligen ununterbrochenen Wohnsitzes auch dann als gegeben anzusehen ist, wenn Personen zwischen dem 5.3.1933 und dem 13.3.1938 den Wohnsitz aufgeben mussten, weil sie wegen ihres Eintretens für die demokratische Republik Österreich Verfolgungen ausgesetzt waren oder solche zu befürchten hatten. Diese Regelungen seien, so der Initiativantrag, „an den individuellen Bedürfnissen und Wünschen der Betroffenen bei Beachtung allgemeiner Grundsätze des Staatsbürgerschaftsrechts orientiert, berücksichtig[t]en auch im vorliegenden Entwurf als Bedingung für die Einbeziehung in den persönlichen Geltungsbereich vorausgesetzte Motivlagen" und erwiesen „sich sohin als rechtlich und persönlich sachgerecht". Explizit hervorgehoben wurde auch die Staatsbürgerschaftsgesetz-Novelle 1993, bei der sowohl in der Regierungsvorlage als auch im Bericht des Ausschusses für innere Angelegenheiten als angestrebtes Ziel derselben ein Beitrag zur Wiedergutmachung an den in den Jahren bis 1945 emigrierten (vertriebenen) Personen genannt wurde.

58 Bericht des Justizausschusses über den Antrag 1773/A der Abgeordneten Barbara Prammer, Fritz Neugebauer, Albert Steinhauser, Kolleginnen und Kollegen betreffend ein Bundesgesetz über die Aufhebung- und Rehabilitierung (Aufhebungs- und Rehabilitierungsgesetz 2011), über den Antrag 475/A(E) der Abgeordneten Albert Steinhauser, Kolleginnen und Kollegen betreffend die Rehabilitierung von Justizopfern des Austrofaschismus sowie über den Antrag 1400/A(E) der Abgeordneten Albert Steinhauser, Kolleginnen und Kollegen betreffend die Rehabilitierung von Justizopfern des Austrofaschismus, 1644 d. B. zu den Sten.Prot. NR, XXIV. GP, http://www.parlament.gv.at/PAKT/VHG/XXIV/I/I_01644/fname_240342.pdf (1.6.2012).

59 Sten.Prot. NR, 140. Sitzung, XXIV. GP, 18.1.2012, 131–144; Justizopfer des „Ständestaats" sollen rehabilitiert werden. Justizausschuss gibt grünes Licht für gemeinsamen S-V-G-Antrag, in: Parlamentskorrespondenz Nr. 16, 11.1.2012, http://www.parlament.gv.at/PAKT/PR/JAHR_2012/PK0016/(1.6.2012).

gebauer betonte in der Debatte, dass lange Zeit die historischen Vorkommnisse, „die in demokratiewidriger Weise in den bewaffneten und bürgerkriegsähnlichen Ereignissen des Februar 1934 kulminierten“, eine „Hypothek in der Zusammenarbeit der an den Auseinandersetzungen beteiligten politischen Lager nach 1945“ dargestellt hätten, „weshalb sie aus dem politischen Konsens ausgeblendet“ geblieben seien. Die Verhandlungen für dieses Gesetz, das nur diejenigen von der Rehabilitierung ausschließe, „die für den ‚Anschluss‘ agitiert beziehungsweise sich auch für die Befürwortung konkreter Diktaturen – welcher Art auch immer – ausgesprochen“ hatten, seien nun jedoch „fernab von Schuldzuweisungen“ geführt worden. Jarolim bezeichnete diese Sitzung aus Anlass der Drei-Parteien-Einigung als „historische Stunde in der Zweiten Republik“, als „historische Stunde in der Geschichte unseres Landes“ und „große[n] Tag für das Land, für die Demokratie, für den Rechtsstaat und letztlich auch für den Umgang miteinander“. Die Einigung stelle einen „Akt demokratiepolitischer Reife“ dar, weil hier „ein Stück Geschichte, das bis vor Kurzem noch sehr umstritten war, in einer Art und Weise gelöst“ wurde, „die unseres Landes würdig ist“. Die FPÖ nahm, so Abgeordneter Peter Fichtenbauer, eine „sehr kritische Haltung“ zu diesem Gesetz ein, das besser als „Versöhnungsgesetz“ bezeichnet werden solle. Außerdem sei in der Begründung des Gesetzes „die Geschichte geklittert“, denn zum Teil hätten die Kampfhandlungen des 12. Februar 1934 „kein[en] Kampf für die Demokratie“ dargestellt, da der Republikanische Schutzbund diese eröffnet habe, noch bevor derartige Kampfhandlungen rechtfertigende Repressionen stattgefunden hätten. Er warf die Frage auf, „ab welchem Zeitpunkt in der Phase der Unterdrückung“, die damals „zweifellos bestanden“ habe, die Berechtigung beginne, „gegen die Tyrannei die Waffe zu erheben“, denn am 12. Februar 1934 hätten diese Voraussetzungen nicht bestanden. Außerdem würden es auch die Opfer auf Seiten der Exekutive verdienen, „mit einem großen Gedenkstein bedacht zu werden“, seien sie doch „aufgrund ihrer Dienstpflicht im Kampf gestanden“. Man solle über diesen „fehlenden Teil“ des „Rehabilitierungs- oder Versöhnungsvorhabens“, zu dem man aber dennoch „dem Parlament heute gratuliere“, vielleicht „noch nachdenken“. Walser replizierte darauf freilich, dass „die Polizisten, die Mitglieder der Exekutive, des Bundesheeres, die im Zuge der Februarkämpfe getötet wurden“, ja nicht rehabilitiert werden könnten oder müssten, da sie ja nie angeklagt waren. Auch er sprach des Weiteren von einem „historischen Gesetz“, weil „endlich in Österreich eine gewisse Normalität einsetzt, was die Betrachtung [...] der Zeit von 1933 bis 1938 anlangt“. Erstmals sei nun mit der „Unrechts-Klausel“ festgelegt worden, „dass es Unrecht war, was damals geschehen ist“, und jenen Achtung ausgesprochen worden, welche „die Republik verteidigt haben, und zwar sehr wohl auch im Februar“. Schließlich sei es in diesem Kampf doch „darum gegangen, republikanische Grundsätze, demokratische Grundsätze zu erhalten, denn was, wenn nicht Widerstand, ist angesagt, wenn mit Polizei und Bundesheer das Parlament abgesperrt und verhindert wird, dass reguläre Sitzungen stattfinden? Und natürlich war dieser Widerstand legitim – das ist für uns keine Frage.“ Walser bedauerte, dass der Begriff „Faschismus“ nicht im Gesetzestext vorkomme, was für „mehr Klarheit gesorgt“ hätte. Aber immerhin sei das „Tabuthema“ nun endlich einer Lösung zugeführt worden, auf die man „durchaus stolz“ sein könne. Barbara Prammer betonte, dass es mit diesem Gesetz möglich sei, „den Unrechtscharakter klar zu definieren, zu rehabilitieren und auch die Achtung und Anerkennung auszusprechen“. Es ginge schließlich darum, „Menschen, denen in dieser Zeit

Unrecht widerfahren ist, die sogar ihr Leben verloren haben, nachträglich und zweifellos sehr spät Gerechtigkeit zuteil werden zu lassen". Auch Steinhauser strich die Bedeutung der Generalklausel hervor und betonte, dass die Ausübung der Hoheitsgewalt gegen jene, die für die Demokratie eingetreten waren, „demokratischen Prinzipien widersprochen" habe. Man könne verschiedene Maßnahmen der Oppositionsbekämpfung „nicht aufheben, aber man kann als Gesetzgeber zum Ausdruck bringen, dass das Unrecht war". Der Beschluss des Gesetzes erfolgte am 18. Jänner 2012 schließlich einstimmig im Plenum.[60]

Am 2. Februar wurde das Gesetz im Bundesrat diskutiert.[61] Dabei hob Muna Duzdar von der SPÖ hervor, dass mit „diesem Gesetz [...] erstmals auch Abschied von jeglicher Behauptung genommen" würde, es gebe „Situationen [...], in denen diktatorische Mittel legitim sein können". Es werde nun „ganz klar festgehalten, dass es Unrecht war, in Österreich 1933 eine Diktatur zu errichten, und dass es kein Argument geben kann, einen solchen Schritt zu rechtfertigen – keine Bedrohung von außen, nicht die Furcht vor dem eigenen Machtverlust im Inneren".[62] Hans-Jörg Jenewein von der FPÖ kritisierte, dass mit diesem Gesetz eine „Bausch-und-Bogen-Entlastung" vorgenommen werde, die „Frage der Schuld des Individuums" aber „niemals durch ein großes Gesetz ausgelöscht werden" könne, wobei er sich auch darauf berief, „wie nach dem Zweiten Weltkrieg in der Tschechoslowakei mit der Vertreibung der Sudetendeutschen umgegangen" worden sei. Er erwähnte Richard Bernaschek („das war einer jener, die bei dem ersten Schusswechsel in Linz dabei waren"), bei dem es „eindeutige Hinweise darauf" gebe, „dass er sich keinesfalls für ein unabhängiges, demokratisches Österreich eingesetzt" hätte, und „den Herrn Josef Gerl, der am 20. Juli 1934 ein Sprengstoffattentat auf eine Signalanlage der Donauuferbahn verübt und bei der Flucht einen Gendarmen niedergeschossen hat". Man dürfe nicht die „Opfer nur auf einer Seite" sehen. Auch er sprach, wie schon in der Nationalratsdebatte Fichtenbauer, von einem „Versöhnungsgesetz" und mahnte die Berücksichtigung von „individuelle[r] Schuld des Einzelnen" ein. Marco Schreuder von den Grünen replizierte, es ginge darum, dass „das Unrecht, das damals ausgesprochen wurde, auch als Unrecht bezeichnet" wird. Er halte das „nicht für eine Versöhnung, sondern für eine historische Korrektur", die „dringend notwendig" gewesen sei. Die Bezeichnung „Versöhnungsgesetz" gehe „schon ziemlich an den Intentionen des Gesetzes vorbei". Die Beschlussfassung erfolgte schließlich mit Stimmeneinhelligkeit.

3. Die Bestimmungen des Aufhebungs- und Rehabilitierungsgesetzes 2011

Am 1. März 2012 trat das Bundesgesetz über die Aufhebung und Rehabilitierung (Aufhebungs- und Rehabilitierungsgesetz 2011) in Kraft.[63] Dieses „historische Gesetz"[64] nor-

60 Vgl. für eine Zusammenfassung der Debatte „Justizopfer des autoritären Ständestaats werden rehabilitiert", in: Parlamentskorrespondenz Nr. 31, 18.1.2012, http://www.parlament.gv.at/PAKT/PR/JAHR_2012/PK0031/(1.6.2012).

61 Sten.Prot. BR, 804. Sitzung, 2.2.2012, 62–69, http://www.parlament.gv.at/PAKT/VHG/BR/BRSITZ/BRSITZ_00804/fname_246495.pdf (1.6.2012).

62 Ebd., 65.

63 BGBl. I 8/2012.

64 Harald Walser, Ein historischer Schritt, in: Der Standard, 16.1.2012, http://derstandard.at/1326502903452/Austro-Faschismus-Ein-historischer-Schritt (1.6.2012).

miert in § 1 Abs. 1 die rückwirkende Aufhebung aller noch in Rechtskraft stehenden, bis 12. März 1938 ergangenen verurteilenden Entscheidungen der Sonder- und Standgerichte sowie der ordentlichen Strafgerichte, soweit sie wegen Taten, die zwischen 6. März 1933 und 12. März 1938 „im Kampf um ein unabhängiges, demokratisches und seiner geschichtlichen Aufgabe bewusstes Österreich" im Sinne des OFG begangen worden oder „wegen des Ausdrucks einer darauf gerichteten politischen Meinung" erfolgt waren. Wie die Begründung des Initiativantrags[65] klarstellte, wurde hinsichtlich der Charakterisierung der erfassten Taten die einschlägige Bestimmung des OFG übernommen und damit sowohl der „thematische, in die Reichweite des Entwurfes wirkende Konnex" mit demselben hergestellt. Von der rückwirkenden Aufhebung, so ebenfalls explizit die Begründung, sind freilich nur „jene verurteilenden Gerichtsentscheidungen erfasst, die derzeit noch in Rechtskraft stehen und nicht ohnehin bereits durch Rechtsmittelgerichte aufgehoben oder im Wege der Wiederaufnahme beseitigt wurden". Mit der Erwähnung der Sondergerichte werden auch Entscheidungen von Stand- und Militärgerichten in die Regelung einbezogen. Enthält eine gerichtliche Verurteilung auch einen Schuldspruch wegen einer Tat, die nicht zwischen 6. März 1933 und 12. März 1938 „im Kampf um ein unabhängiges, demokratisches und seiner geschichtlichen Aufgabe bewusstes Österreich oder wegen des Ausdrucks einer darauf gerichteten politischen Meinung" begangen worden war, so tritt die rückwirkende Aufhebung gemäß § 2 des Gesetzes nur in Bezug auf jene Taten ein, die im Sinne des § 1 erfolgten. Wegen der anderen Taten bleibt der Schuldspruch aufrecht, der Strafausspruch entfällt jedoch ohne Neubemessung der Strafe, von der Neufestsetzung einer Strafe für den nicht aufgehobenen Teil wird also abgesehen.

Gemäß Abs. 2 des Gesetzes gelten außerdem alle noch in Rechtskraft stehenden, bis 12. März 1938 ergangenen Bescheide, mit denen „die Verhaltung zum Aufenthalte in einem bestimmten Orte oder Gebiete (Anhaltung)" angeordnet wurde, „rückwirkend als nicht erlassen", soweit sie gegen die genannten Personen wegen der in Abs. 1 angeführten Handlungen ergangen sind. Wie die Begründung des Initiativantrages ausführte, fanden die Anhaltungen nicht nur im Anhaltelager Wöllersdorf statt, sondern auch in „kleinere[n] andere[n] Einrichtungen", und „zahlreiche Personen – vor allem Frauen – wurden nicht in solchen Lagern, sondern in Polizeigefangenenhäusern angehalten".[66] Mit dieser als „Präventivmaßnahme ausgestalteten Anhaltung" sei kein „rechtliches Unwerturteil verbunden gewesen", weil dieses ja erst mit einer allfälligen Verurteilung ausgesprochen wurde, dennoch handelte es sich aber „um eine schwerwiegende, widerrechtliche Einschränkung bürgerlicher Grundrechte".

Die rückwirkende Aufhebung der gerichtlichen Entscheidungen und Bescheide betrifft InhaberInnen von Amtbescheinigungen oder Opferausweisen nach dem OFG oder Personen, die Anspruch auf eine derartige Amtsbescheinigung oder einen Opferausweis haben oder gehabt haben, jedoch keinen darauf gerichteten Antrag gestellt haben, oder

65 Antrag der Abgeordneten Barbara Prammer, Fritz Neugebauer, Albert Steinhauser, Kolleginnen und Kollegen betreffend ein Bundesgesetz über die Aufhebung- und Rehabilitierung (Aufhebungs- und Rehabilitierungsgesetz 2011), 1773/A XXIV. GP, 6.12.2011, http://www.parlament.gv.at/PAKT/VHG/XXIV/A/A_01773/imfname_237742.pdf (1.6.2012); siehe dazu auch Parlamentskorrespondenz Nr. 5, 10.1.2012, http://www.parlament.gv.at/PAKT/PR/JAHR_2012/PK0005/(1.6.2012).

66 Siehe dazu den Beitrag von Pia Schölnberger in diesem Band.

vor Inkrafttreten des OFG Verstorbene, die zum Zeitpunkt ihres Todes in Besitz der österreichischen Staatsbürgerschaft waren und die Bedingungen für die Ausstellung einer Amtsbescheinigung oder eines Opferausweises erfüllten. Die vom Aufhebungs- und Rehabilitierungsgesetz bestimmten Verurteilungen und Anhaltebescheide betreffen also, wie die Begründung des Initiativantrages ausführt, „Opfer des Kampfes um ein freies und demokratisches Österreich“ oder „Opfer der politischen Verfolgung“ im Sinne des OFG. Diese Voraussetzung liegt jedenfalls bei Personen vor, die Inhaber von Amtsbescheinigungen oder Opferausweisen nach dem am 2. September 1947 in Kraft getretenen Opferfürsorgegesetz wurden.

Darüber hinaus sind diejenigen Personen, die keinen Antrag auf Ausstellung eines Opferausweises oder einer Amtsbescheinigung nach dem OFG gestellt hatten, aber die Voraussetzungen dafür erfüllen, in den Geltungsbereich des Gesetzes einbezogen. Damit sollte die Möglichkeit zur rückwirkenden Aufhebung und Rehabilitierung auch für diejenigen Personen geschaffen werden, die vor dem Tag des Inkrafttretens des OFG bereits verstorben waren, insbesondere weil sie infolge ihrer Verurteilung hingerichtet worden waren und daher keinen entsprechenden Antrag nach dem OFG stellen konnten. Das Gleiche gilt für den Kreis jener Personen, die nie einen Antrag auf Ausstellung eines Opferausweises oder einer Amtsbescheinigung einbrachten, weil sie z. B. ihren Lebensmittelpunkt in ein anderes Land verlegt hatten. Bei diesen beiden Opfergruppen ist gesondert zu prüfen, ob sie die Anspruchsvoraussetzungen für eine Amtsbescheinigung oder einen Opferausweis erfüllt hätten, wobei die Bestimmung des OFG zu beachten ist, wonach der Anspruch auf Ausstellung einer Amtsbescheinigung oder eines Opferausweises insbesondere dann nicht gegeben ist, wenn das Verhalten des Betreffenden „in Wort und Tat mit den Gedanken und Zielen eines freien, demokratischen Österreich in Widerspruch steht oder stand“ (§ 15 Abs. 2). Dabei ist „ein umfassender, auf das gesamte Verhalten der betreffenden Person abstellender Maßstab anzulegen“, weshalb „Personen, die sich als Mitglieder der NSDAP oder einer ihrer Gliederungen oder sonst im nationalsozialistischen Sinn betätigten, von der Rehabilitierung ausgeschlossen“ sind.

Die Aufhebung erfasst außerdem nur Verurteilungen wegen Taten des genannten Personenkreises, die zwischen 6. März 1933 und 12. März 1938 im Kampf um ein „unabhängiges, demokratisches und seiner geschichtlichen Aufgabe bewusstes Österreich“ oder „wegen des Ausdrucks einer darauf gerichteten politischen Meinung“ begangen wurden. Jedenfalls kann ein Verurteilter, so explizit die Begründung, „der für den ‚Anschluss‘ an das nationalsozialistische Deutschland eingetreten ist, oder eine konkrete Diktatur – welcher Art auch immer – befürwortete, nicht rehabilitiert werden“. Der Beginn des relevanten Tatzeitraumes mit 6. März 1933 entspricht dem OFG, das Ende (12. März 1938) dem zeitlichen Geltungsbereich des Aufhebungs- und Rehabilitationsgesetzes 2009.

Zum „Kampf um ein unabhängiges, demokratisches und seiner geschichtlichen Aufgabe bewusstes Österreich“ zählt nach dem OFG nicht nur der Kampf mit der Waffe in der Hand, sondern auch der rückhaltlose Einsatz in Wort oder Tat. Daher sollten „das gesamte Spektrum der darauf gerichteten Meinungsäußerung in die Rehabilitierung einbezogen und die entsprechenden Verurteilungen aufgehoben werden“. In gleicher Weise gilt dies für Bescheide, mit denen eine Anhaltung angeordnet wurde. Die rückwirkende Aufhebung ex lege entspricht der Regelung im Aufhebungs- und Rehabilitationsgesetz 2009 und bewirkt in den von § 1 Abs. 1 erfassten Fällen den bislang fehlenden juristischen

Abschluss des Falles. Das Gesetz aus 1945 betreffend die Einstellung von Strafverfahren und die Nachsicht von Strafen für Kämpfer gegen Nationalsozialismus und Faschismus bleibt, so die Begründung des Initiativantrags, selbstverständlich unberührt.

Antragsberechtigt sind gemäß § 3 des Gesetzes nicht nur die Verurteilten bzw. Angehaltenen selbst, sondern auch die EhegattInnen, eingetragenen PartnerInnen, LebensgefährtInnen, Verwandten in gerader Linie oder Geschwister. Wie in der Begründung des Initiativantrags ausgeführt, erfolgt die rückwirkende Aufhebung der Urteile und Anhaltebescheide zwar bereits ex lege, zur Klarstellung dieser Wirkung – insbesondere bei allfälligen Teilaufhebungen von Urteilen – soll aber die Möglichkeit einer Feststellung bestehen, dass eine Entscheidung (oder ein Teil derselben) als nicht erfolgt gilt. Antragslegitimiert sind jeweils „die durch eine solche Entscheidung Verurteilten, die zu irgendeinem Zeitpunkt – sohin auch noch nach dem Inkrafttreten dieses Bundesgesetzes – Inhaber einer Amtsbescheinigung oder eines Opferausweises wurden oder nie einen solchen Antrag gestellt, aber einen entsprechenden Anspruch auf Ausstellung einer Amtsbescheinigung oder eines Opferausweises gehabt hätten, weiters deren Ehegatten, eingetragene Partner, Lebensgefährten, Verwandte in gerader Linie oder die Geschwister.

Das Vorliegen der Voraussetzungen des § 1 stellt das Landesgericht für Strafsachen durch einen Einzelrichter mit (deklaratorischem) Beschluss fest. Für das Verfahren gelten subsidiär die Bestimmungen der Strafprozessordnung, was insbesondere bedeutet, dass die Staatsanwaltschaft vor Beschlussfassung anzuhören ist. Das Gericht kann vor der Beschlussfassung überdies eine Stellungnahme des Rehabilitierungsbeirates einholen, wenn es dies für erforderlich hält, z. B. „weil der relevante historische Sachverhalt nicht aktenkundig ist". Diese Stellungnahme ist jedoch nicht bindend für das Gericht.

Der vom/von Justizminister/der Justizministerin zu berufende Rehabilitierungsbeirat besteht gemäß § 5 aus sechs (ehrenamtlichen) Mitgliedern, nämlich aus zwei VertreterInnen des Bundesministeriums für Justiz sowie aus je zwei FachexpertInnen aus dem Gebiet der Zeitgeschichte und der Rechtsgeschichte. Die Funktionsperiode des Beirats beträgt vier Jahre, Wiederbestellungen sind zulässig. Der Beirat kann, „um sich einen Überblick zu verschaffen und Anregungen einzuholen, Vertreter der Geschichts- und Rechtswissenschaft anhören, wobei insbesondere Personen und Initiativen in Betracht kommen, die sich mit dem Thema dieses Entwurfes befasst haben, so z. B. der ‚Verein zur Erforschung der Repressionsmaßnahmen des österreichischen Regimes 1933–1938' und andere. Die vom Beirat zu verfassende Stellungnahme hat sich auf die Frage zu beschränken, inwieweit die einer Entscheidung im Sinne des § 1 zugrunde liegende Tat die in § 1 OFG genannten inhaltlichen Voraussetzungen erfüllt oder wegen des Ausdrucks einer darauf gerichteten politischen Meinung begangen wurde.

Das Gesetz hebt aber nicht nur die genannten gerichtlichen Entscheidungen und Bescheide auf, sondern spricht auch explizit in § 4 die Rehabilitierung der betroffenen Personen aus: „Die Ausübung staatlicher Hoheitsgewalt zum Rechtsnachteil derjenigen, die sich in Wort und Tat für ein unabhängiges, demokratisches und seiner geschichtlichen Aufgabe bewusstes Österreich eingesetzt haben[,] gerade wegen dieser Handlungen widerspricht demokratischen Prinzipien." Insbesondere sind Urteile und Bescheide im Sinne des § 1 „Unrecht im Sinne des Rechtsstaates". Alle „durch eine Entscheidung im Sinne des § 1 Verurteilten" werden im Ausmaß der Aufhebung für rehabilitiert erklärt. Damit sollte der Begründung des Initiativantrags zufolge „zum Ausdruck gebracht werden, dass die aus unterschiedlichen Beweggründen erfolgte Anwendung staatlicher Hoheitsgewalt, um Personen, die sich für ein unabhängiges, demokratisches und seiner geschichtlichen Aufgabe bewusstes Österreich in Wort und Tat eingesetzt haben, gerade deswegen durch Zufügung von Rechtsnachteilen zu sanktionieren, demokratischen Prinzipien nicht entsprochen hat, weil der Boden der im B-VG verankerten demokratischen Grundlagen durch die Ereignisse im März 1933 verlassen wurde". Die im Gesetz genannte „staatliche Hoheitsgewalt" umfasst aber nicht nur die Urteile und Bescheide nach § 1, sondern „auch Akte unmittelbarer behördlicher Befehls- und Zwangsgewalt und andere Bescheide", worunter auch die zahllosen vom Gesetz sonst nicht angesprochenen und durch dieses Gesetz nicht aufgehobenen Verwaltungsstrafen (Arrest- und Geldstrafen) fallen.[67]

Darüber hinaus wurde in § 4 festgelegt, dass „Allen, die sich zwischen dem 12. November 1918 und 12. März 1938" im Sinne des OFG „in Wort und Tat für ein unabhängiges, demokratisches und seiner geschichtlichen Aufgabe bewusstes Österreich eingesetzt haben [...], [...] die Achtung der Republik [gebührt]", während denjenigen Personen, „die an mit Waffen ausgetragenen gewaltsamen politischen Auseinandersetzungen unbeteiligt Schäden an Leib, Leben oder Freiheit erlitten haben, [...] besonderes Mitgefühl [gebührt]". Mit diesem Akt des Gesetzgebers soll den genannten Personen, „ungeachtet der jeweiligen politischen Bewertung dieser Zeit", die Anerkennung der Republik ausgesprochen werden. Zusätzlich soll das besondere Mitgefühl den an diesen Auseinandersetzungen unbeteiligten Personen, die dadurch den Tod oder Verletzungen am Körper erlitten hatten, ausgesprochen werden. Darüber hinaus, so die Begründung des Initiativantrags, „sind insbesondere die tragischen Ereignisse der Februarkämpfe 1934 und die aus heutiger Sicht abzulehnenden Konsequenzen für die Betroffenen eine stete Mahnung zur Achtung und Verteidigung der demokratischen Werte und der Menschenrechte".

Entschädigungs- und Rückerstattungsansprüche sind gemäß § 6 mit der Urteilsaufhebung nicht verbunden, was auch der Rechtslage bei der Aufhebung von NS-Unrechtsurteilen entspricht.

4. Resümee

Das Aufhebungs- und Rehabilitierungsgesetz 2011 ist zweifellos, wie Staatssekretär Josef Ostermayer nach Unterzeichnung durch den Bundespräsidenten meinte,[68] „ein historischer Meilenstein". Ostermayer gab aus diesem Anlass auch seiner Überzeugung Ausdruck, dass es „zu einer stärkeren, detaillierten Aufarbeitung der Vergangenheit beitragen werde", denn auch wenn „mit diesem Gesetz und der Aufarbeitung der Ge-

67 Das Dollfuß-/Schuschnigg-Regime dehnte sofort nach dem 4. 3. 1933 den Anwendungsbereich des Verwaltungsstrafrechts erheblich aus, weil die Justiz aufgrund der verfassungsrechtlichen Vorgabe der Unabhängigkeit zunächst nicht ausreichend instrumentalisiert werden konnte. Justizminister Schuschnigg wollte daher bis zu einer Verfassungsänderung, „den Dingen durch die Einführung von Polizeistrafen in einem möglichst weiten Umfang" beikommen. Dementsprechend wurden zahlreiche neue polizeiliche Maßnahmen zur Bekämpfung von „Marxismus" und Nationalsozialismus eingeführt und auch die Rechtsschutzmöglichkeiten gegen Strafbescheide massiv eingeschränkt, vgl. dazu ausführlich Reiter-Zatloukal (2012).

68 Josef Ostermayer, Rehabilitierungsgesetz stellt einen historischen Meilenstein dar, 8. 2. 2012, http://www.bka.gv.at/site/cob__46540/currentpage__4/7652/default.aspx (1. 6. 2012).

schichte große Fortschritte“ gemacht worden seien, so dürfe man „niemals vergessen, dass Geschichte nie erledigt sein wird, auch nicht durch eine Rehabilitierung“. Allerdings wurden für die wissenschaftliche Aufarbeitung von der Politik in keiner Weise entsprechende Rahmenbedingungen geschaffen, und zwar weder im Zuge noch nach Abschluss der Verhandlungen zu diesem Gesetz.

Vor allem wurde das Gesetz als ein „Akt später Gerechtigkeit“ bezeichnet, so etwa von der „Wiener Zeitung“ am 18. Jänner 2012.[69] Allerdings sind von diesem Schritt „sehr später Gerechtigkeit“, wie ihn Barbara Prammer bezeichnete,[70] nicht alle Personen umfasst, die gerichtliche Verurteilungen und polizeiliche Maßnahmen zwischen dem 6. März 1933 und dem 12. Februar 1938 erlitten haben. Diese Gerechtigkeit kommt nämlich – ohne dass dafür in den parlamentarischen Materialien inhaltliche Gründe angeführt werden – ausschließlich den Opfern nach den OFG-Kategorien zu, also nach § 1 des Aufhebungs- und Rehabilitierungsgesetzes nur denjenigen Justizopfern, die „Opfer des Kampfes um ein freies und demokratisches Österreich“ (§ 1 Abs. 1 OFG) oder „Opfer der politischen Verfolgung“ (§ 1 Abs. 2 OFG) sind. Diese Opfer-Qualifikationen setzen allerdings hinsichtlich der Freiheitsstrafen eine gerichtliche Verurteilung zu bestimmten Mindesthaftstrafen voraus: Opfer gemäß § 1 Abs. 1 OFG waren unter diesem Gesichtspunkt nämlich nur solche Personen, die „nachweisbar aus politischen Gründen mindestens ein Jahr, sofern die Haft mit besonders schweren körperlichen oder seelischen Leiden verbunden war, mindestens sechs Monate, in Haft waren“. Die gerichtlichen Verurteilungen von „Opfern des Kampfes um ein freies und demokratisches Österreich“, die zwar nachweisbar aus politischen Gründen in Haft waren, deren Haftzeiten aber unter der vom OFG normierten Mindestdauer lagen, werden also durch das Aufhebungs- und Rehabilitierungsgesetz nicht aufgehoben. Als „Opfer der politischen Verfolgung“ gemäß § 1 Abs. 2 OFG werden u. a. ebenfalls nur Personen mit gerichtlichen Mindesthaftstrafen anerkannt, und zwar solche, deren Verurteilungen zu einem „Verlust der Freiheit durch mindestens drei Monate“ führte, weshalb gerichtliche Verurteilungen zu Freiheitsstrafen unter drei Monaten in dieser Personengruppe ebenfalls nicht durch das Aufhebungs- und Rehabilitierungsgesetz aufgehoben werden.

Als Begründung dafür wird bloß angegeben, dass – wie in der Begründung des Initiativantrags ausgeführt – zwischen dem Aufhebungs- und Rehabilitierungsgesetz und dem OFG sowohl ein „thematische[r], in die Reichweite des Entwurfes wirkende[r] Konnex“ bestehe. Bei der „Definition des Personenkreises“ hatten sich die VerhandlerInnen nämlich Neugebauer zufolge „bewusst am von allen Seiten anerkannten Opferfürsorgegesetz orientiert“.[71] Hinsichtlich der Urteilsaufhebungen scheint diese Bindung an die Voraussetzungen des OFG jedoch m. E. wenig befriedigend: Während nämlich das OFG finanzielle Ansprüche an die Qualifikation als „Opfer des Kampfes um ein

69 Katharina Schmidt, Gesetz zur Rehabilitierung der Opfer des Austrofaschismus einstimmig beschlossen – Ein Akt später Gerechtigkeit, in: Wiener Zeitung, 18. 1. 2012, http://www.wienerzeitung.at/nachrichten/politik/oesterreich/428251_Ein-spaeter-Akt-der-Gerechtigkeit.html (1. 6. 2012).

70 „Nationalrat: Opfer des Austrofaschismus rehabilitiert“, in: Die Presse, 18. 1. 2012, http://diepresse.com/home/politik/innenpolitik/724866/Nationalrat_Opfer-des-Austrofaschismus-rehabilitiert (1. 6. 2012).

71 Neugebauer (2012), 25.

freies und demokratisches Österreich" (§ 1 Abs. 1 OFG) und „Opfer der politischen Verfolgung" (§ 1 Abs. 2 OFG) knüpft und für diese Ansprüche nachvollziehbarer Weise Mindesthaftzeiten als Voraussetzung vorsieht, so hat das Aufhebungs- und Rehabilitierungsgesetz ja zum Ziel, nachträglich den Opfern des Dollfuß-/Schuschnigg-Regimes Gerechtigkeit durch Aufhebung der Urteile und Bescheide zuteil werden zu lassen. Die Aufhebung der Urteile als Akt später Gerechtigkeit kommt aber denjenigen Opfern eben nicht zu, die nicht unter den Opferbegriff des OFG fallen, d. h. den Justizopfern mit Haftstrafen unter den OFG-Mindestmaßen.

Desgleichen ist hinsichtlich der Polizeiopfer des Dollfuß-/Schuschnigg-Regimes eine weitere massive Einschränkung des Gesetzes zu bemerken: Die späte Gerechtigkeit kommt nämlich nur den polizeilich Angehaltenen, nicht aber auch den unzähligen polizeilich Abgestraften zu. Denn das Aufhebungs- und Rehabilitierungsgesetz hebt neben den in § 1 genannten gerichtlichen Verurteilungen (der Opfer nach OFG) nur die Anhaltebescheide auf, nicht jedoch andere Bescheide oder Strafverfügungen, die auf Polizeiarrest (oder Geldstrafen) lauteten und wegen verschiedenster regimekritischer Betätigung nach Verwaltungsstrafrecht ergingen. Derartige Strafverfügungen und Bescheide hatte einerseits das Verwaltungsstrafgesetz aus 1925 zur Grundlage,[72] wobei für einige Tatbestände seit Mai 1933[73] auch eine massive Erhöhung des Strafausmaßes galt, wenn sie „als politische Demonstration" begangen wurden (bis 2.000 statt wie bisher bis 200 Schilling Geldstrafe, bis zu sechs Monate statt bisher bis zu zwei Monate Arrest). Andererseits ergingen solche Verfügungen und Bescheide aufgrund der zahlreichen Regierungsverordnungen seit dem 4. März 1933, mit denen eine Vielzahl neuer verwaltungsstrafrechtlicher Tatbestände geschaffen wurden,[74] die vereinzelt sogar noch höhere Strafen vorsahen (bis zu 20.000 Schilling und Arreststrafen bis zu einem Jahr)[75] und strengstens zu handhaben waren. In diesem Sinne hatte etwa Staatssekretär Emil Fey bereits Anfang April 1933 angeordnet, administrativ strafbare Delikte „exemplarisch und zwar vorwiegend mit empfindlichen Arreststrafen zu ahnden".[76] Darüber hinaus sollten polizeiliche und gerichtliche Strafen im Sinne einer Doppelbestrafung für dieselbe Tat nebeneinander bzw. unmittelbar aufeinanderfolgend verhängt werden.

Fraglich bleibt, warum all diese Verurteilungen, Strafverfügungen und Bescheide offenbar insofern ein geringeres „Unrecht im Sinne des Rechtsstaats" darstellen, als für sie keine Aufhebung vorgesehen wurde. Diesen beiden Opfergruppen bleibt also nur die Rehabilitierung aufgrund der Generalklausel nach § 4, wonach die gegen sie angewendeten Maßnahmen „Unrecht im Sinne des Rechtsstaats" darstellten.

72 BGBl. 275/1925.

73 BGBl. 185/1933.

74 Vgl. Reiter-Zatloukal (2012); Neugebauer (2005); Riedler (1936); Weiser (1935); Meister (1935).

75 BGBl. II 224/1934; BGBl. 33/1935.

76 Zit. n. Mähner (1990), 53.

Literatur

Ludwig Adamovich, Die Baugesetze der neuen österreichischen Verfassung: Das föderalistische Prinzip, in: Juristische Blätter vereinigt mit Gerichtszeitung 64 (1935), 55–57 (= 1935a).

Ludwig Adamovich, Grundriss des Österreichischen Staatsrechtes (Verfassungs- und Verwaltungsrechtes), Wien [3]1935 (= 1935b).

Ludwig Adamovich, Verfassung 1934 und öffentliche Sicherheit, in: Öffentliche Sicherheit 1 (1935), o. S. (= 1935c).

Ludwig Adamovich, Ständische Verwaltung und Staatsverwaltung, in: Monatsschrift für Kultur und Politik 3 (1938), 5–14.

Ludwig Adamovich, in: Nikolaus Grass (Hg.), Österreichische Rechts- und Staatswissenschaften der Gegenwart in Selbstdarstellungen, Innsbruck 1952, 10–19.

Ludwig Adamovich / Georg Froehlich, Die neue österreichische Verfassung samt Ausführungs- und Nebengesetzen, Wien [4]1934.

Ludwig K. Adamovich, Nachruf auf Egbert Mannlicher, in: Juristische Blätter (1974), 197–198.

Ludwig K. Adamovich, Erinnerungen eines Nonkonformisten, Wien [2]2011.

Ludwig K. Adamovich / Bernd-Christian Funk / Gerhart Holzinger / Stefan L. Frank, Österreichisches Staatsrecht, Bd. 1: Grundlagen, Wien u. a. [2]2011.

Giorgio Agamben, Homo Sacer. Die souveräne Macht und das nackte Leben (= Erbschaft unserer Zeit 16), Frankfurt a. M. 2002.

Wilfried Aichinger, Sowjetische Österreichpolitik 1943–1945, Wien 1977.

Helmut Alexander (Hg.), Sigismund Waitz. Seelsorger, Theologe und Kirchenfürst, Innsbruck 2010.

Amerikanisches Komitee zum Studium der Geschichte der Donaumonarchie 1959. Eine Amerikanische Österreich-Bibliographie, in: Der Donauraum 4 (1959), 122–132.

Werner Anzensberger / Martin F. Polaschek, Widerstand für eine Demokratie: 12. Februar 1934, Graz 2004.

Heinz Arnberger / Claudia Kuretsidis-Haider (Hg.), Gedenken und Mahnen in Niederösterreich. Erinnerungszeichen zu Widerstand, Verfolgung, Exil und Befreiung, Wien 2011.

Aleida Assmann, Der lange Schatten der Vergangenheit. Erinnerungskultur und Geschichtspolitik, München 2006.

Christoph Auer, Das Verhältnis zwischen den illegalen Gewerkschaften und der Einheitsgewerkschaft im Ständestaat, Dipl.-Arb., Univ. Wien 2011.

Peter Autengruber, Lexikon der Wiener Straßennamen. Bedeutung, Herkunft. Frühere Bezeichnungen, Wien 1995.

Julius Axmann / Eduard Chaloupka (Hg.), Die Vorschriften über die Armenfürsorge, Wien 1934.

Brigitte Bailer, Wiedergutmachung kein Thema. Österreich und die Opfer des Nationalsozialismus, Wien 1993.

Brigitte Bailer-Galanda, Die Opfer des Nationalsozialismus und die so genannte Wiedergutmachung in: Emmerich Tálos / Ernst Hanisch / Wolfgang Neugebauer / Reinhard Sieder (Hg.), NS-Herrschaft in Österreich. Ein Handbuch, Wien 2000, 884–901.

Brigitte Bailer-Galanda, Die Entstehung der Rückstellungs- und Entschädigungsgesetzgebung. Die Republik Österreich und das in der NS-Zeit entzogene Vermögen (= Veröffentlichungen der Österreichischen Historikerkommission. Vermögensentzug während der NS-Zeit sowie Rückstellungen und Entschädigungen seit 1945 in Österreich 3), Wien-München 2003.

Brigitte Bailer-Galanda, Der Beamte und die Rückstellungsgesetzgebung. Biographischer Versuch zu Gottfried Klein, in: Verena Pawlowsky / Harald Wendelin (Hg.), Die Republik und das NS-Erbe. Raub und Rückgabe. Österreich von 1938 bis heute, Wien 2005, 78–90.

Brigitte Bailer-Galanda / Eva Blimlinger / Susanne Kowarc, „Arisierung" und Rückstellung von Wohnungen in Wien (= Veröffentlichungen der Österreichischen Historikerkommission. Vermögensentzug während der NS-Zeit sowie Rückstellungen und Entschädigungen seit 1945 in Österreich 14), Wien-München 2004, 162–192.

Margaret M. Ball, Post-War German-Austrian Relations: The Anschluss Movement 1918–1936, Stanford 1937.

Hermann Baltl, Max Layer, in: Wilhelm Brauneder (Hg.), Juristen in Österreich 1200–1980, Wien 1987, 276–280.

Irene Bandhauer-Schöffmann, Der „Christliche Ständestaat" als Männerstaat?, in: Emmerich Tálos / Wolfgang Neugebauer (Hg.), Austrofaschismus. Politik – Ökonomie – Kultur 1933–1938, 5., völlig überarb. und erg. Aufl. (= Politik und Zeitgeschichte 1), Wien 2005, 254–281.

Irene Bandhauer-Schöffmann, Gottgewollte Geschlechterdifferenzen. Entwürfe zur Restrukturierung der Geschlechterdichotomie in der Konstituierungsphase des „Christlichen Ständestaates", in: Brigitte Lehmann (Hg.), Dass die Frau zur Frau erzogen wird. Frauenpolitik und Ständestaat, Wien 2008, 15–62.

Irmgard Bärnthaler, Die Vaterländische Front, Wien 1971.

Kurt Bauer, Sozialgeschichtliche Aspekte des nationalsozialistischen Juliputsches 1934, Diss., Univ. Wien 2001.

Kurt Bauer, Elementar-Ereignis. Die österreichischen Nationalsozialisten und der Juliputsch 1934, Wien 2003.

Otto Bauer, Der Aufstand der österreichischen Arbeiter. Seine Ursachen und seine Wirkungen, Prag 1934.

Ulrich Baumann / Magnus Koch (Hg.), „Was damals Recht war…". Begleitband zur Wanderausstellung der Stiftung Denkmal für die ermordeten Juden Europas, Berlin 2008.

Zygmunt Baumann, Die Lager – östliche, westliche, moderne, in: Dittmar Dahlmann / Gerhard Hirschfeld (Hg.), Lager, Zwangsarbeit, Vertreibung und Deportation. Dimensionen der Massenverbrechen in der Sowjetunion und in Deutschland 1933 bis 1945 (= Schriften der Bibliothek für Zeitgeschichte, N.F. 10), Essen 1999, 53–65.

Zygmunt Baumann, Verworfenes Leben. Die Ausgegrenzten der Moderne, Hamburg 2005.

Hans Bayer, Ein Blick in die Österreichische Volkswirtschaft, Wien 1936.

Leo Ritter Beck von Mannagetta / Carl von Kelle (Hg.), Die österreichischen Universitätsgesetze, Wien 1906.

Neda Bei, Die Bundesregierung verordnet sich, in: Stephan Neuhäuser (Hg.), „Wir werden ganze Arbeit leisten…". Der austrofaschistische Staatsstreich 1934, Norderstedt 2004, 161–226.

Neda Bei, Krampus, Gott, Führer. Zum männlichen Subjekt des Austrofaschismus, in: Brigitte Lehmann (Hg.), Dass die Frau zur Frau erzogen wird. Frauenpolitik und Ständestaat, Wien 2008, 99–152.

Neda Bei, Die Zerstückelung des Verfassungsgerichtshofes vor der Junisession 1933, in: juridikum. zeitschrift für kritik | recht | gesellschaft 1 (2009), 32–36.

Oskar Benda, Die österreichische Staatsidee in Staat und Erziehung, Wien 1936.

Gerd Bender / Rainer Maria Kiesow / Dieter Simon, Europäische Dimensionen der Diktatur. Eine Einleitung, in: Dies. (Hg.), Die andere Seite des Wirtschaftsrechts. Steuerung in den Diktaturen des 20. Jahrhunderts, Frankfurt a. M. 2006, I–XIV.

Klaus Berchtold (Hg.), Österreichische Parteiprogramme 1868–1966, Wien 1967.

Karin Berger et al. (Hg.), Der Himmel ist blau. Kann sein. Frauen im Widerstand. Österreich 1938–1945, Wien 1985.

Karin Berger et al. (Hg.), Ich geb dir einen Mantel, daß du ihn noch in Freiheit tragen kannst. Widerstehen im KZ. Österreichische Frauen erzählen, Wien 1987.

Karin Berger et al., Vollzugspraxis des „Opferfürsorgegesetzes". Analyse der praktischen Vollziehung des einschlägigen Sozialrechts. Entschädigung im Sozialrecht nach 1945 in Österreich, Bd. 2 (= Veröffentlichungen der Österreichischen Historikerkommission. Vermögensentzug während der NS-Zeit sowie Rückstellungen und Entschädigungen seit 1945 in Österreich 29 / 2), Wien-München 2004.

Eduard Bernatzik (Hg.), Die österreichischen Verfassungsgesetze mit Erläuterungen (= Studienausgabe Österreichischer Gesetze 3), Wien ^{2}1911.

Marco Bertolaso, Die erste Runde im Kampf gegen Hitler? Frankreich, Großbritannien und die österreichische Frage 1933/34. Eine Untersuchung der Außenpolitik der Westmächte in den ersten 18 Monaten des „Dritten Reiches" auf der Grundlage diplomatischer Akten, Hamburg 1995.

Burkhart Birti, Das Opferfürsorgegesetz, Wien 1965.

Günther Bischof (Hg.), The Dollfuß/Schuschnigg Era in Austria. A Reassessment (= Contemporary Austrian Studies 11), New Brunswick 2003.

Attilio Renato Bleibtreu, Der Heldenkanzler. Ein Lied von der Scholle, Wien 1934.

William T. Bluhm, A Study of the Ideology of the Austrian Corporate State 1934–1938, Diss., Univ. Chicago 1956.

Wolfgang Bogensberger, Justiz und Freiheitsentzug, in: Erika Weinzierl/Oliver Rathkolb/Rudolf G. Ardelt/Siegfried Mattl (Hg.), Justiz und Zeitgeschichte. Symposionsbeiträge 1976–1993, Bd. 2, Wien 1995, 694–705.

Franz Böhm, Die Ordnung der Wirtschaft als geschichtliche Aufgabe und rechtsschöpferische Leistung, Stuttgart-Berlin 1937.

Peter Böhmer, Wer konnte, griff zu. „Arisierte" Güter und NS-Vermögen im Krauland-Ministerium (1945–1949), Wien u.a. 1999.

Peter Böhmer, Die Bundesministerien für Vermögenssicherung und Wirtschaftsplanung und für Finanzen, in: Peter Böhmer/Ronald Faber (Hg.), Die österreichische Finanzverwaltung und die Restitution entzogener Vermögen 1945 bis 1960 (= Veröffentlichungen der Österreichischen Historikerkommission. Vermögensentzug während der NS-Zeit sowie Rückstellungen und Entschädigungen seit 1945 in Österreich 5), Wien-München 2003, 13–149.

Franz Borkenau, Austria and after, London 1938.

Gerhard Botz, Gewalt in der Politik. Attentate, Zusammenstöße, Putschversuche, Unruhen in Österreich 1918 bis 1934, München 1976.

Gerhard Botz, Strukturwandlungen des österreichischen Nationalsozialismus (1904–1945), in: Isabella Ackerl/Walter Hummelberger/Hans Mommsen (Hg.), Politik und Gesellschaft im alten und neuen Österreich. Festschrift für Rudolf Neck zum 60. Geburtstag, Wien 1981, 163–193.

Gerhard Botz, Gewalt in der Politik. Attentate, Zusammenstöße, Putschversuche, Unruhen in Österreich 1918 bis 1934, 2., erw. Aufl., Wien 1983.

Gerhard Botz, War der „Anschluß" erzwungen?, in: Félix Kreissler (Hg.), Fünfzig Jahre danach. Der „Anschluß" von innen und außen gesehen, Wien-Zürich 1989, 97–119.

Gerhard Botz, Arbeiterschaft und österreichische NSDAP-Mitglieder (1926–1945), in: Rudolf G. Ardelt/Hans Hautmann (Hg.), Arbeiterschaft und Nationalsozialismus in Österreich, Wien 1990, 29–48.

Karl Dietrich Bracher, Eine düstere Erfahrung. Der Zug zur Diktatur im Europa der dreißiger Jahre, in: Demokratie und Geschichte. Jahrbuch des Karl von Vogelsang-Instituts zur Erforschung der Geschichte der christlichen Demokratie in Österreich 1 (1997), 107–123.

Fritz Braun, Der politische Lebensweg des Bürgermeisters Richard Schmitz. Beiträge zur Innenpolitik der Ersten Republik Österreich und zur Geschichte der christlichsozialen Partei, Diss., Univ. Wien 1968.

Wilhelm Brauneder, Österreichische Verfassungsgeschichte, Wien [11]2009.

Inge Brauneis, Widerstand von Frauen in Österreich gegen den Nationalsozialismus 1938–1945, Diss., Univ. Wien 1986.

Julius Braunthal, The Tragedy of Austria, London 1948.

Thomas Brechenmacher, Reichskonkordatsakten und Nuntiaturberichte. Wie ergiebig sind die neu freigegebenen Quellen des Vatikanischen Geheimarchivs?, in: Ders. (Hg.), Das Reichskonkordat 1933. Forschungsstand, Kontroversen, Dokumente (= Veröffentlichungen der Kommission für Zeitgeschichte 109), Paderborn 2007, 129–151.

François Broche, Assassinat du chancelier Dollfuss, Paris 1977.

Christian Broda, Ried im Innkreis – Mai 1945, in: Zeitgeschichte 2 (1974/75), 162–168.

Agnes Broessler, Wilhelmine Moik. Ein Leben für die gewerkschaftliche Frauenpolitik. „Es hat sich alles mehr um's Politische gehandelt!" Mit einem Anhang von Traude Bollauf, Wien 2006.

Gordon Brook-Shepherd, The Austrian Odyssey, London 1957 [dt.: Die Österreichische Odyssee, Wien 1958].

Gordon Brook-Shepherd, Dollfuss, London 1961 [dt.: Engelbert Dollfuß, Graz-Wien 1961].

Gordon Brook-Shepherd, Anschluss. The Rape of Austria, London 1963 [dt.: Der Anschluss, Graz-Wien 1963].

Gordon Brook-Shepherd, Um Krone und Reich. Die Tragödie des letzten Habsburgerkaisers, Wien 1968.

Gordon Brook-Shepherd, Slatin Pascha. Ein abenteuerliches Leben, Wien 1972.

Gordon Brook-Shepherd, Karl I. Des Reiches letzter Kaiser. Glanz und Elend des letzten Österreichischen Herrscherpaares, Wien 1976.

Gordon Brook-Shepherd, Der Pate Europas. Edward VII., König von England, Stuttgart 1977.

Gordon Brook-Shepherd, Die Opfer von Sarajevo. Erzherzog Franz Ferdinand und Sophie von Chotek, Stuttgart 1988.

Gordon Brook-Shepherd, Monarchien im Abendrot. Europas Herrscherhäuser bis 1914, Wien 1988, Neuaufl. 1998.

Gordon Brook-Shepherd, Zita. Die letzte Kaiserin, Wien 1993.

Gordon Brook-Shepherd, The Austrians. A thousand-year Odyssey, London 1996.

Gordon Brook-Shepherd, Otto von Habsburg, Graz 2002.

Ernst Bruckmüller, Sozialstruktur und Sozialpolitik, in: Erika Weinzierl/Kurt Skalnik (Hg.), Österreich 1918–1938, Wien 1983, 381–436.

Ernst Bruckmüller, Geschichte der österreichischen Land- und Forstwirtschaft im 20. Jahrhundert. Politik, Gesellschaft, Wirtschaft, Bd. 1, Wien 2002.

Malcolm Bullock, Austria 1918–1938. A study in failure, London 1939.

Bundesministerium für Landesverteidigung, Der Februar-Aufruhr 1934. Das Eingreifen des österreichischen Bundesheeres zu seiner Niederwerfung, Wien 1935.

Hannelore Burger / Helmut Wohnout, „Eine polnische Schufterei"? Die Badenischen Sprachenverordnungen für Böhmen und Mähren 1897, in: Michael Gehler / Hubert Sickinger (Hg.), Politische Affären und Skandale in Österreich. Von Mayerling bis Waldheim, Innsbruck u. a. ^{3}2007, 79–98.

Jürgen Busch, Alfred Verdross – Ein Mann des Widerspruchs? Teil 1: Verdross im Gefüge der Wiener Völkerrechtswissenschaft vor und nach 1938, in: Franz Stefan Meissel / Thomas Olechowski / Ilse Reiter-Zatloukal / Stefan Schima (Hg.), Vertriebenes Recht – vertreibendes Recht. Die Wiener Rechts- und Staatswissenschaftliche Fakultät 1938–1945 (= Juridicum Spotlight 2), Wien 2012, 139–169.

Hellmut Butterweck, Verurteilt und begnadigt. Österreich und seine NS-Straftäter, Wien 2003.

Joseph Buttinger, Das Ende der Massenpartei. Am Beispiel Österreichs, Frankfurt a. M. 1972.

Gustav Canaval, Der Schutz der persönlichen Freiheitsrechte in der neuen österreichischen Verfassung, in: Der christliche Ständestaat 26 (3. 6. 1934), 9 f.

Christine Cézanne-Thauss, Ein Wiener Gestapobeamter und seine Spitzel. Zur Biographie und Tätigkeit Lambert Leutgebs, Leiter des Nachrichtenreferats der Gestapoleitstelle Wien, Dipl.-Arb., Univ. Wien 2003.

Robert E. Clute, The International Legal Status of Austria 1936–1955, Diss., Duke University 1957.

August Comte, Die positive Philosophie (1830–42), 2 Bde., Heidelberg 1883–1884.

Pietro Costa, Cittadinanza, Rom-Bari 2005.

Benedetto Croce, Il fascismo come parentesi, in: Costanzo Casucci (Hg.), Interpretazioni del fascismo, Bologna ^{2}1987, 347.

Herbert Dachs, Franz Rehrl und die Bundespolitik, in: Wolfgang Huber (Hg.), Franz Rehrl. Landeshauptmann von Salzburg 1922–1938, Salzburg 1975, 215–268.

Herbert Dachs et al. (Hg.), Politik in Österreich. Das Handbuch, Wien 2006.

Ralph Dahrendorf, Gesellschaft und Demokratie in Deutschland, München 1971.

Das christlichsoziale Programm. Mit Erläuterungen von Richard Schmitz, Wien 1932.

Julius Deutsch, Der Bürgerkrieg in Österreich. Eine Darstellung von Mitkämpfern und Augenzeugen, Karlsbad 1934.

Julius Deutsch, Ein weiter Weg. Lebenserinnerungen, Zürich 1960.

Alfred Diamant, Austrian Catholics and the First Republic. Democracy, Capitalism and the Social Order, 1918–1934, Princeton 1960 [dt.: Die Österreichischen Katholiken und die Erste Republik. Demokratie, Kapitalismus und die Soziale Ordnung 1918–1934, Wien 1965].

Die Juli-Revolte 1934. Das Eingreifen des österreichischen Bundesheeres zu ihrer Niederwerfung, gedr. im Auftrag des Bundesministeriums für Landesverteidigung, Wien 1936.

Sepp Dobiasch, Volk auf dem Amboß. Kampfabschnitt Österreich 1933–1935, Reichenau 1938.

Josef Dobretsberger, Vom Sinn und Werden des neuen Staates, Graz u. a. 1934.

Dokumentationsarchiv des österreichischen Widerstandes (Hg.), Widerstand und Verfolgung in Wien 1934–1945, Eine Dokumentation, Bd. 2, Wien 1984.

Dokumentationsarchiv des österreichischen Widerstandes (Hg.), Österreicher im Exil 1934–1945. Eine Dokumentation, 6 Bde., Wien 1984–2002.

Dokumentationsarchiv des österreichischen Widerstandes (Hg.), Österreicher im Exil. USA 1938–1945. Eine Dokumentation, Bd. 1, Wien 1995.

Dokumentationsarchiv des österreichischen Widerstandes (Hg.), Gedenken und Mahnen in Wien 1934–1945. Gedenkstätten zu Widerstand und Verfolgung, Exil, Befreiung. Eine Dokumentation, Wien 1998.

Dokumentationsarchiv des österreichischen Widerstandes / Institut für Wissenschaft und Kunst (Hg.), Erzählte Geschichte. Berichte von Widerstandskämpfern und Verfolgten, Bd. 1: Arbeiterbewegung, Wien / Wien-München 1985.

Eva Dollfuß, Persönliche Erlebnisse am und nach dem 25. Juli 1934, in: Christliche Demokratie 10 / 1 (1993), 81–84.

Eva Dollfuß, Mein Vater. Hitlers erstes Opfer, Wien 1994.

Eszter Dorner-Brader (Bearb.), Protokolle des Ministerrates der Ersten Republik 1918–1938, Abt. VIII, Kabinett Dr. Engelbert Dollfuß: 20. Mai 1932 bis 25. Juli 1934, Bd. 4: 16. Juni 1933 bis 27. Oktober 1933, Wien 1984.

Ilona Duczynska, Workers in Arms. The Austrian Schutzbund and the Civil war of 1934, New York 1978.

Émile Durkheim, Die Regeln der soziologischen Methode (1895), Neuwied-Berlin 1961.

Émile Durkheim, Über die Teilung der sozialen Arbeit (1893), Frankfurt a. M. 1977.

Oswald Dutch [Otto E. Deutsch], Thus died Austria, London 1938.

Hans Christian Egger, Die Exilpolitik der österreichischen Sozialdemokratie 1938–1945. Denkstrukturen, Strategie, Auswirkungen, München 2008.

Tamara Ehs (Hg.), Hans Kelsen. Eine politikwissenschaftliche Einführung, Baden-Baden / Wien 2009.

Tamara Ehs, Die Staatswissenschaften. Historische Fakten zum Thema „Billigdoktorate“ und „Frauen- und Ausländerstudien“, in: Zeitgeschichte 37 / 4 (2010), 238–256.

Tamara Ehs, Das extramurale Exil. Vereinsleben als Reaktion auf universitären Antisemitismus, in: Evelyn Adunka / Gerald Lamprecht / Georg Traska (Hg.) Jüdisches Vereinswesen in Österreich im 19. und 20. Jahrhundert (= Schriftenreihe des Centrums für Jüdische Studien 18), Innsbruck 2011, 15–29.

Otto Ender, Die neue Österreichische Verfassung mit dem Text des Konkordates, Wien u. a. ^{3}1934 (= 1934a).

Otto Ender, Staatsautorität und ständische Selbstverwaltung, in: Der christliche Ständestaat 48 (4.11.1934), 1–7 (= 1934b).

Otto Ender, Die neue Österreichische Verfassung mit dem Text des Konkordates, Wien u. a. [4]1935.

Otto Ender, Gedanken zur Vollendung der neuen Verfassung, in: Monatschrift für Kultur und Politik 2 (1937), 965–968.

Gertrude Enderle-Burcel, Historische Einführung, in: Eszter Dorner-Brader (Hg.), Protokolle des Ministerrates der Ersten Republik. Abteilung VIII, Bd. 5, Wien 1984, XV–XXVIII (= 1984a).

Gertrude Enderle-Burcel (Bearb), Protokolle des Ministerrates der Ersten Republik 1918–1938, Abt. VIII, Kabinett Dr. Engelbert Dollfuß: 20. Mai 1932 bis 25. Juli 1934, Bd. 5: 3. November 1933 bis 16./17. Februar 1934, Wien 1984 (= 1984b).

Gertrude Enderle-Burcel (Bearb), Protokolle des Ministerrates der Ersten Republik 1918–1938, Abt. VIII, Kabinett Dr. Engelbert Dollfuß: 20. Mai 1932 bis 25. Juli 1934, Bd. 6: 23. Februar 1934 bis 18. April 1934, Wien 1985.

Gertrude Enderle-Burcel (Bearb), Protokolle des Ministerrates der Ersten Republik 1918–1938, Abt. VIII, Kabinett Dr. Engelbert Dollfuß: 20. Mai 1932 bis 25. Juli 1934, Bd. 7: 24. April 1934 bis 27. Juli 1934, Wien 1986.

Gertrude Enderle-Burcel (Bearb), Protokolle des Ministerrates der Ersten Republik 1918–1938, Abt. IX, Kabinett Dr. Kurt Schuschnig: 29. Juli 1934 bis 11. März 1938, Bd. 2: 30. Oktober 1934 bis 24. Mai 1935, Wien 1993 (= 1993a).

Gertrude Enderle-Burcel, Militarisierung der Gesellschaft – Aspekte österreichischer Wehrpolitik 1918–1938, in: Mitteilungen des österreichischen Staatsarchivs 43 (1993), 178–193 (= 1993b).

Gertrude Enderle-Burcel (Bearb), Protokolle des Kabinettsrates der Provisorischen Regierung Karl Renner 1945, Bd. 1: „… im eigenen Haus Ordnung schaffen". Protokolle des Kabinettsrates 29. April 1945 bis 10. Juli 1945, Wien 1995.

Friedrich Engel-Janosi, Remarks on the Austrian Resistance Movement, in: Journal of Central European affairs 18 (1953), 105–122.

Ludwig Erhard, Die Marktordnung, in: Karl Theisinger (Hg.), Die Führung des Betriebes. Festschrift zum 60. Geburtstag von Wilhelm Kalveram, Berlin 1942, 274–282.

Felix Ermacora, Österreichischer Föderalismus. Vom partrimonialen zum kooperativen Bundesstaat, Wien 1976.

Felix Ermacora, Materialien zur österreichischen Bundesverfassung (I): Die Länderkonferenzen 1919/20 und die Verfassungsfrage, Wien 1989.

Irene Etzersdorfer/Hans Schafranek (Hg.), Der Februar 1934 in Wien. Erzählte Geschichte, Wien 1984

Walter Eucken, Nationalökonomie wozu?, Leipzig 1938.

Walter Eucken, Die Grundlagen der Nationalökonomie, Jena [2]1941.

Herbert Exenberger/Helge Zoitl, Februar 1934 in Wien, Wien 1984.

G. F. [Georg Fleischer], Verfassung 1934, in: Wiener Politische Blätter 2 (1934), 48–107.

Heinz Fassmann, Der Wandel der Bevölkerungs- und Sozialstruktur in der Ersten Republik, in: Emmerich Tálos / Herbert Dachs / Ernst Hanisch / Anton Staudinger (Hg.), Handbuch des politischen Systems Österreichs: Erste Republik 1918–1933. Wien 1995, 11–22.

Susanne Feigl / Brigitte Limbeck, Politikerinnen in Wien. Biografien 1848–2000, Wien 2000.

Alexander Fibich, Die Entwicklung der österreichischen Bundesausgaben in der Ersten Republik (1918–1938), Diss., Univ. Wien 1980.

Heinz Fischer (Hg.), Texte zur österreichischen Verfassungsgeschichte, Wien 1970.

Heinz Fischer, Die Bemühungen Österreichs um die Opfer der NS-Militärgerichtsbarkeit, in: Reinhard Kohlhofer / Reinhard Moos (Hg.), Österreichische Opfer der NS-Militärgerichtsbarkeit – Fürsorge und Entschädigung, Wien 2003, 119–122.

Peter Fischer / Heribert Franz Köck, Völkerrecht. Das Recht der universellen Staatengemeinschaft, Wien [6]2004.

Thomas Figl, Die Enzyklika Quadragesimo anno und ihr Einfluß auf die österreichische Verfassung vom 1. Mai 1934, Wien 1995.

Egmont Foregger, Die Grundrechte in der Strafprozessordnung 1873 und heute. Ein Überblick, in: Viktor Liebscher / Otto F. Müller (Hg.), Hundert Jahre österreichische Strafprozessordnung 1873–1973. Festschrift, Wien-New York 1973, 1–15.

David Forster, Die Opfer der NS-Militärgerichtsbarkeit und die Zweite Republik. Fürsorge und Entschädigung, in: Walter Manoschek (Hg.), Opfer der NS-Militärjustiz. Urteilspraxis – Strafvollzug – Entschädigungspolitik in Österreich, Wien 2003, 651–703.

Michel Foucault, Nascita della biopolitica (1978–1979), Mailand 2005.

Georg Franz, Rezension von Mary MacDonald, The Republic of Austria 1918–1934. A Study in the Failure of Democratic Government, London-New York-Toronto 1946, in: Historische Zeitschrift 174 / 1 (1952), 152 f.

Frauenreferat der KPÖ (Hg.), Frauen der KPÖ. Gespräche und Porträts, Wien 1989.

Florian Freund / Gerhard Baumgartner / Harald Greifeneder, Vermögensentzug, Restitution und Entschädigung der Roma und Sinti. Nationale Minderheiten im Nationalsozialismus, Bd. 2 (= Veröffentlichungen der Österreichischen Historikerkommission. Vermögensentzug während der NS-Zeit sowie Rückstellungen und Entschädigungen seit 1945 in Österreich 23 / 2), Wien-München 2004.

Hans Frisch, Die Ausschaltung des Verfassungsgerichtshofes, in: Verwaltungsarchiv. Zeitschrift für Verwaltungsrecht und Verwaltungsgerichtsbarkeit 38 (1933), 232–242.

Hans Frisch, Die Grundsätze der österreichischen Verfassung von 1934, in: Reichsverwaltungsblatt 59 (1938), 499–503.

Georg Froehlich, Die „Verfassung 1934" des Bundesstaates Österreich. Systematisch als Leitfaden dargestellt, Baden u. a. 1936.

Martin Fuchs, Showdown in Vienna. The death of Austria, New York 1939.

Bernd-Christian Funk, „Österreichische" Staats(rechts)lehre in der nationalsozialistischen Ära, in: Ulrike Davy / Helmut Fuchs / Herbert Hofmeister / Judit Marte / Ilse Reiter (Hg.), Nationalsozialismus und Recht. Rechtsetzung und Rechtswissenschaft in Österreich unter der Herrschaft des Nationalsozialismus, Wien 1990, 388–411.

Friedrich Gampp, Lehrbuch des österreichischen Strafrechts, Wien [4]1931.

Inge Gampl / Richard Potz / Brigitte Schinkele, Österreichisches Staatskirchenrecht, Bd. 1, Wien 1990.

Winfried R. Garscha, Nationalsozialisten in Österreich 1933–1938, in: Emmerich Tálos / Wolfgang Neugebauer (Hg.), Austrofaschismus. Politik – Ökonomie – Kultur 1933–1938, 5., völlig überarb. und erg. Aufl. (= Politik und Zeitgeschichte 1), Wien 2005, 105–125.

Winfried R. Garscha / Hans Hautmann, Februar 1934 in Österreich, Berlin-Wien 1984.

George Eric Rowe Gedye, A wayfarer in Austria, London 1928.

George Eric Rowe Gedye, Heirs to the Habsburgs, Bristol 1932.

George Eric Rowe Gedye, Fallen Bastions. The Central European Tragedy, London 1939 (= 1939a).

George Eric Rowe Gedye, Betrayal in central Europe. Austria and Czechoslovakia, the fallen bastions, New York 1939 (= 1939b).

George Eric Rowe Gedye, Suicide de l'Autriche. La Tragédie de l'Europe Centrale, Paris 1940.

George Eric Rowe Gedye, Die Bastionen fielen. Wie der Faschismus Wien und Prag überrannte, Wien 1947.

Geheimer Briefwechsel Mussolini – Dollfuß, mit einem Vorwort von Adolf Schärf, Wien 1949.

Reinhard Geist, Beiträge der Arbeitnehmer zur Standortsicherung und Kautionsschutzgesetz, in: Österreichisches Recht der Wirtschaft (1995), 388–393.

Thomas Geldmacher, Phrasen, nichts als Phrasen. Das Anerkennungsgesetz 2005, in: malmoe 30 (2006), 29–30.

Thomas Geldmacher, Von der Verweigerung des Gleichschritts. Deutsche und österreichische Wehrmachtsdeserteure nach 1945, in: Wiener Zeitschrift zur Geschichte der Neuzeit 8 / 2 (2008), 72–87.

Thomas Geldmacher, Täter oder Opfer, Widerstandskämpfer oder Feiglinge? Österreichs Wehrmachtsdeserteure und die Zweite Republik, in: Dokumentationsarchiv des österreichischen Widerstandes (Hg.), Jahrbuch 2009, Wien 2010, 37–59.

Philippe Girard, Dollfuss. Le chancelier de Dieu, Avrillé (Kloster „La Haye-aux-Bonshommes") 2009.

Walter Göhring / Brigitte Pellar, Anpassung und Widerstand: Arbeiterkammern und Gewerkschaften im österreichischen Ständestaat (= Schriftenreihe des Instituts zur Erforschung der Geschichte der Gewerkschaften und Arbeiterkammern 13), Wien 2001.

Franz Goldner, Dollfuß im Spiegel der US-Akten. Aus den Archiven des Secretary of State, Washington, bisher unveröffentlichte Berichte der US-Botschaften Wien, Berlin, Rom, London, Paris, Prag; St. Pölten 1979.

Christoph Grabenwarter / Katharina Pabel, Europäische Menschenrechtskonvention, München ^{5}2012

Georg Graf, Die österreichische Rückstellungsgesetzgebung. Eine juristische Analyse (= Veröffentlichungen der Österreichischen Historikerkommission. Vermögensentzug während der NS-Zeit sowie Rückstellungen und Entschädigungen seit 1945 in Österreich 2), Wien-München 2003.

Malbone Watson Graham, Constitutional Crisis in Austria, in: The American Political Science Review 24 / 1 (1930), 144–157.

Antonio Gramsci, I due fascismi (1921), in: Renzo de Felice (Hg.), Il fascismo. Le valutazioni dei contemporanei e degli storici, Rom-Bari 1998, 36–38.

Friedrich Grassegger, Dr. Engelbert Dollfuß: „Heldenkanzler und Führer der Heimat". Dollfuß-Gedenken und -Denkmäler in Niederösterreich, in: Heinz Arnberger / Claudia Kuretsidis-Haider (Hg.), Gedenken und Mahnen in Niederösterreich. Erinnerungszeichen zu Widerstand, Verfolgung, Exil und Befreiung, Wien 2011, 566–577.

Christopher Greenwood, International Humanitarian Law and the *Tadic* Case, in: European Journal of International Law 7 / 2 (1996), 265–283.

John Duncan Gregory, Dollfuss and his Times, London 1935.

Dieter Grimm, Recht und Staat der bürgerlichen Gesellschaft, Frankfurt a. M. 1987.

Heimo Gruber, Bücher aus dem Schutt. Die Wiener Städtischen Büchereien 1945–1950, Wien 1987.

Thomas Grünewald, Die Ergebnisse des Forschungsprojektes – aus der Sicht des Bundesministeriums für Justiz – Teil 1, in: Reinhard Kohlhofer / Reinhard Moos (Hg.), Österreichische Opfer der NS-Militärgerichtsbarkeit – Fürsorge und Entschädigung, Wien 2003, 91–102.

Wolf-Dietrich Grussmann, Adolf Julius Merkl. Leben und Werk (= Schriftenreihe des Hans Kelsen-Instituts 13), Wien 1989.

Vincenzo Gueli, Nuovi ordinamenti dell'economia, in: Rivista di diritto commerciale 37 / 1 (1939), 91–96.

Martina Gugglberger, „Versuche, anständig zu bleiben". Widerstand und Verfolgung von Frauen im Reichsgau Oberdonau, in: Gabriella Hauch (Hg.), Frauen im Reichsgau Oberdonau. Geschlechtsspezifische Bruchlinien im Nationalsozialismus (= Oberösterreich in der Zeit des Nationalsozialismus 5), Linz 2006, 281–344.

Charles Adam Gulick, Labor policy of the United States Steel Corporation, New York 1924.

Charles Adam Gulick, Austria from Habsburg to Hitler, 2 Bde., Berkeley 1948 [dt.: Österreich von Habsburg zu Hitler, Wien 1976].

Charles Adam Gulick / Henry R. Seager, Trust and Corporation Problems, New York 1929.

John Gunther, The lost city, London 1964 [dt.: Die verlorene Stadt, Wien 1965].

Norbert Gürke, Die österreichische „Verfassung 1934", in: Archiv für öffentliches Recht 25 (1934), 178–255.

Norbert Gürke, Die Verfassung Österreichs, in: Jahrbuch des öffentlichen Rechts der Gegenwart 22 (1935), 339–351.

Norbert Gürke / * * *, Die Verfassung Österreichs, in: Jahrbuch des öffentlichen Rechts der Gegenwart 24 (1937), 166–204.

Christoph Gusy, Die Lehre vom Parteienstaat in der Weimarer Republik, Baden-Baden 1993.

Karl Haas, Die Apologie der Diktatur. Goldners Dollfuß im Spiegel der US-Akten, in: Zeitgeschichte 7 / 4 (1980), 134–139.

Thomas E. Hachey (Hg.), Anglo-Vatican relations, 1914–1939. Confidential annual reports of the British Ministers to the Holy See, Boston 1972.

Brigitte Hamann, Hitlers Edeljude. Das Leben des Armenarztes Eduard Bloch, München 2008.

Cicely Hamilton, Modern Austria as seen by an Englishwoman, London 1935.

Ernst Hanisch, Die Ideologie des Politischen Katholizismus in Österreich 1918–1938 (= Veröffentlichungen des Instituts für kirchliche Zeitgeschichte am Internationalen Forschungszentrum für Grundfragen der Wissenschaften Salzburg II / 5), Salzburg 1977.

Ernst Hanisch, Der lange Schatten des Staates. Österreichische Gesellschaftsgeschichte im 20. Jahrhundert, Wien 1994.

Ernst Hanisch, Bis daß der Tod euch scheidet. Katholische Kirche und Ehegesetzgebung in Österreich, in: Erika Weinzierl / Oliver Rathkolb / Rudolf G. Ardelt / Siegfried Mattl (Hg.), Justiz und Zeitgeschichte. Symposionsbeiträge 1976–1993, Bd. 1, Wien 1995, 189–204.

Ernst Hanisch, Die Präsenz des Dritten Reiches in der Zweiten Republik, in: Wolfgang Kos / Georg Rigele (Hg.), Inventur 45 / 55. Österreich im ersten Jahrzehnt der Zweiten Republik, Wien 1996, 33–50.

Ernst Hanisch, Wien: Heldenplatz, in: Transit. Europäische Revue 15 (1998), 122–140.

Ernst Hanisch, Männlichkeiten. Eine andere Geschichte des 20. Jahrhunderts, Wien 2005.

Ernst Hanisch, „Christlicher Ständestaat“ und autoritäre / faschistische Systeme, in: Werner Drobesch (Hg.), Mensch, Staat und Kirchen zwischen Alpen und Adria 1848–1938, Klagenfurt u. a. 2007, 177–181.

Ernst Hanisch, Der große Illusionist. Otto Bauer (1881–1938), Wien u. a. 2011.

Jacques Hannak, Vier Jahre Zweite Republik. Ein Rechenschaftsbericht der Sozialistischen Partei, Wien 1949.

Hugo Hantsch, Engelbert Dollfuβ (1892–1934), in: Ders. (Hg.), Gestalter der Geschicke Österreichs, Bd. 2, Innsbruck u. a. 1962, 611–623.

Johann Haring, Kommentar zum neuen österreichischen Konkordat. Text des Vertrages mit Erklärungen, Innsbruck 1934.

Ulrike Harmat, Ehe auf Widerruf? Der Konflikt um das Eherecht in Österreich 1918–1938 (= Studien zur europäischen Rechtsgeschichte 121), Frankfurt a. M. 1999.

Caroline Harth, Der Mythos von der Zerstörung des Vertrages. Zur Vertragslehre im Nationalsozialismus, Frankfurt a. M. 2008.

Dieter Haselbach, Autoritärer Liberalismus und Soziale Marktwirtschaft. Gesellschaft und Politik im Ordoliberalismus, Baden-Baden 1991.

Gabriella Hauch, „… Je härter die Urteile desto gerechter …" – Todesurteile in den Standgerichtsprozessen in Oberösterreich, in: Karl R. Stadler (Hg.), Sozialistenprozesse. Politische Justiz in Österreich 1870–1936, Wien 1986, 317–328.

Gabriella Hauch, Vom Frauenstandpunkt aus. Frauen im Parlament 1919–1933, Wien 1995.

Gabriella Hauch, Therese Schlesinger, in: Brigitta Keintzel / Ilse Korotin (Hg.), Wissenschafterinnen in und aus Österreich. Leben, Werk, Wirkung, Wien-Köln 2002, 650–655.

Robert Hecht, Volksvertretung und Staatsführung in der neuen Verfassung, Wien 1934.

Justus Wilhelm Hedemann, Grundlinien des Personenrechts (1941), in: Werner Schubert / Werner Schmid / Jürgen Regge (Hg.), Akademie für Deutsches Recht 1933–1945. Protokolle der Ausschüsse, Bd. 3.4.: Ausschuss für Personen-, Vereins- und Schuldrecht 1937–1939, Berlin-New York 1992, 753–757.

Walter Heinrich, Der Faschismus. Staat und Wirtschaft im neuen Italien, München ^{2}1932.

Anton Heinzl, Vermögensentzug zwischen 1934 und 1938 sowie die Frage der Rückgabe am Beispiel der Sozialdemokratischen Partei Österreichs, Dipl.-Arb., Univ. Wien 2008.

Hermann Heller, Autoritärer Liberalismus, in: Die Neue Rundschau 44 (1933), 289–298.

Ludwig Viktor Heller / Wilhelm Rauscher, Die Rechtsprechung der Rückstellungskommissionen, (= Die österreichischen Wiedergutmachungsgesetze, N.F. 4), Wien 1949.

Cathrin Hermann, Tagungsbericht Österreich 1933–1938. 24.1.2011–26.1.2011, Wien, in: H-Soz-u-Kult, 20.7.2011, http://hsozkult.geschichte.hu-berlin.de / tagungsberichte / id=3713 (20.7.2012).

Marcus Herrberger, Denn es steht geschrieben: „Du sollst nicht töten!" Die Verfolgung religiöser Kriegsdienstverweigerer unter dem NS-Regime mit besonderer Berücksichtigung der Zeugen Jehovas (1933–1945), Wien 2005.

Dietrich von Hildebrand, Engelbert Dollfuß. Ein katholischer Staatsmann, Salzburg 1934.

Josef Hindels, Der Weg zum 12. Februar 1934, Wien 1984.

Ernst Hintermaier (Hg.), Erzbischof Andreas Rohracher. Krieg, Wiederaufbau, Konzil, Salzburg 2010.

Johann Hirnsperger, Das Bischofswahlrecht des Salzburger Metropolitankapitels. Überlegungen zu Art. 4 des Österreichischen Konkordats 1933 / 34, in: Hans Paarhammer / Franz Pototschnig / Alfred Rinnerthaler (Hg.), 60 Jahre Österreichisches Konkordat, München 1994, 339–361.

Everhard Holtmann, Politische Tendenzjustiz während des Februaraufstands 1934, in: Ludwig Jedlicka / Rudolf Neck (Hg.), Das Jahr 1934: 12. Februar (= Veröffentlichungen der Wissenschaftlichen Kommission des Theodor-Körner-Stiftungsfonds und des Leopold-Kunschak-Preises zur Erforschung der österreichischen Geschichte der Jahre 1927 bis 1938, 2), München 1975, 45–57 (= 1975a).

Everhard Holtmann, Zwischen „Blutschuld" und „Befriedung": Autoritäre Julijustiz, in: Ludwig Jedlicka / Rudolf Neck (Hg.), Das Jahr 1934: 25. Juli (= Veröffentlichungen der Wissenschaftlichen

Kommission des Theodor-Körner-Stiftungsfonds und des Leopold-Kunschak-Preises zur Erforschung der österreichischen Geschichte der Jahre 1927 bis 1938, 3), Wien 1975, 36–45 (= 1975b).

Everhard Holtmann, Zwischen Unterdrückung und Befriedung. Sozialistische Arbeiterbewegung und autoritäres Regime in Österreich 1933–1938 (= Studien und Quellen zur österreichischen Zeitgeschichte 1), München 1978.

Norbert Hölzl, Propagandaschlachten. Die österreichischen Wahlkämpfe 1945–1971, München 1974.

Christian Holzner, „Legitimationsprobleme" der Satzung, in: Das Recht der Arbeit (1994), 7–19.

Frank Höpfel, Die Ächtung der Todesstrafe aus Sicht des internationalen Rechts, in: Maria Loredana Idomir / Matthias Keuschnigg / Michael Platzer (Hg.), Vienna Conference on the Abolition of the Death Penalty November 2–13, 2011. Working Together towards the Universal Abolition of the Death Penalty (= Symposium Bundesministerium für Justiz und Academic Council on the United Nations System), Wien 2012, 19–21.

Hans Huebmer, Dr. Otto Ender, Dornbirn 1957.

Peter Huemer, Sektionschef Robert Hecht und die Zerstörung der Demokratie in Österreich. Eine historisch-politische Studie, Wien 1975.

Erich Hula, Die autoritären Elemente in der neuen österreichischen Verfassung, in: Mitteilungen des Verbandes österreichischer Banken und Bankiers 16 (1934), 123–143.

Walter M. Iber, Zu den ideologischen Grundlagen des Antimarxismus / Antisozialismus der Christlichsozialen Partei, 1918–1934, in: Römische Historische Mitteilungen 49 (2007), 511–540.

I Documenti Diplomatici Italiani, Settima Serie: 1922–1935, Volume XIV, Roma 1989; Volume XV, Roma 1990.

Ulrich Ilg, Meine Lebenserinnerungen, Dornbirn 1985.

Clemens Jabloner et al., Schlussbericht der Historikerkommission der Republik Österreich. Vermögensentzug während der NS-Zeit sowie Rückstellungen und Entschädigungen seit 1945 in Österreich (= Veröffentlichungen der Österreichischen Historikerkommission. Vermögensentzug während der NS-Zeit sowie Rückstellungen und Entschädigungen seit 1945 in Österreich 1), Wien-München 2003.

Hugo Jäckl, Die Verfassung 1934, in: Österreichisches Verwaltungsblatt 5 (1934), 105–108.

Gerhard Jagschitz, Die Jugend des Bundeskanzlers Dr. Engelbert Dollfuß. Ein Beitrag zur geistig-politischen Situation der sogenannten „Kriegsgeneration" des 1. Weltkrieges, Diss., Univ. Wien 1967.

Gerhard Jagschitz, Bundeskanzler Dollfuß und der Juli 1934, in: Ludwig Jedlicka / Rudolf Neck (Hg.), Vom Justizpalast zum Heldenplatz. Studien und Dokumentationen 1927 bis 1938, Wien 1975, 233–239.

Gerhard Jagschitz, Der Putsch. Die Nationalsozialisten 1934 in Österreich. Unter Mitarbeit von Alfred Baubin, Graz-Wien-Köln 1976.

Gerhard Jagschitz, Engelbert Dollfuß, in: Friedrich Weissensteiner / Erika Weinzierl (Hg.), Die österreichischen Bundeskanzler. Leben und Werk, Wien 1983, 190–216.

Marie Jahoda / Paul P. Lazarsfeld / Hans Zeisel, Die Arbeitslosen von Marienthal, Frankfurt a. M. 1978.

Birgit Jaindl, Therese Schlesinger (1863–1940), Dipl.-Arb., Univ. Wien 1994.

Josef Jellinek, Abbau der Sozialpolitik, in: Der österreichische Volkswirt 45 (1933), 1083–1085.

William M. Johnston, Der österreichische Mensch. Kulturgeschichte der Eigenart Österreichs, Wien 2010.

Wolfram Kaiser, Co-Operation of European Catholic Politicians in Exile in Britain and the USA during the Second World War, in: Journal of Contemporary History 35 / 3 (2000), 439–465.

Herbert Kalb, Theologische Lehranstalten und staatliche theologische Fakultäten: Einige staatskirchenrechtliche Aspekte des Art. V Konkordat 1933 / 34, in: Hans Paarhammer / Franz Pototschnig / Alfred Rinnerthaler (Hg.), 60 Jahre Österreichisches Konkordat, München 1994, 363–401.

Herbert Kalb / Richard Potz / Brigitte Schinkele, Das Kreuz in Klassenzimmer und Gerichtssaal (= Religionsrechtliche Studien 1), Freistadt 1996.

Herbert Kalb / Richard Potz / Brigitte Schinkele, Religionsrecht, Wien 2003.

Kammer für Arbeiter und Angestellte für Wien (Hg.), Käthe Leichter zum 100. Geburtstag. Texte zur Frauenpolitik, Wien 1995.

Robert A. Kann, Karl Renner, in: The Journal of Modern History XXIII (1951), 243–349.

Gina Kaus, Von Wien nach Hollywood. Erinnerungen, neu hg. u. mit einem Nachwort versehen von Sibylle Mulot, Frankfurt a. M. 1990.

Hans Kelsen, Österreichisches Staatsrecht. Ein Grundriss entwicklungsgeschichtlich dargestellt, Tübingen 1923.

Hans Kelsen, Vom Wesen und Wert der Demokratie, Wien ^{2}1929, wiederabgedruckt in: Matthias Jestaedt / Oliver Lepsius (Hg.), Hans Kelsen. Verteidigung der Demokratie. Abhandlungen zur Demokratietheorie, Tübingen 2006, 115–148.

Hans Kelsen, Reine Rechtslehre. Einleitung in die rechtswissenschaftliche Problematik, Leipzig-Wien ^{1}1934.

Andreas Khol, Einführende Worte, in: Günther Schefbeck (Hg.), Österreich 1934. Vorgeschichte – Ereignisse – Wirkungen, Wien-München 2004, 11–17.

Gottfried-Karl Kindermann, Katalog zur Ausstellung „Österreichs Staat als Angriffsziel und Gegner des Nationalsozialismus". Historische Photos und Dokumente zur Problematik des österreichischen Widerstandes 1933–1938, München 1988.

Otto Kirchheimer, Weimar – und was dann? Analyse einer Verfassung (= Jungsozialistische Schriftenreihe, Berlin 1930), in: Ders., Politik und Verfassung, Frankfurt a. M. 1964, 9–56.

Dietrich Klagges, Reichtum und soziale Gerechtigkeit, Leipzig 1933.

Hans Klecatsky / Hans Weiler (Hg.), Österreichisches Staatskirchenrecht (= Handausgabe österreichischer Gesetze und Verordnungen, N.F. I / 15), Wien 1958.

Christian Klein, Lebensbeschreibung als Lebenserschreibung? Vom Nutzen biographischer Ansätze aus der Soziologie für die Literaturwissenschaften, in: Ders. (Hg.), Grundlagen der Biographik. Theorie und Praxis des biographischen Schreibens, Stuttgart 2002, 69–85.

Gottfried Klein, Rückstellung und Rückgabe, in: Österreichische Juristenzeitung (1949), 255–258.

Klemens von Klemperer, Rezension von: Franz Goldner, Dollfuß im Spiegel der US-Akten. Aus den Archiven des Secretary of State, Washington, bisher unveröffentlichte Berichte der US-Botschaften Wien, Berlin, Rom, London, Paris, Prag; St. Pölten 1979, in: German Studies Review 4/1 (1981), 141f.

Fritz Klenner, Die österreichischen Gewerkschaften, Bd. 2, Wien 1953.

Rupert Klieber/Karl Schwarz, Gerüstet für eine ‚Neuordnung der gesellschaftlichen Verhältnisse'? Die beiden Theologischen Fakultäten der Universität Wien von 1945 bis 1955 zwischen Rückbruch und Aufbruch, in: Margarete Grandner/Gernot Heiss/Oliver Rathkolb (Hg.), Zukunft mit Altlasten. Die Universität Wien 1945 bis 1955, Innsbruck u. a. 2005, 89–120.

Grete Klingenstein, Die Anleihe von Lausanne. Ein Beitrag zur Geschichte der Ersten Republik in den Jahren 1931–1934, Wien-Graz 1965.

Hans Klinghoffer, Zwei Jahre Ermächtigungsgesetz 1934, in: Zentralblatt für die juristische Praxis 54 (1936), 709–717.

Ulrich Kluge, Der österreichische Ständestaat 1934–1938. Entstehung und Scheitern, Wien 1984.

Christl Kluwick-Muckenhuber, Johann Staud. Ein Leben für die Arbeiterschaft, Wien-München 1969.

Robert Knight, „Ich bin dafür, die Sache in die Länge zu ziehen." Die Wortprotokolle der österreichischen Bundesregierung von 1945 bis 1952 über die Entschädigung der Juden, Frankfurt a. M. 1988.

Günter Köck, Die gerichtliche Verfolgung von Josef Stanek und anderer Februarkämpfer in der Steiermark, in: Karl R. Stadler (Hg.), Sozialistenprozesse. Politische Justiz in Österreich 1870–1936, Wien 1986, 353–368.

Reinhard Kohlhofer (Hg.), Religionsgemeinschaftenrecht und EGMR (= Schriftenreihe Colloquium 17), Wien 2009.

Helmut Konrad, Das Werben der NSDAP um die Sozialdemokraten 1933–1938, in: Rudolf G. Ardelt/Hans Hautmann (Hg.), Arbeiterschaft und Nationalsozialismus in Österreich, Wien 1990, 73–89.

Helmut Konrad, Der Februar 1934 im historischen Gedächtnis, in: Dokumentationsarchiv des österreichischen Widerstandes (Hg.), Themen der Zeitgeschichte und der Gegenwart. Arbeiterbewegung – NS-Herrschaft – Rechtsextremismus. Ein Resümee aus Anlass des 60. Geburtstags von Wolfgang Neugebauer (= Schriftenreihe des DÖW zu Widerstand, NS-Verfolgung und Nachkriegsaspekten 4), Münster u. a. 2004, 12–26 (= 2004a).

Helmut Konrad, Der 12. Februar 1934 in Österreich, in: Günther Schefbeck (Hg.), Österreich 1934. Vorgeschichte – Ereignisse – Wirkungen, Wien-München 2004, 91–98 (= 2004b).

Helmut Konrad, Der 12. Februar 1934 in Österreich, in: Der 12. Februar 1934. 70 Jahre danach. Ein Symposium im Parlament, Wien 2004, 25–29 (= 2004c).

Alois Körner, Die Verwaltungsgerichtsbarkeit in der neuen Verfassung, in: Österreichisches Verwaltungsblatt 5 (1934), 108–112.

Karl Korinek, Gewerberecht als Spiegelbild von Staat und Gesellschaft, in: Österreichische Zeitschrift für Wirtschaftsrecht 37 (2010), 58–63.

Joël Kotek / Pierre Rigoulot, Das Jahrhundert der Lager. Gefangenschaft, Zwangsarbeit, Vernichtung, Berlin-München 2001.

Bruno Kreisky, Zwischen den Zeiten. Erinnerungen aus fünf Jahrzehnten, Berlin 1986.

Josef Kremsmair, Der Weg zum österreichischen Konkordat von 1933 / 34 (= Dissertationen der Universität Salzburg 12), Wien 1980.

Robert Kriechbaumer, Der Landbund. Historische Entwicklungslinien einer deutschnationalen Milieupartei in der Ersten Republik, in: Ulfried Burz / Michael Derndarsky / Werner Drobesch (Hg.), Brennpunkt Mitteleuropa. Festschrift für Helmut Rumpler zum 65. Geburtstag, Klagenfurt 2000, 519–534.

Robert Kriechbaumer, Die großen Erzählungen der Politik. Politische Kultur und Parteien in Österreich von der Jahrhundertwende bis 1945 (= Schriftenreihe des Forschungsinstitutes für politisch-historische Studien der Dr.-Wilfried-Haslauer-Bibliothek 12), Wien 2001.

Robert Kriechbaumer, Ein Vaterländisches Bilderbuch. Propaganda, Selbstinszenierung und Ästhetik der Vaterländischen Front 1933–1938, Wien 2002.

Robert Kriechbaumer (Hg.), Österreich und Front Heil! Aus den Akten des Generalsekretariats der Vaterländischen Front. Innenansichten eines Regimes, Wien 2005.

Josef Kuhnert, Die Mär vom Galgenland, Wien 1934.

Reinhard Kühnl (Hg.), Streit ums Geschichtsbild. Die „Historiker-Debatte“. Dokumentation Darstellung und Kritik, Köln 1987.

Bernhard Kuschey, Die Wodaks. Exil und Rückkehr, Wien 2008.

Georg Landgrebe, Austriam instaurare in Christo: Engelbert Dollfuß im Lichte seines Biographen und Mitstreiters Dietrich von Hildebrand. Zum 75. Todestag des österreichischen Kanzlers, in: Civitas. Zeitschrift für das christliche Gemeinwesen (Sonderheft) 2009.

Max Layer, Ermächtigungsbereich des kriegswirtschaftlichen Ermächtigungsgesetzes, in: Verwaltungsarchiv. Zeitschrift für Verwaltungsrecht und Verwaltungsgerichtsbarkeit 38 (1933), 203–218.

Oskar Lehner, Familie – Recht – Politik. Die Entwicklung des österreichischen Familienrechts im 19. und 20. Jahrhundert (= Linzer Universitätsschriften, Monographien 13), Wien 1987.

Otto Leichter, Österreichs Freie Gewerkschaften im Untergrund, Wien 1963.

Otto Leichter, Zwischen zwei Diktaturen. Österreichs revolutionäre Sozialisten 1934–1938, Wien u. a. 1968.

Richard Lempp, Die Frage der Trennung von Kirche und Staat im Frankfurter Parlament (= Beiträge zur Parteigeschichte 7), Tübingen 1913.

Arthur Lenhoff, Die politische Partei als Rechtssubjekt, in: Juristische Blätter 105 (1929), 250–251.

Norbert Leser, Merkls Analyse der ständisch-autoritären Verfassung 1934, in: Robert Walter (Hg.), Adolf J. Merkl – Werk und Wirksamkeit, Wien 1990, 213–229.

Hermann Liese, Ich kämpfe. Die Pflichten des Partei-Genossen. Sonderdruck zur Erinnerung an die Aufnahme in die NSDAP, München 1943.

Livre noir de la dictature Autrichienne. La justice et les lois sous le Dr. Schuschnigg / Schwarzbuch der österreichischen Diktatur. Recht und Gesetz unter Dr. Schuschnigg, hg. von der Kommission zur Untersuchung der Lage der politischen Gefangenen, Brüssel 1934.

John Locke, Zweite Abhandlung über die Regierung, Frankfurt a. M. 2007.

Karl Lohmann, Rezension von Sergio Panunzio, Allgemeine Theorie des faschistischen Staates, Berlin 1934, in: Deutsche Juristenzeitung 40 (1935), 362.

Ernst Lohsing / Eugen Serini, Österreichisches Strafprozeßrecht, Wien ^{4}1952.

Alfred D. Low, The Anschluss movement, 1918–1938. Background and aftermath. An annotated bibliography of German and Austrian nationalism, New York u. a. 1984.

C. A. Macartney, The social revolution in Austria, Cambridge 1926.

C. A. Macartney, The armed Formations in Austria, in: Journal of the Royal Institute of International Affairs 8 / 6 (1929), 617–632.

Mary MacDonald, The Republic of Austria 1918–1934. A Study in the Failure of Democratic Government, London-New York-Toronto 1946.

Wolfgang Maderthaner / Michaela Maier (Hg.), „Der Führer bin ich selbst“. Engelbert Dollfuß – Benito Mussolini Briefwechsel, Wien ^{2}2004.

Peter Mähner, Die Rolle der Polizei in der Konstituierungsphase des Austrofaschismus, Diss., Univ. Wien 1990.

Walter Manoschek (Hg.), Opfer der NS-Militärjustiz. Urteilspraxis – Strafvollzug – Entschädigungspolitik in Österreich, Wien 2003.

Walter Manoschek / Thomas Geldmacher, Vergangenheitspolitik, in: Herbert Dachs et al. (Hg.), Politik in Österreich. Das Handbuch, Wien 2006, 577–593.

Gerhart Marckhgott, Oberösterreich April bis Dezember 1945. Ein Dokumentarbericht, bearb. vom oberösterreichischen Landesarchiv. Mit einer Ergänzung von Siegfried Beer (= Quellen zur Geschichte Oberösterreichs 2), Linz 1991.

Manfred Marschalek, Untergrund und Exil. Österreichs Sozialisten zwischen 1934 und 1945 (= Sozialistische Bibliothek, Abteilung 1: Die Geschichte der österreichischen Sozialdemokratie 3), Wien 1990.

Manfred Marschalek, Die papiergewordene Ambivalenz. Fritz Adler und die Teilung der Archive, in: Archiv. Jahrbuch des Vereins für Geschichte der Arbeiterbewegung 1994, 104–139.

Siegfried Mattl, Die Finanzdiktatur. Wirtschaftspolitik in Österreich 1933–1938, in: Emmerich Tálos / Wolfgang Neugebauer (Hg.), „Austrofaschismus“, Beiträge über Politik, Ökonomie und Kultur 1934–1938, Wien ^{4}1988, 133–153.

Hans Maurer, Kanzler Dollfuß, Graz 1934.

Hans Maurer, Vie et mort de Dollfuss: chancelier d'Autriche, Paris 1935.

Rosa Mauser, Die Genesis des politisch-sozialen Ideengutes des Bundeskanzlers Dr. Engelbert Dollfuß, Diss., Univ. Wien 1959.

Aldo Mazzacane (Hg.), Diritto economia e istituzioni nell'Italia fascista, Baden-Baden 2002.

Barry McLoughlin, Arbeiterschaft und die Gewaltpraxis der NSDAP 1932–1933, in: Rudolf G. Ardelt / Hans Hautmann (Hg.), Arbeiterschaft und Nationalsozialismus in Österreich, Wien 1990, 49–72.

Barry McLoughlin, Heimwehr und Schutzbund. Ein unentschiedener Kampf der Parteienarmeen?, in: Wolfgang Kos (Hg.), Kampf um die Stadt. 361. Sonderaustellung des Wien Museums, Wien 2010, 46–53.

Barry McLoughlin / Hans Schafranek / Walter Szevera, Aufbruch, Hoffnung, Endstation. Österreicherinnen und Österreicher in der Sowjetunion, 1925–1945, Wien 1997.

Franz-Stefan Meissel / Stefan Wedrac, Strategien der Anpassung – Römisches Recht im Zeichen des Hakenkreuzes, in: Franz Stefan Meissel / Thomas Olechowski / Ilse Reiter-Zatloukal / Stefan Schima (Hg.), Vertriebenes Recht – vertreibendes Recht. Die Wiener Rechts- und Staatswissenschaftliche Fakultät 1938–1945 (= Juridicum Spotlight 2), Wien 2012, 35–78.

Friedrich Meister, Zusammenstellung der auf dem Gebiete des Sicherheitswesens in den Jahren 1933 und 1934 erlassenen verschiedenen Vorschriften, Wien ^{2}1935.

Gerhard Melinz, Fürsorgepolitik(en), in: Emmerich Tálos / Wolfgang Neugebauer (Hg.), Austrofaschismus. Politik – Ökonomie – Kultur 1933–1938, 5., völlig überarb. und erg. Aufl. (= Politik und Zeitgeschichte 1), Wien 2005, 238–252.

Gerhard Melinz / Gerhard Ungar, Wohlfahrt und Krise, Wien 1996.

Adolf Merkl, Die Verfassungsgerichtsbarkeit in Österreich, in: Verwaltungsarchiv. Zeitschrift für Verwaltungsrecht und Verwaltungsgerichtsbarkeit 38 (1933), 219–231.

Adolf Merkl, Die ständisch-autoritäre Verfassung Österreichs. Ein kritisch-systematischer Grundriß, Wien 1935 (= 1935a).

Adolf Merkl, Die Leitgedanken der Reform des Rechtsstudiums, in: Juristische Blätter 64 (1935), 377 f. (= 1935b).

Adolf Merkl, Die Führerstellung des Bundeskanzlers, in: Juristische Blätter 65 (1936), 177–183 (= 1936a).

Adolf Merkl, Die individuelle Freiheit im autoritären und ständischen Staat, in: Juristische Blätter 65 (1936), 265–273 (= 1936b).

Adolf Julius Merkl, in: Nikolaus Grass (Hg.), Österreichische Rechts- und Staatswissenschaften der Gegenwart in Selbstdarstellungen, Innsbruck 1952, 137–159.

Adolf Merkl, Ludwig Adamovich (Nekrolog), in: Die feierliche Inauguration des Rektors der Wiener Universität für das Studienjahr 1955 / 56, Wien 1956, 58–64.

Maria Mesner, Geburtenkontrolle. Reproduktionspolitik im 20. Jahrhundert, Wien u. a. 2010.

Maria Mesner / Margit Reiter / Theodor Venus, Enteignung und Rückgabe. Das sozialdemokratische Parteivermögen in Österreich 1934 und nach 1945, Innsbruck-Wien-Bozen 2007.

Johannes Messner, Dollfuß, Innsbruck u. a. 1935.

Johannes Messner, Le communisme et la famille en Autriche, in: Revue Catholique des Institutions et du Droit (Jänner–Februar 1937), 67–73.

Hannes Metzler, Die politischen Debatten um die Rehabilitierung der Opfer der NS-Militärgerichtsbarkeit in Deutschland und Österreich, in: Walter Manoschek (Hg.), Opfer der NS-Militärjustiz. Urteilspraxis – Strafvollzug – Entschädigungspolitik in Österreich, Wien 2003, 617–650.

Hannes Metzler, Ehrlos für immer? Die Rehabilitierung der Wehrmachtsdeserteure in Deutschland und Österreich, Wien 2007.

Hannes Metzler, Folgen einer Ausstellung. Die Rehabilitierung der Wehrmachtsdeserteure in Österreich, in: Thomas Geldmacher u. a. (Hg.), „Da machen wir nicht mehr mit …" Österreichische Soldaten und Zivilisten vor Gerichten der Wehrmacht, Wien 2010, 50–62.

Hannes Metzler, Nicht länger ehrlos. Die Rehabilitierung der Wehrmachtsdeserteure in Österreich, in: Peter Pirker / Florian Wenninger (Hg.), Wehrmachtsjustiz. Kontext, Praxis, Nachwirkungen, Wien 2011, 253–271.

Roland Miklau, Die Ächtung der Todesstrafe in Europa, in: Maria Loredana Idomir / Matthias Keuschnigg / Michael Platzer (Hg.), Vienna Conference on the Abolition of the Death Penalty November 2–13, 2011. Working Together towards the Universal Abolition of the Death Penalty (= Symposium Bundesministerium für Justiz und Academic Council on the United Nations System), Wien 2012, 22–27.

James William Miller, Engelbert Dollfuß als Agrarfachmann. Eine Analyse bäuerlicher Führungsbegriffe und österreichischer Agrarpolitik 1918–1934, Wien 1989.

James William Miller, Engelbert Dollfuß and Austrian Agriculture, in: Günter Bischof (Hg.), The Dollfuß / Schuschnigg Era in Austria. A Reassessment (= Contemporary Austrian Studies 11), New Brunswick 2003, 122–142.

James M. Minifie, Expatriate, Toronto 1979.

Ludwig von Mises, Human Action. A Treatise on Economics, San Francisco ^{4}1963.

Fritz Molden, Besetzer, Toren, Biedermänner. Ein Bericht aus Österreich 1945–1962, Wien 1980.

Reinhard Moos, Das Anerkennungsgesetz 2005 und die Vergangenheitsbewältigung der NS-Militärjustiz in Österreich, in: Journal für Rechtspolitik 14 (2006), 182–196.

Reinhard Moos, Das Aufhebungs- und Rehabilitationsgesetz 2009, in: Journal für Rechtspolitik 18 (2010), 146–158.

Siegbert Morscher, Der Schutz der persönlichen Freiheit in Österreich, Wien 1990.

Heinz Moser, Der Luftpark Wöllersdorf 1938–1945, in: Klaus-Dieter Mulley / Hans Leopold (Hg.), Geschosse – Skandale – Stacheldraht. Arbeiterschaft und Rüstungsindustrie in Wöllersdorf, Enzesfeld und Hirtenberg, Ebenfurth 1999, 251–263.

Alfred Müller-Armack, Wirtschaftslenkung und Marktwirtschaft (1946), München 1990.

Karl Münichreiter, „Ich sterbe, weil es einer sein muss": Karl Münichreiter 1891–1934. Erinnerungen des Sohnes Karl Münichreiter, Wien 2004.

Eduard Mushacke, Wartegeld und Ruhegehalt der Civil-Staatsbeamten, Kommunalbeamten und Lehrer an den höheren Unterrichtsanstalten in den Staaten des Norddeutschen Bundes, den Gesammtstaaten Oesterreichs, sowie in Bayern, Württemberg, Baden, Frankreich und Russland, Berlin 1868.

Fritz Naphtali (Hg.), Wirtschaftsdemokratie: Ihr Wesen Weg und Ziel, Berlin ^{2}1928.

Hans Nawiasky, Österreichische Verfassungsprobleme, in: Schweizerische Rundschau 1934, 710–718.

Rudolf Neck, Koloman Wallisch 1934, in: Karl R. Stadler (Hg.), Sozialistenprozesse. Politische Justiz in Österreich 1870–1936, Wien-München-Zürich 1986.

Barbara Nedoma, Februar 34 – literarisch, in: Wien aktuell 89 (1984) 1, 26–29.

Robert L. Neimann, The Anschluß: A Study of the Methodology of the Third Reich's Policy towards Austria, Diss., New York University 1958.

Christian Neschwara, Verfassungsentwicklung 1920–1938, in: Günther Schefbeck (Red.), 75 Jahre Bundesverfassung. Festschrift aus Anlaß des 75. Jahrestages der Beschlussfassung über das Bundes-Verfassungsgesetz, hg. von der Österreichischen Parlamentarischen Gesellschaft, Wien 1995, 109–138.

Fritz Neugebauer, Erinnerung akzeptieren. Das Rehabilitationsgesetz – eine Geste der Versöhnung und ein Plädoyer für eine differenzierte historische Betrachtung, in: Österreichische Monatshefte 2 (2012), 24–26.

Wolfgang Neugebauer, Die sozialdemokratische Jugendbewegung in Österreich 1894–1945, Diss., Univ. Wien 1966.

Wolfgang Neugebauer, Die illegale Arbeiterbewegung in Österreich 1934 bis 1936 (mit besonderer Berücksichtigung des Juliabkommens 1936), in: Das Juliabkommen von 1936. Vorgeschichte, Hintergründe und Folgen. Protokoll des Symposiums in Wien am 10. und 11. Juni 1976 (= Wissenschaftliche Kommission des Theodor-Körner-Stiftungsfonds und des Leopold-Kunschak-Preises zur Erforschung der österreichischen Geschichte der Jahr 1927 bis 1938, 4), Wien 1977, 136–155.

Wolfgang Neugebauer, Standgerichtsbarkeit und Todesstrafe in Österreich 1933 bis 1938, in: 25 Jahre Staatsvertrag. Protokolle des wissenschaftlichen Symposions „Justiz und Zeitgeschichte" 24. und 25. Oktober 1980. „Die österreichische Justiz – die Justiz in Österreich 1933 bis 1955", hg. v. BMJ / BMWF, Wien 1981, 46–55.

Wolfgang Neugebauer, Richterliche Unabhängigkeit 1934–1945, unter Berücksichtigung der Standgerichte und der Militärgerichte, in: Erika Weinzierl / Oliver Rathkolb / Rudolf G. Ardelt / Siegfried Mattl (Hg.), Justiz und Zeitgeschichte. Symposiumsbeiträge 1976–1993, Bd. 2, Wien 1995, 51–74.

Wolfgang Neugebauer, Repressionsapparat und -maßnahmen 1933–1938, in: Emmerich Tálos / Wolfgang Neugebauer (Hg.), Austrofaschismus. Politik – Ökonomie – Kultur 1933–1938, 5., völlig überarb. und erg. Aufl. (= Politik und Zeitgeschichte 1), Wien 2005, 298–321.

Wolfgang Neugebauer, 1934–1938–1945: Keine Gleichsetzung des „Ständestaats" mit dem NS-Regime, in: Heinz Arnberger / Claudia Kuretsidis-Haider (Hg.), Gedenken und Mahnen in Niederösterreich. Erinnerungszeichen zu Widerstand, Verfolgung, Exil und Befreiung, Wien 2011, 43–45.

Wolfgang Neugebauer / Peter Schwarz, *Stacheldraht, mit Tod geladen…* Der erste Österreichertransport in das KZ Dachau 1938, hg. von der Arbeitsgemeinschaft der KZ-Verbände und Widerstandskämpfer Österreichs, Wien 2008, http://www.doew.at / service / archiv / materialien / 1938 / dachau_1938_2.pdf (30. 4. 2012).

Odo Neustädter-Stürmer, Der Ständestaat Österreich. Dem jungen Österreich gewidmet, Graz 1930.

Odo Neustädter-Stürmer, Die berufsständische Gesetzgebung in Österreich, Wien 1936.

Lutz Niethammer, Entnazifizierung in Bayern. Säuberung und Rehabilitierung unter amerikanischer Besatzung, Frankfurt a. M. 1972.

Wolfgang E. Oberleitner, Politisches Handbuch Österreichs 1945–1980, Wien 1981.

Thomas Olechowski, Zweihundert Jahre österreichisches Rechtsstudium, in: Clemens Jabloner et al. (Hg.), Vom praktischen Wert der Methode. Festschrift Heinz Mayer zum 65. Geburtstag, Wien 2011, 455–479 (= 2011a).

Thomas Olechowski, Merkl Adolf Julius, in: ÖBL-online, http://www.biographien.ac.at / oebl / oebl_M / Merkl_Adolf-Julius_1890_1970.xml (1. 3. 2011) (=2011b).

Thomas Olechowski, Rechtsgermanistik zwischen Ideologie und Wirklichkeit, in: Franz Stefan Meissel / Thomas Olechowski / Ilse Reiter-Zatloukal / Stefan Schima (Hg.), Vertriebenes Recht – vertreibendes Recht. Die Wiener Rechts- und Staatswissenschaftliche Fakultät 1938–1945 (= Juridicum Spotlight 2), Wien 2012, 79–105 (= 2012a).

Thomas Olechowski, Hans Kelsen als Mitglied der Deutschen Staatsrechtslehrervereinigung, in: Matthias Jestaedt (Hg.), Ein schwieriges Verhältnis. Vom Umgang der deutschen Staatsrechtslehre mit Hans Kelsen, Tübingen 2012 (im Erscheinen) (= 2012b).

Thomas Olechowski, Von Georg Jellinek zu Hans Kelsen. Ein Beitrag zur Geschichte der Staatsrechtslehre an der Universität Wien um 1900, in: Oliver Rathkolb / Elisabeth Röhrlich (Hg.), Migration und Innovation in Wien um 1900, Wien 2012 (im Erscheinen) (= 2012c).

Österreich – Brandherd Europas, Zürich 1934.

Franz Osterroth / Dieter Schuster, Chronik der deutschen Sozialdemokratie, Bd. 2: Vom Beginn der Weimarer Republik bis zum Ende des Zweiten Weltkrieges, Berlin u. a. ^{3}1980.

Parlamentsdirektion (Hg.), Biographisches Handbuch der österreichischen Parlamentarier 1918–1998, Wien 1998.

Paul Pasteur, Femmes dans le Mouvement Ouvrier Autrichien 1918–1934, Diss., Univ. Rouen 1986.

Paul Pasteur, Unter dem Kruckenkreuz, Innsbruck 2008.

Bruce F. Pauley, Hahnenschwanz und Hakenkreuz. Der steirische Heimatschutz und der österreichische Nationalsozialismus 1918–1934, Wien u. a. 1972.

Stanley G. Payne, A History of Fascism, London 1995 [dt.: Geschichte des Faschismus. Aufstieg und Fall einer europäischen Bewegung, Berlin u. a. ²2006].

Kurt Peball, Februar 1934: Die Kämpfe, in: Das Jahr 1934: 12. Februar (= Veröffentlichungen der Wissenschaftlichen Kommission des Theodor-Körner-Stiftungsfonds und des Leopold-Kunschak-Preises zur Erforschung der österreichischen Geschichte der Jahre 1927 bis 1938, 2), München 1975, 25–33.

Anton Pelinka, Stand oder Klasse? Die christliche Arbeiterbewegung Österreichs 1933–38, Wien 1972.

Anton Pelinka, Der verdrängte Bürgerkrieg, in: Anton Pelinka / Erika Weinzierl (Hg.), Das Große Tabu. Österreichs Umgang mit seiner Vergangenheit, Wien 1987.

Anton Pelinka, Christliche Arbeiterbewegung und Austrofaschismus, in: Emmerich Tálos / Wolfgang Neugebauer (Hg.), „Austrofaschismus“, Beiträge über Politik, Ökonomie und Kultur 1934–1938, Wien ⁴1988, 121–132.

Anton Pelinka, Opfer, Täter, Widerstand? Zur Komplexität des Österreich-Bildes, in: Wolfgang Mantl / Hedwig Kopetz (Hg.), Soziokultureller Wandel im Verfassungsstaat. Phänomene politischer Transformation. Festschrift für Wolfgang Mantl zum 65. Geburtstag, Wien u. a. 2004, 949–960.

Hans Peter, Sozialpolitik und freier Wettbewerb, in: Günter Schmölders (Hg.), Der Wettbewerb als Mittel volkswirtschaftlicher Leistungssteigerung und Leistungsauslese, Berlin 1942, 197–208.

Walter J. Pfeil, Die Entschädigung von Opfern des Nationalsozialismus im österreichischen Sozialrecht (= Veröffentlichungen der Österreichischen Historikerkommission. Vermögensentzug während der NS-Zeit sowie Rückstellungen und Entschädigungen seit 1945 in Österreich 29 / 1), Wien-München 2004.

Peter Pirker, Whirlwind in Istanbul. Geheimdienste und Exil-Widerstand am Beispiel Stefan Wirlandner, in: Dokumentationsarchiv des österreichischen Widerstandes (Hg.), Jahrbuch 2009, Schwerpunkt: Bewaffneter Widerstand – Widerstand im Militär, Wien 2009, 114–136 (= 2009a).

Peter Pirker, „Most difficult to tackle“: Intelligence, Exil und Widerstand am Beispiel der Austrian Section von SOE, Diss., Univ. Wien 2009 (= 2009b).

Peter Pirker / Florian Wenninger (Hg.), Wehrmachtsjustiz. Kontext, Praxis, Nachwirkungen, Wien 2011.

Lotte Podgornik, „Wenn du wirkliche Kameraden hast …“, in: Stimme der Frau 9 (1990), 12.

Peter Pohn, Bürgerkrieg in Holzleithen, Aspach u. a. ²2007.

Karl Polanyi, Austria and Germany, in: International Affairs (Royal Institute of International Affairs) 12 / 5 (1933), 575–592.

Karl Polanyi, The Great Transformation. Politische und ökonomische Ursprünge von Gesellschaften und Wirtschaftssystemen (1944), Frankfurt a. M. 1978.

Martin F. Polaschek, Der Föderalismus in der Verfassung 1934, in: Geschichte und Gegenwart. Vierteljahreshefte für Zeitgeschichte, Gesellschaftsanalyse und politische Bildung 12 (1993), 141–178.

Martin F. Polaschek, Todesstrafe und Todesurteile in Österreich zwischen 1918 und 1938, in: Claudia Kuretsidis-Haider / Heimo Halbrainer / Elisabeth Ebner (Hg.), Mit dem Tode bestraft. Historische und rechtspolitische Aspekte zur Todesstrafe in Österreich im 20. Jahrhundert und der Kampf um ihre weltweite Abschaffung (= Veröffentlichungen der Forschungsstelle Nachkriegsjustiz 2), Graz 2008, 39–57.

Martin F. Polaschek, Die Todesstrafe im autoritären „Ständestaat“, in: juridikum. zeitschrift für kritik | recht | gesellschaft 1 (2009), 37–40.

Julius Popp (Hg.), In memorian Dr. Gustav Adolf Canaval, Salzburg 1965.

Jean-Marie-Etienne Portalis, Exposé des motifs de la loi relative à la Propriété, in: Code civil des Français suivi de l'exposé des motifs etc., Bd. 4, Paris 1804, 25–48.

Richard Potz, Ist das Konkordat noch zeitgemäß?, in: Österreichisches Archiv für Recht & Religion 53 (2006), 64–86.

Richard Potz / Brigitte Schinkele, Die kirchliche Trauung im staatlichen Recht Österreichs. Ein Beitrag zur Geschichte des Verhältnisses von Staat und Katholischer Kirche in den langen Fünfzigerjahren, in: Hans Paarhammer / Alfred Rinnerthaler (Hg.), Österreich und der Heilige Stuhl im 19. und 20. Jahrhundert (= Veröffentlichungen des Internationalen Forschungszentrums für Grundlagenforschungen der Wissenschaften Salzburg, N.F. 78), Frankfurt a. M. 2001, 401–442.

Rainer Prandstetten, Dr. Gustav Adolf Canaval. Analyse einer Persönlichkeit, Diss., Univ. Wien 1971.

Julia Pröll, Gnade und Amnestie im Strafrecht. Störfaktoren oder notwendiges Korrektiv, Diss., Univ. Graz 2001.

Wolfgang Putschek, Ständische Verfassung und autoritäre Verfassungspraxis in Österreich 1933–1938, Frankfurt a. M. 1993.

Edward Quinn, The mission of Austria, London 1938.

Kurt O. Rabl, Die verfassungsrechtliche Lage Österreichs, Zeitschrift für Politik 24 (1934), 437–450.

Eduard Rabofsky / Gerhard Oberkofler, Verborgene Wurzeln der NS-Justiz. Strafrechtliche Rüstung für zwei Weltkriege, Wien u. a. 1985.

Louis Rambaud, Dollfuss 1892–1934. Le Grand petit chancelier, Lyon u. a. 1948.

R. John Rath, The War and the Austrian Archives, in: Journal of Central European Affairs 6 / 4 (1947), 392–396.

R. John Rath, Authoritarian Austria, in: Peter F. Sugar (Hg.), Native Fascism in the Successor States 1918–1945, Santa Barbara / Calif. 1971, 24–44.

R. John Rath, The First Austrian Republic – totalitarian, fascist, authoritarian, or what, in: Rudolf Neck / Adam Wandruszka (Hg.), Beiträge zur Zeitgeschichte. Festschrift Ludwig Jedlicka zum 60. Geburtstag, St. Pölten 1976, 163–188.

R. John Rath, Writings on Contemporary Austrian History, 1918–1934, in: Anson Rabinbach, The Austrian Socialist Experiment. Social Democracy and Austromarxism, 1918–1934, Boulder / Colorado 1985, 47–55.

R. John Rath, Reflections on the Anschluss by an American Eyewitness, in: William E. Wright (Hg.), Austria 1938–1988: Anschluss and Fifty Years, Riverside / Calif. 1994, 47–56.

R. John Rath, The Deterioration of Democracy in Austria, 1927–1932, in: Austrian History Yearbook 27 (1996), 213–259.

R. John Rath, The Molding of Engelbert Dollfuß as an Agrarian Reformer, in: Austrian History Yearbook 28 (1997), 173–215.

R. John Rath, The Dollfuß Ministry: The Democratic Prelude, in: Austrian History Yearbook 29/1 (1998), 161–194.

R. John Rath, The Dollfuß Ministry: The Intensification of Animosities and the Drift toward Authoritarianism, in: Austrian History Yearbook 30 (1999), 65–101.

R. John Rath, The Dollfuß Ministry: The Demise of the Nationalrat, in: Austrian History Yearbook 32 (2001), 125–147.

R. John Rath / Carolyn Schum, The Dollfuß-Schuschnigg-Regime – Fascist or Authoritarian?, in: Stein Ugelvik Larsen / Bernt Hagtvet / Jan Petter Myklebust (Hg.), Who were the Fascists? Social Roots of European Fascism, Bergen 1980, 249–256.

Oliver Rathkolb (Hg.), Gesellschaft und Politik am Beginn der Zweiten Republik. Vertrauliche Berichte der US-Militäradministration aus Österreich in englischer Originalfassung, Wien-Köln-Graz 1985.

Oliver Rathkolb, Die Rechts- und Staatswissenschaftliche Fakultät der Universität Wien zwischen Antisemitismus, Deutschnationalismus und Nationalsozialismus 1938, davor und danach, in: Gernot Heiß / Siegfried Mattl / Sebastian Meissl / Edith Saurer / Karl Stuhlpfarrer (Hg), Willfährige Wissenschaft. Die Universität Wien 1938–1945 (= Österreichische Texte zur Gesellschaftskritik 43), Wien 1989, 197–232.

Oliver Rathkolb, Hans Kelsen und das FBI während des McCarthysmus in den USA, in: Robert Walter / Werner Ogris / Thomas Olechowski (Hg.), Hans Kelsen. Leben – Werk – Wirksamkeit, Wien 2009, 339–348.

Otto Reich von Rohrwig, Der Freiheitskampf der Ostmark-Deutschen. Von St. Germain bis Adolf Hitler, Graz-Wien-Leipzig 1942.

Gustav Reingrabner, Konkordat und Protestanten – Das österreichische Konkordat von 1933 und die Evangelischen in Österreich, in: Hans Paarhammer / Franz Pototschnig / Alfred Rinnerthaler (Hg.), 60 Jahre Österreichisches Konkordat, München 1994, 273–292.

Ilse Reiter, Ausbürgerung. Politisch motivierter Staatsbürgerschaftsverlust im Austrofaschismus, Teil I, in: juridikum. zeitschrift im rechtsstaat 4 (2006), 173–176.

Ilse Reiter, Richterliche Unabhängigkeit im autoritären Ständestaat, in: Barbara Helige / Thomas Olechowski (Hg.), 100 Jahre Richtervereinigung. Beiträge zur juristischen Zeitgeschichte, Wien 2007, 89–111.

Ilse Reiter-Zatloukal, Die österreichische Rechtsanwaltschaft 1918 bis 1938, in: Dies. / Barbara Sauer, Advokaten 1938. Das Schicksal der in den Jahren 1938 bis 1945 verfolgten österreichischen Rechtsanwältinnen und Rechtsanwälte, hg. vom Verein zur Erforschung der anwaltlichen Berufsgeschichte der zwischen 1938 und 1945 diskreditierten Mitglieder der österreichischen Rechtsanwaltskammern, Wien 2010, 1–31.

Ilse Reiter, Die Ausbürgerungsverordnung vom 6. August 1933, in: Ingrid Böhler / Eva Pfanzelter / Thomas Spielbüchler / Rolf Steininger (Hg.), 7. Österreichischer Zeitgeschichtetag 2008 : 1968 – Vorgeschichte – Folgen, Bestandsaufnahme der österreichischen Zeitgeschichte, Studienverlag: Innsbruck-Wien-Bozen 2010, 433–458 (= 2010a).

Ilse Reiter-Zatloukal, Staatsbürgerschaftsrecht in Österreich 1933–1938, in: Beiträge zur Rechtsgeschichte Österreichs 2 (2011), 291–316.

Ilse Reiter-Zatloukal, Politische Radikalisierung, NS-Terrorismus und „innere Sicherheit" in Österreich 1933–1938. Strafrecht, Polizei und Justiz als Instrumente des Dollfuß-Schuschnigg-Regimes, in: Karl Härter / Beatrice de Graf (Hg.), Vom Majestätsverbrechen zum Terrorismus: Politische Kriminalität, Recht, Justiz und Polizei zwischen Früher Neuzeit und 20. Jahrhundert (= Studien zur europäischen Rechtsgeschichte. Veröffentlichungen des Max-Planck-Instituts für europäische Rechtsgeschichte Frankfurt am Main 68), Frankfurt a. M. 2012, 271–320.

Ilse Reiter-Zatloukal / Christiane Rothländer, Staatsbürgerschaftsentzug und Geschlechterdifferenz. Rechtsgrundlagen und Ausbürgerungspraxis 1933 bis 1938 am Beispiel Wien, in: L'homme. Europäische Zeitschrift für Feministische Geschichtswissenschaft 21 / 2 (2010), 135–153.

Ilse Reiter / Christiane Rothländer / Pia Schölnberger, Politisch motivierter Vermögensentzug in Wien 1933–1938, in: juridikum. zeitschrift für kritik | recht | gesellschaft 1 (2009), 48–54.

Josef Resch, Die gewerbliche Sozialversicherung, Wien ^{2}1935 (= 1935a).

Josef Resch, Die volkswirtschaftliche Bedeutung der Sozialversicherung, Wien 1935 (= 1935b).

Anton Riedler, Die Ausnahmegesetzgebung in Österreich 1933–1936, Berlin 1936.

Alfred Rinnerthaler, Vom Entstehen des kirchlichen Privatschulwesens im 19. Jahrhundert bis zu dessen Beseitigung in der NS-Zeit – ein Überblick, in: Ders. (Hg.), Das kirchliche Privatschulwesen – historische, pastorale, rechtliche und ökonomische Aspekte (= Wissenschaft und Religion 16), Frankfurt a. M. 2007, 95–136.

Georges Ripert, Le régime démocratique et le droit civil moderne, Paris 1936.

Alfredo Rocco, La legislazione, in: Giuseppe Luigi Pomba (Hg.), La civiltà fascista illustrata nella dottrina e nelle opere, Turin 1928, 297–313.

Alfredo Rocco, Il congresso nazionalista di Roma (1919), in: Ders., Scritti e discorsi politici, Bd. 2, Mailand 1938, 473–491.

Werner Röder / Herbert A. Strauss (Hg.), Biographisches Handbuch der deutschsprachigen Emigration nach 1933, Bd. 1: Politik, Wirtschaft, Öffentliches Leben, München u. a. 1980.

Werner Röder / Herbert A. Strauss, Biographisches Handbuch der deutschsprachigen Emigration nach 1933. International Biographical Dictionary of Central European Emigres 1933–1945, New York u. a. 1983.

Wilhelm Röpke, Civitas Humana. Grundfragen der Gesellschafts- und Wirtschaftsreform, Zürich 1944.

Ernesto Rossi, I padroni del vapore (1955), Mailand 2001.

Rot-Weiß-Rot-Buch. Darstellungen, Dokumente und Nachweise zur Vorgeschichte und Geschichte der Okkupation Österreichs (nach amtlichen Quellen), 1. Teil, Wien 1946.

Christiane Rothländer, Ausbürgerung. Politisch motivierter Staatsbürgerschaftsverlust im Austrofaschismus, Teil II, in: juridikum. zeitschrift im rechtsstaat 1 (2007), 21–25.

Christiane Rothländer, Das „Adolf-Hitler-Haus" in der Hirschengasse 25, Mariahilf, in: Kilian Franer / Ulli Fuchs (Hg.), Erinnern für die Zukunft. Ein Projekt zum Gedächtnis an die Mariahilfer Opfer des NS-Terrors, Wien 2009, 147–150.

Christiane Rothländer, Die Ausbürgerungspraxis der Bundes-Polizeidirektion Wien 1933–1938, in: Ingrid Böhler / Eva Pfanzelter / Thomas Spielbüchler / Rolf Steininger (Hg.), 7. Österreichischer Zeitgeschichtetag 2008: 1968 – Vorgeschichte – Folgen, Bestandsaufnahme der österreichischen Zeitgeschichte, Studienverlag: Innsbruck-Wien-Bozen 2010, 855–865 (= 2010a).

Christiane Rothländer, Vermögensbeschlagnahme und Liquidation des Republikanischen Schutzbundes 1933–1937, in: Dokumentationsarchiv des österreichischen Widerstandes (Hg.), Jahrbuch 2010, Schwerpunkt: Vermittlungsarbeit mit Jugendlichen und Erwachsenen, Wien 2010, 212–233 (= 2010b).

Christiane Rothländer, Die Anfänge der Wiener SS. Wien-Köln-Weimar 2012.

Gabriele Russ, „Wo du bist, will auch ich sein" – Von der Notwendigkeit einer Gender-gerechten relecture des Februar 1934, in: Heimo Halbrainer/Martin F. Polaschek (Hg.), Aufstand, Putsch und Diktatur. Das Jahr 1934 in der Steiermark. Tagung am 18. Mai 2004 im Steiermärkischen Landesarchiv Graz, Graz 2007, 31–42.

Alexander Rüstow, Interessenpolitik oder Staatspolitik, in: Der Deutsche Volkswirt 7 (1932), 169–172.

Alexander Saberschinsky, Die Begründung universeller Menschenrechte. Zum Ansatz der Katholischen Soziallehre, Paderborn u. a. 2002.

Hans Safrian, Standgerichte als Mittel der Politik im Februar 1934 in Wien, in: Karl R. Stadler (Hg.), Sozialistenprozesse. Politische Justiz in Österreich 1870–1936, Wien-München-Zürich 1986, 269–302.

Giuseppe Salvioli, I difetti sociali delle leggi vigenti, Palermo ^{2}1906.

Hans Schafranek, „Die Führung waren wir selber" – Militanz und Resignation im Februar 1934 am Beispiel Kaisermühlen, in: Helmut Konrad / Wolfgang Maderthaner (Hg.), Neuere Studien zur Arbeitergeschichte, Bd. 2: Beiträge zur politischen Geschichte, Wien 1984, 439–469.

Hans Schafranek, Die Betrogenen: Österreicher als Opfer stalinistischen Terrors in der Sowjetunion, Wien 1991.

Hans Schafranek, Sommerfest mit Preisschießen. Die unbekannte Geschichte des NS-Putsches im Juli 1934, Wien 2006.

Adolf Schärf, Tagebuchnotizen des Jahres 1955, hg. v. Gertrude Enderle-Burcel u. bearb. v. Klaus Rubasch, Innsbruck 2008.

Irmgard Schartner, Die Staatsrechtler der juridischen Fakultät der Universität Wien im „Ansturm" des Nationalsozialismus. Umbrüche und Kontinuitäten, Frankfurt a. M. u. a. 2011.

Franz Schausberger, Letzte Chance für die Demokratie. Die Bildung der Regierung Dollfuß I im Mai 1932. Bruch der österreichischen Proporzdemokratie, Wien u. a. 1993.

Hermann Schifer, Industrie und Siedlung. Zur Entwicklung des ehemaligen Rüstungsareals in der Zweiten Republik, in: Klaus-Dieter Mulley / Hans Leopold (Hg.), Geschosse – Skandale – Stacheldraht. Arbeiterschaft und Rüstungsindustrie in Wöllersdorf, Enzesfeld und Hirtenberg, Ebenfurth 1999, 293–306.

Stefan Schima, Glaubenswechsel in Österreich in der staatlichen Gesetzgebung von Joseph II. bis heute, in: Wiener Zeitschrift zur Geschichte der Neuzeit 7 (2007), 79–99.

Stefan Schima, Freedom of Religion in Austria, in: International Constitutional Law Journal 3 (2009), 199–209, http://www.internationalconstitutionallaw.net/download/8ef11546160c489ccd8375bd667ce5c2/Schima.pdf (17. 8. 2011).

Stefan Schima, Die religionsrechtliche Dimension des ABGB von 1811 bis heute, in: Barbara Dölemeyer (Hg.), 200 Jahre ABGB (1811–2011). Die österreichische Kodifikation im internationalen Kontext (= Studien zur europäischen Rechtgeschichte 267), Frankfurt a. M. 2012, 299–352.

Natalie Schlegel, Die Beurteilung der „US-Kulturmission in Österreich 1945–1945". Der Bereich der Medien am Beispiel von „Wiener Kurier", „Salzburger Nachrichten" und „Radio Rot-Weiß-Rot", Dipl. Arb., Univ. Wien 2008.

Johann Schlesinger, Der rechtliche Gehalt der Verfassung 1934, in: Gerichtshalle 78 (1934), 89–94, 116–121, 137–139, 153–157.

Gerhard Schmidt, Patrioten, Pläne und Parteien. Das Werden der Österreichischen Volkspartei und ihrer Bünde im Bundesland Salzburg, vom 30. April 1945 bis zu den ersten Nationalratswahlen am 25. November 1945, Salzburg 1961.

Georg-Hans Schmit, Die Rolle der Christlichen Arbeiterbewegung im politischen und sozialen System des austrofaschistischen Ständestaates, Dipl.-Arbeit, Univ. Wien 2009.

Carl Schmitt, Starker Staat und gesunde Wirtschaft. Ein Vortrag für Wirtschaftsführer, in: Volk und Reich 2 (1933), 81–94.

Günter Schmölders, Vorwort, in: Ders. (Hg.), Der Wettbewerb als Mittel volkswirtschaftlicher Leistungssteigerung und Leistungsauslese, Berlin 1942, 5 f.

Karl Schneller, Gefangenschaft. Ein Buch Sonette, Wien-München-Zürich 1978.

Irene Schöffmann, Frauenpolitik im Austrofaschismus, in: Emmerich Tálos / Wolfgang Neugebauer (Hg.), „Austrofaschismus", Beiträge über Politik, Ökonomie und Kultur 1934–1938, Wien ^{4}1988, 317–344.

Pia Schölnberger, Wöllersdorf – die Anfänge, in: Dokumentationsarchiv des österreichischen Widerstandes (Hg.), Jahrbuch 2010, redig. v. Christine Schindler, Wien 2010, 190–211 (= 2010a).

Pia Schölnberger, „Durchaus erträglich"? Alltag im Anhaltelager Wöllersdorf, in: DÖW-Mitteilungen 195 (2010), 1–4 (= 2010b).

Alexander Schönau (= Oskar Grossmann), Der Aufstand des österreichischen Proletariats, Basel 1934 (zugleich erschienen: Verlagsgenossenschaft ausländischer Arbeiter in der UdSSR, Moskau 1934).

Michael Schönberg, Die amerikanische Medien- und Informationspolitik in Österreich von 1945 bis 1950, Dokumentation Bd. 1, Wien 1975.

Lothar Schöppe, Konkordate seit 1800. Originaltext und deutsche Übersetzung der geltenden Konkordate, hg. von der Forschungsstelle für Völkerrecht und ausländisches öffentliches Recht der Universität Hamburg / Institut für Internationales Recht an der Universität Kiel / Institut für Völkerrecht der Universität Göttingen (= Dokumente 35), Frankfurt a. M. 1964.

Malke Schorr, Österreichische Rote Hilfe. Anhang: „Wie verhält sich der Proletarier vor Gericht“ von Egon Schönhof, Wien 1926.

Christian Schulze Pellengahr, Das Verbot der politischen Betätigung für Geistliche nach katholischem und evangelischem Kirchenrecht sowie im geltenden Staatskirchenrecht unter Berücksichtigung der Staaten- und Verfassungsgeschichte Deutschlands und Österreichs (= Schriften zum Staatskirchenrecht 45), Frankfurt a. M. 2009.

Kurt Schuschnigg, Die Verfassung des Bundesstaates Österreich, Leipzig u. a. 1934.

Kurt Schuschnigg, My Austria, New York 1938 [dt.: Dreimal Österreich, Wien 1937].

Kurt Schuschnigg, Austrian Requiem, New York 1946 [dt.: Requiem in Rot-Weiß-Rot, Zürich 1949].

Kurt Schuschnigg, Im Kampf gegen Hitler. Die Überwindung der Anschlußidee, Wien u. a. ^{2}1988.

Walter Schuster, Politische Restauration und Entnazifizierungspolitik in Oberösterreich, in: Walter Schuster / Wolfgang Weber (Hg.), Entnazifizierung im regionalen Vergleich, Linz 2004, 78–182.

Ludger Schwarte, Das nackte Leben. Vom Labor zum Lager, in: Christian Wulf (Hg.), Das menschliche Leben (= Paragrana 17 / 2), Berlin 2008, 175–186.

Gerhard Peter Schwarz, Ständestaat und Evangelische Kirche von 1933 bis 1938. Evangelische Geistlichkeit und der Nationalsozialismus aus der Sicht der Behörden von 1933 bis 1938 (= Dissertationen der Karl-Franzens-Universität Graz 76), Graz 1987.

Karl W. Schwarz, Die Ehe ist ein „weltlich Ding“: Anmerkungen zum österreichischen Eherecht aus protestantischer Perspektive, in: Maximilian Liebmann (Hg.), War die Ehe immer unauflöslich?, Limburg 2002, 124–155.

Robert Schwarz, Austrian Party Press and the First Republic: A Study in Political Journalism, in: The Western Political Quarterly 12 / 4 (1959), 1038–1056.

Schwarzbuch der österreichischen Diktatur. Recht und Gesetz unter Dr. Schuschnigg. Tatsachen, nichts als Tatsachen, Brüssel 1934.

Ileane Schwarzkogler, Der Primat der Perspektive vor dem tagespolitischen Geschehen. Die „Salzburger Nachrichten“ unter ihrem Chefredakteur Dr. Gustav Adolf Canaval, Diss., Univ. Salzburg 1972.

Schweizerische evangelische Arbeitsgemeinschaft (Hg.), Denkschrift über die Lage der evangelischen Kirche in Österreich und die Verletzung der Bestimmungen des Friedensvertrages von St. Germain zum Schutze der Glaubens- und Gewissensfreiheit. Eine Darstellung der Gegenreformation in Neu-Österreich anhand amtlicher Erklärungen und Dokumente, Zürich 1935.

Elke Seefried, Reich und Stände. Ideen und Wirken des deutschen politischen Exils in Österreich 1933–1938, Düsseldorf 2006.

Walford Selby, Rezension von Mary MacDonald, The Republic of Austria 1918–1934. A Study in the Failure of Democratic Government, London-New York-Toronto 1946, in: International Affairs (Royal Institute of International Affairs) 23 / 1 (1947), 108 f.

Maren Seliger, Scheinparlamentarismus im Führerstaat. „Gemeindevertretung" im Austrofaschismus und Nationalsozialismus, Wien 2010.

Gerhard Senft, Im Vorfeld der Katastrophe. Die Wirtschaftspolitik des Ständestaates. Österreich 1934–1938, Wien 2002.

Alfonso Sermonti, I principi dello stato fascista nel sistema del diritto pubblico generale, in: Rivista di diritto pubblico 31 / 1 (1939), 361–401.

Robert William Seton-Watson, Austria and Her Neighbours, in: The Slavonic and East European Review 13 / 39 (1935), 549 –570.

Robert William Seton-Watson, Europe and the Austrian Problem, in: International Affairs (Royal Institute of International Affairs) 15 / 3 (1936), 327–350.

Robert William Seton-Watson, The Little and Balkan Entente, in: The Slavonic and East European Review 15 / 45 (1937), 553–576.

Albert Sever, Ein Mann aus dem Volk. Selbstbiographie, Wien 1956.

Kurt Leo Shell, The transformation of Austrian Socialism, New York 1955 [dt.: Jenseits der Klassen. Österreichs Sozialdemokratie seit 1934, Wien 1969].

R. K. Sheridon, Kurt Schuschnigg. A tribute, London 1942.

William L. Shirer, Berlin Diary. The Journal of a Foreign Correspondent 1934–1941, Harmondsworth 1979.

George Shuster, Amerika und Deutschland. Erinnerungen eines amerikanischen College-Präsidenten, Frankfurt a. M. 1965.

Wolfgang Siebert, Die deutsche Arbeitsverfassung, Hamburg 1942.

Joseph T. Simon, Georg Weissel, in: Norbert Leser (Hg.), Werk und Widerhall. Große Gestalten des österreichischen Sozialismus, Wien 1964, 425–441.

Joseph T. Simon, Augenzeuge. Erinnerungen eines österreichischen Sozialisten. Eine sehr persönliche Zeitgeschichte, hg. v. Maria Dorothea Simon, Wien-Berlin ^{2}2008.

Walter B. Simon, The political parties of Austria, Diss., New York University 1957.

Walter B. Simon, Motivation of a Totalitarian Mass Vote, in: The British Journal of Sociology 10 / 4 (1959), 338–345.

Walter B. Simon, Österreich 1918–1938, Wien 1984.

Walter B. Simon, Die verirrte Erste Republik. Eine Korrektur österreichischer Geschichtsbilder, Innsbruck-Wien 1988.

Kurt Skalnik (Hg.), Republikanische Mitte. Überlegungen und Überzeugungen, Wien-Frankfurt a. M.-Zürich 1966.

Harry Slapnicka, Oberösterreich – Die politische Führungsschicht 1918 bis 1938, Linz 1976.

Adam Smith, Theorie der ethischen Gefühle (1761), Hamburg 1977.

Adam Smith, Untersuchung über das Wesen und die Ursachen des Nationalreichthums (1776), Bd. 3, Leipzig 1847.

Alessandro Somma, I giuristi e l'Asse culturale Roma-Berlino. Economia e politica nel diritto fascista e nazionalsocialista, Frankfurt a. M. 2005.

Alessandro Somma, Economia di razza. Dal fascismo alla cittadinanza europea, Verona 2009.

Seog-Yun Song, Politische Parteien und Verbände in der Verfassungsrechtslehre der Weimarer Republik (= Schriften zur Verfassungsgeschichte 49), Berlin 1996.

Katalin Soós, Koloman Wallisch. Eine politische Biographie (= Materialien zur Arbeiterbewegung 57), Wien-Zürich 1990.

Doris Sottopietra, „Wiedergutmachung" und Restitution im Bereich der Parteien und des ÖGB. Zwischenbilanz eines Forschungsprojektes, in: Demokratie und Geschichte. Jahrbuch des Karl von Vogelsang-Instituts zur Erforschung der Geschichte der christlichen Demokratie in Österreich 4 (2000), 230–262.

Sozialistische Partei Österreichs (Hg.), Die Wahrheit über den Februar 1934, Wien 1945.

Othmar Spann, Kämpfende Wissenschaft [= Gesamtausgabe, Bd. 7], Graz ^{2}1969.

Hans Spanner, Der österreichische Bundesgerichtshof, in: Zeitschrift für öffentliches Recht 15 (1935), 195–240.

Hans Spanner, Gesetzmäßigkeit der Verwaltung und Regierungsgesetzgebung, in: Österreichisches Verwaltungsblatt 8 (1937), 182–188 (= 1937a).

Hans Spanner, Die Abänderung von Bundesverfassungsgesetzen durch einfache Bundesgesetze und Verordnungen, in: Österreichisches Verwaltungsblatt 8 (1937), 273–284 (= 1937b).

Tilly Spiegel, Frauen und Mädchen im österreichischen Widerstand, Wien u. a. 1967.

Maria Sporrer / Herbert Steiner (Hg.), Rosa Jochmann. Zeitzeugin, Wien 1983.

Karl R. Stadler, Adolf Schärf. Mensch. Politiker. Staatsmann. Wien-München-Zürich 1982.

Ernst Rüdiger Starhemberg, Between Hitler and Mussolini, New York 1942.

Statistische Nachrichten, redig. u. hg. vom Bundesamt für Statistik, Wien 1932 ff.

Statistisches Handbuch für die Republik Österreich, hg. v. Statistischen Zentralamt, Wien 1957.

Kamila Staudigl-Ciechowicz, Zur Entstehung der Wiener Kriminologie und Kriminalistik in der 1. Republik, in: Journal on european history of law 2 / 1 (2011), 29–35.

Kamila Staudigl-Ciechowicz, Von Adamovich bis Pfeifer – eine Auseinandersetzung mit der Staatsrechtslehre an der Universität Wien in Zeiten der politischen Umbrüche der ersten Hälfte des 20. Jahrhunderts, in: Franz Stefan Meissel / Thomas Olechowski / Ilse Reiter-Zatloukal / Stefan Schima (Hg.), Vertriebenes Recht – vertreibendes Recht. Die Wiener Rechts- und Staatswissenschaftliche Fakultät 1938–1945 (= Juridicum Spotlight 2), Wien 2012, 203–232.

Kamila Staudigl-Ciechowicz, Die staatsrechtlichen Umbrüche 1933/34 aus der Sicht der zeitgenössischen Staatsrechtswissenschaftler der Wiener Rechts- und Staatswissenschaftlichen Fakultät, in: Helmut Rumpler/Luboš Velek (Hg.), Tagungsband 150 Jahre moderner Parlamentarismus in Zentraleuropa, Wien 2013 (im Erscheinen).

Anton Staudinger, Bemühungen Carl Vaugoins um Suprematie der Christlichsozialen Partei in Österreich (1930–33), in: Mitteilungen des Österreichischen Staatsarchivs 23 (1970), 297–376.

Anton Staudinger, Völkische Konkurrenz zum Nationalsozialismus – am Beispiel des „Österreichischen Verbandes für volksdeutsche Auslandsarbeit", in: Félix Kreissler (Hg.), Fünfzig Jahre danach – der „Anschluß" von innen und außen gesehen. Beiträge zum internationalen Symposion von Rouen, 29. 2–4. 3. 1988, Wien u. a. 1989, 53–64.

Erwin Steinböck, Das österreichische Bundesheer 1920–1938. Teil II: 1933–1938, in: Feldgrau. Mitteilungen einer Arbeitsgemeinschaft 13/1 (1965), 27–31.

Herbert Steiner, Gestorben für Österreich. Widerstand gegen den Faschismus. Eine Dokumentation, Wien u. a. 1968.

Herbert Steiner (Hg.), Käthe Leichter. Leben und Werk, Wien 1973.

Herbert Steiner, Gestorben für Österreich. Widerstand gegen Hitler. Eine Dokumentation, Wien 1995.

Manfred Stelzer, Korporative Aspekte der Religionsfreiheit in der Rechtsprechung des EGMR, in: Reinhard Kohlhofer (Hg.), Religionsgemeinschaftenrecht und EGMR (= Schriftenreihe Colloquium 17), Wien 2009, 17–34.

Zeev Sternhell/Mario Sznajder/Maia Asheri, Die Entstehung der faschistischen Ideologie. Von Sorel zu Mussolini, Hamburg 1999.

Dieter Stiefel, Arbeitslosigkeit. Soziale, politische und wirtschaftliche Auswirkungen – am Beispiel Österreichs 1918–1938, Berlin 1979.

Hubert Stock, „... nach Vorschlägen der Vaterländischen Front". Die Umsetzung des christlichen Ständestaates auf Landesebene, am Beispiel Salzburg, Wien u. a. 2010.

Nicola Stolfi, La rivoluzione francese e la guerra mondiale in rapporto alle trasformazioni del diritto, in: Rivista di diritto pubblico 14/1 (1922), 385–408.

Michael Stolleis, Recht im Unrecht. Studien zur Rechtsgeschichte des Nationalsozialismus, Frankfurt a. M. 1994.

Gerald Stourzh, John R. Rath, in: Almanach der Österreichischen Akademie der Wissenschaften 152 (2001/02), 507–515.

Gerald Stourzh, Verfassungsbruch im Königreich Böhmen: Ein unbekanntes Kapitel zur Geschichte des richterlichen Prüfungsrechts im alten Österreich, in: Ders., Der Umfang der österreichischen Geschichte. Ausgewählte Studien 1990–2010, Wien u. a. 2011, 139–155.

Robert Streibel, Februar in der Provinz. Eine Spurensicherung zum 12. Februar 1934 in Niederösterreich, Grünbach 1994.

Kurt Strele, Die Erlassung genereller Normen nach der österreichischen Verfassung 1934, in: Zeitschrift für öffentliches Recht 15 (1935), 417–445.

Paul R. Sweet, Seipel's View on Anschluss in 1929: an unpublished Exchange of Letters, in: The Journal of Modern History 19 (1947), 320–324.

Paul R. Sweet, Mussolini and Dollfuß: an Episode in Fascist Diplomacy, in: Julius Braunthal, The Tragedy of Austria, London 1948, 100–213.

Paul R. Sweet, Democracy and Counterrevolution in Austria, in: Journal of modern History 22/1 (1950), 52–58.

Maria Szecsi, Der Lohnanteil am österreichischen Volkseinkommen 1913 bis 1967, Wien o. J.

Emmerich Tálos, Staatliche Sozialpolitik in Österreich, Wien 1982.

Emmerich Tálos, Sozialpolitik im Austrofaschismus, in: Ders. / Wolfgang Neugebauer (Hg.), „Austrofaschismus", Beiträge über Politik, Ökonomie und Kultur 1934–1938, Wien [4]1988, 161–178.

Emmerich Tálos, Sozialpolitik in der Ersten Republik, in: Ders. / Herbert Dachs / Ernst Hanisch / Anton Staudinger (Hg.), Handbuch des politischen Systems Österreichs: Erste Republik 1918–1933. Wien 1995, 570–586.

Emmerich Tálos, Sozialpolitik im Austrofaschismus, in: Ders. / Wolfgang Neugebauer (Hg.), Austrofaschismus. Politik – Ökonomie – Kultur 1933–1938, 5., völlig überarb. und erg. Aufl. (= Politik und Zeitgeschichte 1), Wien 2005, 221–235.

Claudia Tancsits, Die Tochter des Kanzlers. In Memoriam Eva Dollfuß-Nicoladoni, in: Der Freiheitskämpfer 45 / 1 (1993), 9.

Giovanni Tarello, Art. Corporativismo, in: Antonio Negri (Hg.), Enciclopedia Feltrinelli Fischer – Scienze politiche 1: Stato e politica, Milano [2]1980, 68–81.

Texte zur katholischen Soziallehre. Die sozialen Rundschreiben der Päpste und andere kirchliche Dokumente mit Einführungen v. Oswald von Nell-Breuning / Johannes Schaching, hg. vom Bundesverband der Katholischen Arbeitnehmer-Bewegung Deutschlands, Kevelaer [9]2007.

Maria Tidl, Frauen im Widerstand, Frauen im Kampf gegen Faschismus und Krieg, Wien 1982.

Boris Todrin, Five days. Austria February 12th to 17th, 1934, Chicago 1936 [dt.: Februar 1934, mit einem Vorwort von Adolf Schärf, Wien 1948].

Nicola Tranfaglia, Dallo stato liberale al regime fascista, Milano [2]1975.

Nicola Tranfaglia, Tre casi di fascismo in Europa: una proposta di comparazione (1987), in: Ders., Fascismi e modernizzazione in Europa, Turin 2001, 5–20.

Kurt Tucholsky, Politische Justiz, Hamburg 1970.

Heidemarie Uhl, Zwischen Versöhnung und Verstörung. Eine Kontroverse um Österreichs historische Identität fünfzig Jahre nach dem „Anschluß", Wien-Köln-Weimar 1992.

Berthold Unfried, Liquidierung und Arisierung von Betrieben als Elemente von Strukturpolitik und NS-„Wiedergutmachung", in: Ulrike Felber / Peter Melichar / Markus Priller / Berthold Unfried / Fritz

Weber, Ökonomie der Arisierung, Teil 1: Grundzüge, Akteure und Institutionen (= Veröffentlichungen der Österreichischen Historikerkommission. Vermögensentzug während der NS-Zeit sowie Rückstellungen und Entschädigungen seit 1945 in Österreich 10/1), Wien u.a. 2004, 166–226.

Alfred Verdross, Nachruf auf Ludwig Adamovich, in: Almanach der Österreichischen Akademie der Wissenschaften 105 (1955), 347–355.

Christine Vlcek, Der Republikanische Schutzbund in Österreich. Geschichte, Aufbau und Organisation, Diss., Univ. Wien 1971.

Erich Voegelin, Der autoritäre Staat. Ein Versuch über das österreichische Staatsproblem, Wien 1936, Neudruck Wien u.a. 1997.

Carsten Voigt, Kampfbünde der Arbeiterbewegung. Das Reichsbanner Schwarz-Rot-Gold und der Rote Frontkämpferbund in Sachsen 1924–1933 (= Geschichte und Politik in Sachsen 26), Köln-Weimar-Wien 2009.

Gabriele Volsansky, Pakt auf Zeit. Das Deutsch-österreichische Juli-Abkommen 1936 (= Böhlau zeitgeschichtliche Bibliothek 37), Wien-Köln-Weimar 2001.

Paula Wallisch, Ein Held stirbt, Graz 1946.

Robert Walter, Die Lehre des Verfassungs- und Verwaltungsrechts an der Universität Wien von 1810–1938, in: Juristische Blätter 110 (1988), 609–624.

Robert Walter, Die Ausschaltung des Verfassungsgerichtshofes im Jahre 1933, in: Verfassungsgerichtshof der Republik Österreich (Hg.), Verfassungstag 1997, Wien 1998, 17–34.

Thomas Walter, Die juristische Rehabilitierung von österreichischen Opfern der NS-Militärjustiz, in: Walter Manoschek (Hg.), Opfer der NS-Militärjustiz. Urteilspraxis – Strafvollzug – Entschädigungspolitik in Österreich, Wien 2003, 604–616.

Gundula Walterskirchen, Engelbert Dollfuß. Arbeitermörder oder Heldenkanzler, Wien 2004.

Barbara Ward, Ignaz Seipel and the „Anschluss", in: Dublin Review 203 (1938), 33–50.

Edmund Weber (Hg.), Dollfuß an Österreich. Eines Mannes Wort und Ziel, Wien u.a. 1935.

Fritz Weber, Staatliche Wirtschaftspolitik in der Zwischenkriegszeit, in: Emmerich Tálos/Herbert Dachs/Ernst Hanisch/Anton Staudinger (Hg.), Handbuch des politischen Systems Österreichs: Erste Republik 1918–1933. Wien 1995, 531–551.

Max Weber, Wirtschaft und Gesellschaft, 5., rev. Aufl. bes. v. Johannes Winckelmann, Tübingen 1972.

Ulrike Weber-Felber, Gewerkschaften in der Ersten Republik, in: Emmerich Tálos/Herbert Dachs/Ernst Hanisch/Anton Staudinger (Hg.), Handbuch des politischen Systems Österreichs: Erste Republik 1918–1933. Wien 1995, 319–338.

Hans Weberstedt/Kurt Langner, Gedenkhalle für die Gefallenen des Dritten Reiches, München [3]1938.

Wilhelm Wegener, Hugelmann, Karl Gottfried, in: Neue Deutsche Biographie, Bd. 10, Berlin 1974, 9f.

Hans-Ulrich Wehler, Deutsche Gesellschaftsgeschichte, Bd. 4: Vom Beginn des Ersten Weltkrieges bis zur Gründung der beiden deutschen Staaten 1914–1949, München 2003.

Willi Weinert, „Mich könnt ihr löschen, aber nicht das Feuer" – ein Führer durch den Ehrenhain der Gruppe 40 am Wiener Zentralfriedhof für die hingerichteten WiderstandskämpferInnen, Wien 2004.

Erika (Fischer-)Weinzierl, Die österreichischen Konkordate von 1855 und 1933, Wien 1960.

Erika Weinzierl, Emanzipation? Österreichische Frauen im 20. Jahrhundert, Wien u. a. 1975.

Erika Weinzierl, Das österreichische Konkordat von 1933 von der Unterzeichnung bis zur Ratifikation, in: Hans Paarhammer / Franz Pototschnig / Alfred Rinnerthaler (Hg.), 60 Jahre Österreichisches Konkordat, München 1994, 119–134.

Ulrich Weinzierl, Februar 1934. Schriftsteller erzählen, Wien-München 1984.

Max Weiser, Das Polizeirecht der Jahre 1933 und 1934, Sonderbeilage zur Öffentlichen Sicherheit 1 (1935).

Manfried Welan / Heinrich Neisser, Der Bundeskanzler im österreichischen Verfassungsgefüge, Wien 1971.

Manfried Welan, Verfassung. Aphorismen und Assoziationen, o. O. 2011.

Gerhard Werle, Völkerstrafrecht, Tübingen ²2007.

Wolfram Wette, Verweigerung und Desertion im Wandel der öffentlichen Meinung (1980–1995), in: Norbert Haase / Gerhard Paul (Hg.), Die anderen Soldaten. Wehrkraftzersetzung, Gehorsamsverweigerung und Fahnenflucht im Zweiten Weltkrieg. Frankfurt a. M. 1995, 189–204.

Ulrike Wetz, Geschichte der Wiener Polizeidirektion vom Jahre 1945 bis zum Jahre 1955 mit Berücksichtigung der Zeit vor 1945, Diss., Univ. Wien 1971.

Lis Whitelaw, The life and rebellious times of Cicely Hamilton, actress, writer, suffragist, Athens / Ohio 1990.

Ewald Wiederin, März 1938 – staatsrechtlich betrachtet, in: Ulrike Davy / Helmut Fuchs / Herbert Hofmeister / Judith Marte / Ilse Reiter (Hg.), Nationalsozialismus und Recht. Rechtssetzung und Rechtswissenschaft in Österreich unter der Herrschaft des Nationalsozialismus, Wien 1990, 226–265.

Walter Wiltschegg, Die Heimwehr. Eine unwiderstehliche Volksbewegung?, Wien 1985.

Walter Wiltschegg, Zum „Korneuburger Gelöbnis" der Heimwehr. Die wunderlichen Wege eines politischen Dokuments, in: Geschichte und Gegenwart. Vierteljahreshefte für Zeitgeschichte, Gesellschaftsanalyse und politische Bildung 5 (1986), 139–158.

Elisabeth Winkler, Karl Münichreiter – ein Beispiel zur Praxis politischer Justiz im Austrofaschismus, in: Zeitgeschichte 13 / 11 (1985), 411–424.

Günther Winkler, Geleitwort zu: Erich Voegelin, Der autoritäre Staat, Wien 1936, Neudruck Wien-New York 1997, V–XXXII.

Wolfgang Wippermann, Faschismustheorien. Die Entwicklung der Diskussion von den Anfängen bis heute, Darmstadt ⁷1997 (= 1997a).

Wolfgang Wippermann, Totalitarismustheorien. Die Entwicklung der Diskussion von den Anfängen bis heute, Darmstadt 1997 (= 1997b).

Helmut Wohnout, Regierungsdiktatur oder Ständeparlament? Gesetzgebung im autoritären Österreich, Wien u. a. 1993.

Helmut Wohnout, Politisch-juristische Kontroversen um die Verfassung 1934 im autoritären Österreich, in: Erika Weinzierl / Oliver Rathkolb / Rudolf G. Ardelt / Siegfried Mattl (Hg.), Justiz und Zeitgeschichte Symposionsbeiträge 1976–1993, Bd. 2, Wien 1995, 833–848.

Helmut Wohnout, Bürgerliche Regierungspartei und weltlicher Arm der katholischen Kirche. Die Christlichsozialen in Österreich 1918–1934, in: Michael Gehler / Wolfram Kaiser / Helmut Wohnout (Hg.), Christdemokratie in Europa im 20. Jahrhundert (= Institut für Zeitgeschichte der Universität Innsbruck, Arbeitskreis Europäische Integration, Historische Forschungen, Veröffentlichungen 4), Wien 2001, 181–207.

Helmut Wohnout, Anatomie einer Kanzlerdiktatur, in: Hedwig Kopetz / Josef Marko / Klaus Poier (Hg.), Soziokultureller Wandel im Verfassungsstaat. Phänomene politischer Transformation. Festschrift für Wolfgang Mantl zum 65. Geburtstag, Wien u. a. 2004, 961–974 (= 2004a).

Helmut Wohnout, Dreieck der Gewalt. Etappen des nationalsozialistischen Terrors in Österreich 1932–1934, in: Günther Schefbeck (Hg.), Österreich 1934. Vorgeschichte – Ereignisse – Wirkungen, Wien-München 2004, 78–90 (= 2004b).

Helmut Wohnout, Richard Schmitz und die Etablierung des autoritären Staates 1933 / 34, in: Demokratie und Geschichte. Jahrbuch des Karl Vogelsang-Instituts zur Erforschung der Geschichte der christlichen Demokratie in Österreich 13 / 14, 10 (2009), 173–205.

Helmut Wohnout, Bundeskanzler Dollfuß und die österreichisch-italienischen Beziehungen 1932–1934, in: Florian Wenninger / Lucile Dreidemy (Hg.), Das Dollfuß / Schuschnigg-Regime 1933–1938. Vermessung eines Forschungsfeldes, Wien-Köln-Weimar 2012 (im Erscheinen).

Helmut Wohnout, Eine berufsständische Reform mit demokratischem Einschlag? Diskussionen über eine Verfassungsreform im autoritären Österreich 1936–1938, in: Richard Potz / Andrey Shutov / Alexander Dubowy (Hg.), Dritter Weg zwischen Aufbruch und Abgrund. Rechts-, Staats- und Gesellschaftstheorien in Deutschland, Österreich und Russland in der Zwischenkriegszeit, Göttingen 2013 (im Erscheinen).

Gerald M. Wolf, „Jetzt sind wir die Herren …". Die NSDAP im Bezirk Deutschlandsberg und der Juli-Putsch 1934 (= Grazer zeitgeschichtliche Studien 3), Wien-Linz-Innsbruck 2008.

Hubert Wolf, Papst & Teufel. Die Archive des Vatikan und das Dritte Reich, München 2008.

Christian Wulf (Hg.), Das menschliche Leben (= Paragrana 17 / 2), Berlin 2008.

Eugenio Zagari, Corporativismo e teoria economica, in: Aldo Mazzacane (Hg.), Diritto economia e istituzioni nell'Italia fascista, Baden-Baden 2002, 67–82.

Thomas Zavadil, Die Ausschaltung des Verfassungsgerichtshofes, Dipl.-Arb., Univ. Wien 1997.

Karl Zemanek, Das Völkervertragsrecht, in: Hanspeter Neuhold / Waldemar Hummer / Christoph Schreuer (Hg.), Österreichisches Handbuch des Völkerrechts, Bd. 1, Wien ^{4}2004, 45–78.

Arnold J. Zurcher, Austria's Corporative Constitution, in: The American Political Science Review 28 / 4 (1934), 664–670.

Quellen

Zeitungen

Amtsblatt der österreichischen Justizverwaltung
Arbeiter-Zeitung
Berlingske Tidende
Bristol Evening Post
Der Heimatschützer. Offizielles Organ des Österreichischen Heimatschutzes
Der Standard
Die Aktion
Die Presse
Frankfurter Allgemeine Zeitung
Gazetta ufficiale
Gendarmerie-Rundschau. Bilder und Worte von einst und jetzt für jedermann
Kleines Volksblatt
Kronen Zeitung
Kurier
Neue Freie Presse
Oberösterreichische Nachrichten
Obersteirische Volkszeitung
Österreich
Österreichische Volksstimme
Österreichischer Beobachter. Organ der NSDAP in Österreich
Reichspost
Salzburger Nachrichten
Star Tribune
Süddeutsches Tagblatt (= Grazer Tagblatt)
Time. The weekly Newsmagazine
Tiroler Anzeiger
Wiener Zeitung

Archive

Archiv der Bundespolizeidirektion (BPD) Wien
Personalakten

Archiv des Bundesministeriums für Finanzen (BMF)

Bundesarchiv Berlin (BArch)
ehem. Berlin Document Center (BDC)

Dokumentationsarchiv des österreichischen Widerstandes (DÖW)

Hoover Institution Archives, Stanford University
David Harris papers

Imperial War Museum London
Department of Documents

Karl-von-Vogelsang-Institut zur Erforschung der Geschichte der christlichen Demokratie in Österreich, Wien

Kreisky-Archiv, Wien

National Archives Records Administration (NARA), Washington DC
College Park, Maryland, Record Group 260, ACA Austria

Oberösterreichisches Landesarchiv (OÖLA)
Bestand Bezirkshauptmannschaft Ried

Österreichisches Staatsarchiv (ÖStA) / Allgemeines Verwaltungsarchiv (AVA)
Justizministerium
Unterrichtsministerium

Österreichisches Staatsarchiv (ÖStA) / Archiv der Republik (AdR)
Berichte der Bundespolizeidirektion Wien
Bundeskanzleramt (BKA), Auswärtige Angelegenheiten (AA), Neues Politisches Archiv (NPA)
Bundeskanzleramt, Präsidiale
Bundeskanzleramt-Inneres, Allgemein
Bundesministerium für Finanzen
Bundesministerium für soziale Verwaltung
Finanzprokuratur
Vaterländische Front (VF)

Verein für Geschichte der Arbeiterbewegung (VGA)
Neues Parteiarchiv
Nachlässe

Universitätsarchiv Graz (UAG)
Bestand des Juristischen Dekanats

Universitätsarchiv Wien (UAW)
Personalakten (PA)

Wiener Stadt- und Landesarchiv (WStLA)
Gauakten Wien
M.Abt. 116, A 37: Ausbürgerungsverfahren; Beschlagnahmeverfahren

Abkürzungsverzeichnis

ABGB	Allgemeines bürgerliches Gesetzbuch
ADGB	Allgemeiner Deutscher Gewerkschaftsbund
AdR	Archiv der Republik
Afa-Bund	Allgemeiner freier Angestelltenbund
AFHQ	Allied Forces Headquarters
ATSB	Arbeiter Turn- und Sportbund
B.O.	Betriebs(stellen)organisation
BfO	Büro für Organisation und Kontrolle
BGBl.	Bundesgesetzblatt
BKA	Bundeskanzleramt
BMF	Bundesministerium für Finanzen
BMJ	Bundesministerium für Justiz
BPD	Bundespolizeidirektion
BR	Bundesrat
B-VG	Bundes-Verfassungsgesetz
BVG	Bundesverfassungsgesetz
CIC	Central Investigation Command
d. B.	der Beilagen
D. O.	Dienststellenorganisation
DAF	Deutsche Arbeitsfront
DÖW	Dokumentationsarchiv des österreichischen Widerstandes
dBGBl.	deutsches Bundesgesetzblatt
dRGBl.	deutsches Reichsgesetzblatt
EG	Einheitsgewerkschaft
EGMR	Europäischer Gerichtshof für Menschenrechte
EMRK	Europäische Menschenrechtskonvention
FAD	Freiwilliger Arbeitsdienst
FEA	Bureau of Areas, Foreign Economic Administration
GDöS	Generaldirektion für die öffentliche Sicherheit
GöC	Großeinkaufsgesellschaft österreichischer Consumvereine
GP	Gesetzgebungsperiode

ICJ	International Court of Justice
ICTY	International Criminal Tribunal for the former Yugoslavia
idgF	in der geltenden Fassung
IGH	Internationaler Gerichtshof
IKRK	Internationales Komitee vom Roten Kreuz
INC	Information and Censorship
ISB	Information Services Branch
KJV	Kommunistischer Jugendverband
KLA	Kosovo Liberation Army (albanisch: UÇK)
Komintern	Kommunistische Internationale
KPD	Kommunistische Partei Deutschlands
KPÖ	Kommunistische Partei Österreichs
KSVG	Kriegs- und Verfolgungssachschädengesetz
KWEG	Kriegswirtschaftliches Ermächtigungsgesetz
L. St.	Liquidierungsstelle
MGH	Militärgerichtshof
MRP	Ministerratsprotokoll
NARA-RG	National Archives Records Administration, Record Group
NPA	Neues Politisches Archiv
NR	Nationalrat
NSDAP	Nationalsozialistische Deutsche Arbeiterpartei
OFG	Opferfürsorgegesetz
ÖGB	Österreichischer Gewerkschaftsbund
OGH	Oberster Gerichtshof
OÖLA	Oberösterreichisches Landesarchiv
ORK	Oberste Rückstellungskommission
OSS	Office of Strategic Services
ÖStA	Österreichisches Staatsarchiv
ÖVP	Österreichische Volkspartei
OWI	Office of War Information
para(s).	paragraph(s)
PWB	Psychological Warfare Branch
PWD	Psychological Warfare Division
R&A	Research and Analysis Branch
RAVAG	Radio Verkehrs AG
RGBl.	Reichsgesetzblatt
RGG	Rückgabegesetz
RH	Rote Hilfe
ROK	Rückstellungsoberkommission
RStAG	Rückstellungsanspruchsgesetz
RStG	Rückstellungsgesetz
Rz	Randzahl
SA	Sturmabteilung
SAG	Soziale Arbeitsgemeinschaft
SAH	Sozialistische Arbeiterhilfe

SAJ	Sozialistische Arbeiterjugend
SDAP	Sozialdemokratische Partei
SHAEF	Supreme Headquarters, Allied Expeditionary Force
SPD	Sozialdemokratische Partei Deutschlands
SPÖ	Sozialistische Partei Österreichs
St.B.	Staatspolizeiliches Büro
StGBl.	Staatsgesetzblatt
StGG	Staatsgrundgesetz
StPO	Strafprozessordnung
VdU	Verband der Unabhängigen
VF	Vaterländische Front
VGA	Verein für Geschichte der Arbeiterbewegung

Personenregister

Namen, die unmittelbarer Bestandteil von Literaturangaben sind, wurden nicht aufgenommen.

Kurzbiografien

Brigitte Bailer(-Galanda), Mag.ª rer. soc. oec., Dr.in phil., Hon.-Prof.in und Univ.-Doz.in für Zeitgeschichte, geb. 1952 in Wien. Ab 1979 wissenschaftliche Mitarbeiterin, seit Dezember 2004 wissenschaftliche Leiterin des „Dokumentationsarchivs des österreichischen Widerstandes"; 1998–2003 Stellvertretende Vorsitzende der „Historikerkommission der Republik Österreich zur Erforschung von Vermögensentzug während der NS-Zeit sowie Rückstellungen und Entschädigung seit 1945". Arbeitsschwerpunkte: Widerstand und Verfolgung 1938–1945, Rechtsextremismus nach 1945, insbesondere NS-Apologetik und Holocaust-Leugnung, Umgang Österreichs mit den Opfern des Nationalsozialismus bzw. der NS-Vergangenheit.

Neda Bei, geb. 1952 in Wien. Studium der Rechtswissenschaften in Wien. 1978–1986 Assistentin an der Universität Wien (Öffentliches Recht, Völkerrecht). Interdisziplinäre Zusammenarbeit u. a. mit Edith Saurer (kritische Universitätsgeschichte, Sexualstrafrecht). Von 1989–2012 in der Wiener Arbeiterkammer tätig. Veröffentlichungen in Anthologien und Zeitschriften; Beschäftigung mit dem Austrofaschismus seit 2004.

Karin Bruckmüller, Dr.in iur., Univ.-Ass. an der Universität Wien, Institut für Strafrecht und Kriminologie. Studium der Rechtswissenschaften an der Universität Wien. 2009–2010 Mitarbeit im Projekt „Medizinische und juristische Beurteilung von substanzabhängigen Straftätern" an der Universität Graz; 2008 Guest instructor im Online-Kurs „Comparative Criminal Justice", University of Wyoming; 2008–2012 Leitung des Projektes „Pre-Trial Emergeny Defence" an der Universität Wien; 2006–2010 Wissenschaftliche Mitarbeiterin der „Vereinigung der Österreichischen StrafverteidigerInnen"; 2006–2007 wissenschaftliche Assistentin am Institut für Strafrecht, Strafprozessrecht, Rechtsphilosophie und Rechtssoziologie, Ludwig-Maximilian-Universität München; 2006 Mitarbeiterin im Bundesministerium für Justiz im Rahmen der EU-Präsidentschaft; 2005–2006 Wissenschaftliche Mitarbeiterin am Ludwig Boltzmann-Institut für Europarecht; seit 2003 ehrenamtliche Mitarbeiterin der Kriminalitätsopferhilfe „Weisser Ring", Mitglied der Forschungsgesellschaft und seit 2008 erweitertes Vorstandsmitglied; 2000–2002 ehrenamtliche Mitarbeiterin der Haftentlassenenhilfe des „Vereins für Bewährungshilfe und Soziale Arbeit" (Neustart); 2000–2006 Vertragsassistentin am Institut für Strafrecht und Kriminologie an der Universität Wien. Forschungsschwerpunkte: Medizinstrafrecht, Opfer- und Beschuldigtenrechte, Jugendstrafrecht, Rückfallsprävention, Rechtsvergleichung und Strafrechtsgeschichte.

Lucile Dreidemy, MA., geb. 1985. Zeithistorikerin und Germanistin. Seit 2009 Assistentin in Ausbildung am Institut für Zeitgeschichte der Universität Wien. Promotionsthema: „Engelbert Dollfuß (1934–2012): Eine Biographie des Posthumen". Weitere Forschungsschwerpunkte: das Dollfuß-/Schuschnigg-Regime und dessen geschichtspolitische Rezeption, Politische Mythen, Korporatismus und Ständestaatsideologie, Diskursanalyse, Biografieforschung. Publikationsauswahl: Totenkult für einen Diktator, in: Die Zeit 66/30 (2011), 10 f.; Botz verstehen! Verdienst und Grenzen von Provokation und Empathie im Kontext öffentlicher Geschichtspolitik, in: Heinz Berger et al. (Hg.), Politische Gewalt und Machtausübung im 20. Jahrhundert. Zeitgeschichte, Zeitgeschehen und Kontroversen. Festschrift für Gerhard Botz, Wien u. a. 2011, 695–707.

Winfried Garscha, Dr. phil., geb. 1952. Mitarbeiter des „Dokumentationsarchivs des österreichischen Widerstandes" (DÖW), Ko-Leiter der „Forschungsstelle Nachkriegsjustiz" am DÖW. Studium der Geschichte, Germanistik und Slawistik in Wien, Lehraufträge in Innsbruck, Linz, Leipzig, Marburg/Lahn und Rouen. Publikationen zu den deutsch-österreichischen Beziehungen vor 1938, zur NSDAP 1938–1945, zu NS-Verbrechen und ihrer justiziellen Ahndung sowie zur Geschichte der Arbeiterbewegung (darunter, gemeinsam mit Hans Hautmann, zum Februar 1934) und des Nationalismus.

Thomas Geldmacher, Mag. phil., geb. 1970. Studium der Politikwissenschaft, Zeitgeschichte und Slawistik an der Universität Wien. 2001–2003 Mitarbeiter des Forschungsprojekts „Österreichische Opfer der NS-Militärgerichtsbarkeit"; 2003–2008 Lehrbeauftragter am Institut für Politikwissenschaft der Universität Wien; seit 2008 Obmann des Personenkomitees „Gerechtigkeit für die Opfer der NS-Militärjustiz"; 2008–2009 Projektleiter für den Österreich-Teil der Ausstellung „ ‚Was damals Recht war …' – Soldaten und Zivilisten vor Gerichten der Wehrmacht".

Georg Graf, seit 2001 Ordinarius für Privatrecht an der Rechtswissenschaftlichen Fakultät der Universität Salzburg. Ebendort Leiter des Fachbereichs für Privatrecht sowie der Abteilung für Bank- und Kapitalmarktrecht. 1994 Habilitation zum Thema „Vertrag und Vernunft"; Erwerb der venia legendi für die Fächer Privatrecht, Rechtsphilosophie und Rechtstheorie. Wissenschaftlicher Schwerpunkt seiner Tätigkeit ist zum einen das gesamte Privatrecht unter besonderer Berücksichtigung des Vertrags-, Schadenersatz-, Konsumentenschutz-, Bank- und Kapitalmarktrechts samt der damit verbundenen Grundlagenfragen in Anknüpfung an rechtsphilosophische und rechtstheoretische Problemstellungen. Der zweite Arbeitsschwerpunkt liegt im Bereich der Aufarbeitung der vermögensmäßigen Folgen des nationalsozialistischen Unrechts („Arisierung" und Rückstellung). 1999–2003 Tätigkeit als Mitglied der Österreichischen Historikerkommission. Im Zuge dieser Tätigkeit Verfassung der umfassenden Studie „Die österreichische Rückstellungsgesetzgebung". Darüber hinaus Tätigkeit im Rahmen verschiedener europäischer Forschungsprojekte, wie dem „Trento Common Core"-Project oder der „European Consumer Law Group".

Ernst Hanisch, geb. 1940 in Thaya (NÖ). Studium der Geschichte und Germanistik in Wien, Dissertation zum Thema „Stefan George, sein Kreis und der Nationalsozialismus". 1964/65 Stipendiat der Fritz-Thyssen-Stiftung und 1965–1967 des Theodor-Innitzer-Studienfonds jeweils am Internationalen Forschungszentrum in Salzburg; ab 1967 Assistent am Historischen Institut der Universität Salzburg bei Univ.-Prof.in Erika Weinzierl; 1975 Einreichung des Habilitationsansuchens, 1977 Ernennung zum Universitätsdozenten für Neuere Österreichische Geschichte, seit 1979 Ao. Univ.-Prof. für Neuere Österreichische Geschichte. Seit 2005 im Ruhestand. Forschungsschwerpunkt: Österreichische Gesellschaftsgeschichte im 19. und 20. Jahrhundert.

Frank Höpfel, geb. 1952. Studium der Rechtswissenschaften in Innsbruck und Genf, 1974 Promotion zum Dr. iur. in Innsbruck, 1987 Habilitation in Strafrecht und Strafprozessrecht, 1990–1994 Professur in Innsbruck, seit 1994 in Wien, Gastprofessuren in San Antonio (Texas), Turku und Ljubljana. Schwerpunkte in Lehre und Forschung u. a. Strafrechtsdogmatik, Sanktionensystem sowie Internationales Strafrecht. Bis 2005 Nebentätigkeit als Verteidiger in Strafsachen und als Beschwerdevertreter vor dem Europäischen Gerichtshof für Menschenrechte. Wirkte in zahlreichen Arbeitsgruppen der österreichischen Bundesregierung, der Europäischen Kommission sowie des UN-Hochkommissariats für Menschenrechte mit und war 2005–2008 Ad-litem-Richter am Jugoslawien-Kriegsverbrechertribunal (ICTY) in Den Haag. Präsident der „Österreichischen Vereinigung für Europäisches Strafrecht", Mitglied der deutsch-österreichisch-schweizerischen Arbeitsgruppe „Alternativ-Entwurf" und der „Kriminalpolitischen Initiative", Wien.

Walter Manoschek, Ao. Univ.-Prof. für Politikwissenschaft am Institut für Staatswissenschaft der Universität Wien. Er leitete das Forschungsprojekt „Österreichische Opfer der NS-Militärjustiz". Einschlägige Publikationen u. a. zu Opfern der NS-Militärjustiz: Opfer der NS-Militärjustiz. Urteilspraxis – Strafvollzug – Entschädigungspolitik in Österreich, Wien 2003 (Hg.); Österreichische Opfer der NS-Militärjustiz, in: Wehrmachtsjustiz. Kontext, Praxis, Nachwirkungen, hg. v. Peter Pirker u. Florian Wenninger, Wien 2010; Österreichische Opfer der NS-Militärjustiz: Auf dem langen Weg zur Rehabilitierung, in: „Da machen wir nicht mehr mit ...". Österreichische Soldaten und Zivilisten vor Gerichten der Wehrmacht, hg. v. Thomas Geldmacher et al., Wien 2010.

Maria Mesner, Univ.-Doz.^in^ Dr.^in^. Leitet das Kreisky-Archiv und das Johanna Dohnal-Archiv, lehrt an den Universitäten Linz und Wien Zeitgeschichte, Politische Bildung sowie Gender Studies und ist Mitherausgeberin der „Österreichischen Zeitschrift für Geschichtswissenschaften". Im Rahmen von mehreren zum Teil noch laufenden Forschungsprojekten hat sie in unterschiedlichen Teams die Rückgabe und die Entnazifizierung im Bereich der SPÖ sowie des ÖGB rekonstruiert und darüber publiziert. Ihre weiteren Schwerpunkte in Forschung und Lehre liegen im Bereich der Geschichte der Geschlechterverhältnisse, des Körpers und der Sexualität sowie der politischen Kulturen in Österreich und den USA im 20. Jahrhundert.

Karin Nusko, Mag.^a^ phil. Studium der Volkskunde, Philosophie und Geschichte an der Universität Wien; Kulturwissenschaftlerin. Seit 2001 wissenschaftliche Mitarbeiterin des Projektes „biografiA biografische datenbank und lexikon österreichischer frauen" am „Institut für Wissenschaft und Kunst" an der „Dokumentationsstelle Frauenforschung". Projektbearbeitung u. a. der Projekte „Frauen im Widerstand gegen den Austrofaschismus" (Hochschuljubiläumsstiftung, 2006/07), „Österreichische Frauen im Widerstand gegen den Nationalsozialismus. Eine biografische Datenbank" am Institut für Wissenschaft und Kunst Dokumentationsstelle Frauenforschung („Zukunftsfonds der Republik Österreich" und „Nationalfonds der Republik Österreich", 2007–2009). 2009–2010 Bearbeiterin der Projekte „Tiroler Frauen im Widerstand gegen den Nationalsozialismus. Eine biografische Spurensuche" (Tiroler Landesregierung), „Salzburger Frauen im Widerstand gegen den Nationalsozialismus. Eine biografische Spurensuche" (Land Salzburg), „Netzwerke der Solidarität. Frauen der Roten Hilfe und der Sozialistischen Arbeiterhilfe" (Hochschuljubiläumsstiftung) und „Wiener Frauen im Widerstand gegen den Nationalsozialismus – eine biografische Datenbank" (MA 57: Frauenabteilung der Stadt Wien).

Thomas Olechowski, geb. 1973, Studium der Rechtswissenschaften und der Geschichte, Mag. iur. 1995, Dr. iur. 1998. Habilitation für Österreichische und Europäische Rechtsgeschichte an der Universität Wien 2003, seitdem ao. Univ.-Prof. daselbst. Seit 2008 korrespondierendes Mitglied der Österreichischen Akademie der Wissenschaften; seit 2011 Geschäftsführer des Hans Kelsen-Instituts; 2010–2012 Obmann der Kommission für Rechtsgeschichte Österreichs der ÖAW, seit 2012 Leiter der Abteilung KRGÖ des Instituts für Rechts- und Verfassungsgeschichte der Universität Wien. 2006–2010 Leiter des FWF-Projekts „Biographische Untersuchungen zu Hans Kelsen 1881–1940", seit 2009 Leiter des FWF-Projekts „Die Wiener Rechts- und Staatswissenschaftliche Fakultät 1918–1938", seit 2011 Leiter des FWF-Projekts „Kelsens Leben in Amerika (1940–1973) und die weltweite Verbreitung seiner Rechtslehre". Wichtigste Publikationen; „Die Einführung der Verwaltungsgerichtsbarkeit in Österreich" (1999); „Die Entwicklung des Preßrechts in Österreich bis 1918" (2004); „Rechtsgeschichte. Einführung in die historischen Grundlagen des Rechts" (3. Aufl. 2010).

Oliver Rathkolb, Dr. iur., Dr. phil., Univ.-Prof. am Institut für Zeitgeschichte der Universität Wien und Institutsvorstand, geb. 1955. Seit 2004 Herausgeber der Fachzeitschrift „Zeitgeschichte", Mitglied des wissenschaftlichen Beirats des Europa Museums Brüssel, Europäisches Parlament.

Ilse Reiter-Zatloukal, Dr.[in] iur. 1978–1982 Studium der Rechtswissenschaften an der Universität Wien; 1997 Habilitation für österreichische und deutsche Rechtsgeschichte, seit 1997 Ao. Univ.-Prof.[in] am Institut für Rechts- und Verfassungsgeschichte der Universität Wien. Arbeitsschwerpunkte: österreichische Rechts- und Verfassungsgeschichte des 19. und 20. Jahrhunderts, derzeit insbes. Austrofaschismus (Projekte zu politisch motivierten Ausbürgerungen und Vermögensentziehungen im Austrofaschismus); weiters österreichische Strafrechtsgeschichte, Anwaltsgeschichte, Geschichte des Migrationsrechts (insbes. Ausweisung), des Staatsbürgerschaftsrechts (insbes. Praxis des Staatsangehörigkeitsentzugs in Europa im 20. Jahrhundert), Fakultätsgeschichte und Geschlechtergeschichte.

Christiane Rothländer, Mag.[a] phil., Dr.[in] phil. Studium der Geschichte und Germanistik an der Universität Wien, 2004–2005 Vertragsassistentin am Institut für Rechts- und Verfassungsgeschichte der Universität Wien sowie wissenschaftliche Mitarbeiterin im „Sigmund Freud Museum", Wien. 2005–2011 Mitarbeiterin u. a. an den Forschungsprojekten „Politisch motivierte Ausbürgerungen in Wien 1933–1938" (Jubiläumsfonds der Stadt Wien, Hochschuljubiläumsstiftung, MA 7); „Politisch motivierter Vermögensentzug in Wien 1933–1938 (FWF); „Das ‚Adolf-Hitler-Haus', Hirschengasse 26 in Wien-Mariahilf" („Zukunftsfonds der Republik Österreich", Hochschuljubiläumsstiftung, MA 7) am Institut für Rechts- und Verfassungsgeschichte der Universität Wien. Seit 2005 Mitarbeiterin am Forschungsprojekt „Brüche und Kontinuitäten in der Geschichte der Wiener Psychoanalytischen Vereinigung 1938–1945" („Zukunftsfonds der Republik Österreich") der „Wiener Psychoanalytischen Akademie" sowie Mitglied des Arbeitskreises. Lehrbeauftragte an der Universität Wien. Forschungsschwerpunkte: Austrofaschismus, Nationalsozialismus, insbesondere dessen Frühzeit und Geschichte der SS, Geschichte der Psychoanalyse.

Stefan Schima, Ao. Univ.-Prof. am Institut für Rechtsphilosophie, Religions- und Kulturrecht. Studium der Rechtswissenschaften und Geschichte; Absolvent des Instituts für Österreichische Geschichtsforschung; Lehrtätigkeit im Rahmen des Faches Religionsrecht und der Wahlfachgruppen „Kulturrecht", „Rechtsgeschichte" und „Grund- und Menschenrechte" an der Rechtswissenschaftlichen Fakultät der Universität Wien, darüber hinaus Lehrtätigkeit im Rahmen von Postgraduate Studies an der Universität Wien, so z. B. im Rahmen des Lehrgangs „Muslime in Europa". Forschungsgebiete (Auswahl): Rechtsstellung der Religionsgemeinschaften im geltenden staatlichen Recht; Entwicklung des Staat-Kirche-Verhältnisses im 19. und 20. Jahrhundert; Rechtsstellung religiöser Minderheiten in der österreichischen Rechtsgeschichte; Rechtsstellung der Konfessionslosen in der österreichischen Rechtsgeschichte.

Pia Schölnberger, Mag.ª phil., geb. 1982. Diplom- und Lehramtsstudium der Germanistik und Geschichte an der Universität Wien; 2003–2007 freie Mitarbeiterin der NS-„Euthanasie"-Gedenkstätten Hartheim (OÖ) und „Am Spiegelgrund" (Dokumentationsarchiv des österreichischen Widerstandes, Wien), u. a. Co-Projektbearbeiterin der namentlichen Erfassung Wiener „T4"-Opfer; 2005–2007 freie Dienstnehmerin beim „Allgemeinen Entschädigungsfonds"; Co-Herausgeberin des Sammelbandes zur 100-jährigen Geschichte des Wiener jüdischen Sportvereins „Hakoah" (2009); 2007–2011 Projektmitarbeiterin am Institut für Rechts- und Verfassungsgeschichte der Universität Wien, hier Mitarbeit beim Projekt „Strafrechtsmuseum Pöggstall"; 2008–2011 Doktorandin im FWF-Projekt „Politisch motivierter Vermögensentzug in Wien 1933–1938"; Dissertation über das „Anhaltelager" Wöllersdorf in Fertigstellung. Seit 2011 Provenienzforscherin in der Grafischen Sammlung Albertina im Auftrag der Kommission für Provenienzforschung. Forschungsschwerpunkte: NS-Medizinverbrechen, Lagerforschung, „Anhaltung" im Austrofaschismus, Provenienzforschung.

Walter Schrammel, Univ.-Prof. Dr. iur., geb. 1947. Studium der Rechtswissenschaften an der Universität Wien, 1969 Promotion, 1981 Habilitation für Arbeits- und Sozialrecht, 1983 Ernennung zum Ordentlichen Universitätsprofessor an der Universität Wien, derzeit Vorstand des Instituts für Arbeits- und Sozialrecht. 1991–1993 Dekan der Rechtswissenschaftlichen Fakultät der Universität Wien; 1993–1999 Prodekan, danach Vorsitzender des Fakultätskollegiums der Rechtswissenschaftlichen Fakultät der Universität Wien; bis 2006 Vizedekan der Rechtswissenschaftlichen Fakultät Wien sowie Vorsitzender des Dachverbandes der Universitäten, seit 1994 regelmäßige Gastprofessuren an der Universität René Descartes in Paris. Außeruniversitär: Vorsitzender des Bühnenschiedsgerichts Wien und stellvertretender Vorsitzender des ständigen Schiedsgerichts der Österreichischen Fußball-Bundesliga. Visiting Professor der Donau-Universität Krems, seit 1993 Mitglied des Direktoriums der Lehrgänge EURAS und EUROJUS.

Alessandro Somma, Univ.-Prof., Dr. iur. War wissenschaftlicher Mitarbeiter am Max-Planck-Institut für Europäische Rechtsgeschichte in Frankfurt am Main (2000–2002), Stipendiat der Alexander von Humboldt Stiftung an der Humboldt-Universität zu Berlin (2010), und ist zur Zeit ordentlicher Professor für Rechtsvergleichung an der Juristischen Fakultät der Universität Ferrara (seit 2002), wo er auch als Prorektor für Internationale Beziehungen tätig ist. Er ist Mitglied der Académie Internationale de Droit Comparé, Mitglied des Vorstandes der Italienischen Gesellschaft für Rechtsvergleichung (AIDC) und Profesor visitante der Universität San Marcos in Lima (Peru). Er ist Autor u. a. folgender Werke: Autonomia privata e struttura del consenso contrattuale. Aspetti storico-comparativi di una vicenda concettuale, 2000; L'uso giurisprudenziale della comparazione nel diritto interno e comunitario, 2001; Diritto comunitario vs. diritto comune europeo, 2003; I giuristi e l'Asse culturale Roma-Berlino. Economia e politica nel diritto fascista e nazionalsocialista, 2005; Tecniche e valori nella ricerca comparatistica, 2005 (spanische Übersetzung: Introducción crítica al derecho comparado, 2006 2006); Introduzione critica al diritto europeo dei contratti, 2007 (spanische Übersetzung: Introducción crítica al derecho europeo de los contratos, 2008); Economia di razza. Dal fascismo alla cittadinanza europea, 2009. Er ist Herausgeber u. a. folgender Sammelbände: (mit A. Mazzacane und M. Stolleis), Korporativismus in den südeuropäischen

Diktaturen, 2005; (mit B. Dölemeyer und H. Mohnhaupt) Richterliche Anwendung und Umsetzung des Code civil in seinen europäischen Geltungsbereichen außerhalb Frankreichs, Frankfurt am Main, 2006; (mit B. Durand und J.-P. Le Crom) Le droit sous Vichy, 2006; Giustizia sociale e mercato nel diritto europeo dei contratti, 2007; Soft law e hard law nelle società postmoderne, 2009; The Politics of the Draft Common Frame of Reference, 2009.

Kamila Staudigl-Ciechowicz, geb. 1984, Studium der Rechtswissenschaften und der Geschichte, Mag.[a] iur. 2008. Seit 2005 am Institut für Rechtsgeschichte tätig, zuerst als Studienassistentin, seit 2009 als Projektmitarbeiterin im FWF-Projekt „Die Wiener Rechts- und Staatswissenschaftlichen Fakultät 1918–1938" und seit 2012 als Universitätsassistentin (Abteilung KRGÖ). 2010–2012 Research Assistant bei der Kommission für Rechtsgeschichte Österreichs an der Österreichischen Akademie der Wissenschaften, seit 2010 Vorsitzende der Wahlkommission bei der HochschülerInnenschaft an der Universität Wien. Dissertation über das Dienst- und Disziplinarrecht der Angehörigen der Universität Wien 1848–1938 in Fertigstellung. Weitere Forschungsschwerpunkte; Strafrechtsgeschichte und Entwicklung der Kriminologie und Kriminalistik, Universitätsgeschichte (insb. 19. und 20. Jahrhundert), Antisemitismus insb. an Hochschulen. Publikationsauswahl; „... dass die Facultätsstudien Staatsdiener, nicht Gelehrte heranzubilden haben ..." – Zur Einführung der juristischen Staatsprüfung 1850, in; Beiträge zur Rechtsgeschichte Österreichs 2 (2011), 339–355; Von Adamovich bis Pfeifer – eine Auseinandersetzung mit der Staatsrechtslehre an der Universität Wien in Zeiten der politischen Umbrüche der ersten Hälfte des 20. Jahrhunderts, in; Meissel / Olechowski / Reiter-Zatloukal / Schima (Hg) Vertriebenes Recht –vertreibendes Recht. Die Wiener Rechts- und Staatswissenschaftliche Fakultät 1938–1945, Wien 2012, 203–232; Zur Entstehung der Wiener Kriminologie und Kriminalistik in der 1. Republik, in; Journal on european history of law 2/1 (2011), 29–35.

Emmerich Tálos, geb. 1944 in St. Margarethen (Burgenland). Studium der Katholischen Theologie und Geschichte in Wien und Tübingen, Verlagslektor in Mainz / BRD, 1972–1974 Postgraduate-Studium der Politikwissenschaft am Institut für Höhere Studien in Wien. Ab 1983 Professor für Politikwissenschaft an der Universität Wien (seit 1. 10. 2009 formell im Ruhestand). Lehrbeauftragter an der Wirtschaftsuniversität Wien und an der Donau-Universität in Krems. Zahlreiche Buch- und Zeitschriftenveröffentlichungen zu den Arbeitsschwerpunkten Sozialstaat, Wohlfahrtsstaatsvergleich, Sozialpartnerschaft, politische Entwicklung Österreichs im 20. Jahrhundert. Bücher u. a.: Handbuch des politischen Systems. Erste Republik 1918–1933 (Hg. gem. m. H. Dachs et al.); Atypische Beschäftigung (Hg.), Wien 1999; Bedarfsorientierte Grundsicherung (Hg.), Wien 2003; Austrofaschismus (Hg. gem. m. W. Neugebauer), Wien 2005; Vom Siegeszug zum Rückzug. Sozialstaat Österreich 1945–2005, Innsbruck 2005; Sozialpartnerschaft (Hg. gem. m. F. Karlhofer), Wien 2005; Sozialstaat Österreich zwischen Kontinuität und Umbau (gem. m. H. Obinger), Wiesbaden 2006; Sozialpartnerschaft. Ein zentraler politischer Gestaltungsfaktor in der Zweiten Republik, Innsbruck 2008.

Florian H. Wenninger, geb. 1978. 1998–1999 Gedenkdienst in Yad Vashem / Jerusalem, seither tätig im „Verein Gedenkdienst", in der außerschulischen Jugendarbeit und in der Erwachsenenbildung. Berufsbegleitendes Studium der Politikwissenschaft und Geschichte mit den Schwerpunkten Politische Geschichte Mitteleuropas im 19. und 20. Jahrhundert, Vergangenheitspolitik im internationalen Vergleich und Friedens- und Konfliktforschung. Studienabschluss 2008 mit einer Arbeit zum sozialdemokratischen Diskurs über den Austrofaschismus in den Jahren 1934–1938. Seit 2008 Doktorand am Institut für Zeitgeschichte und assoziiertes Mitglied des Initiativkollegs „Europäische Diktatur- und Transformationsforschung".

Ewald Wiederin, geb. 1961. 1979–1983 Studium der Rechtswissenschaften an der Universität Wien, 1984 Promotion. 1984 Universitätsassistent am Institut für Staats- und Verwaltungsrecht der Universität Wien; 1995 Habilitation für die Fächer Verfassungsrecht, Verwaltungsrecht und öffentlich-rechtliche Rechtsvergleichung; 1995/1996 Referent im Verfassungsdienst des Bundeskanzleramtes; 2000 Universitätsprofessor für Allgemeine Staatslehre, Verwaltungslehre, Verfassungsrecht und Verwaltungsrecht an der Universität Salzburg; 2009 Universitätsprofessor für öffentliches Recht an der Universität Wien. Forschungsschwerpunkte: Staatsorganisationsrecht, allgemeines Verwaltungsrecht, Verwaltungsverfahrensrecht, Verfassungs- und Verwaltungsrechtsvergleichung, Geschichte des öffentlichen Rechts.

Helmut Wohnout, Dr. phil., Priv. Doz., geb. 1964. Beamter im Bundeskanzleramt, Bundespressedienst, Leiter der Abteilung VII/1 (Medienabteilung, Dokumentation), Ministerialrat. Geschäftsführer des Karl von Vogelsang-Instituts zur Erforschung der Geschichte der christlichen Demokratie in Österreich. 1982–1991 Studium der Geschichte an der Universität Wien, 1991 Postgraduate-Studium an der Georgetown-University, Washington D.C. 2011 Habilitation für das Fach Österreichische Geschichte an der Universität Graz. Forschungs- und Publikationsschwerpunkte: Studien zur österreichischen Geschichte des 19. und 20. Jahrhunderts, europäische Kulturgeschichte, Parteien- und Institutionengeschichte, österreichische Verfassungsgeschichte, Widerstand und Verfolgung, Antisemitismus, Restitution und Umgang mit den Opfern nationalsozialistischer Verfolgung nach 1945. Beiträge zur Entwicklung demokratischer Strukturen in Österreich und zur österreichischen Integrationsgeschichte sowie zur Stellung Österreichs in der Europäischen Union, Oral history-Projekte. Träger des Ludwig Jedlicka-Gedächtnispreises (1988), des Leopold Kunschak-Preises sowie des von der Österreichischen Akademie der Wissenschaften vergebenen Böhlau-Preises (beide 1994).